Colmar Goltz

Feldzug

1870 - 1871

Colmar Goltz

Feldzug
1870 - 1871

ISBN/EAN: 9783743302600

Hergestellt in Europa, USA, Kanada, Australien, Japan

Cover: Foto ©ninafisch / pixelio.de

Manufactured and distributed by brebook publishing software
(www.brebook.com)

Colmar Goltz

Feldzug

Feldzug 1870—71.

Die

Operationen der II. Armee an der Loire.

Dargestellt
nach den Operationsakten des Ober-Kommandos der II. Armee

von

Frhr. v. d. Goltz,
Hauptmann im großen Generalstabe.

Mit drei lithographirten Karten.

Berlin 1875.
Ernst Siegfried Mittler und Sohn,
Königliche Hofbuchhandlung
Kochstraße 69. 70.

Vorwort.

Der Loirefeldzug ist, wie die „Operationen der II. Armee vom Beginne des Krieges bis zur Kapitulation von Metz", nach den Akten des Oberkommandos und von dessen Standpunkte aus geschrieben. Auch in diesem Buche ist wiederum mehr Ursache und Wirkung verglichen und eine innere Geschichte der Heeresleitung gegeben, als nur ausführlich erzählt.

Durch die Art der Darstellung wird der Leser in allen entscheidenden Augenblicken genau in die Lage des Oberbefehlshabers versetzt, und er vermag so, sich selbstständig ein Urtheil über das Geschehene zu bilden.

Die große Zahl der im Wortlaut angeführten Dokumente wird ferner der freien historischen Forschung den nöthigen Anhalt für ihre Arbeit gewähren.

Berlin, im September 1875.

Der Verfasser.

Inhalt.

I.

Einleitung.

Nachdem das 2. Armee-Korps aus dem Verbande der unter dem Prinzen Friedrich Karl operirenden II. deutschen Armee geschieden war, bestand dieselbe aus dem 3., 9., 10. Armee-Korps und der 1. Kavallerie-Division. Auch diese Truppenkörper hatten damals nur eine geringe Stärke, welche wesentlich hinter den normalen Ziffern zurückblieb.

Es zählte im Monat November 1870 nach den Standesausweisen:

das 3. Armee-Korps	17,904 M. Inf.,	1133 Pferde	84 Gesch.
„ 9. „	16,638 „ „	1690 „	90 „
„ 10. „	16,457 „ „	1085 „	84 „
die 1. Kavallerie-Division	. . . .	3157 „	6 „
Die II. Armee mithin:	50,999 M. Inf.,	7065 Pferde	264 Gesch.*)

Diese Truppen standen am 2. November an folgenden Punkten:

Auf dem rechten Flügel schon jenseits der Maas das 9. Armee-Korps bei Rupt devant St. Mihiel.

Rechts daneben bei Pierrefitte die 1. Kavallerie-Division.

Im Centrum das 3. Armee-Korps an der Maas bei Commercy.

Auf dem linken Flügel vorläufig noch weit zurück bei Jouy aux Arches das 10. Armee-Korps, von dem sogar noch eine Brigade — die 40. nebst 1 Eskadron und 1 Batterie — bei Metz die I. Armee

*) Nach den Standesausweisen vom 11. November. Beim 9. Armee-Korps ist der vom 21. November benutzt. Alle nicht ganz marschtüchtigen Leute waren bei Metz zurückgeblieben; ferner kommt bei diesen Zahlen — zumal beim 9. Armee-Korps — schon ein nicht unerheblicher Marschverlust in Anschlag.

in der Bewachung und Wegführung der Gefangeneu unterstützte.*) Dieses Armee-Korps hatte somit bei dem weiteren Vorgehen bedeutendere Märsche zu machen, um die gleiche Höhe mit den anderen Korps zu erreichen.

Bisher war der II. Armee für die nächste Zeit befohlen worden, möglichst schnell in der allgemeinen Richtung über Troyes an die mittlere Loire abzurücken. Wohin sie sich weiter wenden sollte, schien noch nicht näher zu bestimmen. Befehle Seiner Majestät ließen sich erwarten, ebenso mußte man sich im weiteren Vormarsche darüber orientiren, was an feindlichen Streitkräften im Centrum und Süden von Frankreich verfügbar sei, und wo sich die Hauptmasse dieser Kräfte sammeln werde, um der neu drohenden Gefahr entgegenzutreten. Bis das durch die weit vorauszusendende Kavallerie fest-

---

*) Das 2. Armee-Korps mit Ausnahme der schon auf dem Transport nach Paris begriffenen 4. Infanterie-Division stand am 2. November noch in der Gegend von Thiaucourt. Nunmehr rückte die Masse des Korps nach Pont à Mousson heran, um sich dort nach Paris einzuschiffen.

Nur: das 3. Pommersche Infanterie-Regiment Nr. 14,
3 Eskadrons des Neumärkischen Dragoner-Regiments Nr. 3,
3 = des Pommerschen = = Nr. 11,
die gesammte Korps-Artillerie,
3 Infanterie-Munitions-Kolonnen,
4 Artillerie- = =
1 Pionier-Kompagnie mit leichtem Feldbrückentrain,
die Ponton-Kolonne,
der Rest der Kolonnen, der von den Divisionen nicht mitgeführt wurde,
marschirten unter Kommando des Obersten von Willisen, Kommandeur des Neumärkischen Dragoner-Regiments Nr. 3, auf dem Landwege nach dem Westen.

Dieser Kolonne war vom Ober-Kommando der II. Armee folgende Marschroute zugewiesen worden:

Am 3. November Ruhe.
= 4. = Bouconville.
= 5. = Rupt devant St. Mihiel.
= 6. = Bar le duc.
= 7. = Ruhe.
= 8. = Roncourt.
= 9. = Vitry.
= 10. = Soudé-Notre-Dame und Soudé-St. Croix.
= 11. = Fere Champenoise.
= 12. = Ruhe.
= 13. = Sézanne.

In Sézanne sollte die Kolonne aus dem Hauptquartier Seiner Majestät weitere Befehle empfangen.

gestellt wurde, konnte der Marsch in großer Breite fortgesetzt und der Armee jede nur mögliche Erleichterung gestattet werden. Es schien, als wenn es noch geraume Zeit dauern müsse, ehe der Feind Heere werde neubilden können, denen ein isolirtes preußisches Korps nicht gewachsen war. Noch glaubte man, jedes Armee-Korps für sich in jeder beliebigen Richtung frei nach Frankreich hinein vorschieben zu dürfen, eine Anschauung, die sich freilich nach wenig Wochen änderte.

Während der Cernirung von Metz hatte das Ober-Kommando der II. Armee weder Zeit noch Mittel gehabt, sich über die Ereignisse im übrigen Frankreich und die sich dort bildenden neuen Truppenkörper im Einzelnen genau zu informiren. Es besaß nicht wesentlich mehr, als die allgemein bekannt gewordenen Kriegsnachrichten und die vom großen Hauptquartier aus den einzelnen Armeen gemachten Mittheilungen.

Man kannte danach wohl die vom gouvernement de la défense nationale zur Bewaffnung Frankreichs getroffenen Anordnungen, doch vermochte man nicht zu beurtheilen, wie weit deren Ausführung hier oder dort schon gediehen, welches die Schlagfähigkeit der in den großen Uebungslagern improvisirten Truppen sei.

Die Gefechte des Werderschen Korps bei Etival und am Ognon hatten eine französische Heeresgruppe im Osten erkennen lassen, welche es bereits gewagt, dort das freie Feld zu halten, während ein noch stärkeres Korps von gleich weit vorgeschrittener Organisation bei Orléans dem General v. d. Tann heftigen Widerstand entgegengestellt hatte. Im Uebrigen zeigten sich bis dahin nur unbedeutendere und lose zusammengefügte Schaaren.

Von diesen beiden Gegnern war der wichtigere der an der Loire stehende. Von dort aus konnte die Cernirung von Paris am ehesten bedroht werden und in der baldigen Unterwerfung der französischen Hauptstadt gipfelte zunächst Alles.

Im großen Hauptquartier hatten sich inzwischen die Nachrichten vervollständigt und das Ober-Kommando der II. Armee erhielt am 3. November eine neue ausführliche Darlegung der dort herrschenden Anschauungen und Absichten.

In den bei Metz frei gewordenen beiden Armeen besaß Deutschland nunmehr reichlich die Mittel, Frankreich tiefe Wunden schlagen zu können, wenn es weiterhin in seinem Widerstand beharrte. Seit dem Sturze des Kaiserreiches und dem Fehlschlagen der ersten

Verhandlungen über einen Frieden mit der Republik hatte sich die Lage des unglücklichen Landes nur verschlimmert. Die letzte damals noch das Feld haltende Armee des Kaiserreichs — dessen Haupt-Armee — bestand nicht mehr; eine Reihe wichtiger Plätze war gefallen, viele andere eingeschlossen, und auch die jungen Truppen der Republik machten schon die ersten schlechten Erfahrungen mit ihren wohlorganisirten und disziplinirten Gegnern.

Und dennoch blieben die nächsten Wochen nicht ohne einiges Bedenken. Trotz seiner Niederlagen hatte Frankreich immer Zeit gewonnen, um für die Aufstellung neuer Heere die Grundlage zu schaffen.

Die Hoffnungen des eingeschlossenen Paris auf einen Entsatz durch die Provinzen konnten bald thatsächlich Boden gewinnen. Die Cernirungs-Armee war im Verhältniß zu ihrer Aufgabe numerisch schwach, bedeutende Detachirungen hatte sie bereits machen müssen, um ihren Rücken zu schützen und einen größeren Landgürtel zu beherrschen, von dem sie im Wesentlichen leben mußte. Schon aber begann sich die Nothwendigkeit neuer Entsendungen — nun auch gegen Norden und Westen — fühlbar zu machen, während gleichzeitig der Gegner innerhalb der Mauern von Paris täglich erstarkte. Dieser Gegner war im Stande gewesen, kräftige Ausfälle mit vereinzelten Divisionen zu unternehmen; — kam von irgend einer Seite her eine Entsatz-Armee der Hauptstadt nahe, so mußte man Massenausfälle gewärtigen.

Man hielt vorläufig noch diese Gefahr mit dem einfachen Herankommen der I. und II. Armee für gänzlich beseitigt, indessen 14 Tage und mehr mußten vergehen, bis beide Armeen die Operationssphäre von Paris erreichten und diese Zeitspanne hatte der Feind noch für sich. Benutzte er sie geschickt, energisch und mit ausreichenden Mitteln, dann konnte er, wenn auch nicht den völligen Umschwung des Kriegsglücks, so doch partielle Erfolge erringen, welche wirklich die ganze Nation zu der begeisterten und einigen Erhebung brachten, die man zur Rettung der Waffenehre Frankreichs sehnlich herbei wünschte.

Nicht sowohl eine sehr zahlreiche, als vielmehr eine möglichst baldige Verstärkung der Armee vor Paris, wie sie seit Absendung des 2. Armee-Korps bereits im Gange war, und die Zerstreuung der feindlichen Streitkräfte im freien Felde — wo diese sich auch zeigen mochten — war danach die Hauptsache. Im großen Hauptquartier hielt man es zur Zeit*) nicht für wahrscheinlich, daß die II. Armee Gelegenheit finden werde, ihre Gesammtstärke an einem Punkte zur Verwendnug zu bringen. Man hielt dort ein Armee-Korps für ausreichend, um an den verschiedenen Punkten jeden Widerstand zu bewältigen. Daher wurde auch auf drei fernerliegende Objekte hingewiesen, mit deren Wegnahme durch den linken Flügel der II. Armee das militairische Frankreich empfindlich getroffen werden konnte. Es waren dies Châlon sur Saone, Nevers und vor Allem Bourges mit seinen großen Geschütz-Gießereien und Chassepot-Patronenfabriken. Dort fand die Nationalbewaffnung werthvolle Stützpunkte, deren Verlust sie wesentlich ins Stocken bringen mußte.

Nach der Besetzung von Châlon sur Saone hatte man auch das nahe gelegene le Creuzot in der Gewalt; mit der von Nevers die gleichfalls wichtigen forges de la Chaussade zu Gérigny. Auch zu Detachirungen hielt man die II. Armee für stark genug, wenn solche noch nöthig werden sollten.

Da die Unterstützung des General v. Werder, der sich einstweilen auf der Linie Vesoul—Gray—Dijon defensiv verhielt, nicht nothwendig erschien, so meinte man dergleichen entfernte Ziele immerhin ins Auge fassen zu können.

So etwa sprach sich die von Versailles her der II. Armee gegebene Darlegung aus. Eine Uebersicht über die außerhalb Paris stehenden französischen Heerkörper, dem damaligen Stande der Kenntnisse entsprechend — war hinzugefügt.

Man unterschied danach 4 Gruppen:

1. Die Nordarmee bei Lille, deren ursprüngliche Bestimmung der Entsatz von Mézières und die Operationen zur Unterstützung Bazaine's war — 30,000 Mann stark.
2. Die Streitkräfte im Westen bei Rouen, circa 16,000 Mann stark. Sie sollten Rouen und Havre decken, dann aber die Paris einschließenden Armeen im Rücken beunruhigen.
3. Die Armee von Lyon bei Besançon, aus 2 Divisionen Feldtruppen bestehend, während auch die Schaaren Garibaldi's mit ihr cooperirten, 35,000 Mann stark. Sie hatte die Straße von Lyon zu decken und sollte womöglich wieder gegen Norden vordringen.

*) d. h. am Ende des Monats Oktober.

Ueber die vierte Gruppe, die Loire-Armee, deren Zustand für die II. Armee später am wichtigsten wurde, war gesagt:

„Die Armee der Loire unter General d'Aurelle de Paladines, etwa 45,000 Mann in 9 Infanterie-Brigaden und 2 Kavallerie-Brigaden, in der Linie Bourges—Amboise, soll auf 60,000 Mann verstärkt werden und die Offensive gegen Orléans ergreifen."

„Sie ist die am besten organisirte Armee; die aus Afrika herübergezogenen Regimenter bilden ihren Kern."

Das war die erste genauere Kunde, welche die II. Armee über jenen Gegner erhielt. Schon die Nähe der neuen Regierungshauptstadt Tours machte es übrigens glaubhaft, daß sich in dieser Armee der Widerstand der Provinzen hauptsächlich vereinigen würde. Sie hatte auch das ausgedehnteste und ein vom Kriege noch ganz unberührtes Territorium für sich, aus welchem sie ihre Mittel zog.

Daß diese Armee bis zum Eingreifen der von Metz herbeieilenden preußischen Korps in die weiteren Operationen unthätig verharren werde, ließ sich nicht voraussetzen.

Ihr stand General v. d. Tann mit dem 1. bayerischen Korps gegenüber, während die 22. Division, welche diesen General in den Gefechten vom 10. und 11. Oktober unterstützt hatte, zur Zeit durch Freischaaren u. s. w. in Chartres festgehalten war. Irgend welche Berührungen auf jenem Kriegstheater ließen sich natürlich erwarten. Dann erst vermochte auch die weiter vorgedrungene II. Armee bestimmt zu erkennen, welche Ziele sie im Einzelnen zu wählen habe. Auch die aus Versailles gekommenen Weisungen betonten, daß erst der weitere Verlauf der Dinge klar machen könne, welche Aufgaben der II. Armee auf ihrem ferneren Marsche erwachsen würden.

Welche Vorkehrungen die Armee getroffen, um ihre Erhaltung zu sichern und wie der damalige Zustand ihrer Truppen beurtheilt werden muß, ist schon früher ausführlich behandelt worden.*)

Alle 3 Armee-Korps waren unter Vermittelung der General-Etappen-Inspektion, sowie der beiden General-Gouvernements von Elsaß und Lothringen mit starken Fuhrenparks versehen worden. So hatte die erstgenannte Behörde allein jedem Armee-Korps 200 mit Hafer beladene Wagen zugeführt, während sie noch 1200 andere Fahrzeuge verfügbar hielt. Die Bespannung war durch Ankauf kräftiger Pferde verbessert worden.

*) Die Operationen der II. Armee, vom Beginn des Krieges bis zur Kapitulation von Metz. S. 424.

In Ars sur Moselle, Metz und Courcelles ersetzten die Armee-Korps diejenigen Vorräthe, die sie in der letzten Zeit der Cernirung von Metz verbraucht oder für die Kriegsgefangenen hergegeben hatten. Die ersten Märsche boten ihnen hierzu abermals Gelegenheit, da die Armee die Magazine von Ars, Novéant, Pont à Mousson, Toul, Commercy, Bar le Duc berührte. Für die Einrichtung von Magazinen in St. Dizier, Joinville, Neufchâteau traf die Intendantur alle nöthigen Vorbereitungen; sie bahnte auch schon frühzeitig den freihändigen Ankauf im Lande an.

Da vorläufig alle Korps der Armee noch mit vollbeladenen Proviant-Kolonnen und Fuhrenparks marschirten, sie aber dieser mitgeführten Vorräthe beinahe gar nicht bedurften, weil sie überall genug zu leben fanden, so stand vorläufig, so lange alle Truppen in der Vorwärtsbewegung blieben, kein Mangel in Aussicht.

II.

Der Vormarsch bis zur Seine.

Den vorläufig nur allgemeinen Weisungen zufolge, welche das Oberkommando bis zum Abrücken von Metz empfangen, hatte dieses beschlossen, die Armee zunächst in die Linie Troyes—Chaumont vorzuführen. Dort war das Eingreifen in die Operationen der im Saône- und Loiregebiet stehenden Truppen von den beiden Flügeln aus noch möglich, und da jene Linie kaum vor dem 10. und 11. November erreicht werden konnte, so durfte man sicher darauf rechnen, die erwarteten genaueren Nachrichten bei der Ankunft daselbst bereits in der Hand zu haben.

Alle drei Korps marschirten nebeneinander, die Kavallerie auf dem rechten Flügel voraus. Jedem Theile war eine große Straße und ein Rayon zugewiesen, der Ausdehnung genug besaß, um ein durchziehendes Korps mit Leichtigkeit zu ernähren.

Auf dem rechten Flügel sollten die 1. Kavallerie-Division und das 9. Armee-Korps von Pierrfitte-Rupt über Bar le Duc, St. Dizier-Montier en Der, Brienne le Château, Piney nach Troyes rücken und daselbst am 10. November eintreffen, am 11ten ruhen.

Im Centrum marschirte das 3. Armee-Korps von Commercy über Ligny, Montiers, Joinville, Doulevant, Bar sur Aube nach

Vendeuvre, um diesen Ort am 10. zu erreichen und dort gleichfalls am 11. zu ruhen.

Auf dem linken Flügel ging das 10. Armee-Korps von Jouy über Pont à Mousson, Toul, Colombey, Neufchâteau-Prèz sous Lafauche, Andelot nach Chaumont vor, konnte dort indessen erst am 11. November erwartet werden.

Der Marsch gewährte den Truppen nach den Strapazen der Cernirung von Metz in diesen Tagen völlig die gehoffte Erholung. Die Etappen, welche die Korps zurückzulegen hatten, waren so bemessen, daß sie selbst für das 10. Armee-Korps, das den weitesten Weg hatte, keine erhebliche Anstrengung boten. Drei oder zwei Ruhetage konnten bis zum 11. November mit Leichtigkeit gewährt werden. Ein frisches trockenes Wetter begann. Gute und breite Straßen begünstigten die meisten Kolonnen. Die Bevölkerung, noch nicht durch umfassende Requisitionen erbittert, da sie bisher nur schnell durchziehende Truppen zu unterhalten gehabt hatte, trat den neuen Ankömmlingen freundlich und meist mit dem besten Willen, ihre Ansprüche zu befriedigen, entgegen. Raum bot sich überall genug, da jedes Korps eine große Anzahl Ortschaften belegen konnte. Natürlich war an den ersten Marschtagen noch der Prozentsatz der Ermüdeten und Fußkranken verhältnißmäßig groß, indessen auch das besserte sich mit jeder Etappe. Die Mannschaften kamen wieder zu Kräften und gewöhnten sich daher auch schnell an das Marschiren.

Durchweg in vortrefflichem Zustande war das Pferdematerial, an Futter aber auch fernerhin kein Mangel zu besorgen. Die Trains der Truppen hatten sich bei der Dauer, die der Feldzug schon hatte, und da der lange Aufenthalt vor Metz und die Kapitulation die Beschaffung von Fahrzeugen aller Art erlaubte, stark vermehrt, doch benutzten die Korps jetzt die Defileepassagen zur Kontrole und entledigten sich alles dessen, was irgend entbehrt werden konnte.

Die ersten Kriegsnachrichten von Interesse, welche die II. Armee auf ihrem Vormarsche erhielt, kamen vom 14. Armee-Korps, während ihre eigenen Spitzen in den ersten Tagen nichts fanden, was auf die Nähe des Feindes hinwies. General v. Werder hatte am 31. Oktober durch Theile seines Korps Dijon besetzt, nachdem Tags zuvor der Feind in hartnäckigem Kampfe auf den Höhen von St. Apolinaire unterlegen war. Aus dem großen Hauptquartier erhielt der General nunmehr die Weisung, auf Dôle und den Bahnknoten von Arc Senans vorzugehen. Die 1. Reserve-Division sollte inzwischen die Festung Belfort einschließen.

Die Beobachtung von Langres hingegen fiel nun der II. Armee zu.

Die Besetzung von Dijon war übrigens für die Besitznahme des französischen Eisenbahnnetzes in Mittelfrankreich wichtig, da dieses Netz wesentlich dazu dienen sollte, die II. Armee späterhin zu ernähren, mit Ersatz und Munition zu versehen. Schon war die Wiederherstellung der Linie Blesme—Chaumont durch die bis dahin in der Gegend von Soissons arbeitende Feldeisenbahn-Abtheilung Nr. 4 befohlen. Da sich Dijon nun in deutscher Hand befand, von der III. Armee im Westen aber die Bahn bei Montereau coupirt wurde, so war damals der gesammte Eisenbahnkomplex Troyes—Montereau und Clamecy von den übrigen Bahnen Frankreichs abgeschnitten und hatte der Feind nicht bei Zeiten Vorkehrungen getroffen, um das auf diesen Strecken laufende Material zu retten, so fiel es möglicherweise in die Gewalt der II. Armee, — jedenfalls eine wichtige Beute *). Nach den ausgegebenen Marschdispositionen erreichte nun das 9. Armee-Korps am 5. bei St. Dizier, das 3. Armee-Korps am 6. November bei Joinville die Bahnlinie Blesme—Chaumont, während das 10. Armee-Korps, wie bekannt, erst fünf Tage später, am 11., den letztgenannten Ort besetzte. Vortheilhaft erschien es deshalb, schon vom 3. Armee-Korps den Eisenbahnknoten von Bologne bei Chaumont einnehmen zu lassen, um dort bereits das vor dem später herankommenden 10. Armee-Korps von Neufchâteau gegen Chaumont abfahrende Eisenbahnmaterial mit Beschlag zu belegen.

Das 3. Armee-Korps erhielt deshalb am 4. November Befehl, den Marsch seiner Avantgarde derart zu beschleunigen, daß diese schon am 5. November in Joinville eintraf. Nach Bologne aber sollte ein Detachement vorgehen, dort am 6. ankommen und dann möglichst bald Bricon, wenn angängig, auch Chaumont in Besitz nehmen. Da somit ein Theil des 3. Armee-Korps sich in die Marschrichtung des 10. Armee-Korps hineinschob, so wurde den betreffenden Befehlen hinzugefügt, daß vor dem Erscheinen der Spitzen dieses Korps die Gegend von Chaumont vom 3. Korps wieder geräumt, der ganze Distrikt aber bis dahin möglichst geschont werde.

---

*) Für die Wiederherstellung des Telegraphennetzes war der II. Armee noch die bisher in Longjumeau stationirte Etappen-Telegraphen-Abtheilung Nr. II zur Verfügung gestellt worden. Sie sollte am 6. November in Vitry le Français eintreffen.

Die Expedition gegen Bologne sollte unerwartet das erste neue Zusammentreffen mit dem Feinde herbeiführen. Am 5. November noch war Alles ruhig geblieben und nichts von der Nähe französischer Streitkräfte verlautet. Als aber am 6. November das Oberkommando auf dem Marsche von Montiers sur Saulx nach Joinville das Marnethal erreichte, war in südlicher Richtung fernes Geschützfeuer hörbar.

Das 3. Armee-Korps hatte schon seit drei Tagen zur Sicherung seiner linken Flanke — und um Nachrichten über den Feind zu gewinnen — ein Detachement formirt, das so lange selbstständig bleiben sollte, bis das 10. Korps in gleicher Höhe mit dem 3. anlangte und so diese Maßregel überflüssig machte. Jenes Detachement:

2 Bataillone,
3 Eskadrons,
1 Batterie,

unter Oberst v. Conta, sollte zunächst über Doulaincourt nach der Gegend von Chaumont abrücken. Ihm fiel natürlich auch die Besetzung von Bologne u. s. w. zu. Am 6. November Morgens rückte es gegen Froncles vor, um dort die große Straße im Marnethale zu gewinnen. Schon das Hinabsteigen ins Thal ward durch sperrende Barrikaden erschwert, Froncles dann schwach, der nördlich gelegene Ort Provenchères aber stärker besetzt gefunden. Um diesen herum marschirte Oberst v. Conta auf der Gebirgshöhe gegen Villers sur Marne. Auch dort zeigte sich der Feind, und die Vortruppen plänkelten mit seinen Schützen. Schließlich nahm das Detachement bei Gudmont und Rouvray Stellung und patrouillirte von dort aus südlich. Zu ernsten Gefechten kam es nicht. Vielfach gingen indessen im Laufe dieses Tages dem Oberst v. Conta Nachrichten zu, daß bei Langres größere feindliche Truppenmassen versammelt seien und daß andere Abtheilungen, deren Stärke freilich nicht angegeben werden konnte, schon bei Chaumont anzutreffen seien. Bei Andelot und an andern günstig gelegenen Sperrpunkten, hieß es, seien Verschanzungen errichtet, die Organisation des Volkswiderstandes wäre in vollem Gange.

Man nahm selbstverständlich diese Nachrichten nicht in ihrem vollen Umfange für baare Münze, indessen zeigten sie doch schon in unerwarteter Weise, was man bei weiterem Eindringen in Frankreich zu gewärtigen habe.

Am 7. schob das 3. Armee-Korps seine auf dem linken Flügel

marschirende 5. Division nach der Gegend von Donjeux südlich und befahl ihr, gegen Doulaincourt, Andelot und Blaise zu rekognosziren, dann aber auch bereit zu sein, das Detachement Conta zu unterstützen. Dieses ging am 7. nunmehr gegen Bologne vor, erreichte den Ort Nachmittags um 2 Uhr, fand ihn frei, stieß aber jenseits desselben auf den Feind, der das Gehölz la Tillaude besetzt hielt, während sein Rückhalt sich im Orte Bretanay postirt hatte. Das Gehölz wurde nun beobachtet, rechts und links umgangen und dann, nachdem zuvor Bretenay durch einige Granaten und vorgehende Infanterie vom Feinde gesäubert worden war, genommen. Der Feind, dem aus seiner Stellung von la Tillaude kein Rückzug offen geblieben war, verlor 40 Gefangene und außerdem eine noch größere Zahl an Leuten, von denen die meisten todt auf dem Platze blieben, während das Detachement Conta nur zwei Verwundete hatte.

Ein solches Ergebniß schien ganz geeignet, deprimirend auf die zur Belebung des Volkswiderstandes gemachten Versuche zu wirken. Man setzte dies um so mehr voraus, als die meisten Gefangenen eine wenig kriegerische Stimmung zeigten und vorgaben, nur gezwungen die Waffen ergriffen zu haben. Ausrüstung und Bewaffnung der Leute — zum Theil mit Chassepotgewehren — waren indessen gut gewesen. Als Organisator der hier auftauchenden Schaaren ward allgemein der Präfekt von Chaumont genannt, der sich am frühen Morgen des Gefechtstages auch in Bologne aufgehalten hatte. Man fand dort zwei an ihn gerichtete Depeschen, die aus Langres eingelaufen waren und die auf seine Anwesenheit hindeuteten. Die eine lautete: „Faut-il cacher les papiers?", die andere: „Faut-il envoyer l'artillerie?" In Langres standen, danach zu urtheilen, wohl stärkere Truppenkörper, während Chaumont nur schwächer besetzt zu sein schien. Die gegen diese letzte Stadt vorgetriebenen Kavallerie-Rekognoszirungen stießen übrigens bei den Höhen von Buxereuilles auf feindliche geschlossene Infanterie, die sie mit Salvenfeuer schon in großer Entfernung begrüßte.

Abends versammelte Oberst v. Conta seine Abtheilungen um Bologne und verblieb dort die Nacht hindurch.

Am 8. besetzte die 5. Infanterie-Division mit einer starken linken Flügelkolonne*) Chaumont und Umgegend, ohne auf ferneren Widerstand zu stoßen. Der Rest der Division ging in Quartiere

*) 7 Bataillone, 4 Eskadrons, 2 Batterien.

bei Blaise. Da die Division übrigens gut untergebracht werden konnte, so ruhte sie am 9. in denselben Kantonements.

Die anderen Korps der II. Armee folgten den ausgegebenen Marschbefehlen. Der Zwischenfall von Breteney führte keinerlei weitere Störung herbei und erhielt das 9. Armee-Korps die Weisung, seine Tete möglichst frühzeitig gegen Troyes, oder bis nach diesem Orte hin vorzuschieben. Es trat nämlich nun, nachdem sich einmal der Widerstand im Lande gezeigt, die Vermuthung nahe, daß auch in Troyes die nationale Erhebung organisirt sein werde und man um den Besitz des Ortes vielleicht kämpfen müsse.

Da nun der II. Armee während dessen die Beobachtung von Langres zugefallen war, so hatte das 10. Armee-Korps, in dessen Marschrichtung diese Aufgabe lag, schon am 6. November die nöthigen Weisungen in seinem Hauptquartier Colombey erhalten. Das Oberkommando war der Ansicht, daß ein südlich Chaumont, etwa bei Humes postirtes Detachement von:

2 Bataillonen,
2 Eskadrons,
1 Batterie

ausreichen werde, um die Garnison der Festung im Schach zu halten. Diese Detachirungen von untergeordneter Bedeutung möglichst schwach zu machen, lag natürlich im Interesse der weiteren entscheidenden Operationen. Andererseits sollten jedoch auch die Aussichten erwogen werden, welche ein mit stärkeren Kräften unternommener Versuch zur Ueberrumpelung des Platzes habe.

Ueber dessen Vertheidigungsfähigkeit, sowie über die Stärke und Schlagfertigkeit der Besatzung, fehlten noch immer sichere Angaben. Nach den Aussagen der bei Bretenay gemachten Gefangenen und der Landleute waren in letzter Zeit an 6—8000 Mann, in Bataillone zu 4—500 und Kompagnien zu je 100 Mann getheilt, bei Chaumont versammelt gewesen, hatten die Waffen aber erst seit einigen Tagen empfangen. General Collin, ein früherer Kapitain, wurde als Kommandeur dieses Korps genannt, neben ihm der Präfekt Spuller. In Langres, hieß es, seien viel Mobilgarden zusammengezogen, aber auch Linientruppen, wie das 50e de ligne. Daß dort auch Feldartillerie verfügbar sei, hatte die in Bologne gefundene Depesche ausgewiesen.

Welche Nachrichten früher während der Belagerung von Toul der Armee über diese Ansammlung eines Entsatzkorps bei Langres zugegangen waren, ist bekannt. Aus einem aufgefundenen Erlaß ersah man, daß General de Prémonville den Oberbefehl in jener Gegend habe, da er die betreffenden Verordnungen als „général-commandant la 7e division militaire“ unterzeichnet hatte. General de Prémonville schreibt von Besançon unter dem 24. September an den General (commandant) des Departements Haut Marne und setzt in diesem Schreiben die Grundsätze des Guerillakrieges in 10 Abschnitten auseinander, doch ohne irgend etwas von besonderer Bedeutung anzuführen. Er klagt über Waffenmangel, bestimmt, daß alle bewaffneten Mannschaften ihre Dörfer verlassen und in Wäldern, Bergen und Felsen Zuflucht suchen sollten, während die unbewaffneten Einwohner dem Feinde nur passiven Widerstand entgegensetzten. In den Ortschaften, welche die 5. Infanterie-Division bei Chaumont occupirt hatte, wurden übrigens nicht weniger als 600 Gewehre (400 Miniés, 200 Jagdflinten) aufgefunden.

Dem 10. Armee-Korps blieb nun überlassen, sich über die Bedeutung aller dieser Nachrichten Klarheit zu verschaffen und danach zu handeln.

Am 8. November früh, als das Oberkommando die Meldung von dem Gefecht von Bretenay und die eben erwähnten während desselben gesammelten Notizen über die Anwesenheit starker feindlicher Kräfte bei Chaumont erhalten hatte, sandte der General-Feldmarschall dem 10. Armee-Korps noch den Befehl zu, es solle am 9. nicht — wie es im Marschtableau stand — bei Prèz sous Lafauche ruhen, sondern möglichst frühzeitig Chaumont erreichen. General v. Voigts-Rhetz hatte sein Hauptquartier, das an diesem Tage in Prèz sein sollte, noch in Neufchâteau behalten und die Ruhe für den 9. befohlen. Bis dahin waren ihm durch aufgefangene Briefe u. s. w. ähnliche Angaben über die Verhältnisse bei Langres und Chaumont zugegangen, wie dem 3. Armee-Korps, nichts Bestimmteres. Er marschirte nun am 9. bis Andelot. Um 6 Uhr früh dieses Tages hatte er bereits die Nachricht, daß Chaumont seit gestern von der 5. Division besetzt, der Feind ohne Gefecht abgezogen sei. Am 10. löste er jene Division in Chaumont ab und schob die Spitzen des Korps bis Lusy und Viesles vor.

Die in Chaumont selbst koursirenden Gerüchte waren übrigens der französischen Sache weniger günstig. In Langres sollten unter den dort vereinigten Nationalgarden und Marschregimentern viel Krankheiten, besonders die Blattern, herrschen, die Kriegslust gering sein. Auch aus den aufgefangenen Briefen sprach mehr Entmuthigung, als Hoffen.

Inzwischen war in der Bestimmung der II. Armee eine wesentliche Aenderung vorgegangen, der Armee eine schon näher bezeichnete Richtung gegeben. Am 8. November hatte Prinz Friedrich Karl in Doulevant-le-Château einen Brief des General v. Moltke mit neuen Königlichen Befehlen erhalten.

Die in den letzten Tagen vor Paris gepflogenen Waffenstillstands-Verhandlungen waren abermals ohne Resultat geblieben. Der Umstand aber, daß auch der Fall von Metz das französische Gouvernement nicht zu einer den Verhältnissen entsprechenden Haltung bewog, ließ darauf schließen, daß in nächster Zeit noch ein ernsthafter Versuch zum Entsatz von Paris gemacht werden würde.

Diese Meinung war in jenem Schreiben dargelegt und hinzugefügt:

„Ein beschleunigter Vormarsch der II. Armee mit dem rechten Flügel etwa in der Richtung auf Fontainebleau würde hiernach erwünscht sein."

„Daß eine solche Bewegung nirgends auf nennenswerthen Widerstand stoßen kann*), ist aus einer Zusammenstellung der über die feindlichen Streitkräfte jetzt hier vorhandenen Nachrichten ersichtlich, und wird hiernach der linke Flügel der II. Armee zu einer Verwendung nach Umständen frei bleiben."

„Die nach Sezanne instradirten Theile des 2. Korps sind auf Corbeil zu dirigiren."

Zum Schluß erklärte sich General v. Moltke mit den bisher von der II. Armee getroffenen Maßnahmen u. s. w., über die am 4. November an ihn berichtet worden war, einverstanden.

Die Zusammenstellung der französischen Streitkräfte, auf welche der General hinwies, führte nun damals folgende Truppenkörper als auf französischem Boden verfügbar an:

I. Die Reste der ursprünglichen Feld-Armee.

Infanterie:

6 Infanterie-Regimenter,
1 Fremden-Regiment.

---

*) Bei dem Vormarsche bis Fontainebleau—Nemours—Montargis stieß die Armee auch nur auf schwache bewaffnete Abtheilungen, deren Gegenwehr schnell beseitigt wurde.

Kavallerie:

5 intakte und einige den verschiedenen Katastrophen der französischen Armee zum Theil entgangene, demnächst retablirte Kavallerie-Regimenter.

Artillerie:

8 Batterien des algerischen Feld-Artillerie-Regiments*).

II. Neuformationen der regulairen Armee.

Infanterie:

33 Marsch-Infanterie-Regimenter**),
7 Marsch-Infanterie-Bataillone,
9 Marsch-Jäger-Bataillone,
4 Marsch-Zuaven-Regimenter,
1 Tirailleur- (Turcos) Marsch-Regiment zu 2 Bataillonen,
1 Fremden-Regiment Nr. 2,
1 Bataillon, als fünftes zum bisherigen Fremden-Regiment Nr. 1 angeworben,
1 Regiment Gensdarmerie zu Fuß.

Die Marsch-Regimenter, aus den vierten Bataillonen der Linien-Regimenter und aus Depots gebildet, zählten je 3 Bataillone, die man zusammen auf 1600 Mann schätzte.

Kavallerie:

1 Garde-Kavallerie-Marsch-Regiment,
2 Kürassier-, 2 Dragoner-, 1 Lanciers-, 1 Dragoner-, 1 Husaren- } Marsch-Regimenter,
3 Regimenter „de cavalerie mixte“,
2 Gensdarmerie-Regimenter zu Pferde.

Auch die Kavallerie-Regimenter waren aus den Depots formirt, die cavalerie mixte aus Ueberbleibseln verschiedener bereits im ersten Theile des Krieges verloren gegangener Regimenter.

---

*) Außerdem wurden noch genannt: 3 Bataillone afrikanischer Infanterie (Zephirs) und die 3 Regimenter eingeborner Kavallerie (Spahis), welche auch jetzt, nach dem Wegziehen der letzten französischen Regimenter aus der Kolonie, in Algier verbleiben sollten.

**) 6 andere waren auch bereits formirt gewesen, aber bei Sedan resp. in Straßburg wieder in Gefangenschaft gerathen.

Artillerie:

Man schätzte die vorhandene Feld-Artillerie einschließlich der Mitrailleusen zur Zeit auf 40—50 Batterien.

Diese Waffe hatte von der Republik ganz neu geschaffen werden müssen. Nur die Artillerie-Trainmannschaften und die noch vorhandenen Festungs-Kompagnien gaben dieser Organisation einigen Anhalt. Daß es der jungen Armee zumal an Munitions-Kolonnen noch sehr mangele, ließ sich leicht ermessen.

III. Das für den Landkrieg gestellte Kontingent der Marine.

Infanterie:

7 Marine-Infanterie-Bataillone in Paris und bei der Loire-Armee.*)

Artillerie:

Marine-Artillerie und Seeleute zur Bedienung der schweren Geschütze in den Forts von Paris, resp. auch Lyon.

Einige Landungs-Batterien, die zur Loire-Armee und zur Landesvertheidigung der Normandie abgegangen sein sollten.

IV. Die Armée auxiliaire.

1. Mobilisirte Nationalgarde.

Infanterie:

Gegen 300 Bataillone der garde nationale mobile, meist in Regimenter zu 3 Bataillonen und 3000 Mann formirt. Schon wurden 70 solcher Regimenter genannt, von denen einige zur Besetzung von Algier abgeschickt wurden, während die anderen mit den regulairen Infanterie-Regimentern Brigade-Verbände bildeten.

Artillerie:

Von den 123 nach der Niel'schen Organisation normirten Artillerie-Kompagnien war bereits ein Theil mit den Festungen in Feindes Hand gefallen. Aus den übrigen hatte man für Paris und die Nordfestungen vier provisorische Artillerie-Regimenter formirt. An-

---

*) Eine Marine-Division von 12 Bataillonen war schon bei Sedan untergegangen.

dere Kompagnien standen isolirt in den noch vertheidigten Plätzen, auch dienten Mobilgarde-Artilleristen, namentlich in Paris, zur Formirung neuer Feld-Batterien.

2. Der mobilisirte Theil der sedentairen Nationalgarde.

Ueber den gegenwärtigen Stand dieses Theils der französischen Volks-Armee ließen sich genauere Angaben schwer feststellen. In jedem Departement war die Aufstellung einer Brigade befohlen, zu welcher jedes Arrondissement eine Legion hergab. Diese wieder ward aus den Bataillonen der Cantone zusammengesetzt, welche ihrerseits in sich die Kompagnien der Gemeinden vereinigten. Da die Stärke der Kompagnien zwischen 100 und 250 Mann, die Stärke der Bataillone von 4—10 Kompagnien variiren durfte, und die Zahl der Bataillone sich nach der Bevölkerungsziffer richtete, so folgten daraus für Legionen und Brigaden sehr ungleichmäßige Stärken, was Berechnungen fast unmöglich machte.

Eine besondere Nationalgarde-Artillerie war in der Bildung begriffen, doch lag diese Organisation zur Zeit wohl noch ganz im Keime der Entstehung.

3. Die legion étrangère.

Zur Zeit war man noch zweifelhaft, was unter dieser offiziellen Bezeichnung im Gegensatz zu den régiments étrangers gemeint sei. Nachrichten über die Formation einer irländischen Legion, einer Legion „des volontaires de l'Ouest" — einer Erweiterung des Korps der päpstlichen Zuaven — lagen vor. Ebenso befanden sich schon ein spanisches, ein polnisches, zwei italienische Freiwilligen-Bataillone unter den Truppen Garibaldi's.

4. Die Freikorps.

Die wenigen „Francs-tireurs"-Kompagnien im nordöstlichen Frankreich, welche das Niel'sche System schon im Frieden als ein Anhängsel der mobilen Nationalgarde aufgenommen hatte, zeigten seit Ausbruch des Krieges eine solche Vermehrung um die verschiedenartigsten Freikorps, daß ein Ueberblick über diese Organisation nicht möglich war. In Paris allein nannte man 58 solcher Abtheilungen, im Garibaldi'schen Korps 24. Vereinzelt oder neben Mobil- und Nationalgarde traten sie aller Orten auf, um sich an der Lokalvertheidigung oder Parteigänger-Unternehmungen zu betheiligen.

Dann figurirten noch in den Aufzählungen der feindlichen Streitmacht andere troupes armées relevant du ministère de la guerre, eine Gruppe die bis dahin noch nicht bestimmt aufgeklärt worden war.

Diese gesammte Streitmacht ward unter dem neuen Titel der armée de la défense nationale zusammengefaßt und sollte die Mittel bieten, den Widerstand gegen die Invasion bis zum Aeußersten durchzuführen. Besondere Territorial-Kommando's der Regionen des Nordens, Westens, der Mitte und des Ostens hatten für die Landesvertheidigung als oberste Kommissariate zu sorgen. Für die Lokal-Vertheidigung wirkte daneben in jedem Departement ein besonderer Ausschuß: „Comité militaire du département" der, unter Erklärung des Belagerungs-Zustandes die örtliche Gegenwehr mit allen technischen Hülfsmitteln vorzubereiten hatte, sobald der Feind sich auf 100 Kilometer den Grenzen des Departements näherte.

Der erste und bestimmte Zweck, welchen die Regierung der Nationalvertheidigung verfolgte, war ohne Zweifel der, Paris zu behaupten und mit Hülfe eines Entsatzes durch die neuorganisirten Streitkräfte die Cernirungsarmee abzuschütteln. Freilich war bisher noch immer darauf gerechnet worden, daß Bazaine sich bis zur entscheidenden Stunde in Metz werde halten können.

Jedenfalls entsprach die Aufstellung der schon gebildeten, oder in der Bildung begriffenen aktiven Divisionen und Korps zu Operationszwecken den einzelnen Zügen des vor Gambetta's Abreise aus Paris von der Regierung der National-Vertheidigung entworfenen allgemeinen Kriegsplanes.

Die Vertheilung der 4 jetzt bestimmt zu unterscheidenden Heeresgruppen war dem Oberkommando bekanntlich schon früher mitgetheilt worden.*) Einzelne Detail-Nachrichten kamen jetzt neuerdings hinzu.

So ward erwähnt, daß der zum französischen Divisions-General ernannte Garibaldi mit seinem bei Dôle versammelten Korps von etwa 14,000 Mann**) die Offensive der französischen Ost-Armee vorbereiten, die Vogesen wiedergewinnen, die Eisenbahn-Verbindungen der deutschen Armeen coupiren und, wenn jene beabsichtigte Offensive gelänge, in Badisches Gebiet einbrechen solle.

Die Loire-Armee sollte nach Vollendung ihrer Organisation über

---

*) Siehe Seite 5.

**) Siehe Seite 3, 5.

Orléans zum Entsatze von Paris vordringen. Zur Zeit zählte diese Armee — eigentlich das 15. französische Armee-Korps — den wahrscheinlichsten Nachrichten zufolge 4 Divisionen mit relativ schwacher und verschiedenartiger Artillerie, sowie angeblich 9 Kavallerie-Regimentern. An Infanterie wurden die 4 aus Afrika gezogenen Regimenter 16, 38, 39 und 92, 46 Marsch-Infanterie- oder Zouaven-Regimenter (darunter Nr. 27 und 30), einige Marschjäger und Turcos-Bataillone, sowie etwa 8 Mobilgarden-Regimenter, wie Nr. 12, 13, 22, 25, 29 und 66 genannt.

Einem Rapport vom 10/11. Oktober, den man bei Orléans erbeutet, war die Ordre de bataille der 2. Division des Korps entnommen*), welche eine Ziffer von 256 Offizieren, 14,902 Mann, 524 Pferden ergab. Danach glaubte man das Korps — waren alle 4 Divisionen schon beisammen — wohl auf 60—62,000 Mann schätzen zu können. Noch immer wurde für die Stellung des Korps die Linie Bourges-Vierzon-Amboise bezeichnet. Uebrigens wurde nun auch schon das bei Tours organisirte 16. Korps genannt, das — wenigstens mit Theilen — in der Gegend von Blois stehen sollte.**)

Ferner folgten die Nachrichten, welche über die in Paris selbst stehende Feld-Armee vorlagen. Um der Entsatz-Armee im geeigneten Moment die Hand reichen zu können, mußte feindlicherseits natürlich auch eine solche Armee bei Zeiten aufgestellt werden.

Sie bestand für jetzt angeblich:

1. Aus dem 13. Korps (Vinoy),

---

*) Diese Ordre de bataille lautete:

15. Armee-Korps.
2. Division.

1. Brigade.

Marschjäger-Bataillon 39. Linien-Regiment 5. Bataillon des 1. Fremden-Regts. 25. Mobilgarden-Regiment	5300 Mann.
2 Batterien 1 Genie-Kompagnie Administrationen	654 Mann.

2. Brigade.

2. Zuaven-Marschregiment 30. Marsch-Infanterie-Regiment 39. Mobilgarden-Regiment	9179 Mann.

Total (inclusive Stab) = 256 Offiziere, 14,902 Mann, 524 Pferde.

**) Die zusammengestellten Nachrichten reichten bis zum 3. November.

2. Aus dem 14. Korps (Renault),
zusammen 60,000 Mann zählend,

3. Aus 40,000 Mobilgarden,

4. Aus 24,000 Mann mobilisirter Nationalgarde.

5. Aus 10,000 Mann verschiedener Freikorps.

Alles in Allem also aus 134,000 Mann, oder wenn man Kavallerie, Artillerie u. s. w. hinzurechnete in runder Ziffer aus 150,000 Mann mit 100 Feldgeschützen. An der Herstellung und Vervollkommnung dieser Armee, um sie operationsfähig zu machen, mochte immerhin noch Manches fehlen.

Setzte man auch voraus, daß diese Zusammenstellung nicht in allen Theilen mit dem thatsächlich Bestehenden übereinstimmen könne, da es zur Zeit wohl selbst für die französischen Regierungs-Organe schwierig war, den Stand der Landesbewaffnung genau zu ermitteln, so gab sie gewiß doch in großen Zügen ein richtiges Bild.*)

---

*) Ueber die Organisation der französischen Streitkräfte in den Provinzen giebt Herr de Freycinet in seinem Buche la guerre en Province einige Aufschlüsse welche hier — im Hinblick auf die Berührungen der II. Armee mit den an der Loire auftretenden französischen Armeen von Interesse sind.

Als sich die Regierung der National-Vertheidigung am 4. September constituirte, zog sie alle nach dem Untergange der Armee von Sedan und der Einschließung Bazaines in Metz noch irgend verfügbaren Kräfte zur Vertheidigung von Paris zusammen. Es waren dies 40,000 Mann regulaire Truppen des Korps Vinoy, 100,000 Nationalgarden der Provinzen, einige tausend Mann Marine-Truppen und Alles, was an Cadres von Offizieren noch übrig war. Desgleichen wurde das gesammte vorräthige Material und alle Munition in die Hauptstadt gebracht.

Am 16. September siedelte die Regierungsdelegation Crémieux-Glais Bizoin und der Kriegs-Minister Fourichon nach Tours über, um die Provinzen zu verwalten und wenn möglich eine Entsatz-Armee zu organisiren. Zur Aufstellung eines Heeres aber fehlten alle Mittel. Kein formirtes Regiment bestand. Die Depots waren freilich alle vollzählig, allein es mangelte ihnen die Organisation zu taktisch verwendbaren Truppenkörpern. Selbst das Kriegsministerium von Tours bestand aus einem ganz unzureichenden Personal und es fehlte ihm jegliches Material, die Archive, Bestimmungen — sogar alle Karten u. s. w.

Zunächst wurden nun die noch verfügbaren afrikanischen Truppen zur Loire herangezogen und in Eile einige Regimenter formirt; so stellte man die erste Loire-Armee auf 30,000 Mann unter General Lamotterouge. In den Vogesen bildete sich ferner das Korps des Generals Cambriels; im Westen gruppirten sich einige Bataillone mobiler Nationalgarde unter General Fiereck. Aber schon diese ersten Versuche, Armeen zu schaffen, wurden durch viele kleine Schlappen gestört, dem improvisirten Kriegs-Ministerium wuchs die Arbeit über den Kopf; Admiral Fou-

Jedenfalls waren danach durch die Bestimmung des gouvernement de la défense nationale völlig hinreichende Menschenmassen

---

richon legte sein Portefeuille nieder, das für einige Tage nicht anderweitig vergeben wurde.

Am 9. Oktober langte Gambetta in Tours an und begann das Werk, für Frankreich Feld-Armeen zu organisiren, welche im Stande sein sollten, der siegreichen Invasion Halt zu gebieten. Die unglücklichen Treffen von Artenay-Orléans waren die ersten Erlebnisse des neuen Regime's.

Herr de Freycinet faßt die militairische Situation Frankreichs vom 10. Oktober folgendermaßen zusammen:

1. Paris war blokirt und nur in einer von vielen Zufälligkeiten abhängigen Verbindung mit den Provinzen, ebenso die Armee Bazaine in Metz.

2. An der Loire begannen die eben geschlagenen 20—25,000 Mann einen Rückzug, von dem man voraussah, daß er erst tief in der Sologne enden könne.

3. Die Ost-Armee unter Cambriels, — noch 24,000 Mann stark — verließ nach unglücklichen Gefechten die Vogesen und suchte Schutz in Besançon.

4. Im Westen bildeten 30,000 Mann mobile Nationalgarden, schlecht equipirt und bewaffnet, ohne Eintheilung, ohne Artillerie und Kavallerie einen zerbrechlichen Cordon von Chartres bis Evreux.

5. Im Norden gab es noch keinerlei regulaire Streitkräfte. In den festen Plätzen lagen Garnisonen, aber Feldtruppen fehlten ganz.

Alles in Allem waren noch nicht 40,000 Mann regulairer Truppen und nur ebensoviele mobile Nationalgarden vorhanden, 5—6000 Mann Kavallerie und etwa 100 Kanonen, das Ganze in schlechtem Zustande.

Unter dem 4 Monate dauernden Regimente Gambetta's (bis zum 9. Februar 1871) sind von den Provinzen Frankreichs aufgestellt worden:

Linien-Infanterie: 208 Bataillone	230,000	Mann
Garde mobile: 31 Regimenter à 3600 Mann . .	111,600	»
Mobilisirte Nationalgarde	180,000	»
Kavallerie: 54 Regimenter	32,400	»
Franktireurs	30,000	»
Summa:	584,000	Mann,

oder mit der Artillerie und dem Genie über 600,000 Mann. Dabei sind nur die wirklich ins Feld gestellten Truppen gerechnet, nicht etwa die Depots, die in den Instruktionslagern verbliebenen Mannschaften, die Garnisonen von Algier — ebensowenig die von Gambetta schon vorgefundenen 80,000 Mann. An jedem Tage seiner Herrschaft hat also der Diktator 5000 Mann — eine ganze Brigade — aufgebracht und gegen den Feind geschickt. Aus den gesammten von ihm verwendeten Truppen, 680,000 Mann bildete er 12 Armee-Korps (15—26), die Vogesen-Armee Garibaldi's und mehrere wichtige Territorial-Korps, wie die von Hâvre, Carentan und Nevers. Nicht weniger als 1400 komplette Geschütze machten die von Grund aus neu geschaffenen Artillerie dieses Heeres aus.

In den 11 stehenden Lagern von Saint-Omer, Cherbourg, La Rochelle, Les Alpines (früher Pas des Lanciers), Nevers, Bordeaux, Clermont-Ferrand, Tou-

zur Bildung großer Armeen aufgeboten. Es blieb abzuwarten, in wie weit es möglich sein werde, diese auszurüsten, zu bewaffnen und zu wirklichen Soldaten zu machen. Die Meinungen darüber konnten getheilt sein. Was von französischer Seite später hierin geleistet worden ist, überschreitet jedenfalls bei Weitem das, was man damals für wahrscheinlich, ja selbst für möglich hielt.

Die II. Armee, deren bestimmter Auftrag nun die Deckung der Cernirung von Paris gegen Süden hin geworden war, hatte jetzt das bedeutendste der im freien Felde stehenden französischen Heere zum Gegner, auch dieses Heer aber erschien vorläufig nach den oben gegebenen Nachrichten den 3 heranrückenden Korps nicht gewachsen.

Der Marsch der II. Armee wurde durch die dem 9. und auch dem 10. Korps letzthin zugegangenen Weisungen bereits soweit beschleunigt, als es die Rücksicht auf die Schonung der Truppen ge-

---

louse, Montpellier, Sathonay (Lyon) und Conlie wurden die zu den Fahnen berufenen Mannschaften durchgebildet und die neuen Korps operationsfähig ausgerüstet. Die 4 ersten Lager sollten zugleich als strategische Sammelplätze dienen und Einrichtungen erhalten, um 250,000 Mann aufzunehmen, die andern wurden für höchstens je 60,000 Mann vorgesehen. (Siehe Anhang).

Die zunächst vorgenommenen Operationen im freien Felde bestanden nun darin, daß die an der Loire geschlagene Armee bei Salbris hinter der Sauldre zum Stehen gebracht wurde. Ihr an Stelle Lamotterouge's gesetzter neuer Oberbefehlshaber, General d'Aurelle de Paladines, reorganisirte sie; die Regierung schickte ihm neue Truppen-Formationen und er stellte allmälig das 60,000 Mann starke 15 französische Korps auf. Dies Korps blieb mit seiner 2. und 3. Division bei Salbris stehen, mit der allein 25,000 Mann starken 1. Division besetzte es Argent. In Gien lagen ferner einige 1000 Mann. Zum Schutze von Tours wurde alsdann auf der Linie Blois-Vendôme das 16. französische Korps unter General Pouret zusammengezogen, 35,000 Mann zählend. In zwei Kriegsrathssitzungen vom 24. und 26. Oktober wurde ein erster Feldzugsplan entworfen und zu dessen Objekt die Wiedereroberung von Orléans gewählt. Am 27. Oktober begann man auch bereits mit den Vorbereitungen zu diesem Unternehmen. Die 2. und 3. Division des 15. Korps wurde mit der Eisenbahn gleichfalls noch nach Blois-Vendôme geschafft, so daß dort 70,000 Mann bereit waren, um stromaufwärts vorzugehen und die Bayern in Orléans in der rechten Flanke anzugreifen. Sobald sich der Kampf entwickelt hatte, wollte General Martin des Pallières mit der 1. Division des 15. Korps über Gien und von dort stromabwärts marschiren, dann aber unerwartet den Angegriffenen in den Rücken fallen. So standen die Dinge noch zu Anfang November, als Prinz Friedrich Karl mit der II. Armee den Marsch von Metz antrat.

stattete. Wie sehr noch hieran gedacht werden mußte, läßt sich z. B. aus einer Meldung des 10. Armee-Korps ermessen, die am 10. November Nachmittags 2 Uhr aus Chaumont an das Ober-Kommando abging:

„Durch die Bewachung und den Transport der Gefangenen in den letzten Tagen vor Metz, durch Kollisionen mit den Truppen des 8. Korps auf dem linken Seilleufer, bei Jouy, und mit Truppen des 2. Korps in Pont à Mousson ist das 10. Armee-Korps ungewöhnlich angegriffen worden und obschon der Zugang an Kranken sich vermindert, ist die Zahl der auf den einzelnen Etappen zurückgelassenen Marschunfähigen nicht unbedeutend."

„Es sind Kompagnien da, die nur noch 100 Gemeine zählen."

Hieran schloß sich die Bitte, dem Korps nicht nur am 11., sondern auch am 12. Ruhe zu gewähren, um einen größeren Theil der Maroden, einen von Hauconcourt kommenden Transport Rekonvaleszenten von 300 Mann, 900 Mann Ersatz und die auf dem Transport befindlichen Winterbekleidungsstücke heranziehen zu können.

Am 8. November erreichten auch schon die Spitzen der ersten Kavallerie-Division Villacerf, Troyes und Verrières an der Seine, auch die dort gelegenen Brücken über den Fluß wurden unversehrt gefunden. Der Widerstand war freilich vorbereitet worden, aber das schnelle Erscheinen der Armee überraschte die noch unfertigen Organisationen. Die Stadt war auf dem rechten Seine-Ufer schon mit starken Schützengräben umgeben, die Besatzung auf 3000 Mobilgarden angewachsen, welche aber am 8. Morgens, geführt vom General Lafont nach Auxerre abmarschirt waren. Auch in Brienne hatte ein Mobilgarden-Bataillon Quartier gehabt, am 6. aber schon seinen Abzug auf Bar sur Aube bewerkstelligt.

In Troyes feuerten jetzt nur Civilpersonen Schrotschüsse auf die eindringenden Ulanen ab, ernster Widerstand ward nicht versucht. Die eingerückten Eskadrons verbrachten die Nacht zum 9. November in der Vorstadt und um Mittag rückte dann die Avantgarde des 9. Armee-Korps hinein. Die sogleich weiter vorgehenden Patrouillen trafen jenseits St. Germain noch auf versprengte Mobilgardisten.

Am 10. November zog die Masse des 9. Armee-Korps in und durch die Stadt, in welcher auch Prinz Friedrich Karl sein Hauptquartier nahm. Die erste Kavallerie-Division ging bis westlich und südwestlich Troyes vor.

Das 3. Armee-Korps hatte sein Hauptquartier in Vendeuvre, wo auch die 6. Division kantonirte. Die 5. erreichte Colombey les deux églises und die Gegend südlich davon, die Korps-Artllerie Bar sur Aube. Das 10. Armee-Korps stand bei Chaumont, die 40. Brigade noch gegen Neufchâteau zurück.*)

Die Eindrücke, welche die Armee bei diesem Vormarsche bis zur Seine im Lande empfangen, waren nur noch wenig unterschieden von denen, die man in den ersten Tagen nach dem Verlassen von Metz gesammelt. Jetzt drang man freilich schon in die Peripherie des von der National-Vertheidigung thatsächlich in Bewegung gebrachten Kreises ein, und war auch zum ersten Male schon mit den Waffen der Republik im Gefecht gewesen, wenn man das für den Gegner so unglückliche Rencontre bei Bretenay ein Gefecht nennen darf. Es ist indessen klar, daß Alles, was man bisher erfahren, doch noch nicht genügte, um sich ein genaues Bild von der inneren Wehrkraft und Wehrhaftigkeit der Republik machen zu können. Projekte für neue Armeen, die sich in ungeheuren Ziffern bewegten, tauchten überall auf. Ueberall sprach man mit Vorliebe vom Widerstande bis auf's Aeußerste, von der Unmöglichkeit, einen Zoll französischen Bodens an Deutschland abzutreten. Niemand mochte dieser Nothwendigkeit, Niemand der Ueberzeugung die Augen öffnen, daß Frankreich wirklich besiegt sei. Es erhob sich keine Stimme für eine sachgemäße Behandlung der Waffenstillstandsfrage, obwohl der Wunsch nach der Wiederkehr des Friedens ebenso laut ertönte, wie die Versicherung, daß die Franzosen ein durch und durch friedliches Volk seien, ganz unschuldig an dem unseligen durch ein frivoles Regime heraufbeschworenen Kriege.

---

*) Den marschirenden Theilen des 2. Armee-Korps war am 9. November aus Brienne-Napoléon nach Soudé-Notre Dame, resp. St. Croix für den durch Befehl Sr. Majestät bestimmten Marsch von Sezanne nach Corbeil folgende Route zugesandt worden:

Am 14. November Monceaux les Provins.
" 15. " Vandoy.
" 16. " Ruhe.
" 17. " Chaumes.
" 18. " Corbeil.

Dort sollte Oberst von Willisen, der die Kolonne führte, weitere Befehle vom General von Fransecky einholen.

Was es heißen wolle, einen mit großen siegreichen Heeren eingedrungenen Feind, der die regulaire Armee schon völlig niedergeworfen hatte, der Herr einer ganzen Reihe von Festungen war, durch die Volkserhebung vom vaterländischen Boden zu vertreiben, davon aber hatte man ebensowenig eine richtige Vorstellung. Wie man das Kaiserthum verdammte, schmähte man andererseits auch die zeitigen Gewalthaber; man nannte ihre Anforderungen unsinnig, ihre Ideen phantastisch, man schalt die unbesonnene Härte, welche der Waffen garnicht gewohnte Bürger zum Kriegsdienste heranziehen wolle, und sich damit selbst an die begüterten Klassen wende.

Allgemein zeigte sich die Sucht für die traurigen Schicksale des Vaterlandes einen Schuldigen verantwortlich zu machen, um damit sich selbst zu entlasten. Das gestürzte Kaiserreich war freilich noch immer der Hauptgegenstand für diese Neigung. Jetzt trat der in Metz unterlegene Marschall Bazaine hinzu. Wie man vorher seine Ausdauer, seine Kühnheit, seine klug ersonnene Pläne, welche eine deutsche Haupt-Armee vor Metz fesselten, über die Maßen gepriesen, ihn unter Anderen den „Unvergleichlichen" genannt, so gab man jetzt ohne Zögern die Parole „Verrath" von Munde zu Munde weiter und konnte kaum die Farbe finden, um ihn schwarz genug zu schildern.*) Man sah nicht, wie man sich selbst damit in's Gesicht schlug, und wie Bazaine's Verbrechen nur darin bestand, daß er nicht mehr im Stande war, die Republik, die ihn im Stiche ließ, und im Stiche lassen mußte, länger dadurch zu unterstützen, daß er sich hielt und so die Pläne des gouvernement de la défense nationale för-

---

*) Noch im Monat September hatte z. B. der Français über den Marschall gesagt:

„Tout ce qu'il était humainement possible de faire pour vaincre le maréchal Bazaine l'a fait. Chaque jour il a livré des combats gigantesques, tenant tête toujours et partout, déroutant les généraux ennemis par les conceptions les plus audacieuses et les plus imprevues, transportant son armée autour de Metz, partout où besoin était, combattant trois jours sur quatre, sans trève, sans relâche, avec d'infatiguables soldats."

„Cerné sans nouvelles, n'en pouvent donner lui même, isolé au milieu des flots pruissiens comme une île dans la mer, Bazaine lutte et lutte toujours."

„Que la voix du pays s'élève si grande qu'elle dépasse les lignes prussiennes! qu'elle porte aux habitants de Metz, à l'armée de Bazaine, à son chef héroique, l'hommage de notre admiration.

derte. Niemand hatte die Kunde von der Kapitulation geglaubt, obgleich sie aus sicherer unzweifelhafter Quelle kam;—man nannte sie in der Presse unmöglich und darum unrichtig. So coursirte z. B. in Troyes eine Nachricht, die angeblich „Jemand" aus Pont à Mousson gebracht, daß dort von Metz her die letzten Tage hindurch Kanonendonner gehört werde, die Armee und das Volk verweigerten die Kapitulation. Ob auch die Kolonnen der II. Armee sich schon in schnellen Schritten näherten, fand diese Ansicht doch williges Gehör und über die Frage, wie die von Lebensmitteln ganz entblößte Festung sich weiterhin nähren sollte, half sich die entsprechende Zeitungsnotiz mit dem einfachen Zusatz hinweg: „les vivres abondent à Metz" woran gleichfalls Niemand zweifelte. Ganz Frankreich schloß so lange wie möglich die Augen und als dies endlich nicht mehr möglich war, erhob sich die Entrüstung gegen den angeblichen Urheber der Waffenstreckung doppelt heftig.

Willenlos nahm die Nation den Impuls auf und gab sich ihm ohne Ueberlegung hin. Wer es aber verstand, den Patriotismus der Volksmassen zu entflammen und sich nur anheischig machte, die Waffenehre der großen Nation zu retten, dem folgte, so lange das Glück auf seiner Seite stand, Alles, ohne zu fragen, mit welchem Rechte er die Führung beanspruche, welchen Boden die Versprechungen in Thatsachen hätten. In den Massen selbst lag keine Initiative. Widerstand hatte sich nur da gezeigt, wo die Obrigkeit ihn unter Anwendung ihrer Autorität organisirt hatte. Freilich fehlte auch für eine wirkliche Volkserhebung das treibende Motiv der materiellen Noth. — Diese herrschte vielleicht nur in der unmittelbaren Nähe der belagerten Festungen und der Schlachtfelder.

Man mußte es darum vor der Hand aufgeben, ein bestimmtes Urtheil über den Weg zu finden, den die Entwickelung der Dinge in der Republik Frankreich nehmen würde und sich begnügen, die einzelnen Erscheinungen zu beobachten, um dann den in jedem Augenblicke veränderten Umständen entsprechend zu handeln.

III.

Von der Seine bis in die Beauce.

Am 10. November gegen Abend erhielt Prinz Friedrich Karl in seinem Hauptquartier zu Troyes durch General v. Moltke die Nachricht, daß der Feind seine Offensive zum Entsatz von Paris von Süden her nun bereits thatsächlich einleitete.

Es lief folgendes, von 12 Uhr 35 Min. Nachmittags aus Versailles datirtes Telegramm ein:

> „Starke feindliche Streitkräfte sind von der Loire bei Orléans im Vormarsch, daher eine Beschleunigung im Vorrücken der II. Armee nöthig. Das 9. Armee-Korps muß den Ruhetag am 11. ausfallen lassen und am 14. Fontainebleau zu erreichen suchen."

Ohne Zweifel wäre es wünschenswerth gewesen, im Hinblick auf die nahe bevorstehenden entscheidenden Ereignisse die II. Armee langsam, unter Wahrung der ökonomischen Rücksichten marschiren zu lassen. Noch war ihr dies nothwendig, um die Truppen von den überstandenen Strapazen sich erholen zu lassen und sie in guter Verfassung an den Feind zu bringen. Gerade bei dem Gegner, den man von nun an zu bekämpfen hatte, war der Ausgang der ersten taktischen Berührungen für die Folge günstig.

Da aber, wie es nach jenem Telegramm außer Zweifel stand der Beginn der feindlichen Operationen schon bestimmt ausgesprochen war, so mußten solche Rücksichten schweigen und die gebotene Eile voranstehen, sollte sie selbst die Armee erheblich schwächen.

Bald nach Empfang des Telegramms, Abends um 7 Uhr, gab Prinz Friedrich Karl seine Befehle für den weiteren Vormarsch der Armee*).

1. An General v. Manstein
(9. Armee-Korps.)

„Nach soeben eingegangenem telegraphischen Befehl aus dem großen Hauptquartier Seiner Majestät des Königs

---

*) Es war gerade bei Eintreffen der Nachricht aus Versailles die Arbeit an den Befehlen für das Vorrücken der Armee zum untern Loing begonnen worden. Nunmehr wurden die Entwürfe entsprechend verändert und dann ausgegeben.

marschirt die feindliche Loire-Armee zum Entsatz von Paris und soll deshalb der Vormarsch der II. Armee beschleunigt werden."

„Das 9. Armee-Korps und die 1. Kavallerie-Division Hartmann müssen deshalb höheren Rücksichten den morgenden Ruhetag opfern und morgen, am 11. November, auf Estissac, woselbst das Hauptquartier, marschiren. Alle Maroden, alle nicht mit Reitern besetzten Handpferde der Kavallerie, alle nicht voll beladenen Wagen des Proviantstrains bleiben in Troyes zurück, woselbst ein geeigneter Kommandant zurückzulassen ist."

„Am 12. November muß der fechtende Theil des Korps größtentheils nebst der 1. Kavallerie-Division über Villeneuve-l'Archevêque (wo das Hauptquartier) hinaus gelangen, ebenso am 13. November über Sens hinaus in der Richtung auf Monterau mit dem Hauptquartier nach Pont-sur-Yonne."

„Am 14. November muß die Tete des Korps Fontainebleau erreichen, woselbst das Hauptquartier zu nehmen. Es bleibt überlassen, eine rechte Flügel-Kolonne von Troyes über Nogent zu dirigiren."

„Es läßt sich jetzt von hier aus nicht übersehen, in welcher Weise von Versailles aus weiter über das Korps disponirt wird. Ich kann deshalb Ew. Excellenz nur darauf hinweisen, im Interesse der allgemeinen Kriegsführung das Bereitsein starker Theile des Korps bei Fontainebleau unter Aufrechterhaltung der Gefechtsfähigkeit der Truppen nach Möglichkeit zu beschleunigen. Die zahlreichen Ortschaften an den bezeichneten großen Marschlinien würden Gelegenheit geben, nach starken Märschen die Truppen unter Dach und Fach zu bringen und durch vorauszusendende Fourier-Detachements unter Anwendung strenger Kriegsmaßregeln die ausreichende Verpflegung von Mann und Pferd aus den Ortschaften vollständig sicher zu stellen."

„Durch Offiziere auf Wagen unter Infanteriebedeckung wollen Ew. Excellenz aus jedem Hauptquartier über die Ausführung des betreffenden Tagemarsches berichten."

2. An den General v. Alvensleben II.
(3. Armee-Korps.)

„Nach eingegangenem Befehl aus dem großen Hauptquartier Seiner Majestät des Königs glaubt man dort aus dem Vormarsch starker feindlicher Kräfte auf Orléans auf einen Entsatz-Versuch gegen Paris rechnen zu müssen und hat deshalb die II. Armee den Befehl erhalten, ihren Vormarsch zu beschleunigen. Ew. Excellenz wollen deshalb den Marsch des 3. Armee-Korps so disponiren, daß dasselbe mit einer Infanterie-Division und der Korps-Artillerie am 14., mit der Queue des fechtenden Theils des Korps am 16. (auf Grund der heute gemeldeten weit nach Süden reichenden Dislozirung der 5. Division) Sens erreicht."

„Das Korps-Hauptquartier ist am 15. in Sens zu nehmen, am 12. und 13. in Troyes, am 14. in St. Benoit (östlich Villeneuve)."

„Am 18. muß dann der größte Theil des Korps Nemours (wohin auch das Hauptquartier) erreicht haben."

„Mein Hauptquartier bleibt am 11. und 12. November in Troyes, geht am 13. nach Villeneuve-l'Archevêque, am 14. nach Sens."

„Ich erwarte täglich schriftliche Meldung über die Anordnung der bevorstehenden beschleunigten Märsche."

„Für Zurücklassung der Kranken und Marschunfähigen soll das 3. Armee-Korps in Sens, woselbst ein Kommandant zu installiren ist, eine Garnison aus Marschkompagnien formiren."

3. An General v. Voigts-Rhetz
(10. Armee-Korps.)

Nach einer Einleitung, welche über die allgemeine Situation und über die den andern Theilen der Armee gegebenen Befehle orientirte:

„Das 10. Armee-Korps marschirt demgemäß über Chatillon sur Seine auf Joigny. Ew. Excellenz stelle ich die Festsetzung der Märsche mit der Maßgabe anheim, daß auf ein Eintreffen des Hauptquartiers und der gefechtsfähigen Tête des Korps bei Joigny am 19. d. Mts. gerechnet wird."

„Ew. Excellenz wollen aber bei Chaumont eine gemischte Brigade stehen lassen mit der Bestimmung:

1. die Beobachtung von Langres,
2. die Sicherung unserer über Chaumont gehenden Verbindungen,
3. indirekte Unterstützung der Operationen des General v. Werder

durch ihre Aufstellung bei Chaumont zu übernehmen."

ad 1. wird eine möglichst bald vorzunehmende starke Rekognoszirung dieser Brigade ergeben, ob und in welchem Maße die Festung Langres widerstandsfähig ist, sowie ob von dort her Offensiv-Unternehmungen erwartet werden können.*)

ad 2. ist hervorzuheben, daß auf der Bahnlinie Blesme—Chaumont—Châtillon—Joigny—Sens, nachdem solche hergestellt sein wird, die Hauptverbindungen der II. Armee liegen.

ad 3. ist zu bemerken, daß General v. Werder in Vesoul (Hauptquartier), mit starken Detachements in Gray und Dijon, der feindlichen armée de l'Est gegenüber steht, daß indessen nähere Nachrichten sowohl über die Intentionen des genannten Herrn General, als über Aufstellung und Stärke-Verhältnisse des Feindes hier nicht eingegangen sind. Dem Führer des Detachements bei Chaumont wird anheimfallen, mit General v. Werder womöglich in Verbindung zu treten.

„Ew. Excellenz Ermessen überlasse ich die Anordnung in Betreff der Stärke und Zusammensetzung der bei Chaumont zu belassenden gemischten Brigade; der Umstand indessen, daß die Brigade Diringshofen um zwei Tagemärsche zurück ist, läßt für jene Bestimmung zunächst die Truppen dieser Brigade als verwendbar erscheinen."

„Für die beschleunigten Märsche wird Ausnutzung der Unterkunfts- und Verpflegungsmittel der Ortschaften unter Anwendung aller Kriegsmittel empfohlen.**)"

---

*) Die über Langres vorhandenen Nachrichten wurden beigelegt.

**) Eingefügt war noch, daß das Armee-Korps auf der Bahnlinie Chaumont—Joigny, deren baldige Inbetriebsetzung natürlich im Interesse der Armee lag, alles anzutreffende Material in Besitz zu nehmen habe. Ferner sollte das 10. Armee-Korps über seinen Vormarsch und das von ihm gewählte Hauptquartier durch Offiziere auf Wagen, die unter Bedeckung reisten, häufig melden.

Auch den marschirenden Theilen des 2. Armee-Korps ward nach Fère Champenoise Befehl zur Ueberschlagung der Ruhetage und Beschleunigung des Marsches gesendet.*)

Jetzt wurden natürlich alle Pläne für ein Vordringen von Theilen der II. Armee gegen Chalon sur Saone und zur Kooperation mit General v. Werder aufgegeben, da die Armee, wollte man beide so völlig divergirenden Richtungen im Auge behalten, ganz auseinander gerissen worden wäre. Die II. Armee mußte bei der augenblicklichen Sachlage alle Anstrengungen darauf richten, möglichst schnell und stark zwischen Paris und Orléans anzukommen, um mitzuwirken, wenn es dort zur Waffenentscheidung kommen sollte. Dieser Fall war natürlich der erwünschteste. Sollte er indessen nicht eintreten, so gab die Aufstellung der II. Armee in der zweiten Hälfte des November auch immer die Möglichkeit, ohne allzugroßen Zeitverlust in der Richtung auf Bourges zu operiren, um den Feind aus dem Chergebiet nach Süden zu vertreiben. In diesem Sinne ward bei Erstattung der Meldungen über die getroffenen Dispositionen auch ins große Hauptquartier Sr. Majestät berichtet.

Die nähere Erläuterung der aus Versailles gekommenen Befehle brachte ein am 12. ebenfalls noch in Troyes eingehendes Schreiben:

Versailles, den 10. November 1870.

„Der noch andauernde Widerstand von Paris gründet sich auf die Erwartung, daß eine Hilfe aus den Provinzen die Einschließung sprengen wird."

„Die eingegangenen Nachrichten machen es wahrscheinlich, daß wirklich nunmehr größere Streitmittel des Feindes sich an der Loire zu einer, wenn auch locker gefügten und mangelhaft ausgerüsteten Armee gebildet haben, und daß diese den Vormarsch von der Linie Tours le Mans aus bereits begonnen hat."

„Das 1. Bayerische Korps in Orléans und die 22. In-

---

*) Die neue Marschroute lautete:

11. November Fère Champenoise,
12. „ Sézanne,
13. „ Monceaux les Provins,
14. „ Vandoy,
15. „ Chaumes,
16. „ Corbeil.

fanterie-Division in Chartres mußten daher aus der Cernirungslinie von Paris verstärkt werden."

„Mit Rücksicht auf die leichteste Wiedervereinigung mit der II. Armee wäre dafür die 3. und 4. Division bestimmt worden, allein die erstere war noch nicht vollständig eingetroffen, und beide waren mit Kavallerie und Artillerie nicht genügend ausgestattet. Es wurde daher gestern nur die 17. Division abgeschickt, und der Oberbefehl aller gegen die Loire stehenden Streitkräfte Sr. Königlichen Hoheit dem Großherzog von Mecklenburg-Schwerin übertragen."

„Das Bayerische Korps ist nun gestern nach mehrstündigem Gefecht von Orléans zurückgegangen. Eine Versammlung aller Abtheilungen des Großherzogs Königliche Hoheit kann übermorgen in der Gegend von Angerville—Toury bewirkt werden. Sollte wider Erwarten die feindliche Loire-Armee noch weiter vorzudringen vermögen, so ist mit Bestimmtheit auf einen allseitigen Ausfall mit größeren Kräften als bisher aus Paris zu rechnen, dessen Hauptstoß gegen den südlichen Theil der Blockade gerichtet sein wird."

„Das möglichst baldige Anrücken des rechten Flügels der II. Armee von Troyes aus, wie solches durch Telegramm vom heutigen Tage dahin angeordnet worden, daß das IX. Korps am 14. dieses Monats Fontainebleau erreicht, ist daher erwünscht."

„In wenig Tagen wird sich beurtheilen lassen, ob der linke Flügel der Armee nicht wirksamer am linken Ufer der Loire eingreifen kann, als in dem Raum zwischen diesem Strom und Paris."

gez. Graf v. Moltke.

Inzwischen hatten die Korps der Armee nun schon ihren Marsch weiter fortgesetzt.

Das 9. Armee-Korps formirte aus marschunfähigen Mannschaften seiner Infanterie und Kavallerie für Troyes eine Etappengarnison in der ungefähren Stärke von 1 Bataillon 1 Eskadron, setzte eine Kommandantur ein und trat am 11. November früh den Marsch nach Fontainebleau an.

Wie das Ober-Kommando es ihm anheimgestellt, so führte es diesen Marsch in 2 Kolonnen aus, da in der Nähe der Hauptstraße der Estissac und Villeneuve die guten Parallelwege gänzlich fehlten.

Als zweite Marschlinie wurde von ihm die Straße über Marigny le Châtel, Trainel und Bray sur Seine gewählt. Dort marschirten:

5 Bataillone,
8 Eskadrons,
4 Batterien und Kolonnen

von der hessischen Division. Der Rest der Division bildete im Verein mit der 1. Kavallerie-Division die Avantgarde auf der Hauptstraße.

Bei Kälte und dem ersten heftigen Schneegestöber begann der Marsch.

Glücklicherweise ward nirgends eine erhebliche Zerstörung der Straßen vorgefunden und auch nirgends vom Feinde oder bewaffneten Volksmassen ein Widerstand geleistet, welcher Aufschub verursacht hätte. In Chennegy südlich Estissac ward zwar ein quartiermachender Offizier erschossen, bei Thuisy erhielten die Fouriere gleichfalls Feuer aus den nahegelegenen mit Gestrüpp bewachsenen Bergen, auf ernstere Gegenwehr stieß man indessen nicht. Die Mobilgarden, welche bisher diesen Landstrich gehalten hatten, zogen sich allgemein in der Richtung auf Auxere ab, die sie wahrscheinlich auch für die der II. Armee gegebene Operationsrichtung hielten. Etwa 100 Freischärler, die sich bei Thuisy zusammengerottet, wurden mit leichter Mühe und ohne Verlust von den in jene Gegend verlegten Truppen in die Waldungen jenseits Chennegy zurückgetrieben, eine Anzahl verdächtiger Personen verhaftet, die Mairie von Chennegy als Repressalie für den dort vollführten Mord zerstört.

Bei Pont sur Yonne, Montereau und Moret wurden die wichtigen Yonne- und Loingbrücken am 13. unversehrt gefunden, so daß auch die Flußübergänge kein Hemmniß verursachten.

Am 14. November erreichte das 9. Armee-Korps, wie es ihm aufgetragen war, die Gegend von Fontainebleau und Moret. Die Avantgarde ging noch, ohne auf Widerstand zu stoßen, bis zum Ecollesbach, Milly und Chapelle la Reine vor. Freilich war von Pont sur Yonne an die Straße durch den Feind systematisch zerstört worden, auf der Strecke Pont—Moret durch zahlreiche Coupüren, im Walde von Fontainebleau durch starke in den Weg geworfene Bäume, doch gelang es der Avantgarde, alle Hindernisse soweit zu beseitigen, daß der Vormarsch des Gros nicht aufgehalten wurde. Die gänzliche Wiederherstellung der Straßen durch Zwangsarbeit der umwohnenden Gemeinden ward auf Befehl des General v. Manstein sogleich in Angriff genommen.

In der Vorstadt St. Pierre bei Nemours war übrigens in der Nacht vom 13. zum 14. November ein Ulanen-Detachement von 100 Pferden durch Freischärler und Mobilgarden im Allarmquartier überfallen und zum größten Theile aufgehoben worden.

Jetzt, wo das 9. Armee-Korps für einige Zeit aus der Operationssphäre der II. Armee hinaus und in die der Armee vor Paris, sowie der südlich von Paris stehenden Heerestheile eintrat, war es nothwendig, das Korps für seine Entschließungen selbstständig zu machen und es genau über die Lage südlich Paris zu orientiren. Prinz Friedrich Karl sandte daher noch am 12. eine Abschrift von dem an diesem Tage in Troyes eingelaufenen Schreiben des General v. Moltke an den General v. Manstein ab. Am Abend des 14. November erhielt dieser übrigens durch Offiziere von der Armee-Abtheilung des Großherzogs von Mecklenburg, und der 2. Kavallerie-Division näheren Bericht und gleichfalls noch am 14. ein direkt an seine Adresse gerichtetes Schreiben aus dem großen Hauptquartier, das vom gleichen Tage datirte:

> „Das Vorgehen der feindlichen Loire-Armee stromaufwärts auf dem rechten Ufer dieses Flusses von Tours gegen Orléans hat General v. d. Tann genöthigt, letztere Stadt mit seinem Korps am 9. d. Mts. zu räumen und sich auf Toury zurückzuziehen."
>
> „Bei der Stärke des Gegners, welcher 60,000 Mann und darüber zu versammeln vermag, deren Kern die aus Afrika herangeholten Truppen bilden, hat zur Deckung der Cernirung von Paris Seine Königliche Hoheit der Großherzog von Mecklenburg das Kommando über das Korps v. d. Tann, die 17. und 22. Infanterie-, sowie 2., 4. und 6. Kavallerie-Division übernommen und diese Truppen in den letzten Tagen um Toury versammelt."
>
> „Seit dem 10. d. Mts. ist jedoch die Fühlung mit dem Feinde vor Orléans verloren gegangen, am 12. haben Rekognoszirungen auf der Straße Orléans—Etampes über Artenay, sowie auf der Straße Orléans—Fontainebleau nach Pithiviers den Feind nicht vorgefunden."
>
> „Des Großherzogs Königliche Hoheit hat sich daher heute am 14. d. Mts. von Toury in der Richtung gegen Chartres in Bewegung gesetzt, um von dort aus, sowohl bei einem Vorgehen des Feindes von Süden, wie von Westen, aus welcher

Richtung sich ebenfalls Streitkräfte des Letzteren gezeigt haben, in Bereitschaft zu stehen; die 2. Kavallerie-Division verbleibt zur Beobachtung der Straße auf Orléans bei Toury."

„Unter diesen Verhältnissen hat das 9. Armee-Korps mit der 1. Kavallerie-Division morgen, den 15. d. Mts., zunächst von Fontainebleau in westlicher Richtung einen Marsch weiter vorzurücken und das Hauptquartier in Milly zu nehmen."

„Nach den hier eingehenden Meldungen wird das Königliche Armee-Korps diesseits im Laufe des 15. weitere Weisungen erhalten, ob und in welcher Richtung der Marsch desselben fortzusetzen ist, oder ihm der erforderliche Ruhetag gewährt werden kann."

„Das Königliche General-Kommando wolle die 1. Kavallerie-Division gleichzeitig mit entsprechender Weisung versehen. Das Ober-Kommando der II. Armee ist von hier benachrichtigt."

gez. Graf v. Moltke.

General v. Manstein vermochte nun natürlich den für den 15. beabsichtigten Ruhetag nicht zu halten, sondern schob am 15. die 1. Kavallerie-Division über den Ecolles-Bach vor, die Avantgarde nach Malesherbes und rückte mit dem Korps bis in die Gegend von Milly. Dort stand er nun zur weiteren Verwendung zwischen Paris und der Loire bereit. — —

Das 3. Armee-Korps hatte beabsichtigt, den ihm am 11. November in der Gegend von Vendeuvre anfangs zugetheilten Ruhetag dazuzu benutzen, die 5. Infanterie-Division, die durch ihr Ausbiegen gegen Chaumont hin etwas weiter zurückgeblieben war, bis Bertignolle heranrücken zu lassen. In der Nacht um 2 Uhr aber empfing es noch die neuen Dispositionen des Prinzen Friedrich Karl; daher wurde nun auch die 6. Division am 11. in Bewegung gesetzt und bis Mesnil, St. Pierre und Montieramay vorgeschoben.*)

Am 12. setzte die 6. Division den Marsch nach Troyes fort,

---

*) In Vendeuvre hatte das 3. Armee-Korps ein vom 6. November aus Tours datirtes Circulair aufgefunden, das die Nachricht enthielt: Corps Garibaldi hier toute la journée à barré la route de St. Jean de Losne à Auxonne près Brazey à un corps ennemi de fort artillerie. Ennemi n'a fait aucun progrès dans Loiret ni dans Seine et Marne — ein Beweis, wie man die Bevölkerung bei gutem Muthe zu erhalten suchte.

ihr folgte die Korps-Artillerie, während die 5. Division in die Gegend von Bar sur Seine und Vendeuvre rückte Am 13. marschirte die 6. Division und die Korps-Artillerie auf der großen Straße über Estissac und Villeneuve l'Archevêque weiter, während sich die 5. Division ebenfalls zu dieser nördlichen Marschrichtung heranzog und an diesem Tage mit den Teten bis zur Linie Courteranges—Montaulin—Verrières—Isle—Aumont gelangte.

Von da ab verblieb das ganze Korps auf der großen Straße über Villeneuve, Sens nach Nemours. Am 16. November erreichte das Hauptquartier des Korps Sens, wo die 6. Division schon seit dem Tage zuvor stand, die 5. Division Villeneuve l'Archevêque, die Korps-Artillerie Theil.*)

Das 10. Armee-Korps, welches am 19. Joigny erreichen sollte, eine Brigade aber bei Chaumont zur Sicherung gegen Langres u. s. w. zurückgelassen hatte, erhielt die Befehle des Ober-Kommandos am 11. Mittags. Es beauftragte nunmehr den General v. Kraatz**) mit der von Metz nachrückenden Brigade Diringshofen, die zur Zeit bei Liffol le Grand stand, 2 Batterien, 2 Eskadrons und einer Pionier-Kompagnie, die Lösung der Aufgabe bei Chaumont und Langres zu übernehmen. Mit seinen übrigen Truppen marschirte das Korps am 12. nach Château Vilain, am 13. nach Châtillon. Schon hier zeigte die Bevölkerung eine weit feindseligere Haltung, als in den zuvor passirten Landstrichen. Bewaffnete wurden von den Dragoner-Patrouillen gesehen, Gerüchte von der Anwesenheit ganzer Schaaren Franktireurs in den nahen Waldungen coursirten. General v. Voigts-Rhetz gewann so die Ueberzeugung, daß es unmöglich sein werde, ohne sehr starke Etappenbesatzungen die Verbindung über Châtillon aufrecht zu erhalten und beschloß daher, sie lieber aus freien Stücken aufzugeben. In Laignes, wohin das Korps am 14. marschirte, wiederholten sich die Andeutungen, daß Freischaaren die Straßen weiterhin

*) In Sens fanden schon am 14. die ersten Kavallerie-Patrouillen des 3. Armee-Korps eine Feldpost und eine Telegraphen-Abtheilung, die dort bereits ohne weiteren Schutz eingerückt waren. Durch Requisitionen, welche Seiten-Kolonnen des 9. Armee-Korps in der Stadt hatten vornehmen müssen, war die Bevölkerung übrigens schon derart aufgeregt, daß der Gemeinderath die Internirung jener Abtheilungen im Stadthause anordnete, um sie zu schützen. Zuvor war bereits eine Feldpost überfallen worden. Die 6. Division hatte auf die Nachrichten von solchen Vorgängen hin am 15. früh ein Bataillon auf Wagen, Dragoner und Pioniere vorausgeschickt.

**) Kommandeur der 20. Infanterie-Division.

gesperrt hielten und daß es zu Kämpfen kommen werde. Die Nachrichten von dem Gefecht bei Coulmiers und der Wiederbesetzung von Orléans durch die französische Loire-Armee waren in jenen Gegenden schon seit mehreren Tagen bekannt geworden und schürten ohne Zweifel das Kriegsfeuer beträchtlich. Zum Schutze für die Artillerie und die Kolonnen des Korps bestimmte General v. Voigts-Rhetz am 15., an welchem Tage er bei Laignes ruhte, daß künftig eine der Infanterie-Brigaden als Tête voraufmarschirte, die zweite mit der Korps-Artillerie und der ersten Trainstaffel, die dritte mit der zweiten Staffel kombinirt würde. Alle drei Brigaden aber sollten dabei die große Straße halten.

Sehr bedenklich war jetzt bereits die geringe Stärke des Korps an Infanterie. Die 3 Brigaden, die der kommandirende General mit sich führte, zählten nur noch soviel wie eine volle Division, nämlich 12,673 Gewehre. Die Stärke der Bataillone variirte dabei zwischen 500 und 800 Mann. Ferner hatte das Korps 903 Pferde zur Stelle.

Daraus erhellt auch, daß die Anschauung, man dürfe keinerlei Etappenbesatzungen zurücklassen, um hinter sich eine lange Verbindungslinie zu schützen, nur allzu begründet war. Bei Laignes selbst und in der Umgebung, die an diesen beiden Tagen vom Armee-Korps belegt wurde, war die Aufnahme übrigens eine gute.

Am 15. November erhielt der Generalstabs-Chef der Armee einen vom Tage zuvor datirten und sehr ausführlichen Brief des Generals Grafen v. Moltke:

„Es ist nöthig, Sie von der augenblicklichen Situation hier in volle Kenntniß zu setzen, damit der II. Armee in ihren Operationen eine größere Freiheit des Handelns verbleibt.“

„Für die reichen Hilfsquellen Frankreichs und den Patriotismus der Franzosen spricht es, daß, nachdem das ganze französische Heer gefangen genommen, in verhältnißmäßig kurzer Zeit doch eine neue achtunggebietende Armee hat ins Feld gestellt werden können.“

„Die Nachricht von dem Vorrücken der Loire-Armee am rechten Ufer stromaufwärts bestimmten General v. d. Tann am 9. d. Mts., Orléans besetzt haltend, eine Stellung westlich des Ortes bei Coulmiers zu nehmen. Gegen diese entwickelte der Feind angeblich 50,000 Mann mit 120 Geschützen und nach 1stündigem Gefecht gingen die Bayern nach St. Péravy zurück. Sie haben circa 600 Mann verloren,*) auch 2 Geschütze eingebüßt, die, nicht erobert, aber mit dem Train in Feindes Hand fielen. Daß sie indeß nicht ernstlich gedrängt wurden, geht schon aus der Richtung ihres kurzen Rückzuges hervor."

„Dennoch wurde dieser am 10. bis Toury fortgesetzt und ging, trotz zahlreicher Kavallerie, die Fühlung am Feind verloren."

„An demselben 10. November war General v. Wittich mit der 22. Division und der 4. Kavallerie-Division bis Janville und Allaines herangekommen, der Großherzog von Mecklenburg mit der 17. Division von hier bei Dourdan eingetroffen und rückte am 11. nach Angerville vor."

„Die Rekognoszirungen am 11. gaben keinen genügenden Aufschluß, die vom 12. zeigten, daß Pithiviers unbesetzt und daß über Artenay hinaus kein Feind gefunden wird."

„Die Armee von Orléans besteht nach unserer Berechnung aus dem 15. und 16. Korps, zählt 24 Linien- (Marsch-) Regimenter und kann mit Mobilgarden wohl 60,000 Mann und darüber stark sein. Die Artillerie ist vermuthlich aus Festungen zusammengebracht. Den Kern dürften die algerischen Truppen bilden."

„Die Franzosen selbst geben ihren Verlust am 9. auf 2000 Mann an und die Loire-Armee hat offenbar nicht die Kraft in sich gefühlt, durch neue Gefechte direkt gegen Paris vorzudringen, das Einzige, wodurch ein wirklicher Erfolg zu erreichen ist. Es scheint, daß sie die diesseitige Stellung, welche sie nicht anzugreifen wagt, westlich zu umgehen versucht. Auf diesem Marsche würde sie sich mit den Neuformationen vereinigen können, deren Mittelpunkt Nogent le Rotrou bildet, vielleicht selbst mit den 30—40,000 Nationalgarden, durch welche die Generale Briant und Bourbaki auf

---

*) Die wirklichen Verluste des 1. bayerischen Armee-Korps sind später auf 51 Offiziere 1257 Mann ermittelt worden, dazu kommt noch der Verlust der 2. Kavallerie-Division.

der Linie Pacy—Vernon—Les Andelys und bis Gournay seit längerer Zeit unsere Detachirungen nach dieser Richtung in Schach halten."

„Es ist nun nicht zu verkennen, daß ein Vorstoß starker feindlicher Kräfte von Westen her uns nicht minder wie von Süden gefährden würde."

„Zwar die Cernirung von Paris können wir 8 Tage lang völlig aufheben, ohne daß der Stadt die Lebensbedürfnisse auch nur für einen halben Tag zuwüchsen. Aber am linken Seine-Ufer haben wir unsere Belagerungs-Artillerie und das Hauptquartier des Königs und überall den politischen Eindruck zu berücksichtigen."

„Der Großherzog hat sich denn auch heute schon in der Richtung auf Chartres in Marsch gesetzt, welcher Ort durch General v. Wittich besetzt geblieben ist. In Toury ist die Kavallerie-Division Graf Stolberg*) geblieben."

„Meldungen von dort lagen zur Zeit nicht vor."

„Möglich ist es, daß die Loire-Armee sich auf die passive Vertheidigung von Orléans und hinter dem Strom beschränkt, aber nicht wahrscheinlich. Gambetta weiß sicher, daß Paris ohne Entsatz sich nicht halten kann. Sollte daher der Abmarsch jener Armee in westlicher Richtung sich bestätigen, so wird der Großherzog dieser Bewegung kotoyirend folgen müssen, bis die Möglichkeit eines entscheidenden Angriffs sich ihm darbietet. Dann würde auch sein weiteres Vorgehen nach dem wichtigen Punkte Rouen indizirt sein."

„Unter solcher Voraussetzung würde die Sicherung der südlichen Straße Paris—Orléans allein der II. Armee zufallen müssen. Ganz entblößt können wir diese Straße auf längere Zeit nicht lassen, andererseits aber auch den Großherzog durch Detachirung nicht schwächen."

„Am linken Loire-Ufer ist die Zerstörung von Bourges militairisch, die Vertreibung der Regierung aus Tours politisch wichtig. Ich habe gehofft, daß die II. Armee direkt dorthin werde marschiren können, da es aber leider zu einer günstigen Waffenentscheidung zwischen Paris und Orléans nicht gekommen ist, so bleibt nur übrig, den Vormarsch von

---

*) Die 2te.

Fontainebleau und Sens aus vorerst in westlicher Richtung fortzusetzen. Ob das 10. Korps vielleicht direkt auf Gien an die Loire zu dirigiren sein wird, wird sich am 19. d. M.*) besser übersehen lassen. Die Wiedereinnahme von Orléans und der Uebvrtritt der II. Armee auf das linke Ufer dürften dadurch erleichtert werden."

„Für das schnelle Anrücken des Prinzen Friedrich Karl, Königliche Hoheit, sind wir sehr dankbar, es hat uns über eine Art Krisis hinweggeholfen. Den Korps ist einige Ruhe sicher zu wünschen und jede neue Nachricht, die diese gestattet, soll Ihnen**) sofort mitgetheilt werden, überhaupt jede Nachricht, betreffend die leider noch nicht wohl aufgeklärten Unternehmungen der Loire-Armee."

„Unsererseits erwarten wir mit einiger Gewißheit einen Ausfall im größeren Style als bisher am 15. d. Mts. Wir können für jetzt die Hälfte des II. Armee-Korps nicht entbehren. Diese beiden Divisionen bilden die einzige Reserve der ausgedehnten südlichen Cernirung.***) Glücklicherweise verhält sich der Feind im Nordwesten zur Zeit noch ruhig, sonst müssen wir auch noch dorthin detachiren."

„Die Expedition gegen Creuzot fällt dem General v. Werder zu, falls die Bewegung gelingt, welche er eben jetzt zwischen Dijon und Besançon auszuführen im Begriff steht. General Cambriels und Garibaldi haben sich durch dies Vorgehen bewogen gefunden, Besançon und Dôle zu räumen und sich auf Chalon sur Saone zurückzuziehen.†) Nach dem Fall von Neu-Breisach schließt sich General v. Schmeling dem General v. Werder an, und es ist zu

---

*) Am 19. November sollte das Korps bekanntlich Joigny erreichen, wie dies auch ins große Hauptquartier gemeldet war.

**) Das Schreiben war an den Chef des Generalstabes der II. Armee, General v. Stiehle, adressirt.

***) Prinz Friedrich Karl hatte die Heranziehung dieses Armee-Korps zu seiner Armee am 16. November beantragt.

†) General Cambriels war mittlerweile durch General Michel ersetzt worden, an dessen Stelle trat wiederum Crouzat. Nach Komplettirung der Garnison von Besançon auf 15—16,000 Mann sollte die bei jener Stadt konzentrirte „armée de l'Est" nach Chagny abmarschiren. General Crouzat führte sie bereits auf diesem Marsche; er war am 8. November von Besançon aufgebrochen. Garibaldi zog sich in derselben Zeit von Dôle auf Autun zurück.

hoffen, daß dadurch die Belagerung von Belfort geschützt und die uns so überaus wichtigen Eisenbahnverbindungen gegen Unternehmungen von Süden her ausreichend gesichert sind. General v. Werder hat am 11. Verbindung mit Ihnen in Chatillon sur Seine gesucht, aber nicht gefunden."

Noch im Laufe des 15. November folgte diesem Schreiben ein Telegramm, das Abends um $6\frac{1}{2}$ Uhr in Sens einging:

Versailles, den 15. November 1870,
1 Uhr 45 Minuten Nachmittags.

„Seine Majestät befehlen: der II. Armee wird die Deckung der Straße Paris—Orléans übertragen. Die bei Toury stehende 2. Kavallerie-Division ist dem General v. Manstein unterstellt, Letzterem die Richtung auf Etampes zugewiesen. Der Großherzog von Mecklenburg steht heute in Chartres und Umgegend. Am 13. sind stärkere feindliche Kräfte bei Artenay gemeldet."

gez. Graf v. Moltke.

Dem folgte am 16. früh noch die Abschrift eines ausführlichen Befehls, der dem General v. Manstein direkt aus Versailles zugegangen war. Derselbe beorderte ihn auf die Straße Paris—Orléans, deren Deckung er mit seinem Armee-Korps, der 1. und 2. Kavallerie-Division bis zum Herankommen der übrigen Theile der II. Armee zunächst zu übernehmen hatte.

Ueber die Operationen der neugebildeten Armee Abtheilung war in diesen Befehlen noch Folgendes gesagt:

„Seine Königliche Hoheit der Großherzog von Mecklenburg-Schwerin ist mehr in westlicher Richtung zur Sicherung der von Dreux und Châteaudun heranführenden Straßen abmarschirt und steht heute (den 15. November) mit der 22. Division in Chartres, mit der 17. in Rambouillet, mit dem 1. bayerischen Korps in Anneau, woselbst sich auch das Hauptquartier befindet, die 4. Kavallerie-Division steht bei Voves, die 5. und 6. Kavallerie-Division von der Seine bis Chartres. Südlich Artenay sind stärkere feindliche Truppen noch am 13. sichtbar gewesen."

Prinz Friedrich Karl war somit über die Wünsche des großen Hauptquartiers völlig und über die Vorgänge zwischen Paris und der Loire soweit orientirt, als es damals überhaupt möglich war. Er entwarf daher jetzt die Grundzüge seiner Operationen sogleich für einen längeren Zeitabschnitt hinaus und ließ sie am folgenden Tage durch den Chef des Generalstabes dem Grafen Moltke darlegen.

Der Bericht des General v. Stiehle enthält Folgendes:

„Seine Königliche Hoheit beabsichtigt in Folge der gegebenen Allerhöchsten Befehle und der gemachten Mittheilungen wie folgt zu disponiren:

„Das 9. Armee=Korps, welches in Folge seiner forcirten Märsche in sehr angegriffenem Zustande sich befinden muß, wird bei Angerville aufschließen nnd unter Vorschiebung einer Avantgarde zum Soutien der 2. Kavallerie=Division bei Toury vom . 18. an ruhen. Am 21. tritt das Korps den Vormarsch auf Artenay und Orléans an."

„Das 3. Armee=Korps wird vom Loing aus, wo es am 18. bei Nemours und Château Landon eintrifft, am 19. nach Puiseaux, Beaumont, am 20. nach Pithiviers marschiren und am 21. den Vormarsch auf Orléaus fortsetzen resp. zur Kooperation mit dem 9. Korps, falls — wie Deserteur=Nachrichten sagen — der Feind mit 30—40,000 Mann bei Chevilly südlich Artenay im Lager steht.*)"

„Durch die Gewinnung von Orléans glaubt Seine Königliche Hoheit den ertheilten Auftrag, „„die Cernirungs=Armee gegen Orléans zu decken"", am besten auszuführen."

„Je nachdem sich nun dann die Verhältnisse gestaltet haben werden, würden Seine Königliche Hoheit beabsichtigen, mit dem 9. Korps rechts, mit dem 3. Korps links des Stromes die Loire abwärts über Blois gegen Tours vorzugehen. Die Operation, wenngleich durch den Fluß getrennt, wird unbedenklich, weil zwischen Orléans und Tours, exclusive beider Orte, fünf stehende Loirebrücken sich finden, auch das 3. Armee=Korps seinen Pontontrain mit sich führt. Könnte zur Besetzung von Orléans, wo alle Trains zurückbleiben müssen, ein Theil des 2. Armee=Korps verwendet werden, so würde dies die Operationen erleichtern."

„Das über Tonnere im Anmarsch befindliche 10. Armee=Korps wird bis zum 20. direkt nach Montargis herangezogen werden; es kann von dort in zwei Märschen die Loire erreichen und eventuell auf Bourges operiren, diesen Ort in seiner militairischen Bedeutung vernichten und dann vielleicht Cher=abwärts gegen Tours vorgehen. Gelänge es, den Feind entschieden zu schlagen, so könnte von Bourges und Tours aus vielleicht auch gleich die konvergirende Richtung auf

*) Diese Angabe machte vornehmlich ein von der 2. Kavallerie=Division am 15. November eingebrachter Chasseur vom 3. Bataillon.

Poitiers eingeschlagen und damit alle Eisenbahnverbindungen zwischen Nord- und Südfrankreich aufgehoben werden."

„Seine Königliche Hoheit geht bei diesen Plänen von der Ueberzeugung aus, daß ohne Gewinnung eines entscheidenden Waffenerfolges der französische Hochmuth sich nicht beugen wird und daß wir den Feind zum Gefecht zwingen werden, wenn wir direkt gegen seine politischen oder militairischen Centren vordringen."

„Das 3. und 9. Korps würden vereint ihrer projektirten Aufgabe sicher gewachsen sein, wenn sie nicht durch starke Märsche zu sehr ruinirt an den Feind kommen."

„Das 10. Armee-Korps ist allerdings augenblicklich nur 3 Brigaden Infanterie mit 72 Geschützen stark, Seine Königliche Hoheit verstärkt dasselbe jedoch durch 6—7 Eskadrons hessischer Reiter, die auf Montargis dirigirt sind*) und wird die unter General v. Kraatz bei Chaumont zurückgelassene gemischte Brigade heranbeordern und nur 2 Bataillone, 1 Batterie, 1 Eskadron gegen Langres belassen. — Eine Verringerung, die um so eher angänglich, nachdem der General v. Werder verstärkt und nach Süden vorgegangen ist**), wodurch Langres ganz vom Feinde isolirt ist."

„Da der operationsfähige und mit Kavallerie ausgestattete Theil der feindlichen Loire-Streitkräfte sich nördlich der Loire engagirt hat, können bei Bourges wohl nur lockere Infanterie-Formationen dem General v. Voigts-Rhetz entgegentreten, denen er mit seiner starken Artillerie überlegen sein muß, aber selbst, wenn er nicht schnelle Fortschritte macht, würde die Richtung dieses Angriffsstoßes die ganze feindliche Operation sehr stören."

---

*) Siehe weiter unten.

**) Am 12. November hatte das Ober-Kommando der II. Armee hierüber durch General v. Bonin folgende Nachricht erhalten:

Nancy, den 12. November 5 Uhr 20 Minuten Vormittags.

„General v. Werder meldet durch mich:

„4te Reserve-Division wird voraussichtlich am 19. in Vesoul eintreffen, Vesoul ist mit 2 Bataillone besetzt, General Werder marschirt auf dort, Verbindung mit ihm auf Vesoul. General Graf Moltke hatte ferner in seinem Schreiben vom 14. November mitgetheilt, daß General v. Werder zwischen Dijon und Besançon operire, die ihm gegenüberstehenden feindlichen Streitkräfte sich nach Chalon sur Saone zusammengezogen hätten und daß nach dem Falle von Neu-Breisach sich General v. Schmeling (4. Reserve-Division) dem General v. Werder anschließen werde."

„Der schlimmste Umstand für die II. Armee wird die Beschaffung ihrer Verpflegung werden, sie kann nicht stehen bleiben und nur stetig fortschreitend aus dem Lande leben, unsere Verbindungen nach rückwärts über Chaumont, Châtillon resp. Troyes werden völlig abreißen, da wir die langen Linien nicht ausreichend decken können, auch drei Marmorbrücken zwischen Chaumont und Joinville gesprengt sind, gar kein Eisenbahnmaterial sich findet und im Aube- und Yonne-Departement das gebirgige Land seitwärts der Straße bei unserem eiligen Durchmarsche von feindlichen Freischaaren nicht gründlich gereinigt werden konnte."

Für die Ausführung dieser weitgehenden Entwürfe — zumal für die genaue Aufklärung des Feindes, dessen Dispositionen und Absichten ja noch immer ein Räthsel waren, fehlte es der II. Armee zur Zeit an der geeigneten Kavallerie; denn die der II. Armee verbliebene Division Hartmann bestand nur aus schweren Regimentern und Ulanen. Prinz Friedrich Karl hatte daher schon früher um die Wiederzutheilung der 6. Kavallerie-Division gebeten und sprach nun sein Ansuchen noch einmal aus, die 1. durch diese Division oder auch durch die 5. ablösen zu lassen.

Des Oberbefehlshabers Gedanken über die bevorstehenden Operationen, wie sie hier dargelegt worden sind, ruhten natürlich auf der Anschauung, die man über den Werth der feindlichen Loire-Armee nach den der II. Armee bisher zugegangenen Notizen erhalten hatte. Noch immer mußte das Ober-Kommando danach glauben, eine Masse von etwa 60,000 Mann lose zusammengefügter Truppen sich gegenüber zu haben, die den Namen der Loire-Armee führten. Sicherlich war es als ein Zeichen von Schwäche anzusehen, daß dieselbe nach dem für sie glücklichen Gefechte von Coulmiers das bayerische Korps nicht unter weiteren Kämpfen auf die Cernirung von Paris zurückwarf und diese selbst bedrohte, sondern ihren Gegner auch auf der ersten kurzen Rückzugs-Etappe unverfolgt ließ. In den deutschen Hauptquartieren legte man hierauf um so höheren Werth, als man das Ende des Widerstandes in Paris für sehr viel näher bevorstehend hielt, wie es in Wirklichkeit der Fall war, und man daher die Unthätigkeit der Loire-Armee um so mehr für einen Beweis nehmen mußte, daß sie unfähig sei, zu helfen.

Solch' einem Feinde gegenüber war die schnelle kühne Offensive sicherlich das beste Mittel zum vollständigen Siege. Zwar konnten nur zwei Armee-Korps (das 3. und 9.) vereinigt werden, um diese

Offensive auszuführen, aber die Minderheit der Zahl wurde in den Reihen der II. Armee reichlich durch den höheren inneren Werth der Truppen aufgewogen. Noch vermuthete man beim Ober-Kommando der II. Armee starke Theile der Loire-Armee vorwärts Orléans; denn der Feind konnte die wichtige, eben glücklich wieder gewonnene Stadt nicht ohne genügenden Schutz lassen. Mit der Wiedereinnahme von Orléans mußte daher die taktische Entscheidung zusammenfallen. Die ungesäumte Fortsetzung des Feldzuges Loire-abwärts gegen den Regierungssitz Tours, während zugleich auch Nevers und Bourges erobert wurden, lag ganz in dem Geiste, mit welchem die Operationen der II. Armee bisher geführt worden waren. Dies hätte den besten Abschluß für den schnellen Zug gebildet, den diese Armee von Metz hierher unternommen, und ihr Auftreten auf dem neuen Kriegsschauplatze ganz Frankreich am meisten fühlbar gemacht. So wurde auch der Eindruck, den das Gefecht von Coulmiers und die Wiedereinnahme von Orléans im Lande, ja im übrigen Europa gemacht, und der weit über die wahre Bedeutung der Ereignisse hinausging, gründlich wieder verwischt, das Bleigewicht der Entmuthigung aber auf die Organisation der Nationalbewaffnung gelegt.

Gerade diese Entschlüsse zu fassen, war auch das Einfache, Naheliegende, die Folge der Art und Weise, in welcher der gesammte Feldzug deutscherseits begonnen und bis hierher geleitet worden.

Haben die Ereignisse indessen schon in der nächsten Zeit einen anderen Gang genommen, so findet man die Ursache darin, daß die Grundlage, auf welche Alles gebaut war, die Beurtheilung des Gegners, sich änderte. In den nun folgenden Tagen eröffnete sich der Armee ein Blick in Schwierigkeiten, von welchen man zuvor kaum einen Theil für möglich gehalten hätte und denen sie jetzt schnell entgegenging. Es ließ sich nicht mehr leugnen, daß für den ganzen Erfolg des Feldzuges an der Loire eine Gefahr entstanden sei, die abzuwenden man alle Kräfte aufbieten mußte. Schon waren durch die Aeußerungen hervorragender Leute im Lande, die mit siegesgewisser Geringschätzung auf die schwachen Marschkolonnen der heraneilenden II. Armee hinwiesen, Nachrichten bekannt geworden, daß an der Loire sich ein Heer versammle, welches nach Hunderttausenden zähle, trefflich ausgerüstet und vom besten Geiste beseelt. Der Ausdruck „la belle armée de la Loire“ ließ sich schon hier und dort vernehmen. Deutscherseits hielt man dies zunächst lediglich für Rodomontade, für eine Uebertreibung, welche die systematisch erregte Leidenschaft sehr erklärlich machte. Eine verzweifelte Partei stand in Frankreich an der Spitze und verschmähte auch diese Mittel nicht, um den Widerstand zu entflammen. Das blieb zu berücksichtigen. Noch glaubte das Oberkommando, daß die Zahlen, welche ihm als Anhalt für die Beurtheilung seines Gegners durch das große Hauptquartier gegeben worden waren, die richtigeren seien. Freilich erreichten diese die Wahrheit bei Weitem nicht.

Die Befehle, welche Prinz Friedrich Karl nun erließ, entsprachen den soeben ausführlich dargelegten Absichten.

1. Das 9. Armee-Korps und die 1. Kavallerie-Division*) sollten — falls die directen Anordnungen des großen Hauptquartiers dem nicht entgegen standen — bei Angerville stehen bleiben und aufschließen**), während die 2. Kavallerie-Division vor Orléans am Feinde war.

2. Das 3. Armee-Korps wurde angewiesen, am 18. November den Loing bei Nemours zu überschreiten, am 19. Puiseaux und die Gegend südlich dieses Ortes, am 20. Pithiviers zu erreichen.

3. Dem 10. Armee-Korps wurde der Auftrag, am 20. November mit einer starken Tete und dem Hauptquartier — im Ganzen möglichst aufgeschlossen — Montargis zu erreichen, das Detachement des General v. Kraatz in Chaumont aber über Joigny heranzuziehen, während nur:

2 Bataillone,
1 Batterie,
1 Eskadron

zur ferneren Beobachtung von Langres u. s. w. zurückblieben.

Um das 10. Armee-Korps noch mehr zu verstärken und es für selbstständige Operationen besser auszustatten, trat die hessische Kavallerie-Brigade***) vom 9. Armee-Korps zu ihm hinüber. Diese Brigade sollte über Pithiviers auf Montargis marschiren, dort am 19. November ankommen und in der Richtung gegen Joigny die Verbindung mit dem 10. Armee-Korps aufsuchen.

---

*) Der Austausch dieser Division gegen die 6. Kavallerie-Division war bekanntlich im großen Hauptquartier beantragt.

**) Um 12 Uhr Mittags am 16. November war im Hauptquartier Sens eine Meldung des Generals v. Manstein eingelaufen, welche besagte, daß er im Begriff sei, nach Angerville zu marschiren.

***) Dem General v. Manstein wurde befohlen, 6—7 Eskadrons dieser Brigade abzugeben und nach Montargis in Marsch zu setzen.

Prinz Friedrich Karl verband mit dieser Maßregel auch noch die Absicht, dem Feinde den Heranmarsch der II. Armee durch die vor der Front entlang vorüberziehende Kavalleriemasse zu verbergen.

Alle drei kommandirenden Generale wurden ausführlich über die Nachrichten, welche das Oberkommando von den Ereignissen an der Loire hatte, sowie über die nächsten Absichten des Prinzen orientirt. Seine Königliche Hoheit wollte am 20. von der Linie Angerville—Pithiviers—Montargis die Offensive gegen Orléans beginnen, dem 10. Armee-Korps aber, wenn möglich, die Richtung auf Gien und Bourges geben. Es wurde hinzugefügt, daß der Prinz voraussetzte, bedeutende feindliche Kräfte vor Orléans zu finden, jedoch nicht so starke Heeresmassen, daß die Vereinigung aller drei Armee-Korps nothwendig werde.

Ueber die Expedition nach Bourges schrieb der Oberbefehlshaber dem General v. Voigts-Rhetz noch folgende nähere Weisungen:

> „Das Erreichen von Bourges zur Vernichtung der dortigen Militair-Etablissements — Geschütz-Gießereien, Chassepot-Patronen-Fabriken u. s. w. — ist von großer militairischer Wichtigkeit."
>
> „Es ist nicht vorherzusehen, ob das Korps bei dieser Marschrichtung auf wesentlichen Widerstand stoßen wird — jedoch vorauszusetzen, daß, auch ehe das Detachement v. Kraatz beim Armee-Korps eingetroffen ist, dieses namentlich durch seine zahlreiche Artillerie im Stande sein wird, selbst bedeutend überlegenen feindlichen Streitkräften mit Erfolg entgegentreten zu können."
>
> „Bis zum 20. d. M. wird sich übersehen lassen, ob dem Armee-Korps die Richtung auf Bourges zufallen wird und behalte ich mir die näheren Bestimmungen vor, ersuche indessen schon jetzt Eure Excellenz, Ihre Ansichten über diese hier erwähnte Operation mir mittheilen zu wollen."

Dieser Brief mußte der Unsicherheit der Wege halber schon durch einen von einem kleinen Infanterie-Detachement auf Wagen begleiteten Offizier von Sens aus befördert werden. Trotzdem gelangte er nur unter großen Schwierigkeiten und erst, nachdem Abtheilungen des 3. Armee-Korps unter Gefecht mit Franktireurs die Straßen gesäubert hatten, an den General v. Voigts-Rhetz*). —

---

*) Weiter unten geht die Darstellung näher darauf ein.

Inzwischen setzten alle Armee-Korps die ihnen früher aufgetragenen Märsche fort.

General v. Manstein war bekanntlich am 15. November in der Gegend von Milly gewesen und hatte dort die direkten Befehle Seiner Majestät des Königs erhalten, auf die Straße Paris—Orléans zu marschiren. Er entschloß sich, nach der Gegend von Angerville zu marschiren und dort seine Aufstellung zu nehmen. Am 16. November gelangte er mit dem 9. Armee-Korps bis Méréville, mit der 1. Kavallerie-Division, welche den Flankenmarsch des Korps gegen Süden hin sicherte, nach Pithiviers und Guigneville. Die 2. Kavallerie-Division, mit der das Korps nun in enge Verbindung trat, stand bei Toury. Am 17. November rückte das Korps nach Angerville vor. Bei Rouvray—St. Denis und Arbouville war eine Stellung gewählt worden, in der es, falls der Feind seine Offensive nun begann, den Angriff erwarten konnte.

Die 1. Kavallerie-Division etablirte sich bei Bazoches les Gallerandes und Outarville zur Deckung der Straße Orléans—Antruy—Etampes. Die Dispositionen für den Fall, daß der Feind seine Offensive jetzt schon gegen das isolirte Korps begann, wurden noch an demselben Tage an die Truppen ausgegeben. Am 17. erhielt das Korps auch die Befehle des Oberkommandos, denen zufolge es bis zum 20. bei Angerville verbleiben sollte. Sechs Eskadrons der hessischen Kavallerie-Brigade setzte es ferner nach Montargis in Marsch.

Vor der Front der 2. Kavallerie-Division hatte sich an diesem Tage der Feind rühriger gezeigt, wie bisher. General v. Manstein befahl der Division daher, am folgenden Tage mit stärkeren Abtheilungen gegen Artenay und die Straße Chevilly—Chartres zu rekognoszieren, um Klarheit zu erlangen, ob der Feind eine Offensive einleite, oder nicht. Diese Rekognoszirungen ergaben nun, daß der Feind vorläufig nur an die Defensive denke, sich auf der Linie Bougy—St. Lyé—Artenay zur Vertheidigung einrichte und daß er seine Vorposten in die Linie Mauregard—St. Germain le Grand—Ruan—Dambron vorgeschoben habe. Die Patrouillen der Division erhielten in den vor der Front gelegenen Orten vielfach Feuer und hatten Verluste; irgend welche Bewegungen von Bedeutung wurden indessen nirgends wahrgenommen. Das 9. Korps konnte also an diesem Tage, dem 18. November, nach zehn Märschen, die ohne

Unterbrechung auseinander gefolgt waren, den ersten Ruhetag halten; auch am 19. blieben alle Truppen des General v. Manstein stehen.

Prinz Friedrich Karl fand übrigens jetzt, wo das 9. Korps vor dem Feinde stand, die Gelegenheit, sich darüber aufzuklären, ob bei Orléans noch die Loire-Armee oder nur ein isolirtes Korps stünde. Ein am 15. November von der 2. Kavallerie-Division aufgegriffener Desserteur hatte berichtet, daß er mit einem Korps von 30—40,000 Mann von Gien auf Loury marschirt sei, von dort am 16. November durch den Wald nach Chevilly, wo man ein Zeltlager etablirt habe, in welchem jene Truppenmassen noch stehen sollten*). Linientruppen, Mobilgarden, wenig Kavallerie, 20 Geschütze, 6 Mitrailleusen bildeten angeblich jenes Korps. Von der Nähe anderer Truppen hatte jener Deserteur nichts aussagen können, eben so wenig vermochte er über den Verbleib derjenigen Korps Auskunft zu ertheilen, die bei Coulmiers gefochten hatten. Andere speziellere Nachrichten waren nicht eingegangen. Von Nemours aus um 5½ Uhr Nachmittags am 18. November sandte der General-Feldmarschall an General v. Manstein den Befehl:

„Es ist zunächst wichtig, über die Aufstellung des Feindes nördlich von Orléans nähere Nachrichten zu erhalten, namentlich über dessen Stärke, Zusammensetzung und über Ausdehnung und Aufstellung nach beiden Flügeln hin."

„Die Kommandeure der 1. und 2. Kavallerie-Division sind daher anzuweisen, durch Rekognoszirungen — vorzugsweise um die feindlichen Flanken herum — die in den nächsten Tagen vorzunehmen sind, diese Verhältnisse näher aufzuklären und zu demselben Zweck möglichst Gefangene einzubringen."

„Euer Excellenz wollen bis auf Weiteres täglich (bis Mittags) einen Offizier in mein Hauptquartier entsenden, mit den eingegangenen Nachrichten über den Feind und über etwaige Vorgänge in Euer Excellenz rechter Flanke."

„Sollte in den nächsten Tagen — ehe der Aufmarsch der II. Armee auf der Linie Angerville—Pithiviers—Montargis beendet, der Feind mit Stärke die Offensive gegen

---

*) Eine Division des 15. französischen Korps unter General Martin des Pallières, die sich in Gien mit den Truppen des Generals Maurandy vereinigt hatte.

das 9. Armee-Korps ergreifen, so hat das Korps nach Maßgabe des Vorrückens des 3. Armee-Korps — indem das 9. den rechten Flügel der Armee behält, — sich heranzuziehen."

Dann wiederholte der Prinz noch, wie das 3. und 10. Armee-Korps marschirten, und fügte zum Schluß die Weisung hinzu, daß Gefangene in sein Hauptquartier zu senden seien und daß er bis zum 20. Mittags Meldung erwarte, wo die Flügel der feindlichen Vorpostenaufstellung stünden.

General v. Manstein gab am 19., als er das Schreiben des Prinzen erhalten, seinen beiden Kavallerie-Divisionen die nöthigen Weisungen und beide rekognoszirten sowohl am 19. Abends noch, wie im Verlaufe des 20. November. Der feindliche rechte Flügel schien danach bei Brigny zu stehen, — wenigstens fand ein Detachement der 1. Kavallerie-Division diesen Ort besetzt. Auch in Courcy aux Loges und in den Waldrändern dahinter standen stärkere Kräfte des Gegners. Auf dem feindlichen linken Flügel fand man den den Feind in Orgères und Nonneville; auch in Patay sollten Truppen versammelt sein. Im Centrum waren Bivouaksfeuer beobachtet worden, kleinere bei Trinay und Villereau, sehr ausgedehnte bei Chevilly. Alle Spuren deuteten immer wieder darauf hin, daß bei diesem Orte die Hauptkräfte der Franzosen stünden.

Inzwischen war übrigens auch das 3. Armee-Korps und mit ihm das Ober-Kommando herangekommen, das schon seinerseits weitere Maßnahmen getroffen hatte, um sich über den Gegner zu orientiren.*)

Das 3. Armee-Korps hatte bekanntlich am 16. bei Sens und Villeneuve l'Archevêque gestanden, als es den Befehl zum Marsche auf Pithiviers empfing. Es marschirte nun am 17. mit der 6. Division bis Cheroy, mit der Korps-Artillerie nach Villeroy, mit der 5. Division nach Sens und formirte aus 2 Jäger-Kompagnien auf Wagen und 2 Eskadrons unter Major v. Heydebreck eine fliegende Kolonne, die dem Korps voraufeilen, Nachrichten schaffen und die Unterbringung der Truppen vorbereiten sollte. Sie erhielt die Direktion über Chateau Landon auf Boynes und kam am 17. bis St. Valerien.

---

*) Am 20. November konnte Prinz Friedrich Karl auch in Folge dessen schon nach Versailles melden, daß von der Loire-Armee keine Truppen nach Westen gezogen seien.

Am 18. November marschirte die 6. Infanterie-Division bis Nemours, die Korps-Artillerie nach Chaintreaux, die 5. Division nach Egreville. Die Spitzen des Detachements v. Heydebreck wurden bereits in Château Landon mit Feuer empfangen und hatten Verluste. Ein Detachement des Korps, bestehend aus

2 Kompagnien,
1 Zug Kavallerie,
2 Geschützen,

unter Major Lehmann, war an diesem Tage in südlicher Richtung nach dem Dorfe Passy bei Villeneuve le Roi geschickt worden, um dort eine Exekution zu vollstrecken, da aus dem Orte auf Patrouillen gefeuert worden war. Bei diesem Detachement fand sich in Rosoy der mit den Befehlen vom 16. November an das 10. Armee-Korps abgesendete Offizier ein und machte die Mittheilung, daß die Höhen südlich Passy von Franktireurs besetzt, die Wege nach Joigny versperrt seien. Das Detachement Lehmann drang daher unter leichten Scharmützeln am 18. und 19. November nach Villeneuve und weiter bis St. Julien vor, verjagte die Banden, die sich dort zeigten und bestrafte die Ortschaften, welche die Waffen ergriffen hatten. Am Abend des 19. kehrte es nach Sens, von dort in den nächsten beiden Tagen über Chateau Landon zum 3. Armee-Korps zurück.

Dieses marschirte am 19. November nach Puiseaux, mit der Korps-Artillerie nach der Gegend von Arville, mit der 5. Division nach Beaumont und Chateau Landon.

General v. Alvensleben II. hatte inzwischen Rekognoszirungen befohlen, die auf der ganzen Linie von Chilleurs aux Bois bis Bellegarde gegen den Wald von Orléans vorgetrieben werden sollten. Man glaubte dessen Ausgänge, wie es weiter nach Westen hin überall der Fall war, vom Feinde besetzt. Am 19. indessen, an welchem Tage die Spitzen noch nicht erheblich über Beaumont-en-Gatinais, Bordeaux, Sceaux und Courtempierre hinauskamen, fanden noch keine erheblicheren Zusammenstöße mit dem Gegner statt. Die Patrouillen wurden freilich mehrfach von den Landleuten mit Flintenschüssen empfangen. Auch die Patrouillen der 1. Kavallerie-Division, die sich ohne Infanterie-Begleitung in dem südlich Pithiviers gegen den Wald von Orléans hin gelegenen Terrain zeigten, hatten überall Feuer bekommen, die Division benachrichtigte das 3. Korps daher von der nahen Gefahr.

Am 20. November rückte dieses nach Pithiviers und Umgegend.

Seine Spitzen aber kamen an jenem Tage in lebhaftere Berührung mit dem Feinde, als man es erwartet hatte. Dessen Vortruppen wurden schon erheblich vorwärts des Waldes von Orléans gefunden. Bei Neuville aux bois und St. Germain le Grand zeigten sich einige französische Bataillone, von Reitern begleitet. In beiden Orten stand der Feind. An der Straße Pithiviers—Orléans wurden schon vorwärts Santeau die Orte leicht besetzt gefunden, auch zeigten sich französische Vedetten und Chasseurs à cheval. Santeau und Chilleurs aux bois waren augenscheinlich von stärkeren Abtheilungen eingenommen. Auch aus der Waldlisière fielen auf die rekognoscirende Kavallerie Salven; aus allen Büschen und Gehölzen aber wurde auf die Patrouillen gefeuert.

Die Infanterie, welche der Feind zeigte, war auf 4—500 Mann zu schätzen, während die Landleute aussagten, daß dort ebenso viele Tausende stünden. Weiter ostwärts bei Nancray kam es selbst zu einem größeren Rencontre. Dort hatten sich die Freischaaren Chatelineau's eingenistet.

Das Detachement v. Heydebreck, welches gegen Bellegarde hin hatte vorgehen sollen, fand nämlich auch in Nancray feindliche Schützen und drang erst nach einstündigem leichten Gefecht im Orte bis zur Kirche vor. Dann aber kamen vom Walde von Orléans mehrere Bataillone heran, um die bedrängten Vertheidiger zu degagiren und das angreifende Detachement mußte nun, von Infanterie und Kavallerie verfolgt, nach Boynes zurück, bis es, durch die 5. Infanterie-Division unterstützt, wieder vorging und den Ort jetzt völlig nahm.*) Auch Beaune la Rolande wurde besetzt gefunden und mußte von Truppen der 5. Division gesäubert werden.**)

---

*) Chatelineau, der mit seinen Truppen am Rande des Waldes von Orléans gestanden, hatte das Feuer von Beaune la Rolande her vernommen, wo das Gefecht mittlerweile begonnen, und unternahm nun bei Nancray einen Offensivstoß in der Absicht, dadurch die Vertheidiger von Beanne zu degagiren. Siehe seinen Bericht aus Ingranne vom 22. November 1870. Martin des Pallières, Orléans. S. 376.

**) Beaune la Rolande war von 500 Nationalgarden der Stadt, sowie den Nationalgarden von Boiscommun, Montbarrois und St. Loup des Vignes unter Befehl des Oberst Guillot besetzt gewesen, die sich vor den eindringenden preußischen Truppen über St. Loup und Boiscommun abzogen. Oberst Chatelineau führte über die Nationalgarden und Franktireurs jener Gegend den einheitlichen Oberbefehl; ihm war auch Guillot unterstellt. Siehe: Beaune la Rolande von M. Marotte, Paris 1871. Dentu.

In Folge dieser Vorgänge verlegte das 3. Armee-Korps noch eine Brigade der 5. Division nach Boynes und Barville; seine Vorposten trieb es im Anschluß an die des 9. Armee-Korps von Neuville bis Beaune la Rolande hin gegen den Wald von Orléans vor.

Das 10. Armee-Korps hatte, wie bekannt, am 15. November in Laignes geruht und setzte am 16. den ihm schon früher befohlenen Marsch auf Joigny fort, gewärtig, in dem nun zu passirenden waldigen Terrain auf Freischaaren zu stoßen. Schon am Tage zuvor war eine Dragoner-Patrouille dem Korps weit voraus, bis Chablis gestreift, aber dort in der Nacht von bewaffneten Bürgern angefallen worden und nach Verlust ihres Offiziers, der bei dem Rencontre blieb, zurückgekehrt. Am 16. trafen die Marschkolonnen des Korps in dem Walde von Pimelles auf die Spuren von Banden, die in der Nacht abgezogen waren, doch stießen sie nicht auf Widerstand. In Taulay kam dem kommandirenden General ein Abgesandter der Stadt Tonnerre auf Vélocipède entgegen, um gute Aufnahme zuzusichern, gute Behandlung zu erbitten. Auch bei dem Marsche nach St. Florentin am 17. zeigte sich nichts vom Feinde; eine über Chablis dirigirte Seitenkolonne, die dem Orte eine Kontribution auferlegen sollte, traf aber, als sie ihren Marsch fortsetzte, auf Freischaaren, denen sie einige Verluste beibrachte. Bei Avrolles und in den Bergen von Champlost wurden dann am Abende des Tages noch einige Bewaffnete aufgegriffen und am nächsten Tage stellte sich dem Korps bereits offener Widerstand entgegen. Die Thalengen bei Esnon waren von Mobilgarden gesperrt, welche hier die Avantgarde erwarteten. Eine Umgehung öffnete das Defilee mit leichter Mühe und der Gegner erlitt in kurzem Gefecht einen Verlust von 40 Todten und Verwundeten und etwa ebenso viel Gefangenen. Auch bei dem Einrücken in Joigny wurden die Truppen noch mit einzelnen Schüssen aus den Häusern empfangen.

Dort ruhte General v. Voigts-Rhetz am 19. und empfing nun auch die Befehle des Oberkommandos aus Sens, die mit Hülfe des Detachements Lehmann vom 3. Korps glücklich nach Joigny hindurch gebracht worden waren.*) Die ihm gestellte Aufgabe, am 20. Mont-

*) Das 10. Armee-Korps hatte am 18. November einen Generalstabs-Offizier mit 20 Dragonern über Theil und Sens zum 3. Armee-Korps geschickt, um seine Meldungen auf diese Weise an das Ober-Kommando zu befördern. Dieser Offizier fand seine Straße vom Feinde völlig frei und gelangte am 19. auch unbehelligt zum Korps zurück.

argis zu erreichen, vermochte er nun, da er den Befehl empfing, nicht mehr zu erfüllen, um so weniger, als die Queue des Korps noch sehr weit zurück blieb. Sie hatte am Tage zuvor erst Dame-moine bei Tonnerre erreicht und schloß am 19. nach Gervigny bei St. Florentin auf.

Am 20. kam General v. Voigts-Rhetz bis Courtenay mit seiner Tete, während die letzten Truppen des Korps Joigny erreichten. An General v. Kraatz erging seinerseits telegraphisch über Sens und auf dem direkten Wege durch eine Dragoner-Abtheilung der Befehl zum Nachrücken. Die hessische Kavallerie-Brigade, die zum 10. Armee-Korps stoßen sollte, hatte übrigens ihren Marsch nicht über Pithiviers genommen, sondern war über Puiseaux ausgebogen.

Diese Richtung erschien bei der Aufregung der Landbevölkerung und, da in jedem Dorfe dem Durchzug bewaffneter Widerstand geleistet wurde, für eine ohne Artillerie und Infanterie marschirende Kavallerie-Kolonne sicherer; denn sie berührte den Kantonnements-Rayon des 3. Armee-Korps. Am 19. ging die Brigade nur bis Préfontaine bei Château Landon, am 20. gegen Montargis vor, ohne in den noch vom Feinde besetzten Ort einzudringen. Es gelang ihr auch noch nicht, die Verbindung mit dem 10. Armee-Korps aufzunehmen.

Bei dieser Marschrichtung war der Zweck verfehlt worden, dem Feinde den Anmarsch des 3. Armee-Korps zu verbergen. Auf diesen Zweck wiesen freilich die an das 9. Armee-Korps ergangenen Befehle nicht hin. Es ist ferner auch zweifelhaft, ob die südlicheren Wege überhaupt passirbar gewesen sein würden, die Vorgänge beim 3. Armee-Korps am 19. und 20. November stellen es in Frage.

Das Oberkommando war unterdeß der Armee über Nemours, Cheroy, Puiseaux gefolgt und rückte mit dem 3. Armee-Korps zugleich in Pithiviers ein.*) Der Vormarsch aber war für die herrschenden Ansichten über den Feind und für die weiteren Pläne des Prinzen sehr wichtig geworden.

Zunächst erschien der Charakter der Kriegsführung in den letzten Tagen völlig verändert. Bisher hatten die Truppen durch die Landbevölkerung fast überall eine gute Aufnahme, bequeme Unterkunft und

---

*) Tags zuvor war dort schon die Etappen-Telegraphen-Abtheilung des Hauptquartiers ohne Bedeckung eingerückt und hatte sich selbst durch Posten und Wachen gesichert.

reichliche Verpflegung gefunden. Nur die Bewohner der Städte und namentlich die Behörden zeigten sich renitent, und warteten bei allen Forderungen den Druck der Gewalt ab.

Attentate gegen Offiziere oder Mannschaften waren wohl vorgekommen, aber die Masse des Volkes hatte sich daran noch nicht betheiligt. Offene Feindseligkeiten, geschlossener Widerstand der schnell zusammengebrachten bewaffneten Schaaren hatte sich, wie bei Chaumont, nur dort gezeigt, wo obrigkeitliche Gewalt ihn unter Anwendung rücksichtsloser Maßnahmen organisirt hatte. An eine allgemeine Erhebung war noch nicht zu denken gewesen.

Anders ging's seit den letzten drei Tagen her. Alle Straßen wurden durch tiefe Einschnitte und Barrikaden versperrt gefunden. Vor den Teten der Marsch-Kolonnen tauchten in jeder Richtung Mobilgarden und Freischaaren auf, die zwar meist nach für sie sehr unglücklichen Kämpfen schnell das Feld räumten, aber sich an Flanke und Rücken der Truppenzüge hängten oder den Widerstand von Neuem aufnahmen, wo das Terrain nur irgend die passende Gelegenheit dazu bot. In den Ortschaften zeigten die Einwohner meist eine finstere, feindselige Haltung. Aus Dörfern und Gehöften wurde nicht nur auf Patrouillen, sondern auch auf stärkere Abtheilungen geschossen. Eine Reihe von Exekutionen hatte vollstreckt werden müssen, Gehöfte waren mehrfach zur Bestrafung der Gemeinden angezündet, Kontributionen eingetrieben worden. Und doch unterblieb diese jetzt nicht mehr passive, sondern wirklich aktive Gegenwehr nur, wenn die große Zahl der einrückenden Truppen jeden Gedanken an Widerstand benahm. —

Wo das numerische Gewicht nicht erdrückend auf dem Lande lastete, da belebte sich der Guerillakrieg sofort wieder. Es ließ sich nicht mehr leugnen, daß hier die Betheiligung des Volkes am Kriege in Wahrheit im Gange sei, und daß die Armee von nun ab nicht nur mit der französischen Armee, sondern auch mit diesem neuen Gegner zu kämpfen habe. Je näher man dem Walde von Orléans kam, desto stärker traten diese Erscheinungen hervor. Am 20. November hatte Seine Königliche Hoheit der Oberbefehlshaber sich von Puiseaux zunächst in die Gegend von Nenneville bei Boynes begeben. Dieser Ritt aber gewährte den tiefsten Blick in die ganz neuen Verhältnisse. Diejenigen Eindrücke, welche der Oberbefehlshaber empfängt, werden immer von größerer Bedeutung auf die Leitung der Armee sein, als diejenigen, welche Meldungen und Berichte hervorrufen. Der Prinz nahm, nur von einem Theile seines Stabes begleitet, erst die Richtung auf Grangermont, dann ritt er querfeldein, nach Renneville. Verlassen lagen die Dörfer und Fermen da; Niemand zeigte sich an den Eingängen; aber Gruppen von Leuten entdeckte man in sicherer Ferne in den Plantagen und Weinbergen. Scheu betrachteten diese Flüchtigen die herankommende Kavalkade, um sofort das Weite zu suchen, wenn sie dieselbe die Richtung auf ihren Standpunkt zu nehmen sahen. In einem abgelegenen Feldbusch kampirten ganze Familien eines nahen Dorfes, die geglaubt, sich vor der Plünderung mit ihrer Habe an Vieh und Geräthen dorthin retten zu müssen. Einzelne Schüsse klangen aus dem Terrain herüber, in welchem sich die Marschkolonnen bewegten; selbst ein erheblicheres Gefecht wurde hier und dort vernommen. Dann begegnete der Prinz Trupps von Blousenmännern, welche durch Mannschaften des 3. Korps gefangen fortgeführt wurden, weil sie Attentate auf die in die Quartiere rückenden Truppen verübt. Geistliche befanden sich unter den Gefangenen. Fanatischer Haß und der Trotz, untermischt mit heimlicher Freude über nahe Rache, prägte sich in den Gesichtern aus.

Ueberall mußten die Truppen des 3. Armee-Korps sich den Eintritt in ihre Kantonnements erkämpfen, wo sie dieselben nicht ganz verlassen fanden. Unter Axthieben fielen die fest verrammelten Thüren, einer Gewaltthat folgte nothwendig die andere, und so gewann das Bild dieses Zuges gegen die Loire mit einem Schlage ein düsteres Kolorit.

Ohne Zweifel war das letzte erfolgreiche Vordringen und die Nähe der Loire-Armee die Ursache hiervon; das Bewußtsein, eine starke und regelmäßig organisirte Truppenmacht hinter sich zu haben, erhöhte den Muth und die Streitlust der Bevölkerung. Die Bedeutung, welche der Erfolg von Coulmiers für Frankreich haben werde, war weit übertrieben worden. Aber die feindlichen Gewalthaber benutzten diese Uebertreibungen augenscheinlich sehr geschickt, um die Stimmung allgemein für die Fortsetzung des Kampfes bis aufs Aeußerste zu entflammen. Nirgends zweifelte man daran, daß die Wendung des Kriegsglücks mit dem 9. November begonnen habe. Das Vertrauen auf die Waffentüchtigkeit der Loire-Armee war ein sehr großes. Man übertrieb Zahl, Ausrüstung, Zustand dieser Armee sehr wesentlich. Dann kam hinzu, daß sie die erste große Armee der Republik war, und daß somit der Nimbus der älteren republikanischen

Traditionen auf sie überging. Privat-Nachrichten sprachen von 200,000 ja 300,000 Mann, vor denen, wenn sie gegen Paris vorgingen, die schwachen deutschen Korps auseinander stieben müßten, wie die Spreu vor dem Winde. Das Oberkommando nahm diese Gerüchte natürlich nur unter Vorbehalt auf. Allein man hatte doch schon bestimmt erfahren, daß Truppenmassen, welche bei Coulmiers nicht gefochten, von Bourges über Gien vorgegangen seien, um sich auf die Straße Orléans—Paris zu setzen. Französische Zeitungen wiederholten diese Nachrichten und fügten hinzu, daß General Martin des Pallières jene, 30—40,000 Mann starke Truppenmasse kommandire. Ferner wurde ebenso von den Journalen mitgetheilt, daß General Michel von der Ost-Armee zur Loire abgegangen sei, um dort das Kommando der Kavallerie-Division des 18. Korps zu übernehmen.*) Dies Korps wurde zum ersten Male genannt, und schon am 18. November hielt es das Oberkommando nach manchen Anzeichen für sehr möglich, daß die Loire-Armee auf der Eisenbahn vom Osten her bedeutende Verstärkungen empfange, die dem linken Flügel der II. Armee entgegentreten sollten.

Der nächste Tag brachte übrigens auch die Erwiderung des Grafen Moltke auf den Bericht des Oberkommandos vom 16. November:

„Den über die, für die Zukunft beabsichtigten Operationen ausgesprochenen Darlegungen schenkten Seine Majestät der König Allerhöchstihre Zustimmung, machten indessen darauf aufmerksam, daß eine Bestimmung darüber, ob das 10. Armee-Korps unmittelbar auf Bourges zu dirigiren sei, jetzt wohl noch nicht getroffen werden könne, da noch nicht zu übersehen sei, ob nicht die Verwendung sämmtlicher Kräfte der II. Armee in der Richtung gegen Orléans und Châteaudun nothwendig werden würde."

„Diese Frage wird nämlich abhängig bleiben von dem Erfolg des heute (das Schreiben datirt Versailles, den 18. November 1870) beginnenden Vormarsches der in der Gegend von Chartres versammelten Armee-Abtheilung Seiner Königlichen Hoheit des Großherzogs von Mecklenburg-Schwerin auf Le Mans. Die 17. Division hatte gestern

---

*) General Michel kommandirte später die Kavallerie-Division des 16. französischen Korps.

Dreux, welches von 6—7000 Mann Mobilgarden besetzt war, genommen."

„Darüber, ob die Hauptkräfte der Loire-Armee noch bei Orléans oder etwa in mehr westlicher Richtung bei Châteaudun sich befinden, werden erst die nächsten Tage Aufklärung geben, und wird dem Königlichen Oberkommando die erforderliche Benachrichtigung dann schleunigst zugehen."

Diesem Schreiben wurden zwei Londoner Depeschen abschriftlich beigefügt. Die erste besagte, daß Orléans befestigt und mit schwerer Artillerie armirt werde,*) daß ein Korps von 10,000 Mann bei dieser Arbeit beschäftigt, und daß die französische Armee zwischen Orléans und Artenay massirt sei. Auf dem Loirestrom aber wurden angeblich Boote vereinigt, um den Fluß überschreiten zu können, sobald die Nothwendigkeit ergab, die Brücken zu zerstören. Die zweite sprach davon, daß die Eisenbahn von Orléans nach Vierzon und nach Blois wiederhergestellt und in Betrieb gesetzt sei; Verstärkungen konnten also auch durch Eisenbahntransporte herangeführt werden. Diese Depesche zeigte ferner, daß man bereits um jene Zeit auf feindlicher Seite über den Heranmarsch der II. Armee ziemlich genau orientirt war.**) Bei der Länge der Marschlinien von Metz bis zur Loire konnte das freilich auch kaum Wunder nehmen.

Um die Frage zu entscheiden, welche jetzt alle anderen zurückdrängte, nämlich, ob die Loire-Armee noch bei Orléans lagere oder nicht, hatte das Oberkommando am 19. in aller Frühe von Nemours aus zwei Generalstabs-Offiziere, den einen zur 2. Kavallerie-Division nach Toury, den andern zur 1. nach Outarville geschickt,***) um sich dort ausführlicher zu orientiren, als es durch schriftliche Mittheilung geschehen konnte, und um selbst die Maßnahmen des Feindes zu rekognoszirea.

Der nach Toury gesandte Offizier ritt zunächst von Le Mesnil

---

*) Les français construisent un camp retranché formidable, muni avec artillerie de gros calibre à l'embranchement du chemin de fer, formée en face des lignes prussiennes.

**) On annonce que les Allemands continuent d'avancer rapidement de la Yonne à la Loire. Voigts-Rhetz est arrivé hier (16.) Tonnerre avec le Xe corps de 20,000 hommes. L'armee du prince marche en colonnes parallèles une colonne passe par Nogent sur Seine, Montereau, Fontainebleau et une autre de l'Est a passé la Yonne à Sens.

***) Diesen Offizier begleitete bei dem Ritte der Sekonde-Lieutenant Herzog Paul von Mecklenburg-Schwerin, Hoheit.

in der Richtung auf Baigneaux und Lumeau vor, passirte im Morgengrauen die vordersten vom Feinde besetzten Linien und gelangte zwischen den von ihm okkupirten Dörfern bis in das Terrain von Echelles und Terminiers. Von feindlichen Chasseurs verfolgt, kehrte er über Loigny und Beauvilliers zurück und setzte alsdann seine Rekognoszirung längs der Pariser Straße gegen Artenay fort. Hier stieß er bei Poupry, Dambron und nördlich Assas auf eine zusammenhängende Vorpostenkette. Französische Truppen-Abtheilungen hatten sich mehrfach gezeigt und er gewann hieraus und aus eingegangenen Nachrichten die Ueberzeugung, daß man dort an der Straße Paris—Orléans noch die Masse der Loire-Armee vor sich habe. Der andere Offizier rekognoszirte bei Neuville, Chillieurs aux bois und nahm gleichfalls seinen Weg durch die Linie der französischerseits besetzten Dörfer hindurch bis nach Chamerolles Château, wo er nichts mehr vom Feinde fand. Mobile, Linientruppen und Chasseurs hatten sich aber weiter nördlich gezeigt und ihn mehrfach mit lebhaftem Feuer empfangen — größere geschlossene Massen schienen hier nicht zu lagern. Das von Bäumen und Gehöften sehr bedeckte Terrain erschwerte es übrigens auf dieser Seite ungemein, einen irgend klaren Ueberblick zu gewinnen.

Hierzu kamen nun noch mehrfache Nachrichten, welche die Deserteurs und Gefangenen der französischen Armee gaben. Ein bei der 2. Kavallerie-Division eingebrachter Chasseur gab vor, mit seinem Bataillon direkt aus Afrika gekommen, mit der Eisenbahn bis Salbris und von dort zu Fuß in das Lager von Chevilly dirigirt worden zu sein. Nördlich Orléans standen nach seiner Aussage auch bei Gidy—Cercottes starke Truppenmassen, im Ganzen zwei Armee-Korps. Die Gesammtstärke der Loire-Armee gab er auf 150,000 Mann an, die indessen, angegriffen von dem ununterbrochenen Bivouakiren, eine wenig kriegerische Stimmung zeigen sollten. Auch er sprach von fortifikatorischen Vorbereitungen in den französischen Stellungen. Ein Kavallerist, der bei Nonneville gefangen wurde, gab in Uebereinstimmung mit diesen Aussagen an, daß die ganze Loire-Armee noch bei Orléans versammelt sei. Aehnliches wiederholten alle beim 3. Korps aufgegriffenen französischen Mannschaften. Schon die Ausdehnung der starken feindlichen Vorposten sprach dafür, daß man hier noch eine Armee, nicht schwache isolirte Korps vor sich habe. Die französischen Journale, deren man einige in den Ortschaften wegnahm, andere bei den Gefangenen fand, sprachen ganz offen von der nun bei Orléans bevorstehenden Entscheidungsschlacht, deren Ausgang das fernere Schicksal des Feldzuges bestimmen werde, sie priesen die Stärke und Siegeszuversicht der Loire-Armee, sowie deren treffliche Vorbereitung. Das Alles veränderte die Lage der II. Armee sehr erheblich. Bisher hatte man gedacht, daß ein einziges preußisches Armee-Korps jeder Aufgabe gewachsen sein müsse, die der II. Armee hier überhaupt gestellt werden konnte. Um so mehr hatte der Prinz das 3. und 9. Korps vereinigt für stark genug gehalten, die Offensive gegen Orléans und die Vertreibung der neugebildeten französischen Korps durchzuführen. Nunmehr ließ sich schon übersehen, daß man den Feind weit unterschätzt habe, wenngleich auch die Ziffern noch nicht für die richtigen galten, welche die Deserteure, Gefangenen und die Zeitungen angaben. Es handelte sich in der That nicht um partielle Kämpfe und Erfolge, sondern um die Entscheidung des Feldzuges gegen die Armee, die augenblicklich des Feindes Hauptarmee bildete, die Basis für alle seine Hoffnungen. Nicht Orléans war hier wiederzunehmen, sondern überhaupt eine neue Macht, die bewaffnete französische Republik niederzuwerfen.

Zwei andere der II. Armee ungünstige Bedingungen mußten ferner überwunden werden: der Volksaufstand und die Schwierigkeit des Terrains; Eines unterstützte dabei das Andere. Schon die Scharmützel vom 20. November zeigten deutlich, daß man hier zu fechten habe, ohne den Gegner, seine Stärke und seine Maßnahmen genau zu kennen, daß man ferner das Terrain von Abschnitt zu Abschnitt und von Dorf zu Dorf werde erkämpfen müssen.

Der Ueberfall der Etappengarnison von Châtillon*), von dem an diesem Tage gleichfalls die erste Meldung in das Hauptquartier Pithiviers gelangte, bewies, daß auch im Rücken der Armee die französischen Freischaaren jetzt unternehmender wurden und daß dort bald ernste Schwierigkeiten eintreten müßten.

Das Alles gebot es dringend, die Armee ganz zu vereinigen, ehe man zum entscheidenden Angriff schritt. Die Korps waren damals an Infanterie nur wenig stärker, als komplette Divisionen; sie zählten nicht mehr als 15,000 Gewehre in der Front. Mit den 28—30,000 Mann Infanterie des 3. und 9. Armee-Korps den Gegner in seinen verschanzten Stellungen anzugreifen, wäre ein Wagniß gewesen, das hier nicht gerechtfertigt erschien, wo eine ver-

---

*) Siehe weiter unten.

lorene Schlacht von unberechenbarer Bedeutung wurde, und andererseits das Herankommen des 10. Armee-Korps nahe bevorstand. Der Prinz entschloß sich daher schon am 20., das 10. Armee-Korps abzuwarten. Die letzte Nachricht, die der Oberbefehlshaber von diesem Korps besaß, datirte vom 17. November. Es war indeß bekannt, daß Freischaaren ihm den Weg sperrten, das Ausbleiben neuerer Berichte also natürlich sei. Von der isolirten Verwendung des Korps über Gien und Bourges konnte jetzt, nachdem sich die Anschauungen seit dem 16., wo jener Plan gefaßt worden war, so völlig geändert hatten, keine Rede mehr sein. Ohnehin glaubte man ja im Oberkommando jetzt schon daran, daß der Feind selbst von der oberen Loire her Truppenmassen vorschiebe, die dem Korps jenen Weg verlegt hätten. Prinz Friedrich Karl hatte am 19. dem General v. Voigts-Rhetz durch die hessischen Reiter neuen Befehl zugeschickt, er möge Montargis sobald als möglich erreichen und dann ermitteln, wie weit sich die Vorpostenstellung, die der Feind vorwärts des Waldes von Orléans genommen, nach Osten hin ausdehne. Schon hierbei wurde der General darauf aufmerksam gemacht, daß ihm von Gien her Gefahr drohe. Von Interesse für jene Kriegsepoche ist ein Schreiben, in welchem General v. Voigts-Rhetz die Befehle und Anfragen des Oberkommandos aus Sens beantwortete. Wenn es den Feldmarschall auch erst am nächsten Tage Vormittags 10 Uhr erreichte, so gehört es doch seinem Inhalte nach hierher. Der General schrieb aus Joigny vom 19. November unter Anderem:

„Was meine Ansichten in Betreff einer Operation auf Bourges angeht, so bin ich bei dem Mangel an allen Nachrichten zur Zeit nicht im Stande, ein bestimmtes Urtheil abzugeben. Ich muß mich darauf beschränken, die Kräfte zu überschlagen, die mir dazu verfügbar bleiben würden. Die Franktireurs u. s. w. sind gestern sehr leicht vertrieben worden; sie existiren aber nach wie vor zu beiden Seiten meiner Marschlinie und scheinen in Auxerre ein stärkeres Centrum zu haben, auch wenn die besseren Truppen — wie es scheint — von dort abgerückt sind. Um einen Yonne-Uebergang in der Hand zu behalten, muß ich Joigny besetzt halten und kann ich bei der Unsicherheit der Gegend nicht weniger als ein Bataillon mit etwas Artillerie hier lassen. Ungefähr eben so viel wird in Montargis bleiben müssen. Rechne ich ferner ab, was zur Bedeckung des Trains und Kolonnen, die unausgesetzt Franktireurs in ihren Flanken haben, gegeben werden muß, so würde ich bei Gien mit etwa 15 Bataillonen, einigen 60 Geschützen und 10 12 Eskadrons inklusive der Hessen eintreffen. Es ist sehr wahrscheinlich, daß ich damit den Ort nehmen und das linke Loire-Ufer gewinnen würde, falls die Brücke nicht zerstört ist; ich muß nun aber, um so mehr, als ich keinen Pontontrain habe, einen sehr hohen Werth darauf legen, daß bei meinem Weitermarsch Gien mit Brücke in meinen Händen bleibt. Ich müßte dazu, auch wenn ich die Befestigung zu Hülfe nehme, wahrscheinlich etwa drei Bataillone, d. h. 1500—1800 Mann und zwei Batterien verwenden. Wäre es nun auch nicht nöthig noch einmal, etwa in Aubigny, ein Detachement stehen zu lassen, so würde ich mit etwa zwölf Bataillonen, d. h. ca. 7—8000 Bajonetten und 50 Geschützen vor Bourges erscheinen. Ob das hinreicht, kann ich nicht beurtheilen, da ich nicht weiß, was der Feind dort hat und ob es richtig ist, was ich in den Zeitungen gelesen habe, daß Bourges befestigt sein soll. Wenn es nicht nöthig gewesen wäre, das 10. Armee-Korps auf Montargis marschiren zu lassen, so würde es mir für eine Unternehmung auf Bourges erwünscht geschienen haben, zunächst Auxerre zu säubern, was, wie ich glaube, eine Beruhigung der Bevölkerung auf meiner Marschlinie zur Folge haben würde, und dann den Uebergangspunkt über die Loire mehr oberhalb zu wählen. Gien liegt näher an dem vom Feinde besetzten Orléans, als an dem von mir zu erreichenden Bourges."

So machte sich von nun ab überall das Mißverhältniß der Zahl, die Länge der Operationslinien und die Schwierigkeiten geltend, welche die Belebung des Guerillakrieges verursachten.

Alle diese Umstände hatte das Oberkommando in ihrer Bedeutung erst jetzt erkennen können, wo es denselben unmittelbar gegenüber stand; bisher hatte der Vormarsch der Armee und die ihr zugesandten Orientirungen nur ganz andere Bilder sehen lassen. Es galt aber nun, sich schnell in die neue Lage zu finden. Noch am 20. November Abends um 7¼ Uhr ging von Pithiviers folgende telegraphische Meldung nach Versailles:

„Hauptquartier und 3. Korps hier eingetroffen. Unsere Vortruppen haben aus Beaune la Rolande und Nancray heute den Feind vertrieben."

„Vom 10. Korps fehlen seit dem 17. Nachrichten, doch ist kein Grund zur Besorgniß; sein Herankommen über Montargis wird abgewartet. Nach unserer Auffassung ist nach dem Gefecht von Coulmiers nichts vom Feinde nach Nordwesten abmarschirt." (gez.) v. Stiehle.

Auch den General v. Manstein benachrichtigte Prinz Friedrich Karl von dem, was beim 3. Korps vorgegangen sei, und daß er das Herankommen des 10. Armee-Korps über Montargis abwarten würde.

Eine Bestätigung der so schon fest gewonnenen Ansicht, daß die Loire-Armee noch bei Orléans stünde, kam an demselben Abende durch eine Nachricht von der Armee-Abtheilung des Großherzogs, welche die 2. Kavallerie-Division übermittelte. Das Oberkommando erhielt dadurch Kenntniß, daß der Großherzog bei Châteauneuf stünde, sowie, daß er bei Dreux und Digny feindliche Detachements geschlagen. Die betreffende Meldung fügte hinzu: „Man vermuthet, daß die Truppen, gegen die man gefochten, nicht der Loire-Armee, sondern der West-Armee angehören."

IV.

In der Beauce.

Ladon, Beaune la Rolande, Loigny.

Der 21. und 22. November.

Am 21. November traf in Pithiviers ein Offizier ein, welchen der Kommandeur der 4. Kavallerie-Division, Prinz Albrecht (Vater), an den Feldmarschall geschickt hatte. Dieser Offizier brachte die Nachricht mit, daß der Großherzog von Mecklenburg an diesem Tage gegen Nogent le Rotrou marschire, wo er nun seinen Gegner vermuthete, nachdem die Gerüchte, daß der Feind mit größeren Heeresmassen bei Dreux stünde, durch das siegreiche Gefecht der 17. Division gegen Territorialtruppen wieder zerstreut worden waren. Der Großherzog wollte mit den beiden Infanterie-Divisionen in das Huisnethal eindringen und mit ihnen die Orte Condeau und La Madeleine-Bouvet erreichen, mit dem 1. bayerischen Korps sich von Osten nähern und dieses bis Thiron Gardais führen, während die beiden Kavallerie-Divisionen (die 6. und die 4.) nach La Croix du

Pêrche, respektive Illiers vorrückten. Daß aber bei Nogent ein bedeutendes feindliches Korps versammelt sei, oder gar die Loire-Armee, war auch nur eine reine Annahme, nicht Gewißheit. Ein aus Versailles kommendes Schreiben, das am frühen Morgen in Pithiviers eingegangen war, sprach sich hierüber näher aus. Der Großherzog beabsichtigte, wie mitgetheilt wurde, weiter auf Le Mans vorzudringen.

„Ob er nun in dieser Richtung die Loire-Armee vor sich findet, ob dieselbe sich bei Châteaudun (eben wird gemeldet, daß die Besatzung von Chartres allarmirt sei) oder noch bei Orleans befindet, oder ob sie getheilt mit dem 16. Korps noch bei letzterer Stadt, mit dem 15. weiter westlich stehe, darüber war bis diesen Augenblick Alles in der Schwebe." . . . . . .

„Soeben kommen nun vom Oberkommando der III. Armee folgende Nachrichten an:

„In der Nacht (vom 19. zum 20.) ist der Feind mit Kolonnen von Illiers und Bonneval (Châteaudun) vorgedrungen und hat die 4. Kavallerie-Division sich nahe bis Chartres zurückziehen müssen."

„Brigade Bredow*) hat den 19. 4000 Mobilgarden von Monaucourt (Dreux) auf Verneuil zurückgeworfen. Die Rekognoszirungen auf dem Halbbogen Verneuil—Bonneval haben überall den Feind, Linientruppen und Mobilgarden, angetroffen." —

Bestimmtes war bei der Armee-Abtheilung also über die ihr gegenüberstehenden französischen Streitkräfte nicht bekannt und, wenn es nun auch im Bereiche der Möglichkeit lag, daß die von Illiers und Bonneval vordringenden französischen Kolonnen die Teten der Loire-Armee bildeten, so blieb Prinz Friedrich Karl doch bei seiner schon Tags zuvor gefaßten Meinung und diese sollte auch heute noch weitere Bestätigungen erfahren.

Der letzte Abend und die Nacht hatten die Meldungen von allen Theilen der Armee vervollständigt und ließen nunmehr über die Ereignisse auf deren ausgedehnter Front, von Toury bis gegen Beaune hin, einen Ueberblick gewinnen. Vor dem rechten Flügel war Orgères besetzt gefunden worden, dem linken gegenüber Beaune la Rolande. Die Entfernung beider Orte von einander betrug acht deutsche Meilen. Auf dieser langen Linie konnte man über 20 größere Orte zählen, und noch weit mehr Schlösser, Fermen und

*) 12. Kavallerie-Brigade.

Weiler, die vom Feinde besetzt waren. In einigen derselben mochten sich wohl nur Franktireurs eingenistet, oder die Einwohner sich bewaffnet haben. In anderen standen aber Mobilgarden und auch Linientruppen, Detachements aller Waffen. Die am 20. vorgehenden Rekognoszirungen hatten an verschiedenen Punkten Abtheilungen von mehreren Bataillonen gefunden. Einen solchen Aufwand an Vortruppen konnte ein schwacher Feind nimmermehr treiben, sondern nur eine große Armee. Dies war ein sicherer Beweis, wenn man denselben nicht schon in der trotzigen, herausfordernden Haltung des Landvolks fand, das sich jedenfalls nur im Bewußtsein einer nahen mächtigen Unterstützung erhoben hatte.

Davon, daß nach dem Gefechte von Coulmiers Truppen der siegreichen feindlichen Armee nach Westen abmarschirt seien, fehlte jegliche Spur. Auch dieser Umstand befestigte die Meinung, daß man die Loire-Armee nirgend anders, als bei Orléans zu suchen habe. Am 21. Morgens ergänzte ferner das große Hauptquartier seine früher über die Stärke und Organisation der französischen Streitkräfte gemachten Mittheilungen dahin, daß die Loire-Armee 80—90,000 Mann Infanterie stark sei, und daß auch für die Vermehrung der Artillerie viel gethan worden wäre.

Die Aussagen der am 20. in preußische Hand gefallenen Gefangenen, Angaben angesehener Leute aus dem Lande und Zeitungsnotizen enthielten der Mehrzahl nach noch weit höhere Ziffern, selbst 150—200,000 Mann. Nördlich, respektive nordwestlich von Orléans an der großen Pariser Straße standen das 15. und 16. französische Korps. Links daneben wurde schon mehrfach das 17. Armee-Korps genannt, das bei Mer an der Loire kantoniren sollte, auch von dem 18., und von seiner Bestimmung, gleichfalls zur Loire-Armee abzugehen, war wiederum in einer aus Tours datirten Zeitungs-Korrespondenz die Rede. Daß bei Gidy, sowie vorwärts Orléans Verschanzungen angelegt und mit schweren Kalibern armirt wurden, ergab sich ferner mit Gewißheit.

Mehr noch als gestern hielt Prinz Friedrich Karl das Herankommen des 10. Armee-Korps für unerläßlich nothwendig, ehe er zum Angriff schritt. Heute sollte jenes Korps mit der Tete Montargis erreichen. Bis es aber an den linken Flügel der Armee heranzuschließen vermochte, vergingen sicherlich noch 3—4 Tage, da die Eilmärsche, meist auf einer einzigen Straße ausgeführt, und die Gefechte mit den Aufständischen das Korps weit auseinander gezogen hatten. Dieser unvermeidliche Zeitverlust machte es indessen möglich, auch noch ein gemeinsames Handeln mit der Armee-Abtheilung des Großherzogs ins Auge zu fassen.

Nachmittags $3^1/_2$ Uhr schrieb der Prinz daher an den Großherzog von Mecklenburg-Schwerin:

„Euer Königliche Hoheit theile ich mit, daß die II. Armee mit dem 9. Korps bei Angerville, mit dem 3. Korps und meinem Hauptquartier bei Pithiviers steht, — die 2. und 1. Kavallerie-Division in Fühlung mit dem Feinde, dessen Vorposten nördlich Artenay und bei Chilleurs aux bois."

„Der uns gegenüberstehende Feind bildet unserer Auffassung nach, wie alle eingehenden Nachrichten bestätigen, die gesammte Loire-Armee."

„Zu ihrem Angriff erwarte ich noch das Herankommen des 10. Armee-Korps, dessen Tete heute in eiligen Märschen Montargis erreicht."

„In 4—5 Tagen hoffe ich den Feind anzugreifen und eventuell in der Richtung nach Südwesten zu werfen."

„Euer Königliche Hoheit lade ich ein, hierzu durch ein Vorgehen über Le Mans gegen Tours zu kooperiren, falls die Weisungen aus dem großen Hauptquartier Seiner Majestät des Königs nichts anderes bedingen sollten."

Nach Versailles ging ein ausführlicher schriftlicher Bericht über alle Nachrichten, welche das Oberkommando gesammelt hatte. Die Stärke der Loire-Armee wurde bei dieser Gelegenheit auf 100,000 Mann angegeben, da man die Berichte der Gefangenen für erheblich übertrieben hielt. Die Absichten des Prinzen wurden gleichfalls dargelegt. Der Bericht schloß mit den Worten:

„Seine Königliche Hoheit hofft den Angriff mit vereinigten Kräften am 26. ausführen zu können und denkt den Feind in der Richtung gegen Tours zu werfen. Schreitet bis dahin Seine Königliche Hoheit der Großherzog über Le Mans mit Erfolg vor, so würden unsere Operationen sehr gut in einandergreifen. Bis dahin erfüllt die II. Armee, sich hier konzentrirend und den Feind täglich rekognoszirend, die ihre gestellte Aufabe: „„Deckung der Straße von Orléans nach Paris.""

Schon am Tage darauf erklärte übrigens der Großherzog seine Bereitwilligkeit, den ihm gemachten Vorschlag anzunehmen, dessen

Ausführung er selbst schon begonnen. Es geschah dies durch ein Telegramm, dem am 23. ein Brief folgte. Die Armee-Abtheilung stand danach am 22. bereit, Nogent-le-Rotrou anzugreifen.

Den Korps der II. Armee aber schrieb Prinz Friedrich Karl am 21. Nachmittags um 2 Uhr ihr Verhalten für die Tage vor, die bis zum Heranrücken des 10. Armee-Korps noch vergehen mußten:

„Das 10. Armee-Korps, welches heute am 21. November mit der Tete Montargis erreicht, schließt dorthin am 22. November auf, rückt am 23. November mit der Tete und dem Hauptquartier nach Beaune-la-Rolande und konzentrirt sich am 24. November um diesen Ort."

„Vom 3. Armee-Korps rückt am 22. November die 6. Infanterie-Division und die Korps-Artillerie nach Bazoches-les-Gallerandes (Divisions-Stabsquartier) und nächste Umgegend."

„Die Straße Spuy—Outarville bildet die Grenze in den Kantonements zwischen dem 3. und 9. Armee-Korps; die genannten Orte gehören dem 3. Armee-Korps."

„Die 5. Infanterie-Division ist am 22. November nach Pithiviers und südlich heranzuziehen. Das Korps-Hauptquartier verbleibt in Pithiviers. Am 23. November ist Seitens der Vorposten des 3. Armee-Korps die Verbindung mit dem 10. Armee-Korps aufzunehmen."

„Das 9. Armee-Korps konzentrirt sich am 22. und 23. November derart, daß dasselbe am letzteren Tage enge Kantonnements an der Straße Allaines—Toury und in den nächst gelegenen Ortschaften, möglichst weit südlich, bezieht. Das Hauptquartier ist in Joinville zu nehmen."

„Die der Kavallerie-Division Hartmann beigegebene hessische Infanterie-Brigade*) ist am 22. November, an welchem Tage die 6. Infanterie-Division die Gegend von Bazoches erreicht, zum Korps heranzuziehen. Die Kavallerie-Division Hartmann wird vom 22. November ab dem 3. Armee-Korps zugewiesen."

„Die vorstehend befohlene Dislocirung der 6. Infan-

*) Bekanntlich befand sich schon seit dem Abmarsche von der Seine diese Brigade bei der 1. Kavallerie-Division.

terie-Division und des 9. Armee-Korps bedingt ein Vorschieben der von den Kavallerie-Divisionen Hartmann und Stollberg gegebenen Vorposten, welches vom 22. ab je nach den Terrain-Verhältnissen allmälig zu bewirken ist. Das Nähere in dieser Beziehung, die Unterstützung der Kavallerie durch Infanterie-Soutiens, sowie in Betreff der gemischten Belegung der Kantonnements ist von den betreffenden kommandiren Generalen zu regeln."

„Mein Hauptquartier verbleibt Pithiviers."

„Nachrichtlich bemerke ich, daß der Großherzog von Mecklenburg, Königliche Hoheit, mit 4—5 Divisionen*) am 21. November den Vormarsch von Châteauneuf bei Chartres auf Le Mans angetreten hat**)."

„Ich beabsichtige mit der II. Armee — voraussichtlich am 26. November — den Feind anzugreifen, mit welchem bis dahin täglich die Fühlung aufzusuchen ist."

„Alle Gefangenen und Ueberläufer sind sofort in mein Hauptquartier abzuliefern."

An die Ausführung dieser Befehle sollte sich dann der Angriff auf die Loire-Armee und Orléans anschließen.

Das nähere Zusammenrücken der Armee nach ihrem rechten Flügel hin bildete hierzu die Einleitung.

Während im Hauptquartier solche Maßnahmen getroffen wurden, hatte an diesem Tage das 3. Armee-Korps in den am 20. November eingenommenen Stellungen geruht; das 9. in seiner Position von Angerville, während Vorposten beider mit denen des Feindes überall plänkelten. Auf dem äußersten rechten Flügel drangen einige feindliche Bataillone und Eskadrons ohne Artillerie in der Richtung Artenay—Chartres bis in die Höhe von Allaines gegen die 2. Kavallerie-Division vor, drängten deren Vorposten zurück, wichen aber wieder, als die nächststehende Kavallerie-Brigade sich gegen sie entwickelte. Ein Abmarsch feindlicher Truppen in nordwestlicher

---

*) Hierbei war an die Mitwirkung der Garde-Landwehr-Division gedacht.

**) Zu beachten ist, daß bei Ausgabe des Armee-Befehls die Antwort Seiner Königlichen Hoheit des Großherzogs auf das Schreiben des Prinzen noch nicht in Pithiviers eingegangen war. Daß der Großherzog bis zum 19. sein Hauptquartier in Chateauneuf gehabt und von da aus seinen Vormarsch über Nogent gegen Le Mans begonnen hatte, war aus seinen verschiedenen Mittheilungen (siehe S. 63, 67) bekannt geworden.

Richtung fand dabei nicht statt. Dies wurde von den Vorposten, welche in ihre alten Stellungen wieder zurückkehrten, mit Sicherheit festgestellt; — eine erste irrige Meldung hatte es behauptet.

Das 10. Armee-Korps setzte seinen Anmarsch fort und erreichte heute mit seinem Hauptquartier und der Teten-Brigade Montargis, während ein großer Theil des Korps noch weit gegen Courtenay und bis Château Renard zurück war.

In Montargis vereinigte sich das 10. Korps nun auch mit der hessischen Kavallerie, welche General Rantzau, wie bekannt, am 19. bis Préfontaine, doch nicht weiter geführt hatte. Montargis wurde an jenem Tage und auch am 20. noch durch französische Mobilgarden gehalten. General Rantzau, der nur über Kavallerie verfügte, glaubte mit dieser allein den Ort nicht nehmen zu können. Eine Unterstützung, welche er beim 3. Armee-Korps nachsuchte, vermochte ihm dieses, das den Feind auch überall vor sich hatte und eine Detachirung auf so große Entfernung vermeiden mußte, nicht zu gewähren. Er setzte sich daher mit dem französischen Souspräfekten in eine Verbindung, deren Folge es war, daß ihm die Stadt eingeräumt wurde, während die Mobilen in der Nacht zum 21. auf Gien abzogen. Allerdings ging mit dieser Besitznahme für das heranrückende 10. Armee-Korps die Gelegenheit verloren, jene in Montargis anzugreifen und vielleicht zu zerstreuen oder gefangen zu nehmen.

General v. Kraatz hatte übrigens nach Zurücklassung von

2 Bataillonen,
1 Eskadron,
1 Batterie,

unter Oberst v. Ehrenberg vor Langres, seinen Marsch zur Armee am 20. und 21. angetreten. Er passirte hierbei die Gegend von Châtillon sur Seine gerade zu rechter Zeit, um dort die Autorität der preußischen Waffen wiederherzustellen, nachdem die Etappengarnison den Ort zuvor hatte räumen müssen, da starke Freischaaren gegen denselben heranmarschirten*).

Am 22. November vollzogen sich die am Tage vorher gegebenen Befehle, ohne daß der Feind die Bewegungen des Korps irgend störte.

---

*) Das Nähere über die Ereignisse von Châtillon siehe unter IV.: „Die rückwärtigen Verbindungen und die materielle Lage der Armee während des Zuges gegen Orléans.“

Das 9. Armee-Korps führte selbst die ihm für den 23. aufgetragene Konzentration um Janville schon am 22. aus und nahm von nun ab die Linie Allaines—Janville—Toury ein, die auf sanft nach Süden abfallenden Höhen eine vortreffliche Defensiv-Position bot und außerdem mit ihrem rechten Flügel die große Straße Orléans—Chartres deckte.

Das 3. Armee-Korps vereinigte sich um Bazoches und Pithiviers und verstärkte die Vorposten seiner beiden Divisionen um je ein Regiment der ihm nun unterstellten 1. Kavallerie-Division. Diese Division selbst ward in Kantonnements nördlich Pithiviers verlegt.

Beide Armee-Korps hatten, wie bekannt, ihre Vorposten vorschieben sollen. Auf dem rechten Flügel vermochte die 2. Kavallerie-Division indessen nicht weiter als etwa bis zur Höhe von Santilly Terrain zu gewinnen, da der Feind alle Oertlichkeiten weiter südlich so stark mit Infanterie besetzt hielt, daß nur ein Vorgehen stärkerer Kräfte aller Waffen ihn hätte delogiren können. Dergleichen ernstere partielle Gefechte waren aber für jetzt noch ohne Zweck.

Bei Santilly war übrigens am nämlichen Tage im Morgendunkel eine Kavallerie-Feldwache von Franktireurs unter Theilnahme der Bauern überfallen und gesprengt worden.

Das 10. Armee-Korps schloß nach Montargis auf; es hätte schon jetzt dringend eines Ruhetages bedurft, um namentlich das sehr angegriffene Schuhzeug der Infanterie einigermaßen wieder in Stand zu setzen, doch konnte in seinem Marsche kein Aufschub gewährt werden.

Vorübergehend wurde an diesem Tage die Aufmerksamkeit des Oberkommandos noch einmal nach Westen gelenkt. Wenn dasselbe auch fest davon überzeugt war, daß die Loire-Armee noch vor Orléans stünde, so blieb damit die Möglichkeit doch nicht ausgeschlossen, daß sie jetzt noch den Entschluß zum Linksabmarsche faßte. Eine dringende Aufforderung dazu konnte sogar für sie das Vorgehen des Großherzogs über Le Mans werden, das in nächster Zeit schon den Regierungssitz Tours bedrohte. Wie bekannt, war schon Tags zuvor eine Meldung von den Vorposten der 2. Kavallerie-Division gekommen, daß französische Kolonnen nach Westen marschirten. Freilich hatte diese erste Nachricht eine Berichtigung erfahren. Der 22. brachte indessen eine neue ähnliche, allerdings wiederum nicht sichere Angabe. Eine Kavallerie-Patrouille des rechten Flügels wollte auch in der letzten Nacht Truppenzüge im Marsche nach Westen bemerkt haben, hatte sich indessen bei der Dunkelheit nicht orientiren können und vermochte daher nichts Genaues über die Orte anzugeben, bei denen sie ihre Rekognoszirungen vorgenommen. Aufmerksamkeit war jedenfalls geboten; denn man durfte nicht dulden, daß die Loire-Armee die II. Armee durch ihren starken Vorpostenschleier täusche und sich unter dessen Schutz gegen die Flanke der Marschkolonnen wende, mit denen der Großherzog in den Perche eindrang. Der Prinz hatte schon vorher dem Kommandeur der 2. Kavallerie-Division*) direkt schreiben und ihn auf die Nothwendigkeit aufmerksam machen lassen, daß die Straße Patay—Bonneval überwacht würde, damit der Feind dort nicht abmarschire. Jetzt kam noch die telegraphische Nachricht vom Großherzoge, daß er mit seinem Hauptquartiere heute in Nogent-le-Rotrou stehe, welchen Ort der Feind in der Nacht zuvor geräumt hatte. Der rechte Flügel der Armee-Abtheilung war auf Bellême, der äußerste linke (die 4. Kavallerie-Division) auf Bonneval dirigirt. Am 23. sollte der Vormarsch auf Le Mans weiter fortgeführt werden. Jenem ersten Befehle an die 2. Kavallerie-Division folgte daher ein zweiter, welcher erläuterte, warum der Oberbefehlshaber einen Linksabmarsch der Loire-Armee für möglich halte und der ferner die Division anwies, ihre Rekognoszirungen in südlicher Richtung mindestens bis zur Straße Coulmiers—Ouzouer-le-Marché auszudehnen.

Ungleich wichtiger wie die Anzeichen, die für einen Linksabmarsch der Loire-Armee sprachen, wurde ein aus dem großen Hauptquartier eingehendes Telegramm, welches der II. Armee eine Nachricht vom General v. Werder übermittelte. Diese besagte, daß nach Kundschafterberichten ein feindliches Korps am 16. und 17. November in 40 Eisenbahnzügen von Autun nach Westen transportirt worden sei**). In Folge dessen waren auch an den Großherzog aus Versailles neue Instruktionen abgegangen.

Diese Nachricht bewies immer mehr, welchen Werth die französische Regierungsdelegation auf die Verstärkung der Loire-Armee legte, ja sogar, daß sie an der Loire die Entscheidung des ganzen Feldzuges suchte. Sie lenkte daneben das Augenmerk des Ober-

---

*) General-Lieutenant Graf Stolberg.

**) Das Korps gebrauchte nach Ch. de Freycinets Angabe im Ganzen nur drei Tage zum Transport, trotzdem General Crouzat an 40,000 Mann in Chagny eingeschifft haben soll.

kommandos wieder auf die obere Loire hin, von wo her diese Verstärkungen am ehesten vor der Front der II. Armee erscheinen konnten. Bekanntlich war das 10. Armee-Korps schon einmal aufgefordert worden, in der Richtung gegen Gien hin seine Vorsichtsmaßregeln zu treffen. Die nächsten Tage sollten immer mehr ähnliche Anzeichen bringen.

Am 23. November rückte — während das 9. und 3. Korps stehen blieben — das 10. Armee-Korps mit dem Hauptquartier, der Teten-Brigade und der hessischen Kavallerie nach Beaune-la-Rolande. Bei diesem Vormarsche fand eine Patrouille des Korps auch Bellegarde vom Feinde besetzt und zwar von regulairer Infanterie, nicht etwa von bewaffneten Bauern. Nach Aussagen der Landleute war diese Besatzung aber erst am 23. November dort eingerückt. Auch in Lorris sollten nach eingezogenen Erkundigungen feindliche Abtheilungen angelangt sein, bei denen sich Linien-Infanterie befand. Gerüchte koursirten sogar, daß stärkere Truppenzüge von Gien nach Norden stattfänden und daß General d'Aurelle de Paladines sein Hauptquartier nach Gien verlegt habe*).

Prinz Friedrich Karl schrieb daher noch am 23. Nachmittags um 6½ Uhr an den General v. Voigts-Rhetz und machte ihn auf die durch General v. Werder gegebene Nachricht über große Truppen-Transporte vom Osten nach dem Westen Frankreichs aufmerksam; denn es war nicht unmöglich, daß diese Nachricht mit den dem General v. Voigts zugekommenen im Zusammenhange stünde. Näheres darüber möglichst schnell zu erfahren, war jedenfalls wünschenswerth.

Auf dem feindlichen linken Flügel, der 2. Kavallerie-Division gegenüber, wurde an diesem Tage übrigens die Gegend von Orgères und Cormainville vom Feinde frei gefunden**). Hinter der Conie dagegen sollten stärkere Truppenmassen, zumal Freischaaren lagern, ebenso um Patay und St. Péravy herum. Den von der Division ausgesandten Rekognoszirungs-Eskadrons gelang es leider nicht, bis zur Straße Coulmiers—Ouzouer durchzudringen, da alle Dörfer und Gehölze schon in der Gegend von Lumeau von französischer Infanterie besetzt waren, die mit dem Feuer ihrer weittragenden Gewehre auch die Räume zwischen den Oertlichkeiten beherrschten und so den verschiedenen Reiter-Abtheilungen das Passiren verwehrten. Die Aus-

---

*) Diese letzte Angabe war bekanntlich irrthümlich.

**) Nur in dem Walde nördlich Orgères wurden Freischaaren entdeckt.

sagen der Landeseinwohner bekundeten zwar, daß Truppenmärsche in westlicher Richtung bei der Loire-Armee nicht stattfänden, allein es wiederholten sich die Nachrichten, daß am 19. feindliche Kolonnen gegen Chartres gezogen seien.

Prinz Friedrich Karl hatte inzwischen seine Vorbereitungen für den Angriff fortgesetzt. Das 10. Armee-Korps war mit der Tete herangekommen; es meldete, daß es am 25. mit den gesammten Kräften, die den kommandirenden General begleiteten, bei Beaune versammelt sein würde.

Im Hinblick auf die nahe Offensive hatte der Oberbefehlshaber auch schon am 22. dem 9. Armee-Korps befohlen, durch Generalstabsoffiziere das Angriffsterrain zu beiden Seiten der großen Straße Paris—Orléans rekognosziren zu lassen. Am 23. sendete Seine Königliche Hoheit Offiziere seines eigenen Stabes in die Gegend von Neuville aux Bois, Dambron und Bazoches les Hautes, um ein möglichst genaues Urtheil über die Bodengestaltung und die Bedeutung der Positionen zu gewinnen, welche der Gegner nördlich des Waldes von Orléans inne hatte. Auf das bisher trockene und schöne Herbstwetter war seit zwei Tagen Regen gefolgt, der das lehmige Erdreich der Beauce schnell derart aufweichte, daß ernste Schwierigkeiten für die Truppenbewegungen vorauszusehen waren.

Nördlich des Waldes von Orléans breitet sich eine äußerst fruchtbare, flache und anscheinend völlig übersichtliche Landschaft aus. Nur zwischen derselben und dem großen, aus dichtem, meist jungem Holze bestehenden Forst liegt ein Gürtel sehr unübersichtlichen, bedeckten Terrains. Dörfer, Schlösser, Gehöfte, Parks, Obst- und Weinpflanzungen bilden hier ein Gewirr, das gegen den freien, offen daliegenden Landstrich der Beauce einen scharfen Kontrast bildet. Nach Osten hin wird dieser Gürtel immer unübersichtlicher und gegen Montargis zu, wo die Schwierigkeiten auch noch dadurch erhöht werden, daß das Land bergig ist, geht der Rand des Orléans-Waldes völlig in Gehölze, Buschwerk, Gärten und zahllose einzelne Gehöfte über, so daß er sich hier kaum für das Auge bestimmt abgrenzt.

Aber auch die Beauce selbst hat ihre Eigenthümlichkeiten, die mit Rücksicht auf die bevorstehenden Operationen rechtzeitig ins Auge gefaßt werden mußten. Zunächst ist der Boden dort überall so fett und weich, wie in den norddeutschen Marschgegenden. Bei Regenwetter wird er bald unpassirbar, Wagen und Pferde kommen nur noch in den Wegen — ohne große Schwierigkeiten selbst nur auf den Chausseen vorwärts.

Allein an der Straße Orléans—Chartres ist der Boden etwas leichter und mit Kies mehr versetzt. Dort gestalteten sich also die Verhältnisse günstiger.

Auch der Schein, daß dieses Land völlig übersichtlich sei, birgt eine Täuschung. Freilich erblickt man die kahl inmitten der weiten Ackerflächen gelegenen Dörfer bis auf sehr bedeutende Entfernungen hin. Sie sind weder von Gehölz noch Gärten verdeckt und man wähnt auch die Flächen zwischen den Orten vollkommen zu überschauen. Allein dem ist nicht so. Ueberall zeigen dieselben sonderbare kesselförmige Einsenkungen, die sich dem Auge des Fernerstehenden entziehen. Sie kennzeichnen sich weder durch steile Ränder, noch durch eine besondere Kultur, denn meist sind sie nicht tiefer als 8 bis 10 Fuß. Dennoch entziehen sie hier lagernde Truppenmassen völlig den Blicken und so kann man in diesen Einsenkungen ganze Divisionen versammeln, ohne daß der Gegner es merkt, der auf den flachen Boden-Anschwellungen, auf welchen Dörfer und Straßen liegen, die Kette der Vorposten sich gegenübersieht — aber keine Truppenmassen.

Diese Eigenthümlichkeit gab dem Angriff den sehr wesentlichen Vortheil in die Hand, daß alle Truppen unbemerkt zusammengezogen werden konnten. Einen solchen Platz für seine Konzentration hatte das 9. Armee-Korps bei Château Gaillard auch bereits ins Auge gefaßt. Wenn man damals von Dambron aus, nach Norden gewandt, die vom 9. Armee-Korps eingenommene Gegend überblickte, so sah man alle Orte bis zu den Höhen von Toury—Allaines und Janville, ohne indessen von Truppen mehr als die Vedetten zu entdecken. Völlig todt schien dieser Landstrich dazuliegen, obwohl sich zu jeder Zeit innerhalb desselben einzelne Truppen-Abtheilungen, Wagen-Kolonnen u. s. w. bewegten. Das war auch der Anblick, welchen der Feind hatte.

Andererseits indessen luden viele Umstände wieder dazu ein, hier die Defensive zu wählen. Suchte man mit Sorgfalt und Geschick die überhöhenden Terrainwellen für die Truppen-Aufstellungen aus, so hatte man auf Kanonenschußweite ein völlig freies und auch übersichtiges Feld vor sich. War der Boden fest, so fand die zahlreiche Kavallerie der II. Armee günstige Gelegenheit, in die taktische Entscheidung gegen die unbeholfenen und lose zusammengefügten Truppenmassen der Loire-Armee wirksam einzugreifen. War er durch Regen aufgeweicht, so konnte sich der Gegner nur langsam zum Angriff entwickeln, nur schwer vorwärts kommen, auch wurde derselbe außerdem in der Entfaltung seiner Artillerie gehemmt. Alle diese Vortheile vermochte die Loire-Armee weiter südlich gegen Orléans hin ebenso auszubeuten, wenn die II. Armee sie dort angriff, ja die Offensive wurde gegen die Loire hin mit jedem Schritte sogar schwieriger. —

Nichtsdestoweniger sollte sie seiner Zeit unternommen werden, weil sie doch eine sichere Entscheidung versprach und man rechnen durfte, des an Zahl überlegenen, an Kriegstüchtigkeit aber den deutschen Truppen nachstehenden Gegners Herr zu werden.

Vor Allem aber mußte man jetzt Sicherheit gewinnen, was von den seit zwei Tagen aufgetauchten Gerüchten vom Linksabmarsch der Loire-Armee zu halten sei. Da es den Patrouillen und schwachen Reiter-Abtheilungen bisher nicht geglückt war, durch den starken feindlichen Vorpostengürtel hindurchzudringen, so mußte sich der Oberbefehlshaber entschließen, stärkere gemischte Detachements zu gleichem Zwecke vorgehen zu lassen.

Er war am Vormittage nach Bazoches les Gallerandes geritten, und dort ertheilte er mündlich seine Befehle an den ebendahin beschiedenen Kommandeur der 2. Kavallerie-Division, sowie an den der 6. Infanterie-Division. Gleichen Befehl erhielt General v. Voigts-Rhetz in dem oben schon erwähnten Schreiben.

Am 24. November sollten demnach auf der ganzen Front der Armee scharfe Rekognoszirungen unternommen werden, um den Feind womöglich zu zwingen, Truppen zu entfalten und deren Vertheilung zu enthüllen.

Die 2. Kavallerie-Division erhielt des Abend noch telegraphisch den Befehl, ihr Unternehmen gegen Artenay zu richten, denn dieser Ort hatte für den Feind augenscheinlich Wichtigkeit. Die beiden Hauptstraßen nach Paris und Chartres trennen sich dort; stärkere Truppen-Abtheilungen konnten mit Leichtigkeit untergebracht werden, um den Vorposten als Rückhalt zu dienen. Sie standen auch für diesen Zweck dort sehr passend, da sie nach allen Richtungen hin gute Straßen fanden. Der hohe Kirchthurm gewährte für die Ueberwachung des nördlich gelegenen Terrains einen guten Beobachtungsposten, während der zu beiden Seiten der Straße ziemlich ausgedehnte Ort unseren Vorposten den Einblick nach Süden hin verwehrte. —

Noch ehe diese Unternehmungen aber zur Ausführung gelangten, trat in der Lage der II. Armee eine wesentliche Veränderung ein. Am Abend um 11 Uhr traf nämlich aus Versailles der Wortlaut der dem Großherzoge gegebenen Instruktion ein. Derselbe enthielt Folgendes:

„Es ist sehr wahrscheinlich geworden, daß die gesammte Loire-Armee dem Feldmarschall Prinzen Friedrich Karl bei Orléans gegenübersteht, und zwar in verschanzter Stellung. Der Prinz kann seine 3 Armee-Korps erst am 25. d. Mts. zu einem Angriff am folgenden Tage versammeln. Eingegangene Nachrichten behaupten, daß von Autun Verstärkungen in 40 Eisenbahnzügen nach der Loire abgegangen sind. Unter diesen Umständen erscheint eine Kooperation der Armee-Abtheilung Seiner Königlichen Hoheit des Großherzogs von Mecklenburg nothwendig."

„Nachdem es nicht gelungen ist, der französischen West-Armee bei Nogent-le-Rotrou eine entscheidende Niederlage beizubringen,*) so wird nunmehr die Verfolgung in der Richtung auf Le Mans nur noch durch Kavallerie mit schwachen Infanterie-Abtheilungen zu bewirken sein und wollen Seine Majestät, daß der Großherzog mit allem Uebrigen die Richtung gegen die Loire unverzüglich einschlage."

„Die Armee-Abtheilung würde Beaugency oder Blois bis zu dem oben genannten Tag, dem 26., oder wenig später erreichen können. Wegen gleichzeitigen Angriffs eventuell auch auf dem linken Loire-Ufer würde das Erforderliche mit dem Oberkommando der II. Armee zu verabreden sein."

„Wünschenswerth ist es dabei, durch überraschendes Vorgehen sich in Besitz eines festen Loire-Ueberganges zu setzen; gelänge dies nicht, so müßte das fehlende Material zu einer Feldbrücke von der II. Armee hergegeben werden."

Diese Instruktion war noch am 22. November in Versailles er-

---

*) Eine West-Armee bestand in jener Zeit nicht, dagegen befanden sich zu Le Mans und Conlie eine Reihe von Neuformationen, vom General Jaurès kommandirt, deren Stärke Freycinet auf 35,000 Mann angiebt. La guerre en province, pag. 119.

lassen worden. Sie trug indessen vom 23. Mittags folgenden Zusatz an das Oberkommando der II. Armee:

„Soeben eingegangener Meldung Seiner Königlichen Hoheit des Großherzogs von Mecklenburg zufolge, hat derselbe seinen Marsch heute den 23., fortgesetzt, bevor vorstehender Befehl ihm zugegangen war. Sein Hauptquartier kommt heute nach Le Theil, der Wunsch, morgen einen Ruhetag zu erhalten, ist ihm diesseits abgeschlagen, und wird er in drei Märschen — mithin am 26. d. Mts. — auf der Linie Vendôme — Châteaudun stehen, ein eventuelles Eingreifen desselben bei Orléans ist daher vor dem 28. d. Mts. nicht zu erwarten."

Diese Vereinigung der gesammten südlich Paris disponiblen deutschen Streitkräfte konnten nur als vortheilhaft gelten. Schien es doch mehr und mehr, als zöge auch der Feind alle seine in Mittel- und Südfrankreich verfügbaren Feldtruppen zu einem Schlage zusammen. Der Ausgang der bevorstehenden Schlacht aber durfte nicht zweifelhaft sein, und wenn auch der Großherzog bei seinem Feldzuge im Westen die dort sich bildenden Neuformationen des Gegners zerstreute und Tours bedrohte, so wog dieser Vortheil doch den Ausfall seiner 4. Infanterie- und 2 Kavallerie-Divisionen für die Hauptentscheidung nicht auf. Freilich ging mit dem Erwarten des Großherzogs auch noch etwas Zeit ungenützt vorüber, allein die Möglichkeit, sich numerisch fast um das Doppelte zu stärken, gab für den Verlust einiger Tage reichen Ersatz. Prinz Friedrich Karl entschloß sich daher, die Loire-Armee erst im Verein mit der heranrückenden Armee-Abtheilung anzugreifen.

Der 24. November.

Während so der Abend des 23. November die Lage der II. Armee völlig verändert hatte, gab der Verlauf des 24. November neue Aufschlüsse über die Verhältnisse des Feindes.

Die Berührungen mit dem Gegner sollten sich heute lebhafter als bisher gestalten.

Beim 10. Armee-Korps wurden alle 3 Brigaden in Gefechte verwickelt.

Die zu diesem Korps gehörenden Brigaden 37 (Lehmann) und 39 (Valentini) standen mit der Korps-Artillerie am Morgen des 24.

noch in Montargis. General v. Voigts=Rhetz hatte ihnen befohlen, in zwei Kolonnen an diesem Tage nach der Gegend von Beaune heranzurücken. Die Brigade Valentini sollte mit der Korps=Artillerie der größeren Sicherheit halber nördlich über Mignières und Corbeilles nach Auxy rücken, die Brigade Lehmann diese Marschkolonnen in der linken Flanke sichern, indem sie direkt über Ladon und Maizières nach Beaune marschirte. Es schien zumal von Süden her Gefahr zu drohen, denn am 23. November koursirten in Montargis und bei der nach St. Maurice vorgeschobenen Avantgarde Gerüchte, daß bei Lorris und bei Bellegarde je 25,000 Mann, bei Gien aber eine Armee von 100—150,000 Mann angelangt sei. Wenn die Uebertreibung in diesen Nachrichten auch leicht zu erkennen war, so mahnten sie doch zur Vorsicht und zeigten, welche stolzen Begriffe das Volk sich von dem Zustande und der Stärke der neugebildeten Loire=Armee machte.

Vorläufig zeigte sich indessen thatsächlich noch Nichts vom Feinde. Um 7 Uhr war die rechte Kolonne nach Mignières, um 8 Uhr die linke nach St. Maurice aufgebrochen. Die links auf Ladon vorausgeschickte Kavallerie traf in diesem Orte schon mit einer von Beaune entgegenkommenden Eskadron zusammen. Die Straße war zur Zeit also noch frei.

Dennoch sollte der Marsch nicht ohne Kampf möglich werden. Südlich von Beaune la Rolande hatte nämlich inzwischen der Kontakt mit dem Feinde begonnen. General v. Voigts=Rhetz hatte dort am Morgen zwei kleine Rekognoszirungen*) gegen Boiscommun und Bellegarde vorgeschickt, wie dies Prinz Friedrich Karl befohlen. Beide Abtheilungen erreichten indessen ihre Ziele nicht, sondern stießen schon bei Montbarrois resp. St. Loup les Vignes auf überlegene französische Streitkräfte und konnten nicht durchdringen. Sie beobachteten ferner den Marsch starker feindlicher Kolonnen von Bellegarde nach Boiscommun, von denen ein Theil übrigens nach St. Loup ausbog und diesen Ort stark besetzte. Bald sollten sich immer neue von Süden herankommende Streitkräfte zeigen und sich auch dem Marsche der Brigade Lehmann entgegenstellen.

Diese Brigade hatte etwas nach 9 Uhr St. Maurice passirt und glaubte nun sicher zu sein, da sie den Kanal zwischen sich und das französische Korps legte, dessen Anwesenheit bei Lorris gemeldet

---

*) Jede 2 Kompagnien, 2 Eskadrons stark.

war. Um $10^1/_2$ Uhr erhielt sie indessen von der schon nach Ladon vorausgeschickten Kavallerie die Meldung, daß starke feindliche Kräfte im Anmarsche von Bellegarde auf Ladon wären. Zwar beschleunigte die Brigade ihren Marsch; aber noch ehe sie das Dorf erreichte, kamen ihr von demselben her ihre Dragoner, durch drei Chasseurs-Eskadrons verfolgt, entgegen. Eine Attaque, zu welcher die bei der Brigade Lehmann noch befindliche Kavallerie nun vorging, nahm der Gegner nicht an. Die französischen Reiter sprangen von den Pferden, warfen sich in die Chausseegräben und eröffneten ein Feuergefecht.

Als die Avantgarde der Brigade Lehmann diese abgesessenen Mannschaften auf Ladon zurückgetrieben hatte, fand sie den Ort bereits stärker von feindlicher Linien-Infanterie besetzt, den Eingang verbarrikadirt.

Der Angriff begann alsbald, allein der Gegner hielt Stand. Vergeblich suchte die Avantgarden-Batterie neben der Straße vorwärts zu kommen. Es gelang ihr nur, auf der Chaussee selbst 2 Geschütze aufzufahren und so einigermaßen gegen den Ort zu wirken.

Auch diese beiden Geschütze mußten ihr Feuer bald einstellen, da der Verschluß ungangbar wurde, und der Kampf blieb auf die Infanterie beschränkt. Diese umfaßte das Dorf allmälig mit immer weiter herumgreifenden Tirailleurschwärmen, welche erst links über Villemoutiers, dann aber mit besserem Erfolge rechts nördlich um Ladon herum und nach lebhaftem Gefecht auch bis zur Straße Ladon—Maizières hinüber vordrangen.

Um 1 Uhr Nachmittags war das Dorf im Halbkreise auf seiner Nordost- und Westseite von 5 im Feuer stehenden Bataillonen umgeben, und inzwischen war es auch geglückt, nördlich der Straße von Mortargis 10 Geschütze in Position zu beingen, die Ladon wirksam beschossen und eine am Ostausgange auftretende französische Batterie zum Schweigen brachten.

Dann brach die gesammte Infanterie unter lebhaftem Feuer des Gegners mit dem Bajonnet in das Dorf ein und nahm es. Zwar währte der Kampf gegen den nun schnell weichenden Feind in dem Walde von Ladon noch bis 4 Uhr fort, indessen seit 3 Uhr hatten sich doch die Theile der engagirten Brigade bereits wieder gegen Beaune in Marsch gesetzt. Nach 4 Uhr folgte auch der Rest. Der schlennige Aufbruch schien um so nothwendiger, als Beaune noch heute erreicht werden mußte und jetzt auch aus der Gegend von Maizières her Kanonendonner zu vernehmen war.

Der Feind hatte nämlich auf der Marschlinie der Brigade Lehmann nicht nur Ladon, sondern auch Maizières besetzt. Schon in Folge der ihm am Morgen zugehenden Meldungen hatte General v. Voigts-Rhetz indessen die nördlich mit der Korps-Artillerie marschirende Brigade Valentini von Corbeilles nach Beaune herangerufen. Da diese Brigade jedoch bei Beaune nicht nothwendig wurde, so erhielt sie die veränderte Direktion gegen Maizières, um diesen Ort zu nehmen und den von Ladon kommenden Truppen den Weg zu öffnen.*)

Um 1½ Uhr wendete sie sich gegen das am Schnittpunkte der Straßen Ladon—Beaune und Bellegarde—Beaumont gelegene Gehöfte l'Archemont und gegen das Dorf Maizières. Nach lebhaftem Feuergefecht wurde l'Archemont und die dabei gelegenen Waldparzellen genommen und bald drangen einige von der Artillerie unterstützte Kompagnien auch in Maizières ein. Nun war die Straße ganz frei. Der Feind zog eilig auf Fréville ab, verfolgt durch das Feuer der Batterien und die ihn in den Waldparzellen und bei Magnanville zurücktreibende Infanterie. Vergeblich suchte er sich seinerseits durch Artillerie zu degagiren. Um 5½ Uhr Nachmittags hatte die Brigade Lehmann Maizières passirt und die Kolonne Valentini folgte ihr nun, während der Feind hinter derselben das am Nachmittage verlorene Terrain wieder okkupirte.

So gelang es bis zum Abend noch, das 10. Armee-Korps glücklich um Beaune la Rolande zu versammeln — freilich nach Besetzung von Joigny und Montargis, sowie der Brücke von Ste. Catherine augenblicklich mit nur 2½ Brigade Infanterie — damals also etwa 8500 Gewehren.

Die Verluste der Truppen, welche im Gefecht gewesen waren, betrugen:

	Offiziere	Mann
bei Ladon	7 Offiziere	159 Mann
„ Maizières	4 „	50 „
bei Montbarrois und St. Loup	2 „	10 „
In Summa	13 Offiziere	219 Mann.

Dafür aber waren bei Ladon 180, bei Maizières etwa 20 unverwundete Gefangene gemacht worden. Dieselben gehörten sämmtlich dem 20. französischen Korps an, das bisher nicht zur Loire-Armee

*) Die Brigade verfügte, da sie in Joigny, Montargis, an der Kanalbrücke von St. Catherine und zu anderen Zwecken Detachirungen hatte zurücklassen müssen, zunächst nur über 2½ Bataillon, ½ Eskadron, 2 Batterien.

Während des Gefechts traf noch das Jäger-Bataillon Nr. 10 ein.

gehört, sondern neu über Gien zu derselben herangezogen worden war. Die Truppen, die sich bei Ladon gezeigt, wurden allein auf etwa eine Division geschätzt. In vorderster Linie hatten sich dabei nur Linientruppen entwickelt. Auch an Todten und Verwundeten schien der Verlust nicht unerheblich gewesen zu sein; die Resultate des unter schwierigen Verhältnissen begonnenen Gefechtes waren daher sehr glückliche. Sie erhielten noch höheren Werth in einer Reihe wichtiger Nachrichten, welche durch die Gefangenen und aufgefundene Papiere der II. Armee zukamen. Auf diese Nachrichten wird weiter unten näher eingegangen werden.

Weniger erfolgreich war der Ausfall der Rekognoszirung beim 3. Armee-Korps gewesen.

Die 6. Division hatte dort schon am frühen Morgen ein Detachement von

2 Bataillonen,
2 Eskadrons,
1 Batterie

in der Richtung auf Neuville aux Bois vorgehen lassen. Der Versuch, noch in der Dunkelheit durch einen Ueberfall Gefangene zu machen, scheiterte zunächst, da die als Ziel gewählten Gehöfte von St. Germain le Grand und la Gaçonnerie, die der Feind früherhin besetzt gehalten hatte, jetzt leer gefunden wurden. Dem weiteren Vorgehen stellte der Feind schon auf der Höhe der Moulin de la Motte lebhaften Widerstand entgegen, ohne sich indessen hier, oder in den nördlich Neuville gelegenen einzelnen Gehöften behaupten zu können. Allein an der geschlossenen, sehr vertheidigungsfähigen, für Etagenfeuer eingerichteten Lisiere des Städtchens Neuville kam das Gefecht zum Stehen; der Feind hielt den Stoß zähe aus, selbst als die bis zur Moulin à Paillet vorgezogene Batterie den Ort und die den Eingang sperrende Barrikade lebhaft beschoß.*)

Der aufgeweichte Boden erschwerte zudem selbst der Infanterie das Vorwärtskommen sehr bedeutend. Ein Resultat weiterer Angriff war bei aller Bravour der Truppen kaum zu hoffen, und da die um den Ort herum vorgesandten Reiter-Abtheilungen hinter demselben stärkere Truppenmassen entdeckten, die sich fortwährend noch durch Zuzug von St. Lyé her vermehrten, so ward um 8½ Uhr der Rückzug begonnen. Der Feind nahm diesen durch eine jetzt neben

---

*) Die Batterie warf 308 Granaten in den Ort Neuville hinein.

Neuville auftretende Batterie unter Geschütz- und Mitrailleusenfeuer, welches den in dem feuchten Acker sich nur langsam fortarbeitenden Bataillonen erhebliche Verluste beibrachte. Dann folgte französische Kavallerie, Infanterie und zuletzt auch Artillerie, doch setzte ein nach Mauregard herangezogenes anderes Detachement, das, zur Aufnahme bestimmt, sich des Morgens bei Teillay St. Benoit versammelt hatte, der Verfolgung bald ein Ziel.

Bei Mauregard traf der größte Theil der vorn im Gefecht gewesenen Offiziere und Mannschaften ohne Stiefel ein, die sie in dem überaus zähen Boden hatten stecken lassen müssen. Der Verlust an Todten und Verwundeten betrug 7 Offiziere 188 Mann.*)

Während der Feind Neuville aux Bois so hartnäckig vertheidigte, räumte er dem 9. Armee-Korps gegenüber das wichtige Artenay schon nach ganz leichtem Gefecht.

Beim 9. Armee-Korps sammelten sich am Morgen:

3 Bataillone,
7 Eskadrons,
2 Batterien

nördlich Château Gaillard und traten um 8½ Uhr früh den Vormarsch auf Artenay an.

Nach leichtem Gefecht wurde erst das vom Feinde besetzte Assas genommen, dann Artenay durch die Artillerie beschossen und der Feind schon dadurch bewogen, den Ort aufzugeben und über Bucy le Roi abzuziehen. Die Kavallerie drang noch rechts bis Auvilliers Château vor, links bis St. Barthélemy. Hier wurde sie vom Rande des Waldes von Orléans her mit lebhaftem Infanteriefeuer empfangen.

Die Patrouillen entdeckten indessen den Marsch langer Kolonnen, die auf 7 Bataillone mit viel Artillerie geschätzt wurden und die unter Deckung ihrer linken Flanke von Chevilly über St. Lyé, wie es schien, nach Neuville aux Bois zogen.**)

---

*) In Neuville hatte ein Detachement von 1 Bataillon, 2 Eskadrons, 1 Batterie gestanden — zur 1. Division des 15. Korps gehörig. Während des Gefechts setzte General de Longuerue, Kommandeur der bei St. Lyé stehenden Kavallerie-Division desselben Korps mehrere Eskadrons in Bewegung, um die Besatzung von Neuville zu verstärken, auch scheinen dort noch andere Truppen eingegriffen zu haben.

**) An diesem Tage führte bekanntlich General Martin des Pallières mit den Hauptkräften der 25,000 Mann starken 1. Division des 15. französischen Korps

Von einem Abmarsch in der entgegengesetzten Richtung nach Westen wurde keine Spur entdeckt und gegen Mittag trat das Detachement, das nur 3 Verwundete verloren hatte, seinen Rückmarsch an.*)

---

seinen Rechtsabmarsch von Chevilly über St. Lyé, Rebréchien nach Loury aus, woselbst er jedoch erst am 25. November 11 Uhr Vormittags eintraf. Das französische Kriegsministerium hatte, von Tours aus in die Operationen der Loire-Armee direkt eingreifend, diesen Marsch befohlen. Es beabsichtigte, damit eine kombinirte Bewegung der 1. Division des 15. Korps, sowie des 18. und 20. Korps gegen Pithiviers einzuleiten.

*) Ueber die Ereignisse des 24. November 1870 spricht sich General Martin des Pallières in seinem Tagesbefehl vom 27. November folgendermaßen aus:

Ordre Général.

„Le 24 au matin, alors que toutes nos troupes exécutaient leur mouvement vers la droite, trois reconnaissances ont été faites par l'ennemi sur toute la ligne de nos avant postes, depuis Artenay jusqu'à Chambon en avant de la forêt. Ces reconnaissances étaient toutes composées de la même manière (3 bataillons d'infanterie, 2000 hommes environ, 4 escadrons et une batterie). Leur objectif était Artenay, Neuville et Chambon. Les forces, que nous pouvions opposer à Artenay étaient un bataillon du 39e de la 2e division et une compagnie d'éclaireurs; 1e division à Neuville — un bataillon du 29 de marche . . . . 1100 hommes et 6 pièces de montagne. (Außerdem standen dort noch 2 Eskadrons); à Chambon 300 volontaires Vendéens (de Chatelineau), une ou deux compagnies de francs-tireurs.

A Artenay le bataillon du 39e s'est retiré immediatement sans brûler de cartouches et sans prévenir une compagnie d'éclaireurs, qui s'est repliée sur le village en se défendant pied à pied, derrière la ligne du chemin de fer. A Neuville un peut avant le jour la colonne Prussienne traversait nos avant-postes, qu'elle refoulait devant elle, prévenu par la fusillade, ces troupes, qui faisaient l'appel du matin, se portent à leur poste de combat et sous le feu d'une batterie Prussienne ouvrent à 200 m. un feu meurtrier, qui arrête net l'élan de l'ennemi et le rejette dans les fermes, qui couvrent le front, que nos avant-postes avaient abandonnés. Pendant ce temps les deux escadrons de cavalerie manoevraient avec succès pour empêcher les escadrons ennemi de tourner le village. Sous leur feu le mouvement de la cavalerie Prussienne est arrêté, ainsi après une heure le commandant Fariot du 39e de marche lance deux ou trois compagnies en tirailleurs, débusque l'ennemi des toutes les positions et à 9 heures ½ les Prussiens battaient en retraite sur toute la ligne abandonnent sur le terrain 87 morts (?) et 10 blessés sans compter ceux qu'ils emportaient. Nos pertes ne sont que de 8 morts et 25 blessés, nous avons fait 30 prisonniers. (?)

Dans cette opération le commandant n'a pas tiré un bon profit de ses pièces de montagne; au lieu de couvrir l'infanterie de mitraille dès le

Am Nachmittage wurden übrigens die Vorposten der 2. Kavallerie-Division bei Le Mesnil durch den Feind allarmirt, der dort starke Tirailleurschwärme avanciren ließ. Bald stellte sich heraus, daß dieselben die Seitendeckung für eine größere von Orgères auf Artenay — also abermals in östlicher Richtung — marschirende Truppenmasse seien.

Die Nachrichten über alle diese Vorgänge trafen im Hauptquartier Pithiviers am Abend des Tages zusammen. Dann erst ließen sich die wichtigen Andeutungen, welche die Ereignisse dieses Tages gegeben hatten, einigermaßen überblicken. Da dieser Tag für die Anschauungen des Oberkommandos über den bevorstehenden Feldzug wichtig ist, so erscheint es zweckmäßig, dasjenige, was ihm damals bekannt wurde, genau festzustellen.

Des Morgens um 10 Uhr kam aus Beaune la Rolande die erste Meldung des General v. Voigts-Rhetz über das Schicksal der gegen Boiscommun und Bellegarde vorgegangenen Rekognoszirungen,

---

début de l'action, il n'a mit les pièces en position que très-tard, les faisant mesurer avec l'artillerie Prussienne, les pièces ont pu cependant tirer 73 coups sans qu'aucune d'elle ne soit demontée. Il ressort de la comparaison des affaires d'Artenay et de Neuville un enseignement que l'armée ne doit pas négliger de savoir, que l'artillerie ennemi a tiré plus de coups de canon sur Neuville, qu'elle n'a atteint d'hommes sur 8 tués et 25 blessés. (?) Cet exemple prouve surabandamment que l'action du canon ennemi, ne vous cause qu'un dommage matérial insignifiant, et qu'une troupe confiante dans ses chassepots, doit avoir le moral et la solidité d'attendre l'ennemi dans ses positions ou de marcher sur lui avec résolution, elle aura aussi toujours raison, comme les tirailleurs du commandant Fariot même des meilleurs troupes de l'ennemi, celles de Neuville appartenant ce effet au 20e et 35e régiment de Berlin.

Le général commandant le 15e corps d'armée compte bien, qu'à partir aujourd'hui aucune des troupes sous ses ordres n'abandonnera une position, qu'elle sera chargée de défendre, sous pretexte qu'elle n'a pas l'artillerie, car ce serait faire l'aveu de son peu de solidité."

Die Erwähnung des Kommandanten Fariot und seiner Tirailleurs deutet darauf hin, daß die Besatzung von Neuville auch an Infanterie während des Kampfes Verstärkungen erhielt; denn in Neuville kommandirte ursprünglich Oberst-Lieutenant Capdepont nur sein Bataillon, das 2. des 29. Marsch-Regiments.

In der Nennung des 39. Marsch-Regiments, zu welchem Fariot gehört haben soll, scheint indessen ein Irrthum vorgefallen zu sein, da jenes Regiment zur 2. Division des 15. Korps (Martineau) gehört.

Der oben angeführte Bericht stand im Ordre du jour-Buch des 16. de ligne. Das Buch wurde am 4. Dezember gefunden.

wobei schon die Nachricht hinzugefügt wurde, daß nach Aussagen eines aus der Schweiz gebürtigen Geistlichen, den man bei Beaune getroffen, starke französische Abtheilungen in der letzten Nacht nach Bellegarde gerückt seien.

Dann folgte gegen 2 Uhr eine zweite Meldung:

Bei Beaune den 24. November 1870,
12 Uhr Mittags.

„Der Feind scheint gegen die auf St. Loup und Boiscommun vorgegangenen Rekognoszirungen offensiv zu werden. Von Bellegarde auf Boiscommun marschiren stärkere feindliche Abtheilungen. In der Richtung auf Ladon, das die Brigade Lehmann passiren sollte, um Beaune zu erreichen, hört man anhaltendes Geschützfeuer. Maizières ist vom Feinde besetzt, Kavallerie-Patrouillen haben Gewehrfeuer aus Maizières in der Richtung auf Ladon gesehen. Brigade Valentini mit der Korps-Artillerie ist im Marsche über Miguières und angewiesen, auf Beaune zu marschiren. Die bei Boiscommun im Gefecht stehenden feindlichen Truppen sollen zum General Michel gehören und Chassepotgewehre führen. Theile des 1. und 7. Lanciers-Regiments sind zugegen gewesen."

(gez.) v. Voigts-Rhetz.

Der Prinz erwiderte hierauf:

„Hauptquartier Pithiviers, Nachmittags 2 Uhr,
24. November 1870.

„Aus Euer Excellenz Meldung gewinne ich den Eindruck, daß es wahrscheinlich sei, das Korps Michel*) habe am heutigen Tage eine Offensiv-Bewegung nach Norden in zwei oder drei Kolonnen beabsichtigt. Es wird sich im Laufe des Tages zeigen, inwiefern das gleichzeitige Rechts-Vorschieben des 10. Korps diese Absicht hindert, jedenfalls ist das Zusammenziehen des 10. Korps bei Beaune geboten und die Aufrechterhaltung des Zusammenhanges mit der II. Armee."

---

*) Im Hauptquartier hatte man bekanntlich Nachricht, daß General Michel von Osten her zur Loire-Armee versetzt worden sei, — auch war er einmal als Kommandeur des 18. Korps bezeichnet worden. Man glaubte daher dies Korps hier vor sich zu haben, bis sich aufklärte, daß es das 20. war, gegen welches man bei Ladon—Maizières gefochten.

„Euer Excellenz ersuche ich um häufige Meldung, Zusendung von Gefangenen und bis zum Abend um Aeußerung, ob es angezeigt erscheint, für morgen früh eine Brigade Infanterie und Kavallerie nach Boynes zur Unterstützung des 10. Armee-Korps zu disponiren."

Der General-Feldmarschall
(gez.) Friedrich Karl.

Gegen Abend folgte dann die Meldung über die glückliche Beendigung des Gefechts. Das Anerbieten des Prinzen, ihm eine Brigade bei Boynes zur Verfügung zu stellen, nahm General v. Voigts an, obwohl er nicht daran glaubte, daß die heut geschlagenen Truppen den Angriff am nächsten Tage erneuern würden.

Das Auftreten eines frischen französischen Korps vor der Front der II. Armee war ohne Zweifel ein Ereigniß von großer Bedeutung. Es bewies, daß die Nachrichten über die Stärke und Bedeutung der Loire-Armee nicht nur auf Gerüchten und patriotischer Uebertreibung beruhe, sondern, daß der Feind thatsächlich große Anstrengungen mache und es verstehe, Massen in Bewegung zu setzen Daß er diese Verstärkung von Gien her vorführte, forderte noch besonders die Aufmerksamkeit heraus. Möglich war es freilich, daß das angekommene Korps am 24. nur seinen Aufmarsch auf dem rechten Flügel der Loire-Armee hatte bewerkstelligen wollen, möglich aber blieb es auch, daß der Feind überhaupt an einen Angriff mit Echelons von seinem rechten Flügel dachte und seine Offensive am Loing abwärts gehen solle.

Von den Ereignissen bei Neuville hatte Prinz Friedrich Karl durch einen Generalstabsoffizier des 3. Korps, von denen bei Artenay durch einen Offizier seines Stabes Nachricht. An beiden Punkten waren beim Feinde starke Truppenzüge von West nach Osten — also ein Rechtsabmarsch wahrgenommen worden. Das sprach für den Echelon-Angriff vom rechten Flügel. Auch der Umstand, daß die französischen Vortruppen Neuville aux Bois so hartnäckig vertheidigten, während sie Artenay eigentlich ohne Kampf aufgaben, wurde ähnlich ausgelegt.

Der Oberbefehlshaber neigte daher zu der Ansicht, daß die Loire-Armee mit den heute fühlbar gewordenen Bewegungen ihre Offensive auf dem rechten Flügel eingeleitet habe, daß also auch am 25. sehr leicht eine Fortsetzung der heut begonnenen Angriffe zu gewärtigen sei. Danach traf er seine Maßnahmen und erließ des Abends folgenden Armeebefehl:

Hauptquartier Pithiviers, den 24. November 1870, Abends 8 Uhr.

„In der Voraussicht, daß der Feind die mit seinem rechten Flügel-Korps heute eingeleitete Offensive gegen das 10. Armee-Korps fortsetzen könnte, bestimme ich, daß die Truppen morgen am 25. November früh 9 Uhr, wie folgt, konzentrirt sind:

„Die Kavallerie-Division Hartmann*) westlich Boynes,

„die 5. Infanterie-Division bei Dadonville. Pithiviers bleibt besetzt,

„die 6. Infanterie-Division und die Korps-Artillerie des 3. Armee-Korps zwischen Châtillon le Roi und Frénay les Chaumes an der beide Orte verbindenden Straße,

„das 9. Armee-Korps südlich Toury und bei Villiers (zwischen Toury und Bazoches les Gallerandes)."

„Die Kavallerie-Division Graf Stollberg**) bleibt in ihrer Aufstellung und sichert den rechten Flügel, möglichst weit vorgreifend. Sämmtliche Vorposten bleiben stehen. Ueberall behält die Kavallerie Fühlung am Feinde. Meldungen treffen mich in Pithiviers."

„Falls kein Gefecht hörbar ist, beginnen die Truppen Nachmittags um 2 Uhr in ihre Kantonnements abzurücken."

„Das 3. Armee-Korps hat darauf zu rücksichtigen, daß der Kavallerie-Division Hartmann für morgen Kantonnements in dem östlichen Theile des Korps-Rayons angewiesen werden."

Der General-Feldmarschall
(gez.) Friedrich Karl.

Der 25., 26. und 27. November.

Am 25. November liefen immer mehr das Interesse des Oberkommandos erregende Nachrichten vom linken Flügel her ein. Zunächst kam die Meldung, daß das 10. Armee-Korps sich, wie es hier

*) Die 1. Kavallerie-Division.
**) Die 2. " "

schon dargestellt worden ist, glücklich um Beaune vereinigt habe, obschon ihm 3 feindliche Divisionen in den Weg getreten waren. Weitere Angaben folgten in den ersten Nachmittagsstunden. In der Nacht waren südlich St. Loup größere Bivouaksfeuer beobachtet worden. Bei Bellegarde und Boiscommun standen starke feindliche Truppenmassen mit ihren Vorposten in der Linie östlich Fréville—St. Loup—Montbarrois dem 10. Armee-Korps hart gegenüber, dessen Vorpostenstellung bei Batilly—Juranville—Corbeilles lag. Die französischen Truppen, welche sich am Tage zuvor gezeigt, waren sämmtlich gut gekleidet und bewaffnet gewesen, zumal die Linientruppen, und man gewann jetzt schon den Eindruck, daß man hier einen recht gut organisirten und ausgerüsteten Gegner vor sich habe, nicht bunt zusammengewürfelte Schaaren. Die Gefangenen gaben übereinstimmend an, daß sie von Besançon mit der Eisenbahn nach Bourges und anderen in der Nähe gelegenen Stationen transportirt worden, dann aber zu Fuß von Gien hierher gerückt seien. Sie sagten ferner aus, daß ihr Korps das 20. unter General Crouzat wäre. Einige behaupteten indessen noch fernerhin, daß sie dem 18. Korps unter General Michel angehörten, so daß es noch unklar blieb, welches den beiden Korps dem 10. preußischen gegenüberstehe, bis es am Nachmittage aus dem Briefe eines verwundeten französischen Offiziers deutlich hervorging, daß man es mit dem 20. Korps unter Crouzat zu thun habe.

Aus den fortwährenden Verwechselungen begann man übrigens zu schließen, daß nicht ein, sondern zwei französische Korps nahe stünden. Ein von Süden kommender Reisender hatte bei Bellegarde ein großes Lager gesehen und wollte von einem Offizier gehört haben, daß dort 80,000 Mann vereinigt seien.*)

Ein sehr werthvoller Fund wurde bei einem am 24. gefallenen irischen Abenteurer, Kapitain Ogilvy gefunden, der ein Tagebuch mit einer Reihe Notizen, ferner auch den Befehl für das französische

---

*) Das 20. französische Korps war aus den Resten der Ostarmee von General Cambriels und aus Neuformationen bei Chagny gebildet und von dort auf der Eisenbahn nach Gien transportirt worden. Daselbst traf es am 19. November mit seinen letzten Truppen ein, am 23. rückte es nach Châtenay, am 24. nach Bellegarde — Teten bis Ladon und Maizières. Das 18. Armee-Korps war in Nevers gebildet worden, hatte aber frühzeitig Gien mit einer Division besetzt gehalten. Eine Brigade führte ihm das 20. Korps aus dem Osten zu. Rechts neben dem 20. rückte es nunmehr gegen Montargis vor.

Korps zum 24. November enthielt. Dieser Befehl wies den 3 Divisionen die Punkte Beaune—Juranville und St. Loup als Marschziele an. In dasselbe Terrain rückte auch das 10. Korps, den Befehlen seines kommandirenden Generals gemäß. So war das Rencontre erklärt.

Eine bei dem Kapitain Ogilvy, der als französischer Generalstabs-Offizier fungirte, gefundene Ordre de bataille des Korps wies nicht allein dessen Zusammensetzung nach, sondern auch seine Stärke. Es zählte danach:

die 1. Division	13,000	Mann,
die 2. „	9,500	„
die 3. „	8,000	„
Das ganze Korps mithin:	30,500	Mann.

Dann aber wurde in dem Portefeuille des Gefallenen ein Brief gefunden, der wichtige Aufschlüsse über die Absichten der französischen Heeresleitung gab und der für die nächste Zeit von großer Bedeutung wurde. Er war von Niemand anders als von dem Diktator Gambetta selbst geschrieben, an General Crouzat gerichtet und sollte den Kapitain Ogilvy bei diesem einführen.

Er lautete:

République française.

Liberté, Egalité, Fraternité.

Gouvernement de la defense nationale.

Le membre de gouvernement de la defense nationale, ministre de l'interieur et de la guerre.

En vertu des pouvoirs à lui delegues par le gouvernement, par décret en date à Paris du 1er octobre 1870.

Accrédite auprès de Monsieur le général Crouzat, commandant les forces rassemblées à Gien, Monsieur le capitain du Génie Ogilvy, attaché à l'état-major du 18e corps et qui en est détaché momentanément.

Monsieur le capitain Ogilvy à toute ma confiance. Je me suis languement entretenu avec lui sur les opérations militaires. Gien est évidement la clef de notre position sur la Loire. Je sais qu'elle est en sureté en les vaillants mains du général Crouzat. Je lui envoie Monsieur Ogilvy pour l'assister dans sa mission et je le prie de le faire assoir au conseil avec voix déliberative.

Tours, le 19. septembre 1870.

Léon Gambetta.

Jedenfalls sollte Ogilvy nicht allein als Berather, sondern auch wohl als Vertrauensmann der Regierungsdelegation und als Beaufsichtiger der bei der Armee befindlichen Generale fungiren. Daß der Diktator Gambetta, der diesen Brief übrigens eigenhändig geschrieben hatte, einen solchen Schritt that, bewies, welchen Werth er auf das Gelingen der von der oberen Loire aus begonnenen Operationen legte. Wenn er Gien als den wichtigsten Punkt der Loire bezeichnete, während bisher Orléans die gleiche Rolle gespielt hatte, so war darin augenscheinlich die Absicht ausgesprochen, mit dem rechten Flügel der Loire-Armee den Angriff zu beginnen. Dies deutete bereits bestimmt darauf hin, daß die vielverheißene Offensive zum Entsatz von Paris nicht an der großen Straße Orléans—Paris ihren Weg nehmen werde, sondern Loingabwärts etwa gegen Fontainebleau. Eine Reihe von Vortheilen sprachen für diese Richtung und bald sollte sie mehr und mehr Wahrscheinlichkeit gewinnen.*)

Am 25. November faßte der Ober-Befehlshaber sie zum ersten Male in's Auge und kam zu der Ueberzeugung, daß umfassendere Maßnahmen getroffen werden müßten, um den linken Flügel der II. Armee zu sichern. Hierzu war natürlich zunächst das 10. Armee-Korps berufen und Prinz Friedrich Karl hatte daher schon um Mittag, als sich übersehen ließ, daß es heute nicht mehr zu ernsteren Kämpfen kommen werde, an den General v. Voigts-Rhetz geschrieben:

> „Wenn der Feind Euer Excellenz gegenüber heute weitere Fortschritte nicht macht, hat das 10. Armee-Korps, unter Aufrechterhaltung der Verbindung mit der Armee, die Sicherung des linken Flügels der II. Armee zu übernehmen. Euer Excellenz Ermessen überlasse ich, wie weit die Aufstellung des Korps um Beaune la Rolande auszudehnen, ebenso die Detachirung nach Montargis oder Château Landon. Dem Detachement dorthin würde, behufs Aufklärung des Terrains zwischen Yonne und Loing, zweckmäßig Kavallere beizugeben sein."

---

*) Thatsächlich beabsichtigte die französische Regierungsdelegation eine Offensive des rechten Flügels der Loire-Armee über Pithiviers gegen Fontainebleau.

Auch vom 3. Armee-Korps geschah ein Schritt, um den linken Flügel der Armee zu sichern. Es entsendete nämlich mit Genehmigung des Feldmarschalls eine schwache Garnison von 2 Kompagnien, 1 Eskadron nach Nemours*), um diese wichtige Etappe zu besetzen, doch auch um durch von dort auf größere Entfernung ausgesandte Patrouillen das Land zwischen Loing und Yonne zu überwachen.

Die weitere Entwickelung der Dinge in jenem Landstrich und auf dem linken Flügel der Armee beim 10. Armee-Korps blieb abzuwarten. — — — — — —

Mittlerweile war der II. Armee eine erhebliche direkte Verstärkung dadurch erwachsen, daß Seine Majestät die Armee-Abtheilung des Großherzogs dem Prinzen Friedrich Karl unterstellte, während dieselbe bis dahin nur hatte kooperiren sollen. Das betreffende Telegramm lief Nachmittags um 1 Uhr 10 Minuten in Pithiviers ein und verhieß die Mittheilung des an den Großherzog ergangenen schriftlichen Befehls. Dieser langte Abends um 11 Uhr in Pithiviers an und lautete:

„Die Stärke der bei Orléans zusammengezogenen feindlichen Kräfte, sowie die Wichtigkeit der gegen dieselben zu führenden Operationen erfordern für den Augenblick eine einheitliche Leitung der dazu disponibeln diesseitigen Korps, welche von hier aus nicht ausgeübt werden kann."

„Seine Majestät der König haben daher zu befehlen geruht:

„Die Armee-Abtheilung Seiner Königlichen Hoheit des Großherzogs von Mecklenburg tritt bis auf Weiteres unter den Befehl Seiner Königlichen Hoheit des General-Feldmarschalls, Prinzen Friedrich Karl."

„Die Armee-Abtheilung hat durch Kavallerie und mit angemessenen Infanterie-Soutiens die Straßen von Tours und Le Mans auf Paris zu beobachten, sonst aber in möglichster Beschleunigung sich bis zum Eingang weiterer Befehle in der Richtung auf Beaugency zu dirigiren."

„Das Marschtableau für die nächsten Tage unter Angabe des Hauptquartiers Seiner Königlichen Hoheit des Großherzogs ist dem Oberkommando der II. Armee, welches

*) 2 Kompagnien vom Grenadier-Regiment Nr. 12 (2. Bataillon) und 1 Eskadron des Ulanen-Regiments Nr. 12 unter Major Lehmann.

sich heute in Pithiviers befindet, sowie hierher schleunigst zu telegraphiren."

(gez.) Graf Moltke.

Für das Oberkommando der II. Armee folgte noch ein Zusatz mit nachstehenden Angaben:

„Das Hauptquartier des Großherzogs kommt heut den 25. nach Montmirail."

Korps Tann Montdoubleau,

17. Division Vibraye,

22. „ Authon,

4. Kavallerie-Division la Bazoche—Gount,

6. „ „ Epuisay."

Prinz Friedrich Karl hatte schon Nachmittags um 1 Uhr an den Großherzog geschrieben, um ihn von Allem zu unterrichten, was bei der II. Armee vorgegangen war und ihm mitzutheilen, daß diese Armee die Vereinigung mit den von ihm herangeführten Truppen abwarten werde, ehe sie Orléans angriff. Während dies Schreiben abgefaßt wurde, lief das eben erwähnte Telegramm des Grafen Moltke ein, das schon einige Details aus dem schriftlichen Befehl für den Großherzog enthielt. Der Prinz fügte dem nun sogleich noch die Weisung hinzu, daß die Armee-Abtheilung nur mit ihrem rechten Flügel auf Beaugency marschiren solle. Möglichste Eile im Heranmarsch war natürlich wünschenswerth, damit die Vereinigung aller jetzt unter dem Befehl des Prinzen stehender Streitkräfte nicht zu großen Aufschub erlitt.

Am 26. früh erhielt nun Prinz Friedrich Karl telegraphische Nachricht vom Großherzoge, daß der Feind von Bonneval und Châteaudun mit starken Kräften auf Brou vorgedrungen sei, sich seinem Marsche also entgegenstelle*). Durch die 4. Kavallerie-Division hatte der Prinz schon zuvor eine Meldung erhalten, daß 3000 Feinde in Bonneval stünden. Er besaß indessen Nachrichten genug, um sicher zu sein, daß die Loire-Armee mit der Masse ihrer Streit-

*) Das französische Kriegsministerium hatte das am Walde von Marchenoir auf dem linken Flügel der Loire-Armee stehende 17. französische Korps an den Loir nach Chateaudun berufen, um dem neu formirten 21. bei Le Mans die Hand zu reichen. In Chateaudun angekommen, unternahm der Kommandeur des 17. Korps, General de Sonis, am 25. November einen Vorstoß über Brou auf Illiers, der ohne erhebliche Wirkung blieb, aber seine jungen Truppen sehr angriff.

kräfte nicht links abmarschirt wäre. Deshalb glaubte er auch nicht, daß der Großherzog auf ernsten Widerstand treffen werde. Der Depesche war indessen hinzugefügt, „daß die Armee-Abtheilung sich am 26. in der Linie la Bazoche Gount—Arville konzentriren werde, da die den Feind beobachtende 4. Kavallerie-Division vor seinem Stoße nach La Bazoche ausgewichen sei." Der Prinz entgegnete hierauf sofort telegraphisch: „Euer Königliche Hoheit erhalten den Befehl, über Châteaudun und Bonneval, den Feind angreifend, ohne Zeitverlust zur Vereinigung mit der II. Armee zu marschiren, deren rechter Flügel bei Janville steht." Dann aber traf er seine Maßnahmen, um dem Großherzoge die Ausführung dieses Befehls zu erleichtern und wies den General v. Manstein an, am 27. in aller Frühe eine durch Artillerie verstärkte Infanterie-Brigade und eine Kavallerie-Brigade mit reitender Artillerie auf Orgères und Loigny, sowie darüber hinaus vorgehen zu lassen.

„Die Brigaden werden die Bestimmung haben, fügte der Prinz hinzu, auch gegen schwächere feindliche Abtheilungen sich zu entwickeln und Kräfte zu zeigen. Die Infanterie würde hierzu die Formation in Halb-Bataillonen zu wählen und die Artillerie ein verhältnißmäßig lebhaftes Feuer auch gegen untergeordnete Objekte zu unterhalten haben, um sich hörbar zu machen."

„Gleichzeitig wird hierdurch die Gelegenheit zur Rekognoszirung der feindlichen Aufstellung geboten."

„Da es möglich — wenn auch nicht erwünscht — ist, daß der Feind, wenn ein Gefecht vernehmbar wird, aus seiner Front bei Artenay offensiv vorgeht, so muß eine besondere Aufmerksamkeit dorthin gerichtet bleiben, damit das Detachement alsdann taktisch eingreifen kann."

Am Abend sollte die Kolonne wieder zum Korps zurückkehren, das 9. Korps aber schon am 27. danach streben, die Verbindung mit dem Großherzoge über Bonneval aufzunehmen.

Wenn der Großherzog am 27. am Loir stand, so vermochte er frühestens am 29. und 30. gegen die Loire in der Richtung auf Orléans hin einzugreifen. In den Tagen, welche bis dahin noch verstrichen, konnte der Feind immerhin der II. Armee mit dem Beginn der Offensive seinerseits zuvorkommen und der Oberbefehlshaber sprach daher den kommandirenden Generalen seine Absichten für diesen Fall in einem neuen Armeebefehl aus:

„Hauptquartier Pithiviers, den 26. November 1870.“

„Die Armee-Abtheilung Seiner Königlichen Hoheit des Großherzogs von Mecklenburg-Schwerin, welche mir unterstellt ist, wird erst morgen frühestens den Loirfluß bei Bonneval und Châteaudun erreichen und von dort aus sich in den folgenden Tagen mit der II. Armee vereinigen.“

„Es ist geboten, daß die II. Armee bis dahin auf ihrer jetzigen Linie Toury—Bazoches les Gallerandes—Pithiviers—Boynes—Beaune etwaigen Offensiv-Unternehmungen des Feindes, die der aufgeweichte Boden und das ungünstige freie Terrain unwahrscheinlich macht, mit Hartnäckigkeit entgegentritt. Die Armee-Korps haben hiernach für jede Division die nöthigen Defensiv-Anordnungen zu konzentrirtem Schlagen zu treffen und ebenso anzuordnen, daß nicht angegriffene Divisionen zur Unterstützung nach seitwärtigem Gefecht eingreifen. Die Dispositionen hierfür über die 5. Infanterie-Division und Kavallerie-Division Hartmann behalte ich mir vor. Zur Unterstützung eines wahrscheinlichen Gefechts, welches morgen am Loirfluß bei der Armee-Abtheilung Seiner Königlichen Hoheit des Großherzogs stattfinden wird, soll morgen früh das 9. Armee-Korps eine Division auf Orgères mit 1 Infanterie-, 1 Kavallerie-Brigade und mehreren Batterien machen, welche jedoch, wenn das 9. Armee-Korps selbst angegriffen wird, dort eingreifen müssen.“

Der General-Feldmarschall.
(gez.) Friedrich Karl.

Mit diesen Anordnungen gleichzeitig erhielt der Großherzog ausführlichere Weisungen durch einen Brief des Feldmarschalls, welcher folgendes enthielt:

„Euer Königlichen Hoheit habe ich heut durch Telegramm den Befehl ertheilt,

„„über Châteaudun und Bonneval, den Feind angreifend, ohne Zeitverlust zur Vereinigung mit der II. Armee zu marschiren.““

„Indem ich diesen Befehl hiermit wiederhole, erwarte ich, daß die Armee-Abtheilung morgen am 27. November Bonneval und Chateaudun wird erreichen können.“

Es folgte nun die Mittheilung über die, dem 9. Armee-Korps befohlenen Maßregeln. Dann fuhr der Prinz fort:

„In der Aufstellung der II. Armee ist eine Veränderung nicht eingetreten, das 9. Armee-Korps und die Kavallerie-Division Graf Stolberg stehen auf der Linie Allaines—Toury und südlich, das 3. Armee-Korps mit der Kavallerie-Division Hartmann bei Bazoches les Gallerandes, Pithiviers und Boynes, das 10. Armee-Korps um Beaune la Rolande."

„Vom Feinde scheinen das 15. und 16. Korps an der Straße Orléans—Paris bei Chevilly, Gidy, Cercottes, das 20. Armee-Korps — welches am 24. dem 10. Armee-Korps gegenüber gefochten hat — bei Bellegarde und St. Loup zu stehen."

„Der Erfolg der bei Orléans liegenden Entscheidung wird wesentlich von dem beschleunigten Anmarsche der Euer Königlichen Hoheit unterstellten Armee-Abtheilung abhängig sein."

„Erst nachdem hierdurch die Vereinigung der Armee bewirkt worden, wird sich übersehen lassen, ob mit der, der Armee-Abtheilung zu gebenden Direktion gegen die linke Flanke der feindlichen Aufstellung der Uebergang über die Loire unterhalb Orléans wird zu verbinden sein*)."

Es hätte wohl die Zeit bis zu dieser Vereinigung dadurch gekürzt werden können, daß die II. Armee rechts abmarschirte und aus diesem Abmarsch sogleich im Verein mit der Armee-Abtheilung zur Offensive auf und westlich der Pariser Straße überging. Allein seit dem 24. November erschienen die Verhältnisse auf ihrem linken Flügel völlig verändert. Dort standen — wenn man auch noch nicht ganz klar sah — doch ohne Zweifel so erhebliche französische Truppenmassen, daß man das 10. Armee-Korps nicht aus jenem Terrain fortziehen durfte, ehe eine taktische Entscheidung erfolgt war. Ja der Feldmarschall nahm sogar Bedacht darauf, dieses Korps auch für die Defensive zu stärken, das deutete schon seine im letzten Armeebefehl getroffene Verfügung über die 5. Infanterie- und

*) Als Nachricht wurde noch hinzugefügt, daß die Ponton-Kolonne des 3. Armee-Korps nach Allaines dirigirt sei und der Armee-Abtheilung, wenn nöthig, unterstellt werden würde.

die 1. Kavallerie-Division an. Gambetta, der die Loire-Armee thatsächlich leitete, hatte mit den Worten: „Gien est évidement la clef de notre position sur la Loire“ seine militairischen Anschauungen klar genug ausgesprochen. Verließ das 10. Korps seine Stellungen von Beaune, so öffnete es dem Feinde denjenigen Weg nach Paris, den er für den besten hielt. Auf Gien oder auch nur auf das jetzt wieder ganz unbewachte Mittelfrankreich gestützt, vermochte er Orléans aufzugeben und diese östlichen Wege zu seinem Ziele einzuschlagen. Noch am 26. früh hatte der Feind gegen Beaune la Rolande rekognoszirt und Ladon besetzt, am Nachmittage griff er die Vorposten des Korps bei Lorcy an, wurde aber freilich unter sehr glücklichem Gefecht abgewiesen*). Eine Entscheidung stand dort jedenfalls nahe bevor. Bis diese gefallen, mußte die Armee in ihren jetzigen Stellungen verbleiben, bereit, die Angriffe des Gegners hier oder dort in der Defensive abzuwehren.

Mit der Absicht des Feindes, auf den östlichen — nicht auf den direkten — Linien gegen Paris vorzudringen, schienen auch die vielfachen Beunruhigungen der Etappentruppen, die in dieser Zeit vorfielen und die selbst zum vorübergehenden Aufgeben einzelner Garnisonen, wie Auxon, Château Vilain, Châtillon zwangen, in Zusammenhang zu stehen.

Die Loire-Armee war übrigens stark genug, um sowohl Orléans zu vertheidigen, als auch mit anderen Korps gleichzeitig die beabsichtigte Offensive zu beginnen, wenn ihr der Weg dazu frei wurde. Auch aus dem großen Hauptquartier kamen noch eine Reihe Notizen über die Zusammensetzung der französischen Armee, welche diese Meinung bestätigten; schon schien es kein Zweifel mehr zu sein, daß an der Loire das 15., 16., 18. und 20. französische Korps**) verfügbar seien, wenn auch noch nicht völlig konzentrirt. Da es in Frankreich an Menschen für die Armee durchaus noch nicht fehlte, so veranschlagte das Oberkommando der II. Armee jedes dieser Korps zu

---

*) Der Feind ließ etwa 40 Mann todt auf dem Platze und eine Anzahl Gefangene, darunter einen Brigade-Kommandeur, in unseren Händen (Oberst Girard, Kommandeur der 2. Brigade der 3. Division des 20. französischen Korps).

**) Thatsächlich konnte auch das 17. Armee-Korps schon zur Loire-Armee gerechnet werden.

rund 30,000 Mann. Das ergab eine Ziffer von 120,000 Mann*) für die feindliche Armee; eine Stärke, die durchaus nicht bedrohlich war, wenn der Gegner die II. Armee in ihren jetzigen Stellungen angriff, die aber eine Offensive mit zu schwachen Kräften entschieden verbot.

Der Chef des Generalstabes berichtete hierüber noch am 25. November an den General Grafen Moltke und schrieb zum Schluß:

„Trotz dieser numerischen Ueberlegenheit ist der Feind außer Stande, im freien Terrain gegen uns die Offensive zu ergreifen, die überdies heute und in den nächsten Tagen durch den aufgeweichten Boden der Beauce wohl unmöglich wird und muß, so brennend auch für ihn die Entscheidung wird, es geduldig abwarten, daß wir ihn in seinen klug ausgewählten und verstärkten Stellungen im verwickelten Terrain des Orléans-Waldes angreifen, uns dort in mehrtägigen Gefechten auf großer Ausdehnung engagiren und es so bei unserer Minderzahl ihm möglich machen, daß einige seiner aus dem Schach gelassenen Korps vorwärts marschiren und dadurch uns zum Aufgeben des Gefechts und zum Nachmarschiren nöthigen. Der Feind wird dann nicht verfehlen, dies als einen Sieg auszurufen."

„Die II. Armee wird deshalb am Besten thun, in ihrer jetzigen Aufstellung — so gewagt sie durch ihre Nähe am Feinde und ihre Ausdehnung einem tüchtigen Feinde gegenüber wäre — zu verharren, bis die enge Vereinigung mit der Armee-Abtheilung hergestellt ist, und dann wird sich übersehen lassen, ob unser rechter Flügel einen Loire-Uebergang gewinnen kann, um unsere Kavalleriemassen in die Sologne zur Unterbrechung der Eisenbahn über Vierzon zu werfen. Dies würde den allgemeinen Angriff auf den Feind von Nordwesten her wesentlich unterstützen."

„Dieser Plan beruht aber auf der Voraussetzung, daß es dem 10. Armee-Korps gelingt, den feindlichen rechten Flügel während dieser mehrtägigen Operation in Schach zu halten und daß der Feind nicht noch östlich, etwa zwischen Loing und Yonne, Truppenmassen vorschiebt. Hoffentlich wird das Detachement Kraatz**) in

*) Siehe die Berechnung der Stärke der Loire-Armee zu Ende dieses Buches, welche die Ziffer von 175,000 Mann als die annähernd richtige hinstellt.

**) An General v. Kraatz war am 25. durch die Vermittelung der General-Etappen-Inspektion der direkte Befehl des Oberkommandos abgegangen, am 29. November in Montargis einzutreffen und sein Detachement überall für die Avantgarde eines neuen Korps auszugeben.

2 bis 3 Tagen zwischen Joigny und Montargis stehen und so diesen Raum aufklären."

Die Ansicht des Oberkommandos neigte sich also zur Defensive und der Oberbefehlshaber war schon entschlossen, sich bis zur Ankunft des Großherzogs auf die Vertheidigung zu beschränken.

Ein solches Verfahren wurde in diesem Feldzuge von einer aus mehreren Korps bestehenden deutschen Armee zum ersten Male beobachtet. Dieser Umstand weist schon darauf hin, daß die Verhältnisse, welche es veranlaßten, ganz eigenthümlicher Natur waren.

Am 25. November traf in Pithiviers ein Flügeladjutant Seiner Majestät ein, der Nachrichten über die Armee vor Paris brachte und sich zugleich auch bei der II. Armee orientiren sollte, um eine genauere Auskunft über deren Verhältnisse mit zurück zu nehmen. Dieser Offizier berichtete am 27. November nach Versailles:

„Ich habe den heutigen Tag benutzt, mich in den hiesigen Verhältnissen und im Terrain zu orientiren und mir die Ansicht gebildet, daß es nicht rathsam erscheint, den vor Orléans stehenden Feind in Front anzugreifen."

„Es würde damit gerade das geschehen, was der Gegner sich wünscht*)."

„Orléans ist im Halbkreise mit einem Radius von 2½ Meilen von Wald umgeben, außerhalb des Waldes liegt eine Zone von sehr angebautem, von Hecken durchschnittenen und mit geschlossenen Fermen besetzten Terrain."

„Ein großer Theil dieser Fermen, sowie jede an einer Hauptstraße liegende Ortschaft ist zur Vertheidigung eingerichtet; die Hauptkommunikationen sind abgegraben und verbarrikadirt."

„Das Gefecht bei Neuville am 24., so bedauerlich die dabei erlittenen Verluste auch sind, hat den großen Nutzen gehabt, diesen Umstand zu konstatiren und voraussehen zu lassen, daß jeder Angriff mit großen Opfern an Zeit und Menschen verbunden sein muß."

„Der für das Gefecht im freien Felde sehr wenig geeignete Gegner findet hier ein Terrain, welches ihm sehr zusagt. Dieselben Truppen, die im Freien nach einigen Granaten die Flucht ergreifen, werden sich hier energisch schlagen."**)

*) Bekanntlich wollte General d'Aurelle de Paladines thatsächlich in seinen starken Stellungen den Angriff des Prinzen abwarten.

**) Aehnlich sprach sich in jenen Tagen ein Bericht der 6. Division aus.

„Als ein ganz wesentlicher Faktor müssen nun jetzt die Bodenverhältnisse in Rechnung gestellt werden. Durch die anhaltende nasse Witterung ist der Boden derart durchweicht, daß außerhalb der Wege die Bewegungen der Infanterie in hohem Grade erschwert, die der Artillerie fast zur Unmöglichkeit geworden sind."

„Es ist dies ein Umstand, der hier ausschließlich der Defensive zu Statten kommt."

Am interessantesten für jene denkwürdigen Tage ist ein Bericht, den der Oberbefehlshaber an Seine Majestät persönlich richtete. Er ist am 26. November Nachmittags geschrieben und beantwortet zugleich ein Handschreiben des Königs:

„Ich bin vollkommen der Meinung, daß ich nichts aufs Spiel setzen darf in diesem Zeitpunkte des Krieges, wo Paris wohl zu fallen im Begriff stehen muß. Wenn man meine 6 Meilen breite Aufstellung einem an Zahl weit überlegenen Gegner, mit dessen Vorposten ich an mehreren Orten nahe Fühlung habe, gegenüber betrachtet, so werden Manche sagen, daß diese Aufstellung schon zu gewagt ist. Wenn man aber annimmt, daß der Feind meine Stärke sehr überschätzt, daß die an Grundlosigkeit grenzende Beschaffenheit des Terrains neben den chaussirten Straßen, welche kaum, oder doch nur sehr schwer zu manövriren gestattet, mich schützt und daß diese Art Aufstellung dem Feinde imponirt, so wird man zugeben müssen, daß ich so lange so stehen bleiben kann, bis der Feind mich erkannt und die Bodenbeschaffenheit sich gebessert hat. Ich sehe für mich noch keine Gefahr, wohl aber einige Unbequemlichkeit."

„Die Versammlung des größten Theils der regulären feindlichen Armee, wenn dieser Ausdruck gestattet ist, im Walde von Orléans ist gut gedacht und geschickt ausgeführt."

„Beabsichtigt der Feind einen Entsatz von Paris?"

„Gewiß war dies seine Absicht. Daß sie jetzt noch vorwaltet, bezweifle ich. Etwa am 15. waren die Befehle zum Vormarsch nach Etampes bereits gegeben, wurden aber Tags darauf widerrufen, als man von dem Anmarsch der „200,000 Mann von Metz" hörte. Wir haben aber in diesem Feldzuge schon sehr Wunderbares erlebt. Ich meine die Befehle aus Paris an Mac Mahon zum Entsatze von Metz, die schließlich zu Sédan führten. So könnten jetzt auch Advokatenbefehle anordnen, daß die Loire-Armee unter allen Umständen den Vormarsch gegen Paris unternehmen solle."

„Marschirt der Feind in der breiten Front an, wie jetzt seine Vorposten stehen oder auf einem oder beiden Flügeln?"

„Ich glaube, daß er hauptsächlich die Richtung über Puiseaux nach Fontainebleau wählen würde, besonders, wenn er noch jetzt die Offensiwe ergreifen wollte, weil das Terrain ihm im Ganzen dort am günstigsten ist, die Direktion eine gerade, weil er über meine Flanke marschirt und weil diese gerade diejenige ist, die der herannahenden Armee-Abtheilung des Großherzogs abgekehrt ist. Ich gestehe, daß es für mich vielen Reiz hätte, solche Offensive zu bekämpfen, weil diese Aufgabe mir neu wäre. Ich würde suchen, ähnlich mit dem mittleren Korps (dem 3. Korps) zu manövriren, wie Napoleon es gegen die Blüchersche Armee 1814 an der Marne that, wobei ich allerdings voraussetze, daß der Feind, um mich zu täuschen, auf allen Straßen nach Paris Kolonnen-Teten zeigen würde, unbeschadet der Hauptmacht, die rechts abmarschirt. Ich würde mich anheischig machen, daß der Feind schlimmsten Falls täglich eine Meile vorwärts kommt."

„Weit schwieriger als diese Frage bleibt aber die, wie der Feind aus dem Walde von Orléans zu delogiren ist. Wenn der Kaiser Napoleon III. mit vollem Rechte sagte, er habe wegen der zahlreichen Kavallerie, welche meine Armee beim Vormarsche gegen die Mosel umschleierte, niemals gewußt, wo der Kern sich befände, so kann ich nur jetzt das Nämliche sagen, in Bezug auf meine jetzige Kriegslage. Ich weiß nur mit Sicherheit, daß dieses oder jenes Dorf und Gehöft besetzt sind; wo einige größere Massen standen, war auch gelegentlich bekannt; wo der Kern der Armee ist, ob bei Orléans oder bei Gien—Bellegarde, ist mir nicht bekannt. Es hat nicht gelingen wollen, an vielen Orten Gefangene zu machen."

Der Prinz führte nun aus, wie er darum zumal nicht klar sähe, was auf dem feindlichen linken Flügel vorginge, weil es dort nicht glückte, Gefangene in größerer Zahl einzubringen, und diejenigen, welche das 10. Armee-Korps in seinen „hübschen Gefechten, bei denen General v. Voigts-Rhetz klar blieb, vom rothen Faden nicht abwich und trotz der überraschenden Kämpfe seine Tages-Aufgabe vollendete," dem Feinde abnahm, wußten nichts von den anderen Korps und von den ihrigen auch nur wenig. „Hoffentlich", schrieb Seine Königliche Hoheit, „werde ich mehr über den Feind wissen zu dem Zeitpunkt, wenn der Großherzog herankommt, den ich unter den jetzigen Umständen taktisch, nicht strategisch gegen die Loire-Armee wirksam werden lassen muß."

„Ich kenne nicht den Zustand der Truppen des Großherzogs, nicht genau die Länge der zurückgelegten Märsche, habe aber ein wesentliches Bedenken gegen einen Ruhetag nicht. Die Ankunft dieser Armee-Abtheilung vor Orléans bleibt auch ohne diesen Ruhetag dem Feinde, der ja mit ihm Fühlung haben muß, nicht verborgen, und wenn ich nothgedrungen mit einem Angriffe, den ich nicht vor heute unternehmen konnte, aber heute ausführen wollte, doch bis zum 29. zögern muß, so ist wenig dabei verloren, wenn ich noch einen Tag länger warte."

„Der Kampf gegen Orléans wird voraussichtlich mehrtägig und sehr blutig sein; ich werde ihn aber unternehmen, wenn ich keinen anderen Befehl erhalte."

„Man muß im Kriege immer das thun, was dem Feinde am unangenehmsten ist, nicht das, was er will. Mir scheint nun freilich, daß der Feind meinen Angriff will und daß, wo ich ihn auch unternehmen mag, ich auf eine Reihe kleiner, starker, zur Vertheidigung eingerichteter Oertlichkeiten stoßen werde. Da ich mich immer so einrichten muß, mich einem Feinde vorlegen zu können, der, wenn ich mich engagirt habe, neben meiner Flanke fort nach Paris marschirt, so bin ich leider in meinen Angriffsrichtungen beschränkter, als dies nach dem Falle von' Paris sein würde. Dann wären so viele Truppen für Orléans disponibel, daß man vielleicht den Feind abermals einschließen könnte. In wiefern die Einnahme von Orléans — „den Feind über die Loire werfen" möchte ich nicht sagen; denn das wird nur mit einem Theile desselben gelingen — die Entwickelung bei Paris beschleunigen würde, weiß ich nicht. Ob sie bis nach jener Katastrophe verschoben werden kann, entzieht sich meiner Beurtheilung ebenfalls. Aber, was ich versichern kann, ist, daß ich mein Bestes thun werde für beides, den Feind sei so fern von Paris zu halten als möglich, oder demselben Orléans zu entreißen. Der liebe und gnädige Gott gebe, daß diese Ziele mit nicht zu vielen Opfern erreicht werden. Jedenfalls soll die Artillerie tüchtig der Infanterie vorarbeiten."

„Der heutige Rapport weist 45,000 Mann Infanterie nach, aber hiervon gehen per Armee-Korps mindestens je 1 Bataillon zur Bedeckung der Kolonnen und Bagagen 2c. gegen die Franktireurs ab und täglich einige Kranke. Eingerechnet in jene Ziffer sind außerdem allerhand Fußkranke und kleine Kommandos, die auf dem Marsche zurückgelassen wurden, so daß 40,000 Gewehre sicher nicht überschritten werden. Aber die Truppen sind ausgezeichnet und schon viele blessirte Offiziere und Leute wieder in der Front."

„Wenn der Krieg vorbei ist, muß die Infanterie ein besseres Gewehr haben, — das ist allgemeiner Wunsch."

Der 27. November.

Der 27. November konnte leicht, wie es die am 26. November getroffenen Dispositionen erklärten, der Armee auf ihrem rechten Flügel ein Gefecht bringen. Auch wenn der Feind keine größeren Bewegungen gegen Westen hin im Sinne hatte, so lag es ihm doch sicherlich nahe, das tief eingeschnittene Thal des Loirflusses zu benutzen, um hier den Großherzog aufzuhalten und dessen Vereinigung mit der II. Armee entweder ganz zu verhindern oder doch zu verzögern.

Der Prinz telegraphirte früh um 9½ Uhr an General v. Manstein, daß er gleichfalls telegraphisch alle Nachrichten zu haben wünschte, die etwa von einem bei Bonneval sich entspinnenden Gefecht bekannt würden.

Vom Großherzoge kamen wiederholt am Abend des 26. und 27. telegraphische Nachrichten. Er meldete, daß er die Stärke des ihm gegenüberstehenden Feindes auf 14,000 Mann und 40 Geschütze schätze,*) und daß er diese am Loir zwischen Châteaudun und Bonneval stehenden Streitkräfte angreifen werde. Eine später schon am 27. aufgegebene Depesche sagte: „Ich bin im Marsche gegen den Loirbach und Bonneval, welches ich heut erreiche. Muß morgen der Infanterie einen Ruhetag geben, nehme aber mit der Kavallerie die Verbindung auf."

Allein ein Gefecht wurde nicht hörbar, die Detachements des 9. Armee-Korps, die dem Großherzoge entgegengesendet wurden, stießen erst bei Varize auf den Feind, der sich ganz hinter den Abschnitt der Conie gezogen hatte. Es gelang ohne weiteres Hinderniß, in Bonneval mit den dort eintreffenden Truppen der Armee-

---

*) General de Sonis kommandirte am Loir ohne Zweifel eine noch stärkere Truppenmasse.

Abtheilung die Verbindung aufzunehmen; denn auch der Großherzog erreichte ohne Kampf den Loirfluß.*)

Das 9. Korps, das sich für den Fall eines Kampfes des Morgens bei Château Gaillard und Santilly konzentrirt hatte, rückte wieder in seine Quartiere ein. Vor seiner Front zog der Feind die Vorposten weiter zurück und räumte unter Anderem am Nachmittage auch Lumeau. Immer klarer schien's zu werden, daß der Feind dort Nichts beabsichtige, als die strenge Defensive in dem von ihm okkupirten Terrain, sonst hätte er die vor seiner Front stattfindenden Flankenmärsche stören müssen.

Um so deutlicher aber enthüllte sich die Vorbereitung für die Ausführung seiner Pläne auf dem rechten Flügel. Dort kamen heute äußerst wichtige Meldungen von dem durch das 10. Armee-Korps nach Château Landon und dem durch das 3. Korps nach Nemours gesandten Detachement.

Seit dem 26. war nun auch Montargis vom Feinde stark besetzt und südlich der Stadt lagerten noch größere Massen des Gegners. Eisenbahnzüge kamen von Gien herauf dort an. Während der Feind gestern Lorcy vergeblich angegriffen hatte, besetzte er am 27. Mignerette. Immer mehr schob er so seinen rechten Flügel am Loing hinab vorwärts. Die von Château Landon vorgehenden Patrouillen stießen jenseits des Kanals überall auf den Feind, der dort Sicherheitsmaßregeln getroffen hatte.

Diese Nachrichten vollendeten den Umschwung in den Anschauungen, welche das Oberkommando über die Absichten des Feindes hegte, derart, daß noch heute am 27. November der Linksabmarsch

*) General de Sonis wich durch einen schwierigen Nachtmarsch, den er am 26. November Abends 10 Uhr begann, nach Ecoman aus. Er hatte noch am 25. alle Anstalten zur Vertheidigung getroffen, Vendôme durch die von Châteaudun per Eisenbahn dorthin dirigirte 1. Brigade der 1. Division seines Korps, den Wald von Fréteval durch das 43. Marsch-Regiment besetzen lassen, auch bei Châteaudun Alles vorbereitet. Die Nachricht von dem Anmarsche großer deutscher Streitmassen auf Châteaudun — angeblich dreier Armeen unter dem Kronprinzen von Preußen, dem Prinzen Friedrich Karl und dem Prinzen Albrecht — bewog ihn, seine Stellungen ohne Kampf zu räumen. Die Rückzugsrichtung auf Ecoman war von Tours aus bestimmt, wo man sich für sehr gefährdet hielt.

General d'Aurelle verlegt in seinem Buche „la première armée de la Loire“ den für das 17. Korps verhängnißvollen Nachtmarsch auf die Nacht vom 27. zum 28. November (S. 257); doch ist dies ein Irrthum.

der Armee eingeleitet wurde. Es ist daher hier ein kurzer Rückblick auf die letzten Tage am Platze.

Wie sich allmälig die Kenntniß von der Ziffer-Stärke der Loire-Armee richtig herausgebildet hatte ist schon dargelegt worden. Man schätzte sie jetzt auf 5 Korps, glaubte auch, daß das 15. wohl noch über die normale Stärke von 30,000 Mann hinausginge. Man wähnte indeß das hier mit eingerechnete 17. Armee-Korps fern von dem Gros der Armee und in der Bildung begriffen, und auch das 18. noch nicht in unmittelbarer Nähe, während thatsächlich beide den Anschluß an die Armee bereits gewonnen hatten.

Der Großherzog von Mecklenburg hatte früherhin angenommen, daß diese Armee die ihr zwischen Orléans und Paris entgegengestellten Streitkräfte in nordwestlicher Richtung umgehen werde und hatte danach seinen Rechtsabmarsch ausgeführt.

Beim Heranrücken der II. Armee in die Beauce war diese Ansicht berichtigt worden. Zu einem direkten Heraustreten nach Norden in das freie Terrain, in welchem ihn die an Tüchtigkeit weit überlegene Artillerie und Kavallerie, über die Prinz Friedrich Karl verfügte, die Niederlage fast zur Gewißheit machte, bezeugte der Gegner keine Lust. Die schwierigen Verhältnisse des Bodens in der Beauce schienen gleichfalls der Offensive entgegen zu sein.

Das unerwartete Auftreten des 20. französischen Korps bei Ladon und Maizières lenkte neben Privatnachrichten über das Vorgehen starker Kolonnen von Gien her, zuerst die Aufmerksamkeit nach Osten. Auf der ganzen französischen Front war gleichzeitig durch die preußischen Rekognoszirungen der Marsch feindlicher Kolonnen nach Osten hin bemerkt worden. Gefangenen-Aussagen sprachen von dem Marsche von Gien aus gegen Paris, und Gambetta's Brief trat noch deutlicher dafür ein. Alle Nachrichten, welche das 10. Armee-Korps in den Tagen vom 23., 24., 25. November gesammelt hatte, gingen darauf hinaus, daß nicht nur ein Korps, sondern eine Armee von Gien herauf komme.

Am 26. waren nun, wie bekannt, preußischerseits die ersten Detachirungen ins Loingthal angeordnet worden. In Folge davon wurde der erste thatsächliche Schritt des Feindes für den Beginn der Offensive Loing-abwärts entdeckt — die Ankunft von bedeutenden Truppenmassen bei Montargis, wohin die Eisenbahn noch in Thätigkeit blieb. 25,000 Mann Linientruppen, Turkos und Mobilgarden mit 112 Geschützen, sollten angeblich südlich der Stadt ein Lager bezogen haben.*)

In Ladon fanden an diesem Tage Detachements des 10. Armee-Korps Briefe französischer Soldaten aus dem Lager von Montargis. Alle diese Briefe redeten von dem Marsche nach Paris und sprachen großes Zutrauen, fast die Gewißheit des Sieges aus. „Man sähe, führten die meisten an, daß es nun endlich vorwärts ginge; denn an denselben Stellen, wo noch vor wenig Tagen die Preußen gelegen, seien jetzt sie, — die Franzosen — im siegreichen Vorrücken begriffen."

Die Truppenmassen, welche in und südlich Montargis lagerten, konnten unmöglich auch noch zum 20. französischen Korps gehören, da dieses dem 10. Armee-Korps gegenüber noch immer eben so bedeutende Kräfte zeigte, wie bisher, also Truppen in einer Stärke, wie sie bei Montargis entdeckt worden waren, nicht abgegeben haben konnte. Das andere Korps, das noch hinter dem 20. gestanden, leitete augenscheinlich seinen Vormarsch den Loing hinab ein. Es konnte dies nur das schon oft genannte 18. Armee-Korps sein, und am 27. gewann das Oberkommando die feste Ueberzeugung, daß das bei Montargis stehende Korps das 18. sei, welches mit der Eisenbahn dorthin geschafft worden war.

Die Offensive am Loing entlang oder zwischen Loing und Yonne erschien übrigens in jener Zeit für den Feind zweckmäßiger, als jedes andere Unternehmen. Dort vermied er das ihm so sehr ungünstige freie Terrain der Beauce und bewegte sich in einem koupirten, aber doch von guten Straßen durchzogenen Gelände. Unmöglich konnte im französischen Hauptquartier der Abmarsch des Großherzogs nach Osten jetzt noch verborgen sein; denn die Armee-Abtheilung hatte überall mit feindlichen Trupps in Berührung gestanden. So wußte der Oberbefehlshaber der Loire-Armee also auch, daß eine Offensive auf der großen Straße gegen Paris ihn früher oder später zwischen zwei Feuer bringen müsse. Und doch drängte die Zeit ihn; denn Frankreich erwartete mit Ungeduld die Anstrengungen zur Rettung von Paris, zu denen es so freigebig alle materiellen Hülfsmittel hergegeben hatte. Es blieb also nichts mehr, wie die Offensive gegen

*) Am 26. war das 18. französische Korps mit der Tete dorthin vorgerückt. General Crouzat, der das 18. und 20. französische Korps gemeinsam kommandirte, zog von Montargis die zum 18. Korps gehörige Brigade Hainglaise nach Ladon heran.

den linken Flügel der preußischen Armee übrig. Drang der Feind rechts des Loing vor, so zwang er diese Armee links abzumarschiren und über den Fluß hinweg anzugreifen. Auf eine Theilnahme der Armee-Abtheilung an diesem Angriff war nicht zu rechnen, auch wenn die Loire-Armee die Zeit bis zum 29. oder 30. November noch für die Konzentration der zum Vordringen bestimmten Korps brauchte. Am 30. konnte der Großherzog, der am 28. am Loir ruhte, da seine Truppen dessen dringend bedurften, immer erst bei Orgères, d. h. 3 starke Tagemärsche von Loing entfernt stehen. In den nächsten Tagen also mußte die II. Armee noch ohne seine Unterstützung der drohenden Gefahr entgegentreten.

Jeder Angriff auf Orléans wäre in diesem Augenblicke ein Luftstoß geworden, dem der Feind ausweichen konnte, während er seine Offensive vom rechten Flügel unbekümmert, auf Gien basirt, durchzuführen vermochte. Daher entschloß sich der Prinz, den Linksabmarsch der II. Armee einzuleiten. Daß die Loire-Armee ihre Offensive vom rechten Flügel nicht früher fortsetzen würde, als bis sie das 10. Armee-Korps geschlagen hatte, war klar, schon die Unterstützung dieses an Infanterie so schwachen Korps erheischte also die ersten Schritte.

Dieselben geschahen noch am 27. November Abends 11 Uhr, als die oben zusammengestellten Nachrichten in Pithiviers erwogen worden waren.

Die letzten Meldungen waren 2 Depeschen des Generals v. Voigts-Rhetz. Die erste bestätigte einige Angaben, welche zum Theil schon das nach Nemours geschickte schwache Detachement gemacht.

Sie lautete:

> „Nach eingegangenen Meldungen ist Montargis seit gestern vom Feinde besetzt. Eisenbahnzüge aus Gien mit Truppen sind daselbst angelangt. Mignerette ist vom Feinde besetzt.“

Die zweite Depesche war eine Anfrage, ob das 10. Armee-Korps am 28. die Eisenbahn bei Château Landon zerstören sollte. Sie langte um 11 Uhr an. Um 11 Uhr 30 Minuten antwortete der Prinz gleichfalls telegraphisch:

> „Die Eisenbahn ist möglichst nahe Montargis gründlich zu zerstören. Die 5. Infanterie-Division konzentrirt sich morgen früh bei Dadonville, um, wenn Euer Excellenz

Meldung eingeht, daß der Feind nicht längs des Loing nach Norden marschirt ist, nach Boynes in Kantonnements zu rücken. Die 6. Division rückt hierher; ich erwarte morgen früh Meldung."

(gez.) Friedrich Karl.

General v. Alvensleben hatte um 11 Uhr sofort den entsprechenden schriftlichen Befehl erhalten:

„Der Feind hat nach Meldung des 10. Armee-Korps seit gestern Montargis besetzt; Truppen sind per Eisenbahn dort angelangt."

„Die 5. Infanterie-Division soll deshalb morgen in aller Frühe bei Dadonville sich konzentriren, um von dort entweder auf meinen Befehl nach Boynes und nächster Umgegend dislozirt zu werden, oder eine Verwendung gegen den Feind zu finden, die 6. Infanterie-Division und die Korps-Artillerie sollen in die bisherigen Quartiere der 5. rücken."

„Die Vorposten bleiben morgen, wie bisher, stehen, die der 5. Division sind früh durch die 6. Division abzulösen, die bisherigen Vorposten der 6. Division werden durch das 9. Armee-Korps abgelöst werden, welches Bazoches und Umgegend mit einer Infanterie-Brigade mit Kavallerie und einer Batterie belegen wird."

Der General-Feldmarschall.
(gez.) Friedrich Karl.

An General v. Manstein ging um 11 Uhr 30 Minuten folgendes Telegramm ab:

„Der Großherzog hat ohne Gefecht Châteaudun und Bonneval (Hauptquartier) erreicht, macht morgen Ruhetag. Da der Feind Montargis besetzt hat, rückt das 3. Korps morgen links nach Boynes und Pithiviers, das 9. Armee-Korps soll morgen früh Bazoches les Gallerandes und Gegend mit einer Infanterie-Brigade, einer Kavallerie-Brigade und einer Batterie belegen und die Vorposten der 6. Infanterie-Division übernehmen. Empfang der Depesche ist zu melden."

(gez.) Friedrich Karl.

Mit dem Linksabmarsch der Armee weiter fortzufahren, war jetzt noch nicht möglich, ehe nicht der Großherzog mit seinen Truppen die große Straße Orléans—Paris erreichte und deren Sicherung übernahm.

Was für jetzt geschehen konnte, um die am Loing drohende Gefahr abzuwenden, war gethan.

Der 28. November.

Die Schlacht von Beaune la Rolande.

Die Meldungen vom linken Flügel wurden an diesem Morgen begreiflicherweise im Hauptquartier Pithiviers mit großer Spannung erwartet.

General v. Voigts-Rhetz sandte auch vor 8 Uhr schon seine erste telegraphische Meldung:

Beaune, den 28. November 1870,
7 Uhr 40 Min. Vormittags.

„Ich habe Nachts Meldung erhalten, daß der Feind Fontenay, südlich Château Landon, gestern Abend besetzt hat. Der meldende Offizier meint, das Verhalten des Feindes mache dort den Eindruck, wie wenn er Brücken zerstören wolle. Diesseitige Eisenbahnzerstörung bei Château Landon beginnt heute früh.*)

„Die Straße Ferrières—Courtenay soll vom Feinde nicht frei sein. Ich schiebe die Korps-Artillerie und die in Reserve befindliche Infanterie-Brigade heut näher an meinen linken Flügel."

(gez.) v. Voigts-Rhetz.

Die Besetzung von Fontenay, das $1^3/_4$ Meilen nördlich Montargis am rechten Thalrande des Loing liegt, mußte immer mehr die Ueberzeugung befestigen, daß der Feind mit seinem Vormarsche am Loing Ernst mache und bereits seine Avantgarde vorschiebe. Ja Johanniter-Nachrichten gaben mit Bestimmtheit an, daß dieselbe noch am 27. Abends in beträchtlicher Stärke bei Nemours angelangt sei. Eine Sanitäts-Kolonne, welche eben aus jener Gegend kam, hatte die Meldung mitgebracht. Jedenfalls war dem jetzt, wie man durch die General-Etappen-Inspektion wußte, gerade heranrückenden General

*) Schon Tags zuvor war übrigens die eine Eisenbahnlinie bei Corbeilles vom 10. Korps zerstört worden.

v. Kraatz schon der direkte Weg zum 10. Armee-Korps verlegt. Dazu kam, daß Gefangene, welche das 10. Armee-Korps am Tage zuvor gemacht, angaben, weder dem 18. noch dem 20. französischen Korps anzugehören, sondern dem 16.*)

Man schloß daraus, daß auch die Konzentration der Franzosen Fortschritte mache und glaubte mit dem Linksabmarsch nicht zögern zu dürfen. In Folge dessen erhielt General v. Alvensleben II. nachstehenden Befehl:

Hauptquartier Pithiviers, den 28. November 1870,
9½ Uhr Vormittags.

„Euer Excellenz theile ich mit, daß nach Meldung vom 10. Armee-Korps gestern Abend die Spitze der bei Montargis erschienenen feindlichen Truppen bei Fontenay gestanden hat. Nachrichten machen es wahrscheinlich, daß dies Theile des 18. feindlichen Korps sind, welche von Gien nach Montargis auf der Eisenbahn gefahren."

„Ich ertheile deshalb für heute dem 10. Armee-Korps Befehl, eine durch Artillerie und Kavallerie verstärkte Infanterie-Brigade über Château Landon in eine Stellung zur Vertheidigung der Kommunikationen im Loingthal abrücken zu lassen und von dort nach links hin in der Richtung nach Joigny aufzuklären, an welch letzterem Orte heute das von Chaumont zurückgerufene Detachement des Generals v. Kraatz (4 Bataillone, 1 Batterie, 1 Eskadron) eintreffen muß."

„Das 3. Armee-Korps soll dementsprechend heute sich soweit links schieben und in enge Kantonnements legen, daß sein linker Flügel bei Barville oder darüber hinaus in enge Verbindung mit dem 10. Korps bei Beaune gelangt; — der rechte Flügel belegt Pithiviers und nächste Gegend."

„Die Vorposten des Armee-Korps behalten die heute eingenommene Linie vorläufig besetzt. Das Armee-Korps hat den Auftrag, bei einem feindlichen Angriff auf Beaune dort nachdrücklich einzugreifen."

„Je nach der Entwickelung des heutigen Tages behalte ich mir vor, morgen das 10. Armee-Korps nach dem Raum zwischen Loing und Yonne zu ziehen, während dem 3. Ar-

---

*) Diese Angabe enthält wohl eine Verwechselung mit der starken 1. Division des 15. französischen Korps, die auf dem linken Flügel des 20. stand.

mee-Korps die Deckung der Linie Beaumont—Château Landon zufallen würde. Da die Armee-Abtheilung Seiner Königlichen Hoheit des Großherzogs gestern ohne Gefecht Bonneval—Châteaudun erreicht hat, so können ihre Spitzen morgen Janville erreichen und dadurch der Linksabmarsch des 9. Armee-Korps nach Pithiviers eingeleitet werden."

„Für die Trains und rückwärtigen Verbindungen des 3. Armee-Korps bestimme ich vorläufig den Punkt Puiseaux."

Der General-Feldmarschall.
(gez.) Friedrich Karl.

Der Prinz schrieb dann an General v. Voigts-Rhetz:

„Hauptquartier Pithiviers, den 28. November 1870,
Vormittags 9½ Uhr.

„Euer Excellenz Meldung, daß die feindlichen Spitzen bis Fontenay gelangt und daß die Bahnsprengung stattfindet, habe ich erhalten."

„Die über Montargis vormarschirenden feindlichen Truppen gehören wahrscheinlich zum 18. Armee-Korps, und deren Fortschreiten längs des Loing, namentlich auf dem rechten Ufer, muß verhindert werden."

„Euer Excellenz wollen deshalb heut eine durch Artillerie und Kavallerie verstärkte Infanterie-Brigade über Château Landon abrücken lassen, welche eine Vertheidigungsstellung für oben bezeichneten Zweck nimmt und in der Richtung auf Joigny Detachements vortreibt. Auf diese Weise wird es möglich sein, dem General v. Kraatz, welcher nach Nachrichten des Generals v. Tiedemann*) gestern am 27. in St. Florentin gewesen, also heut am 28. voraussichtlich Joigny erreicht, den Befehl zukommen zu lassen, sich an das 10. Armee-Korps heranzuziehen."

„Ob Euer Excellenz hierfür die Richtung über Sens zu wählen nöthig finden, wird der Stand der feindlichen Truppen zwischen Loing und Yonne ergeben."

Weiterhin fügte der Prinz noch ausführlich hinzu, was er dem 3. Armee-Korps befohlen, und wie er beabsichtige, auch das 9. Armee-Korps durch die heranrückende Armee-Abtheilung an der großen

*) General-Etappen-Inspektor der II. Armee.

Straße Paris—Orléans frei zu machen und dem Linksabmarsch folgen zu lassen.

Dann fuhr er fort:

> „Je nach dem Verlauf des heutigen Tages, worüber ich um häufige telegraphische Meldungen ersuche, werde ich bestimmen, ob das 10. Armee-Korps in den Raum zwischen Loing und Yonne zu rücken — das 3. Armee-Korps von Beaumont nach Château Landon hin Aufstellung zu nehmen haben wird."

Während dies Schreiben aufgesetzt wurde, ging vom General v. Voigts-Rhetz schon die Nachricht ein, daß sich ein Gefecht bei Maizières engagire, wo der Feind die preußischen Vorposten angriffe. Der Prinz benachrichtigte den General nun, daß die 5. Infanterie-Division bereits versammelt sei und nach Beaune abrücken werde. Sobald das Gefecht es erlaube, sollte auch die Maßregel für Deckung des Loingthales bei Château Landon getroffen werden.

Gleich darauf ging in Pithiviers folgende Depesche ein.

> „Beaune, den 28. November,
> 9 Uhr 30 Minuten Vormittags.
>
> „Es ist ein Vorpostengefecht bei Juranville, das im Augenblick, 9¼ Uhr Morgens, nachzulassen scheint. Feind hat einige Bataillone gezeigt, aber keine Artillerie. Diesseitige Infanterie und Artillerie haben ihn bis jetzt leicht zurückgehalten."
>
> (gez.) v. Voigts-Rhetz.

Dem entgegnete der Oberbefehlshaber, daß er, wenn das Gefecht erlöschen sollte, die Absendung einer Brigade nach dem Loing noch an diesem Tage umsomehr erwarte.

Allein es sollten sich von nun an die Ereignisse auf dem linken Flügel schneller entwickeln und eine andere Richtung nehmen. Schon von 10 Uhr 10 Minuten meldete General v. Voigts, daß der Feind bei St. Loup einige Geschütze aufgefahren habe, die langsam gegen Beaune feuerten. Von 10 Uhr 47 Minuten datirt — in Pithiviers schon um 11 Uhr eingehend — telegraphirte er ferner: „Das Gefecht auf der Front währt matt fort; auf meinem linken Flügel dagegen dehnt es sich weiter aus."

Die nächste Depesche kam um 11¼ Uhr an und lautete:

Beaune, den 28. November 1870,
11 Uhr 8 Minuten.

„Der Feind drängt meine Vorposten bei Corbeilles und Lorcy zurück. Ich ziehe meine Korps-Artillerie und die disponible Brigade Lehmann an den Schnittpunkt der Eisenbahn und der Voie de César."

(gez.) v. Voigts-Rhetz.

Sonach schien der Feind wirklich den linken Flügel des 10. Armee-Korps zum Hauptangriffsobjekt gewählt zu haben, während er die ganze Front des 10. Armee-Korps beschäftigte.*)

Inzwischen traf Prinz Friedrich Karl schon zwei weitere Anordnungen für den Linksabmarsch. Es war nämlich an den Großherzog um 11½ Uhr Vormittags telegraphisch der Befehl ergangen, am 29. mit starker Tête des linken Flügels die Straße Orléans — Paris bei Toury zu erreichen und im Uebrigen, soweit es angängig, aufzuschließen — wobei ihm anheimgestellt wurde, schon am 28. einen kleinen Marsch zu machen. Dann war an General v. Manstein um 11½ Uhr Vormittags telegraphirt worden: „Das 9. Armee-Korps mit der Kavallerie-Division Stollberg hat möglichst bis heute Abend unter Beibehalt der eigenen Vorposten auch die jetzt vom 3. Armee-Korps gegebenen Vorposten zu übernehmen. Hauptsächlich ist die Kavallerie-Division zu verwenden — mit Infanterie-Soutiens. Die Vorposten des 3. Armee-Korps stehen über Crottes, Montigny, Courcelles — Anschluß an das 10. Armee-Korps bei Batilly."

Bald lauteten die Meldungen dringender. Die Telegraphenstation in Beaune gab die Nachricht, daß sie abbrechen müsse, da der Feind die Stadt stark zu beschießen anfinge. General v. Woyna, der Führer der 19. Division, meldete um dieselbe Zeit schriftlich aus Beaune: „Der Frontal-Angriff auf Beaune von St. Loup her mit bedeutender Umgehung unseres rechten Flügels über Batilly ist im Gange. Hier nur eine Brigade. Kavallerie-Division avertirt."

Diese letzte Division schickte bald eine noch ernstere Nachricht ein:

*) Auch durch die 1. Kavallerie-Division erhielt das Oberkommando schon am Morgen mehrfach Nachricht, daß sich beim 10. Armee-Korps ein Gefecht entwickele. Diese Nachrichten waren durch den Kommandeur der 1. Kavallerie-Brigade dem General v. Hartmann gemeldet worden.

„Der Feind steht zwischen Barville und Beaune. Die Kavallerie-Division muß vor Infanterie und Artillerie nach Barville zurück."

(gez.) v. Hartmann.

Im Gegensatz zu dem, was nach den früheren Nachrichten vermuthet wurde, umfaßte der Feind jetzt also den rechten Flügel des 10. Armee-Korps. Diese Umfassung blieb freilich insofern weniger bedenklich, als hier das Eingreifen des 3. Armee-Korps wirksam werden und das 10. Korps degagiren konnte.

Der Kanonendonner war in demselben Maße heftiger geworden, wie die Meldungen vom linken Flügel her häufiger und dringender. Um Mittag schien es schon klar, daß es sich nicht mehr um größere Rekognoszirungsgefechte oder Vorposten-Renkontres handle, sondern um eine Schlacht. In den Straßen und auf den Plätzen von Pithiviers versammelten sich Gruppen von Leuten, die halb ängstlich, halb zuversichtlich auf das Getöse des nahen Kampfes lauschten. Schon am Tage zuvor und am Morgen hatte unter den Leuten in der Stadt das Gerücht koursirt, daß eine Schlacht bevorstände, und jetzt sprachen sie auf Befragen unverhohlen aus, daß die Loire-Armee nun endlich den entscheidenden Schlag thun, ihre Kraft zeigen und den Sieg unfehlbar an die Fahnen ihrer numerisch weit überlegenen Schaaren fesseln würde.

Um 12½ Uhr stieg Seine Königliche Hoheit der Feldmarschall zu Pferde und begab sich nach dem Schlachtfelde, von einem Theile seines Stabes begleitet.

In der Nähe von Rougemont traf er die um diese Zeit aus ihrer Bereitschaftsstellung nach dem Schlachtfelde abmarschirte 5. Infanterie-Division. Die Division hatte sich am Morgen bei Dadonville, dem Befehle des Prinzen vom Tage zuvor entsprechend, konzentrirt. Der um 9¼ Uhr Morgens dem 3. Armee-Korps ertheilte Befehl gab diesem Korps den Auftrag, unter Besetzung von Pithiviers in das Gefecht bei Beaune nachdrücklich einzugreifen.

Auf Befehl des Generals v. Alvensleben II. brach die 5. Division gegen Mittag nach dem Abschnitt von Petit Renneville — Mont Barneaun auf, wo sie abwarten sollte, ob Engagements von größeren Dimensionen sich entwickeln würden — eine Anordnung, welche sich noch auf die ersten Meldungen des 10. Armee-Korps stützte, die bekanntlich nur von Vorpostengefechten redeten. Kaum war jener Abschnitt erreicht, so entschloß sich General v. Stülpnagel,*) da der Kampf immer ernster wurde und die vom Gefechtsfelde eintreffenden Nachrichten eine baldige Unterstützung des 10. Armee-Korps höchst wünschenswerth erscheinen ließen, aus eigener Initiative seinen Marsch gegen Boynes hin fortzusetzen. Während des Vormarsches ging ihm auch vom General v. Alvensleben der, den Abmarsch anordnende Befehl zu.

Um Mittag begab sich auch General v. Alvensleben nach dem Schlachtfelde und wies, ebenso wie der Oberbefehlshaber, der 5. Infanterie-Division die Richtung auf den Raum zwischen Beaune und Batilly zu**).

Der Flankenmarsch der 5. Infanterie-Division erschien — so unmittelbar vor der Front der französischen Armee und auf einer einzigen Straße ausgeführt — einem nur etwas thätigen Feinde gegenüber durchaus nicht ohne Gefahr. Während desselben aber traf nun noch von der rechten Seitendeckung der Division die Meldung ein, daß das Dorf Courcelles stark vom Feinde besetzt sei. Diese Meldung wurde vom General v. Stülpnagel sofort Seiner Königlichen Hoheit dem Oberbefehlshaber zugestellt. Derselbe ordnete indessen keine Aenderung der schon getroffenen Dispositionen an. Die Division setzte vielmehr ungestört ihren Marsch fort und nur ein Bataillon des Regiments Nr. 24, das sich zur Ablösung der Vorposten der 5. Infanterie-Division bei Rougemont eingefunden hatte, erhielt Befehl, gegen Courcelles vorzugehen. Dieses Bataillon hatte dort auch bald ein ernstes verlustreiches Gefecht gegen bedeutende feindliche Kräfte, ohne den Ort nehmen zu können. Es erfüllte indessen seine Aufgabe insofern, als der Feind, wohl durch dieses Gefecht hinreichend beschäftigt, keine Unternehmung gegen die dicht vor ihm nach Beaune vorüber marschirenden Truppenzüge aller Waffen machte.

Der Prinz begab sich, die Marschkolonnen der 5. Division passirend, nach der Windmühlenhöhe von Chalmont, unmittelbar südöstlich von Boynes und benachrichtigte sofort die um diese Zeit südlich Barville stehende 1. Kavallerie-Division, welche die Verbin-

*) Der Kommandeur der 5. Infanterie-Division.

**) Ueber Einleitung und Fortgang des Kampfes hatte das Generalkommando mehrfach durch die 1. Kavallerie-Division Nachricht erhalten. Der General v. Hartmann hatte auch seinerseits die Nothwendigkeit betont, das 10. Armee-Korps zu unterstützen und einen seiner Offiziere zur mündlichen Berichterstattung nach Pithiviers zurückgesandt.

dung mit dem 10. Armee-Korps aufrecht erhalten sollte, von seinem Eintreffen. Hier traf ihn auch eine schon um 1 Uhr abgesandte und mittlerweile durch die Ereignisse überholte Meldung, die 1. Kavallerie-Division sei auf Wunsch des 10. Armee-Korps, das in seiner rechten Flanke stark bedroht werde, nach Barville dirigirt worden, die 5te Division werde bei Boynes zum Eingreifen in das Gefecht bereit stehen, die reitenden Batterien der Korps-Artillerie wären im Marsche über Dadonville auf Boynes, die Fuß-Batterien der Korps-Artillerie bei Estouy.

Die bei der Mühle von Chalmont durch die 1. Kavallerie-Division, sowie auf anderem Wege vom Gefechtsfelde her dem Prinzen zugehenden Meldungen ließen bald übersehen, daß um diese Zeit schon das ganze 10. Armee-Korps auf der Linie Beaune—Longcour in ein sehr heftiges Gefecht gegen bedeutend überlegene französische Streitkräfte engagirt sei und daß der Feind den Vortheil der Zahl durch Umfassung beider Flanken des Korps, insbesondere der rechten ausnutze. Die direkte Verbindung des Korps mit der Armee war um diese Zeit schon unterbrochen; selbst Egry sollte in französischer Hand sein*). In dieser gefahrvollen Lage verfügte das 10. Armee-Korps, wie man beim Oberkommando wußte, über 17 Bataillone**), deren jedes etwa 500 Gewehre in der Front zählte, im Ganzen also über circa 8500 Mann Infanterie. Das genügte eben zur nothdürftigsten Besetzung der in der Front gelegenen Dörfer und zur Artillerie-Bedeckung. An Reserven zur Verstärkung bedrohter Punkte, oder zur Abwehr der Umfassungsmanöver des Feindes fehlte es gänzlich. nicht ein Bataillon konnte mehr verfügbar sein, die Länge der Gefechtslinie und die Lebhaftigkeit des Feuers schienen dies klar zu beweisen.

Als daher General v. Alvensleben II. um 2 Uhr Nachmittags sich ebenfalls bei der Windmühle von Chalmont einfand, erhielt derselbe von Seiner Königlichen Hoheit den Befehl, mit der 1. Kavallerie-Division und der 5. Infanterie-Division, die eben jetzt mit ihrer Tete Boynes erreichte, in das Gefecht einzugreifen. An die 6. Division ging der Befehl ab, sich in der Richtung auf Boynes zu konzentriren.

Ehe die Darstellung der Ereignisse nun fortschreitet, ist es am

---

*) Es haben sich dort wohl nur Versprengte gezeigt.

**) Brigade Kraatz und 2 Bataillone in Château Landon waren detachirt.

Platze, einen kurzen Ueberblick über den Verlauf des Kampfes beim 10. Armee-Korps zu geben, wie er sich bis zu dieser Stunde — 2 Uhr Nachmittags — gestaltet hatte*).

Wie Prinz Friedrich Karl am 27. November den Entschluß gefaßt hatte, die II. Armee eine Linksschiebung machen zu lassen und das Hauptaugenmerk auf den linken Flügel seiner Armee zu richten, so traf auch General v. Voigts-Rhetz eine gleiche Anordnung für sein Armee-Korps.

Seit dem 24. November Abends hatte das 10. Armee-Korps seine drei Brigaden und die Korps-Artillerie auf folgende Weise vertheilt:

1. Die Brigade v. Wedell (38)**) lag in Beaune und Umgegend, so die von Bellegarde und Boiscommun nach Pithiviers führenden Straßen deckend.

2. Die Brigade Valentini (39) sicherte die von Bellegarde und Ladon nach Beaumont en Gatinais führenden Straßen und war in und nördlich Juranville untergebracht.

3. Die Brigade Lehmann (37) und die Korps-Artillerie bildeten die Reserve und zwar ursprünglich hinter dem rechten Flügel des Korps nördlich von Beaune in den Ortschaften bis Egry hinauf.

Die 6 hessischen Reiter-Eskadrons waren theils bei den Vorposten, theils bei der Reserve und bei Detachirungen thätig.

Seine Bataillone aus Joigny, Montargis, St. Catherine hatte General v. Voigts-Rhetz herangezogen und sich auf diese Weise möglichst gestärkt, dafür aber am 26., wie bekannt, ein Detachement von

2 Bataillonen,
2 Eskadrons hessischer Reiter,
2 Geschützen

unter Oberst-Lieutenant Boltenstern nach Château Landon entsenden müssen. Es verfügte daher zur Zeit nur über:

---

*) Die Begebenheiten beim 10. Armee-Korps während dieses Tages sind unter Benutzung der Schrift „Die Schlacht von Beaune la Rolande“, von W. v. Scherff, Major im Generalstabe, geschrieben. (Berlin 1872, E. S. Mittler u. Sohn.)

**) Dieselbe, die in der Schlacht von Vionville den verlustreichen Offensivstoß von Mars la Tour gegen Greyère Ferme unternahm, der ihr zwei Dritttheile ihrer Leute und Offiziere kostete.

17 Bataillone,
$11^2/_3$ Batterien,
10 Eskadrons,
2 Pionier-Kompagnien,

oder im Ganzen etwa:

8500 Mann Infanterie,
70 Geschütze,
1200 Pferde,

die für ein Gefecht in seiner Front wirklich verfügbar waren.

Um nicht durch den sehr überlegenen Feind bald von allen Seiten umschwärmt und eingeengt zu werden, mußte das Korps eine verhältnißmäßig lange und stark besetzte Vorpostenstellung nehmen. Sie ward in der Linie von Batilly—St. Michel über Queschevelle, Arquemont, Juranville, Lorcy und Corbeilles gewählt und erforderte bei einer Länge von nahezu zwei deutschen Meilen auch bei der größten Sparsamkeit

$6^1/_4$ Bataillone,
4 Eskadrons,

also ein Drittheil der Infanterie und Kavallerie des Korps. Auf dieser ganzen Linie stand man dem Feinde auf 1000 Schritt und weniger gegenüber.

Dabei aber mangelte es auch an einer eigentlichen Vertheidigungsstellung für das Korps; denn dieses stand inmitten eines welligen, von Weinfeldern, Obstplantagen, Waldparzellen, Parks, Gehöften und Dörfern bedeckten Terrains, das keine Uebersicht bot und keine bestimmten Stützpunkte für das Gefecht gewährte. Zwar war die Stellung Beaune—Longcour ausgewählt worden, um in der Stunde der Gefahr die letzte Position des Korps zu bilden, in welcher es sich bis zum Aeußersten, auf die Hülfe der Armee sich verlassend, schlagen sollte, allein man vermochte unmöglich schon bei Beginn des Gefechts die Truppen in dieser Stellung zu versammeln; denn dann hätte der Feind dieselben durch einen Theil seiner Streitkräfte umhüllen und festhalten, mit der Masse aber die Umgehung des linken Flügels unbehindert ausführen können. Die Vorpostenstellung mußte daher, wenigstens auf dem linken Flügel, auch die erste Vertheidigungslinie bilden.

Rechnete man die Vorposten ab, so blieben hinter diesen nur ausnehmend geringe Kräfte frei in der Hand der Befehlshaber, nämlich rechts bei Beaune:

3 Bataillone,
2 Eskadrons,
12 Geschütze,
1 Pionier-Kompagnie.

Links bei Longcour:

1¾ Bataillone,
10 Geschütze,
1 Pionier-Kompagnie.

Somit war auf dem linken Flügel nicht nur die Gefahr am größten, sondern auch die Lage der eigenen Truppen am übelsten. Am 27. Abends befahl daher General v. Voigts-Rhetz noch, daß die Reserve am 28. früh vom rechten Flügel hinter den linken rücken sollte, um mit ihren

6 Bataillonen,
4 Eskadrons,
48 Geschützen

beim Bahnhof Beaune verfügbar zu sein. Aber auch diese Hülfe konnte dem einigermaßen geschickt und energisch geleiteten Angriff der großen feindlichen Heeresmassen gegenüber nur verschwindend klein erscheinen.

Nicht auf die Zahl der Truppen, sondern auf deren innere Tüchtigkeit, Disziplin und Gefechtsgewandtheit, dann freilich auch auf die Ueberlegenheit der Artillerie stützte sich der Entschluß, Stand zu halten, es komme was da wolle. Die Defensive war freilich auch dazu angethan, diese Eigenschaften besonders zur Geltung zu bringen.

Wie erwartet, begann am 28. November der Angriff zunächst auf dem linken Flügel. Starke feindliche Massen, denen dichte Wolken von Tirailleurs voraufeilten, entwickelten sich um 7½ Uhr früh von Maizières her gegen Juranville, griffen die Vorposten an und nahmen nach zähem, über eine Stunde währendem Schützengefecht das Dorf. Die preußischen Vortruppen wichen nun, von ihrem Rückhalt aufgenommen, auf Les Cotelles und die dahinter gelegenen Höhen an der Moulin des hommes libres zurück. Dort zog sich die schwache Brigade des linken Flügels (Valentini) zusammen und diese 2000 Mann mit 10 Geschützen erwarteten festen Fußes die weiteren Angriffe der feindlichen Massen.

Jene benutzten das eroberte Juranville, um sich daselbst, ehe sie zu weiteren Thaten schritten, in Sicherheit zu konzentriren.

Auch die auf der Chaussee von Bellegarde herankommenden Kolonnen bogen dorthin aus.

Aber die Umfassung über Juranville schien dem Gegner nicht zu genügen; auch aus Lorcy hatte er die Vorposten vertrieben und folgte ihnen gegen das über den linken Flügel hinaus vom 10. Armee-Korps besetzte Dorf Corbeilles. So entbrannte um $9^1/_2$ Uhr auch dort der Kampf.

Gegen den rechten Flügel des 10. Armee-Korps aber feuerte, wie bekannt, der Feind seit 8 Uhr von den Höhen von St. Loup her *).

So hatte sich das Gefecht zu drei Gruppen gebildet, auf dem rechten Flügel um Beaune la Rolande, auf dem linken Flügel um les Cotelles—Juranville und dann um das östlich entlegene Corbeilles. Diese drei Gruppen lassen sich auch ferner verfolgen.

Am ernstesten ging es bisher jetzt bei Juranville her und der kommandirende General begab sich deshalb nach dem Bahnhofe Beaune, wo auch die Reserve des Korps (Brigade Lehmann, Korps-Artillerie u. s. w.) stand**). Er verstärkte nun sogleich durch drei Bataillone***) den Obersten Valentini, der so neu gekräftigt mit seinen Truppen die andrängenden feindlichen Massen zurückwies und selbst in diese hinein einen Offensivstoß unternahm, welcher um $12^1/_4$ Uhr das Dorf Juranville und in demselben 250 unverwundete Gefangene in seine Hand brachte. Allein schwieriger, wie diese auf so kühne Weise gemachte Eroberung selbst, schien deren Behauptung, denn die französischen Kolonnen drangen nun, von ihrer Artillerie unterstützt, aus der Richtung von Lorcy her vor, Juranville umgehend. Mit Ordnung, Schritt für Schritt das Terrain vertheidigend und sich der überflügelnden Kolonnen des Feindes erwehrend, gingen die eingedrungenen Truppen daher wieder auf die Höhen hinter les Cotelles zurück. Dort bei den beiden Windmühlen des hommes libres und der von Venouille stand nun Oberst Valentini abermals bereit, die Entscheidung anzunehmen, das vor ihm in der Tiefe gelegene Dorf les Cotelles besetzt haltend.

---

*) Eine der ersten Granaten traf hierbei das Haus, in welchem das Generalkommando lag, sonst ward keinerlei Schaden angerichtet, das Feuer auch gar nicht erwiedert.

**) Ein Bataillon derselben war schon nach dem Gefechtsfelde von Juranville abgerückt.

***) Infanterie-Regiment Nr. 93.

Gegen dieses Dorf richteten sich bald zwei Vorstöße des Feindes, der sich zuvor indessen im Gebüsch und dem Weinfelder-Terrain von Juranville festgesetzt hatte. Nur 200 Schritt weit vermochte man von der Lisiere zu sehen, aber das wohlgezielte Schnellfeuer der Tirailleurs wies die heranstürmenden französischen Bataillone zurück, trotzdem nur ein so kurzer Raum ohne Deckung zu überschreiten war.

Allein der Feind machte durchaus noch nicht Miene, auf die weitere Ausnutzung der bei Juranville errungenen Vortheile zu verzichten, er entwickelte sich jetzt zu einem Hauptangriff gegen den linken Flügel des 10. Armee-Korps. Zwischen Juranville und Lorcy sammelte er seine dazu bestimmten Massen und auch in dem Terrain von Corbeilles drängte er jetzt scharf, jedenfalls, um damit die Ausführung seiner Pläne zu erleichtern.

Doch General v. Voigts-Rhetz erkannte diese Absicht schnell und setzte um ½2 Uhr seine ganze Reserve ein, um dem Feinde auf dieser Seite einen Damm entgegenzustellen. Er entschloß sich dazu, trotzdem nun auch auf dem rechten Flügel des 10. Armee-Korps bei Beaune la Rolande die Schlacht in ihre Entscheidungsstunde getreten war, und zwar weil dort die Hülfe von der Armee eintreten konnte, hier aber das 10. Armee-Korps Alles selbst thun mußte.

Schon hatte er 1 Bataillon und 1 Batterie bei Bordeaux aufgestellt, um den Vertheidigern von Corbeilles einen Rückhalt zu geben. Nun behielt er nur noch 2 Kompagnien und 2 Batterien in Reserve und sandte den gesammten Rest der am Bahnhof versammelten Truppen, also noch

1½ Bataillone,
3 Batterien,

nach der Höhe von Longcour. Dort kam diese Kolonne gerade erst an, als der Feind, durch starkes Artilleriefeuer sein Avanciren begleitend, dichte Tirailleurketten vor sich her schob, um mit dem Angriff zu beginnen. Sofort wurde südlich Longcour an der Chaussee eine Stellung mit der Front gegen Südosten genommen und auch die auf dem Windmühlenberge stehende Gefechtslinie des Obersten Valentini schwenkte nach Osten, mit jener Front so einen einspringenden Winkel bildend.

In diesen Winkel hinein stieß der Feind mit seinen dichtgedrängten Massen, die Schützenschwärme voran. Allein vergeblich avancirten seine Bataillone mit großer Bravour in das, sie in Front und Flanke fassende Artilleriefeuer. Sie kamen zum Stutzen, zum Schwanken und warfen sich nach halbstündigem Kampfe in wilder Unordnung rückwärts, um dem verderblichen Bereiche der Granaten zu enteilen.

Das geschah bald nach 2 Uhr Nachmittags und von dieser Seite her erschien der Feind nicht wieder.

Weiter östlich wogte inzwischen um Corbeilles das dort engagirte Gefecht lebhaft hin und her. Die Vorposten-Kompagnien hatten an dem in Dorf und Schloß Corbeilles untergebrachten Jäger-Bataillon Nr. 10 einen festen Halt gefunden. Von Süden und Osten durch feindliche Tirailleurschwärme umwogt, denen Bataillonsmassen folgten, behauptete sich der isolirte Posten — ohne Artillerie-Unterstützung — in glänzendem Gefecht an zwei Stunden. Dann, als der Feind auch dort weiter östlich herumgriff, begann die Besatzung den Rückzug längs des Eisenbahndammes hinter den Rolande-Bach, den Franzosen den Eintritt in das Dorf über das von ihren Todten und Verwundeten bedeckte Feld überlassend*). Der Feind folgte indessen hier nur mit geringeren Kräften, während die Masse der Truppen sich links nach Lorcy zog, um von dort aus an dem allgemeinen Angriff auf den linken Flügel des 10. Armee-Korps theilzunehmen.

Auch die Vertheidiger wurden übrigens durch den General v. Voigts-Rhetz vom Rolande-Bach nach Longcour herangezogen, denn die kritische Lage des Korps gebot es, alle Kräfte, welche irgend verfügbar waren, in der Hauptstellung zu versammeln.

So hatte sich hier auf dem linken Flügel bei Juranville und bei Corbeilles die Schlacht von 8 Uhr Morgens bis 2 Uhr Nachmittags entwickelt.

Nicht minder heiß und noch ernster gestaltete sich die Situation auf dem rechten Flügel bei Beaune la Rolande.

Am Morgen stand hier schon Alles bereit, auf den Angriff wartend; denn in der Nacht war das Geräusch marschirender Truppen hinter St. Loup und Boiscommun vernommen worden, der Feind stand also auch hier nahe vor der Front zur Schlacht versammelt.

Allein mit Ausnahme der bei St. Loup erscheinenden französischen Batterie, welche Beaune beschoß, wurde nichts sichtbar. Der

---

*) Das Jäger-Bataillon hatte in dem Kampfe 2 Todte, 18 Verwundete, als es aber am 29. November Corbeilles wieder besetzte, mußte sein Stabsarzt noch 150 verwundete Franzosen verbinden.

kommandirende General verließ den Ort, und während auf dem linken Flügel das Getöse des Kampfes immer heftiger anschwoll, blieb es hier still, als solle es überhaupt nicht zum Gefecht kommen.

Das Städtchen Beaune, auf einer flachen Erhebung des Bodens liegend, rund und geschlossen, mit wenig vorspringenden Ausbauten, aus massiven Häusern bestehend, hat viel der Vertheidigung Vortheilhaftes. Nur zwei Eingänge boten sich dem Feinde. Ungünstig sind allein die engen Straßen, auch überhöht das im Süden weiter vorliegende Terrain und flache Mulden erlauben es dem Angreifer, seine Sturmkolonnen ungesehen nahe heranzuführen. Nur einige Hundert Schritt breit liegt rings um den Ort ein ganz freier und übersichtlicher Raum.

Die festeste Lisière hat die Südseite, denn sie besitzt eine 6—12 Fuß hohe, ziemlich starke Umfassungsmauer ohne irgend ein Thor. Aehnlich gesichert ist die Stadt gegen Osten, wo freilich nach Marcilly zu sich einige Gebäude, Kalköfen und eine Windmühle der Lisiere nahe anhängen. Gegen Westen fehlt die geschlossene Umfassung; dort liegen nach Orme zu mehrere Gehöfte dicht vor der Stadt, und auch ein von 4 Fuß hoher Steinmauer eingeschlossener Kirchhof, der hier die Stadt durch Flankirung einigermaßen gegen Angriffe sichert.

In Beaune selbst lag das Infanterie-Regiment Nr. 16*), das den Ort, den Kirchhof und die Kalköfen besetzt und zur Vertheidigung eingerichtet hatte. Die Eingänge waren durch Barrikaden geschlossen, die Mauern krenelirt, die Besatzung im Innern, seit mehreren Tagen dort einquartiert, völlig mit allen Wegen bekannt. Wo es nöthig schien, hatte man noch Verbindungen hergestellt, welche die gegenseitige Unterstützung erleichterten. Die Süd-West- und Ost-Lisiere hielt je ein Bataillon besetzt, einige Kompagnien waren in Reserve postirt.

Die beiden Batterien der Brigade Wedell standen neben dem Orte und zwar die eine nordwestlich als rechts angehängter Flügel, die andere östlich. Reserven hinter dem Orte waren nach dem Abmarsche der Brigade Lehmann und der Korps-Artillerie aber gar keine vorhanden, wenn man nicht etwa die nördlich Beaune stehende Pionier-Kompagnie und 2 Eskadrons hessische Reiter als solche gelten lassen wollte.

*) 1 Kompagnie zur Deckung der 2. Trainstaffel abkommandirt.

Diese Eskadrons sicherten die Verbindung zwischen der Besatzung der Stadt und dem übrigen 10. Armee-Korps.

Vorwärts von Beaune stand im weiten Bogen von Batilly und St. Michel über Queschevelle und Arquemont bis Ferme la Jarry hin westlich und südlich um die Stadt herum — nebst 2 hessischen Eskadrons — das andere Regiment der Brigade Wedell (Nr. 57) auf Vorposten. Die vielen dort gelegenen Orte waren durch eine Kette kleiner Abtheilungen besetzt, um dem Gegner alle Wege zu verlegen, auf denen er gegen Beaune vordringen und die geringe Stärke des 10. Armee-Korps erkennen konnte. Auch diese Abtheilungen waren am Morgen allarmirt worden und standen gefechtsbereit, allein auch hier währte die Stille bis 10 Uhr fort. Um diese Zeit aber erschienen von Montbarrois her dichte Tirailleurketten, die namentlich gegen Queschevelle und Orme vordrangen, sich aber dabei schnell nach links hin ausdehnten, um den rechten Flügel des 10. Armee-Korps zu umfassen. Bald erschienen auf den vor der Postenlinie gelegenen Höhen auch Batterien und Kolonnen. Langsam wich die dünne Linie des 57. Regiments zurück, die Front von Beaune frei machend. Um 10½ Uhr fiel von der Batterie nordwestlich Beaune schon ein Schuß, welcher bekundete, daß der Angriff sich dem Kern der Stellung, der Stadt, näherte. Hier drängte der Feind vornehmlich stark, während es gegen den linken preußischen Flügel hin bei Foncerive, Ferme la Jarry und Arquemont die Vortruppen noch bis 11 Uhr in ihren Stellungen ließ und sie erst dann östlich an der Stadt vorbei zurücktrieb. Unter lebhaftem Gefecht wurde so der im Halbkreis vor Beaune stehende Vorpostenschirm vom Feinde beseitigt. Oestlich und westlich bei der Stadt vorüber zogen sich die von der großen Uebermacht geworfenen Kompagnien des Regiments Nr. 57 nach dem rückwärts gelegenen Terrain hin ab. Ein kleiner Theil warf sich von Orme her nach der Stadt hinein, die Vertheidigung der Westlisiere verstärkend.

Immer offener trat das Bestreben des Feindes hervor, seinen linken Flügel umfassend auszudehnen und Beaune nördlich zu umgehen. Dort hatte das eine der Vorposten-Bataillone neben der Batterie eine Stellung an der Römerstraße genommen und verwehrte eine Zeit lang den feindlichen Massen das Nachdrängen. Allein als nun der Gegner auch dort Artillerie entwickelte, während auf den Höhen südlich um Beaune herum schon überall Batterien auftraten und einige von Orme aus ihr Feuer eröffneten, ward jene

Stellung, von zwei Seiten her durch die französischen Granaten überschüttet, immer mehr gefährdet. Von der südöstlich von Beaune stehenden Batterie eilten vier Geschütze nach der Nordwestseite *). Eine andere Verstärkung war nicht zur Hand; die hessischen Dragoner aber erhielten den Auftrag, die Verbindung mit der 1. Kavallerie-Division aufzusuchen und sie zur Unterstützung zu veranlassen. Dann eilten auch die beiden letzten noch östlich der Stadt stehenden Geschütze nach jener Seite.

Aber alle diese Maßnahmen konnten dem Feinde, der an der Römerstraße immer stärkere Kräfte entfaltete, keinen haltbaren Damm entgegenstellen. Schon drängte der Feind auf La Pierre percée heran, seine Tirailleurschwärme aber machten, auf wenige Hundert Schritt an die Position herangekommen, Miene, sich in die Batterien zu stürzen, die schon an Pferden und Mannschaften großen Verlust erlitten hatten. Die Stellung mußte aufgegeben werden. Eines der Geschütze war unbeweglich. Trotz der größten Anstrengungen konnte es in dem tiefen Boden nicht fortgeschafft werden; es blieb stehen, fiel dem Feinde in die Hand und ward erst gegen Ende der Schlacht wiedererobert.

Vergeblich suchten die geworfenen Vortruppen sich dicht hinter Beaune von Neuem festzusetzen, sich zu sammeln und somit für die Vertheidigung der Stadt eine äußere Reserve zu bilden. Da der Feind jetzt auch schon Beaune selbst angriff, so ward der Raum dicht nördlich des Ortes nun von drei Seiten her durch Chassepotkugeln überschüttet, keine geschlossene Truppe vermochte es dort auszuhalten.

Auch la Pierre percée ging verloren, die Verbindung mit der II. Armee mußte aufgegeben werden und da es der kleinen auf beiden Flügeln umfassenden Truppenzahl selbst nicht gelang, sich bei Romainville zu setzen, so gingen sie weiter nach den Höhen von la Rue Boussier zurück. Dort sollte und konnte das Gefecht wiederhergestellt und der erdrückenden Uebermacht des Feindes Halt geboten werden.

In diesem kritischen Augenblicke kamen vom Bahnhof Beaune die beiden reitenden Batterien des Korps auf der Römerstraße im Trabe heran. Sogleich griffen sie in den Kampf ein und dieser wurde nun bei la Rue Roussier wirklich zum Stehen gebracht.

---

*) Auf Befehl des Führers der 19. Division General v. Woyna.

Doch die Stadt Beaune mit ihren 1500 Vertheidigern war trotzdem ganz isolirt. Im festen Vertrauen, daß sie von der II. Armee wieder befreit werden müßte, hatte die Besatzung sich in den Ort eingeschlossen und erwartete den Angriff. Zu diesem Angriff aber traf der Feind die umfassendsten Vorbereitungen. Das ganze 20. französische Korps war vom General Crouzat im Bogen um das Städtchen herum in Schlachtordnung gebracht. Dichte Schützenschwärme drangen auf allen Seiten gegen die Lisiere heran und die französischen Batterien schleuderten von drei Seiten her ihre Geschosse in die Stadt*).

---

*) Der auf französischer Seite kommandirende General Crouzat hatte für den 28. November folgende Dispositionen über das ihm unterstellte 18. und 20. Korps getroffen:

Um 8 Uhr debouchirt die 1. Division des 20. Korps von Boiscommun gegen Nancray, Batilly, St. Michel und Beaune.

Die 2. Division debouchirt von Montbarrois und St. Loup direkt gegen Beaune.

Die 3. Division stellt sich in Reserve bei St. Loup auf.

Das 18. Armee-Korps bricht um 7 Uhr früh von Ladon auf, dort durch die eine, noch von Montargis kommende, Brigade ersetzt. Er marschirt auf Maizières, Juranville und Beaune.

Um seinen Marsch auf Beaune zu sichern, sollte es Lorcy mit einer Brigade besetzen. Ebenso hatte die 3. Division des 20. Korps dem 18. Korps ein Bataillon schon am frühen Morgen nach Maizières entgegenzusenden, um diesem letzten Korps die Hand zu reichen.

Diese Dispositionen waren von General Crouzat im Verein mit dem das 18. Armee-Korps führenden General Billot am 27. November Abends in Bellegarde festgestellt worden.

Die Relation der Schlacht, welche General Crouzat im „Journal des Sciences militaires", 49. Jahrgang, 8. Serie, 4. Band, Januarheft 1873, pag. 41 giebt, ist sehr aphoristisch gehalten. Sie übergeht den Kampf des 18. Armee-Korps bei Corbeilles, Juranville und Longcour gänzlich und bespricht den des 20. Korps bei Beaune nur in ganz großen Zügen.

Ueber die ersten Stunden der Schlacht berichtet der General etwa Folgendes:

„Um 6 Uhr früh am 28. setzte sich das Bataillon des 78. Infanterie-Regiments unter den Augen des Oberbefehlshabers in Marsch, um Maizières zu besetzen."

„Um 8 Uhr läßt der Oberbefehlshaber, der sich für seine Person bei St. Loup aufhielt, durch eine 12pfünder-Batterie das Feuer auf Beaune eröffnen. Auf dieses Signal debouchirt die 1. Division des 20. Korps, zahlreiche Tirailleurs voran, aus Boiscommun und wirft sich auf Nancray, Batilly, Saint Michel. In diesen beiden letzten Dörfern ist der Widerstand äußerst lebhaft, aber er wird besiegt und die 1. Division avancirt, nachdem sie sich reformirt hat, trotz der

Bald folgte auch auf der Westseite der erste Sturm, als dort die nördlich der Stadt stehenden preußischen Batterien endlich vom Feinde vertrieben worden waren. Eine heftige Kanonade leitete den Angriff ein; dann warfen sich die Tirailleurschwärme vorwärts, Kolonnen folgten dicht auf. Erst auf 3—400 Schritt empfingen die Vertheidiger sie mit Schnellfeuer, die Soutiens in die vorderste Linie ziehend. Die heranstürmenden Massen stutzten, gingen unter starken Verlusten nochmals vorwärts, kamen auf 200 Schritt und näher heran, dann schwankte Alles, machte Kehrt und stürzte in wilder Unordnung zurück. Auf dem ganzen Bogentheil zwischen den Straßen nach Orme und Batilly war dieser erste Anprall versucht worden. Nun er mißglückte, nahmen die französischen Batterien die Beschießung mit erneuter Heftigkeit wieder auf. Am Ausgange gegen Batilly und neben der nach Orme gelegenen Hauptbarrikade brach Feuer aus, die Umfassungsmauer des Kirchhofes zeigte schon breite Lücken, welche die feindlichen Granaten hineingerissen hatten. Nach einer

---

Füsilade und Kanonade gegen Beaune, bringt ihre Geschütze in Position und disponirt zum Sturm. Es war 1 Uhr Nachmittags."

„Zu derselben Zeit, als die 1. Division von Boiscommun aus vorging, debouchirte die 2. Division von Montbarrois und St. Loup und warf ihre Tirailleurs in die Ebene von Beaune hinaus. Zwei Bataillone Haut-Rhin setzten sich zum Klange ihrer Musik und unter dem Rufe „Vorwärts! Es lebe Frankreich!" in Laufschritt. In einem Augenblick sind die feindlichen Vorposten und Wachen übergerannt und nach Beaune hineingeworfen und gegen Mittag hüllt die ganze 2. Division, unterstützt durch die 12pfünder-Batterie, welche der General en chef von St. Loup hinab vorgeschoben, Beaune mit ihrem Feuer ein."

„Das war der Moment, in welchem, aller Voraussicht nach, das 18. Korps hätte ankommen müssen. Da der Oberbefehlshaber keine Nachrichten von demselben besaß, hatte er um 11 Uhr zwei von seinen Ordonnanz-Offizieren (die Kapitains Japy und Cardot) ihm entgegen gesandt. Diese Offiziere hatten den Kommandeur des 18. Korps bei Maizières getroffen und er ihnen auf seine Uhr blickend gesagt: „Sagen Sie dem General Crouzat, daß ich um 12½ Uhr in Beaune sein werde." Es war 1 Uhr, aber Nichts erschien. Dennoch ermattete unser Feuer nicht. Das 20. Korps dringt, sich Beaune nähernd, immer mehr vorwärts, es gewinnt Terrain und um 2 Uhr war der Halbkreis seines Feuers nicht mehr als 500 Meter von den Häusern der Stadt entfernt."

General Crouzat scheint, nach dieser seiner eigenen Aeußerung zu schließen, von dem mittlerweile engagirten Kampfe bei Juranville gar keine Kenntniß gehabt zu haben. Allerdings verhinderte das neblige Wetter jede weite Umschau und dämpfte auch den Schall des Feuers sehr erheblich. Dennoch ist es eigenthümlich, daß der General annahm, das 18. Korps könne seinen Weg ganz ohne Gefecht zurücklegen, um zu seiner Unterstützung gegen Beaune heranzukommen.

halben Stunde erfolgte ein zweiter noch heftigerer Stoß; wieder kam er bis nahe an die vom Pulverdampf bezeichnete Linie der Vertheidiger heran, aber diese hielten ihn aus, unter schwerer Einbuße mußten die Angriffs-Kolonnen wie vorhin zurück. Gegen die Ostseite der Stadt war schon früher ein Angriff gemacht, aber im Verein mit der Batterie, die damals noch auf jener Seite stand, abgewiesen worden. Jetzt umringten dort und auf der Südseite immer anwachsende Tirailleurmassen den Ort und von St. Loup nach Foucerive zogen lange Kolonnen heran, auch dort also stand Entscheidendes bevor.

Im Innern der Stadt brach an mehreren Stellen Feuer aus, Pulverdampf und Rauch füllten die engen Straßen und Höfe. Munitionsmangel begann schon hier und dort zu herrschen. Immer kritischer gestaltete sich die Lage, aber die Besatzung hielt aus, fest entschlossen, lieber unterzugehen als zu weichen. So war es 2 Uhr geworden, als die bei La Rue Boussier gesammelten Vortruppen — trotz ihrer numerischen Schwäche — durch kurze Ruhe neu gestärkt, wieder zur Offensive übergingen, um den so hart bedrängten Vertheidigern von Beaune die Hand zu reichen.

Sehnsüchtig wurde auf dem Kampfplatze nach der aus der Richtung von Barville erwarteten Hülfe ausgespäht. Auf jener Seite hatte am nächsten die 1. Kavallerie-Division gestanden, seit dem Vormittag bei Boynes konzentrirt, 14 Eskadrons, 1 Batterie stark.*) Meldungen vom Schlachtfelde kamen bei dieser Division an oder nahmen ihren Weg über Boynes nach Pithiviers. Die sich immer kritischer gestaltende Lage des mit der Zeit auf beiden Flügeln ganz umfaßten 10. Armee-Korps wurde ihr bekannt. Bitten um Unterstützung, um 12 Uhr Mittags auch eine Aufforderung des kommandirenden Generals erreichten sie. Darüber, daß aus der Richtung von Nancray gleichfalls französische Kolonnen nach dem Schlachtfelde zögen, hatte sie Meldung durch ihre Vorposten.

Sie setzte sich daher in Bewegung, zog sich durch Barville hindurch und marschirte jenseits des Ortes hinter der Butte de l'Ormeteau auf, in der Richtung auf Batilly ihre Batterie vorschiebend,

---

*) Die Ulanen-Regimenter 9 und 12 waren zum 3. Armee-Korps abkommandirt, um deren Vorposten zu stärken, das Ulanen-Regiment Nr. 8 hatte eine Eskadron nach Nemours entsendet, das Ulanen-Regiment Nr. 4 eine Eskadron gegen Nancray hin auf Vorposten.

Das Divisions-Stabsquartier befand sich am Morgen noch in Pithiviers.

welche mehrfach die Aufstellung wechselte, ihr Feuer eröffnete und wesentlich mitwirkte. Dann rückten die Schwadronen gegen die Straße Batilly—Beaune an.

Allein der Feind zeigte jetzt auch bei den Windmühlen von Arconville Infanterie mit Artillerie, er war auch auf der Römerstraße schon mit starken Kräften weit vorwärts gedrungen. Der Boden erwies sich als sehr tief aufgeweicht, die Weinfelder erschwerten die Bewegung ungemein, die trübe neblige Luft die Uebersicht. Feindliche Schützen stellten sich am Fossé des Prés der Kavallerie entgegen. Diese hatte leider augenblicklich keine Infanterie bei sich, um sich den Weg zu öffnen.*) Von der Windmühle von Batilly und von der Römerstraße her feuerte der Feind mit Geschütz und Mitrailleusen.

Unter diesen Umständen nahm General v. Hartmann für jetzt vom weiteren Vorgehen Abstand und ging wieder nach der Butte de l'Ormeteau zurück, den Feind beobachtend.**) Auch diese Vorgänge spielten bis 2 Uhr Nachmittags ab. — — —

So hatte sich der Verlauf der Schlacht bis zu der Zeit gestaltet, zu welcher Prinz Friedrich Karl bei der Windmühle von Chalmont eintraf.

Von dort aus war der westliche Theil des Schlachtfeldes zu übersehen. Noch immer tobte um Beaune la Rolande der Kampf mit gleicher Heftigkeit, auf allen Seiten erneuten sich die wüthenden Angriffe der französischen Massen. Das Gefühl der großen numerischen Ueberlegenheit, das Vertrauen auf das Kriegsglück der Loire-Armee und ein Theil der wilden Begeisterung, welche die Traditionen der ersten Republik entflammt hatte, gaben den französischen Offizieren und Soldaten den Elan wieder, der in ihrer Armee in den ruhmvollsten und glücklichsten Epochen lebte. Junge Generale, welche nur durch die seltsamste Fügung des Schicksals an so hohe Stellen gelangt waren, führten diese Truppen. Sie setzten ihre Person rückhaltlos ganz dafür ein, sich hier die Sporen zu verdienen und um jeden Preis Sieger zu bleiben. Das Streben, Beaune auf jeden Fall zu nehmen, und wenn es auch die größesten Opfer kosten sollte, trat sehr bald deut-

---

*) Bekanntlich befand sich bei der Division auch kein Regiment, das Karabiner führte.

**) Die Ulanen-Regimenter Nr. 8 und 4 waren vor die Stellung links entsprechend rechts vorgeschoben.

lich hervor. Die Lage der Vertheidiger wurde daher in jedem Augenblicke kritischer. Die Häuser an den Lisieren des Ortes brannten jetzt schon an mehreren Stellen, die alte Stadtmauer war hin und her schon gestürzt, die des Kirchhofs war fast ganz zerstört, die Munition mußte auf's Aeußerste gespart werden. Unaufhörlich schlugen noch von St. Loup her die Granaten in die Stadt; immer wieder erschienen die dicht gedrängten feindlichen Bataillone auf den Rändern der Beaune rings umgebenden Senkungen und Terrainfalten. Die Umfassung wurde dabei mit jeder verstreichenden Viertelstunde vollständiger; die Angreifer, die nördlich herum bis Romainville vorgedrungen waren, brachten zuletzt nach dem Knotenpunkt der Römerstraße und der Chaussee Beaune—Boynes Mitrailleusen heran und feuerten von rückwärts her in die engen Gassen des Städtchen hinein. Aber die Besatzung blieb auf allen Fronten unerschütterlich, gab mit Ruhe erst auf kurze Entfernung ihr Schnellfeuer ab und bedeckte den Boden mit französischen Leichen. Das Zündnadelgewehr machte sich hier in seiner ganzen Furchtbarkeit als Defensivwaffe geltend, — und dennoch ist es schwer zu entscheiden, welches Ende die heldenmüthige Vertheidigung genommen hätte, wenn auch am Abend keine Hülfe von außen her gekommen wäre.

Indessen gegen 3 Uhr Nachmittags war die 5. Division bei Barville debouchirt und entwickelte sich schnell zum Angriff, um ihren Stoß gegen die Flanke und den Rücken der Beaune nördlich umgehenden französischen Kolonnen zu richten. Der Division schloß sich die 1. Kavallerie-Division zu weiterem Vorgehen an. Ein gerade in diesem wichtigen Augenblicke bei der Butte de l'Ormeteau ankommender Generalstabs-Offizier des 10. Armee-Korps vermochte die heranrückenden Truppen genau über die Lage der Schlacht zu orientiren. Mit dem Auftreten dieser starken Unterstützung gerade im entscheidenden Augenblicke der Schlacht war der Sieg gesichert.'

General Crouzat begründet die Nothwendigkeit seines Rückzugs durch das Eingreifen der 5. Division von Pithiviers her. Er meldete am Abend nach der Schlacht aus Bellegarde nach Tours an den Kriegsminister:

> „Conformément à vos ordres, j'ai attaqué aujourd'hui, de concert avec le 18e corps les positions de Maizières, Juranville, Naucray, St. Michel, Batilly et Beaune. Toutes ces attaques ont réussi, à l'exception de celle sur Beaune. Quelques-uns de

mes hommes étaient entrés dans la ville*), que j'avais fait vigoureusement canonner."

„L'arrivée d'une forte colonne prussienne avec beaucoup d'artillerie venant de Pithiviers m'a forcé à me retirer."

Die Teten-Brigade der 5. Division, bald von den 4 Divisions-Batterien und den im Trabe herbeigeeilten zwei reitenden Batterien der Korps-Artillerie unterstützt, nahm die Richtung gegen die Westecke von Beaune und das Dorf Orme.

Im Verein mit den bei La Rue Boussier gesammelten Truppen vom 10. Armee-Korps,**) die seit 2 Uhr wieder avancirten, um selbst das schwer bedrängte 16. Regiment zu degagiren, wurde nun der Feind nach kurzem zum Theil aber noch recht lebhaftem Kampfe aus dem Terrain la Brétonnière, la Pierre percée und Romainville vertrieben. Dann avancirten die siegreichen Bataillone weiter gegen Beaune und westlich davon gegen Orme hin. Das am Mittag hier stehen gebliebene Geschütz des 10. Armee-Korps wurde mit stürmender Hand zurückerobert. Einen heftigen Flankenstoß, den der Feind mit einer von Artillerie begleiteten Brigade***) aus der Richtung von Arconville und Batilly her unternahm, wies das 3. Jäger-Bataillon, von 1 Batterie unterstützt und durch Kavallerie gesichert, in einem sehr glücklichen Kampfe zurück, der von 4 Uhr Nachmittags bis zur vollen Dunkelheit währte.

Die feindlichen Massen zogen, ermattet von ihren unaufhörlichen aber vergeblichen Angriffen, vor der 5. Division in dicht gedrängten Trümmern wieder gegen ihre Anmarschrichtungen hin ab.

Noch während dieser kritischen Augenblicke hatte der Feind auf der Südwestseite zweimal den Versuch gemacht, sich der Stadt zu bemächtigen. Schon als die Dunkelheit hereinbrach, besaß jeder Mann in Beaune la Rolande nur noch 3 Patronen. Mit den letzten Kugeln, welche die braven Vertheidiger im Gewehrlaufe aufbewahrt, wurde der eine dieser Versuche siegreich abgeschlagen. Dann

---

*) Irrthümliche Angabe, welche der General auch in seinem weiter unten wiedergegebenen Bericht über die Schlacht, den er in den „Sciences militaires" veröffentlicht hat, wiederholt.

**) Der größte Theil des Infanterie-Regiments Nr. 57, die 2 Batterien der 19. Division und die 2 reitenden Batterien der Korps-Artillerie.

***) Brigade Buisson vom 20. französischen Korps, 1. Division.

warfen sich schon Theile der 5. Division, dem Gegner auf dem Fuße folgend, nach Beaune hinein und wirkten dort mit, um dem letzten verzweifelten Sturm zu wehren. Die Truppen, die schon am 16. August in inniger Waffengemeinschaft neben einander gefochten, begrüßten sich hier mit dem lauten Rufe: „Revanche für Mars la Tour." Dieser Ruf ist ein Zeugniß dafür, daß man schon während der Aktion die Bedeutung des Kampfes zu würdigen begann. Die außerordentlichen Verluste, welche der Gegner erlitt, ließen sich bereits erkennen, wenn man von der Lisiere aus das freie Vorterrain überschaute.

Die angekommenen frischen Kompagnien hielten sich zunächst auf dem Marktplatze in Reserve, sandten aber Leute aus, welche in den Helmen die Patronen zu den Lisieren trugen, um die Vertheidiger mit Munition zu versehen. Noch lag der Feind, sich mühsam gleichzeitig mit den letzten Kräften gegen die 5. Division wehrend, in dichten Schwärmen und Bataillonsmassen der Stadtenceinte auf der Süd- und Westseite hart gegenüber. Das Gewehrfeuer wurde noch einmal lebendiger. Die Kunde lief durch den Ort, daß die Angreifer bei der Barrikade von Orme eingebrochen wären. Eine der Reserve-Kompagnien eilte dorthin, um sich ihnen entgegenzuwerfen. Da stellt sich heraus, daß die Nachricht falsch sei und schon glaubte Niemand mehr an die Möglichkeit noch eines letzten Anlaufs. Die Dunkelheit — es war etwa 5 Uhr — hatte schon so zugenommen, daß selbst dicht vor der Front nichts mehr erkannt werden konnte. Die Offiziere ermahnten die Leute, das Feuer einzustellen, weil die Bataillone der 5. Division schon um den Ort herum immer schneller vordrangen. Da ertönten französische Kommandos und ein lautes „en avant!" wiederum dicht vor der Stadtmauer. Bis in die brennenden Gebäude hinein und bis dicht an die Barrikaden heran drangen die Stürmenden, aber ein kurzes verheerendes Schnellfeuer wies sie auch jetzt zurück. Beaune la Rolande war von seinen braven Vertheidigern glücklich behauptet.*)

Bei diesem letzten Kampf hatte fast nur noch der Feuerschein und das Geschrei ein Mittel gegeben, sich zu orientiren; selbst die nach der Stadt herangeeilten Batterien feuerten nur dahin, wo die Schüsse aufblitzten und so die französischen Linien bezeichneten.

---

*) Den letzten Sturm hatte General Crouzat persönlich geführt. Siehe weiter unten seinen Bericht über die letzten Stunden der Schlacht.

Auch östlich der Stadt waren die Angreifer ebenso glücklich aus dem von ihnen anfangs eroberten Terrain wieder vertrieben worden.

Auf dem linken Flügel des 10. Korps war der Kampf inzwischen gleichfalls siegreich beendet worden.

Nachdem dort der von Lorcy her ausgeführte Massenangriff der Franzosen im Wesentlichen schon an den Batterien von Longcour gescheitert war, richtete der Feind seine Anstrengungen vornehmlich gegen das tief gelegene Dorf les Cotelles, das er nun von Süden her angriff.

Von starkem Artilleriefeuer unterstützt, welches die auf den Höhen von Longcour stehenden Geschütze leider nicht erwidern konnten, weil das Terrain dies verhinderte, war das Dorf auf seinem Südende bald gänzlich umfaßt, die Besatzung hart gedrängt.

Ein Zug der nächststehenden preußischen Batterie unternahm jetzt den kühnen Versuch, isolirt vorzugehen und die Dorfvertheidiger zu degagiren. Er trabte durch les Cotelles hindurch, fuhr gegen Juranville hinaus und nahm dort Position, noch ehe die nachgesandte Spezialbedeckung an Infanterie eingetroffen war. Von allen Seiten aber warfen sich die französischen Tirailleurschwärme auf die erscheinenden Geschütze. Die in der Nähe dieser vorgeschobenen Stellung fechtenden preußischen Tirailleurs mußten allmälig zurück. Der Feind drängte nach und ein Geschütz, welches nicht mehr ein einziges Pferd besaß, mußte nach verlustreichen Anstrengungen, es zu retten, ihm überlassen werden.

Immer weiter wurde das Dorf umfaßt und endlich mußte man sich um so mehr entschließen, es zu räumen, als die Rücksicht auf die Vertheidiger des vor der Front tief gelegenen Ortes die Batterien bei Venouille und Longcour in ihrer Wirkung hinderte. Der Feind besetzte les Côtelles, folgte aber den abziehenden Vertheidigern nicht. Nur eine französische Eskadron jagte durch den Ort und machte noch unter den verspäteten preußischen Schützen, die sich mühsam durch Gärten und Weinberge hindurch den Rückweg bahnten, etwa 40 Mann zu Gefangenen.

Gegen Venouille versuchte der Feind schon, während der Kampf um les Côtelles noch hin und her wogte, mit starken Truppenmassen seine Offensive fortzusetzen — dabei die preußischen Stellungen von Westen her umfassend. Allein schon das Artilleriefeuer genügte, um den Angriff abzuweisen, nur gegen das Südende des Dorfes hin drangen die Angriffs-Kolonnen bis in das Infanteriefeuer vor. Dann beschränkte sich der Kampf darauf, daß die französischen Batterien resultatlos gegen die Stellung von Longcour feuerten. Preußischerseits wurde hierauf nicht einmal geantwortet. Mit der einbrechenden Dunkelheit erstarb das Gefecht gänzlich. So hatte auch hier der Feind nichts erreicht, als daß er mit verhältnißmäßig großen Opfern die Vorpostenstellung der Brigade Valentini in Besitz nahm. Das wohl an 25,000 Mann starke 18. französische Korps vermochte den 8 Bataillonen und 28 Geschützen, die auf dieser Seite wirklich ins Feuer getreten waren, nichts weiter abzuringen. Allein der Diktator Gambetta ehrte das 18. Korps und seinen zeitigen Führer den General Billot dennoch mit dem bekannten Dekret:

„Les membres du gouvernement etc.:

„Considérant que le 18e corps d'armée, à peine formé, composé en grande partie de soldats, qui voyaient le feu pour la première fois, et privé de son commandant en chef, a cependant, par la fermeté de son attitude, remporté des avantages signalés sur l'ennemi à Ladon, Maizières, Beaune la Rolande.

Décrètent:

Article 1er Le 18e corps d'armée de la Loire a bien merité de la Patrie u. s. w.*) **)

---

*) General Billot, der seine Charge nur provisorisch inne hatte, wurde definitiv zum Brigade-General ernannt.

**) General Billot, der Kommandeur des 18. Armee-Korps, berichtete über den Antheil dieses Korps an der Schlacht von Beaune la Rolande am 13. Dezember aus St. Martin d'Auxigny an Gambetta:

Herr Minister!

„Ich habe die Ehre die Thatsachen zu Ihrer Kenntniß zu bringen, welche sich auf die Kämpfe vom 28. (und 30.) November beziehen, wo das 18. Armee-Korps, zum ersten Male dem Feinde gegenübergestellt, ihm die Dörfer Maizières, Lorcy, Juranville und les Cotelles genommen hat."

„Am 28. um 6 Uhr früh wurde, meinen Befehlen entsprechend, die Brigade Robert der 1. Division (Pilatrie) mit der ganzen Artillerie der Division gegen Maizières dirigirt, ein an der Straße von Ladon nach Beaune gelegenes Dorf. Die Brigade Bonnet derselben Division erhielt die Richtung gegen Lorcy, die Kolonne Goury, zusammengesetzt aus 4 noch nicht in die Brigade-Verbände eingetheilten Bataillone und bestimmt, die Reserve für die engagirten Korps zu bilden, setzte sich hinter der 1. Division gegen die angegriffenen Punkte in Bewegung, ebenso die Artillerie-Reserve unter Bedeckung eines Bataillons d'Afrique und des Bataillons algerischer Tirailleurs."

Unterdessen war auch zwischen den beiden getrennt fechtenden Flügeln das 10. Armee-Korps wieder eine solidere Verbindung hergestellt worden, wie sie tagüber bestanden hatte. Etwa um 2 Uhr

---

„Was die zwischen die beiden Brigaden vertheilte Kavallerie anbetrifft, so hatte dieselbe die Aufgabe, jene zu sichern und ihnen für die Aufklärung zu dienen, sich dann aber, sobald der Angriff begonnen haben würde, auf deren Flanken zurückzuziehen. Sie mußte außerdem die Punkte Chaplon, Moulon, Villeroque, Moudru und Ladon besetzen. Die Brigade Perrin, welche Montargis besetzt hielt, hatte die Aufgabe, die allgemeine Bewegung zu unterstützen."

„Die Brigade Bonnet wurde in 3 Treffen formirt, das erste aus einem in Tirailleurschwärme aufgelösten Bataillon des Regiments Nr. 42 gebildet, das zweite, auf dieselbe Weise entwickelt, und aus dem 9. Jäger-Bataillon zu Fuß und den beiden anderen Bataillonen des 42. Regiments zusammengesetzt, das dritte aus dem in „colonne serrée par pélotons" auf Deployementsdistanze auseinandergezogenen 19. Mobilgarden-Regiment bestehend."

„Die erste Linie griff die Positionen des Feindes mit solchem Ungestüm an, daß Lorcy genommen und passirt, dann das Dorf Corbeilles erreicht und einen Moment von uns besetzt wurde. Die Bewachung von Lorcy überließ General Bonnet alsdann dem Jäger-Bataillon, sowie dem 1. und 2. Bataillon des 42. Regiments und marschirte mit dem Rest seiner Truppen auf Juranville."

„Während dieser Operationen der Brigade Bonnet hatte die Brigade Robert (44. Marsch-, 73. Mobilgarde-Regiment), unterstützt durch die Divisions-Artillerie, welche bei dem schlechten Zustande der Wege nicht unter die beiden Brigaden vertheilt werden konnte, sich, da es zu schwierig schien, sie auch noch auf Lorcy zu dirigiren, gegen Maizières in Marsch gesetzt, dies Dorf passirt, Juranville angegriffen und es, Dank dem Elan der Tirailleurs des 44. Regiments, weggenommen. Sie hatte selbst schon die Position seitwärts des Dorfes les Cotelles überschritten."

„Die Brigade Robert sollte alsdann, unter direktem Kommando des General Pilatrie, den Befehlen des General Crouzat entsprechend, auf Beaune la Rolande marschiren, um dem 20. Armee-Korps die Hand zu reichen, das beauftragt war, seine Bewegung mit der des 18. Korps zu kombiniren und gegen jene Position vorzugehen."

„Die Kolonnen waren bereit und begannen sich in Marsch zu setzen, als der Feind in Stärke nach Juranville zurückkehrte, das 44. und 77. Mobilgarden-Regiment warf und das Dorf wiedernahm."

„Feindlichen Streitkräften preisgegeben, welche seine rechte Flanke auf nächste Entfernung mit Gewehr- und Geschützfeuer überschütteten, konnte General Pilatrie nicht nach Beaune marschiren. Er mußte also zunächst deren Positionen angreifen, um beim Vormarsche nicht

Nachmittags, als die Angriffe gegen den linken Flügel abgeschlagen worden waren, hatte General v. Voigts-Rhetz das zuvor nach Bordeaux entsendete Detachement des Korps nach dem Bahnhof Beaune

---

umgangen zu werden und damit anfangen, sich rechts zu ziehen, um dem General Bonnet die Hand zu reichen und sich mit ihm auf Lorcy und Juranville zu dirigiren."

„Die Kolonne Goury, die bestimmt gewesen war, die Bewegung der Brigade Robert gegen Beaune zu unterstützen, war so gezwungen, zu gleichem Zweck jener Brigade zunächst auf Juranville zu folgen."

„Diese Streitkräfte, welche denen der Preußen gegenüber einen Augenblick unzureichend blieben, wurden bald durch die Artillerie-Reserve, die Lanciers und Kürassiere unterstützt, welche in der Schlachtlinie ihren Platz einnahmen und den Feind damit verhinderten, die Linke der Brigade Robert zu überflügeln."

„Das Dorf Juranville wurde schnell wiedergenommen."

„Der energisch verfolgte Feind ließ ein Geschütz in den Händen unserer Truppen, welche das Dorf les Cotelles wegnahmen. Die Ehre dieser Eroberung kam dem Artillerie-Kapitain Bruyère zu, welcher bei dieser Gelegenheit viel Kühnheit und militairische Intelligenz gezeigt hat. Die 2. Eskadron des 3. Marsch-Ulanen-Regiments (Kommandant Renaudot) hat sich mit blanker Waffe des Dorfes les Cotelles bemächtigt."

„Inzwischen hatte ich Offiziere zum General Crouzat geschickt, um ihn von meinen Stellungen in Kenntniß zu setzen. Er hatte mich wissen lassen, daß er in Beaune sei, und daß es, um sich dort zu behaupten, genügen werde, wenn ich meine Truppen avanciren ließe."

„In dem Glauben, daß der wichtigste Punkt sonach in unserer Gewalt sei, ließ ich meine rechte Flanke durch starke Besetzung aller gefährdeten Punkte sichern und begab mich in Person auf der Straße nach Beaune zum General Crouzat, um mit ihm die feindlichen Stellungen und die Emplacements der Kolonnen des 20. Korps zu rekognosziren."

„Das 20. Armee-Korps war nicht in Beaune; es hielt links von der Straße eine dominirende Position inne, von wo aus seine Artillerie ein sehr lebhaftes Feuer auf die Stadt unterhielt, deren Vorstädte von unseren vordersten Tirailleurketten besetzt waren."

„Das 20. Korps hatte schon gelitten; der General Crouzat war der Ansicht, den Angriff aufzuschieben; ich forderte ihn auf, seine Positionen noch 2 Stunden zu halten, — eine Zeit, welche meine Truppen noch nöthig hatten, sich in die Linie zu setzen. Bei dieser Kombination blieben wir."

„Dank den vereinten Anstrengungen der Kolonnen Robert und Bonnet und mit Hülfe der algerischen Tirailleurs, war auf der Straße von Beaune jeder Widerstand gebrochen. Die Kolonne Goury

herangezogen. Um 3½ Uhr Nachmittags kam es dort an und wurde nun nach halbstündiger Ruhe in die Lücke bei Marcilly hineingeschoben. So war auch die Gefahr beseitigt, daß der Feind von seinen blutigen nutzlosen Angriffen auf die Flügel vielleicht abstehen, und dann, ohne ernste Gegenwehr zu finden, im Centrum durchstoßen konnte.

Prinz Friedrich Karl war, als der Angriff der 5. Infanterie-Division sich entwickelte, über Barville auf die Höhe südlich des Orts geritten und hatte bis zur einbrechenden Nacht dort dem Kampfe auf dem rechten Flügel beigewohnt. Als die Bataillone der 5. Division von den feuernden Batterien begleitet, den Feind vor sich her zurücktreibend, bei Beaune vorüber avancirten, um sich dann in der Dunkelheit den Blicken zu entziehen, hatte der Oberbefehlshaber erkannt, daß der Sieg entschieden sei. Er faßte daher dessen Ausbeutung und die Verfolgung des geschlagenen Feindes in's Auge. Für eine allgemeine Offensive auf diesem Flügel war leider der geeignete Zeitpunkt noch nicht gekommen, der Linksabmarsch der II. Armee noch nicht weit genug durchgeführt. Darauf mußte verzichtet werden, ein direktes Nachstoßen mit einzelnen Bataillonen auf allen Straßen konnte indessen gleichfalls noch bedeutende Erfolge haben, zahlreiche Gefangene und vielleicht sogar Geschütze in preußische Hand bringen.

---

erhielt den Befehl vorzugehen. Sie begann damit, das Dorf Fonsegrive (Foucerive), welches die Preußen besetzt hielten, und das man nicht in der linken Flanke lassen konnte, fortzunehmen. Als das geschehen war, dirigirte sich der Oberst Bremens, Kommandant des 53. Marsch-Regiments, auf Beaune, seine Tirailleurlinie nahm bald das Feuergefecht mit den feindlichen Schützen auf."

„Die Nacht kam, die Truppen des General Crouzat, welche seit langer Zeit um Beaune engagirt waren, hatten gelitten!"

„Der kommandirende General des 20. Korps, den ich mitten unter seinen Truppen aufsuchte, und der die Operationen leitete, glaubte, daß ein nächtlicher Angriff die Unordnung vermehren würde, welche in den Reihen der Seinen begann."

„Uebrigens brannten mehrere Häuser in der Stadt, und es konnte zu Inkonvenienzen führen, unsere Kolonnen dort hineinzuführen. General Crouzat entschied sich dafür, daß der Angriff nicht stattfinden solle."

„Die Kolonne Goury nahm Stellung in den Emplacements, welche sie diesseits Beaune innehielt, mit der Weisung, die Blessirten fortzuschaffen und sich bei Tagesanbruch auf Maizières zu dirigiren. Dem General Bonnet gab ich den Befehl Lorcy, Juranville und les Cotelles zu besetzen. (Verlust des Korps am 28. und 30. November 1600 Mann.)"

Dem 10. Armee-Korps, das mit allen Theilen im heftigsten Gefecht gestanden hatte, war freilich auch eine solche Verfolgung — die selbstredend augenblicklich ins Werk gesetzt werden mußte — nicht zuzumuthen. Die Befehle ergingen deshalb an das 3. Armee-Korps. General v. Alvensleben II. hatte sich gegen Beaune begeben und Prinz Friedrich Karl sandte ihm seinen Generalstabs-Chef nach, um ihn zur Anordnung der Verfolgung auffordern zu lassen.

Schon als die 5. Division ihr Vorgehen glücklich und erfolgreich eingeleitet hatte, während der Feind noch immer in vergeblichen Anstrengungen Beaune la Rolande umwogte, lag es nahe, die Hoffnung zu fassen, daß man die erbitterten Angreifer durch einen überraschenden Wurf in Flanke und Rücken werde völlig zerstreuen, zum großen Theil aber gefangen nehmen können. General v. Alvensleben hatte daher bereits in jenem Momente der 1. Kavallerie-Division den Befehl zukommen lassen, „vorzugehen und die Trophäen des Sieges zu ernten."

Allein der Boden war jetzt, nachdem die Regimenter der Division mehrfach hin und her geritten waren, so tief aufgewühlt, daß größere Reitermassen sich nur noch im Schritt bewegen konnten. Die Büsche und Weinfelder, in denen hier und dort noch Tirailleurgefecht stattfand, alle die Schwierigkeiten, welche schon das erste Vorgehen der Kavallerie gehemmt hatten, stellten sich auch jetzt dem Versuch entgegen und zwangen von einer Attacke der vereinigten Regimenter Abstand zu nehmen. Die Division ging hingegen, die Infanterie begleitend, vor und übernahm die Aufklärung, sowie die Deckung der Batterien. Als General v. Alvensleben nun die Befehle des Prinzen erhielt, war bei Beaune augenblicklich nur ein Bataillon des 3. Korps frei verfügbar, das auch sogleich auf die brennenden Dörfer Orme und Orminette dirigirt wurde.

Es verjagte aus beiden die sich dort massenhaft zusammenballenden Flüchtigen des Feindes und machte in Orme allein 5 Offiziere 366 Mann zu Gefangenen. Abtheilungen des 57. Regiments*) drangen gleichfalls auf Orminette und auf Jarrissoy vor. Auch hier überraschte man Hunderte von versprengten französischen Soldaten und brachte sie in die preußischen Linien.

So wurde es auf diesem Flügel auch noch möglich, selbst die

*) Vom 10. Armee-Korps.

alten Vorpostenstellungen vom Morgen des Tages wieder einzunehmen.*)

---

*) Auch in der Beschreibung der letzten Stunden der Schlacht schildert General Crouzat im Wesentlichen nur den Kampf um die Stadt Beaune selbst. Sein Bericht lautet:

„Um 2 Uhr Nachmittags legten die Zuaven der 2. Division (3. Marsch-Zuaven-Regiment), sowie die Mobilen von Deux-Sèvres, Savoie, Haut Rhin das Gepäck ab, und fortgerissen, gehoben durch ihre Offiziere und den Chef des Generalstabes der 2. Division, Herrn de Verdière, eilen sie zum Sturme. Sie dringen in Beaune ein und engagiren sich in einer der Straßen der Stadt, aber es ist unmöglich, sich dort zu behaupten; sie werden zurückgeworfen und lassen die Umgebung der Stadt von ihren Todten und Verwundeten bedeckt."

„Trotz der lebhaftesten Füsilade verengerte sich unser Feuerkreis dennoch mehr und mehr, und das geschieht noch dazu gegen einen fast unsichtbaren Feind."

„Es war 2½ Uhr und der Oberbefehlshaber hatte noch immer keine Nachricht vom 18. Armee-Korps. Für alle Fälle ließ er die 1. Brigade der 3. Division (des 20. Korps) von St. Loup hinabsteigen und sich à cheval der Straße Beaune—Bellegarde, ungefähr 600 Meter von Beaune in einer Terrainfalte als Reserve aufstellen. Der General Crouzat selbst eilt auf der Straße von Juranville dem 18. Korps entgegen, er trifft dessen Chef, von einer Küraßsier-Eskadron begleitet, nach 3 Kilometern Weges, fragt ihn, wo er sein Armee-Korps habe, und erhält zur Antwort, daß es ankäme. Er bat ihn, sich zu beeilen und kehrt gegen Beaune zurück. Es war jetzt 3½ Uhr."

„In diesem Augenblick wird die 1. Division in ihrer linken Flanke kräftig durch eine starke Kolonne von Infanterie und Artillerie angegriffen, welche von Pithiviers ankam. Die 1. Division, General de Polignac, macht nach links hin Front, empfängt diese Kolonne durch ein sehr lebhaftes Infanterie- und Mitrailleusenfeuer, weist sie nach einstündigem, fast Mann an Mann durchgeführten Kampfe ab und wirft sie zurück, wobei sie ihr 1 Geschütz abnimmt. Aber diese heroische Anstrengung hatte sie erschöpft, der Kommandeur der 1. Brigade, Buisson, war gefallen. Es war 4½ Uhr."

„Seine Hoffnung noch auf einen letzten Sturm setzend, nimmt General Crouzat 3 Kompagnien der Pyrénées-Orientales und einige Zuaven, setzt sich zu Pferde mit seiner Eskorte an ihre Spitze, läßt zum Angriff schlagen und stürzt gegen Beaune vor. Wir gelangen bis zu den ersten Häusern, wo wir aus nächster Nähe von dem intensivsten Feuer empfangen werden. — Die Pferde scheuten vor dem Aufblitzen des Gewehrfeuers, die Revolver prasselten .... Alles war unnütz .... Die Straße zeigte sich durch eine in Flammen stehende Barrikade verschlossen und es folgten dem General nur noch einige Offiziere. Man mußte umkehren, woher man gekommen, was auch im Schritt geschah. Der Weg blieb bedeckt mit todten und verwundeten Zuaven und Mobilen. Die Nacht war völlig hereingebrochen."

„In diesem Augenblick erschien der Kommandeur des 18. Korps neben dem General Crouzat und meldete, daß sein Korps ankäme. In der That ertönten

Ferner behielt das Oberkommando aber im Auge, daß möglicherweise die Kämpfe dieses Tages nur das Vorspiel weiterer Ereignisse seien. In der vollen Tragweite ließ sich die Bedeutung des

---

seine Clairons zum Angriff, aber seine Soldaten — ohnehin wenig zahlreich — sahen nicht mehr, wohin sie feuerten und sandten ihre Kugeln den Mannschaften des 20. Korps zu, die noch immer gegen Beaune tiraillirten. Das war das Ende. Fürchtend, daß das Mißverständniß das größte Unheil anrichten könne, zumal in einem nächtlichen Kampfe, sandte General Crouzat seinen erschöpften Divisionen den Befehl, in ihre Aufstellungen vom Morgen zurückzukehren, dem 18. Corps, sich um Maizières zu versammeln."

„Auch der Feind war dermaßen ermattet, daß er uns nicht allein nicht verfolgte, sondern daß er sich sogar ein wenig hinter Beaune aufstellte, wohin er erst am Morgen zurückkehrte."

„Um Mitternacht war das 20. Korps in seine alten Positionen wieder eingerückt. Es hatte 40 Offiziere 1200 Mann todt und verwundet verloren, ebenso einige Gefangene, aber es führte alle seine Geschütze und Munitionsfahrzeuge zurück und seine Patronentaschen waren leer."

„Das war die Schlacht von Beaune la Rolande, durch das 20. Korps allein (?) geliefert, hatte sie um 8 Uhr Morgens begonnen und bis 5 Uhr Abends gedauert. War es kein Erfolg, so war es doch auch keine Niederlage; denn der Feind erlitt, nach seinem eigenen Zugeständniß, ebenso viel Verluste, wie wir und ließ eines seiner Geschütze in unseren Händen."

„Was das 18. Korps verhindert hatte, gegen Mittag, wie es verabredet und ihm befohlen wurde, einzutreffen, war, daß sich seine Arrieregarde in Juranville hatte überraschen lassen und dies Dorf durch den Feind wiedergenommen worden war. Das 18. Armee-Korps hatte daher zurückkehren müssen, um Juranville nochmals zu erobern und sich zu degagiren. Von da ab lieferte es eine Reihe kleiner Kämpfe, welche es fern von Beaune hielten, seinem Hauptobjekte, wo seine Gegenwart unumgänglich nothwendig war."

Die mehrfachen Irrthümer in dieser Relation, daß die Sturmkolonnen der Franzosen in die Stadt Beaune eingedrungen seien, diese des Abends geräumt worden wäre u. s. w., ferner bei Darstellung des Kampfes gegen die 5. Division, über das auf dem rechten Flügel des 10. Korps zeitweise dem Feinde in die Hand gefallene Geschütz u. s. w., sind nach der oben gegebenen Darstellung zu berichtigen.

Die Verlustangabe ist viel zu niedrig gegriffen; sie hat sicherlich das Doppelte oder Dreifache betragen, mag aber wohl sehr schwer festzustellen gewesen sein.

Vor der Schlacht zählte das 20. Korps über 30,000 Mann, das 18. nur 25,000. Als unmittelbar nach der Schlacht von Orléans Gambetta die Offensive über Montargis einleitete, wollte er aber das 20. Korps als das numerisch damals schwächste nach Bourges-Vierzon zurückziehen, das 15. und 18. vornehmen. Demnach hatte das 20. Korps inzwischen nicht gefochten. Sein Zustand nach der Schlacht bei Beaune wird überall als sehr trübe geschildert; das hätte ein so geringer Verlust nicht herbeigeführt.

errungenen Sieges auch noch nicht annähernd würdigen. Man hielt es für möglich, daß der Feind den Angriff erneuern, oder daß er durch denselben seinen Marsch den Loing hinab nur habe maskiren wollen. Von dort her, oder von Château Landon waren im Laufe des Tages keine Nachrichten eingegangen. Auch General v. Voigts-Rhetz hatte, wie aus einer seiner Depeschen hervorging, noch in den ersten Nachmittagsstunden die Ansicht gehabt, daß der Feind durch das Gefecht möglicherweise seinen Marsch nach Norden verdecke.

Die dem 10. Armee-Korps anbefohlene stärkere Entsendung nach der linken Flanke war selbstredend auch in den letzten Stadien des Gefechts nicht möglich gewesen, indessen alle Gründe, welche den Befehl zu dieser Detachirung veranlaßt hatten, bestanden auch jetzt noch. General v. Stiehle schrieb daher auf Geheiß des Oberbefehlshabers noch von Beaune aus Abends $5^1/_2$ Uhr an General v. Voigts:

„Seine Königliche Hoheit erklärt es für von der äußersten Wichtigkeit, daß die für heute befohlene Detachirung einer Brigade Infanterie mit Artillerie nach Château Landon, um im Loingthale Position zu nehmen, von der intaktesten Brigade des 10. Korps noch in dieser Nacht ausgeführt werde. Erneuert sich morgen das Gefecht bei Beaune, so ist dort die 5. Infanterie-Division, von 7 Uhr Morgens ab bei Boynes die 6. Infanterie-Division und Korps-Artillerie des 3. Korps, im Laufe des Vormittags noch eben dort eine Brigade des 9. Armee-Korps disponibel. Wir können also mit 7 Brigaden schlagen. Seine Königliche Hoheit erwartet noch in der Nacht durch den Ueberbringer Rückantwort und Orientirung über das heutige Gefecht.“

Prinz Friedrich Karl war unterdessen über Boynes, von wo er die telegraphische Meldung an Seine Majestät den König erstattete, nach seinem Hauptquartier Pithiviers zurückgeritten. Dort traf ihn um 9 Uhr Abends die erbetene Antwort des Generals v. Voigts. Dieselbe ist insofern wichtig, als sie in jenem Augenblick für das Ober-Kommando den Anhalt bildete, um dasjenige einheitlich zu übersehen, was heute auf der ganzen Schlachtlinie geschehen war.

Sie lautete:

Hauptquartier Egry, den 28. November 1870,
Abends 7 Uhr.

„Das 10. Armee-Korps hat, nachdem seine Vorposten auf der ganzen Linie hatten zurückgenommen werden müssen, die Stellung Beaune — Longcour behauptet. In und bei Beaune steht heute Abend die Brigade Wedell mit 2 Fuß- und 2 reitenden Batterien. Die Brigaden Lehmann und Valentini haben den Höhenrücken zwischen Longcour und Venouille, von den Fuß-Abtheilungen der Korps-Artillerie unterstützt, behauptet."

„Die Angriffe des Feindes auf die Stellung Beaune — Longcour sind zurückgeschlagen. Die Verluste des Korps kann ich noch nicht übersehen; — 2 Geschütze, die sich bei der Avantgarde befanden und deren Pferde und Leute sämmtlich getödtet waren, sollen in die Hände des Feindes gefallen sein.*) Ich schätze den Feind, der dem Korps gegenüber gestanden hat, auf 30,000 Mann,**) 500 Gefangene habe ich in den Händen.***) Die Posten von Lorcy und Corbeilles, auf denen das Jäger-Bataillon, unterstützt von einigen Kompagnien, sich glänzend gegen eine feindliche Brigade geschlagen hat, mußte ich aufgeben, weil ich des letzten Mannes in der Stellung selbst bedurfte. Aus Château Landon habe ich den Tag über keine Meldungen bekommen. Ein aus Nemours kommender Offizier sagt aus, daß das Detachement in Nemours mit dem in Château Landon in Verbindung gestanden hat. Eine Dragoner-Schwadron, die in meiner linken Flanke patrouillirte, hat Nichts vom Feinde gesehen. Der Feind ist nicht über Corbeilles hinaus nach Norden vorgegangen." †)

Auf einem zweiten Blatte schrieb der General alsdann:

„Die Detachirung einer Brigade noch in dieser Nacht nach Château Landon ist unausführbar. Alle drei Brigaden

---

*) Bekanntlich ist nur ein Geschütz bei Les Côtelles verloren gegangen.

**) Diese Ziffer ist viel zu gering angenommen.

***) Auch diese Zahl war, wie weiter unten angegeben werden wird, bei weitem größer.

†) Hinzugefügt war noch, daß ein Offizier des Generalkommandos in der letzten Nacht um 2 Uhr mit 2 Zügen von Château Landon aufgebrochen sei, um den General v. Kraatz in Joigny zu erreichen.

haben heute geschlagen, alle drei Brigaden haben Vorposten ausgesetzt. Bei allen drei Brigaden ist Munitionsmangel und keine hat abgekocht. Sobald es morgen früh möglich sein wird, werde ich eine Brigade auf Château Landon in Marsch setzen, bemerke aber, daß eine Brigade allein nicht im Stande ist, die Stellung bei Longcour zu behaupten, und daß, wenn ich eine Brigade von dort fortnehme, dies nur unter der Voraussetzung geschehen kann, daß inzwischen eine Brigade des 3. Korps daselbst eingetroffen ist."

Diesen schriftlichen Meldungen folgte um 9 Uhr 30 Minuten — also nach Verlauf einer halben Stunde — ein Telegramm, welches der General über Boynes nachgesendet:

An das Oberkommando in Pithiviers.

„Um 9 Uhr Abends erhalte ich aus Château Landon die Meldung, daß der Feind Ferrières und Fontenay im Laufe des Tages wieder geräumt hat. Zwischen Château Landon und Corbeilles ist den Tag über kein Feind gewesen. Die Eisenbahnzerstörung sollte Nachmittags um 5 Uhr vollendet sein."

(gez.) v. Voigts-Rhetz.

Diese letzte Nachricht minderte die Besorgnisse, welche das Oberkommando für seine linke Flanke schon gehegt, wieder etwas und die direkte Sicherung des Loingthales konnte nunmehr leichter bis zum kommenden Morgen verschoben werden.

Die Meldungen des Generals v. Voigts-Rhetz gaben zwar schon die Gewißheit, daß auch auf dem linken Flügel des 10. Armee-Korps, über dessen Lage der Oberbefehlshaber selbst keine persönliche Anschauung gewonnen hatte, der Kampf günstig verlaufen sei. Welch' ein Sieg aber erfochten worden war, ließ sich in jener Stunde noch durchaus nicht ermessen. Nach einem trüben Tage brach früh die Dunkelheit herein, ein Ueberblick über das vom Feinde geräumte Schlachtfeld, der über die Tragweite der errungenen Erfolge aufgeklärt hätte, wurde unmöglich. Auch im Oberkommando herrschte damals die Anschauung, daß man nur einen ersten gefährlichen und überlegenen Angriff auf den linken Flügel unter verhältnißmäßig geringem Verluste abgewehrt hätte, weiterer ähnlicher Vorgänge jedoch gewärtig sein müsse.

Daß der aus zwei starken Armee-Korps bestehende rechte Flügel der großen französischen Armee durch die blutigen verlustreichen

Kämpfe dieses Tages dergestalt zertrümmert worden war, daß ein Monat verging, bis er überhaupt wieder wirklich operationsfähig wurde, daß die Kräfte der hier engagirten französischen Truppen in ihren vorgeblichen Angriffen heute so gebrochen sei, daß auch die Kämpfe, welche sie im Monat Januar lieferten, noch deutlich die Spuren der Mattigkeit und der erschütterten Moral zeigen würden — das hatte Niemand geahnt. Noch heute wird diese Schlacht in ihrem Einfluß auf den Gang des Loire-Feldzuges meist zu wenig beachtet.

Schon die Besichtigung des Schlachtfeldes am 29. November früh lehrte, wie groß die Niederlage des Gegners gewesen. Leichenfelder, welche an die blutigsten Stätten bei Vionville und bei St. Privat erinnerten, breiteten sich hier vor dem Auge aus.

An der Moulin de la Fontaine gegen Orme hin, vor der großen Barrikade in Beaune, welche den Ausgang nach Boiscommun versperrte, vor den Windmühlen südlich der Stadt, desgleichen an einigen Stellen bei Juranville und Corbeilles lagen die Leichen weithin dicht gesät. Die kleine, etwa 400 Schritt lange Terrainwelle, auf deren östlichem Ende das Gehöft der Moulin de la Fontaine*) liegt, zeigte sich von Todten buchstäblich bedeckt, und in den Kiesgruben am westlichen Abfall jener Welle waren diese im wilden Knäuel übereinander geschichtet. Sterbende und Schwerverwundete hatten dort mit letzter Anstrengung Schutz gegen das verderbliche preußische Schnellfeuer gesucht, um dann an diesen Zufluchtsorten umzukommen. Auf allen Punkten war der Infanterie-Angriff bis unmittelbar an die preußischen Linien heran durchgeführt worden, die Leichen der gefallenen Feinde wiesen dies deutlich nach. Auf der Barrikade gegen Orme hin, oder ganz dicht an deren Fuß zusammengesunken lagen vier brave französische Soldaten, drei Zuaven vom 3. Marsch-Zuaven-Regiment und als der Vorderste ein junger Gemeiner vom 85. Linien-Regiment. Diese beiden Regimenter hatten hier am meisten gelitten, eine Anzahl anderer Todten, drei Mobilgarden-Offiziere, die mit ihren Pferden an dieser Stelle erschossen worden waren,**) ruhten ganz in der Nähe. Durch das brennende Gehöft neben den Barrikaden hatten die Stürmenden mehrfach versucht, einzudringen, waren aber unter dem unerwarteten flankirenden Feuer

---

*) Die Mühle selbst existirte nicht mehr.

**) Wohl bei dem letzten von General Crouzat persönlich angeführten Sturmversuch.

aus einem gegenüberliegenden festgebauten Stalle zusammengebrochen. Der Bravour dieser Truppen konnte man das ehrendste Zeugniß nicht versagen, wenn man das Angriffsfeld musterte. Aber überall waren auch Linien- und Marsch-Regimenter in erster Reihe herangeführt worden, die Mobilen meist nur in der Reserve. Die Verluste hatten also die besten Truppen des Feindes betroffen, die seinen neuformirten Korps einen sicheren Halt hatten geben sollen.

Später, am 9. Dezember, fand das 3. Armee-Korps in Gien einen genauen Rapport der 1. Division des 18. Korps über ihre Verluste in der Schlacht bei Beaune la Rolande. Sie bezifferten sich allein auf 39 Offiziere 1646 Mann.*) Von der Anwesenheit dieser Division auf dem Schlachtfelde erfuhr man aber preußischerseits während und nach dem Kampfe nichts. General Crouzat, der französische Höchstkommandirende, läßt in seinem Bericht über die Schlacht von Beaune das 18. Armee-Korps nur „kleine Kämpfe führen, die es von Beaune, seinem Haupt-Objekt, fern hielten.“ Die bei der Stadt Beaune selbst engagirten Divisionen des 20. Armee-Korps müssen jedenfalls weit mehr gelitten haben.**) Im Laufe der nächsten Tage sind über 1000 französische Leichen von den preußischen Truppen beerdigt worden, 2000 Verwundete wurden in den nächstgelegenen Orten gefunden. Bis zum Mittage des 29. November hatte sich die Zahl der gesunden Gefangenen schon auf 1850 Mann erhöht. Nach diesen Andeutungen kann man den Gesammtverlust der beiden französischen Korps gewiß auf 6—8000 Mann veranschlagen.

Auf preußischer Seite verlor:

das 10. Armee-Korps	27 Offiziere	797	Mann,
= 3. = ...	2 =	107	=
die 1. Kavallerie-Division . . .	2 =	10	=
= 1. reitende Batterie (bei der 1. Kavallerie-Division)	1 =	5	=
Summa	32 Offiziere	919	Mann,

eine im Verhältniß zu den erreichten Resultaten kaum nennenswerthe Einbuße.

---

*) Dieser Rapport widerlegt General Billot's Angabe, die er in seinem offiziellen Schlachtberichte machte, und derzufolge sein ganzes Korps am 28. und 30. November zusammen nur 1600 Mann verloren haben sollte.

**) Zumal die 2. und auch die 1., die 3. ist zum Theil wohl überhaupt in Reserve geblieben.

Die Stärke der auf französischer Seite wirklich engagirten Streitkräfte ist schwer festzustellen. General des Pallières giebt sie in seinem Buche „Orléans“ auf 60,000 Mann mit 138 Geschützen an.*) Ein Theil dieser Truppen wird im Gefecht nicht mitgewirkt haben, aber dennoch ist die Schätzung von etwa 30,000 Mann, wie sie an jenem Tage selbst gemacht wurde, jedenfalls viel zu gering gegriffen, und die neuere Kriegsgeschichte weist sicherlich nur wenige Beispiele auf, in denen die Sieger in einem so ungünstigen numerischen Verhältnisse gestanden haben, wie hier in der Schlacht von Beaune-la-Rolande.

Auf preußischer Seite, wo überhaupt nur 4½ Infanterie-Brigade für die Verwendung verfügbar waren, sind nicht mehr als etwa 10,000 Gewehre mit 96 Geschützen wirklich ins Gefecht getreten.

Wie furchtbar dem Gegner, den man jetzt zu bekämpfen hatte, die preußische Disziplin und Gefechtsgewandtheit in der Defensive war, konnte nicht besser als durch diese Schlacht erwiesen werden. Nach der heute gemachten Erfahrung war man sicher, daß der Feind, wenn er in nur einigermaßen freiem Terrain angriff, stets geschlagen werden würde, trat ihm an jeder Stelle zunächst auch nur eine einzige, durch Artillerie verstärkte Brigade entgegen. Freilich mußte dabei für rechtzeitige Unterstützung von seitwärts her gesorgt werden.

Diese Ueberzeugung, die nun als richtig erwiesen worden war, hatte das Oberkommando auch schon geleitet, als es die schwache II. Armee ohne Scheu auf der weiten Front von Toury bis Beaune-la-Rolande ausgedehnt beließ. Diese freilich sehr kühne Aufstellung, der jede Tiefe fehlte, hatte sich aus der Natur der Sache ergeben. Dem 9. Armee-Korps war ursprünglich beim Anmarsch von der Seine her sein Ziel Angerville durch Befehle aus dem großen Hauptquartier zugewiesen worden. Das 3. Armee-Korps hatte am 20. November in die Gegend von Pithiviers rücken müssen, es konnte nicht näher an die große Straße Paris — Orléans und an das

*) Seite 149 findet sich in diesem Buche folgende Depesche:

Général des Pailliérs à général en chef
(28. November 1870).

„Le Général Crouzat a 60,000 hommes et 138 pièces de canons (20e et 18e Corps réunis). Il peut correspondre avec moi par cavaliers et télégraphe. Il m'annonçait seulement 10,000 hommes et 40 pièces de canon en face de lui.“

9. Armee-Korps herangezogen werden, weil es das Nachrücken des 10. Armee-Korps möglich machen und die Beobachtung des noch weiter östlich sich ausdehnenden Feindes unterstützen sollte. Das 10. Armee-Korps war dann bei seinem Abmarsche schon auf einer gleichfalls ziemlich ausgedehnten Front durch den Feind festgehalten worden. So ergab sich die Aufstellung der Armee in langer dünner Linie naturgemäß. In Wahrheit standen selbst nur für den Sicherheits- und Beobachtungsdienst an keiner Stelle zu viel Truppen, so daß man einen Theil derselben hätte fortziehen können. Ueberall beschränkte sich die Besetzung auf das Nothwendigste. Ganz unwillkürlich machte sich der Zwang geltend, daß man den Feind durch die lange Front der Armee über deren ungünstige numerische Verhältnisse täuschen und viel Streitkräfte zeigen mußte. Ueberdies war es so allein möglich, die Truppen sämmtlich nahe an die einzige große Straße zu verlegen, welche der Armee zu Gebote stand, um sich vor der Front des Gegners von Ost nach West oder umgekehrt konzentriren und den angegriffenen Abtheilungen von den Flanken her Unterstützung gewähren zu können. Diese eine Straße lag nur 1/4 Meile von den feindlichen Vorposten entfernt und völlig offen da. Auch das schwierige und wichtige Defilee von Pithiviers war von allen Marschkolonnen zu passiren, die sie benutzten. Allein hier war das Fortkommen doch immer sichergestellt, nicht so auf den vielen nicht chaussirten Querwegen der Beauce.

— — — — — — — — — — — — — —

Die Schlacht von Beaune-la-Rolande hatte nun die Linksschiebung der II. Armee insofern verzögert, als heute am 28. das Loingthal unbesetzt geblieben war. Das Oberkommando aber arbeitete unablässig an der weiteren Durchführung der begonnenen Bewegung.

Vormittags um 11½ Uhr war an den Großherzog, das ihm schon zugesandte Telegramm ergänzend, ein ausführliches Schreiben des Prinzen ergangen, welches ihn zunächst über alles auf dem linken Flügel der II. Armee Geschehene orientirte und ihn davon in Kenntniß setzte, daß der Feind seine Offensive vom rechten Flügel schon begonnen habe. Dann fuhr Prinz Friedrich Karl fort:

„Hiernach ist nicht unwahrscheinlich, daß Seitens des Feindes versucht wird, in der linken Flanke der II. Armee auf Paris zu operiren. Unter diesen Umständen fallen zunächst die Voraussetzungen für einen konzentrischen Angriff auf die Stellung des Feindes vor Orléans fort — und habe ich für heute angeordnet:

„daß die bereits heute früh bei Dadonville konzentrirte 5. Infanterie-Division unverzüglich zur Unterstützung des im Gefecht stehenden 10. Armee-Korps auf Beaune abrückt;"

„daß die 6. Infanterie-Division mit der Korps-Artillerie sich über Pithiviers mit der 5. Division vereinigt, sowie, daß zunächst eine gemischte Brigade des 9. Armee-Korps bei Bazoches-les-Gallerandes Aufstellung nimmt."

„Der Verlauf des heutigen Tages wird darüber bestimmen, ob morgen das 10. Armee-Korps zwischen Loing und Yonne, das 3. Armee-Korps nach Beaumont und bis gegen Château Landon zu dirigiren sein werden und hiermit in Verbindung eine Linksschiebung des 9. Armee-Korps erforderlich wird."

„Unter diesen Umständen wird der Armee-Abtheilung Eurer Königlichen Hoheit die direkte Sicherung der Straßen Orléans — Paris, d. h. der über Toury und über Bazoches-les-Gallerandes führenden Straßen zufallen."

„Die Bestimmung und die Nothwendigkeit, daß die Linksschiebung des 9. Armee-Korps morgen bereits ausführbar sei, sind für den weiteren Vormarsch Eurer Königlichen Hoheit maßgebend."

„Euer Königliche Hoheit wollen daher jedenfalls morgen am 29. mit der möglichst starken Tete Ihres linken Flügels die Straße Orléans — Paris bei Toury erreichen und die Armee-Abtheilung möglichst aufschließen lassen."

Zum Schluß wurde noch hinzugefügt, daß die Patrouillen des 9. Armee-Korps am 27. über Orgères bis Varize vorgegangen und nördlich des Conie-Abschnitts nicht auf den Feind gestoßen seien.

Eine Abschrift dieses Befehls mit dem Zusatz, daß bis zum Eintreffen der Armee-Abtheilung die Sicherung der Straßen von Orléans über Toury und über Bazoches-les-Gallerandes noch dem 9. Armee-Korps verblieben, ging um 12 Uhr Mittags an General v. Manstein ab. Abends um 8¾ Uhr, als die Schlacht vorüber war, erhielt nun General v. Manstein einen neuen Befehl, in welchem der Zusatz stand:

„Es ist wahrscheinlich, daß Seitens des Feindes morgen die Offensive erneuert wird, sei es direkt gegen die Aufstellung des 10. Armee-Korps, sei es auf dem rechten Ufer des Loing."

„Ich bestimme daher, daß vom 9. Armee-Korps die um Bazoches-les-Gallerandes dislozirte Infanterie-Brigade mit der ihr beigegebenen Artillerie morgen in aller Frühe nach Boynes abrückt, um westlich dieses Orts bereit zu stehen und gleichzeitig eine andere Infanterie-Brigade mit Artillerie nach Bazoches les Gallerandes dirigirt wird."

„Das weitere Linksschieben des 9. Armee-Korps nach Pithiviers hat nach Maßgabe des Eintreffens der das 9. Armee-Korps in der Aufstellung Toury — Bazoches-les-Gallerandes ablösenden Armee-Abtheilung des Großherzogs von Mecklenburg, Königliche Hoheit stattzufinden."

„Das 3. Armee-Korps nimmt morgen bei Boynes und Beaumont Aufstellung."

Inzwischen waren über Chartres vom Großherzoge verschiedene Depeschen in Pithiviers eingelaufen, welche über seinen Heranmarsch orientirten und von denen die letzte schon den ihm heute gewordenen telegraphischen Befehl (von 10½ Uhr Vormittags, s. Seite 112) beantwortete.

Um 4 Uhr Nachmittags kam das erste Telegramm der Armee-Abtheilung an:

> „Nach Meldung der 6. Kavallerie-Division hat sich der Feind vom Loirbach in der Richtung auf Beaugency abgezogen."*)

Etwa um 6 Uhr Nachmittags folgten zwei Benachrichtigungen, die erste noch über Chartres, die zweite schon direkt aus Bonneval befördert, vom Nachmittage um 2 Uhr 50 Minuten respektive 3 Uhr 30 Minuten datirt.

1. „Die Armee-Abtheilung geht am 29. mit der 4. Kavallerie-Division bis Orgères, mit der 22. Infanterie-Division bis Bazoches en Dunois, mit dem 1. Bayrischen Korps nach Villeamblain, mit der 17. Infanterie-Division nach Thiville, mit der 6. Kavallerie-Division nach Moisy.

Hauptquartier St. Cloud.

2. Die Armee-Abtheilung marschirt am 29. fünf Meilen:
die 4. Kavallerie-Division nach Toury;
die 22. Infanterie-Division nach Allaines;
die 17. Infanterie-Division nach Germignonville;
das 1. bayrische Armee-Korps nach Orgères;
die 6. Kavallerie-Division nach Villeamblain.

---

*) General de Sonis war, wie bekannt, in der Nacht vom 26. zum 27. November nach Ecoman marschirt. S. Seite 103.

Hauptquartier Viabon.

„Für den heutigen Marsch kam der Befehl wegen Telegraphenstörung zu spät."*)

Zuletzt kam noch von 4 Uhr 2 Minuten die Meldung:

„Heute eingegangenen Nachrichten zufolge stand der Feind mit ungefähr 14,000 Mann am Loirbach und hat sich in der Richtung auf Beaugency—Orleans abgezogen."

Aus der ganzen zur Zeit 16 deutsche Meilen langen Front der vom Prinzen Friedrich Karl augenblicklich kommandirten Heeresmassen von Château Landon bis Moisy bei Morée liefen somit, trotzdem man sich im insurgirten Lande befand, noch am Abend des 28. die Nachrichten in Pithiviers zusammen, und ließen einen Ueberblick gewinnen, was bis zur Dunkelheit geschehen sei. Die letzte, eben angeführte Depesche des Großherzogs traf im Hauptquartier schon um 6½ Uhr Abends ein.

Der Linksabmarsch der ganzen Armee war nunmehr in Gang gebracht.

Die weiteren Absichten des Ober-Kommando's läßt ein Bericht kurz übersehen, den der Generalstabs-Chef der II. Armee um 11 Uhr Vormittags — also kurz nach dem Beginn der Schlacht von Beaune — an den General Grafen Moltke nach Versailles erstattete.

Dieser Bericht führt die vom linken Flügel der II. Armee am 27. an das Ober-Kommando gelangten Meldungen auf. Hieran ist der schon bekannte Ausspruch geknüpft: „Es wird dadurch der wahrscheinliche Plan des Feindes enthüllt, unter Vermeidung des offenen Terrains der Beauce längs des Loing, unseren linken Flügel tournirend, sich Paris zu nähern." Dann erfolgen die dementsprechend gegebenen ersten Befehle zu der Detachirung einer Brigade des 10. Armee-Korps in das Loingthal und dem Marsche der 5. Division nach dem linken Flügel hin.

„Seine Königliche Hoheit würde dann weiter beabsichtigen, fährt General v. Stiehle fort, das 10. Armee-Korps in dem Raume zwischen Loing und Yonne aufzustellen, dem 3. Armee-Korps die Linie Beaumont—Château Landon zuzuweisen, das 9. Armee-Korps um Pithiviers zu konzentriren. Selbstredend müssen bei dieser Sachlage alle Pläne für den Loire-Uebergang unterhalb Orléans vorläufig

---

*) Bekanntlich hatte die Armee-Abtheilung um 11½ Uhr früh den Befehl erhalten, wenn möglich noch am 28. November einen kleinen Marsch zu machen.

fallen. Die Armee-Abtheilung Seiner Königlichen Hoheit des Großherzogs hat gestern, (am 27.) Bonneval—Châteaudun ohne Gefecht besetzt und ruht dort, wie General v. Stosch*) durch einen heute Nacht angekommenen Offizier meldet.“**)

„Seine Königliche Hoheit der Prinz Feldmarschall beabsichtigt, den Großherzog morgen gegen Janville—Toury heranzuziehen, und ihm weiterhin die Deckung der großen Straße auf Etampes und ihrer nächsten Parallelstraßen zu übertragen. Die II. Armee wird dadurch disponibel werden, um gegen den vielleicht à cheval des Loing vorrückenden Feind zu operiren.

„Eine wünschenswerthe Unterstützung würde Seiner Königlichen Hoheit gewährt werden, wenn in Malesherbes und Etampes Magazine besonders an Hafer und Brod seitens der III. Armee in den nächsten Tagen angehäuft werden könnten.“

Der Bericht schloß mit den Worten:

> „Euer Excellenz stelle ich anheim, ob Seitens der Truppen vor Paris eine starke Besetzung von Fontainebleau und Moret nicht würde eintreten können.“ —

An dieser Stelle ist es von Interesse, einen Blick auf die Absichten und Maßnahmen des Gegners zu werfen, und zu untersuchen, in wie weit das Ober-Kommando dieselben richtig erkannte und in wie weit seine Schlüsse von der Wirklichkeit divergirten.

Am Uebersichtlichsten giebt das bekannte Buch von Freycinet die Pläne des Gegners wieder — freilich partheiisch und erfüllt von einer Polemik gegen die bei der Armee kommandirenden Generale geschrieben.

Thatsächlich hatte das Ober-Kommando seine Diagnose im Großen völlig richtig gestellt, der Feind beabsichtigte die Offensive vom rechten Flügel in der Richtung auf Fontainebleau, den linken Flügel der II. Armee umfassend und zertrümmernd. Im Walde von Fontainebleau sollten die Loire-Armee und die Armee vor Paris sich vereinigen, um dann gemeinsam zu weiteren Siegen zu schreiten und den französischen Boden von der Invasion zu befreien.

---

*) General v. Stosch hatte inzwischen die Geschäfte des Chefs des Generalstabes bei der Armee-Abtheilung übernommen.

**) Bekanntlich war die Meldung, daß der Großherzog Bonneval zu erreichen hoffe, telegraphisch schon am 27. November Abends um 8 Uhr in Pithiviers eingelaufen; sie ist an der danach passenden Stelle auch in der Darstellung berücksichtigt worden. Siehe Seite 102.

Der Entstehungsgang dieser Idee war etwa folgender. Nach dem Siege von Coulmiers und der Wiedereinnahme von Orléans hatte der kühnere Theil der französischen Gewalthaber die Fortsetzung der Offensive gegen Paris verlangt, der bedächtigere dawidergerathen. Das Verbleiben bei Orléans und der Entwurf, ein großes, verschanztes und mit 150 schweren Geschützen armirtes Lager bei dieser Stadt zu errichten, war die Folge eines am 12. November im Hauptquartier des General d'Aurelle de Paladines gehaltenen Kriegsraths.

Als aber im Laufe des Monat November das 17., 18., 20. französische Korps ihre Formation vollendet hatten und zur Loire-Armee stießen,*) da trat die Nothwendigkeit zu handeln an die französische Regierungsdelegation heran, wenngleich zu derselben Zeit auch die II. deutsche Armee vor dem Walde von Orléans eintraf. Die Regierung von Tours berechnete die Stärke der Loire-Armee schon vom 19. November ab auf über 200,000 Mann und mehr als 500 Kanonen.**) Ein sechstes Korps — das 21. — in Le Mans formirt, sollte mit 50,000 Mann und 100 Geschützen diese große Armee noch verstärken, die auf dem rechten Loire-Ufer vom Walde von Marchenoir bis gegen den oberen Loing hin sich versammelt hatte. Mit solchen Streitkräften in der Hand durften die Machthaber nicht unthätig bleiben, wollten sie nicht ihre Ehre und ihre Existenz auf's Spiel setzen. Die eigene Erhaltung, das drohende Ende des Widerstandes in Paris, wo nach den damals in Tours vorliegenden Mittheilungen um die Mitte Dezember die Subsistenzmittel erschöpft sein mußten, trieben sie unaufhaltsam vorwärts. Das Land ward ungeduldig, die Wirkung zu sehen, welche seine Vertrauensmänner mit den kolossalen, ihnen freigebig bewilligten Kriegsmitteln erreichen würden. Dieser Druck drängte gewaltig zur Entscheidung.

General d'Aurelle de Paladines, der Ober-Befehlshaber der Loire-Armee, aber begehrte noch die Organisation seiner großen locker zusammengefügten Armee zu vollenden. Er scheute ferner mit Recht das Heraustreten auf das freie Terrain nördlich des Waldes von Orléans und wollte vor allen Dingen erst dann einen bestimmten

---

*) Das 18. blieb vorläufig noch unter spezieller Verfügung des Kriegs-Ministeriums.

**) Charles de Freycinet. La guerre en Province. Paris 1871 pag. 104.

Entschluß zur Offensive gegen Paris fassen, wenn eine Verbindung mit den Belagerten hergestellt worden war.

Die Unternehmungslust des Ober-Befehlshabers hielt also mit den Wünschen der Regierung nicht gleichen Schritt und das warf die Uneinigkeit in die Leitung der französischen Heeresmassen. Am 19. November wurde General d'Aurelle von der Regierung aufgefordert, gegen Paris zu marschiren und seine Absichten über die Ausführung des Marsches dem Gouvernement zu unterbreiten: „Nous ne pouvons demeurer éternellement à Orléans. Paris a faim et nous reclame. Etudiez donc la marche à suivre pour arriver à vous donner la main avec Trochu, qui marcherait à notre rencontre avec 150,000 hommes en même temps qu'une diversion serait tenté dans le Nord.“

Allein der Ober-Befehlshaber der Loire-Armee antwortete auf diese Forderung abermals, daß er die Absichten der in Paris kommandirenden Generale zunächst kennen müsse, um einen bestimmten Plan fassen zu können.*) An demselben Tage ging schon ein drängender Brief Gambetta's an den General ab, doch noch ehe dessen Wirkung sich zeigen konnte, war in Tours der Entschluß bereits fertig, die Leitung der nächsten Operationen selbst in die Hand zu nehmen. Die ersten von diesem neuen Standpunkt aus gegebenen Befehle gingen dem General d'Aurelle bereits am 21. November zu.

Ein solches Beginnen kann sich nur unheilvoll geltend machen. Sicherlich fühlt man sich in der Ferne freier von elementaren Hemmnissen, welche, in die Nähe gerückt, schwachen Gemüthern nur allzuleicht jede Freiheit und Fähigkeit des Entschlusses nehmen. Allein wer eine Armee leiten will, muß doch in ihrer Mitte stehen, um ihr Stimmung, ihr inneres Leben zu fühlen und auch den Gegner nach eigenem Takt richtig würdigen können. Ist das nicht der Fall, so sind ungerechtfertigte Geringschätzung auf der einen Seite, Verstimmung, laue Ausführung und Mißverständniß auf der anderen die fast regelmäßig wiederkehrende Folge.

---

*) Pour étudier un plan, pour arriver à donner la main au général Trochu, il serait nécessaire, que je fusse au courant de ce qui se passe à Paris et des intentions de cet officier général.

Allein Gambetta und seine Organe beabsichtigten dennoch selbst in die Bewegungen der Loire-Armee einzugreifen. Sie hielten die Ostseite von Paris für diejenige, an der den Eingeschlossenen die Durchbrechung der Cernirungslinie am ehesten gelingen könne. Danach entschlossen sie sich zum Marsche auf Fontainebleau, wohin sich dann aller Voraussicht nach die ausbrechende Armee gleichfalls wenden mußte. Zudem empfand man Unruhe über die Bewegungen der Armee-Abtheilungen des Großherzogs, über welche die Gewalthaber in Tours nicht zur Klarheit kamen, ob sie den Regierungssitz bedrohen sollte, oder die Einleitung zur Umfassung des linken Flügels der Loire-Armee bilde. Sie hofften nun gleichfalls dem am besten durch eine Offensive des rechten Flügels der Loire-Armee entgegenzuwirken. Diese sollte die Abberufung des Großherzogs aus dem Sarthegebiet erzwingen — ein Ereigniß, welches freilich zu derselben Zeit, aber aus ganz anderen Gründen wirklich stattfand.

Der Vormarsch über Pithiviers, Beaune la Rolande und über Montargis wurde beschlossen. Der rechte Flügel der Loire-Armee, das 18., 20. und eine starke Division des 15. Armee-Korps, die hierzu rechts abmarschirte*), sollte damit beginnen. Das führte zu den Gefechten von Ladon und Mézières am 24., zur Schlacht von Beaune am 28. November. Damit war diese Operation schon gescheitert, nahezu die Hälfte der Loire-Armee aber zertrümmert und kampfunfähig gemacht.

Die Urheber des ganzen Unternehmens hielten freilich die Schlacht von Beaune la Rolande für einen Sieg der französischen Waffen und ihr Werk für glücklich durchgeführt**).

Das Oberkommando der II. Armee hatte sonach die Absichten des Gegners im Allgemeinen völlig richtig durchschaut, nur nahm es an, daß der Feind mit seiner Umgehung weiter nach Osten ausholen und das freie Terrain von Pithiviers auch noch vermeiden

---

*) Siehe Darstellung des 24. November.

**) Freycinet sagt am Schlusse seiner Angaben über die Schlacht von Beaune: Toutefois les avantages remportés étaient tels, que le prince Charles ne crut pas pouvoir conserver sans danger la position de Beaune la Rolande. Il l'abandonna pendant la nuit après avoir incendié les maisons qui fournissaient le plus solide point d'appui. Il est probable, que si, pendant cet engagement la division des Pallières (vom 15. Korps) avait été lancée sur Pithiviers elle se serait emparée de cette place et aurait ainsi coupé la retraite aux troupes, venant de Beaune la Rolande.

werde. Diese rein taktische Rücksicht, die den General d'Aurelle de Paladines bedenklich machte, sobald es sich darum handelte, den Schutz des Waldes von Orléans zu verlassen, entzog sich der Rücksicht des von Tours aus disponirenden französischen Kriegsministeriums der Provinzen.

Der 29. und 30. November.

Am 29. früh erwartete der Oberbefehlshaber die Fortsetzung des Kampfes auf dem linken Flügel der II. Armee, und damit in Verbindung die Erneuerung der umfassenden Bewegungen im Loingthale. Die Bedeutung der am 28. November errungenen Vortheile übersah man, wie erwähnt, noch nicht völlig.

Um schnelle, und, wenn nöthig, ausführliche mündliche Meldung haben zu können, sandte der Oberbefehlshaber mehrere Generalstabs-Offiziere auf das Schlachtfeld.

Das 3. Armee-Korps hielt sich bei Beaune und Boynes, die 1. Kavallerie-Division noch bei Barville bereit, um das links danebenstehende 10. Armee-Korps sofort zu unterstützen, wenn der Feind angriff. Ein außerordentlich trüber, nebliger Tag erschwerte abermals die Uebersicht.

In der Nacht war an verschiedenen Punkten der gestern so glücklich vertheidigten Front ein starkes Wagengerassel und das Geräusch marschirender Truppen drüben beim Feinde vernommen worden. Am Morgen machte der Gegner keine Miene, seine Angriffe von Neuem zu beginnen. Einmal noch im Laufe des Vormittags meldeten zwar Patrouillen des 10. Armee-Korps, daß er sich von Neuem gegen Venouille sammele, während die Vorposten des 3. Armee-Korps französische Kolonnen vor ihrer Front im Marsche von Westen nach Osten sahen. Allein diese unbestimmten Bewegungen hatten Nichts zu bedeuten, der Rückzug der Franzosen sprach sich immer unverkennbarer aus. Bald nach 11 Uhr erhielt das Oberkommando durch die ausgesandten Offiziere diese Gewißheit. Als Rückzugslinie wurde St. Loup und Boiscommun angegeben. Das Generalkommando hatte um dieselbe Zeit auch schon die Ueberzeugung gewonnen, daß zwischen dem Loing und der Yonne noch keine feindlichen Truppen vorwärts marschirten. General v. Voigts-Rhetz wollte eine Brigade des Korps aber dennoch dorthin rekognosziren lassen, sobald sein rechter Flügel in und bei Beaune erst völlig durch die Truppen des 3. Armee-Korps abgelöst worden war.

Uebrigens hatte das Korps durch den der Brigade Kraatz entgegengeschickten Offizier mit derselben nunmehr schon die Verbindung aufgenommen, dem Oberkommando aber des Morgens um 8¼ Uhr Meldung gemacht. General v. Kraatz war am 28. Mittags, einige Ersatztruppen mit sich führend, in St. Julien eingetroffen und hatte bereits gegen Montargis rekognosziren lassen. Allein er stieß in dieser Richtung noch auf geschlossene feindliche Infanterie-Abtheilungen. Nur die Straße über Ferrières war zur Zeit frei, wenigstens zeigte sich dort nichts, als französische Patrouillen. Demnach beabsichtigte der General am 29. früh seine Kolonnen nach Cheroy vorauszuschicken, selbst zunächst zum Schein auf Montargis vorzugehen, aber dann gleichfalls nach Cheroy einzubiegen. Von dort dachte er am 30. November an geeigneter Stelle den Loing zu überschreiten und sich mit dem 10. Armee-Korps zu vereinigen.

Wenn auch die Truppen des General v. Kraatz numerisch noch keine Verstärkung ausmachten, die ins Gewicht fiel, so kam ihr Eingreifen auf dem bedrohten linken Flügel der Armee gerade zu dieser Zeit doch sehr gelegen.

Als um 12 Uhr Mittags in der Gegend von Beaune la Rolande noch Alles schwieg, schrieb Prinz Friedrich Karl dem General v. Voigts-Rhetz Folgendes:

„Euer Excellenz wollen den General-Major v. Kraatz anweisen, die Sicherung der längs des Loing führenden Straßen zu übernehmen. Dem General-Major v. Kraatz fällt somit die Aufgabe zu, für welche gemäß meines Befehls von gestern eine gemischte Brigade nach Château Landon detachirt werden sollte."

„Die Anordnungen zur Aufrechthaltung der Verbindung mit General v. Kraatz bleiben Euer Excellenz überlassen. Das 10. Armee-Korps ist im Uebrigen so in enge Kantonnements zu legen, daß die Orte Beaune la Rolande und Egry die westliche Grenze bilden, beide Orte dem 3. Armee-Korps gehörend. Wohin Euer Excellenz das Hauptquartier hinlegen, ist telegraphisch zu melden."

„Das 3. Armee-Korps hat Anweisung, sich heute um Boynes (Hauptquartier) zu dislozieren und Beaumont en

Gatinais mit nicht fechtenden Theilen des Korps zu belegen."

„Das 9. Armee-Korps belegt Pithiviers und Gegend."

„Bezüglich Anschlusses der Vorposten des 10. Armee-Korps an diejenigen des 3. Korps bleiben Euer Excellenz die Vereinbarungen mit letzterem überlassen."

General v. Alvensleben II. erhielt gleichzeitig nachstehenden Befehl:

„Euer Excellenz wollen heute das 3. Armee-Korps in enge Kantonements um Boynes (wohin das Hauptquartier) dislozіren."

„Die östliche Grenze der Kantonements sind die Orte Egry und Beaune la Rolande, welche dem 3. Korps gehören. Beaumont en Gatinais kann von nicht fechtenden Theilen des Korps belegt werden*). Das 10. Armee-Korps dislozirt sich heute östlich Egry—Beaune la Rolande."

„Die westliche Grenze des Rayons für das 3. Armee-Korps bildet der Abschnitt des Rimarde. Der an diesem gelegene Ort Courcelles ist der rechte Flügelpunkt für die Vorposten des 3. Armee-Korps, welche Fühlung am Feinde behalten müssen."

Dann wurde dem Befehl noch die oben gleichfalls an General v. Voigts-Rhetz geschriebene Mittheilung über das 9. Armee-Korps und die Anordnung über den Anschluß der Vorpostenlinien hinzugefügt.

An General v. Manstein wurde eben so um 12 Uhr Mittags Folgendes geschrieben:

„Das 9. Armee-Korps hat — wie bereits gestern befohlen — nach Maßgabe des Eintreffens der Armee-Abtheilung des Großherzogs von Mecklenburg in der Aufstellung Toury—Bazoches les Gallerandes sich in enge Kantonements in und um Pithiviers zu dislozіren."

„Die auf Boynes dirigirte Brigade ist angehalten worden**), und bleibt deren Dislozirung südöstlich Pithiviers überlassen."

*) Da das 10. Armee-Korps in Beaumont seine Lazarethe, die erste Trainstaffel und seine in Thätigkeit gesetzte Bäckerei hatte, so wurde ihm später, durch besonderen telegraphischen Befehl auf seinen Antrag, der Ort gelassen.

**) War durch mündlichen Befehl geschehen.

„Das 3. Armee-Korps wird heute um Boynes (Hauptquartier) dislozirt. Die Grenze zwischen den Kantonements des 3. und 9. Armee-Korps bildet der Abschnitt des Rimarde (Wasserlauf, an dem die Orte Courcelles und Yèvre liegen). Courcelles wird demnächst der rechte Flügelpunkt der Vorposten des 3. Armee-Korps sein, welche jedoch Fühlung am Feinde behalten."

„Die Vorposten der Kavallerie-Division Stolberg behalten bis auf weiteren Befehl den jetzigen Rayon, aber auch Fühlung am Feinde."

Um 12½ Uhr Nachmittags wurde dann nach Viabon an den heute dort eintreffenden Großherzog von Mecklenburg noch ein Schreiben befördert, welches mit den Nachrichten über die Schlacht bei Beaune begann und dann fortfuhr:

„Rechts des Loing scheint der Feind nicht weiter nach Norden zu marschiren."

„Die II. Armee bleibt deshalb heute auf der Linie Pithiviers—Beaune in Bereitschaft. Eure Königliche Hoheit wollen die Armee-Abtheilung auf der Linie Orgères—Janville—Toury bis Bazoches les Gallerandes dislozïren und das zu wählende Hauptquartier telegraphisch mit Station Toury verbinden lassen."

„Die Kavallerie-Division Stolberg, welche später Euer Königlichen Hoheit in Austausch gegen die 6. Kavallerie-Division überwiesen werden wird, behält die jetzt inne habenden Vorposten, ihre Verlängerung nach rechts bleibt Aufgabe der Königlich bayerischen Kavallerie."

„Den Vorposten ist rege Aufmerksamkeit und stete Fühlung am Feinde zu empfehlen."

„Der 4. Kavallerie-Division wird die Sicherung gegen Westen, sowie die Verbindung mit den gegen Le Mans 2c. zurückgelassenen Detachements zu übertragen sein."

(gez.) Friedrich Karl.

So sollte die II. Armee sich nun bereit halten, um den Feind, sobald er seine Offensive erneuerte, energisch zurückzuweisen, oder ihn in der linken Flanke anzufallen, wenn er die Umgehung ohne Kampf versuchte. Seit der Schlacht von Beaune hatte es sich, wie erwähnt, noch mehr als zuvor klar herausgestellt, wie vortheilhaft für die preußischen Waffen unter den hier herrschenden besonderen Umständen die taktische Defensive sei. Die Gefechtsdisziplin der Infanterie, ihr Gewehr, die überlegene Tüchtigkeit der Artillerie, das Alles machte sich bei der Vertheidigung auf das Vortheilhafteste geltend. Die jungen Truppen der Loire-Armee hatten in der Defensive z. B. bei Neuville aux bois eine Haltung gezeigt, welche Achtung und Berücksichtigung erforderte. Sie ohne Weiteres, wo man sie in vorbereiteter Stellung fand, mit blindem Vertrauen auf das preußische Waffenglück anzugreifen, das hätte sich sicherlich gerächt. Offensivkraft aber besaßen die unbehülflichen großen Massen der Loire-Armee, wie es sich bei Beaune gezeigt, gar nicht. Wenngleich sie gewiß an bestimmten Punkten, auf ein einzelnes Ziel angewiesen, mit Bravour vorwärts stürmten, so mangelte ihnen doch alle Manövrirfähigkeit. Die Tapferkeit vergrößerte nur mit Sicherheit ihre Verluste. Wie günstig das freie Terrain nördlich des Orléans-Waldes dabei für die deutschen Truppen war, ist schon früher dargelegt worden. Die Hoffnung, sich dort angegriffen zu sehen, aber hatte auch ihren guten Grund. Man übersah im Hauptquartier Pithiviers die Umstände, welche den Gegner zum Handeln zwangen, ebenso klar, wie jener selbst. Die II. Armee konnte — da sie die ihr gestellte Aufgabe, die Cernirung von Paris gegen Süden zu sichern, auf alle Fälle zu lösen vermochte — den Augenblick für ihren Angriff frei wählen und die günstigen Umstände dazu mit Ruhe abwarten. In weit üblerer Lage befand sich der Feind. Paris war nun schon so lange eingeschlossen, daß die Zustände in der Stadt allgemach bedenklich werden mußten; das Wort „Paris à faim et nous reclame“ wurde ein zwingendes Gebot für die Regierung in den Provinzen.

Wenn aber erst mehrere solche vergeblichen und blutigen Anstrengungen wie die bei Beaune durch die Loire-Armee gemacht worden waren, dann kam der Zeitpunkt sicher und noch früh genug, um sie vollständig zu zertrümmern, auch ohne den Bestand der II. Armee in Frage zu stellen.

Diese Anschauung, die sich im Hauptquartier Pithiviers allmälig aus der genauen Kenntniß derjenigen Verhältnisse entwickelt hatte, mit welchen hier zu rechnen war, fand auch eine Billigung durch den Chef des Generalstabes der Armee, welcher am 27. November aus Versailles an General v. Stiehle geschrieben hatte:

> „Das Vorrücken feindlicher Kräfte von Le Mans würde allerdings in diesem Augenblicke sehr unbequem sein, aber

ich glaube, daß die Operation des Großherzogs bis La Ferté Bernard und Vibraye, wenn nicht den Rückzug des Feindes von Le Mans bewirkt, dort nur Defensivmaßregeln veranlaßt haben wird. Sein plötzlicher Linksabmarsch wird auch nicht sogleich bekannt geworden sein."

„Nachdem die Vereinigung mit Ihnen nun einigermaßen bewirkt, wäre nur zu wünschen, daß der Feind Sie angriffe. Er müßte dabei in die freie Ebene heraustreten, wo Ihre Ueberlegenheit an Artillerie und Kavallerie zur vollen Geltung gelangte. Ob er sich zu einem solchem Entschluß aufzuraffen vermag, muß freilich fraglich erscheinen, so lange er aber in der Defensive verharrt, kann er auch nichts zur Rettung von Paris beitragen."

Am heutigen Tage freilich bestätigten im Gegensatz zu diesen Wünschen alle Anzeichen nur den Rückzug des Feindes.

Um 1 Uhr ging eine Nachricht des General v. Alvensleben ein:

Boynes, 12 Uhr 51 Minuten Nachmittags,
29. 11. 70.

„Die Dörfer Batilly, St. Michel, Nancray sind vom Feinde verlassen. Gegen den Wald hinter Nancray, der noch besetzt sein soll, wird rekognoszirt."

(gez.) v. Alvensleben.

Eine Viertelstunde später meldete derselbe General, daß eine Offiziers-Patroille aus der Gegend von St. Loup während $^3/_4$ Stunden den ununterbrochenen Marsch von französischen Infanterie-Kolonnen auf der Straße nach Boiscommun beobachtet habe. Die Queue dieser Kolonnen passirte gleich nach 12 Uhr Mittags St. Loup.

Um 4 Uhr meldete der zum 10. Armee-Korps gesandte Generalstabs-Offizier:

„Der Feind ist entschieden im Zurückgehen, nach Meldung der Avantgarden in südlicher Richtung; Landeseinwohner sagen aus, daß auch in der Richtung auf Montargis Truppen zurückgegangen sind."

„Nachmittags um 1 Uhr ist auch Corbeilles und Juranville geräumt worden."

„Die Eisenbahnzerstörung östlich Château Landon ist ausgeführt, auch Nachmittags keine Bewegung zwischen Loing und Yonne gemeldet."

Um $4^3/_4$ Uhr Nachmittags telegraphirte General v. Voigts-Rhetz von Longcour, 4 Uhr Nachmittags:

„Meine Teten sind im Begriff, dem Feinde über Juranville und Corbeilles zu folgen. Ich werde morgen die mir heute vorgeschriebene Dislokation nehmen und mein Hauptquartier morgen früh nach Bordeaux*) legen.

Um $4^3/_4$ Uhr kam ferner vom 3. Korps noch folgendes ausführliche Telegramm:

Boynes, 4 Uhr 40 Minuten Nachmittags, 29. 11. 1870.

„Die Patrouillen der Infanterie und Kavallerie melden übereinstimmend, daß die Gegend bis Boiscommun vom Feinde geräumt ist. Boiscommun ist noch stark besetzt. Bei la Bréconte südwestlich Nancray stehen zwei Schwadronen Chasseurs. Einwohner aus Nancray sagen aus, daß der Feind sich heute früh 10 Uhr aus Nancray auf Orléans abgezogen. Die bei der Rekognoszirung gemachten Gefangenen geben Boiscommun und Bellegarde als die Punkte an, auf welche der Rückzug befohlen sei. Offizier-Patrouillen des 20. Regiments schließen auf eiligen Rückzug des Feindes."

(gez.) v. Alvensleben.

Der Feind hatte also am Morgen seinen Abzug langsam und zögernd begonnen, um dann des Nachmittags schneller in seine starken Positionen von Bellegarde und Boiscommun zurückzugehen**). Aus den aufgeführten Nachrichten gewann das Oberkommando, wie aus einer nach Versailles gerichteten Korrespondenz hervorgeht, die Anschauung, der Gegner wolle die II. Armee zu einem Angriffe auf seine starken Positionen von Boiscommun verleiten.

Allein es war doch auch möglich, daß der Feind das Unwahrscheinliche thun und ganz zurückgehen werde. Das 3. und 10. Armee-Korps erhielten daher noch am Abend, das erste durch mündliche Bestellung, das letztere durch Telegramm den Befehl, mit stärkeren Abtheilungen gegen Boiscommun und Montargis zu rekognosziren.

---

*) Ging nach Gondreville.

**) Der Rückzug der Massen war schon in der Nacht ausgeführt worden — wenigstens beim 20. Korps —; man beobachtete hier also wohl nur die Arrieregarden.

Wenn es sich dabei herausstellte, daß der Feind wirklich gegen die Loire hin abzog, so sollte das 3. Armee-Korps sofort zu lebhafter Verfolgung übergehen.

Diese Rekognoszirungen führten an nächsten Tagen zu ausgedehnteren Vorposten-Gefechten.

Das 3. Armee-Korps hatte seinen beiden Divisionen befohlen, eine Anzahl kleiner Abtheilungen, jede aus 1 Kompagnie, 1 Eskadron bestehend, auf der ganzen Linie von Courcelles bis Maizières gegen den Feind vorzutreiben. Der Rest der in vorderster Linie stehenden Brigaden sollte sich bei seinen Kantonements zum Gefecht bereit halten, das Gros der Truppen des Korps aber sich bei Batilly versammeln — die 1. Kavallerie-Division und die Korps-Artillerie südlich Barville.

Das 10. Armee-Korps hatte bestimmt, daß General v. Woyna mit der Brigade Lehmann (7 Bataillone), 7 Eskadrons und 4 Batterien gegen Montargis rekognosziren und den Ort, wenn möglich, besetzen sollte.

Vormittags um ½9 Uhr ritt der Feldmarschall, nachdem er von beiden Armee-Korps noch in Pithiviers die telegraphischen Meldungen über diese ihre Dispositionen empfangen hatte, nach Beaune la Rolande, woselbst er am südlichen Ausgange auch den General v. Stülpnagel traf, und sich von diesem über die Vorfälle beim 3. Armee-Korps genauer unterrichten lassen konnte.

Unterwegs war ihm um 10 Uhr schon die telegraphische Meldung zugegangen, daß das Gefecht engagirt sei.

Batilly, 9 Uhr 30 Minuten Vormittags,
30. 11. 1870.

„Der Feind hat in der Richtung auf St. Loup und Montbarrois angegriffen. Bei Boiscommun sollen nach Einwohner-Nachrichten 30,000 Mann starke feindliche Massen stehen. Die diesseitigen Vorposten sind auf der Linie St. Loup—Montbarrois im Gefecht. Ich setze die Angriffsbewegungen fort zur Unterstützung der Vorposten."

(gez.) v. Alvensleben.

An demselben Morgen — um 4 Uhr — hatte eine Depesche aus Versailles die Nachricht gebracht, bei Paris habe nach heftiger einleitender Kanonade, welche in der Nacht vom 28. zum 29. Morgens andauerte, ein erster größerer Ausfall gegen L'Hay und andere Punkte der Position des 6. Armee-Korps — also auf der Südseite —

stattgefunden, begleitet von Demonstrationen auf den nicht angegriffenen Fronten.

Das Wolff'sche Büreau publizirte ferner eine Depesche aus Tours, welche mit den Worten begann: „Incontestable grande bataille se prépare. Jusqu'à présent avantage nous reste dans actions partielles.“ Diese Depesche ging von Berlin über Versailles gleichfalls dem Oberkommando zu. Möglicherweise war der Zeitpunkt gekommen, an welchem die gemeinsamen Operationen der feindlichen Armee von Paris und der der Provinzen eingeleitet wurde.

Durch dieses Zusammentreffen gewannen die einzelnen Nachrichten eine erhöhte Bedeutung und es war nun nicht unwahrscheinlich, daß ein neuer ernster Angriff auf dem linken Flügel der II. Armee bevorstände.

Der Prinz sandte deshalb an das 9. Armee-Korps den Befehl, seine sämmtlichen disponibeln Truppen bei Boynes zu versammeln und Pithiviers nur mit einer Kompagnie besetzt zu halten.

Allein die Offensivbewegungen des Feindes waren hier nicht ernst und wurden auch sehr bald eingestellt. Dagegen schoben sich immer mehr französische Massen bei Boiscommun zusammen. Von Fréville her rückten dort noch Infanterie-Kolonnen ein, beträchtliche Reserven standen nach Meldungen der Patrouillen dahinter. Auch bei St. Loup, sowie weiter westlich bei Chambon nahm man stärkere Truppenmassen wahr und blieben auch alle Bewegungen des Feindes unentschieden, so wurde doch so viel gewiß, daß derselbe nicht gesonnen sei, abzuziehen, sondern daß er sich eher immer stärker konzentrire. Gefangene Mobilgardisten gaben übrigens an, daß sie weder vom 18. noch 20. Korps seien, sondern von einem dritten, welches von der großen Straße Paris—Orléans her nach dem rechten Flügel herangezogen worden wäre. Diese Nachricht schien volle Aufmerksamkeit zu fordern*).

Natürlich verhielt sich das 3. Armee-Korps dem Feinde gegenüber nunmehr beobachtend, griff nicht an, verlor ihn aber auch nicht aus dem Auge.

Beim 10. Armee-Korps wurde übrigens um Mittag das Feuer heftiger. Dort hatte am Morgen die Brigade Valentini den Ver-

---

*) Die 1. Division des 15. Korps dehnte sich von Chilleurs her bis vor die Front des 20. Korps aus.

such gemacht, ihre Vorposten weiter vorzuschieben; denn eine Reihe von Anzeichen deuteten auf den Rückzug des Gegners hin. Sie besetzte dabei glücklich Maizières, sah sich dann aber so starken französischen Streitkräften gegenüber, die hinter dem Orte standen, daß es gewagt schien, denselben zu halten. Sie räumte ihn, doch nun drängte der Feind heftig nach. Das Gefecht ließ sich dabei so ernst an, daß der kommandirende General seine Truppen schnell versammelte. Die Entsendung gegen Montargis unterblieb. Die Brigade Wedell stellte sich bei Longcour bereit und unterstützte mit Theilen die schon fechtenden Truppen. Die Brigade Lehmann mit der Korps-Artillerie postirte sich bei Bahnhof Beaune in Reserve.

In Lorcy, von wo aus gleichfalls der Anmarsch starker französischer Kolonnen gemeldet wurde, und in Corbeilles blieben schwache Arrieregarden zurück. Dem letztgenannten Orte gegenüber bei Mignerette und Chapelon zeigte der Feind gleichfalls Truppen, von Artillerie begleitet.

Die Brigade Valentini hatte sich übrigens in ihrer vorübergehend bedrängten Lage auch an die 5. Infanterie-Division um Unterstützung gewendet und Prinz Friedrich Karl, der zur Stelle war, genehmigte die Bitte. Die Division dirigirte daher ein Detachement von 10 Kompagnien mit einigen Eskadrons und etwas Artillerie gegen Maizières. Als es dort ankam, hatte die Brigade Valentini schon das Gefecht abgebrochen und war nach Juranville zurückgegangen. Es kanonirte nun zwar gegen eine bei Maizières erscheinende französische Batterie und rückte dann bis dicht an den Ort vor, fand denselben indessen stark besetzt. Obgleich es gelang, Häuser in Brand zu schießen, so rief der Divisions-Kommandeur das Detachement doch ab, da ein neues Gefecht keinen Zweck hatte. Noch in der Dunkelheit erhielten die Patrouillen von allen Lisieren des Dorfes aus Feuer; — auch Juranville sollte vom Feinde besetzt sein. Dagegen war Abends St. Loup frei, Montbarrois zwar noch zum Theil vom Feinde okkupirt, doch zogen Kolonnen von dort auf Treville ab. Die Gefangenen, welche an dieser Stelle gemacht wurden, gehörten dem 20. französischen Korps an und klagten allgemein über Mangel, Krankheiten und die großen Verluste des 28. November *).

*) General Billot berichtet über die Operationen des 18. Korps am 29. und 30. November Folgendes:

„Die am 28. Abends befohlenen Bewegungen vollzogen sich vom 29. früh ab, als ich um 9 Uhr zu Maizières — wohin ich mein Hauptquartier verlegt

Dem Oberkommando wurden diese Einzelheiten jedoch erst des Abends um 8$^{3}/_{4}$ Uhr bekannt.

---

hatte — folgenden Befehl des General Crouzat erhielt: „Das 18. Korps wird sich sofort auf Ladon zurückziehen, diesen Ort solide besetzen und die Ereignisse abwarten."

„Ich war für die Zeit der Operationen gegen Beaune unter die Befehle des General Crouzat gestellt."

„Ich führte also diese letzte Weisung aus. Aber um diese wichtigen und so theuer erkauften Positionen möglichst lange zu erhalten, ließ ich Maizières durch die algerischen Tirailleurs und vier Kompagnien des Bataillons d'Afrique besetzt. Ich ließ auch Kavallerie-Vorposten in Lorcy, Juranville und les Cotelles und nahm mein Hauptquartier in Ladon."

„In Uebereinstimmung mit den ministeriellen Instruktionen mußte das 18. Korps, der Bewegung des 20. folgend, den Abmarsch nach der linken Flanke fortsetzen, eine delikate Operation vor der Front eines wachsamen, manövrirfähigen und zum Angriff stets bereiten Feindes."

„Da ich wußte, daß der Feind suchen würde, bei der Vereinigung beider Korps meine linke Flanke anzugreifen, so wendete ich den 29. an, die Positionen des Korps zu verschanzen und die schwachen Punkte zu verstärken, um bereit zu sein, den Feind zu empfangen, wenn er erschien, und auf alle Fälle die Vorwärtsbewegung zu unterstützen, welche am nächsten Morgen statthaben sollte."

„Die Preußen begannen thatsächlich am 30. den Angriff auf das Dorf Maizières, das sie mit Granaten bewarfen. Das Bataillon der algerischen Tirailleurs und die vier Kompagnien des Bataillons d'Afrique vertheidigten es."

„Unsere Artillerie, auf die Höhen von Montigny vorgezogen, antwortete mit Erfolg und nahm eine auf der Straße von Beaumont signalisirte Kolonne unter bestreichendes Feuer."

„Die verschanzten und verbarrikadirten Truppen in Maizières vertheidigten sich dort kräftig, Dank der Energie des Kapitain Egrot."

„Unterdessen wurden die Anstrengungen des Feindes immer mächtiger; Angriffskolonnen setzten sich in Bewegung. Das Gewehrfeuer begann auf der ganzen Linie, während die feindliche Artillerie fortfuhr, das Dorf zu bewerfen und in Brand zu setzen."

„Als der Moment gekommen war, die Angreifer zurückzutreiben, gingen zwei Bataillone des 42. Linien-Regiments, in Tirailleurs aufgelöst, durch das 3. Marsch-Lanciers-Regiment und eine Batterie Artillerie unterstützt, direkt gegen sie vor, gefolgt von der Kolonne Goury."

„Andererseits wurden 2 Reserve-Batterien und das 2. Marsch-Husaren-Regiment auf die Straße von Beaumont gesetzt, um die Preußen en écharpe zu nehmen."

„Ein Bataillon des 20. Korps, das der General Crouzat die Güte gehabt, zu meiner Disposition zu lassen, bis die Brigade Perrin angekommen sein würde, blieb als Soutien für die Reserve-Artillerie und die Husaren zurück."

„Endlich sollte die Brigade Perrin, die in Bellegarde ankam, den engagirten Truppen als Reserve dienen."

Prinz Friedrich Karl hatte sich am Nachmittage von Beaune nach Batilly hinüber begeben und traf dort den kommandirenden General des 3. Armee-Korps. Bei diesem lagen wieder Meldungen vor, daß starke feindliche Kolonnen von Boiscommun nach Nancray marschirten. Der Prinz gab daher dem 9. Armee-Korps einen neuen Befehl:

Bei Beaune, 30. 11. 1870.
$12^{3}/_{4}$ Uhr Nachmittags.

An General v. Manstein.

„Dem General v. Alvensleben ist gemeldet, daß von Boiscommun auf Nancray starke feindliche Abtheilungen aller Waffen marschiren. Die Truppen des 9. Korps, die bei Boynes stehen, sollen Courcelles und die westlich davon gelegenen Höhen besetzen und sich diesem Feinde gegenüber defensiv verhalten."

(gez.) Friedrich Karl.

Es blieb dort jedoch still, zu einem Gefecht kam es nicht. Auch auf dem linken Flügel erstarb der Kampf allmälig. Von Beaune her, 2 Uhr Nachmittags datirt, ging dem Prinzen darüber noch folgende Meldung zu:

„Beim 10. Armee-Korps war eine Rückwärtsbewegung, anscheinend der Brigade Valentini, sichtbar."

„Um $1^{1}/_{2}$ Uhr kam diese indessen zum Stehen und feuert seitdem die Artillerie wieder, und zwar gegen feindliche Artillerie dicht nordwestlich Maizières, welche auch von der Batterie Stöphasius beschossen wird*)."

„Bei Treville stehen etwa 3 feindliche Bataillone."

„Vom 10. Armee-Korps steht etwa eine Brigade bei Longcour; längs der Eisenbahn bewegen sich Truppen aller drei Waffen von Longcour auf Corbeilles."

Später meldete General v. Voigts-Rhetz vom Bahnhof Beaune

„Das Feuer der Reserve-Batterien, vereinigt mit der Wirkung der tournirenden Bewegung der Truppen, entschied endlich den Erfolg. Die Preußen wurden zurückgeworfen und das 18. Korps konnte seinen Abmarsch nach der linken Flanke, dessen Ausführung es vorhatte, fortsetzen."

*) Die Batterie Stöphasius war die von der 5. Division nach Maizières entsendete, welche die Brigade Valentini im Verein mit der abgesandten Infanterie und Kavallerie unterstützen sollte.

um 3 Uhr Nachmittags über die Vorgänge bei der Brigade Valentini, wie dieselben hier schon geschildert worden sind und fügte hinzu:

„Es ist jetzt die gestrige Vorpostenstellung wieder eingenommen und werde ich, wenn der Feind in der nächsten Stunde nicht angreift, das Korps in Quartiere rücken lassen und mein Hauptquartier in Gondreville nehmen. Corbeilles und Lorcy sind von mir nur sehr leicht besetzt."

Der Feind machte, nachdem er Maizières in seine Hand gebracht, keine Fortschritte mehr, auch keine Anstrengungen, um das 10. Armee-Korps zurückzudrängen, und der Prinz begab sich mit Dunkelwerden in sein Hauptquartier Pithiviers zurück.

Aus den Gefangenenverhören war an diesem Tage die schon angeführte Thatsache wiederholt hervorgegangen, daß der II. Armee nicht nur das 18. und 20. Korps gegenüberstünde, sondern noch ein drittes, von Artenay herangezogenes. Die Gefangenen vermochten freilich den Namen ihres Korps-Kommandanten nicht anzugeben, auch divergirten die von ihnen genannten Nummern und man blieb zweifelhaft, ob Theile des 15. oder 16. Korps hier stünden. Das 16. wurde mehr genannt, und das Oberkommando neigte daher zu der Ansicht, daß dies Korps, welches auch im Westen an der großen Straße Orléans—Paris gespürt worden war, vor der Front der Loire-Armee eine Art Kordonstellung einnähme. Darin stimmten die Aussagen aber überein, daß dies Korps — 30,000 Mann stark — erst seit einigen Tagen hier herangezogen worden sei, bei Beaune la Rolande aber nicht gefochten habe. Ihm sollten auch die in Chambon liegenden Truppen angehören.

Der Feldmarschall glaubte nicht länger zweifeln zu dürfen, daß die Konzentration der Loire-Armee nach ihrem rechten Flüge fortgesetzt werde.*) Wichtig wurde es nun, zu erfahren, welche Theile der Loire-Armee noch bei Chevilly an der Straße Orléans—Paris standen, von wo jedenfalls starke Truppenmassen abmarschirt waren.

---

*) Bekanntlich war die starke 1. Division des 15. Armee-Korps unter General Martin des Pallières seit dem 24. November auf Gambetta's direkten Befehl nach Loury und Chilleurs aux bois dirigirt worden, um von dort aus an der Operation des General Crouzot gegen Pithiviers Theil zu nehmen. Diese Division setzte sich über Courcy aux Loges und Chambon mit dem 20. französischen Korps in Verbindung.

Auf jener Seite traf gerade an diesem Tage die Armee-Abtheilung des Großherzogs ein.

Schon am 29. Abends 9 Uhr war von derselben in Pithiviers ein ausführliches Telegramm eingegangen.

Viabon, den 29. November 1870,
5 Uhr 20 Minuten Nachmittags.

„Patrouillen der 6. Kavallerie-Division stießen gestern am 28. in der Gegend von St. Cloud auf 4 Eskadrons leichter französischer Kavallerie, welche sich beim Herannahen Bayerischer Infanterie nach Süden abzog. Es zeigten sich bei Moirreville feindliche Infanterie-Abtheilungen, von denen 2 Blessirte gefangen wurden. Dieselben waren vom 3. und 48. Linien-Infanterie-Regiment. Heute stieß das 1. Bayerische Korps bei Civry und Varize auf den Feind. Derselbe bestand aus Chasseurs de la Gironde, Franktireurs von Paris und Lanciers und brachte auch 2 Geschütze (4pfündige Gebirgs-Artillerie) ins Gefecht. Drei Bayerische Bataillone und 1 Batterie griffen an, warfen den Feind auf Orléans, verloren 1 Offizier 2 Mann, machten 120 Gefangene. Der Feind soll ungefähr 150 Mann todt und verwundet haben. Er wurde auf 1100 Mann geschätzt und gehört nach Aussage der Gefangenen zum 16. Korps*)."

Zwei Stunden darauf folgte schon eine neue Meldung, da inzwischen der Befehl, den der Prinz aus Pithiviers um 12½ Uhr Nachmittags nach Viabon befördert, dort eingetroffen war.

Hauptquartier Viabon, den 29. November 1870,
Abends 10 Uhr.

„Befehl erhalten; die Armee-Abtheilung morgen:
Die 22. Infanterie-Division Toury,
die 17. „ „ Allaines,
das 1. Bayrische Korps Orgères,
die 2. Kavallerie-Division Toury,
die 4. „ „ Baignolles,
die 6. „ „ Cormainville
(um der II. Armee demnächst überwiesen zu werden)."

---

*) Hierin lag bekanntlich eine Verwechslung mit der selbstständigen 1. Division des 15. französischen Korps.

„Hauptquartier morgen von 12 Uhr Mittags ab Janville."

(gez.) v. Stosch.

In dieser Aufstellung war nun die Armee-Abtheilung bereit, den Feind an der großen Straße in der Defensive zu empfangen. Eine Zusammenkunft der beiden Generalstabschefs hatte am Morgen des Tages in Bazoches les Gallerandes stattgefunden, wo alles Nähere vereinbart wurde.

General v. Stiehle überbrachte dabei der Armee-Abtheilung den Dank Seiner Königlichen Hoheit des Feldmarschalls für ihr Eintreffen, da die Aufgabe der II. Armee gegenüber der ausgedehnten und überall mit starken Kräften besetzten Front des Feindes von Tage zu Tage schwieriger wurde.

Es ward ferner dem General v. Stosch der Beschluß des Prinzen mitgetheilt, die ganze Armee rechts zu schieben, sobald es nur die Verhältnisse auf dem linken Flügel, der dem Feinde bei Beaune schon einen ernstlichen Schlag versetzt hatte, irgend gestatteten. Dann sollte der Angriff gegen Orléans erfolgen, doch wurde gemeinsam verabredet, daß die Armee die Positionen der Franzosen an der großen Straße Paris—Orléans nur mit dem linken Flügel berühren sollte, um von Nordwesten her anzugreifen, weil diese Angriffsrichtung sich schon nach den früheren Kämpfen als die richtige erkennen ließ. Wenn die Angriffs-Kolonnen wirklich auf Verschanzungen stießen, die von ernster Bedeutung waren, so sollte der rechte Flügel noch weiter herumgreifen und die Loire unterhalb Orléans überschreiten, um so den Feind in seinen rückwärtigen Bewegungen zu bedrohen und ihn von Tours zu trennen.

Der Pontontrain des 3. Armee-Korps sollte deshalb baldmöglichst nach dem rechten Flügel abrücken.

Der Armee-Abtheilung fiel nun auch die Verpflichtung zu, aufzuklären, was vom Feinde noch auf jenem westlichen Flügel stünde und der Prinz richtete deshalb am 30. nach seiner Rückkehr in das Hauptquartier Pithiviers ein ausführliches Schreiben an den Großherzog nach Janville.

„Hauptquartier Pithiviers, den 30. November,
Abends 6 Uhr.

„Euer Königlichen Hoheit theile ich mit, daß die vom 3. Armee-Korps vorgesandten Rekognoszirungs-Detachements heute eine halbe Meile südlich Beaune auf mehrere vormarschirende Teten des Feindes gestoßen sind. Nach leichtem Gefecht ist der Feind zurückgegangen. Es waren feindlicher Seits 3 Bataillone im Gefecht. Durch gemachte Gefangene ist konstatirt, daß außer dem 18. noch ein Korps sich vor uns befunden hat."

„Da dies nicht das vorgestern geschlagene ist, so vermuthe ich, der Feind habe zur Deckung seines rechten Flügels das 15. oder 16. Korps hierher gezogen. Ich beabsichtige morgen die weitere Entwickelung mit der II. Armee abzuwarten und bei einem feindlichen Angriff mich zunächst defensiv zu schlagen."

„Da das 9. Armee-Korps mir hierzu als Reserve dienen muß, so ersuche ich, die 22. Infanterie-Division morgen am 1. Dezember Bazoches les Gallerandes besetzen zu lassen, damit die dort noch stehende Großherzoglich-hessische Infanterie-Brigade inclusive ihrer Vorposten-Detachements hierher abrücken kann."

„Die 2. Kavallerie-Division wird im Austausch gegen die 6. Kavallerie-Division der Armee-Abtheilung Eurer Königlichen Hoheit von jetzt an zugetheilt, sie muß jedoch bis auf Weiteres den linken Flügel ihrer Vorposten, wie bisher, bis Courcelles exclusive ausdehnen."

„Für die Vorposten dieser Kavallerie-Division ist es nöthig Infanterie-Replis, etwa von Kompagniestärke, in die Oertlichkeiten an den Straßen zu stellen. Die Infanterie-Replis werden für den linken Flügel der Kavallerie-Division Stollberg bis Crottes inclusive durch das 9. Armee-Korps gegeben und würden von da ab nach Westen Euer Königlichen Hoheit zufallen."

„Die 6. Kavallerie-Division wollen Euer Königlichen Hoheit behufs ihres Abmarsches zur II. Armee morgen am 1. Dezember nach Oinville und Gegend dirigiren und dieselbe anweisen, am 2. Dezember nach Châtillon le Roi (Stabsquartier), Grigneville, Guignonville, Bassainville und Sébonville zu rücken und einen Offizier mit der Meldung des Eintreffens hierher an mich zu senden."

„Die vorentwickelten Verhältnisse beim Feinde machen es wahrscheinlich, daß morgen Euer Königlichen Hoheit nur das 17. und ein Theil des 16. feindlichen Korps (das letzte hat wahrscheinlich die Nordlisiere des Fôret d'Orléans in seiner ganzen Ausdehnung besetzt gegenüber stehen. Es wäre mir erwünscht, wenn Eure Königliche Hoheit Seitens des Königlich Bayrischen Korps und der 17. Infanterie-Division starke Rekognoszirungen vortrieben, um zu ermitteln, welche feindlichen Kräfte — namentlich bei Chevilly stehen."

Die 22. Infanterie-Division ersuche ich jedoch, hierbei nicht zu engagiren, damit dieselbe nöthigenfalls als letzte Reserve für die II. Armee dienen kann."

„Ich muß mir, bis sich die Verhältnisse beim Feinde aufgeklärt haben, vorbehalten, Euer Königlichen Hoheit meine weiteren Pläne zur Verdrängung des Feindes von Orléans mitzutheilen." *)

„Bei Paris findet nach telegraphischen Nachrichten heute ein Ausfall gegen die Süd- und Südostseite statt — Vormittags waren die Angriffe des Feindes zurückgewiesen worden."

Der General-Feldmarschall
(gez.) Friedrich Karl.

Der 1. Dezember.

Die Ereignisse vor Paris machten dem Oberkommando entscheidende Kämpfe auf dem linken Flügel der Armee für den kommenden Tag sehr wahrscheinlich. Drei französische Korps glaubte man vor der Front des 3. und 10. Armee-Korps, die anderen konnten im Marsche von West nach Ost begriffen sein. Wie man damals die Dinge ansah, glaubte man entschieden, daß der jetzt eingeleitete Ausfall der Garnison von Paris der Anfang des Endes sei, daß die letzten großen Anstrengungen, die Cernirung der Hauptstadt zu sprengen, gekommen wären, und daß somit die Entsatz-Armee nun nicht länger zögern durfte.

Um 1 Uhr 10 Minuten früh am 1. Dezember kam noch eine Meldung von Interesse, welche sich auf die Ereignisse vom Tage zuvor bezog, verspätet nach Pithiviers.

---

*) Die großen Züge dieser Pläne waren indeß, wie erwähnt, schon am Morgen zwischen General v. Stiehle und v. Stosch verabredet worden.

„Hauptquartier Gondreville, den 30. November 1870,
8 Uhr Abends.

„Soeben geht die Meldung ein, daß General v. Kraatz heute gegen Abend Souppes erreicht hat. Das in Château Landon stehende Detachement ist heute bis Corquilleroy vorgewesen und hat den Kanal stark besetzt gefunden. Nach Aussagen von Einwohnern sollen in Montargis 20,000 Franzosen stehen. Preußische, in Courtenay zurückgelassene Kranke sagen, daß in letzter Zeit viel Proviant durch Courtenay nach Montargis gefahren sei."

A. B.
v. Caprivi, Oberstlieutenant.*)

Um 10 Uhr Vormittags lief in Pithiviers folgendes Telegramm ein:

„Beaune la Rolande, den 1. Dezember 1870,
9 Uhr 32 Minuten Vormittags.

„Maizières und Boiscommun sind vom Feinde geräumt, letzteres war stark verbarrikadirt und zur Vertheidigung eingerichtet. Patrouillen sind dem Feinde nachgesandt, Boiscommun werde ich besetzen lassen. In Montliard wurde der Feind noch angetroffen."

(gez.) v. Stülpnagel.

Um möglichst schnell klar zu sehen, was diese Anzeichen zu bedeuten hätten und wie die Dinge auf dem linken Flügel stünden, richtete der General-Feldmarschall um 10½ Uhr gleichlautend an die Generale v. Alvensleben und v. Voigts-Rhetz folgende Depesche:

„Es ist mir von Wichtigkeit, bald zu erfahren, ob und wie stark der Feind bei Bellegarde und Montargis noch steht, das 3. Armee-Korps hat gegen ersteren, das 10. gegen letzteren Ort heute nach dem Abkochen Detachements vorzutreiben."

„Die näheren Anordnungen bleiben Euer Excellenz überlassen."

Die nun weiter von Mittag ab häufiger eingehenden Meldungen gaben einstimmig an, daß der Feind völlig defensiv sei, fortifikatorische Sicherungsarbeiten begänne und sogar Miene mache, in den

*) Chef des Generalstabes des 10. Armee-Korps.

Richtungen über Bellegarde*) abzuziehen. Die wesentlichsten Nachrichten waren folgende:

Um 12½ Uhr vom 3. Armee-Korps:

„Maizières ist vom Feinde geräumt.**) Auf der Chaussee über Maizières ziehen sich viele Versprengte zurück. Auf den Höhen südöstlich von Maizières werden feindliche Kolonnen bemerkt, bestehend aus Infanterie und etwas Kavallerie, die nach Süden zu marschiren scheinen."

„Die 5. Infanterie-Division hat über Maizières eine Eskadron zur Beobachtung des Feindes entsendet."

Um 1 Uhr vom 10. Armee-Korps:

„Gestern Nachmittag sind die Kanalbrücken zwischen Panne und Montargis nicht zerstört, aber besetzt gefunden."

„Heut Morgen soll Mignières vom Feinde noch mit 3000 Mann — nach Aussage von Einwohnern — besetzt gewesen sein. Zwischen Mignerette und Mignières war die Chaussee schon gestern coupirt, heut wurde an einer Coupüre jenseits Mignerette gearbeitet."

Um 3 Uhr Nachmittags vom 3. Armee-Korps:

„Der Feind in der Stärke von einer Division hat die Höhen unmittelbar nördlich der Linie Bellegarde — Ladon besetzt. Starke Kolonnen wurden im Abmarsche in südlicher und südwestlicher Richtung beobachtet. Die Division bei Bellegarde hat dort ein Bivouak bezogen und scheint Arrieregarde zu sein. Ich werde heute und morgen Fühlung am Feinde behalten."

(gez.) v. Alvensleben.

Des Abends um 9 Uhr meldete dann wieder das 10. Armee-Korps:

„Die Rekognoszirung von heute Nachmittag hat ergeben:

„Chapelon und Moulon sind vom Feinde geräumt. Landes-Einwohner sagen, gestern Nachmittag sei der Abzug in der Richtung auf Ladon erfolgt. Das Terrain bis nörd-

---

*) Boiscommun war bereits geräumt, wie General v. Stülpnagel gemeldet.

**) War von der 5. Infanterie-Division schon direkt gemeldet.

lich Ladon ist frei vom Feinde. Auf der Straße Ladon—St. Maurice keine Bewegung. Mignières ist geräumt und 900 Schritt südöstlich des Schnittpunktes der Chaussee Mignières—Montargis und der Eisenbahn wurde an einer Coupüre gearbeitet — etwa 800 Mann waren zu sehen, zum Theil mit Gewehren. Die Vorposten in Maizières melden *), daß südlich feindliche Vorposten gegenüberstehen. Bei Bellegarde soll ein Lager von einer Brigade sein."

Während sich so auf dem linken Flügel der Armee die Verhältnisse ganz gegen Erwarten gestalteten, kam es heute auf dem rechten Flügel, gleichfalls ohne daß man es vermuthete, zu ernsteren Gefechten.

Die Armee-Abtheilung hatte für den 1. Dezember folgendermaßen disponirt:

1) „Die 2. Kavallerie-Division nimmt Vorposten von Courcelles bis Lion en Beauce und zur großen Straße Paris—Orléans, welche sie gleichfalls zu decken hat."

„Bis Izy westlich giebt das 9. Armee-Korps die Infanterie-Soutiens für die Division."

2) „Die 22. Infanterie-Division dislozirt sich in der Linie Bazoches les Gallerandes—Toury und nördlich davon."

3) „Die 17. Infanterie-Division nimmt ihre Kantonnements südwestlich neben der 22. Division bis nach Lumeau und Tillay le Peneux. Sie giebt die Vorposten in der Linie Villiers—Santilly—Baigneaux."

4) „Das 1. Bayrische Korps verbleibt in seinen Stellungen rechts der 17. Division bei Orgères und schließt bei Baigneaux seine Vorposten an die jener Division an."

5) „Die 4. Kavallerie-Division rückt nach Varize. 3 Bairische Bataillone und eine Fuß-Batterie des 1. Bayrischen Korps verstärken diese Division, um dieselbe in den Stand zu setzen, größere Rekognoszirungen in der Richtung auf Beaugency und überhaupt gegen die Loire auszuführen."

6) „Die 6. Kavallerie-Division konzentrirt sich in einem Rayon hinter der 22. Infanterie-Division und tritt zur II. Armee über."

---

*) Maizières war, wie aus einer früheren Meldung hervorging, durch das Jäger-Bataillon Nr. 10 besetzt worden.

7) „Der Pontontrain, den die II. Armee überwiesen, tritt zur 17. Infanterie-Division über.“

8) „Die allgemeine Situation des Krieges erfordert lebhaften Patrouillendienst, um überall Fühlung mit dem Feinde zu behalten und ihm einen demnächstigen Angriff wahrscheinlich zu machen.“

Diese Befehle, welche in einer Abschrift schon am 30. November, 10¾ Uhr Abends, dem Prinzen Friedrich Karl in Pithiviers zugingen, waren natürlich erlassen, noch ehe der Großherzog das Schreiben des Feldmarschalls von 6 Uhr Nachmittags des 30. erhalten hatte. Dasselbe befahl ihm bekanntlich die Aufstellung der 22. Division bei Bazoches les Gallerandes als letzte Reserve der II. Armee und stärkere Rekognoszirungen gegen Chevilly hin. Daß jene Anordnungen demgemäß ergänzt werden würden, war selbstverständlich.

Im Laufe des Tages kamen zu Pithiviers noch keine Meldungen von der Armee-Abtheilung an. Abends um 9 Uhr traf aber ein ausführliches Schreiben des Generals v. Stosch ein, das die Nachrichten, welche man dort über den Feind gesammelt, zusammenfaßte:

1) „Der Feind steht noch mit voller Stärke bei Chevilly; ein eingetroffener Deserteur giebt ihn dort 50,000 Mann stark an.“

2) „Der Feind besetzt in größerer Stärke die Straße Orleans — Châteaudun und hat dort überall größere Infanterie-Abtheilungen, auch Artillerie und Kavallerie gezeigt.“

3) „Der Feind hat von Patay und Pouprh gegen die Bayerischen Vorposten Infanterie in der ungefähren Stärke von 3 Bataillonen vorgesendet, ist aber sofort zurückgegangen, als bayerische Bataillone sich dagegen entwickelt.“

4) „Der Feind hat vor der 17. Division die Orte stark besetzt gezeigt.“

5) „Vor der 22. Division ist Alles ruhig geblieben.“

Dann folgte noch eine Reihe von Nachrichten vom äußersten rechten Flügel, wo die ersten Berührungen mit dem Feinde begannen. Genaueres war bei Absendung des Briefes darüber auch im Hauptquartier des Großherzogs noch nicht bekannt. General v. Stosch schrieb nur, daß das 1. bayerische Korps sich vor der

Offensive des ihm gegenüberstehenden Feindes konzentrirt und näher an die 17. Infanterie-Division herangezogen habe.*)

Für die Sicherheit seines rechten Flügels und der Verbindungen gegen Versailles hin hielt der Großherzog es nothwendig, auch die Straße Orléans — Châteaudun in den Bereich seiner Wirksamkeit zu ziehen. Er wollte daher mit dem linken Flügel seine Vorpostenlinie gegen Artenay bis nach Dambron, Poupry, Patay vorschieben und mit dem rechten Flügel offensiv werden.

Gegenüber den starken französischen Streitkräften, die sich vor dem rechten Flügel der Armee-Abtheilung gezeigt, schien das erste bayerische Armee-Korps mit der 4. Kavallerie-Division nur schwach. Für den 2. Dezember genügte wohl freilich die Unterstützung der 17. Infanterie-Division. Wenn der Feind dagegen — wie sich erwarten ließ — am 3. mit einer Gegen-Offensive antwortete, so wurde die Mitwirkung der 22. Infanterie-Division nothwendig, denn dann standen natürlich größere Gefechte bevor.

Von diesen Erwägungen ausgehend, hatte der Großherzog für den 2. Dezember befohlen:

Die Armee-Abtheilung behält ihre Kantonnements und Vorposten, sowie enge Fühlung am Feinde. Kleine Rekognoszirungen sind zu unternehmen und dabei womöglich Gefangene zu machen.

Von 8 Uhr Morgens ab stehen die Truppen der Armee-Abtheilung aber in verdeckten Rendezvous-Stellungen bereit:

1) Die 4. Kavallerie-Division zwischen Guillonville und Gommiers.
2) Das 1. bayerische Korps bei Loigny.
3) Die 17. Infanterie-Division an der Straße Chartres — Orleans bei Santilly.
4) Die 22. Infanterie-Division bei Tivernon, aber östlich der Straße Etampes — Orléans.
5) Eine Brigade der 2. Kavallerie-Division auf dem linken Flügel der 22. Infanterie-Division.

Die 6. Kavallerie-Division, an welche der Großherzog noch einen Ausdruck seines Dankes und seiner Anerkennung für ihr Ver-

*) Die Nachricht von dem Anmarsche starker feindlicher Kräfte veranlaßte den General v. d. Tann, seine Korps unter dem Schutze der in die Linie Gaubert — Guillonville — Gommiers — Terminiers vorgeschobenen 1. Brigade bei la Maladerie in einer vorher rekognoszirten Stellung zu versammeln. Gegen Patay rekognoszirte die 4. Kavallerie-Division.

halten richtete, sollte nach der Gegend von Châtillon le Roi zur II. Armee abrücken.

Der Großherzog bat nun um Genehmigung dieser Anordnungen, welche telegraphisch ertheilt wurde. Der Prinz fügte hinzu: „Vor der II. Armee ist der Feind von Boiscommun über Bellegarde im Abzuge begriffen."

Die Situation begann sich zu spannen. Noch freilich sah man nicht klar, welche Absichten der Gegner hege. Möglich war es, daß er, nach dem Scheitern seiner Offensive auf dem rechten Flügel, nun mit dem linken zu avanciren begönne, möglich auch, daß seine Armee, im Rechtsabmarsch begriffen, noch in zwei Gruppen östlich und westlich des Orléanswaldes getheilt stünde und sich die westlich zurückgebliebene Gruppe, durch den Heranmarsch des Großherzogs beunruhigt, selbst darüber Klarheit verschaffen wollte, was vor ihrer Front vorginge.

Die Lisiere des Waldes von Orléans, namentlich das sehr verwirrte Terrain von Brigny*) und Chambon hielt die Loire-Armee nach wie vor mit starken Kräften besetzt. Dichte Postenketten, verschiedene Truppenlager, fortifikatorische Vorbereitungen ließen sich überall erkennen.

Jedenfalls mußte der 2. Dezember die nähere Aufklärung bringen.

In der Nacht kamen übrigens noch zwei ausführliche Telegramme von der Armee-Abtheilung, welche schon einen näheren Einblick über das auf dem rechten Flügel Geschehene gewinnen ließen. Sie trafen beide kurz nach Mitternacht ein, die erste jedoch, vermuthlich wegen einer Leitungsstörung, erheblich verspätet.

Janville, den 1. Dezember 1870,
9 Uhr 30 Minuten Abends.

„Bei dem heutigen Vorgehen des 1. bayerischen Korps gegen eine feindliche Rekognoszirung bei Terminiers, wobei im Laufe des Nachmittags fast das ganze Korps herangezogen wurde, entwickelte der Feind größere Massen, welche auf eine Kavallerie-Division, zwei Infanterie-Divisionen mit

---

*) Vorübergehend hatten am Morgen des 1. Dezember Patrouillen des 9. Armee-Korps das Dorf Brigny und die Lisiere des Bois de Chanceaux südlich Bouilly vom Feinde frei gefunden, später waren beide Oertlichkeiten wieder besetzt.

starker Artillerie geschätzt worden sind. Der Feind drückte besonders auf den rechten Flügel. Gegen halb sechs Uhr schien das Gefecht beendet und waren damals die Bayern bis in die Linie von Nonneville in der Richtung auf Cormainville zurückgegangen."

„Vorstehendes ist die Meldung eines von hier dorthin gesandten Offiziers, der bemerkt, daß der Rückzug eines Theils der Infanterie nicht ganz geordnet gewesen ist. Nachrichten von Artenay konstatiren, daß bei Artenay das 15. Korps steht, dahinter ein anderes Korps. Gegen die Bayern focht wahrscheinlich das 17. Korps."*) **)

(gez.) v. Stosch.

Ergänzend kam eine halbe Stunde später das 2. Telegramm:

Janville, den 2. Dezember 1870,
12 Uhr 20 Minuten früh.

„Bayerische Generalstabs-Offiziere melden soeben mündlich: „Brigade Dietl, 6 Bataillone und 2 Batterien stark, sowie die Kürassier-Brigade ist heute Nachmittag zwischen Terminiers und Gommiers aus südwestlicher Richtung von 20—24 Bataillonen, 20 Geschützen und geringer Kavallerie angegriffen und bis zur Dunkelheit in die Linie Lumeau—Villevé—la Frileuse zurückgedrängt worden. Verluste nicht unbedeutend, aber noch nicht festgestellt. General-Lieutenant Stephan***) verwundet."†)

(gez.) v. Stosch.

---

*) Thatsächlich war es das 16. unter General Chanzy.

**) Eine sehr eingehende Darstellung dieses Gefechts enthält das Buch: „Das I. bayerische Armee-Korps v. d. Tann im Kriege 1870—71, von Hugo Helvig, Hauptmann im k. Generalstab. München 1872. Rudolph Oldenbourg." Auf dieses Buch sei hier zur näheren Orientirung über alle Züge und Gefechte dieses Korps ausdrücklich hingewiesen

***) Kommandeur der 1. Infanterie-Division.

†) In großen Zügen war der Verlauf des Gefechts etwa folgender gewesen: „Bis 1 Uhr Nachmittags hatte das 1. bayerische Korps in seiner Bereitschaftsstellung bei La Maladerie gestanden, als die bei General v. d. Tann einlaufenden Nachrichten es unwahrscheinlich machten, daß der Feind heute noch angreifen werde. Die Truppen wurden daher in Kantonnements entlassen. Die 1. Brigade konzentrirte sich, nachdem sie so lange das Korps gedeckt, gegen Nonneville hin. Um ½3 Uhr befand sie sich mit der Mehrzahl ihrer Truppen — aber nicht völlig vereinigt — bei Gommiers; da meldeten ihre Patrouillen den Anmarsch starker französischer Streitkräfte (1. Division Jauréguiberry vom 16.

Der 2. Dezember.

Da der Kampf auf dem preußischen rechten Flügel eine so ernste Gestalt gehabt, der Feind so bedeutende Streitkräfte in Bewegung gesetzt hatte, während er gleichzeitig dem linken Flügel der II. Armee gegenüber aus starken zur Vertheidigung vorbereiteten Stellungen zurückging, lag die Vermuthung nahe, er habe seine Pläne geändert, die Offensive vom rechten Flügel aufgegeben und nunmehr die vom linken Flügel eingeleitet, um direkt durch die Beauce gegen Paris vorzugehen.

Damit man klar sehen könne, war es am 2. Dezember noch immer sehr wichtig, zu erfahren, wie es an diesem Tage vor dem 3. und 10. Korps stand.

Der Prinz benachrichtigte daher die beiden kommandirenden Generale davon, daß der Feind am verflossenen Tage bedeutende Streitkräfte bei Chevilly und westlich gehabt habe und ersuchte um schnelle telegraphische Meldungen über die augenblicklichen Lage der Dinge bei Bellegarde und Nancray, sowie bei Montargis, „um danach disponiren zu können." Wenn der Feind an jenen Punkten

---

französischen Korps), auf deren rechtem Flügel sich auch zahlreiche Kavallerie versammelte. Um diesen Vorstoß möglichst aufzuhalten, nahm die Brigade bei Gommiers Aufstellung. Die vereinigten schwachen Kräfte wurden hier aber vom Gegner umfaßt und nach Villepion, wo ihre Aufnahme vorbereitet war, zurückgedrängt.

Auf dem linken Flügel der Stellung von Gommiers war inzwischen die bayerische Kürassier-Brigade eingerückt und nahm am Kampfe Theil. Auch die übrigen Truppen des Korps, die sich gerade auf dem Wege nach den ihnen zugewiesenen Kantonnements befanden, wurden wieder zurückgerufen und erhielten Befehle, nach dem Gefechtsfelde zu eilen.

Als die 1. Brigade bei Villepion anlangte und sich dort festsetzte, traf rechts neben ihr nach und nach die ganze 2. Brigade ein, links Theile der 4., und das Gefecht entwickelte sich nun in der Linie Villevé — Nonneville — Villepion — Faverolles. Mit Einbruch der Dunkelheit aber brach der Feind in das Dorf Villepion auf der Ostseite ein und nahm es.

Dadurch ging der Halt dieser zweiten Stellung verloren und der Rückzug mußte fortgesetzt werden. Der Feind folgte aber nicht über die von ihm eroberten Positionen hinaus; die Bayern blieben daher des Abends unbehelligt in der Linie westlich Orgères — La Frileuse — Villevé — Loigny — Neuvilliers — Lumeau stehen.

Ihr Verlust hatte 37 Offiziere 902 Mann betragen, darunter 6 Offiziere 96 Mann vermißt.

Der Hauptverlust betraf die 2. Brigade, welche in der kurzen Zeit von 3½ bis 5 Uhr Nachmittags 20 Offiziere und 521 Mann einbüßte.

noch weiter zurückging, so war der Rechtsabmarsch der II. Armee nach der großen Straße Orléans—Paris beschlossen.

Noch waren die Antworten auf diesen Befehl nicht eingetroffen, als — um 10 Uhr Vormittags — eine wichtige Depesche des Großherzogs einlief:

Janville, den 2. Dezember 1870,
8 Uhr 10 Minuten Vormittags.

„Ich konzentrire mich mit der ganzen Armee-Abtheilung zum Angriff auf der Linie Tanon—Baigneaux. Rechter Flügel 1. bayerisches Korps und 4. Kavallerie-Division, linker Flügel 17. und 22. Division. Ich begebe mich nach Bazoches les Hautes."

(gez.) Friedrich Franz.

Die Ansichten des Oberkommandos darüber, ob gegen die Loire-Armee jetzt schon die Offensive oder zunächst noch die Defensive für die Entscheidung vorzuziehen sei, sind schon dargelegt worden. Sie neigten auch in diesem Augenblick, wo der Feind sich zum Angriff in freiem Terrain entschloß, entschieden gegen die Defensive hin.

Die II. Armee war zumal an Infanterie zu schwach, um sich großen Verlusten aussetzen zu können. Bei der Länge und Schwierigkeit der Verbindungen mit der Heimath waren die Lücken nicht mehr zu füllen. Büßte die Armee 5000 Mann ein, so war dies für sie ein herberer Verlust, als für den Feind der Abgang von 20,000 seiner schnell zusammengebrachten und eingekleideten Mobilen. Sicher war, auch wenn man von solchen Rücksichten absah, der Erfolg keineswegs. Die Offensivkraft der Armee war bereits durch die großen Schlachten der ersten Kriegsepoche geschwächt worden, ihre besten Soldaten und Offiziere lagen auf den Schlachtfeldern vor Metz.

Immer blieb dem Feinde, wenn er in seinen Stellungen vor Orléans angegriffen wurde, der sichere Rückzug hinter die Loire.

Prinz Friedrich Karl hätte, da der Feind nun einmal die Initiative ergriffen, ihn wohl in geeigneter Stellung zwischen Orléans und Paris, etwa bei Allaines, Janville, Toury erst empfangen mögen, um dann nach glücklicher Vertheidigung aus dieser Position zum Gegenangriff überzugehen.

Der Großherzog von Mecklenburg hatte sich hingegen schon jetzt zur isolirten Offensive entschlossen, durch welche er das ungünstige, gestern engagirte Gefecht wiederherstellen und den vorgedrungenen Feind zurückwerfen wollte. Da dieser Entschluß in der Ausführung war, so ergriff der Prinz nunmehr seine Maßnahmen, um die Armee-Abtheilung zu unterstützen und ihrem Vorgehen, wenn nöthig, Nachdruck zu verleihen.

Um 10½ Uhr ging dem Großherzoge telegraphisch schon die Nachricht zu, daß das 9. Armee-Korps noch am 2. Dezember nach Bazoches les Gallerandes in Marsch gesetzt werden würde. Der Prinz bat ferner um häufige telegraphische Meldung.

Inzwischen war freilich auch auf dem linken Flügel beim dritten Armee-Korps ein Gefecht hörbar geworden. General v. Alvensleben, der gestern gemeldet, er wolle am Feinde Fühlung behalten, hatte gleich nach 10½ Uhr telegraphisch die weitere Nachricht gegeben, daß ein Detachement um 8 Uhr früh auf Bellegarde angetreten und von dort her Kanonendonner zu hören sei. Meldungen, fügte er hinzu, wären von da aus auch an ihn noch nicht gelangt, doch verlaute Nichts von einer Veränderung beim Feinde dort sowohl wie bei Nancray.

Als um 11½ Uhr das Geschützfeuer auf jenem Flügel nicht stärker geworden war, schrieb Seine Königliche Hoheit der Feldmarschall an General v. Manstein:

„Euer Excellenz theile ich mit, daß das 1. bayerische Korps gestern mit einer Brigade, die nach und nach verstärkt worden, bei Terminiers gegen ein feindliches Korps — wahrscheinlich das 17.*) — bis zum Abend gefochten hat."

„Seine Königliche Hoheit der Großherzog konzentrirt heute die Armee-Abtheilung auf der Linie Baigneaux—Tanon, um anzugreifen. Das 3. Armee-Korps rekognoszirt mit einer Avantgarde gegen Bellegarde, von wo Geschützfeurr hörbar. Ich befehle, daß das 9. Armee-Korps nach dem Abkochen sich heute auf Bazoches les Gallerandes, starke Artillerie nahe der Tete, möglichst in mehreren Kolonnen in Marsch setzt und je nach der bald einzuholenden Orientirung über den Gang des Gefechts bei der Armee-Abtheilung entweder zur Deckung der Straßen von Orléans nach Paris westlich Bazoches les Gallerandes aufstellt, oder enge Kan-

---

*) In Wirklichkeit das 16., und zwar hauptsächlich nur die 1. Division (Jauréguiberry) von diesem Korps.

tonnements östlich der großen Chaussee Artenay—Angerville, linker Flügel bis Châtillon le Roi, bezieht."

„Die Vorpostenlinie bleibt stehen."

Der General=Feldmarschall.
(gez.) Friedrich Karl.

Der Oberbefehlshaber entbot den General v. Manstein übrigens noch vor dessen Abrücken aus Pithiviers zu sich und machte ihn mit seinen Anschauungen, sowie mit der Lage des Großherzogs vertraut. Sehr möglich war es übrigens, daß im Laufe des Nachmittags auch das 9. Armee=Korps noch ins Gefecht kam, denn während der Großherzog die Straße Orléans—Paris verließ, um sich weiter westlich zum Angriff zu konzentriren, drang der Feind auch in direkt nördlicher Richtung unerwartet vor. Der Feldmarschall erhielt darüber um 11 Uhr 35 Minuten durch einen zur Zeit bei der Armee weilenden Flügel=Adjutanten Seiner Majestät, der heute zur Armee=Abtheilung ritt, aus Lion en Beauce Nachricht.*) Bei Artenay östlich der Chaussee hatte der Feind bedeutende Streitkräfte — anscheinend 15 Bataillone, 8 Eskadrons und Artillerie — entwickelt. Gleichzeitig avancirten auch auf Bazoches les Gallerandes zu Truppen aller Waffen.

Der Feind drang also direkt gegen das deutsche Centrum vor in einem Augenblicke, wo er dieses von Truppen fast entblößt fand.

Da sich der Großherzog heute zur Schlacht nach seinem rechten Flügel hin konzentrirt hatte, die II. Armee bisher links abmarschirt war und sie ihren Rechtsabmarsch eben erst wieder einleitete, so bestand augenblicklich zwischen den beiden von dem Prinzen Friedrich Karl befehligten Heerestheilen eine gegen 4 Meilen weite Lücke.

Ohne auf erheblichen Widerstand zu stoßen, hätten die Franzosen augenblicklich die II. Armee und die Armee=Abtheilung zu trennen vermocht.

Nur 2 Brigaden 2 Batterien der 2. Kavallerie=Division, die der Großherzog an der Hauptstraße zurückgelassen hatte, konnten diese Offensive zunächst weiter beobachten und verzögern. Dann war die 6. Kavallerie=Division auf dem Marsche von Oinville nach Châtillon le Roi möglicherweise in der Lage, auf ähnliche Art mitzuwirken.

---

*) Datirt von 11 Uhr und über Toury telegraphisch befördert

Der Prinz sandte ihr daher folgenden Befehl entgegen:

„Der Feind entwickelt östlich Artenay heute Vormittag 11 Uhr Truppenmassen zum Vormarsche nach Norden und soll auch auf Bazoches les Gallerandes vormarschiren."

„Da die Armee-Abtheilung des Großherzogs nach Westen hin bei Baigneaux in der Konzentrirung zum Angriff befindlich ist, so erhält die 6. Kavallerie-Division Befehl, dem vorrückenden Feinde in der Front gegenüber zu bleiben und den Feind mit der reitenden Batterie zu beschießen."

„Das 9. Armee-Korps wird mit seinen Teten möglichst bald von Pithiviers gegen Bazoches les Gallerandes aufbrechen."

„Häufige Meldungen hierher — Telegraphenstation ist Toury."

Vom Kirchthurme von Pithiviers war übrigens die Gegend von Bazoches les Gallerandes, sowie auch das westlich und südlich gelegene Terrain zu übersehen und es wurden daher am Nachmittage von dort aus direkte Beobachtungen angestellt, ob ein Gefecht in jener Gegend zu sehen sei.

Scheinbar brachte dies Vordringen des Feindes zwischen die einzelnen Theile der Armee eine große Gefahr mit sich, allein das Oberkommando sah darin doch keinen Grund zur Beunruhigung. Je weiter und je stärkere Kräfte der Feind dort vorführte, desto größer wurde am folgenden Tage, wo die II. Armee diese vorgedrungenen Truppenmassen in der freien Ebene angreifen und auf ihre Flanke eindringen konnte, seine Niederlage. Diese Offensive wurde auch, weil sie auf kein Objekt stieß, unheilvoll für den Feind; denn die starke hier avancirende Division führte nun einen Luftstoß aus, fühlte sich bald durch das Eigenthümliche ihrer Lage beunruhigt, hemmte ihr Vorgehen und ward erst spät nach dem Schlachtfelde abberufen. Wäre sie zeitig nach Pouprn herangezogen worden, oder sogleich aus eigenem Antriebe dem Kanonendonner nachmarschirt, so hätte sie dort die Wagschale des Sieges leicht auf die französische Seite neigen können. Mittlerweile kamen auch vom linken Flügel die erwarteten Nachrichten in Pithiviers an und ließen bald übersehen, daß das Oberkommando die II. Armee unter Zurücklassung eines Detachements ohne Besorgniß mit allen Kräften nach dem rechten Flügel abmarschiren lassen könne. Um 11 Uhr meldete General v. Voigts-Rhetz aus Beaune, datirt von 10 Uhr 30 Minuten Vormittags:

„Auf der Straße von Corbeilles nach Montargis sind die Orte bis Panne inclusive gestern Abend nicht besetzt gewesen. Dagegen ist der Feind heute früh auf der Straße von Maizières nach Ladon und nach Bellegarde mit Infanterie und Kavallerieposten angetroffen. Bei Bellegarde Nachts zahlreiche Wachtfeuer."

„Vom Detachement Château Landon fehlen noch Meldungen. Seit $1/4$ Stunde anhaltendes Geschützfeuer in der Richtung auf Lorcy hörbar."

Eine Stunde später übersandte General v. Voigts noch eine Meldung seiner in Maizières stehenden Vorposten, die um 9 Uhr früh eine bedeutende französische Kavalleriemasse mit etwa 14 Geschützen und Bagage in langen Zügen, von Westen kommend, im Marsche nach Ladon gesehen hatten.

Vom 3. Armee-Korps her lief gleichzeitig eine in Beaune 11 Uhr 45 Minuten aufgegebene Depesche ein:

„Die 6. Division meldet: Alles wie gestern. Vrigny und die Holzungen südöstlich sind stark besetzt. Vereinzelte Bivouaksfeuer im Walde. Kanonendonner bei Bellegarde schweigt. Meldung folgt. Das Aufgeben des sehr starken, zur Vertheidigung eingerichteten Boiscommun, das ich selbst rekognoszirte, deutet auf Schwäche des Feindes hin."

gez. v. Alvensleben.

Die in dieser Depesche angekündigte Meldung über die Ergebnisse der vom 3. Armee-Korps vorgenommenen Rekognoszirung langte in Pithiviers um 3 Uhr Nachmittags an; sie sei indessen des inneren Zusammenhanges halber hier hinzugefügt

In Uebereinstimmung mit den Befehlen des Oberkommandos vom 1. Dezember Vormittags $10^1/_2$ Uhr war an diesem Tage schon eine Abtheilung von 2 Kompagnien, 2 Eskadrons, 2 Geschützen in der Richtung auf Bellegarde vorgegangen und auf überlegene französische Streitkräfte gestoßen, ehe sie den Ort erreicht hatte. Heute nun versammelte sich ein Detachement von:

2 Bataillonen,
2 Eskadrons,
1 Batterie

des Morgens am Straßenknoten westlich Maizières und war von dort abermals gegen Bellegarde marschirt. Vor diesem Orte zeigten sich französische Infanterie-Kolonnen, ungefähr eine Brigade stark, die

Chaussee war koupirt, Vertheidigungsmaßregeln getroffen. Bei Montigny und im Marsche von Flévecourt nach Montigny zeigten sich Truppen aller drei Waffen. Auf der andern Seite der Straße war Frèville vom Feinde besetzt. Durch das 10. Armee-Korps hatte der Detachementsführer ferner erfahren, daß auch Ladon noch in französischen Händen sei.

Die Batterie des Detachements feuerte nun mit einigen Geschützen gegen Montigny, mit den anderen gegen Bellegarde. Von beiden Orten her antwortete je eine französische Batterie und die Truppen, die der Feind auf dem völlig übersichtlichen Halbkreise Montigny—vorwärts Bellegarde—Frèville zeigte, machten im Ganzen etwa eine Division aus. Die Rekognoszirung wurde daher eingestellt, das Detachement ging wieder nach dem Straßenknoten bei Maizières zurück.

Diese Kanonade war es auch gewesen, die in Pithiviers sowie beim 10. Armee-Korps gehört worden war.

Beim 3. Armee-Korps hatte sich übrigens aus den vielen unbestimmten Bewegungen des Feindes, aus dem Umstande, daß einerseits Kolonnen in vorderster Linie von Westen nach Osten marschirten, andere Streitkräfte aber zur Vertheidigung sehr günstige Positionen aufgaben und nach Süden und Südwesten abzogen, die Ansicht herausgebildet, daß der Feind die Truppen, welche bei Beaune la Rolande gefochten hatten, nach Orléans zurückzöge, während er frische heranführte, um sie dem 3. und 10. Armee-Korps gegenüber zu stellen. Die Nachrichten über die großen Verluste, welche der Feind am 28. November gehabt hatte, schienen für die Richtigkeit dieses Schlusses zu sprechen. In Wahrheit machte es sich nur geltend, daß das 18. und 20. französische Korps in unsicheren Hin- und Herzügen, besorgt, sich angegriffen zu sehen, allmälig zurückwichen.

Die Ansichten, welche das Oberkommando über diese Vorgänge auf dem rechten feindlichen Flügel gewann, noch mehr befestigend, meldete das 10. Armee-Korps Mittags um 1½ Uhr, daß Chapelon und Mignières, selbst Moulon und Panne vom Feinde frei seien, zwischen Panne und dem Kanal zeigten sich nur noch Kavallerie-Patrouillen. Später, um 3½ Uhr Nachmittags, trafen auch noch Nachrichten von dem Detachement aus Château Landon ein, Ferrières war frei gefunden worden und nur im Walde nordöstlich Montargis zeigten sich noch französische Patrouillen. Den Kanal auf dem linken Loing-Ufer hielt der Feind besetzt.

Schon in der ersten Nachmittagsstunde ließ sich in Pithiviers übersehen, daß es möglich sein würde, noch heute mit Einbruch der die Bewegung schützenden Dunkelheit die Korps vom linken Flügel dem 9. Korps folgen zu lassen, den Rechtsabmarsch einzuleiten und ihn am 3. Dezember zu vollenden, um dann die heute begonnenen Kämpfe auf dem rechten Flügel entweder weiter durchzuführen, oder deren Ergebnisse auszubeuten.

Nachmittags um 1½ Uhr waren ferner neue telegraphische Befehle Seiner Majestät im Hauptquartier der II. Armee angekommen:

Versailles, den 2. Dezember 1870,
Nachmittags 1 Uhr 10 Minuten.

„Nach eingegangener Meldung dürften die Hauptkräfte der Loire-Armee jetzt südlich Artenay stehen, deren weiteres Vordringen über Toury hinaus der Großherzog vielleicht nicht allein verhindern kann. Seine Majestät erachten es für unbedingt erforderlich, daß die II. Armee nunmehr direkt zum Angriff auf Orléans schreitet, um die Entscheidung herbeizuführen. Heute früh wenige vorgestern verlorene Punkte der Vorpostenlinie vor Paris dem Feinde wieder entrissen.“ (gez.) Graf Moltke.

Durch die Ereignisse bei der Armee-Abtheilung war die Entscheidung schon ins Rollen gekommen und mußte nun ohne Zögern durchgeführt werden.

Eine Stunde nach dem Eintreffen der Königlichen Befehle erließ Prinz Friedrich Karl seine Anordnungen.

Er theilte den Generalen v. Voigts-Rhetz und v. Alvensleben II. ausführlich mit, was am 1. Dezember und bis zu dieser Stunde am 2. Dezember bei der Armee-Abtheilung geschehen sei, welche Befehle er dem 9. Korps und der 6. Kavallerie-Division schon gegeben und fügte dann Folgendes hinzu:

1. An General v. Alvensleben:

„Euer Excellenz erhalten Befehl, heute noch die Konzentrirung des 3. Armee-Korps unter Einziehung der vorgeschobenen Detachements so um Pithiviers zu veranlassen, daß bei glücklichem Ausgange auf unserem rechten Flügel morgen das Armee-Korps in mehreren Kolonnen den Vormarsch auf Orléans in der allgemeinen Richtung Chilleurs-Loury antreten kann. Das H.-Q. kommt heute noch nach Pithiviers.“

„Die Vorposten behalten mit ihrem rechten Flügel Courcelles, mit dem linken die Straße Batilly—Boynes inclusive und nehmen die Verbindung mit dem 10. Korps auf. Das 10. Armee-Korps wird heute noch um Beaune und Boynes sich konzentriren, um unter Zurücklassung einer schwachen Infanterie-Brigade und der Kavallerie-Division Hartmann zur Deckung des linken Flügels der Armee, dem Rechtsabmarsche gegen Westen morgen zu folgen, die Kavallerie-Division Hartmann wird selbstständig."

2. An General v. Voigts-Rhetz:

„Euer Excellenz erhalten Befehl, heute noch das 10. Armee-Korps in Beaune und Boynes in engen Kantonirungen zu konzentriren, und unter Zurücklassung einer schwachen Infanterie-Brigade, unter Befehl des General v. Hartmann, und der für diesen Zweck vom 3. Armee-Korps abgezweigten und selbstständig werdenden 1. Kavallerie-Division, behufs Deckung der linken Flanke der Armee und weiterer Beobachtungen des feindlichen rechten Flügels, morgen am 3. Dezember mit dem 10. Armee-Korps so nach Pithiviers abzumarschiren, daß das Armee-Korps als Reserve für die II. Armee dienen kann."

An beide Generale wurde noch eine Depesche mit der Angabe des wesentlichen Inhaltes der ihnen ertheilten Befehle diesen vorausgesandt.

Die näheren Dispositionen für den Angriff vermochte der Feldmarschall selbstredend erst am Abende des Tages zu ertheilen, wenn er übersehen konnte, was auf dem rechten Flügel geschehen sei, welche Streitkräfte der Feind dort entwickele und in welcher Linie der Kampf geendet habe.

Die Befehle Seiner Majestät des Königs sprachen in der Einleitung die Ansicht aus, daß der Gegner das Gros der Loire-Armee schon an der großen Straße Orléans—Paris zum direkten Vorgehen gegen Paris konzentrirt habe.

Im Hauptquartier Pithiviers erkannte man indeß nach den Meldungen des 3. und 10. Armee-Korps, daß das feindliche 18. und 20. Armee-Korps, augenblicklich freilich wenig operationsfähig, noch östlich von Orléans läge. Man glaubte — wie General v. Alvensleben II. — einen Theil, oder ein ganzes drittes feindliches Korps hier herangezogen, von dem ferner Detachements den Rand des Waldes von Orléans besetzt hielten. Dem Großherzog gegenüber wurden zwei Korps angenommen, darunter das neu zur Loire-Armee übergetretene 17. Zweifel herrschten noch immer, ob es Theile des 15. oder 16. seien, die den Orléans-Wald hielten, und welches dieser beiden Korps es wäre, das neben dem 17. stünde.

Dem gegenüber ist es nun von Interesse, einen Blick auf die Loire-Armee, die Vertheilung ihrer Korps und die Absichten ihrer Oberleitung, wie sie jetzt aus den französischen Quellen bekannt geworden sind, zu werfen.

Als die Schlacht von Beaune la Rolande geschlagen war, hatte der das 18. und 20. Korps gemeinsam kommandirende General Crouzat nach seiner Niederlage, die man freilich in Tours für einen Sieg hielt, durch den Diktator Gambetta den Befehl erhalten, stehen zu bleiben und seine Defensive vorzubereiten. Anderes wäre dem General auch kaum übrig geblieben.

Ehe die Offensive der ganzen Loire-Armee gegen Paris fortgesetzt wurde, sollte noch die betreffende Depesche der Pariser Regierung abgewartet werden, die durch eine Ballonnachricht vom 18. November schon angekündigt worden war.

Diese Nachricht gelangte aber erst am 30., um vier Tage verspätet, in die Hände Gambetta's und brachte eine so bestimmte Versicherung, daß kein Zweifel blieb, der große Ausfall habe bereits am 29. November begonnen. Damit war der rechte Augenblick für das Antreten der Loire-Armee schon verstrichen, — jedenfalls mußte man aber nun ohne jeden Zeitverlust aufbrechen. Gambetta zeigte sich jetzt entschlossen, den Oberbefehl über sämmtliche Korps dem General d'Aurelle de Paladines abzutreten, doch blieb noch eine Zeit lang bezüglich des 18. und 20. Armee-Korps, sowie der 1. Division des 15. Korps die Unklarheit bestehen. Abends um 9 Uhr am 30. fand im Hauptquartier der Loire-Armee ein Kriegsrath statt, in welchem der „Plan" für den jetzt beginnenden Feldzug berathen werden sollte.

Die Pariser Depesche besagte, daß General Ducrot mit seiner Armee durchbrechen und auf Gien operiren wolle. Die Stärke und Bedeutung der Loire-Armee unterschätzte man in der Hauptstadt und glaubte, diese Armee werde gezwungen sein, vor den anscheinend ihre linke Flanke umgehenden Bewegungen des Großherzogs im Perche über die Loire zurückzuweichen. An 100,000 Mann und 420 Geschütze stark, sollte die Ausfall-Armee daher von Gien weiter auf Bourges vorgehen, dort aber die Vereinigung der beiden Heere stattfinden.

Nun setzten Gambetta und seine Rathgeber voraus, General

Ducrot werde den Marsch so ausführen, daß er bis Melun das rechte Seine-Ufer innehielt und seine rechte Flanke so durch den Fluß schützte. Bei Melun dachte man sich seinen Uebergang über die Seine, dem die Fortsetzung des Marsches durch den Wald von Fontainebleau und über Montargis folgen würde.

Um dem General Ducrot auf diesem Wege entgegenzugehen, sollte die Loire-Armee ihre schon einmal eingeleitete Offensive fortsetzen und im Allgemeinen über Pithiviers vordringen. Im Walde von Fontainebleau, meinte man, könnten die beiden Heere sich treffen*).

Das 17. französische Armee-Korps wurde bestimmt, vorwärts von Orléans zur Sicherung dieser Stadt zurückzubleiben, nachdem es nur die ersten Bewegungen des linken Flügels kotoyirt und unterstützt hätte. Dorthin wollte Gambetta auch das bei Le Mans formirte 21. französische Korps ziehen.

Unter Befehl des General d'Aurelle sollten alsdann das 15., 16., 18., 20. Korps, von der Regierungs-Delegation zusammen auf 160—170,000 Mann berechnet, gegen Paris und zwar zunächst nach Fontainebleau marschiren. Die Konzentration der Armee wurde nach der Gegend von Pithiviers und Beaumont en Gatinais verlegt. Man hoffte dabei dort, wo Prinz Friedrich Karl sein Hauptquartier hatte, dessen Streitkräfte vereinigt zu finden und sie schlagen zu können. Sie wurden in St. Jean de la Ruelle, dem Hauptquartier d'Aurelles, auf 110—120,000 Mann veranschlagt, also weit überschätzt.

Den Beginn der Offensive hatte demnach der linke Flügel dadurch zu machen, daß das 15. und 16. französische Korps an der großen Straße Orléans—Paris rechts schwenkten, sie diese Straße überschritten und zu beiden Seiten der Laye gegen Pithiviers vordrangen. Der noch bei Loury und östlich am Waldrande stehenden starken 1. Division des 15. Korps war dabei der Angriff auf der Südseite zugedacht.

*) Etant donné l'objectif du général Ducrot à savoir la position de Bourges, il était vraisemblable, que son armée traverserait la Marne et suivrait la rive droite de la Seine jusque vers Melun. Là elle traverserait le fleuve et se rabatterait sur Montargis, par la fôret de Fontainebleau. Dès-lors, pour se porter à la rencontre de cette armée, il n'y avait de notre côte qu'à poursuivre l'exécution du plan commencé, c'est à dire, pousser l'armée de la Loire sur Fontainebleau, par Beaune la Rolande et Pithiviers. La jonction des deux armées s'effectuerait probablement dans la forêt. (Freycinet, la guerre en Province. Paris 1871, pag. 135.)

Zu dieser ersten großen Entscheidung sollten je nach Umständen auch die über Beaune vorgehenden beiden Korps vom rechten Flügel (18. und 20.) mitwirken, alle vereinigten Streitkräfte dann aber den Marsch auf den beiden Straßen über Malesherbes und über Beaumont—Nemours fortsetzen.

Bei diesem ganzen Plan war nun der rechte Flügel der Loire-Armee noch immer als vollgültiger Faktor in die Berechnung gezogen. Man verschloß dem Umstande, daß dieser Flügel kaum noch fähig war, eine irgend kräftige Offensive zu führen, völlig die Augen*).

Die Bewegungen zur Ausführung der am 30. Abends festgestellten Entwürfe begannen am 1. Dezember früh dadurch, daß das 16. französische Korps aus der Linie Boulay—St. Péravy antrat, um seine Schwenkung im großen Bogen über Janville, Toury auszuführen und die dort stehenden deutschen Truppen aufzurollen. Es stieß hierbei in der Gegend von Terminiers und Gommiers auf die rekognoszirenden Bayern und warf sie zurück.

Am 2. Dezember wollte das Korps diesen Marsch fortsetzen, rechts zu beiden Seiten der großen Straße unterstützt durch die 2. und 3. Division des 15. Korps, links durch das 17. Armee-Korps. Diese vereinigten Truppen stießen nun aber auf die konzentrirte und gleichfalls avancirende Armee-Abtheilung. So kam es zur Schlacht bei Loigny.

Zu derselben Zeit stand die starke 1. Division des 15. Armee-Korps, unter dem Korps-Kommandanten General Martin des Pallières, an den nördlichen Ausgängen des Waldes von Orléans, von Villereau bis Chambon, das Gros bei Chilleurs aux Bois. Selbst nach Boiscommun war ein Theil dieser Division hinübermarschirt, um jenen angeblich stark bedrohten Posten zu verstärken. Unter dem Schutze dieser Truppen zog General Crouzat sein schon in sehr trau-

---

*) General d'Aurelle hatte vor dem Beginne des allgemeinen Angriffs seine Armee erst konzentriren und ordnen wollen, allein er setzte im Kriegsrathe vom 30. November seine Meinung gegen die Regierungs-Bevollmächtigten nicht durch, welche übrigens auf alle Fälle schon mit einem Absetzungsdekret für den General versehen waren. Auch hatte der General beabsichtigt, die Bewegung des 16. Armee-Korps am 1. Dezember durch ein gleichzeitiges Vorgehen des ganzen 15. Korps zu unterstützen. Auch damit war er indeß nicht durchgedrungen. Das Nähere geben die Aufsätze in Band XXXIV der Preußischen Jahrbücher „Leon Gambetta und die Loire-Armee".

rigem Zustande befindliches 20. Korps nach Nibelle an den Wald von Orléans heran, das 18. folgte bis Bellegarde. Am 30. glaubte die Besatzung von Boiscommun sich von 40,000 Mann umringt und räumte den Ort.

Vor einem ernsten Angriff wollte General Crouzat seinen Rückzug in südwestlicher Richtung gegen Orléans hin, über Ingranne und Sully fortsetzen.

Die Meldungen der ihm gegenüberstehenden preußischen Vorposten hatten also die vielen vor ihrer Front ausgeführten unbestimmten Bewegungen im Allgemeinen richtig erklärt.

So war die Lage des Feindes auch noch am 2. Dezember Mittags, als im Hauptquartier Pithiviers die Befehle des Königs eintrafen. Nunmehr sind die Nachrichten zu verfolgen, welche Prinz Friedrich Karl über die weiteren Vorgänge bei der Armee-Abtheilung erhielt und von denen er seine Dispositionen zum Angriff auf die Loire-Armee abhängig machte.

Um 3 Uhr Nachmittags traf vom Schlachtfelde eine Depesche in Pithiviers ein, welche angab, daß um 1 Uhr Nachmittags die 17. und 22. Infanterie-Division im Avanciren auf Terminiers gewesen, während das durch die vorangegangenen Kämpfe schon stark erschütterte Bayerische Korps und die 4. Kavallerie-Division den rechten Flügel hielten. Zum Schlusse war hinzugefügt, daß der Feind anscheinend zurückginge und die Richtung auf Bonneval einschlüge*).

Um 5 Uhr folgte ein anderes Telegramm:

Janville, den 2. Dezember,
3 Uhr 51 Minuten Nachmittags.

„2½ Uhr Nachmittags 17. Division Loigny genommen und im siegreichen Vorschreiten, gefolgt vom 1. bayerischen Armee-Korps und kotoyirt von der 4. Kavallerie-Division, Richtung Nonneville, Orgères**). Vor sich das 16. französische Korps."

„22. Division siegreich vorschreitend auf Artenay — wahrscheinlich vor sich das 15. französische Korps."

(gez.) Friedrich Franz.

Ein ausführliches Telegramm, dessen Beförderung leider längere Zeit gebraucht hat, als irgend eine Depesche in den letzten Tagen,

---

*) Die Angaben dieser ersten Depesche sind nach denen der folgenden Telegramme zu berichtigen.

**) Richtiger wohl Orgères—Nonneville.

sandte Abends um 9½ Uhr der bei der Armee-Abtheilung weilende Flügeladjutant Seiner Majestät des Königs:

Janville, den 2. Dezember 1870,
aufgegeben 6 Uhr 55 Minuten Nachmittags.

„Janville 6 Uhr Abends. Die Armee-Abtheilung seiner Königlichen Hoheit des Großherzogs von Mecklenburg-Schwerin wurde heute früh um 9 Uhr, als sie sich zum Vorgehen formirte, auf der Linie Orgères—Baigneaux heftig angegriffen."

„Eben, um 12*) war der Feind von der im Centrum stehenden 17. Division geworfen, und wurde über Loigny hinausgedrängt. Zu gleicher Zeit wurde der linke Flügel — die 22. Division — von Artenay aus durch zwei feindliche Divisionen angegriffen."

„Sie warf den Feind zurück, stürmte Poupry und avancirte bis zum Dunkelwerden bis dicht vor Artenay**). Das 9. Armee-Korps ist bis Bazoches les Gallerandes herangezogen und kann morgen eingreifen. Es sind viele Hundert Gefangene gemacht, 12 Kanonen***) genommen. Verluste nicht unbedeutend; die des Feindes sehr beträchtlich. Ich halte die Schlacht für glänzend gewonnen."

(gez.) Graf Waldersee, Oberstlieutenant.

Um 10 Uhr telegraphirte General v. Stosch vom Schlachtfelde aus:

„½5 Uhr Abends Feind auf Terminiers zurückgeworfen, ebenso auf Artenay. Viele Gefangene gemacht, 11 Geschütze erobert. Wenn Feind morgen verfolgt werden soll, so ist durchaus erforderlich, daß II. Armee Artenay angreift und die Straße Orléans—Paris besetzt."

Der General berichtete übrigens noch am Abend auch schriftlich, in großen Zügen über den Gang des Gefechts:

---

*) Das Original enthält diesen Wortlaut. Jedenfalls liegt dabei indessen eine Verstümmelung der Depesche vor, wie sie in dem letzten Kriege übrigens zu den größten Seltenheiten gehörte. Wahrscheinlich ist ½5 Uhr gemeint gewesen.

**) Thatsächlich drehte sich das Gefecht um Moulin Moràle, Poupry und die Wäldchen nördlich Poupry.

***) Es sind thatsächlich nur 8 Kanonen erbeutet worden, davon 5 mit voller Bespannung. 6 von diesen Geschützen waren durch die 2. Eskadron des 2. Brandenburgischen Ulanen-Regiments Nr. 11 genommen worden.

Da am 1. Dezember das bayerische Korps bis in die Linie Tanon—Lumeau zurückgegangen war, hatte der Großherzog für die Truppen seiner Armee-Abtheilung zum 2. Dezember folgende Konzentration befohlen:

4. Kavallerie-Division Tanon,
das 1. bayerische Korps links hinter dem Wäldchen von Château Goury,
die 17. Division Lumeau,
die 22. Division Baigneaux,
eine Brigade der 2. Kavallerie-Division (Brigade Colomb) links der 22. Division.

Um 11 Uhr Vormittags sollte der allgemeine Angriff mit der Richtung auf Terminiers erfolgen. Die Aktion begann aber schon am Morgen, noch während die Armee-Abtheilung in der Konzentration begriffen war, damit, daß der Feind um 9 Uhr früh seine Angriffe gegen das bayerische Korps fortsetzte. Dieses Korps vermochte unter den Eindrücken, welche schon die letzten Kämpfe auf dasselbe gemacht, dem an Zahl überlegenen Gegners allein nicht Stand zu halten*). Die links neben ihm vorgehende 17. Division mußte daher eine Rechtsschwenkung ausführen und sofort zur Offensive übergehen. Dies führte sie in die Richtung gegen Loigny; der Feind wurde geworfen, vertheidigte den Ort aber lange und intensiv. Erst als derselbe ganz umfaßt war, wurde er genommen, die Offensive gegen Terminiers hin fortgesetzt.

Die 4. Kavallerie-Division unter Befehl Seiner Königlichen Hoheit des Prinzen Albrecht hatte unterdessen, rechts von den Bayern vorrückend, den feindlichen linken Flügel umgangen und Theile gegen Patay vorgetrieben, wobei viele Gefangene gemacht wurden.

Die 22. Division war von Baigneaux aus der 17. Division gefolgt, während der Feind schon seine Spitzen von Artenay her vortrieb. Die Division erhielt Befehl, diesen Feind unbeachtet zu lassen, doch duldete jener das nicht, ging gegen die 22. Division vor und zwang sie, sich links zu wenden. Nachdem das geschehen, ward aber der Kampf schnell entschieden. Die 22. Division griff, von der Brigade Colomb der 2. Kavallerie-Division brav unterstützt, ihren Gegner dreist an, erstürmte das Dorf Pouprÿ und behauptete

*) Siehe die weiter unten in Anmerkung gegebene kurze Darstellung der Schlacht von Loigny.

sich in der Linie Moulin Moràle — Poupry — Wäldchen nördlich Poupry trotz mehrfach wiederholtem Gegenangriffe bis zur Dunkelheit.

Das waren die Mittheilungen, welche das Ober-Kommando damals in Pithiviers über die Schlacht erhielt*).

---

*) Die Darstellung der Schlacht von Loigny am 2. Dezember 1870 gehört in den Bereich einer Geschichte der Armeeabtheilung des Großherzogs von Mecklenburg-Schwerin Königliche Hoheit. Es sei indessen hier in großen Zügen ein Bild davon entworfen, da dies zum Verständniß des Zusammenhanges in den Operationen der II. Armee nothwendig erscheint.

Am Morgen des 2. Dezember konzentrirten sich die Truppen der Armeeabtheilung an folgenden Punkten:

Das 1. bayerische Korps bei La Malabrerie, die 4. Kavallerie-Division auf dem rechten Flügel dieses Korps.

Die 17. Infanterie-Division bei Santilly,

die 22. Infanterie-Division mit der zur 2. Kavallerie-Division gehörenden Brigade Colomb bei Tivernon.

Diesen Truppen ging für die Bewegungen des Tages nachstehender Befehl des Großherzogs zu:

„Die 17. Infanterie-Division tritt sofort an und marschirt nach Lumeau, nimmt dort Aufstellung. Die 22. Division folgt der 17. und nimmt Aufstellung bei Baigneaux, bereit, die 17. Division zu unterstützen und der Kavallerie-Brigade der 2. Kavallerie-Division einen Halt zur Deckung gegen Artenay zu geben. Die Brigade der 2. Kavallerie-Division folgt der 22. Division. Das 1. bayerische Armee-Korps nimmt Aufstellung bei Goury-Château mit dem linken Flügel, die 4. Kavallerie-Division auf dem rechten Flügel des bayerischen Armee-Korps. Ich begebe mich an den Südausgang von Bazoches les Hautes. Der Marsch in die angegebenen Positionen ist möglichst gedeckt auszuführen. Ich rechne darauf, um 11 Uhr mit den Operationen beginnen zu können. Die Kavallerie, auch die der Infanterie-Divisionen, ist gegen den Feind zur Beobachtung vorzuschicken." (gez.) Friedrich Franz.

General Chanzy wieder wollte am 2. Dezember die von ihm am Tage zuvor begonnene Bewegung auf Janville und Toury fortsetzen, um so im großen Bogen rechts zu schwenken, die Truppen des Großherzogs aufzurollen und der französischen Armee für den weiteren Vormarsch gegen Pithiviers die Flanke frei zu machen. Er hatte hierfür etwa folgende Disposition entworfen: „Die 2. Division (Barry) des 16. Korps geht am Morgen um 8 Uhr von Terminiers über Loigny gegen Tillai le Peneux vor, die 1. Division (Jaurreguiberry), die am 1. Dezember gefocht n, bleibt bei Villeplon, läßt die Division Barry vorüber und folgt derselben auf eine halbe Stunde Abstand als Echelon links rückwärts mit dem linken Flügel über Moràle Ferme und Villeprévost. Noch weiter links dirigirt sich die Kavallerie-Division über Gommiers, Nonneville und Villevé, um so den linken Flügel des Korps zu decken."

Die Verluste der Armeeabtheilung betrugen: 181 Offiziere, 3988 Mann*), die Resultate außer acht eroberten Geschützen, über 3000 unverwundete Gefangene.

*) Davon entfallen auf das 1. bayerische Korps 100 Offiziere, 2203 Mann, hierunter: todt 15 Offiziere, 283 Mann, verwundet 85 Offiziere, 1718 Mann, vermißt 202 Mann.

„Die 3. Division (Maurandy) dirigirt sich rechts neben der 2. auf Lumeau." Vom Schlosse von Villepion aus gewahrte man die Konzentration der Bayern bei la Maladrerie und bereitete sich auf den Kampf vor.

Da der Großherzog seine Truppen auf die Linie Lumeau—Goury Château dirigirt hatte, die Marschrichtung der französischen Divisionen aber diese Linie gerade auf den wichtigsten Punkten schnitt, so war ein ernster Zusammenstoß unvermeidlich.

Die Bayern standen seit 6½ Uhr Morgens bei la Maladrerie konzentrirt, Front gegen Südwesten, die 2. Division im ersten, die 1. im zweiten Treffen, dahinter die Kavallerie und die Artillerie-Reserve. Bald nach 8 Uhr erhielt das Korps den Befehl des Großherzogs und begann nun seinen Linksabmarsch in die Linie Beauvilliers—Goury Château hinein, um dieselbe zu behaupten bis die 17. und 22. Division herankamen. Es erreichte Goury Château mit der Tete der 2. Division gerade, als dort auch die französische Division Barry anlangte. Indessen glückte es den Bayern, noch schnell die Stützpunkte der neuen Stellung zu besetzen und mit der 2. Division den Stoß des Feindes unter lebhaftem Gefecht abzuwehren. Ja, die 3. bayerische Brigade und Theile der 4. gingen sogar offensiv gegen die heranrückende Linie Barry's vor und drängten dieselbe bis zum Fuße der Beauvilliers und Goury gegenüber gelegenen flachen Höhe von Loigny und Fougeu zurück. Allein dieser Offensive fehlte die nachhaltige Kraft. Die 1. Division, die Kavallerie und Artillerie stellten sich bei Villeprévost in Reserve auf und konnten von dort nicht so schnell, wie es nöthig gewesen wäre, herangerufen werden. In dem ganz freien Terrain wurden die Verluste schnell groß und die vorgegangenen Bataillone mußten schon von ½11 Uhr ab in ihre Defensiv-Position zurückweichen. Da auf feindlicher Seite die Division Jaurreguiberry nunmehr mit Barry gemeinsam zu einem zweiten Angriff gegen Beauvillers und Goury schritt, so hatte die 2. bayerische Division gar bald selbst in der Vertheidigung einen schweren Stand.

Die 1. Division bei Villeprévost konnte zwar noch in den Kampf gezogen werden; aber deren rechter Flügel (die 2. Brigade) mußte das wichtige Villeprévost besetzt halten und sah sich zum Theil auch noch dadurch in Anspruch genommen, daß der äußerste linke Flügel und die Kavallerie des Feindes umfassend gegen Tanon avancirten. Fast die ganze 2. bayerische Brigade wurde nach und nach zu diesem wichtigen Punkte herangezogen. Ebendahin dirigirten sich die bayerischen Kürassiere, um sich der 4. preußischen Kavallerie-Division anzuschließen, die in der Richtung nördlich um la Maladrerie und Orgères herum vordrang, um so die Umfassungskolonnen des Feindes selbst zu überflügeln und das Verhältniß umzukehren. Diese Bewegung blieb auch nicht

Es bleibt hier nun noch hinzuzufügen, was sich dem Centrum der von der Armee bisher eingenommenen Stellungen gegenüber er-

ohne Wirkung. Im weiteren Verlaufe des Kampfes dehnte sich die Kavallerie-Division mehr und mehr gegen Gommiers hin aus, bewog den Feind zum Innehalten und sogar zur Bildung einer besonderen Defensiv-Flanke, welche Truppen konsumirte.

So kam es jedoch, daß zur Unterstützung von bayerischer Seite auf dem entscheidenden Gefechtsfelde bei Beauvillers—Goury Château von dieser Division nur die 1. Brigade, einzelne Theile der 2. und die Mehrzahl der zur Reserve-Artillerie gehörigen Batterien verwendet werden konnte. Die Gefechtslinie der Bayern, hauptsächlich durch die zahlreiche Artillerie des Korps stark gemacht, dehnte sich nun rechts über Beauvillers auf den flachen Höhen bis Tanon aus. Bald machte sich auf dem rechten Flügel derselben von Tanon her eine Offensiv-Bewegung gegen Morâle Ferme hin bemerkbar. Jener Flügel war noch frischer als der linke bei Goury und hatte noch Kraft genug zum Avanciren. Bei dem Schloß von Goury dagegen standen die Dinge ernster. Dort drängte der Feind um Mittag immer kräftiger, Gefahr war im Verzuge. Gelang es den Franzosen, den wichtigen Punkt zu nehmen, so umfaßten sie den linken Flügel der Bayern und trennten dieselben von den erwarteten Unterstützungen.

Diese — voran die 17. Division — hatten sich auf Lumeau dirigirt. Die Avantgarde der Division warf sich, ähnlich wie die Bayern bei Goury, nur gerade zu rechter Zeit noch in das Dorf hinein, als vor demselben auch schon die französische Division Maurandy erschien, zum Angriff entwickelt. Die Aufgabe der zur Zeit nur 10 Bataillone, 7 Eskadrons, 34 Geschütze zählenden Division war nicht leicht; denn sie mußte bei Lumeau den Anprall gegen ihre Front abwehren und sich dann zur Unterstützung der Bayern rechts wenden. Dennoch gelang es, einen vollständigen Erfolg zu erzielen.

Der Vorstoß des General Maurandy verlief für die französischen Waffen sehr unglücklich. Der General fand das eben noch unbesetzte Dorf Lumeau jetzt unerwartet in den Händen starker preußischer Kräfte und konnte es nicht nehmen. Gleichzeitig feuerten die bayerischen Batterien bei Goury und 10 ebenda aufgefahrene Geschütze der 17. Division heftig gegen seine linke Flanke. Von 11 Uhr ab begann auch die 22. preußische Division von Baigneaux her gegen die rechte zu wirken. So sahen sich seine jungen Truppen von drei Seiten her energisch angefaßt und mit Geschossen überschüttet. Sie begannen zu weichen und der Rückzug verwandelte sich in eine Flucht, die erst bei Huêtre völlig gehemmt werden konnte. Die Avantgarde der 17. Division stieß von Lumeau aus nach, brachte dem Feinde erhebliche Verluste bei und die 2. Eskadron des Ulanen-Regiments Nr. 11, die den Fliehenden auf den Fersen blieb, eroberte eine Batterie von 6 Geschützen, welche sie noch einholte.

Die 17. Division hatte, von den bayerischen Batterien bei Goury und der 22. Division, die über Baigneaux gegen Anneux vorgedrungen war, wirksam unterstützt, auf solche Weise lediglich ihrer Avantgarde (4 Bataillone, 2 Eskadrons, 2 Batterien) bedurft, um den Frontalangriff Maurandy's bei Lumeau abzuwehren. Das Gros nebst Kavallerie und Artillerie (im Ganzen 6 Batail-

eignet hatte. Der Feind unternahm dort, wie es schon dargelegt worden ist, östlich der großen Straße Orléans—Paris einen Vor-

lone, 5 Eskadrons, $3^2/_3$ Batterien) blieb zur Verwendung auf dem Kampfplatze der Bayern bei Goury verfügbar, wohin 10 von ihren Geschützen schon vorausgeeilt waren.

Durch ihr siegreiches Vordringen bei Lumeau war die Division erheblich über die Höhe der bayerischen Gefechtslinie hinausgekommen; sie hatte rechts neben sich nicht mehr die eigenen Waffenbrüder, sondern die Franzosen, die in diesem Augenblicke (der ersten Nachmittagsstunde) noch Fortschritte gegen Norden machten, wie die 17. Division sie gegen Süden hin gewann. Ein so unnatürliches Verhältniß konnte nicht lange bestehen. Schnell und in bester Ordnung schwenkte das Gros der 17. Division rechts und warf sich ungestüm auf die rechte Flanke der die Bayern bedrängenden französischen Kräfte (die Divisionen Barry und Jauréguiberry). Gleichzeitig umfaßte auf dem linken französischen Flügel die 4. Kavallerie-Division immer energischer und nach dem Eintreffen der Unterstützungen auf beiden Seiten gingen auch die Bayern wieder zur Offensive über. Auch hier wurde nun der Feind geworfen. Die 17. Division, welche bei dieser Gelegenheit in der Nähe von Ferme Ecuillon abermals 2 Geschütze erbeutete, folgte ihm in der Richtung auf Fougeu und Loigny. Das erste Dorf wurde bald genommen, das zweite hielten die Franzosen lange Zeit mit Zähigkeit fest. Den Kirchhof und die Kirche behauptete der Feind bis zur Dunkelheit. Durch wiederholte Offensivstöße suchte er sogar den Sieg auf seine Seite zu bringen. Ja von Patay her eilte selbst General de Sonis mit den vordersten Truppen des 17. Korps herbei und warf sich in den Kampf. Alle diese Anstrengungen wurden mit großem Verlust zurückgewiesen; Loigny verblieb den siegreichen Mecklenburgern und Hanseaten. Einige links gegen Ferme Ecuillon hinausgeschobene Kompagnien nahmen auch dies Gehöfte und erbeuteten dabei abermals 2 französische Geschütze. Da nach dem Verschwinden Maurandy's die Avantgarde bei Lumeau verfügbar geworden, so war dieselbe noch nach Loigny herangeordert und in den Kampf gezogen worden, wo sie abermals gegen des Feindes Rechte wirksam eingriff.

Die Bayern waren unterdeß über Morâle gegen Nonneville und Villepion vorgedrungen. Ihre 2. Brigade stützte die 4. Kavallerie-Division, die sich dauernd in des Feindes linker Flanke hielt und die sich mit den bayerischen Kürassieren vereint, schließlich gegen Gaubert wendete, um so den Feind für seinen Rückzug nach Patay besorgt zu machen.

Nach seinem letzten vergeblichen Vorstoß gegen Loigny war der so in der linken Flanke ganz umfaßte Feind auf Villepion zurückgewichen, begleitet von dem Feuer von über 100 Geschützen. Dann machte die Dunkelheit dem Kampfe und der Verfolgung ein Ende.

Die 22. Division war unterdessen, nachdem sie von Baigneaux aus so glücklich gegen General Maurandy's rechte Flanke eingegriffen hatte, ganz von diesem Gefechtsfelde verschwunden. Eine eigenthümliche Wendung hatte sie nach völlig entgegengesetzter Richtung abgerufen.

Schon während ihres Marsches nach Baigneaux hatte die Division mehr-

stoß, welchem deutscherseits vor dem Eintreffen des 9. Armee-Korps bei Bazoches les Gallerandes nur Kavallerie entgegengestellt werden konnte.

---

fach durch die sie begleitende Kavallerie-Brigade Colomb Nachricht erhalten, daß der Feind auch aus Artenay debouchire und gegen Lion en Beauce und längs der großen nach Paris führenden Straße avancire. Später besetzte er auch Dambron. Bekanntlich ging dort die 3. Division (Peytavin) des 15. französischen Korps links, die 2. (Martineau) rechts der großen Straße Orléans—Paris vor. Die Reserve-Artillerie folgte dieser Bewegung, der sich auch General d'Aurelle de Paladines, der Oberbefehlshaber der Loirearmee, anschloß.

Die 22. Division ignorirte anfangs dies Manöver, das der Feind unternahm, um Chanzy's Vorgehen zu unterstützen. Sie glaubte die Abwehr desselben den an der Straße Paris—Orléans verbliebenen Brigaden der 2. Kavallerie-Division überlassen zu können und war auch der Meinung, das 9. Armee-Korps sei schon von Pithiviers gegen Artenay im Anmarsche.

Als aber der Feind auch Poupry besetzte und so den Rücken der gegen Loigny hinter der 17. Division her dirigirten 22. Division bedrohte, wendete diese sich mit der Brigade Colomb gemeinsam gegen Osten um, und ging auf Poupry los.

So kam es, daß der Großherzog die Schlacht unerwartet nach zwei ganz entgegengesetzten Richtungen schlagen mußte. Die Hauptmasse seiner Truppen (die Bayern, 4 Kavallerie-Regimenter, 17. Infanterie-Division) wandte sich bei Loigny gegen Südwesten, der schwächere Theil (22. Division, Brigade Colomb) bei Poupry scharf gegen Osten. Zwischen beiden lag eine meilenbreite Lücke, über welche hinweg nur schwache Kavalleriepatrouillen die Verbindung aufrecht erhielten — gewiß eine Situation wie sie in der Schlacht nur selten vorgekommen ist.

Die 22. Division nahm nun am Nachmittage zunächst im ersten lebhaften Anlaufe Poupry und warf den Feind hinaus, der eben angefangen hatte, sich dort zur Vertheidigung einzurichten. Sie besetzte die jenseitige nach Osten gewendete Lisiere und dehnte sich auch zu beiden Seiten neben dem Dorfe aus. Südlich desselben bildeten die 6 Batterien den Hauptstützpunkt der Stellung, nördlich waren es die gegen Baigneaux hin gelegenen Waldparzellen. Die Geschütze warfen sofort ihre Granaten gegen die noch von Artenay aus in das nördliche Vorterrain debouchirenden Massen des Feindes, so daß sich nicht allein die ganze Division Peytavin, sondern auch ein Theil der weiter östlich vordringenden Division Martineau gegen Poupry wendete, um sich durch gemeinsame Anstrengung der lästigen Flankirung zu erwehren. Die 22. Division hatte nun bis zur Dunkelheit sehr heftige Anläufe zu bestehen. Um die Wäldchen nördlich Poupry wurde namentlich heiß gestritten; dort kam der Feind mit seinem Angriff nur kurze Zeit später, als die Besetzung geschehen war. Besonders ungünstig machte der Umstand sich geltend, daß die Reserve-Artillerie des 15. Korps, die beste und stärkste der Loirearmee, sich in der Nähe befand, daß sie herangezogen wurde und den preußischen Batterien einen sehr schweren Stand bereitete.

Von Château Gaillard an der großen Straße Paris—Orléans bis gegen Courcelles (südöstlich Pithiviers) standen, wie Prinz Friedrich Karl am 30. November Abends 6 Uhr befohlen, noch immer zwei Brigaden der jetzt schon zur Armeeabtheilung gehörenden 2. Kavallerie-Division auf Vorposten, den breiten freien Raum verhüllend. Die avancirenden französischen Kolonnen (2. Division des 15. Korps) drängten nun die drei Regimenter, welche den rechten Flügel jener Linie innehielten, im Laufe des Tages bis Toury—Bazoches les Gallerandes zurück. Dort gelang es diesen Regimentern, sowie den beiden Batterien der 2. Kavallerie-Division, die zur Hand waren, und lebhaft eingriffen, die Bewegungen des Feindes zum Stutzen zu bringen.

Mehrere französische Bataillone hatten Oison und Spuy besetzt, auch von Achères her drang eine Kolonne aller drei Waffen gegen Bazoches les Gallerandes vor. Alle diese Abthrilungen begannen aber am Nachmittage wieder langsam abzuziehen.

Um 2 Uhr Nachmittags war auch die 6. Kavallerie-Division südlich Bazoches les Gallerandes eingetroffen und hatte ihre Batterie vorgezogen, um mit der 2. Kavallerie-Division vereint der Offensive des Feindes entgegenzutreten. Noch ehe die Batterie der 6. Kavallerie-Division indessen aufgefahren war, trat der Gegner den Rückzug an, bald durch das Feuer der 18 reitenden Geschütze verfolgt. Die gegen Bazoches vorgegangene französische Kolonne schlug die Rückzugsrichtung auf Achères ein, woher sie gekommen. Die nach Oison—Spuy dirigirten Truppen räumten jene Orte, nahmen aber, 1/4 Meile südlich Oison, eine neue Aufstellung, welche sie durch Schützengräben verstärkten. Noch in der Dunkelheit fanden die Kavallerie-Patrouillen diese besetzt. Abends bezogen die engagirten Regimenter der 2. Kavallerie-Division ihre alten Stellungen wieder — Stabsquartier Oison.

Auf dem linken Flügel mußte die Kavallerie-Brigade Colomb mehrfach rücksichtslos in die feindliche Infanterie hineinreiten, um dem eigenen Fußvolk Luft zu schaffen. Sie führte diese Aufgabe mit großer Bravour durch.

Trotz der Uebermacht behauptete die Division bis zur Dunkelheit ihre Stellung auf allen Punkten glücklich und wies die feindlichen Angriffe sämmtlich zurück.

So war unter schwierigen Umständen ein glänzender Sieg errungen worden, der Verlust freilich auch im Verhältniß zur Zahl der fechtenden Truppen ein großer.

Die Sieger bezogen auf dem ganzen ausgedehnten Schlachtfelde enge Kantonnements und Bivouaks.

Die 6. Kavallerie-Division rückte gleichfalls von Neuem in ihre Kantonnements um Chatillon—le—Roi ab. Sie benachrichtigte dabei das 9. Armee-Korps, welches des Abends um 9 Uhr noch im Anrücken auf Bazoches les Gallerandes war.

Weiter östlich standen die französischen Vorposten, auch heute in ihren alten Stellungen bei Santeau—Brigny. Auf der Chaussee Pithiviers—Orléans räumte der Feind übrigens selbst die sperrende Barrikade fort, die in der Höhe des Gehöftes la Brosse lag, so daß man leicht erkennen konnte, es würde drüben an einen Vormarsch gegen Pithiviers, also gleichfalls an die Offensive gedacht.

Auch diese Einzelheiten waren Seiner Königlichen Hoheit dem Oberbefehlshaber bekannt, als er am 2. Dezember des Abends um 10 Uhr seine Dispositionen für den Angriff ausgab. Sie lauteten:

Pithiviers, den 2. Dezember 1870,
10 Uhr Abends.

„Die II. Armee und die Armee-Abtheilung Seiner Königlichen Hoheit des Großherzogs von Mecklenburg soll morgen am 3. Dezember zum konzentrischen Angriff gegen Orléans vorgehen."

„Das 9. Armee-Korps dirigirt sich morgen auf Artenay, welchen Ort es um $9^1/_2$ Uhr angreift."

„Auf der Römerstraße Bazoches—St. Lyé marschirt ein Nebendetachement des Korps, aus Theilen der 25. (Großherzoglich Hessischen) Division. Dasselbe schreitet im Walde, je nach dem Vorwärtsgehen des Gefechts an der großen Straße vor, — im Walde Verbindung nach rechts nach Möglichkeit suchend."

„Die Trains des 9. Korps bleiben nördlich Bazoches les Gallerandes parkirt unter Bedeckung stehen."

„Das 3. Armee-Korps marschirt mit mehreren Teten in größerer Breite gegen Chilleurs aux bois vor, schreitet um $10^1/_2$ Uhr zum entscheidenden Angriffe auf Chilleurs, nimmt diesen Ort und den Waldsaum unter ausgiebigster Verwendung seiner Artillerie und schiebt dann eine starke Avantgarde bis über Loury hinaus vor. Das Korps muß morgen mit seinem Gros Loury erreichen. Im Walde sind Pionier-Detachements zum Aufräumen der Hindernisse an die Tete zu nehmen. Die Vorposten werden morgen bei Tagesanbruch nach dem rechten Flügel zusammengezogen und rücken ein."

„Hauptquartier Loury."

„Das 3. Korps parkirt morgen seine Trains nördlich Pithiviers an der Straße nach Sermaises unter Bedeckung."

„Das 10. Armee-Korps marschirt morgen so aus seinen Kantonnements ab, daß es mit der Spitze seines rechten Flügels Villereau, mit seinem linken Flügel Chilleurs aux bois im Laufe des Nachmittags erreicht. Es legt sich in der bezeichneten Linie in enge Kantonnements. Hauptquartier Chilleurs aux bois."

„Die Trains des 10. Armee-Korps werden nördlich Beaumont an der Straße nach Malesherbes unter Bedeckung parkirt."

„Die dem Korps bisher attachirten 6 Eskadrons Großherzoglich Hessischer Reiter werden morgen über Pithiviers in Marsch gesetzt, um bis Nachmittags zum 9. Korps zu stoßen."

„Die Kavallerie-Division Hartmann und die ihr zugetheilte Infanterie-Brigade nehmen nach dem Ermessen des Kommandeurs so Aufstellung, daß der Raum zwischen Essonne und Loing und die längs des letzteren Flusses führenden Straßen von ihr beobachtet bleiben."

„Von allen wichtigen Vorkommnissen, besonders von etwaigem Vormarsche des Feindes gegen Paris, ist direkt an den General Graf Moltke nach Versailles telegraphisch, respektive durch Offiziere zu melden."

„Die 6. Kavallerie-Division steht morgen Vormittags 8½ Uhr südlich von Chatillon le Roi konzentrirt."

„Die Armee-Abtheilung Seiner Königlichen Hoheit des Großherzogs wird morgen westlich der Straße Artenay—Orléans nach eigener Disposition zum korrespondirenden Angriff schreiten."

„Der Angriff auf die feindliche Stellung Gidy—Cercottes wird, wenn sie besetzt ist, durch Infanterie des 9. Korps mittelst Umfassung bei Cercottes im Walde erleichtert werden."

„Die Kavallerie-Division Stollberg zieht morgen mit Tagesanbruch die Vorposten ein."

„Mein Hauptquartier geht morgen nach dem Gefecht nach Chilleurs aux bois."

Der General-Feldmarschall
(gez.) Friedrich Karl.

Noch am Abend um 11 Uhr berichtete General v. Stiehle nach Versailles über die getroffenen Anordnungen; — er überreichte dem General Moltke den von Seiner Königlichen Hoheit dem Prinzen Friedrich Karl erlassenen Armee-Befehl, berichtete kurz über die Ereignisse vom 1. und 2. Dezember und fügte hinzu:

„Die II. Armee ist selbstredend nicht im Stande, den Feind ferner zu verhindern, am Loing, respektive zwischen Loing und Yonne zum Vormarsch gegen Paris zu schreiten. Nur ein Beobachtungs-Detachement unter Gerneral v. Hartmann (eine Brigade Infanterie und eine Kavallerie-Division) kann östlich Pithiviers zurückbleiben. Eine nahe Offensive des Feindes in dieser Richtung ist aber auch sehr unwahrscheinlich:

1) wegen des empfindlichen Schlages von Beaune la Rolande am 28. vorigen Monats;
2) weil der Feind, wie heute gemeldet, alle Straßen nach Norden in der Nähe von Bellegarde koupirt hat."

„Montargis ist noch vom Feinde besetzt. Sollte wider Erwarten von dort ein Vormarsch erfolgen, so müßte auf General Hartmann's gewiß rechtzeitige Meldung von der Cernirungs Armee dagegen vorgesehen werden."

„Die Offensive der Armee-Abtheilung des Großherzogs Königliche Hoheit war mit General v. Stosch eigentlich dahin verabredet, daß ein Loire-Uebergang unterhalb Orléans versucht werden sollte — da das heutige Telegramm große Eile nöthig zu machen scheint, so wird das Ziel Orléans auf direktem Wege zu erreichen versucht werden."

Nunmehr ist darzulegen, was bei den Korps der Armee in Folge der ersten ihnen ertheilten Befehle schon geschehen war.

Das 9. Armee-Korps hatte um 12½ Uhr Nachmittags den eine Stunde zuvor erlassenen Befehl des Feldmarschalls erhalten und den Marsch nach der Gegend von Bazoches les Gallerandes angetreten; dort traf es erst spät am Abend ein. Da das Gefecht schon beendet war, rückte es in enge Kantonnements.

Auf Wunsch Seiner Königlichen Hoheit des Großherzogs befahl General v. Manstein sogleich selbstständig für den 3. Dezember früh die Konzentration seiner Truppen bei Santilly und Château Gaillard, um die große Straße Orléans—Paris zu decken.

Das 3. Armee-Korps setzte sich etwa um 7 Uhr Abends in

Bewegung und marschirte mit der 5. Infanterie-Division nach Pithiviers, mit der 6. nach Aſcoux, mit der Korps-Artillerie nach Yèvre le Châtel, Hauptquartier Pithiviers. Bis Mitternacht erreichten im Allgemeinen die Truppen ihre Quartiere und ruhten dort bis zum Morgen.

Das 10. Armee-Korps erhielt gegen 5 Uhr Nachmittags die Befehle und zog nun seine Truppen nach Boynes zusammen; die letzten trafen jedoch erst um 2 Uhr Nachts ein.

Schneidend kalte Luft herrschte während dieses Marsches. Der Boden war ganz fest gefroren. Heller Mondschein lichtete die Nacht.

Der Feind that Nichts, um diesen Flankenmarsch zu stören, der nahe vor seiner Front, im Angesicht seiner starken Vorposten und im Wesentlichen auf einer einzigen großen Straße ausgeführt wurde.

Auf dem linken Flügel, wo bisher das 3. und 10. Armee-Korps gestanden, blieb nun nur die 1. Kavallerie-Division und die schwache Brigade Valentini (39.) vom 10. Armee-Korps zurück.

V.

Orléans.

Der 3. und 4. und der Morgen des 5. Dezember.

Der 3. Dezember.

Die Nacht zum 3. Dezember brachte die Mittheilung von dem vor Paris erfochtenen Siege.

Am 3. Dezember des Morgens setzten alle Theile der Armee den Vormarsch gegen die Loire-Armee in der Weise fort, wie es der Armeebefehl vom 2. Dezember Abends anordnete.

Westlich der großen Straße Orléans—Paris ging demnach die Armee-Abtheilung des Großherzogs von Mecklenburg vor.

Von diesem Heerestheile war um 1 Uhr Nachts in Pithiviers noch die nachstehende telegraphische Meldung eingegangen:

Janville, den 2. Dezember 1870,
11 Uhr 16 Minuten Abends.

An das Oberkommando der II. Armee.

„Um die Erfolge des heutigen Tages (des 2. Dezembers) sicher zu stellen, wird morgen die Verfolgung eintreten.“

„Die 22. Infanterie-Division und die 2. Kavallerie-Division konzentriren sich bei Poupry.“

„Die 17. Infanterie-Division und die 4. Kavallerie-Division gehen auf Patay und besetzen den Ort.“

„Das 1. bayerische Korps konzentrirt sich bei Loigny.“

„Seine Königliche Hoheit um 9 Uhr bei Loigny, später Hauptquartier Orgères.“

(gez.) v. Stosch.

Des Morgens folgte noch eine zweite Depesche:

„Die Zusammenstellung der Nachrichten über die feindlichen Truppen, welche gestern gefochten, ergeben das 16. und 17.*) Korps gegen die 17. Division. Es ist daher sehr wahrscheinlich, daß die Armee-Abtheilung heute wieder dagegen fechten muß.“

(gez.) v. Stosch.

Gegen Artenay avancirte das 9. Armee-Korps, gegen Chilleurs und Loury dirigirte sich das 3., während das 10. Korps seinen Flankenmarsch fortsetzte, um die Linie Villereau—Chilleurs zu erreichen. Prinz Friedrich Karl theilte dem Korps am Morgen aus Pithiviers noch mit, daß er sein Hauptquartier nicht in Chilleurs aux bois, sondern in Artenay nehmen werde und brach dann um 7½ Uhr früh nach dem Schlachtfelde auf.

Die Stärke der Truppen, über welche der Prinz jetzt in der entscheidenden Stunde verfügte, war folgende:

1. Die Armee-Abtheilung Seiner Königlichen Hoheit des Großherzogs von Mecklenburg-Schwerin**): 27,368 Mann Infanterie, 8808 Pferde, 208 Geschütze.
2. Das 9. Armee-Korps: 16,638 Mann Infanterie, 1482 Pferde, 90 Geschütze.
3. Das 3. Armee-Korps: 16,320 Mann Infanterie, 1093 Pferde, 84 Geschütze.

---

*) Vom 17. Korps fochten am 2. Dezember nur Theile, welche General de Sonis am Abend heranführte.

**) Die Verluste vom 1. und 2. Dezember sind bei Feststellung dieser Ziffern schon in Anschlag gebracht; doch sind noch eine Anzahl von kleinen Detachements hier mit eingerechnet, die bei den bevorstehenden Kämpfen nicht mitzuwirken vermochten, so 2 Bataillone, 5 Eskadrons, 2 reitende Geschütze der 17. Division, welche unter General v. Rauch bei La Ferté Bernard verblieben waren, ein Bataillon derselben Division, das noch im Heranmarsche von Toul war. In Chartres stand gleichfalls noch eine Besatzung von der Armee-Abtheilung.

4. Das 10. Armee-Korps: 10,804*) Mann Infanterie, 762 Pferde, 71 Geschütze**).

5. Die 6. Kavallerie-Division: 2671 Pferde, 6 Geschütze.

In Summa 71,130 Mann Infanterie, 14,816 Pferde, 459 Geschütze***); außerdem unter General v. Hartmann detachirt:

1. Die 1. Kavallerie-Division: 3033 Pferde, 6 Geschütze.

2. Brigade Valentini: 2396 Mann, 6 Geschütze; zusammen 2396 Mann Infanterie, 3033 Pferde, 12 Geschütze.

An der bei Chatillon le Roi versammelten 6. Kavallerie-Division und den gegen Artenay bereits unter leichtem Artilleriegefecht vorrückenden Truppen des 9. Armee-Korps, die ihn enthusiastisch begrüßten, vorüber, begab sich der Oberbefehlshaber nach der Gegend von Dambron. Zunächst kam es nun darauf an, sich zu orientiren, wie die Armee-Abtheilung des Großherzogs heute früh weiter disponirt habe und wie dort die Dinge stünden. General von Manstein, zu dem vom Oberkommando ein Generalstabsoffizier entsendet worden war, hatte am Morgen östlich Poupry Verbindung mit der 2. Kavallerie-Division gehabt und durch diese erfahren, daß rechts neben ihr die 22. Infanterie-Division, rechts neben dieser die 17. Infanterie-Division, noch weiter westlich das 1. bayerische Armee-Korps und auf dem äußersten rechten Flügel die 4. Kavallerie-Division vorrücken würde. Nähere Nachrichten fehlten auch dort noch.

Vom Standpunkte des Prinzen Friedrich Karl bei Dambron aus sah man bei Moulin Morâle eine Batterie im Feuer†). Diese Batterie gehörte augenscheinlich der 22. Division an, die den linken Flügel des Großherzogs bildete. Ein dorthin entsendeter Generalstabsoffizier, der dem Großherzoge melden sollte, daß das 9. Armee-Korps jetzt Artenay angriffe, fand um 12½ Uhr Nachmittags:

1. die 2. Kavallerie-Division im Vormarsche aus der Gegend von Pouprý nach Autroches,

---

*) Das Detachement von Langres und ein zur 2. Trainstaffel abkommandirtes Bataillon sind hier nicht mit eingerechnet; ebenso fehlt die beim General v. Hartmann befindliche Brigade Valentini.

**) Ein Geschütz war bei Beaune verloren gegangen.

***) Oder nach Abzug der kleinen Detachirungen in runder Summe: 68,000 Mann Infanterie, 14,000 Pferde, 457 Geschütze.

†) Auch Theile der 2. Kavallerie-Division, die sich heute mit allen drei Brigaden bei der Armee-Abtheilung versammelte, waren sichtbar geworden und Seine Königliche Hoheit der Feldmarschall ritt zu denselben heran.

2. die 22. Infanterie-Division in der Bewegung von Poupry her — Moulin Moràle rechts lassend, auf Lille-Ferme,
3. die 17. Infanterie-Division als Echelon rechts rückwärts.
4. Abermals als Echelon rechts rückwärts auf der alten Straße Orléans—Chartres, das 1. bayerische Korps.

Noch weiter rechts war, wie schon gesagt, die 4. Kavallerie-Division thätig.

Der Geschützkampf hatte auf große Entfernung begonnen.

Zu diesem Vormarsche echelonweise vom linken Flügel war der Großherzog durch eine ihm am 3. früh von seinen Vortruppen zugegangene Meldung bewogen worden. Diese besagte nämlich, daß die beiden bei Loigny gestern geschlagenen Korps zur Zeit auf den Straßen Terminiers—Rouvray Ste. Croix—l'Encornes—Huêtre und Patay—Roumilly—Ormes im parallelen Abmarsche seien. Der Großherzog mußte daher so disponiren, daß er nicht nur gegen die große Straße hin zur Unterstützung des 9. Armee-Korps eingreifen, sondern auch in jedem Augenblicke gegen jene von Truppen bedeckten Straßen Front machen konnte.

Um 1 Uhr Nachmittags kehrte der abgesandte Offizier mit diesen Nachrichten zu dem Feldmarschall zurück.

An der großen Straße war inzwischen das Gefecht schnell vorwärts gegangen. Der Feind, der am frühen Morgen Dambron freiwillig geräumt hatte, gab jetzt eine sich über Chaussee und Eisenbahn quer hinziehende Gefechtsstellung auf, als das 9. Armee-Korps Artillerie dagegen in Thätigkeit brachte und es sich anschickte, ihn rechts und links zu umfassen*). Auch Artenay hielt er nicht lange fest, sondern begann abermals, schon unter dem Eindruck des Geschützfeuers, den Ort zu räumen. Unter leichtem Infanteriegefecht, das eine große Zahl von französischen Gefangenen in des Angreifers Hände fallen ließ, wurde die Stadt dann genommen, von den versprengten Vertheidigern gesäubert, besetzt und nach Süden hin zur Vertheidigung eingerichtet.

General v. Manstein traf dann seine Vorbereitungen, um die Offensive gegen La Croix Briquet fortzusetzen.

Prinz Friedrich Karl begab sich jetzt nach der Gegend von

*) Die Einzelheiten der Gefechte des 9. Armee-Korps befinden sich in der kleinen interessanten Schrift: „Gefechte und Züge des 9. Armee-Korps im Feldzuge 1870—71. Flensburg, Expedition der Flensburger Norddeutschen Zeitung. 1872."

Autroches. Dorthin befahl er auch die 6. Kavallerie-Division, die bisher von ihrer Aufstellung bei Châtillon le Roi her der Bewegung des 9. Armee-Korps gefolgt war.

Weiter gegen Osten hin, wo die Seitenkolonne des 9. Armee-Korps gegen den Wald von Orléans vorging, hatte um diese Zeit der Kanonendonner gleichfalls begonnen, der Kampf wurde jetzt allgemeiner.

Die ersten Anordnungen waren nöthig, um das Ineinandergreifen der einzelnen Gefechtsbewegungen, namentlich für den heute entscheidenden Kampf zu regeln, der sich ohne Zweifel am Eingange des Orléans-Waldes bei Chevilly abspielen mußte.

Von Autroches aus erging daher zunächst folgendes Schreiben an den Generalstabs-Chef der Armee-Abtheilung*).

An General-Lieutenant v. Stosch.

Autroches, 3. 12. 70. Nachmittags 1¼ Uhr.

„Seine Königliche Hoheit der Prinz Friedrich Karl ist der Ansicht, daß die wirksamste Richtung zur Unterstützung des Gefechts am Waldsaume bei Chevilly die sein würde, wenn die 17. Division Chevilly links liegen ließe, die 22. Division sich auf das Dorf Chevilly dirigirte. Namentlich würden die Batterien beider Divisionen in diesen Direktionen dem 9. Korps am wirksamsten helfen. Das 9. Korps greift jetzt la Croix Briquet an. Der Feind geht zurück. Bei St. Germain le grand ist Gefecht hörbar."

(gez.) v. Stiehle.

Da somit die einheitliche Leitung der gesammten gegen Orléans operirenden Streitkräfte begonnen hatte und diese, bei dem nochmals angeordneten konzentrischen Vorgehen, sich einander mehr und mehr näherten, so schien es auch bald an der Zeit, für die einzelnen Korps der Armee demnächst die Tagesaufgabe bestimmt abzugrenzen. Noch hatte sich das Gefecht im Wesentlichen auf einen Artilleriekampf beschränkt und war im schnellen Vorschreiten geblieben. Es ließ sich annehmen, daß die Armee am 3. Dezember weit genug würde vor-

---

*) Auf dem Felde bei Autroches, wo der Oberbefehlshaber seine Aufstellung genommen, wurde die Enveloppe einer telegraphischen Depesche gefunden, welche die Addresse des General d'Aurelle de Paladines trug. Der Oberbefehlshaber der Loire-Armee war also jedenfalls zugegen und hatte Tags zuvor wohl eben hier seinen Standpunkt genommen, um dem Gefechte beizuwohnen.

dringen können, um am 4. Dezember früh sogleich den Angriff auf die französische Hauptstellung zu beginnen. Alle bisher gesammelten Nachrichten ließen voraussetzen, daß dieselben in der Linie Gidy—Cercottes zu suchen sei. Dort hatte der Feind starke Verschanzungen angelegt. Die Tage waren kurz. Mußte man am 4. damit beginnen, Dorf und Schloß Chevilly zu nehmen, sowie die Waldlisiere dahinter, so war es möglich, daß der Tag verging, ehe die Entscheidung fiel. Dem 9. Armee-Korps kam naturgemäß der Angriff längs der großen Straße und der Eisenbahn zu, ebenso die Wegnahme der Waldlisiere östlich Chevilly. Des Großherzogs Aufgabe hingegen blieb es dann, sich in den Besitz von Schloß Chevilly und der Waldlisiere südlich zu setzen. Was bei Tageslicht nicht mehr zu erreichen war, konnte, da der Feind augenscheinlich noch keinen sehr ernsten Widerstand leistete, bei einbrechender Dunkelheit durch Bajonnetangriffe der Infanterie erreicht werden.

Seine Königliche Hoheit erließ daher folgenden Befehl:

Bei Autroches, 2¾ Uhr Nachmittags,
am 3. Dezember 1871.

An General v. Manstein.

„Ich sehe die heutige Tagesaufgabe damit als vollendet an, daß nach möglichst gründlicher Artillerievorbereitung das Dorf Chevilly und die Waldecke östlich Chevilly in den Besitz des 9. Armee-Korps gelangt und unter allen Umständen vom Korps behauptet wird. Die 17. und 22. Division werden sich ebenso nach der Beschießung in den Besitz von Schloß Chevilly und der Waldecke südlich des Dorfes setzen und dort hartnäckig behaupten."

„Reicht der Tag nicht, so müssen diese Angriffe im Dunkeln geschehen."

„Das Hauptquartier der II. Armee kommt nach Artenay und kann dieser Ort vom 9. Korps stark belegt werden."

„Corps-Hauptquartier ist zu melden."

Der General-Feldmarschall.
(gez.) Friedrich Karl.

An den Großherzog ging die entsprechende Weisung zu derselben Zeit ab. ¾ Stunden später antwortete General v. Stosch:

„Befehl erhalten. 17. und 22. Division werden angreifen, sobald erst das bayerische Korps seine Batterien bei La Provenchère etabliren und Château Chevilly beschießen kann."

Da man bald darauf bei La Provenchère thatsächlich Batterien erscheinen sah, welche von dort aus ihr Feuer eröffneten, so begab sich der Feldmarschall nach Auvillers Château, welcher Punkt kurz zuvor durch das 9. Korps besetzt worden war.

Bei diesem Korps ging in erster Linie die 18. Infanterie-Division vor, während die 25. (Großherzoglich Hessische) Division folgte. Als die letzte Division Artenay erreichte, hatte der kommandirende General den Befehl zur Fortsetzung des Angriffs ertheilt. Diesem stellte sich der erste Widerstand in der Linie Arblay Fe.—Moulin d'Auvillers entgegen, in welcher der Feind starke Infanteriemassen, von Artillerie unterstützt, entwickelte. Ein flacher Höhenzug quer über die Chaussee hinweg machte die Position für die Vertheidigung günstig. Lebhaftes Artillerie- und Gewehrfeuer empfing die vordringenden Teten der 18. Division.

General v. Manstein beschloß, da das Terrain frei war und die Artilleriewirkung begünstigte, die Gegenwehr des Feindes vornehmlich im Geschützkampf zu brechen. Er führte nach und nach den größeren Theil seiner Batterien im weiten Halbkreise von der Höhe südwestlich Auvillers Château bis gegen Bucy le Roi hin in's Feuer, brachte die Französische Artillerie zum Schweigen und ließ dann den letzten Widerstand in Arblay Fe. und an der Moulin d'Auvillers durch schnell ausgeführte energische Offensivstöße beseitigen. Der Feind wich, zwar geschlagen, aber noch die Ordnung haltend, nach la Croix Briquet zurück. Dort hatte er die Vertheidigung durch Batterie-Emplacements und Schützengräben auf sanften Terrainwellen vorbereitet. In dieser Stellung hielt er wieder hartnäckig Stand.

Abermals wollte General v. Manstein den Angriff durch Geschützfeuer auf das Gründlichste vorbereiten. Während die Batterien des rechten Flügels in ihren günstigen Positionen verblieben und ihr Feuer gegen das vom Feinde gleichfalls besetzte Creuzy richteten, gingen die des Centrums und des linken Flügels in neue Aufstellungen auf den eben gewonnenen sanften Bodenanschwellungen über. Im Ganzen nahmen diesmal 13 Batterien des 9. Armee-Korps am Kampfe Theil. Nicht lange ertrug die französische Artillerie die Wirkung dieser 78 Geschütze, sondern schwieg und fuhr ab.

Die Dörfer Creuzy, La Croix Briquet und das Schloß von Andeglou geriethen während dieses Kampfes in Brand. Auch in mehreren Orten vor der Front der Armee-Abtheilung des Großherzogs war bereits Feuer ausgebrochen. Allein die französische Infanterie setzte die Vertheidigung dennoch fort. Sie versuchte es sogar, gegen die Artillerie-Stellung des 9. Korps mit geschlossenen Bataillonen zu avanciren, ertrug indessen das wohlgezielte Granatfeuer nicht und ging wieder zurück, um ferner die Defensive streng inne zu halten. Gegen 4 Uhr, als der Infanterie-Angriff genügend vorbereitet zu sein schien, ertheilte der kommandirende General die Befehle zum allgemeinen Vorgehen. Nach kurzem Gefecht wurde auch die Position von la Croix Briquet genommen und die Offensive gegen Chevilly und den Rand des Waldes von Orléans fortgesetzt.

Allein mittlerweile begann auch die Dunkelheit hereinzubrechen.

Prinz Friedrich Carl hatte die einzelnen Momente dieses Artillerie-Kampfes beim 9. Korps genau verfolgen können. Erst als der Angriff gegen Chevilly hin begann, ließ sich nichts Bestimmtes mehr erkennen. Dort schien der Kampf indeß noch ernst werden zu sollen, denn auch schwere Batterien der Franzosen griffen jetzt bei der Unterstützung der Vertheidigung ein.

Se. Königliche Hoheit begab sich nach einem mit Gebüsch besetzten Hügel bei Creuzy. Dort traf, als es bereits stark dunkelte, der Chef des Stabes der Armee-Abtheilung, General v. Stosch, ein und trug dem Ober-Befehlshaber vor, daß die Truppen des Großherzogs, erschöpft von dem gestrigen lebhaften Kampfe, und heute von Neuem durch den Vormarsch unter Gefecht ermüdet, kaum noch in der Lage sein würden, einen ernsten Angriff gegen die Positionen von Chevilly durchzuführen.

Der Feldmarschall sah sich durch diese Umstände genöthigt, die Wegnahme von Chevilly und der Waldlisiere auf den folgenden Tag zu verschieben und sandte auch dem General v. Manstein durch einen Generalstabs-Offizier die Weisung, gleichfalls vom Angriff abzustehen. Jener General hatte, da es mittlerweile gelungen war, die französische Artillerie bis auf die schweren Marinegeschütze, die östlich Chevilly feuerten, zum Schweigen zu bringen, um 5 Uhr den Sturm auf Chevilly befohlen. Die 18. Division wurde dazu ausersehen, — ihre beiden Infanterie-Brigaden neben einander entwickelt, — vorzugehen und den Stoß gegen das Dorf und die Wald-Lisiere östlich davon zu richten, wie dies Prinz Friedrich Carl befohlen. — Dichtes Schneegestöber hatte inzwischen begonnen, die Dunkelheit ließ ohnehin nichts mehr erkennen. Der ganze Angriff sollte daher mit dem Bajonnet, ohne Feuergefecht, unter lautem Hurrah ausgeführt werden. Noch ehe aber die avancirenden Bataillone den Feind erreichten, kam der Gegenbefehl bei General v. Manstein an, und sie wurden daher an den Stellen, wo sie sich gerade befanden, durchschnittlich nur noch 400 Schritt vom Feinde entfernt, angehalten und Vorposten gegen den Feind ausgestellt.

Das 9. Korps bezog um Artenay, ferner in und bei den genommenen und noch brennenden Dörfern enge Kantonnements resp. Bivouaks.

Prinz Friedrich Carl nahm sein Hauptquartier in Artenay.

Dort traf ihn um 6½ Uhr Abends folgende Meldung:

Hauptquartier Beaugency, den 3. Dezember,
Abends 6 Uhr.

„Der Befehl, den Angriff auf Dorf und Château Chevilly für heute zu unterlassen, fand die 22. Division bereits in beiden Orten."

„Die 4. Kavallerie-Division steht in Sougy, mit einem Detachement in Patay*), die 1. Bayerische Division bei la Provenchère, die 2. Bayrische Division in Chevaux. Von der 17. Division kam keine Meldung, dieselbe steht, da der durch einen Bayerischen Ordonnanz-Offizier ihr zugesandte Befehl sie nicht erreicht, voraussichtlich in Château Chevilly."

(gez.) v. Stosch.

Hier ist kurz nachzuholen, wie das Gefecht bei der Armee-Abtheilung während des Nachmittags sich gestaltet hatte:

---

*) Patay wurde in Wahrheit erst am 4. Dezember genommen; das Detachement hatte gegen den Ort vordringen sollen, es war aber am Morgen durch eine von Varize her gegen Cormainville anrückende französische Kolonne aller drei Waffen allarmirt worden, hatte sich gegen diese wenden müssen und sie unter glücklichem Gefecht über Varize zurückgeworfen. Die Nacht brachte das Detachement — die 8. Kavallerie-Brigade, 3 Bayerische Bataillone (900 Mann) und 1 Batterie, unter General-Major v. Hontheim — in Cormainville zu, da bei der vorgeschrittenen Tageszeit an den Marsch nach Varize nicht mehr gedacht werden konnte.

Die 22. Infanterie-Division war von Marville und Lille Ferme aus im Avanciren gegen Chevilly hin geblieben. Da sie die auf der großen Straße von Artenay gegen Orléans abziehenden Kolonnen bemerkte, die vom 9. Korps zurückgetrieben wurden, so brachte sie vorwärts Beaugency ihre Artillerie gegen dieselben ins Feuer. Auch die 2. Kavallerie-Division war hier zur Stelle und wirkte von Auvillers Château her durch ihre Geschütze mit.

Gleichzeitig trat die 17. Infanterie-Division bei Chevaux in den Kampf ein und führte ein längeres Feuergefecht gegen die Ferme Danzy, die sie schließlich nahm. Mit einbrechender Dunkelheit wendete sich die 22. Division gegen Schloß Chevilly, ebendahin die Avantgarde der 17. Division. Ein Offensivstoß des Feindes wurde von ihnen abgewiesen; der Gegner wich in der Richtung gegen Orléans zurück, Dorf und Schloß wurden später in der Dunkelheit leer gefunden und von beiden Divisionen besetzt.

Die Bayern hatten unterdessen ihr Vorgehen auf der alten Straße Chartres—Orléans fortgesetzt. Dabei traf sie ein von Patay her geführter Offensivstoß der Franzosen. Sie wiesen denselben indessen im Verein mit der 4. Kavallerie-Division ab und verfolgten den hier erschienenen Gegner gegen Patay durch ein Detachement. Dann setzte das Korps den Vormarsch über Sougy fort, nahm das vom Feinde besetzte Trogny und drang bis La Provenchère vor. Ein rechtes Seiten-Detachement der 4. Kavallerie-Division hatte zwischen Varize und Cormainville gleichfalls ein Rencontre mit dem Feinde.*)

Alle Bewegungen hatten sich unter leichtem Gefecht, im Wesentlichen nur unter Geschützkampf, vollzogen.

Die Meldung des Generals v. Stosch über die Besitznahme von Chevilly kam, nach den vorhin von der Armee-Abtheilung zugesandten Aeußerungen, natürlich unerwartet. Der Ober-Befehlshaber nahm an, daß der Feind die Positionen von Chevilly ohne Kampf aufgegeben habe und daß es daher auch dem 9. Korps noch gelingen könne, sein, ihm ursprünglich gestecktes, Ziel zu erreichen. Er theilte dem General v. Manstein deshalb um 7 Uhr Abends die Nachricht über diese neue Wendung der Dinge mit.

---

*) Siehe die Anmerkung auf Seite 210, welche die Darstellung dieses Gefechts in einigen Worten giebt.

In voller Dunkelheit hatten übrigens noch die Patrouillen der 18. Infanterie-Division die Verbindung mit der 22. Division in Chevilly aufgefunden, dann auch die Waldlisiere östlich gewonnen, während die 22. Division ihre Spitzen in südlicher Richtung in den Forst vortrieb.

Somit war hier an der großen Straße Paris—Orléans die Tagesaufgabe von den Truppen noch am Abend glücklich gelöst worden. Schon hatte das 9. Armee-Korps zahlreiche Gefangene in seinen Händen, sämmtlich dem 15. französischen Korps angehörend. Auch eine der französischen Marine-Batterien, welche der Feind in der Position von Chevilly im Stiche gelassen, war erbeutet worden.

Ganz gesondert von diesen Kämpfen hatte unterdessen auch weiter östlich beim 3. Armee-Korps ziemlich lebhaftes Gefecht stattgefunden.

Die erste Nachricht darüber traf Abends um 7 Uhr in Artenay ein:

Chilleurs aux Bois, den 3. Dezember,
1 Uhr Nachmittags.

„Der Feind hat das 15. Armee-Korps — 1. Division — vorwärts Santeau in stark fortifizirter Position im Gefecht gehabt, 3 Batterien und 2 Mitrailleusen-Batterien gezeigt. Er ist von Santeau zurückgeworfen, hat Stellung bei Chilleurs genommen, auch diese ist von ihm aufgegeben worden. Der Wald wird angegriffen. Ein Geschütz erobert. An 200 Gefangene gemacht. Verluste bis jetzt gering."

A. B.
v. Voigts-Rhetz.*)

Danach ließ sich übersehen, daß auch dort das Gefecht im schnellen siegreichen Vorschreiten war.

Weitere Meldungen kamen an diesem Tage vom 3. Korps nicht ein; die Kenntniß, welche Se. Königliche Hoheit über dessen Erlebnisse an diesem ersten Gefechtstage überhaupt erhielt, beschränkten sich auf jene Meldung.

Was sich dort ereignet, sei indessen des Zusammenhanges wegen hier eingefügt.

---

*) Oberst v. Voigts-Rhetz, Chef des Generalstabes des 3. Armee-Korps.

Des Morgens um 9 Uhr hatte sich das 3. Armee-Korps an der Straße Pithiviers—Orléans nördlich von Mareau aux Bois versammelt, und zwar die 6. Infanterie-Division nördlich des L'Oeuf-Baches, Pont d'Atouas vor der Front, hinter dieser Division die Korps-Artillerie. Bei La Tezardière links daneben konzentrirte sich die 5. Infanterie-Division.

Bisher hatte der Feind dort mit seinen Vortruppen bekanntlich die Linie Neuville—Chilleurs aux Bois—Courcy aux Loges besetzt gehalten und allen Nachrichten zufolge bei Chilleurs aux Bois und innerhalb des Waldes von Orléans verschanzte Positionen hergerichtet. Vorwärts Neuville, Chilleurs, Courcy zeigten sich immer nur vorübergehend schwächere Abtheilungen, Posten und Patrouillen.

Als sich das 3. Korps des Morgens an den oben bezeichneten Punkten versammelte, brachten Patrouillen gerade die Meldung, Santeau sei augenscheinlich heute stärker als sonst besetzt. Auf den Höhen von Santeau, die, gegen Norden abfallend, das Vorterrain an der Chaussee beherrschen, gewahrte man auch mit bloßen Augen französische Infanterie und Artillerie in der Bewegung, und bald darauf begann der Feind schon seine Granaten gegen die Rendezvous-Plätze der preußischen Divisionen zu werfen.

Die Stellung von Santeau eignete sich trefflich zur Vertheidigung. Die Höhen mit freien Abhängen, Schloß und Dorf gewährten der Vertheidigung gute Stützpunkte. Nichts behinderte die Feuerwirkung.

Der kommandirende General faßte daher sogleich den Entschluß, sich jener Stellung durch Umfassung auf beiden Flügeln zu bemächtigen. Er ließ die 6. Infanterie-Division und die Korps-Artillerie rechts über La Brosse, die 5. Infanterie-Division links der großen Straße vorgehen.

Die 6. Division sollte dabei Santeau und Chilleurs nur mit dem linken Flügel streifen, sich aber mit der Masse ihrer Truppen sogleich gegen den Punkt wenden, an welchem die große Straße hinter Chilleurs in den Wald eintritt.

Der Feind eröffnete ohne Zögern gegen die ihre Bewegungen beginnenden Kolonnen lebhaftes Artilleriefeuer aus mehreren Geschütz- und Mitrailleusen-Batterien.

Dem gegenüber brachte das 3. Armee-Korps seine Artillerie auf dem Halbkreise von den Terrainwellen südlich La Brosse bis gegen Ceinterie hin in Position. Die Infanterie aber drang mit den äußeren Flügeln ungehindert immer weiter vor, während kleine, aus Kavallerie und Infanterie formirte Detachements zur Sicherung noch weiter rechts und links hinausgeschoben wurden und dort mit französischen Tirailleurs plänkelten.

Nach lebhaftem Geschützkampfe unterlag die französische Artillerie etwa um 11 Uhr Vormittags. Auch die feindliche Infanterie begann schon, von der Wirkung der preußischen Granaten erschüttert und in Unordnung gebracht, gegen Chillers aux Bois zurückzuweichen.

Nunmehr entwickelte sich auch das Infanterie-Gefecht. Die an den Abhängen vor Santeau gelegenen Gehöfte, welche der Feind noch besetzt hielt, wurden schnell genommen. Auch in den vorbereiteten Stellungen auf den Höhen selbst hielt der Gegner nicht mehr lange Stand. Durch die Umfassung auf beiden Flügeln in seinem Rückzuge immer ernster bedroht, verließen seine letzten Truppen Dorf und Schloß Santeau, sich gegen Chilleurs und den Waldrand wendend. Die Teten des 3. Korps drängten hastig nach; ein Geschütz und ein Munitionswagen, sowie eine Anzahl von Gefangenen fielen in die Hände der Sieger. Das lebhafte Feuer der nacheilenden preußischen Batterien aber brachte die abziehenden französischen Kolonnen zur Auflösung, so daß deren Rückzug sich in eine Flucht verwandelte.

Noch immer versuchte der Feind in und um Chilleurs aux Bois den Widerstand zu organisiren; er hielt den Ort mit Infanterie fest und etablirte südlich desselben seine Batterien von Neuem.

Aber beide Divisionen des 3. Armee-Korps setzten nach dem ersten glücklichen Gefecht ihre umfassenden Bewegungen unaufhaltsam fort. Die vorgehende Korps-Artillerie brachte die französischen Batterien abermals zum Schweigen, und schon um 2 Uhr Nachmittags drangen die Teten der preußischen Infanterie, fast ohne Widerstand zu finden, in Chilleurs ein. Zwar setzte sich der Feind innerhalb des Ortes in einem Gehöft noch einmal fest, aber auch hier wurde er nach kurzem Kampfe geworfen, ebenso erging es ihm an der Waldlisiere hinter Chilleurs.

Die großen verlassenen Bivouaksplätze deuteten eine beträchtliche Stärke des Feindes an, die zahlreichen Schützengräben und Erdaufwürfe für Batterien die Absicht, ernsten Widerstand zu leisten. Die Gefangenen gaben an, daß hier 2 Divisionen des 15. französischen Korps gestanden hätten. Thatsächlich war es, wie jetzt bekannt, die starke 1. Division desselben Korps unter General Martin de Pallières gewesen.

Da, wo die Straße Pithiviers—Orléans in den Wald eintritt, zog sich nun das ganze siegreiche Korps zusammen. Der kommandirende General nahm die Verfolgung des geschlagenen Gegners nach Loury hin auf,*) ließ aber die Korps-Artillerie und 6 Bataillone nördlich des Waldes zurück. Die 6. Infanterie-Division drang dann auf und rechts der großen Straße im Walde vorwärts, die 5. Infanterie-Division schlug den nächsten Gestellweg östlich der großen Straße ein. Die Chaussee sperrte der Feind übrigens noch dadurch, daß er sie aus einer in der Ferne gegen Loury hin postirten Batterie mit Granaten heftig bestreichen ließ. Erst als es gelungen war, jener Batterie gegenüber auf der Straße 2 schwere Geschütze in Position zu bringen, und als sich im Walde die Jäger des 3. Korps den französischen Geschützen näherten, stellten diese das Feuer ein und fuhren ab.

Nun war die Passage frei, doch hielten Barrikaden, auf die Straße geworfene große Steine und Abgrabungen den Marsch noch weiterhin auf. Die Hindernisse wurden beseitigt, französische Versprengte, die sich verspätet, zu Gefangenen gemacht.

Als die beiden Divisionen mit ihren Spitzen die Avenue de Nibelle erreichten, wurde rechts rückwärts in der Richtung auf Neuville aux Bois lebhaftes Infanterie- und Mitrailleusenfeuer hörbar, auch lief eine Meldung ein, daß die zwischen dem 3. und 9. Korps vorgehende hessische Kolonne den Ort Neuville aux Bois, den der Feind schon einmal am 24. November so hartnäckig vertheidigte, ohne Erfolg angegriffen habe.**)

General v. Alvensleben II. ließ daher sogleich zwei Bataillone mit der Front gegen Westen eine Aufstellung quer durch den Wald nehmen, um so sein Korps gegen einen überraschenden Angriff in der linken Flanke zu sichern. Gleiche Vorkehrungen wurden auch

---

*) Die Masse der bei Chilleurs und Santeau im Gefecht gewesenen französischen Truppen, ebenso ein Theil des in Courcy aufgestellten Detachements hatte den Abzug nach Westen im Walde bewerkstelligt, dies in Folge des Befehls von General d'Aurelle de Paladines, die alten Positionen von St. Lyé und Chevilly wieder einzunehmen (siehe weiter unten). Sie entzogen sich so der Verfolgung durch das 3. Korps.

**) Ein Angriff gegen Neuville selbst war nicht erfolgt. Siehe Seite 217.

gegen Osten hin getroffen, wo man auf einen halben Tagemarsch Entfernung das ganze 20. französische Korps wußte. Die 5. Division stellte ein Infanterie-Regiment mit der Front gegen Nibelle an der dorthin führenden Avenue auf.

Die übrigen Theile des Korps drangen weiter bis Loury hin vor, die Avantgarde wurde noch über diesen Ort hinausgeschoben. Vorposten stellten sich quer über die Chaussee hinweg auf und deren nach rückwärts gebogene Flügel traten in Verbindung mit den im Walde zurückgelassenen Infanterie-Regimentern.

So sich nach allen Seiten hin schützend, bezog das Korps mit denjenigen Theilen, welche den Marsch durch den Orléans-Wald angetreten hatten, in und um Loury Bivouaks und enge Kantonnements. Das Hauptquartier des Korps ging gleichfalls nach Loury.

Während somit auch auf der Chaussee Pithiviers—Orléans der Feind ohne Schwierigkeit aus seinen verschanzten Stellungen geworfen worden war, hatte er dem, zwischen den beiden Hauptstraßen längs des alten Römerweges vorrückenden linken Seiten-Detachement des 9. Korps ernsteren und glücklichen Widerstand geleistet. General v. Manstein hatte dieses Detachement dem Armee-Befehl vom 2. Dezember Abends 10 Uhr gemäß gebildet. Es bestand aus 3 Bataillonen, 1 Eskadron und 1 Batterie der hessischen Division und wurde von dem Obersten v. Winkler kommandirt. Der Aufbruch dieses Detachements fand erst gegen 12 Uhr Mittags statt.

Die Befehle an die Truppen, welche Oberst v. Winkler kommandiren sollte, hatten sich verspätet und jene Truppen sich erst nach dem Rendezvous-Platze der Division begeben. Von dort aus wurden sie auf die Römerstraße gesetzt, auf welcher sie sich bei Crottes versammelten. Als sie dann vorgingen, stießen sie schon bei Latour nordwestlich St. Germain la grande auf den Feind. Sie entwickelten sich an der Römerstraße zum Gefecht, allein der Gegner zeigte nun in der Linie Latour—le Chêne dichte Tirailleurketten welche ihrerseits zum Angriff übergingen. Dahinter bewegten sich von St. Germain über Mauregard geschlossene Kolonnen, welche augenscheinlich den linken Flügel der hessischen Truppen zu umgehen suchten. Im Verein mit 2 gerade eintreffenden Kompagnien*) der

*) Dieselben waren bei der Bagage zurückgelassen worden, mußten aber zu dieser Zeit wieder zu ihrer Division.

18. Division ging Oberst v. Winkler nun gegen jene Kolonnen vor und warf sie nach lebhaftem Gefecht auf St. Germain zurück. Bei St. Germain und Neuville setzte sich der Feind zu neuer Gegenwehr. Er hatte seine Stellungen für die Vertheidigung dort überall gleichfalls gut vorbereitet und schien auch numerisch von so beträchtlicher Stärke, daß der Ausgang eines jetzt noch, wo die Dunkelheit schon herein zu dämmern begann, unternommenen Angriffs keineswegs sicher erschien.

Oberst v. Winkler blieb daher, bis es ganz finster war, mit seinen Truppen dem Feinde hart gegenüber, bezog aber dann, nach allen Richtungen hin Vorposten ausstellend, in dem geräumigen Dorfe Achères Allarmquartiere. Dort verbrachte er, von Franktireurs und feindlichen Schützen umschwärmt, die Nacht, doch gelang es, mit der 20. Division, die nach der Gegend von Neuville herankam, und ebenso mit dem 9. Armee-Korps Verbindung aufzunehmen. Am Abend noch lief eine von 6 Uhr 35 Minuten Nachmittags aus Achères datirte Meldung des Obersten im Hauptquartier Artenay ein, welche angab, daß er den starken feindlichen Widerstand heute nicht mehr habe bewältigen können. „Wenn kein anderer Befehl erfolgt", fügte er hinzu, „wird das Detachement morgen früh Neuville angreifen und seinen Marsch alsdann auf St. Lyé fortsetzen."

Der 6. Kavallerie-Division waren vom Feldmarschall Kantonnements nördlich und nordöstlich Artenay angewiesen worden. Sie marschirte aus ihrer Gefechtsstellung bei Autroches in jenes Terrain ab, wähnte das Detachement v. Winkler schon bedeutend weiter vorwärts und wollte sich bis Villereau hin ausdehnen, stieß aber dort auf den Feind und hatte noch einige Verluste.

Vom 10. Armee-Korps kam die erste Meldung, telegraphisch über Pithiviers und Toury befördert, erst um Mitternacht in Artenay an. Sie datirte von 7 Uhr Abends:

„Bin mit der 19. Infanterie-Division und Korps-Artillerie in Chilleurs aux Bois eingerückt. Das 3. Korps geht weiter auf Loury vor. General v. Kraatz*) ist im Dunkeln vor Neuville angekommen und hat Infanterie- und Artilleriefeuer erhalten."

„Angriff auf morgen verschoben."

„Verbindung mit den Hessen noch nicht aufgefunden.**) Ulanen

---

*) Kommandeur der 20. Infanterie-Division.

**) Dies war mittlerweile geschehen.

Nr. 9*) melden, daß der Feind Nancray mit Infanterie besetzt hat." (gez.) v. Voigts-Rhetz.

Das 10. Armee-Korps war am Morgen des 3. Dezember, trotzdem es erst in der Nacht seine letzten Quartiere bei Boynes erreicht hatte, schon um 7 Uhr aufgebrochen. Es marschirte mit der 20. Infanterie-Division, welche die Avantgarde bildete, **) über Pithiviers, mit der 19. Infanterie-Division und Korps-Artillerie über Rougemont und Ascoux nach Chilleurs aux Bois. Die Spitzen des Korps sollten dem Armeebefehl vom 2. Abends zufolge noch Villereau erreichen.

Die 20. Infanterie-Division kam um 3 Uhr bei Chilleurs an, ruhte dort und kochte ab. Dann brach sie wieder auf. Mit dem Nahen der Dunkelheit erreichte sie Rouville vor Neuville aux Bois und stieß auf den Feind. Dort ging ihr auch von Oberst v. Winkler die Nachricht zu, daß die starke Besatzung von Neuville ihm offensiv entgegen getreten sei, daß er bei St. Germain la grande stehe und um Unterstützung bäte.

Der Divisions-Kommandeur, General v. Kraatz, wollte nun einen konzentrischen Angriff auf Neuville, gemeinschaftlich mit den hessischen Truppen, ausführen. Der mit den bezüglichen Mittheilungen zu jenen hinübergeschickte Offizier traf dieselben aber erst spät am Abend in Achères. General v. Kraatz sah sich deshalb, als er vor Neuville ankam, isolirt. Das von ihm gegen den Ort vorgeschobene Têten-Bataillon nahm die nächsten, vereinzelt gelegenen Höfe, machte 30 Gefangene und drang bis an die den Stadteingang versperrende Barrikade vor. Hier aber stieß es auf lebhaften Widerstand. Die Mitwirkung von Artillerie zum Angriff war bei der Dunkelheit und dem eingetretenen Schneegestöber unmöglich und der General stand deshalb im Einverständniß mit dem Korps-Kommandeur von weiteren Versuchen ab.

Der ernste Angriff wurde auf den nächsten Morgen verschoben.

Der Rest des Korps und das Hauptquartier verblieben in Chilleurs.

---

*) Das Regiment gehörte zur 1. Kavallerie-Division.

**) Diese Division hatte bekanntlich nur eine ihrer Infanterie-Brigaden zur Stelle, da sie die andere bei General v. Hartmann hatte zurücklassen müssen.

Seine Befehle für den folgenden Tag ertheilte Prinz Friedrich Carl Abends um 9 Uhr — also zu einer Zeit, wo er vom 10. Armee-Korps noch keine, vom 3. Armee-Korps nur die schon angeführten unvollständigen Nachrichten besaß.

Auch die Meldung des Obersten v. Winkler hatte Prinz Friedrich Carl bei Ausgabe des Armeebefehls noch nicht in Händen, doch war in Artenay schon bekannt geworden, daß der Oberst auf starken Widerstand gestoßen sei, er mit seiner Kolonne auch nicht weit gekommen wäre und daß südöstlich Artenay gegen den Orléans-Wald hin der Feind noch das Terrain okkupirt halte.

Dennoch vermochte der Oberbefehlshaber nun schon zu übersehen, daß die einleitende Angriffsbewegung der Armee, der Disposition zur Schlacht völlig entsprechend, durchgeführt worden sei. Chevilly, die Waldränder daneben und dahinter waren in deutscher Hand, ohne Aufenthalt konnte am 4. Dezember der Kampf um die Hauptstellung Gidy—Cercottes beginnen. Daß die Kolonne des Obersten v. Winkler den Widerstand, den sie gefunden, nicht hatte brechen können, sondern statt offensiv vorzugehen, defensiv fechten mußte, fiel nicht ins Gewicht. Da das 3. Armee-Korps am Nachmittage im schnellen Vorschreiten gegen Loury gewesen war, so konnte der Feind sich zwischen ihm und der Hauptkolonne des 9. Korps trotz Allem nicht halten. Außerdem wußte man doch, daß das 10. Armee-Korps jedenfalls in der Gegend von Neuville eingetroffen sein würde.

Dem 9. und dem 3. Korps gegenüber hatte der Feind nur Truppen des 15. Armee-Korps gezeigt. Gefangene sagten aus, die Loirearmee habe schon den Befehl zum Rückzuge. Möglich schien es, daß jenes Korps als Arrieregarde diesen Rückzug decke, ebenso möglich aber auch, daß der Feind nur danach trachtete, seine hier disponiblen Korps, das 15., 16., 17., weiter gegen Orléans hin zu konzentriren und daß die Gefechte dieses Tages dem General d'Aurelle de Paladines dazu die Zeit hatten geben sollen.

Es war deshalb geboten, am 4. Dezember alle verfügbaren Streitkräfte an der großen Straße, wo die Entscheidung lag, zu versammeln. Nur dem 3. Armee-Korps sollte das selbstständige Vordringen gegen Orléans auch ferner aufgetragen werden. Diese Bewegung wirkte, — wenn sie auch nicht ohne Gefahr für das Korps blieb — jedenfalls günstig auf den Gang der Schlacht. Unbekümmert um das, was an der Straße Paris—Orléans vorging, mußte das Korps Orléans zu erreichen suchen, dazu aber früh aufbrechen. Das 9. Armee-Korps und die Truppen des Großherzogs durften nur, wie heute, ihre umfassenden gemeinsamen Angriffe jedesmal wiederholen, um sich zweckmäßig zu unterstützen, während das 10. Armee-Korps ihnen als Rückhalt diente.

Demgemäß befahl der Prinz:

Hauptquartier Artenay den 3. Dezember 1870 Abends 9 Uhr.

„Die Angriffsbewegung wird morgen am 4. Dezember fortgesetzt.“

„Das 9. Armee-Korps geht um 8 Uhr Vormittags über das diesseits heute besetzte Dorf Chevilly weiter vor, dehnt sich im Walde nach Osten mit Infanterie aus, um so später gegen Cercottes umfassend mitzuwirken.“

„Das linke Flügel-Detachement des 9. Korps setzt um 7 Uhr Vormittags die befohlene Vorwärtsbewegung über St. Lyé auf der Römerstraße fort.“

„Das 3. Armee-Korps verfolgt die Straße Chilleurs—Loury weiter gegen Orléans, deckt sich in der linken Flanke gegen etwa von Bellegarde anmarschirende Abtheilungen und hat als Ziel möglichst gegen die Stadt Orléans Artillerie in Anwendung zu bringen. Das Korps tritt um 7 Uhr Vormittags an.“

„Das 10. Armee-Korps marschirt morgen in mehreren Kolonnen nach Chevilly, trifft dort mit der Tête um 1 Uhr Nachmittags ein und stellt sich nördlich Chevilly als Reserve auf. Das Armee-Korps hat seine Artillerie-Munitions-Kolonnen mitzuführen, um auf Erfordern anderen Korps aushelfen zu können.“

„Die 6. Kavallerie-Division steht um 8 Uhr Vormittags südlich Artenay und folgt hinter dem rechten Flügel des 9. Armee-Korps.“

„Die Armee-Abtheilung Seiner Königlichen Hoheit des Großherzogs schreitet morgen Vormittags um 8 Uhr zunächst zum umfassenden Angriff auf Gidy in Uebereinstimmung mit der Angriffsbewegung des 9. Armee-Korps.“

„Meldungen treffen mich auf dem rechten Flügel des 9. Korps.“

Der General-Feldmarschall
(gez.) Friedrich Carl.

Der zum 3. Armee-Korps mit diesem Befehl abgesandte Ordonnanzoffizier machte in der Dunkelheit auf ihm unbekannten Seitenpfaden Umwege, so daß er sich erst in der Morgendämmerung zurechtfand und nicht früher als um $7^3/_4$ Uhr Morgens in Loury ankam.

— — — — — — — — — — — — — —

Nicht ohne Spannung richtete sich übrigens die Aufmerksamkeit des Ober-Kommandos auf die Nachrichten vom äußersten linken Flügel der Armee, wo General v. Hartmann mit dem Auftrage zurückgeblieben war, den Raum zwischen Essonne und Loing und die längs des Loing führenden Straßen zu beobachten. Da er nur über 4 Bataillone Infanterie, seine Kavallerie-Division, 1 Fuß-, 1 reitende Batterie verfügte, so vermochte er die beiden ihm gegenüberstehenden französischen Korps — das 18. und 20. — nur zu beobachten, nimmermehr aber irgend ernstlich aufzuhalten, wenn sie, von einem energischen, unternehmenden General in Bewegung gesetzt, die alten Offensivprojekte wieder aufnahmen und gegen den Wald von Fontainebleau vordrangen. Hielt man auch im Ober-Kommando das ganze Unternehmen augenblicklich nicht für wahrscheinlich, wie dies der Bericht des General v. Stiehle an General v. Moltke (d. d. Pithiviers den 2. Dezember 1870 Abends 11 Uhr) nachweist,*) so lag es doch immer noch im Bereiche der Möglichkeit. Nach Orléans konnte der französische Oberbefehlshaber seinen starken rechten Flügel nicht mehr zurückrufen, nichts schien also einfacher, als daß er versuchte, ihn vorwärts zu treiben, um die vor Orléans stehenden hart bedrängten drei anderen Korps zu degagiren.

Der Rückzug in südöstlicher Richtung blieb auch, wenn jene Offensive bald ins Stocken gerieth, den vorgedrungenen Kolonnen immer frei, die ganze Bewegung war also an sich für einigermaßen tüchtige Truppen ohne große Gefahr. Welche Folgen ein solches Vorgehen des Feindes für die II. Armee gehabt hätte, falls die Cernirungsarmee von Paris die Abwehr des unvermutheten Angriffs nicht zu übernehmen vermochte, ist schwer zu ermessen. Jedenfalls würden die Truppen des Prinzen Friedrich Carl sich nach dem Siege bei Orléans haben theilen müssen, um unter anstrengenden Märschen und Gefechten für längere Zeit sich nach ganz divergirenden Richtungen zu trennen, voraussichtlich ohne auf einer Seite entscheidende Resultate zu erreichen. Allein auf zwei Dinge durfte man mit Sicherheit rechnen, um sich dieser Besorgnisse zu entschlagen: auf den

---

*) Siehe Seite 201.

Mangel an Initiative bei dem Gegner und, wie schon erwähnt, auf die Nachwirkung, welche die Novembergefechte, zumal die Schlacht von Beaune la Rolande auf die Truppen des 18. und 20. französischen Korps übten.

Um Mitternacht vom 3. zum 4. Dezember trafen nun in Artenay von der Station Toury gleichzeitig 2 dorthin an das Ober-Kommando gerichtete telegraphische Depeschen ein.

1. Boynes den 3. Dezember 12 Uhr 20 Minuten Nachmittags.

„Der Feind hat Boiscommun, St. Loup, Maizières wieder besetzt und ein Bataillon auf der Straße von St. Loup nach Beaune la Rolande vorgeschoben. Um 10¼ Uhr war eine Eskadron, die von Auxy nach Montargis vorgegangen, bei Mignières noch nicht auf den Feind gestoßen. Bitte um Mittheilung an den Feldmarschall. Abgang von Egry 10¾ Uhr Vormittags."

(gez.) v. Hartmann.

2. „Der Feind hat außer der Wiederbesetzung der früher von ihm gehaltenen Punkte nichts gegen mich unternommen. Nancray ist von ihm auch besetzt, während Nachmittags in Montigny und Maizières nur von ihm patrouillirt ist".

„Von Château Landon und Nemours wird übereinstimmend gemeldet, daß Montargis nur mit Franktireurs besetzt sei. Von größeren Kavalleriemassen Nichts bemerkt. Reisende aus Montargis sagen, daß die übrigen Truppen nach Châteauneuf abzögen. Ich bin während der Nacht in Gaubertin. Beaune la Rolande ist während der Nacht unbesetzt."

(gez.) v. Hartmann.

General v. Hartmann hatte an diesem Tage seine Truppen in einer Stellung bei Egry versammelt und von dort gegen Süden und Südosten seine Rekognoszirungen vorgetrieben. Mit Dunkelwerden bezog er, — da der Feind keine bedrohlichen Bewegungen gemacht, in Boynes, Barville, Gaubertin, Auxy Kantonnements, Vorposten von Mousseau (südwestlich Boynes)—La Pierre percée bis nördlich Bordeaux, wo das sumpfige Gelände dem linken Flügel eine Anlehnung gab.

Aus jenen beiden Meldungen ersah der Feldmarschall, daß die

Armee am 4. Dezember jedenfalls unbehindert alle ihre Kräfte gegen Orléans hin würde engagiren können.

Am Morgen des 4. Dezember antwortete er dem General Hartmann, die Armee sei am 3. Dezember überall siegreich vorgerückt, habe mit der Tête Chevilly erreicht und setze heute die Offensive gegen Orléans fort. Hinzugefügt wurde noch der Befehl, Pithiviers — wo keine Truppen zurückgeblieben waren, aber Gefangene und Kranke in größerer Zahl eintrafen, — mit 2 Kompagnien zu besetzen.

Der 4. Dezember.

In der Nacht war von der Armeeabtheilung des Großherzogs noch eine Bestätigung der ersten Nachricht gekommen, daß der Feind schon am Tage zuvor Nachmittags um 3 Uhr den Rückzugsbefehl erhalten haben sollte, und daß überall nur vom 15. französischen Korps Gefangene gemacht seien. Um 5 Uhr Nachmittags hatte angeblich die letzte französische Infanterie Chevilly in voller Auflösung passirt.

Um 8 Uhr früh verließ der Feldmarschall das Armee-Hauptquartier Artenay, um die weiteren Angriffe gegen die Loire-Armee zu leiten. Bei den Truppen der 18. Infanterie-Division, von denen er mit lautem Hurrah empfangen wurde, vorüber, ritt er gegen Chevilly Château hin. Dort traf Seine Königliche Hoheit mit dem Großherzoge zusammen, so daß noch eine mündliche Erörterung des Nothwendigen stattfinden konnte.

Die beiden Infanterie-Divisionen der Armeeabtheilung waren daselbst zur Stelle und im Begriffe, zu der ihnen befohlenen Offensive anzutreten.

Der Großherzog hatte angeordnet, daß die 17. Division über Gidy und Janvry, das Bayerische Korps über Huêtre, Bricy und Boulay vordringen sollte, die 22. Infanterie-Division sollte mit der 2. Kavallerie-Division gemeinsam die Reserve bilden und zu seiner persönlichen Disposition stehen, die 4. Kavallerie-Division aber die ganze Bewegung der Armeeabtheilung nach rechts hin decken.

Prinz Friedrich Carl ertheilte hierzu noch die Weisung, „wenn es nicht die direkte Unterstützung des 9. Korps erfordere, Gidy anzugreifen, so solle die Armee-Abtheilung diesen Ort nur mit ihrem linken Flügel berühren und den Feind noch weiter südlich ausholend umfassen."

Dann begab sich der Ober-Befehlshaber, so informit, nach dem Parkstern südöstlich des Schlosses von Chevilly.

Vom 9. Armee-Korps her war ihm schon um 8½ Uhr eine Meldung der 18. Infanterie-Division zugegangen:

La Croix Briquet, den 4. Dezember,
8 Uhr Morgens.

„Nach soeben eingegangenen Meldungen des Jäger-Bataillons ist das Dorf Cercottes noch vom Feinde besetzt. In dem Walde streifen nördlich und östlich des Ortes noch einige kleine vereinzelte Trupps umher."

gez. Frhr. v. Wrangel.*)

Dann folgte um 9¼ Uhr eine Mittheilung,**) daß die Aussagen der Gefangenen immer übereinstimmend dahin lauteten, der Rückzug der Franzosen hinter die Loire sei schon entschieden.

Bei der Armee-Abtheilung begann auf dem rechten Flügel unterdeß langsames Artilleriefeuer. Beim 9. Korps ließ sich erst um 10 Uhr der Beginn des Gefechts bei Cercottes wahrnehmen. Dieses Gefecht aber gestaltete sich bald recht lebhaft. Geschützdonner und knatterndes Gewehrfeuer schallten von jener Seite herüber.

Das 9. Armee-Korps hatte am Morgen die 18. Infanterie-Division wieder in erster Linie vorgehen lassen, und diese Division formirte zwei Kolonnen, jede eine Infanterie-Brigade stark. Die 36. Brigade folgte der Chaussee, die 35. der Eisenbahn; diese letzte Brigade war bestimmt, im Orléans-Walde die Stellung der Franzosen bei Cercottes zu umgehen. Beide Kolonnen drangen unter leichtem Gefecht im Gehölze an der Chaussee vor, nachdem sie bereits die vom Feinde in der Position von Chevilly verlassene Batterie schwerer eiserner Marine-Geschütze besetzt hatten. Als aber die Teten den Cercottes und dem Gehöfte La Touche gegenüber gelegenen Waldrand erreichten, empfing sie ein lebhaftes Artillerie- und Chassepotfeuer von den drüben an dem Dorfe und auf den flachen Höhen gelegenen Positionen her. Deutlich vermochte man die französischen

---

*) Kommandeur der 18. Infanterie-Division.

**) Durch den bei der II. Armee weilenden Flügel-Adjutanten Sr. Majestät, Oberst-Lieutenant Grafen Waldersee.

Bataillone und Geschütze zu erkennen und so die nicht unbeträchtliche numerische Stärke des Gegners zu schätzen.

Eine quer über die große Straße hinweg etablirte stärkere Batterie verhinderte jedes Debouchiren aus dem Walde heraus gegen Cercottes hin. Zwar gelang es auf deutscher Seite, eine leichte Batterie des 9. Korps gleichfalls auf der Chaussee in Position zu bringen, allein diese Batterie vermochte nicht, das Feuer der überlegenen feindlichen zu dämpfen.

General v. Manstein beschloß wiederum, die Umfassung des Feindes von beiden Seiten her durchzuführen. Er zog die Korps-Artillerie und 3 Batterien der 18. Division nach rechts hinaus vor, um sie außerhalb des Waldes auf dem freien Felde gegen den französischen linken Flügel wirken zu lassen. Diese Batterien hatten indeß unpassirbarer Straßen halber einen Umweg zu machen und fanden, als sie dann in die Gegend von Cuny gelangten, zunächst keine Aufstellung, aus welcher sich der Feind kräftig unter Feuer nehmen ließ.

Wirksamer wurde die Umfassung von Osten her, wo, in Uebereinstimmung mit den Dispositionen des Feldmarschalls, die 35. Infanterie-Brigade*) sich hinter dem Waldsaume immer weiter südlich vorschob, französische Tirailleurs verdrängend und Offensivstöße abweisend.

Allein für eine Zeit lang kam das Gefecht noch zum Stehen.

Inzwischen war durch rekognoszirende Offiziere des Ober-Kommando's festgestellt worden, daß die Stellung Gidy—Cercottes in der That sehr stark fortifizirt sei, ihr Haupt-Stützpunkt aber auf dem linken Flügel auf der Windmühlenhöhe von Gidy läge. Dort lagen Batterien, anscheinend zum Theil mit Geschützen schweren Kalibers armirt. Nach La Touche hinüber zogen sich, in zwei Linien hintereinander, Schützengräben; bei Cercottes reihten sich schwächere Fortifikationen an. Allein nur dort in der Stellung Cercottes—La Touche leistete der Feind energischen Widerstand. Gidy hielt er jetzt schon, allem Anschein nach, nur noch schwach besetzt. Man sah, daß sich in der Dorflisiere Truppen sammelten und dann in das Dorf hinein verschwanden.

*) Bei dieser Brigade befand sich das Jäger-Bataillon Nr. 9.

Der Feind versuchte sich übrigens durch einen Vorstoß in der Richtung auf La Borde noch einmal Luft zu machen, so daß General v. Manstein Theile seiner Reserve (der 25. Division) vorziehen mußte, um ihn abzuwehren. Dann aber nahm das Gefecht eine andere Wendung. Es war gelungen, in der Front noch andere Batterien in Thätigkeit zu bringen, und gleichzeitig machte sich auch die Umfassung im Walde immer fühlbarer. Schon gelang es, aus der östlich Cercottes gelegenen Lisiere durch Gewehrfeuer die französischen Geschütze zum Schweigen zu bringen und dann den letzten Widerstand feindlicher Infanterie an einem breiten Gestell*) zu brechen, so daß sich der Feind nunmehr vor der Umgehung nicht länger mehr zu schützen vermochte.

Jetzt gegen Mittag hin traten auch südwestlich La Borde auf dem andern Flügel einige der dorthin entsendeten Batterien gegen die französische Linke in's Feuer. Von dort bis östlich Cercottes hinüber am Waldrande oder vorwärts desselben bildete sich nun ein den Feind umgebender starker Feuergürtel.

Um 12½ Uhr Nachmittags brachen auf dem äußersten linken Flügel die vordersten Bataillone der 35. Brigade**) aus dem Walde hervor, warfen sich mit Hurrah auf das Dorf Cercottes und nahmen es. Dann wurden auch die westlich davon gelegenen Höhen, Gehöfte und Buschparzellen schnell erobert und der Feind gegen Orléans hin zurückgetrieben. Einen Offensivstoß, den er von La Chaise her mit noch geschlossenen Bataillonen unternahm, um die geschlagenen Truppen zu degagiren, wiesen die schnell vorgehenden Batterien des 9. Korps durch ihr Feuer ab.

In Cercottes waren übrigens bei dem ziemlich lebhaften Gefecht in den Straßen einige Hundert Zuaven, Chasseurs, Linien-Infanteristen und Mobile zu Gefangenen gemacht worden.

Von den Vorgängen bei Cercottes erhielt der Feldmarschall durch einen über la Touche hinaus entsandten Generalstabs-Offizier detaillirte Meldung. Er schickte deshalb nun dem Großherzog den Befehl — da Cercottes genommen sei — an Gidy vorbei direkt auf Orléans zu marschiren.

---

*) Oder Waldblöße.

**) Das Magdeburgische Füsilier-Regiment Nr. 36.

In Gidy hatte der Feind gleichfalls eine Batterie von Marine-Geschützen im Stiche lassen müssen, die von der 17. Division besetzt wurde.*)

Diese Division passirte inzwischen die Linie Gidy—Janvry, während das Bayrische Korps rechts daneben unter nicht ganz unbedeutendem Verluste sich den Besitz von Bricy und Boulay erkämpfte, Gefangene machte und gleichfalls mehrere Geschütze eroberte.

In diese Kämpfe der Bayern hatte auch die auf dem rechten Flügel der Armee-Abtheilung vorgehende 4. Kavallerie-Division (die beiden dort versammelten Brigaden nebst den Batterien) wirksam eingegriffen und gleichfalls viele Gefangene gemacht.**) Der Feind, den man in langen Zügen bei Patay und St. Péravy wahrnahm, leitete dabei über Coinces einen Offensivstoß gegen die rechte Flanke der Armee-Abtheilung ein. Schon wollte sich General v. d. Tann mit den Bayern gegen diese drohende Bewegung wenden, als die Kavallerie-Division es übernahm, dieselbe abzuwehren. Es gelang ihr dies auch, und, abermals zahlreiche französische Mannschaften aufgreifend, folgte sie dem abziehenden Gegner noch bis St. Péravy la Colombe.***)

Noch weiter westlich hatte das rechte Seiten-Detachement des Großherzogs unter General v. Hontheim gefochten. Dasselbe bestand, wie am 3. Dezember, aus

1 Brigade der 4. Kavallerie-Division,
1 Bayerischen Infanterie-Regiment von 900 Gewehren,
1 Bayerischen Batterie.

Es hatte gegen 8 Uhr Morgens den Ort Patay, wohin es dirigirt war, mit stärkeren Kräften des Feindes besetzt gefunden und vermochte ihn zunächst nicht zu nehmen, zumal da der Gegner die Vertheidigung sorgfältig vorbereitet hatte.

Die 4. Kavallerie-Division hatte schon am Morgen zweimal über ihre Thätigkeit und ihre Beobachtungen an den Ober-Befehls-

---

*) Die Position von Gidy hatte die 3. Division des 15. französischen Korps vertheidigen sollen, allein die Truppen dieser Division, kommandirt vom General Peytavin, waren nicht mehr in der Lage gewesen, ernstlich Stand zu halten und verließen ihre Stellungen, ehe der eigentliche Angriff begann.

**) Auch eine Proviant-Kolonne von 12 Wagen wurde genommen.

***) Die beiden Kavallerie-Brigaden machten zusammen 6—700 Gefangene.

haber berichtet. Um 1 Uhr 5 Minuten Nachmittags lief folgende Meldung von dem Generalstabs-Offizier der Division ein:

Zwischen Coinces und Briey, den 4. Dezember,
12 Uhr Mittags.

„Die 4. Kavallerie-Division hat mit den Teten die Straße St. Péravy—Orléans erreicht. Coinces und Briey vom Feinde geräumt. Von Patay nach St. Péravy eine längere Kolonne Infanterie sichtbar. Von St. Péravy nach Coinces avancirt in diesem Moment eine Infanterie-Linie mit vorgesandten Tirailleurs. Verbindung mit General Hontheim ist hergestellt. Um ½10 Uhr Morgens nahm General Hontheim nach zweistündigem Gefecht Patay.*) 3 Regimenter französischer Kavallerie zeigten sich in der Ferne. General Hontheim ist diesseits beordert, Patay besetzt zu behalten und von dort die Rekognoscirungen gegen Beaugency vorzusenden. Etwa 300 Gefangene sind gemacht." (gez.) v. Versen.

Diese Meldungen sprachen alle nur von unbestimmten Bewegungen des dort vor dem äußersten rechten Flügel zurückweichenden Feindes. Ein ernsteres Gefecht war auf jener Seite nirgends zu hören, thatsächlich hatte auch nur die Brigade Hontheim im lebhaften Kampfe gegen feindliche Uebermacht gestanden und verhältnißmäßig starke Verluste gehabt. Der Feldmarschall schloß daraus, daß der linke Flügel der Loire-Armee noch nicht im Stande gewesen war, die sichere Verbindung mit dem an der großen Straße zurückgehenden 15. Korps aufzunehmen und den gemeinsamen Widerstand zu organisiren, oder — daß sie nach den Kämpfen der letzten Tage überhaupt ernster Anstrengungen nicht mehr fähig seien.

Seitdem das Gefecht von Cercottes so glücklich geendet hatte, konnte, falls das 16. und 17. feindliche Korps sich noch einmal gegen die rechte Flanke der schnell vordringenden Armee wenden sollten, die ganze Armee-Abtheilung verfügbar gemacht werden, um einen solchen Angriff abzuwehren. Man durfte sich also auch ferner-

---

*) Diese Angabe beruhte noch auf einer irrthümlichen Meldung, welche dem Divisions-Kommandeur, Prinz Albrecht Vater, Königliche Hoheit, über das Gefecht seines rechten Seiten-Detachements zugekommen war. Erst Nachmittags um 4 Uhr gelang es dem General v. Hontheim, sich in Besitz von Patay zu setzen.

hin darauf beschränken, sie nur zu beobachten und den Angriff auf Orléans unbehindert fortsetzen.

Südlich Cercottes hatte sich die 18. Infanterie-Division nach den Kämpfen im Dorfe und in den Waldparzellen wieder neu geordnet, ihre Kavallerie aber dem Feinde nachgesandt. Diese fand die Straße bis La Montjoie vom Feinde frei; dort erst wurde sie von heftigem Mitrailleusenfeuer empfangen, das von einer auf dem Hügel von Bel Air stehenden Batterie herkam.

Auf den Höhen von Saran setzte sich auch die französische Infanterie vorübergehend, wich aber sofort gegen Bel Air zurück, als sich die herankommenden preußischen Infanterie-Teten gegen sie entwickelten. Abermals hatte die 18. Division ihre beiden Kolonnen gebildet, von denen die eine längs der Chaussee, die andere längs der Eisenbahn vordrang.

Von dem Höhenrande von Montjoie und Saran an senkt sich das Gelände allmälig in flachen Wellen gegen die Loire hin. Ein Gewirr von Häusern, Gärten, Weinbergen, Mauern, Hecken, Einschnitten und Hindernissen aller Art aber füllt diesen $^3/_4$ deutsche Meilen breiten Raum bis zum Strom hin derart, daß man sich in einer völlig zusammenhängenden, unübersichtlichen Vorstadt wähnt. Eine zähe Vertheidigung wird hier in jeder Weise begünstigt. Längs der Chaussee schließen sich die massiven Häuser zu einer fortlaufenden Gasse eng an einander.

In dieses Terrain nun drang die 18. Division von 2 Uhr Nachmittags ab hinein, bald mit ihren Teten in ein heftiges Tirailleurfeuer gegen den Feind verwickelt, der sich mit Zähigkeit von Haus zu Haus und von Mauer zu Mauer vertheidigte. Freilich gelang es, die Mitrailleusen-Batterie bei Bel Air durch das Feuer von 2 Batterien nach kurzer Zeit zum Schweigen zu bringen, welche bei La Montjoie auffuhren, allein äußerst schwierig wurde es dann, das weitere Vordringen der Infanterie durch Geschützfeuer zu unterstützen.

Die Windmühlenhöhe bei Bel Air, wo die Mitrailleusen gestanden hatten, boten überhaupt noch die Möglichkeit, Artillerie zu placiren. Als jener Punkt von der Infanterie erreicht war, fuhren dort auch einige Batterien von beiden Divisionen des 9. Armee-Korps auf, um ihr Feuer gegen die Stadt und die vor derselben angelegten Verschanzungen zu eröffnen.

Indessen bei der bedeutenden Entfernung und der geringen Uebersicht, die man über das Meer von Dächern und Bäumen hatte, konnte auf große Wirkung kaum gerechnet werden. Nach einiger Zeit nahm der Feind aus seinen schweren Positions-Batterien am Bahnhofe und bei der Vorstadt Bannier den Geschützkampf auf, die langen Straßen-Defileen durch die wuchtigen Geschosse, welche beim Einschlagen Sprengstücke und losgerissene Mauertrümmer umherschleuderten, wirksam bestreichend.

Der entscheidende Kampf gegen die Stadt Orléans selbst begann nun. General v. Manstein zog zu dessen Durchführung seine Reserve-Division — die 25. — bis Le Petit Sougis heran und verstärkte die bei Bel Air stehenden Batterien durch eine vorgezogene schwere Batterie, da in der Nähe der ersten Position noch ein anderer Aufstellungsraum glücklich gefunden worden war.

Bei Chevilly stand jetzt ferner das 10. Armee-Korps zur Verfügung. — — —

Vorn in der Gefechtslinie war aber nicht allein an der großen Straße, sondern auch westlich davon bei Ormes heftiges Gewehr- und Mitrailleusenfeuer vernehmbar.

Der Feldmarschall hatte sich nach der Höhe nördlich von Saran begeben, zuvor aber schon Offiziere seines Stabes nach der Gegend von Ormes entsendet, durch die er dann die Nachricht erhielt, daß dort neben dem 9. Armee-Korps schon die Avantgarde der 22. Division und die 17. Division im Feuer ständen.

Das Gefecht ging trotz eines sehr hitzigen Feuers, das die Vertheidiger auf allen Anmarschlinien gegen die herandringenden Teten richtete, schnell vorwärts. Ormes war von beiden Divisionen als Ziel genommen worden, während das Bayrische Korps sich über Ingré gegen den Westausgang von Orléans wendete.*)

Während dieses Vorgehens hatte der Großherzog die 2. Kavallerie-Division zwischen Janvry und Gidy vorgezogen und ihr befohlen, in südlicher Richtung gegen die Loire hin sich auf die eilig abziehenden französischen Kolonnen zu werfen. Waldparzellen auf sonst unbedecktem ebenem Boden schienen der Kavallerie die Gelegenheit für

---

*) Die Bayern waren über Ingré gegen Orléans dirigirt worden, da sich die 17. Infanterie-Division bei ihrem Anmarsche auf Ormes vor sie schob. Ursprünglich hatte auch das bayerische Korps seinen Marsch gegen Ormes gerichtet.

Ueberraschungen zu bieten. Die Division entledigte sich dieses Auftrages in glänzender Weise, führte mehrere glückliche Attacken gegen Infanterie und Reiterei aus, eroberte eine Batterie und bewog auch — wie bekannt — den Eisenbahnzug zur Umkehr, welcher den Diktator Gambetta von Tours nach Orléans heranführen sollte.*) Durch Artilleriefeuer zerstörte sie dann eine dicht westlich Orléans geschlagene Pontonbrücke, auf der sich viel französisches Fuhrwerk befand. Nach einigen Granatschüssen löste sich die Brücke vom rechten Loire-Ufer los und trieb in die Stromrichtung hinein.

Gelangten diese Einzelnheiten auch noch nicht zur Kenntniß des Ober-Befehlshabers, so übersah derselbe doch aus der oben angeführten Meldung über das Vorgehen der 17. und 22. Infanterie-Division, daß der von ihm beabsichtigte umfassende Angriff auf der Nord- und Westseite von Orléans im Gange war. Gleichzeitig, um 4¼ Uhr Nachmittags, tönten auch von der Ostseite Kanonenschüsse herüber und verkündeten das Eingreifen des 3. Armee-Korps in den Kampf. Weitere Anordnungen erschienen unnöthig, und nur General v. Wittich, der mit dem Gros der 22. Division an der Waldlisiere, Saran gegenüber, auf der alten Straße Chartres—Orléans eintraf, erhielt den Befehl, seine Batterien zwischen dem 9. Korps und der 17. Division gegen die Vorstadt St. Jean de la Ruelle in Position zu bringen und durch ihr Feuer den Infanterie-Angriff kräftig zu unterstützen. Dieser Befehl kam indessen nicht zur Ausführung, weil in dem von Kulturen aller Art dicht bedeckten Terrain neue Artillerie-Stellungen nicht mehr gefunden wurden.

Der Ober-Befehlshaber begab sich, um den Fortgang des Gefechts an der großen Straße zu beobachten, nach La Montjoie, sandte aber einen Generalstabs-Offizier zum General-Kommando des 9. Armee-Korps voraus. Dieser Offizier, der den General v. Manstein auf das Herannahen des 3. Korps aufmerksam machen sollte, kehrte bald, noch ehe der Feldmarschall La Montjoie erreicht hatte, mit der Nachricht zurück, daß der General hoffe, noch am 4. Dezember Abends Orléans zu nehmen.

---

*) Kurz vorher war noch ein von Orléans kommender Zug vorübergefahren, und auch später passirte noch ein gleichfalls von der Stadt heranbrausender Zug die besetzte Strecke, trotzdem alle Anstrengungen gemacht wurden, ihn in der Fahrt durch Hindernisse, die man auf die Schienen warf, aufzuhalten.

Einige Zeit nach Anbruch der Dunkelheit verstummte das Feuer der schweren französischen Artillerie, dann schwiegen auch die deutschen Batterien bei Bel Air. Bei Mondschein indessen währte das Infanteriefeuer in den Vorstädten noch ununterbrochen fort, ohne daß neue Meldungen vom 9. Korps oder vom Großherzoge eintrafen. Bei dem Zwielicht und in dem wirren Terrain den Stand des Gefechtes klar zu übersehen, war völlig unmöglich. Etwa um $5^1/_2$ Uhr sandte daher der Feldmarschall einen seiner Ordonnanz-Offiziere an General v. Manstein mit der Anfrage, wie die Aussichten, noch heute Herr der Stadt zu werden, gegenwärtig lägen. Der General ließ erwidern, seine Truppen hätten zur Zeit empfindliche Verluste, sie seien wiederholt auf Barrikaden gestoßen und er vermöge nicht mit Sicherheit darauf zu rechnen, daß er den Widerstand der Vertheidiger noch des Abends würde brechen können. Der Umstand, daß man nicht wußte, wie weit die einzelnen Kolonnen des Großherzogs schon in die Vorstädte hineingedrungen seien, erhöhte noch diese Bedenken. Da naturgemäß die Teten der auf den verschiedenen Seiten angreifenden Truppen, während sie sich der Stadt näherten, dicht an einander geriethen, so blieb zu befürchten, daß sie sich in der Stadt zwischen Häusern und Gärten nicht erkennen und gegenseitig beschießen würden. Man mußte zudem erwarten, an der Enceinte der inneren Stadt abermals fortifikatorische Hindernisse zu finden. Diese konnten jetzt immer nur dann erkannt werden, wenn die stürmenden Abtheilungen sich dicht vor denselben befanden. Große Verluste schienen bei solchen Kämpfen um so weniger zu vermeiden, als es unmöglich war, Geschütze heranzubringen und Durchgänge zu öffnen.

Se. Königliche Hoheit, der Ober-Befehlshaber, entschloß sich deshalb, von dem ernsten Angriff auf die innere Stadt für heute abzustehen.

Er gab folgenden Befehl:

La Montjoie, den 4. Dezember 1870,
$6^3/_4$ Uhr Nachmittags.

An General v. Manstein.

„Der Angriff auf Orléans, welchen heute die Nacht unterbrach, wird morgen bei Tagesanbruch von allen Teten energisch fortgesetzt."

„Die zuerst nach Orléans gelangende Division hat sogleich je 1 Bataillon nach den Loirebrücken zu dirigiren, um deren jenseitigen Ausgang möglichst schnell zu besetzen und etwaige Spreng-Vorrichtungen zu zerstören."

„Wenn möglich, hat das 9. Armee-Korps noch in der Nacht die Verbindung nach links mit dem von Loury anrückenden 3. Armee-Korps aufzusuchen und diesen Befehl mitzutheilen. Dasselbe wird leicht ausführbar sein nach rechts hin zu der in der Richtung von Saran vordringenden 22. Infanterie-Division, welche diesen Befehl an Se. Königliche Hoheit den Großherzog von Mecklenburg weiterzugeben hat."

„Ich nehme mein Hauptquartier für die Nacht in Cercottes, morgen früh treffen mich Meldungen an der Chaussee bei La Montjoie."

Der General-Feldmarschall.
gez. Friedrich Carl.

Nach Absendung dieses Befehls begab sich das Ober-Kommando in das von Truppen schon überfüllte Cercottes, um dort die Nacht zu verbringen.

Als das feindliche Geschützfeuer zum Schweigen gebracht worden war, hatten übrigens die beiden in erster Linie vordringenden Infanterie-Kolonnen des 9. Korps ihre Angriffe, die zuvor in's Stocken gerathen, von Neuem aufgenommen.

Der 35. Infanterie-Brigade war es dabei nach heftigem Feuergefecht gelungen, den neuen stark befestigten Bahnhof von Orléans und die daneben liegenden Betriebsgebäude zu erstürmen. Dies geschah schon etwa um 6 Uhr Abends. Weniger glücklich war die, die Vorstadtstraße verfolgende 36. Infanterie-Brigade, welche ihren Weg da, wo die Eisenbahn jene Straße schneidet, durch ein vom Feinde stark besetztes eisernes Gitterthor versperrt fand. Schützengräben zu beiden Seiten machten eine Umgehung unmöglich. Das Tirailleurfeuer des Feindes, das zuvor schon matter geworden war, erwachte hier mit großer Heftigkeit von Neuem und die weithin fliegenden Chassepotkugeln brachten auch den rückwärts stehenden Truppen Verluste bei. Auf Befehl des Generals v. Manstein wurden daher dem Feinde hart gegenüber Vorposten ausgestellt, während die übrigen Truppen des Korps sich so gut als möglich in den gewonnenen Vorstädten unterbrachten. General v. Manstein meldete hierüber an den Prinzen:

St. Jean de la Ruelle*), den 4. Dezember 1870,
7¼ Uhr Abends.

„Das Armee-Korps ist mit der 18. Division nach heftigem Gefecht gegen den Bahnhof in die nördliche Vorstadt von Orléans eingedrungen. Die Tete ist an einem vorbereiteten Abschnitt, wie vermuthet wird, der Stadtenceinte, in der Dunkelheit auf heftigen Widerstand gestoßen. Besetzte Schützengräben verhinderten die Umfassung. Artillerie ließ sich in der Dunkelheit nicht placiren. Unter diesen Umständen werde ich unter dem Schutz von Vorposten das Korps in der Vorstadt St. Jean de la Ruelle**) kantonniren lassen und morgen früh 8 Uhr den weiteren Angriff auf die Stadt beginnen. Die 25. Division steht dicht hinter der 18."

(gez.) v. Manstein.

Rechts neben dem 9. Armee-Korps waren die Teten der Armee-Abtheilung gleichfalls unter Gefecht mit feindlichen Tirailleurs auf der Nordwest- und Westseite gegen die innere Stadt vorgedrungen. Auf dem äußersten rechten Flügel hatte auch am Abend die Berührung mit den dort noch zurückgehenden Theilen der Loire-Armee fortgedauert. Die französischen Kolonnen, die von Patay über St. Péravy la Colombe abgezogen und von der 4. Kavallerie-Division beobachtet wurden, hatten erst am Abend St. Péravy geräumt.

Nunmehr ist nachzuholen, was beim 3. Armee-Korps an diesem Tage geschehen war. Durch Vermittlung des 10. Armee-Korps ging dem Prinzen Friedrich Karl eine Meldung jenes Korps zu, die aber noch die Ereignisse vom 3. Abends behandelte und angab, daß Loury glücklich erreicht sei und daß der Feind in der Nacht einen Ueberfall auf die preußischen Vorposten versucht habe.

In Cercottes kam etwa um 9 Uhr Abends dem Oberbefehlshaber ein kurzer schriftlicher Bericht über Dasjenige zu, was am 4. Dezember auf jener Seite geschehen war.

Bei Vaumainbert an der Straße von Loury
nach Orléans, den 4. Dezember, 4 Uhr
30 Minuten Nachmittags.

„Das Armee-Korps ist auf der Linie Vaumainbert—St. Jean, östlich Orléans, mit Avantgardengefecht in schwie-

---

*) Es ist hier die Vorstadt Bannier gemeint; eine Undeutlichkeit der französischen Generalstabskarte hat die Verwechslung hervorgerufen.

**) Bannier.

rigem Terrain angekommen. Die Entwickelung von Artillerie ist nicht angänglich. Eine Beschießung von Orléans hat den Feind gezwungen, seine Artillerie zu zeigen; — bis jetzt nur 12pfünder. Die Dunkelheit gestattete nicht, zu rekognosziren, ob Verschanzungen angelegt und welcher Art sie sind."

„Das mit Fermen und Villen dicht besetzte Terrain ist mit Weinbergen bedeckt, daher nur mit großen Schwierigkeiten und mit Opfern zu forciren. Die Oertlichkeiten waren allgemein besetzt."

„Eine feindliche Division ist im Marsche von Boiscommun über Sully La Chapelle und Fay aux Loges gegen die Loire rekognoszirt. Ihr Gros war um 3 Uhr Nachmittags in Fay und marschirte in Unordnung. Wahrscheinlich ist es ihre Avantgarde gewesen, welche mit dem linken Seitendetachement des Oberstlieutenant v. L'Estocq nördlich Chécy im Gefecht gewesen. Diese Division ist, soweit jetzt bekannt, nach Süden ausgebogen. Oberstlieutenant v. L'Estocq ist genügend verstärkt, um das Gefecht gegen sie aufnehmen zu können."

„Ich werde je nach dem Ergebniß meiner morgenden Rekognoszirung gegen Orléans und den sonstigen Umständen auf diesem Flügel angreifen, oder aber über die Lage der Dinge melden."

„Der Befehl zum heutigen Vormarsch, welcher um 7 angetreten werden sollte, ist mir um 7³/₄ Uhr Morgens zugegangen, wodurch zwei Stunden Zeit für die Operationen verloren gegangen sind."

„Als Nachtrag zum gestrigen Gefecht melde ich, daß 9 Geschütze, 1 Mitrailleuse erbeutet worden sind*)."

„Heute sind bis zur jetzigen Stunde im Gefecht 124 Gefangene gemacht und außerdem eine mindestens gleiche Zahl Versprengter eingebracht."

„Mein Hauptquartier ist les Coutures."

Der kommandirende General.
(gez.) v. Alvensleben.

---

*) Es sind 8 Geschütze, 1 Mitrailleuse und 8 Munitionsfahrzeuge erbeutet worden, die Mitrailleuse hatte der Feind auf der großen Straße im Stiche gelassen.

Wie diese Meldung ersehen läßt, war für das 3. Armee-Korps die Nacht vom 3. zum 4. Dezember nicht ohne ein neues Zusammentreffen mit dem Feinde verlaufen.

Um 9 Uhr Abends am 3. Dezember sahen sich die Vorposten des dicht westlich von Loury stehenden Bataillons von mehreren kleinen Kolonnen französischer Marine-Infanterie angegriffen. Sie wiesen dieselben indeß durch einen Gegenstoß energisch ab, der einen solchen Eindruck machte, daß die Angreifer, sowie denselben folgende stärkere Massen sich zerstreuten, zum großen Theil bei der Auflösung die Gewehre fortwarfen und eine Batterie mit Munitionskarren im Stiche ließen. Wie die Ermittelungen am 4. Dezember ergaben, hatten von Neuville her abziehende französische Kolonnen versucht, sich hier einen Weg nach Orléans zu bahnen.

Da bis 7 Uhr Morgens des 4. Dezember das Korps noch ohne Befehle des Feldmarschalls war, so traf der kommandirende General um diese Zeit selbstständig seine Anordnungen für den Vormarsch auf Orléans, der beginnen sollte, sobald die Korps-Artillerie sich soweit genähert hatte, daß sie nicht mehr gefährdet erschien. Der 6. Infanterie-Division wies General v. Alvensleben die große Straße zu. Sie wurde ferner beauftragt, die Sicherung gegen Westen hin zu übernehmen und ein Seitendetachement über Rebréchien und Marigny am Waldrande entlang vorgehen zu lassen.

Die Korps-Artillerie folgte dieser Division, die 5. Infanterie-Division sollte auf Vennecy vorgehen, eine Seiten-Kolonne über Trainou gegen Chécy an der Loire, weithin nach Osten das bedeckte Gelände durch Offiziers-Patrouillen aufklärend.

Bei Loury blieben die Trains und Bagagen zurück.

Zunächst beabsichtigte General v. Alvensleben, den Marsch nur bis in die Höhe von Boigny fortzuführen, dort aber, den Umständen angemessen, neue Befehle für den Angriff auf Orléans zu ertheilen.

Als die Befehle des Oberkommandos in Loury eintrafen, wurden diese Anordnungen in keiner Weise geändert, da sie mit den Bestimmungen des Prinzen Friedrich Karl in Einklang standen.

Bis Boigny hin traf das Korps zahlreiche französische Versprengte aller Waffen und die Spuren voller Auflösung bei dem zurückgehenden Feinde an. Der rechte Seitendetachement der 6. Infanterie-Division zumal fand auf seinem Wege am Waldrande entlang viele Hunderte von weggeworfenen Gewehren.

Um 12 Uhr Mittags erreichte die 6. Infanterie-Division auf der großen Chaussee die Ferme La Motte aux Sauniers, die 5. Infanterie-Division östlich davon Pont de Boigny.

Nunmehr beauftragte der kommandirende General die 5. Infanterie-Division, über Bourgneuf die Straße Chateauneuf—Orléans zu gewinnen und auf dieser gegen die Stadt vorzudringen, während die 6. Division auch weiterhin auf der großen Chaussee gegen Orléans verblieb.

Bisher hatte das Korps noch ein vielfach mit Wald und Gebüsch besetztes Terrain durchzogen. Hier bei Boigny aber betrat man die, um Orléans sich ausbreitende, mit Landhäusern und Anlagen aller Art bedeckte Gartenlandschaft. Die Möglichkeit, Kavallerie und Artillerie zu verwenden, hörte ganz auf, die Infanterie mußte allein fechten.

Eigenthümlicherweise war von dem Kanonendonner des Gefechts von Cercottes beim 3. Korps nichts zu hören; Nachrichten von den an der Pariser Straße vordringenden Theilen der Armee fehlten, da im Walde von Orléans viele Versprengte wieder zu den Waffen griffen und alle Verbindungen nach rechts hin unterbrachen. Je näher man Orléans kam, desto häufiger fielen auch schon aus den Häusern Schüsse, welche in den Marschkolonnen Leute verwundeten. Als die Tete der rechtsmarschirenden Angriffskolonne die ersten Häuser von Vaumainbert erreichte, änderte sich die Scene; der Feind hielt hier geschlossen Stand. In fortificirten Gebäuden, hinter Schützengräben vortrefflich gedeckt, nur durch die Dampflinien seines Gewehrfeuers kenntlich, empfing er festen Fußes die Bataillone der Avantgarde und sperrte die Straßen. Es entspann sich nun ein lebhaftes und hartnäckiges Schützengefecht, das bis zum Eintritt der Dunkelheit währte und erst durch geschickt und energisch geführte Flankenangriffe der Avantgarde entschieden wurde.

Dem endlich weichenden Feinde brachte das verfolgende Infanteriefeuer nun auch erhebliche Verluste bei.

Die Gefangenen, welche bei dieser Gelegenheit gemacht wurden, sagten übrigens aus, daß man noch weiter hin bei Orléans selbst einen energischen Widerstand finden würde und sich auf blutige Kämpfe gefaßt machen solle.

Während bei der 6. Infanterie-Division dies Avantgardengefecht sich abspielte, lief auch von der links vordringenden 5. Division von

Fay aux Loges her eine Meldung ein, welche Aufmerksamkeit erheischte.

Auf der sich westlich des Kanal von Orléans hinziehenden Straße waren lange Kolonnen, die von Bellegarde kamen, entdeckt worden. Man schätzte sie auf eine Division. Gleichzeitig sah sich auch das linke Seiten-Detachement der Division bei Chécy mit dem Feinde in ein Gefecht verwickelt. In den dort auftauchenden französischen Truppen vermuthete man die Avantgarde jener gegen die Flanke des 3. Korps herankommenden Division. Auch östlich Chécy zeigten sich Marschkolonnen, gegen welche General v. Stülpnagel südlich Petit und Grand Bourgneuf eine schwere Batterie ins Feuer brachte.

Dem linken Seiten-Detachement aber, das aus Theilen der 9. Infanterie-Brigade bestand, wurde der Rest dieser Brigade und zwei schwere Batterien als Verstärkung nach Chécy nachgesandt. Diesen Ort hatte der Feind inzwischen bereits angegriffen. Von Pont aux Moines her entwickelten sich dichte Tirailleurschwärme und warfen sich sofort auf die eben in Chécy angelangten preußischen Bataillone. Diese aber, welche schnell die Lisiere des Dorfes besetzt hatten, wiesen sie durch Schnellfeuer zurück, an dem sich der französische Ungestüm brach.

Der Rest der 5. Division hatte sich bei Combleux und St. Jean de Braye auf die große Chaussee Châteauneuf—Orléans gesetzt.

Unterdessen war es schon spät am Nachmittage geworden und die Dunkelheit kam heran. Daher wurde es zweifelhaft, ob man den ernsten Kampf, welcher, nach dem Charakter des Gefechts von Baumainbert zu urtheilen, in Orléans selbst bevorstand, jetzt noch unternehmen sollte. Auch zu dieser Zeit war von den Gefechten auf der Nord- und Westseite der Stadt kein Laut zu vernehmen. Ein isolirter Angriff des 3. Armee-Korps schien gewagt und unvortheilhaft, gewiß dagegen, daß am 5. Dezember früh die Stadt auf allen Seiten von den deutschen Truppen erreicht werden würde.

Der kommandirende General entschloß sich deshalb, das gewaltsame Eindringen in Orléans bis auf den anbrechenden Morgen zu verschieben. Um indessen der Armee eine Nachricht von der Anwesenheit des Korps zu geben, ließ er noch eine schwere Batterie auf weite Entfernung in die Häusermasse der Stadt hineinfeuern. Das waren die Schüsse, die man bei La Montjoie vernommen. Die

Batterie wurde, nachdem sie mehrmals chargirt, wieder zurückgezogen. Gleich darauf eröffnete auch der Feind aus einer schweren Batterie der Stadtverschanzungen sein Feuer und die wuchtigen Granaten der Marinegeschütze fielen nun eine nach der anderen genau auf die Stelle nieder, wo eben noch die preußischen Sechspfünder gestanden.

Kavallerie wurde noch ausgeschickt, um im Walde mit der Kolonne des Obersten v. Winkler Verbindung zu nehmen, die dort erscheinen mußte. Dann bezog die 6. Infanterie-Division und die Korps-Artillerie enge Kantonnements an der Chaussee von Vaumainbert bis Boigny, die 5. Infanterie-Division brachte sich in St. Jean de Braye, Combleux, Chécy und Pont aux Moines unter. Die Vorposten wurden auf einem Höhenrücken etablirt, der südlich Semoy beginnt und westlich St. Jean de Braye zur Loire abfällt.

Spät am Abend bei voller Dunkelheit schob die 5. Infanterie-Division noch eine Abtheilung nach St. Loup vor. Dieselbe wurde dort aber aus den verbarrikadirten Häusern mit lebhaftem Gewehrfeuer empfangen, auch vom Loire-Ufer her mit Kartätschen begrüßt. Sie mußte deshalb wieder nach St. Jean de Braye zurückkehren.

Zwischen dem 3. und 9. Armee-Korps war auch heute das linke Seiten-Detachement des 9. Armee-Korps unter Oberst v. Winkler vorgedrungen. — Auch heute erfuhr es unvorhergesehenen Aufenthalt.

Um 2 Uhr Nachmittags hatte Prinz Friedrich Karl von dieser Kolonne folgende Meldung empfangen:

„Der Feind hat in vergangener Nacht Neuville und Villereau geräumt."

„Das Detachement ist um 10 Uhr 3 Kilometer vor St. Lyé mit der Division Kraatz des 10. Armee-Korps zusammengetroffen und hat diese voranlassen müssen, da die Avantgarde derselben schon auf der Römerstraße vorgegangen war — und folgt der Straße weiter, sobald sie von dieser Division passirt ist."

Abgang 11 Uhr 30 Minuten.

(gez.) v. Winkler.

Abends spät übersandte das 9. Armee-Korps eine zweite Meldung:

Forsthaus von St. Euverte, 4./12. 70.
Nachmittags 4 Uhr 15 Minuten.

„Bin in die Höhe von Ambert vorgegangen. Die Straße an 3 Stellen tief durchschnitten und die darüber führenden Brücken in Brand. Um einen für Kavallerie und Artillerie passirbaren Weg herzustellen, seit ½3 Uhr im Marsch aufgehalten."

„In der linken Flanke in der Richtung auf Marigny lebhaftes Gefecht hörbar bis gegen ¾4 Uhr."

„Im Walde zerstreute einzelne Trupps feindlicher Soldaten sichtbar geworden. Ich beabsichtige den Marsch so weit als möglich gegen Orléans fortzusetzen und erwarte weitere Befehle."

(gez.) v. Winkler.

Der Generalstabs-Chef des 9. Armee-Korps hatte dem noch hinzugefügt, daß der Oberst den Befehl erhalten:

„sofern er im Walde nicht vorwärts kommen könne, sich mit seinem Detachement bei St. Lyé zu konzentriren, morgen Kavallerie und Artillerie über Chevilly zum Korps heranzuschicken, mit der Infanterie um 7 Uhr früh auf Orléans zu marschiren; — falls er dagegen beim Empfange dieses Befehls den Wald passirt hätte, sich mit dem Detachement bei Fleury zu konzentriren."

Weitere Nachrichten erhielt der Feldmarschall heute nicht mehr. Thatsächlich gelangte das Detachement am Abend noch bis nach Fleury, mit der Avantgarde bis La Blanchisserie. Dort wurde es von der Vorstadt her mit heftigem Geschütz- und Gewehrfeuer empfangen und bezog unter dem Schutz von Vorposten enge Kantonnements, um gleichfalls am 5. früh den Angriff fortzusetzen.

Das 11. Armee-Korps war bekanntlich den an der großen Straße angreifenden Theilen der Armee als Reserve gefolgt.

Die 20. Infanterie-Division*) hatte am frühen Morgen die Meldung erhalten, daß das gestern Abend noch so stark besetzte und energisch vertheidigte Neuville vom Feinde geräumt worden sei und den Marsch über St. Lyé und La Croix Briquet angetreten, um südlich von Chevilly Aufstellung zu nehmen. Die 19. Infanterie-Division folgte mit der Korps-Artillerie über Artenay. Der Prinz Feldmarschall aber sandte am Nachmittage dem Korps noch den Befehl entgegen, es solle bei dem glücklichen Fortgange des Ge-

*) Minder Brigade Valentini.

fechts nicht in der Reservestellung bei Chevilly verbleiben, sondern auf der großen Straße gegen Orléans folgen.

Die Tete erreichte übrigens schon um 4 Uhr Cercottes und das ganze Korps versammelte sich zwischen diesem Orte und Chevilly zu beiden Seiten der Chaussee. Dort empfing es dann den zweiten Befehl, zwischen Cercottes und Artenay enge Kantonnements zu beziehen.

Auch die Ereignisse bei dem Detachement Hartmann sind noch kurz zu verfolgen, das heute, wie am Tage zuvor, die französische Armee-Abtheilung des rechten Flügels beobachtete. Zwei Depeschen waren am 4. Dezember dem Oberbefehlshaber von dort her zugegangen. Die erste, über Toury befördert, traf ihn Nachmittags um 1 Uhr; sie datirte noch vom 3. Dezember Abends 12 Uhr:

> „Depesche über Wahrnehmungen bereits 5 Uhr Nachmittags *) abgeschickt. Seitdem nichts Neues. Nachmittags sind Ulanen-Patrouillen bis auf den Markt von Montargis vorgedrungen und, haben dort von Franktireurs Feuer erhalten. Alles hat dort den Eindruck gemacht, daß größere feindliche Streitkräfte bereits am 2. Nachmittags nach Orléans abmarschirt sind."
>
> (gez.) v. Hartmann.

Die zweite Meldung gelangte Abends schon direkt bis Cercottes, wohin die Telegraphen-Leitung sofort nach dem Gefecht hergestellt worden war. Sie brachte, um 9 Uhr 39 Minuten in Boynes aufgegeben, ausführlichere Nachricht, was heute, am 4. Dezember, in jener Gegend geschehen.

Maizières, Montbarrois und Nancray hatte der Feind bis zum Mittag noch mit Infanterie besetzt gehalten, am Nachmittage aber wurden diese Orte und ebenso Boiscommun frei gefunden. Zwei Gefangene sagten aus, daß die Hauptkräfte des französischen Korps bei Bellegarde schon am frühen Morgen um 2 Uhr von dort nach Westen hin abmarschirt seien.

Ob Bellegarde selbst schon geräumt wäre, hatte man noch nicht festgestellt. In der Richtung gegen Montargis hin stießen die Patrouillen am Kanal von Orléans auf Franktireurs; ein Theil der Kanalbrücken war durch den Feind zerstört worden. Von französischen Truppen

---

*) Siehe Seite 222.

aber entdeckten die dorthin ausgeschickten Streifparteien, die über den Loing und bis südlich Montargis vorgedrungen, Nichts mehr.

Diese Meldungen des General v. Hartmann und die vom 3. Armee-Korps kommende Nachricht, daß französische Kolonnen, aus der Gegend von Bellegarde kommend, im Rückzuge auf Orléans gesehen worden seien, sprachen dafür, daß auch das 20. und 18. Korps, den Gedanken an Widerstand vorläufig aufgebend, nach Süden abzogen.

Unter diesen Umständen fragte General v. Hartmann an, ob er am 5. Dezember über Boiscommun und Bellegarde vorstoßen sollte.

General v. Stiehle antwortete ihm, daß er einen solchen Vormarsch für angemessen erachte und fügte die Nachricht über die siegreiche Schlacht hinzu.

Der 5. Dezember.

Der frühe Morgen des 5. Dezember brachte zwei Meldungen von Wichtigkeit Es war zunächst, bald nach Mitternacht, ein kurzer Bericht von der 4. Kavallerie-Division, daß Patay genommen, auch St. Péravy vom Feinde frei sei. Dem war hinzugefügt: „Der größte Theil des Feindes, mit dem die 4. Kavallerie-Division heute, am 4. Dezember Morgens, im Kampfe war, schien sich nach Beaugency abzuziehen. Der Feind war aus allen verschiedenen Regimentern zusammengesetzt, der kommandirende General nicht zu ermitteln." *)

Der linke Flügel der Loire-Armee schien, hiernach zu schließen, nicht mehr mit allen Kräften den Rückzug auf Orléans gewonnen und sich stromabwärts an der Loire entlang gewendet zu haben.

Die zweite Meldung ging um 3 Uhr Morgens von der Armee-Abtheilung ein. Sie kam nach den Vorgängen am Abend, welche die hartnäckige Fortsetzung des Widerstandes in Orléans hatten erwarten lassen, völlig überraschend:

Vor Orléans, den 4. Dezember 1870.
Abends 10 Uhr 30 Minuten.

„Nach mündlicher Verabredung mit dem Kommandanten von Orléans rücke ich mit der 17. Division und der

---

*) Bei Patay hatte die durch Infanterie und Artillerie verstärkte Kavallerie-Brigade Tucé gefochten.

1. bayerischen Brigade heute Nacht um 1/2 12 Uhr in Orléans ein. Zur genannten Stunde wird die Stadt auf dem rechten Ufer geräumt sein."

(gez.) Friedrich Franz.

Noch ließ sich nicht übersehen, welche Umstände diese Wendung der Dinge herbeigeführt und wie sich die Einzelheiten gestaltet hatten. Namentlich blieb die überaus wichtige Frage offen, ob die Loire-Brücken unversehrt in die Hände der anrückenden Truppen gefallen seien und es sonach möglich wäre, den in südlicher Richtung weichenden Feind zu verfolgen.

Allein die Thatsache, daß sich Orléans in deutschen Händen befand, mußte nun für die sogleich nöthigen weiteren Dispositionen als Grundlage angenommen werden.

Der Feldmarschall faßte jetzt die früher von ihm entworfenen Pläne, Loire abwärts gegen Tours vorzudringen, sobald die Entscheidung bei Orléans gefallen war, zunächst ins Auge. Allein die Verhältnisse hatten sich anders gestaltet, als sie damals — in Sens, Mitte November — im Voraus angenommen wurden. Nur ein Theil der deutschen Streitkräfte konnte jene Richtung einschlagen, denn der Feind wich mit der Masse der Loire-Armee nach Süden aus. Dorthin gingen jedenfalls das 18. und 20. Korps zurück, wenn sie nicht gar in ihrem Rückzuge innehielten und, gewahrend, daß ihnen nur ganz schwache Kräfte beobachtend folgten, oder auf kategorische Forderung von Tours her die Offensive von Neuem aufnahmen. Auch das 15. französische Korps, an Zahl das stärkste, an Organisation das beste unter den französischen Armee-Korps, eilte vor den siegreichen deutschen Kolonnen her nach Orléans, um dort die Loire zu passiren und sich in Sicherheit zu bringen. Von dem Rest der Armee — dem 16. und 17. Armee-Korps — war ein Theil, wie man schon jetzt mit Sicherheit annahm, vorläufig auf dem rechten Loire-Ufer stromabwärts zurückgegangen, allein das Oberkommando setzte doch voraus, daß auch von diesen Truppen Vieles in den allgemeinen Rückzugsstrom auf Orléans hineingezogen worden wäre. Was wirklich geschehen war, wie die Verhältnisse sich gestaltet hatten, konnte erst der weitere Verlauf des Tages deutlich ergeben. Es ließ sich auch wohl nur von Orléans aus in vollem Umfange übersehen.

Vor der Hand beschränkte der Feldmarschall sich daher auf die nothwendigsten Befehle, die sich auch jetzt schon mit Sicherheit ertheilen ließen.

H.-Q. Cercottes, den 5. Dezember 1870,
Morgens 6½ Uhr.

Armeebefehl.

„Nachdem Orléans in unseren Händen, erhält die Armee-Abtheilung Seiner Königlichen Hoheit des Großherzogs den Befehl, auf dem rechten Loire-Ufer stromabwärts so weiter vorzurücken, daß — wenn die Aufstellung eingenommen — Beaugency von uns besetzt und die Straße Orléans—Châteaudun beobachtet ist."

„Nach den gehabten großen Anstrengungen der Truppen stelle ich anheim, den ruhebedürftigsten Truppentheilen heute Ruhe zu geben. Die vorstehend befohlene Bewegung muß aber bereits heute eingeleitet werden."

„Das 9. Armee-Korps belegt heute Vormittag mit der 18. Division und dem Hauptquartier Orléans, schiebt, wenn möglich, eine Avantgarde über die Loire vor und dislocirt die anderen Theile des Korps nördlich der Stadt an und östlich der Chaussee Orléans—Paris."

„Das 3. Armee-Korps dislocirt sich so auf dem rechten Loire-Ufer oberhalb Orléans, daß seine Tete St. Denis de l'Hôtel und, wenn möglich, Jargeau selbst besetzt. Das Hauptquartier des Korps ist zu melden, kann nach Umständen auch nach Orléans verlegt werden."

„Die Grenze zwischen dem Rayon des 3. und 9. Korps bildet die Straße Orléans—Loury; die daranliegenden Ortschaften gehören dem 3. Armee-Korps."

„Das 10. Armee-Korps dehnt heute seine Quartiere um Artenay aus und bleibt im Uebrigen stehen, Hauptquartier Chevilly. Die Tete des 10. Korps greift bis Cercottes inklusive nach Süden."

„Die 6. Kavallerie-Division dehnt ihre Kantonnements um Artenay nach Osten so weit aus, daß sie die Pferde unterbringen kann."

„Zum Kommandanten von Orléans ernenne ich den Oberst Leuthaus vom Ingenieur-Korps. Mein Hauptquartier verlege ich heute nach Orléans."

Der kommandirende General.
(gez.) Friedrich Carl."

Dann eilte ein Generalstabsoffizier nach Orléans voraus, um sich über die Vorgänge in der Nacht und die jetzt in der Stadt herrschenden Zustände baldmöglichst zu orientiren, auch Nachricht zu geben, ob die Loirebrücken erhalten seien, der Strom daher nach Süden passirt werden könnte.

Inzwischen betraten nun von allen Seiten her die Spitzen der Armee-Korps die Stadt. Was dort in der Nacht vorgegangen war, bleibt jetzt nachzuholen.

Ebenso, wie das 9. und 3. Armee-Korps hatte auch die Armeeabtheilung des Großherzogs am Abend noch vor dem Widerstande, den der Feind an der Umfassung der inneren Stadt organisirte, Halt gemacht, mit dem Entschlusse, den ernsten Angriff bis zum Morgen zu verschieben. Des Prinzen Friedrich Carl Befehle hießen dies gut.

Allein in den späten Abendstunden war das Mittel versucht worden, den Gegner durch die Androhung eines Bombardements der Stadt zu größerer Hast zu treiben, da dies möglicherweise auch die Zerstörung der beiden Loirebrücken verhinderte. Die Aufforderung wirkte, der Feind gab den Widerstand auf und um 11½ Uhr rückte der Großherzog, wie er gemeldet, ein.

Nichts destoweniger kam es doch auf anderen Theilen der Lisiere noch zu Kämpfen.

Die Vorstädte, in denen das 9. Armee-Korps kantonnirte, hatte der Feind die ganze Nacht über durch seine weithin fliegenden Gewehrkugeln beunruhigt. Etwa um 10 Uhr Abends erwachte das französische Schnellfeuer sogar noch einmal mit Heftigkeit und die am neuen Bahnhof stehenden Theile der 35. Infanterie-Brigade*) sahen sich um diese Zeit unerwartet von ihren Gegnern angegriffen. Sie wiesen dieselben indessen glücklich ab. Gemeinsame Leitung — eine Leitung überhaupt — fehlte bei diesen letzten Anstrengungen des Feindes schon gänzlich. Isolirte Abtheilungen schlugen sich hier noch, ohne Kenntniß dessen, was nach der Absicht ihrer Generale geschehen sollte.

Während sich die Truppen der Armeeabtheilung hinter ihrem Rücken in der Stadt selbst in Quartiere gelegt hatten, hielten die Vertheidiger der Nordseite noch des Morgens um 5 Uhr den alten

---

*) Bei der sich das Jäger-Bataillon Nr. 9 befand.

Bahnhof und die in der Nähe errichteten Batterien fest. Erst nach kurzem Infanteriegefecht bemächtigten sich die jetzt wieder vordringenden Angreifer dieser Punkte und machten dabei mehrere hundert Gefangene. Dann rückte das 9. Armee-Korps in die Stadt.

Das 3. Armee-Korps war auch im Laufe der Nacht durch einen eigenthümlichen Zufall ohne genaue Kunde von dem geblieben, was bei der Armee vorgegangen sei. Der vom 9. Korps ihm zugeschickte Befehl des Oberkommandos aus La Montjoie vom 4. Dezember Abends $6^1/_2$ Uhr ging unterwegs verloren.

Der kommandirende General disponirte indessen am Morgen des 5. Dezember noch zum Angriff und befahl auch, Batteriestellungen auszuführen, um die Stadt unter Feuer zu nehmen.

Die Spitze der 5. Infanterie-Division ging in der Frühe abermals gegen St. Loup vor, nahm diesen Punkt und eine große Zahl von Gefangenen fiel hier schon in ihre Gewalt.

Am Stromufer in einem Garten wurde eine Batterie Marinegeschütze mit aller Munition gefunden, die der Feind dort im Stiche gelassen.

Gegen 8 Uhr Morgens nahmen die Teten unter leichtem Gefecht das Thor der Ostseite von Orléans und um dieselbe Zeit erreichte das Armee-Korps die Nachricht vom Oberkommando, Orléans sei schon von deutschen Truppen besetzt.

Das Detachement v. Winkler war gleichfalls am Morgen in die Vorstadt St. Vincent eingedrungen. Auch dort wurden Gefangene gemacht und eine stehen gebliebene Positionsbatterie erbeutet.

Die Stadt Orléans bot ein so wunderbares Bild dar, daß man an der völligen Auflösung derjenigen Theile der Loirearmee, die am 3. und 4. Dezember gefochten, nicht zweifeln konnte. Das 15. französische Korps war augenblicklich in einem Zustande, der eine völlig neue Organisation seiner Truppenkörper nöthig machte. Von allen Seiten brachte man Gefangene herbei; ein auf den Boulevards campirendes Marsch-Zuaven-Regiment war ohne Widerstand den einrückenden Truppen in die Hände gefallen, anscheinend mit diesem Loose, das es ferneren Strapazen und Gefahren entzog, ganz zufrieden. In den Hôtels fand man französische Offiziere; in den Kaffeehäusern und Magazinen eine Menge von Soldaten, welche sich ruhig gefangen fortführen ließen. In allen Häusern störte man noch solche Leute auf. Begreiflicherweise konnte eine genaue Durchsuchung der Stadt nicht sogleich angestellt werden, und wer entweichen wollte, oder die geschlagene Armee erreichen, um sich der Vertheidigung des Vaterlandes noch weiter zu widmen, der vermochte es ohne Schwierigkeiten.

Die Demoralisation und die Apathie hatten sich augenscheinlich derjenigen französischen Truppen, die am 3. und 4. gefochten, bemächtigt und ihr lockeres Gefüge völlig gelöst.

Waren doch die befestigten und mit schwerem Geschütz armirten, gut mit Munition versorgten Positionen fast ohne nennenswerthen Widerstand geräumt worden. An vielen Stellen hatte sich die Besatzung nicht einmal die Mühe genommen, Pulver und Geschütze zu zerstören. Zertrümmerte, oder auch noch brauchbare Waffen aller Art lagen in den Straßen umher, Tornister, Seitengewehre, Patrontaschen, Ausrüstungsstücke jeder Art sah man daneben. Auf den geräumigen Boulevards, wo viele Truppen bivouackirt hatten, lehnten neben den schwarz geräucherten Feuerstellen die ganz kompletten Armaturen der Infanteristen an den Gartenmauern — Gewehre und Säbel, alles Uebrige meist geordnet am Boden.

General d'Aurelle de Paladines schildert in seinem Buche „La première armée de la Loire“ mit bewegtem Herzen und voller Offenheit die Zustände, welche er in Orléans fand, als er am 4. Dezember dorthin eilte, um die Vertheidigung zu organisiren. Die Nachricht, daß die erste Division des 15. Korps von Chilleurs aux bois her in der Stadt angekommen sei, gab ihm neuen Muth, dem indessen die Enttäuschung bald folgte:

„L'illusion ne dura pas longtemps: les soldats de la première division du 15 Corps étaient répandus dans les divers quartiers de la ville, dans les cabarets, dans les maisons particulières, ou couchés ivres sur les places publiques et le long des maisons. Les officiers avaient quitté leurs soldats et remplissaient les hôtels et les cafés.“*)

„Le général en chef fit un appel énergique aux sentiments patriotiques des officiers supérieurs, qu'il put réunir.“

„Le découragement était partout. Le général des Pallières ne parvint pas à faire exécuter les ordres donnés.“

„Le général Borel,**) les officiers de l'état Major, les

---

*) General Martin des Pallières widerspricht dem bekanntlich in seinem Buche Orléans und giebt an, daß die Traineurs hauptsächlich der 2. und 3. Division seines Korps, sowie dem 16. und 17. Armee-Korps angehört hätten.

**) Chef des Generalstabes der Armee.

aides de camp du général en chef se multipliaient, faisaient les plus grands efforts pour réorganiser ces troupes démoralisées; leur zèle et leur dévouement furent impuissants.“

Lehrreich und für das Verständniß dieser, sowie der folgenden Ereignisse ist es nothwendig, hier den Blick auf die Bewegungen des Feindes während der letzten Tage zurückzuwenden.

Wie es gekommen war, daß die Loirearmee gerade in den entscheidenden Tagen auf der ganzen Linie von Montargis bis Ecoman am Walde von Marchenoir ausgedehnt und in zwei Gruppen getrennt worden war, zwischen denen nur General des Pallières am Waldrande von Orléans mühsam die Verbindung aufrecht erhielt, ist schon dargelegt worden.*) Die Trennung war noch schroffer dadurch geworden, daß General Chanzy, der mit dem linken Flügel der Armee am 1. Dezember die Rechtsschwenkung zum Marsche nach Pithiviers begann, weit gegen Westen ausholte. Er that das jedoch in der richtigen Erkenntniß, daß die Schwenkung unmöglich sei, ehe nicht die ihm gegenüber stehenden deutschen Streitkräfte von Westen nach Osten hin aufgerollt waren. Um ihn zu unterstützen, mußte schon eine Division des 15. Korps (die 3., Peytavin) am 2. Dezember gegen Santilly vordringen, die andere noch an der Straße Paris—Orléans verfügbar (die 2., Martineau) auf und östlich dieser Straße. Während nun General Chanzy bei Loigny kämpfte, wurde die Division Peytavin in das Gefecht von Poupry verwickelt und die Division Martineau gegen Abend ebendahin gezogen.

Wer über die Armee Crouzat**) bei Nibelle—Bellegarde und über die Truppen Martin des Pallières' zu Chilleurs verfügen sollte, blieb ungewiß. Die Regierung, die sie bisher von Tours aus selbst kommandirt hatte, erwartete, daß General d'Aurelle es thun würde; dieser wieder hielt sich dazu noch nicht berechtigt. Die Einheit des Handelns in der Armee war also auch jetzt noch nicht hergestellt.

In diesem Augenblick aber — am Abende des 2. Dezember und in der Nacht zum 3. marschirte die II. Armee rechts ab, hob damit die Trennung der deutschen Streitkräfte, die noch am 2. Dezember, der Loirearmee entsprechend, gleichfalls zwei Gruppen ge-

---

*) Siehe Seite 187—190, sowie weiter oben.

**) Am 2. Dezember traf General Bourbaki bei dieser Armee ein und übernahm deren Oberleitung.

bildet, auf und schritt gegen das entblößte Centrum zum Angriff. Das traf sich so glücklich, wie nur möglich.

General Chanzy hatte schon in der Nacht zum 2. Dezember das 17. französische Korps nach Patay herangezogen, Theile jenes Korps griffen an jenem Tage schon bei Loigny in den Kampf ein. So hatte sich dort zwar eine aus zwei Korps bestehende kombinirte Heeresmasse gebildet, welche unter die einheitliche Leitung des General Chanzy trat, aber auch diese Armee des linken Flügels zeigte sich durch die Schlacht von Loigny ebenso, wie die des rechten durch Beaune la Rolande schon arg erschüttert, ehe die eigentliche Entscheidung fiel. Das 17. Korps war freilich weniger durch den Kampf als durch Mangel an Organisation, durch schlechte Versorgung der Truppen und die Strapazen der vergangenen Tage, namentlich den letzten Nachtmarsch in einen solchen Zustand gerathen.

Als am 3. Dezember früh Prinz Friedrich Carl seinen allgemeinen Angriff begann, blieb deßhalb dem General d'Aurelle de Paladines kaum etwas anderes übrig, als der Entschluß zum Rückzuge. In den verschanzten Stellungen vor Orléans hätte er sich freilich — wenn die Truppen nur einigermaßer zusammenhielten — gegen die deutsche Minderzahl sehr gut mit Aussicht auf Erfolg schlagen können.

Am 3. Dezember früh schwanden auch die Zweifel, welche bis dahin über die Leitung des 18., 20. Korps und der 1. Division des General Martin des Pallières geherrscht hatten, indessen doch zu spät, um jene Truppenmassen nun noch zur Schlacht nach dem linken Flügel hin heranziehen zu können.

Der einzige Weg, auf dem sie sich noch kräftig geltend machen konnten, würde die Offensive über Pithiviers und Beaumont en Gatinais gewesen sein, die wie bekannt, nur auf Streitkräfte gestoßen wäre, welche sie wohl beobachten, nicht aber aufhalten konnten.

Wirklich hat auch General d'Aurelle noch im Laufe des 3. Dezember von der Regierung den Befehl erhalten, er solle das 18., 20. Korps und die Truppen des General des Pallières sofort über Pithiviers und Beaumont en Gatinais vorgehen lassen, doch veranlaßte der Oberbefehlshaber nichts Weiteres auf diese Weisung.

Der allgemeine Rückzug — zunächst auf Orléans — wurde beschlossen, die 2. Division des 15. Korps, unterstützt von der Reserve-Artillerie, beauftragt, denselben zu decken. So wich am 3. Dezember die Armee langsam vor den deutschen Angriffskolonnen, während General Martineau an der großen Straße wacker Stand hielt und bei dem Zurückgehen von einer der vorbereiteten Positionen zur andern noch die Ordnung unter seinen Truppen aufrecht erhielt.

General d'Aurelle nahm diese Division am Abend des 3. bis Cercottes zurück, wo sie Aufnahme durch die schon vorher nach Gidy marschirte Division Peytavin fand.

Das 16. Armee-Korps gelangte am Abend in die Linie St. Péravy—Janvry, den Ort Patay vor der Front des linken Flügels besetzt, die Kavallerie-Division nach Tournoisis links hinausgeschoben.

Das 17. Korps stand dahinter in der Gegend von Gémigny.

War auch heute die Haltung der jungen Truppen des 15. Korps im Kampfe noch gut gewesen, so machte sich die Nachwirkung desselben und der Eindruck des Rückzugs doch geltend. Die Straße nach Orléans bedeckte sich mit Flüchtigen. Vergeblich bemühten sich der Oberbefehlshaber, seine Offiziere und die Gensdarmerie, die Ordnung wiederherzustellen. Niedergeschlagenheit und Abspannung griffen schon um sich. Düster gefärbte Meldungen kamen von allen Seiten nach Saran, wo General d'Aurelle sein Hauptquartier nahm.

Um das Unglück voll zu machen, erhielt auch die 1. Division des 15. Korps bei Chilleurs den telegraphischen Befehl, sich in ihre alten Positionen von St. Lyé und Chevilly links heranzuziehen, erst am 3. Dezember früh, so daß sie ihre Stellung nicht mehr ohne Kampf verlassen konnte. Diese Division, die numerisch stärkste der Armee,*) von dem Oberbefehlshaber mit besonderem Vertrauen geehrt, setzte sich der Niederlage von Chilleurs aux Bois aus, während sie intact nach der großen Straße und später nach der Stadt hatte gelangen sollen, um dort die Vertheidigung der befestigten Enceinte zu übernehmen.

Ihr Rückzug war verhängnißvoll geworden. Sie bog, von Chilleurs abziehend, im Walde westlich ein, langte gegen 6 Uhr Abends bei St. Lyé an,**) und wandte sich von dort gegen Cercottes, wohin General Martin vorauseilte, um auf der Station den Befehl zum Marsche nach Orléans zu finden. Dort sollte die Di-

---

*) General des Pallières selbst schätzt ihre Stärke am Abend des 4. Dezember noch auf 25,000 Mann.

**) Auch ein Theil der Truppen von Courcy, die Kavallerie des Korps, die Besatzung von Villereau fanden sich dort ein.

vision die Verschanzungen besetzen. Sie blieb nun in Bewegung und erreichte am Morgen, nach überaus anstrengendem Nachtmarsche, die Stadt. Dieser Marsch muß die an dergleichen Strapazen nicht gewöhnten Truppen zur Auflösung gebracht haben.

Die Besatzung von Neuville, 7—8 Bataillone, 2 Batterien, wurde, weil der Weg von Neuville nach St. Lyé sich in sehr schlechtem Zustande befand, Abends angewiesen, über Rébréchien nach Orléans zu marschiren. Sie verirrte sich im Walde, stieß bei Loury auf das 3. Korps und wurde so in die Niederlage hineingezogen.

General d'Aurelle entschloß sich, nachdem er in seinem Hauptquartier Saran die Nacht hindurch geschwankt, zum Rückzuge hinter die Loire. — Der rechte Flügel der Armee, das 18. und 20. Korps unter General Bourbaki, der am 3. Dezember in Bellegarde den Ober-Befehl übernommen hatte,*) erhielt die Direktion auf Gien, der linke Flügel, das 16. und 17 Korps, auf Beaugency. Die Mitte, das 15. Korps, sollte kämpfend auf Orléans zurückweichen.

So hoffte der General, die Straßen nicht allzusehr zu überfüllen und die einzelnen Korps leichter ernähren zu können. Der excentrische Rückzug entzog ihn auch am ehesten der Verfolgung.

Nachdem er diese Anordnungen getroffen, über die er mit der Regierung zu Tours in einen Wechsel von Depeschen gerieth, brach er selbst nach Orléans auf.

Unterwegs, gegen 10 Uhr Vormittags, traf ihn dann die Nachricht, daß die Division des General Martin des Pallières, von Chilleurs kommend, in Orléans angelangt sei. Dies war ein Hoffnungsschimmer, der daran denken ließ, die Vertheidigung von Orléans noch einmal aufzunehmen. Die Pression der Regierung wird mitgewirkt haben.

General d'Aurelle ging noch einmal daran, alle 5 Korps seiner Armee nach der Stadt und ihren Verschanzungen zusammenzurufen. Allein beim Eintritt in die Stadt Orléans ließ der Anblick der waffenlosen, ermüdeten oder trunkenen Soldaten, welche alle Straßen füllten und die schon den Gehorsam verweigerten, den heroischen Entschluß wieder schwinden. Unfälle auf Unfälle kamen dazu.

---

*) Enquête parlementaire sur les actes du gouvernement de la défense nationale. Dépositions des témoins Tôme 3. Déposition de M. le général Bourbaki pag. 339.

Die Positionen von Gidy, welche die Division Peytovin hatte vertheidigen sollen, gingen fast ohne jeden Kampf verloren. Dadurch ward auf der einen Seite die Division Martineau bei Cercottes jeder Stütze beraubt, auf der anderen die Armee-Abtheilung Chanzy von dem Centrum getrennt. Gleiches geschah mit der Bourbaki's, als das 3. preußische Armee-Korps von Loury aus schnell gegen Orléans vordrang. Im französischen Hauptquartier ging so die Herrschaft über die Bewegungen der Korps verloren und man konnte jetzt nur noch das Ziel ins Auge fassen, weit im Süden jenseits der Loire, die Armee von Neuem zu sammeln und zu ordnen.

Die große Armee der französischen Republik, an deren Existenz sich die Hoffnung des Landes auf einen Umschwung des Krieges so sicher geknüpft, wie an nichts Anderes, hatte ihre erste Niederlage erlitten. Sie war in der Zeit vom 1. bis 4. Dezember gewiß um 30,000 Mann geschwächt worden, ihre Organisation zum Theil wieder gelöst, ihr Glaube an den Sieg zerstört.

Am 3. und 4. Dezember fielen den Siegern nicht weniger als 84 Geschütze, zum großen Theil Positions-Geschütze schweren Kalibers und viele Tausend Gefangene in die Hände.*)

Auf der Loire lagen 4 mit je einem Geschütz armirte Dampfbarkassen, die gleichfalls genommen wurden.

Der Verlust der II. Armee und der Armee-Abtheilung zusammen betrug am 3. und 4. Dezember nur:

93 Offiziere, 1675 Mann.

Davon entfallen auf die Armee-Abtheilung des Großherzogs:

26 Offiziere, 555 Mann.

Will man die Opfer berechnen, welche die Niederlage der ersten Loire-Armee den Deutschen überhaupt gekostet, so muß man die Einbuße der Schlachten und Gefechte vom 24. November ab in Anschlag bringen; denn alle Kämpfe jener Tage stehen in engem Zusammenhange. Sie erschöpften die Kräfte des Feindes nach und nach und erschütterten ihn so, daß die deutsche Artillerie, als sie in den beiden letzten Tagen mitten in das feindliche Centrum hineinmarschirte, trotz

*) In der Stadt Orléans allein wurden in den Tagen nach dem Kampfe von der Kommandantur 12,000 Gefangene gesammelt. Mehrere Tausend waren schon vorher an den Schlachttagen den Siegern in die Hände gerathen. Die Gesammtsumme wird 20,000 Gefangene betragen haben.

Ueberzahl, verschanzter Stellungen und schwerer Batterien nur einen verhältnißmäßig so geringen Widerstand fand.

Die Summe der von der Armee des Prinzen Friedrich Carl in dieser Epoche von 11 Tagen erlittenen Verluste beträgt:

369 Offiziere, 8319 Mann,*)

im Verhältniß zu ihrer Stärke gewiß nicht geringe Ziffern. Auf die Armee-Abtheilung entfallen:

221 Offiziere, 4961 Mann.

In diesen Zahlen sind allein vom 1. bayerischen Korps eingerechnet:

140 Offiziere, 3146 Mann,

darunter 26 Offiziere, 492 Mann an Todten.

Die Erfolge dieses kurzen, glänzenden Feldzuges aber wogen dennoch die Opfer in reichem Maße auf.

VI.

Die rückwärtigen Verbindungen und die materielle Lage der Armee während des Zuges gegen Orléans.

Es ist bei Beginn dieser Darstellung schon berichtet worden, wie sich die II. Armee bei dem Abmarsche von Metz vorgesehen hatte, um ihre Verpflegung auf dem Marsche nach Mittel-Frankreich hinein sicher zu stellen.**)

Zunächst hatte es damit keine Noth. Die Korps der Armee — an Mannschaften bei Weitem nicht vollzählig — marschirten in großer Breite durch Landstriche, welche nur wenig oder noch gar nicht von Truppendurchzügen berührt worden waren und die Alles

---

*) Hiervon kommt fast die ganze Ziffer auf die zu Beginn jener Epoche wenig über 70,000 Mann zählende Infanterie der beiden Heereskörper. Nach den Standesausweisen zählte am 24. November die II. Armee und die Armee-Abtheilung zusammen 75,000 Mann Infanterie, 16,000 Pferde, 474 Geschütze, doch sind hierbei verschiedene Detachirungen eingerechnet.

**) Siehe Seite 6.

hergeben konnten, dessen die Armee zu ihrer Subsistenz bedurfte. Zudem folgten wohlgefüllte Kolonnen den Truppen, um auszuhelfen, wenn es Noth that.

Allein es mußte auch die Zukunft in's Auge gefaßt werden. Wendete sich die Armee weiter nach dem Süden oder nach dem Westen, so wurde es höchst wünschenswerth, für ihre rückwärtigen Verbindungen das Eisenbahnnetz von Mittel-Frankreich wieder herzustellen, oder wenigstens eine eigene Linie zu gewinnen, welche von denen, die für die anderen Armeen gebraucht wurden, möglichst unabhängig war. Von Pont à Mousson bis Blesme mußte freilich auch für die II. Armee der große nach Paris führende Schienenstrang benutzt werden. Allein von Blesme aus konnten die Transporte für diese Armee abgezweigt und auf die südlichen Linien geführt werden. Schon am 3. November erhielt das Ober-Kommando aus dem großen Hauptquartier den Befehl, die Linie Blesme—Chaumont sobald als möglich in Betrieb zu setzen.

Zu diesem Zwecke wurde der II. Armee die bis dahin in der Gegend von Soissons beschäftigte Feld-Eisenbahn-Abtheilung Nr. 4 überwiesen. Dieselbe sollte schon am 6. November mit der Bahn auf der Strecke Blesme—Chaumont eintreffen. Eine Telegraphen-Abtheilung befand sich bereits bei der Armee (Feld-Telegraphen-Abtheilung Nr. 5); nunmehr erhielt sie noch eine zweite, die Etappen-Telegraphen-Abtheilung Nr. 2, die von Longjumeau, wo sie stationirt war, gleichfalls am 6. November bei der II. Armee ankommen sollte. Sie wurde zunächst nach Vitry le Français dirigirt.

Welche Dispositionen man ferner traf, um auf dem Eisenbahn-Komplex zwischen Dijon, Langres, Chaumont, Troyes, Montereau und Clamecy das dort etwa noch zurückgebliebene Eisenbahnmaterial wegzunehmen, ist schon früher in dem Bericht über den Vormarsch der Armee dargelegt worden. Das 3. Korps erhielt bekanntlich schon am 4. November den Befehl, durch seine Avantgarde so schleunig, als es irgend anging, den wichtigen Eisenbahnknoten von Bologne durch seine Avantgarde zu besetzen. Da es ferner dem Ober-Kommando zur Zeit nicht bekannt war, ob die Bahnlinie Paris—Auxerre über den letztbezeichneten Ort hinaus nach Süden schon verlängert worden sei oder nicht, so wurde durch Befehle an das 9. Armee-Korps die möglichst frühzeitige Besetzung des Punktes Chény zwischen Joigny und Brienon vorbereitet. Ehe die getroffenen Anordnungen indessen zur Ausführung kamen, klärte es sich bestimmt auf, daß der nach Auxerre führende Zweig der Eisenbahn noch nicht weiter ausgebaut sei, sondern dort vorläufig ende.

Leider hatte der Feind die in Rede stehende Eisenbahnlinie schon frühzeitig geräumt, so daß die Recherchen nach Betriebsmaterial vor der Hand erfolglos blieben.

Noch am 4. November waren dem Direktor der Feld-Eisenbahn-Abtheilung Nr. 4 durch das Ober-Kommando der II. Armee die nöthigen Befehle zugesendet worden. Er wurde ferner, ebenso wie der Eisenbahn-Direktor der General-Etappen-Inspektion der II. Armee zum 6. November in das Hauptquartier Joinville beschieden. Die Etappen-Telegraphen-Abtheilung sollte ihrerseits die Drahtleitung nach Joinville wieder herstellen, während die bei der Armee befindliche Feld-Abtheilung Befehl erhielt, mit der Tete des 3. Armee-Korps schon am 5. November nach Joinville vorauszueilen und von dort jener von Blesme kommenden Abtheilung entgegen zu arbeiten. Beide gemeinsam wurden ferner beauftragt, die ihnen bezeichneten Hauptquartiere der Armee gegen Troyes und später über diese Stadt hinaus mit dem bis jetzt ausgebauten Telegraphennetze in Verbindung zu setzen.

Als das Ober-Kommando am 6. November in Joinville ankam, war dort der Eisenbahn-Direktor der General-Etappen-Inspektion bereits auf einer Lokomotive eingetroffen. Von Arbeitern und einer schwachen Jäger-Abtheilung begleitet, war es ihm schon gelungen, sich — nach Beseitigung der vom Feinde auf den Bahnkörper geschütteten Erdaufwürfe — von St. Dizier aus nach Joinville durchzuarbeiten.

Bald traf auch die erwartete Feld-Eisenbahn-Abtheilung ein. Südlich Joinville waren leider die Marne-Brücken gründlich zerstört worden, so daß von hier ab der weitere Betrieb schon auf ernstere Schwierigkeiten stieß; nur bis Donjeux konnte er in nächster Zeit geführt werden.

Die weitere Disposition für die Herstellung der Eisenbahnen wurde vom Ober-Kommando am 9. November aus Brienne le Château gegeben. An diesem Tage nämlich war im Hauptquartier Brienne ein Schreiben des Generals v. Moltke mit der Mittheilung eingetroffen, daß die Yonne-Brücke bei Montereau, ebenso wie die Loing-Brücke gegen Fontainebleau hin erhalten, die Seine-Brücke bei Montereau dagegen zerstört sei. Am 9. November stand auch die allgemeine Marschrichtung der II. Armee für die nächste Zeit schon fest.

Die in Donjeux untergebrachte Feld-Eisenbahn-Abtheilung Nr. 4 erhielt deßhalb den Befehl, in Zukunft die Bahnstrecke Blesme, Chaumont, Chatillon sur Seine, Nuits, Montereau, Nemours, Montargis wiederherzustellen; denn diese Strecke sollte die Hauptverbindung der II. Armee werden, deren Vorgehen sich zunächst gegen die Linie Nemours—Montargis richtete. Die Arbeit der Eisenbahn-Abtheilung sollte sich nach den Fortschritten des 10. Armee-Korps regeln; die Marschroute dieses Korps wurde dem Befehle beigefügt.

Aus dem großen Hauptquartiere kam ferner am 11. November ein vom 8. datirter Befehl, welcher die allmälige Verlegung der Etappen-Verhältnisse der II. Armee von der Linie Saarbrücken—Metz auf die Linie Weißenburg—Frouard—Blesme anordnete.

Somit war nun die Verbindungslinie der II. Armee bis in's Vaterland zurück festgestellt.

Der Ausbau dieser Linie machte aber durchaus nicht die gewünschten Fortschritte; denn bei aller Anstrengung der beschäftigten Feld-Eisenbahn-Abtheilung konnten die nach und nach vorgefundenen zahlreichen Zerstörungen des Bahnkörpers, und zumal der Brücken nicht ohne wochenlange Arbeit wieder beseitigt werden. Zudem bot der große Mangel an Betriebsmaterial kaum zu überwindende Schwierigkeiten. Der Chef des Generalstabes hatte bereits am 6. November an die Betriebs-Direktion in Epernay geschrieben, um wenigstens einen geringen Betrieb möglich zu machen. Am 13. November wendete er sich ferner an den preußischen Gesandten in Bern, um dessen Mitwirkung für die Beschaffung von Eisenbahnmaterial nachzusuchen. Man hatte erfahren, daß die französische Eisenbahn-Kompagnie de l'Est einen erheblichen Theil ihres Wagenparks nach der Schweiz hinübergeführt habe. Da auch das Interesse des Landes bei der Wiederaufnahme des Eisenbahndienstes berührt wurde und die Bevölkerung mehr noch wie die Armee den Vortheil der Wiedereröffnung der Schienenwege empfinden mußte, so hoffte das Ober-Kommando, einen Theil jenes Parks leihweise unter gewissen Bedingungen zu erhalten. Die Antwort auf das betreffende Schreiben ging dem Ober-Kommando am 21. November zu. Sie besagte, daß der Direktor der Ostbahn nicht abgeneigt sei, auf das ihm gestellte Ansuchen einzugehen, wenn Munitions- und Truppen-Transporte ausgeschlossen blieben. Er hielt sich indessen nicht für berechtigt, ohne Einwilligung der augenblicklich in Frankreich herrschenden Gewalt ein solches Abkommen mit deutschen Truppen-Befehlshabern zu schließen und reiste nach Tours. Später scheiterte, wie seiner Zeit dargelegt werden wird, die Ausführung des ganzen Projektes.

Mittlerweile war es im Oberkommando bekannt geworden, daß auf der Eisenbahnlinie Blesme—Chaumont nicht weniger als drei Marnebrücken zerstört seien, ferner zwischen Laignes und Tonnerre eine Brücke über den Kanal de Bourgogne. Da somit 4 Brücken wieder herzustellen und viele durch den Bahnkörper gelegte Coupüren, Gruben u. s. w. auszufüllen waren, so konnte unmöglich in den nächsten Wochen auf die Benutzung dieser Eisenbahn-Verbindung mit der Heimath gerechnet werden. Ohnehin war sie ihrer Lage nach so exponirt, daß Störungen und Unterbrechungen des Betriebes durch den Feind jedenfalls erwartet werden mußten. Schien es doch schon unmöglich, die bisherige Etappenstraße der II. Armee von Joinville über Troyes, Sens, Nemours aufrecht zu erhalten, wenn nicht die Etappen-Truppen erheblich verstärkt wurden. Die mittlerweile bekannt gewordene Nachricht von dem Ueberfall von Chatillon lehrte, daß Theile der Garibaldischen Freischaaren sich der Wirkungssphäre des Werderschen Korps entzogen und gegen die rückwärtigen Verbindungen der zur Loire marschirenden deutschen Korps operirten. Auch die bergigen Landstriche zwischen Seine und Yonne, sowie zwischen Yonne und Loing steckten voll Aufständischer und das Oberkommando der II. Armee faßte daher die Möglichkeit ins Auge, daß es gezwungen sein werde, seine Verbindungen über Fontainebleau und Melun nach Nanteuil sur Marne zu verlegen. Am 21. November berichtete General v. Stiehle deshalb nach Versailles.

Von dort her kam am 23. — von demselben Tage datirt — eine ausführliche Nachricht, welche den Stand der Dinge auf den hinter der II. Armee gelegenen Bahnstrecken zusammenfaßte, wie sich derselbe zur Zeit zu gestalten schien:

„Nach den bei der Exekutiv-Kommission*) eingegangenen Meldungen sind für die Herstellung der bei Blesme sich abzweigenden besonderen Bahnverbindung für die II. Armee verhältnißmäßig recht günstige Aussichten vorhanden. Die General-Etappen-Inspektion hofft, daß die Bahn über Joinville und Chaumont bis Châtillon bis zum 27. d. Mts.

*) Der Eisenbahn-Abtheilung des großen Hauptquartiers.

betriebsfähig sein werde, will jedoch den Betrieb zunächst auf Troyes führen, um dorthin Proviant vorzuschieben; dies wird wahrscheinlich auch bald bis Nogent stattfinden können, an welchem Orte die Seine-Brücke zerstört sein soll. Um diesen Punkt und die längere Zeit zur Herstellung erfordernde Brücke über die Seine bei Montereau zu umgehen und gleichzeitig die Herstellung der Hauptverbindung Belfort—Dijon—Paris vorzubereiten, würde die Inangriffnahme der Bahn von Joinville über Nuits und Sens sehr wünschenswerth sein und auch wohl nach Maßgabe des Eintreffens weiterer Kräfte zur Deckung der Verbindungslinie erfolgen können. Die Unterbrechung der Bahn durch Zerstörung der Brücke zwischen Laignes und Tonnerre (nämlich über den Bourgogne-Kanal bei Nuits) scheint nicht von erheblicher Bedeutung, da die General-Etappen-Inspektion darüber telegraphirt, daß die Herstellung nicht vor dem 5. Dezember zu erwarten, da wegen der Ereignisse von Châtillon*) noch nicht sogleich begonnen werden könne."

„In Anbetracht dieser Verhältnisse möchte es nicht opportun sein, auch für die II. Armee auf die Linie über Nanteuil, welche jetzt bis Lagny eröffnet wird, zu reflektiren, zumal die engen Endbahnhöfe bei der Entladung schon jetzt die größten Schwierigkeiten bieten, und Fontainebleau wie Orléans etwa gleich weit von Lagny und Nogent entfernt sind."

(gez.) Graf v. Moltke.

Die II. Armee mußte somit auf die Theilnahme an der bereits in Betrieb gesetzten großen Verbindungslinie der deutschen Armeen mit der Heimath verzichten, während sich die Hoffnungen auf die schnelle Wiedereröffnung der ihr selbst zugewiesenen Bahnen auch nicht erfüllten. Bisher war die ganze Armee noch ohne große Noth gut und völlig auskömmlich verpflegt worden, jetzt aber änderten sich die Verhältnisse. Der Krieg kam in der Beauce zum Stehen, die Truppen bewegten sich in ein und demselben Landstrich hin und her und wenn dieser Landstrich sich auch durch seine außerordentliche Fruchtbarkeit auszeichnet, so lagen doch in demselben schon seit längerer Zeit bedeutendere Truppenmassen, zumal an Kavallerie, und die mit

*) Das Nähere hierüber siehe weiter unten.

leichter Mühe aufzufindenden Mittel nahten ihrem Ende. Zum systematischen Ausnutzen der sich im Lande darbietenden Hülfsquellen, z. B. zum Ausdreschen des in den Scheunen überall noch aufgespeicherten Getreides, aber mangelte es an der nöthigen Muße. Die Truppen waren durch lebhaften Vorpostendienst, durch die vielen Bewegungen, welche das gegenseitige Stärkeverhältniß nothwendig machte, durch die fortdauernde Gefechtsbereitschaft allzusehr in Anspruch genommen.

Nicht minder schwierig als die Verpflegung mußte bei anhaltenden Kämpfen die Versorgung der Armee mit Munition werden. Bei dem schnellen Marsche der Armee bis in die Beauce war es nicht möglich gewesen, den Reserve-Munitionspark und das Reserve-Munitions-Depot gleichen Schritt mit dem Vordringen der Truppen halten zu lassen. Die Eisenbahnlinie über Chaumont nach Troyes war noch nicht in Betrieb gesetzt und schon am 19. November hatte sich das Oberkommando an den General-Quartiermeister in Versailles gewendet, um Park und Depot auf der Linie Frouard—Nanteuil herangezogen zu sehen. Der erstere sollte von Commercy nach Nanteuil, das letztere von Pont à Mousson nach Vitry geschafft werden. Bis dies geschehen, bat man zugleich um die Aushülfe durch die Reserve-Munitions-Kolonnen der III. Armee*).

Der erste Antrag wurde nur bedingungsweise gewährt; denn da die Endbahnhöfe der Linie Frouard—Nanteuil, wie erwähnt, außerordentlich wenig Raum boten, so hielt es der General-Quartiermeister für bedenklich, auch noch die Munitions-Reserven der II. Armee dort unterzubringen. Nur bis Vitry hin ließ sich dieses ohne große Schwierigkeit bewerkstelligen. Dagegen war die III. Armee bereit, ihre Munitions-Vorräthe auch der II. Armee zur Verfügung zu stellen.

Während des längeren Aufenthaltes der Armee in dem Terrain nördlich des Orléans-Waldes lebte das Oberkommando aber, wie erwähnt, fortdauernd in der Erwartung, daß es sich gegen den am Loing und der Yonne vordringenden Feind schnell und energisch werde

*) Nach den Kämpfen von Ladon und Beaune la Rolande machte sich beim 10. Armee-Korps thatsächlich schon die Schwierigkeit für den Munitionsersatz geltend. Am 29. besaß das Korps außer der beim General v. Kraatz befindlichen einen Infanterie- und einen Artillerie-Munitions-Kolonne, deren augenblicklicher Inhalt unbekannt war, nur 2 Artillerie-, 1½ Infanterie-Munitions-Kolonnen gefüllt.

wenden müssen, um dann vielleicht von Neuem zu der großen Straße Paris—Orléans zurückzukehren. Unter solchen Aussichten trat die Nothwendigkeit, gründlich für die Ernährung der Truppen zu sorgen, immer lebhafter in den Vordergrund. Nur wenn es gelang, große, reich ausgestattete Magazine zu schaffen, konnte dem Mangel auch in Zukunft ganz vorgebeugt werden. Der General-Intendant in Versailles hatte schon seine Hülfe angeboten und das in starken Märschen nach der Straße Paris—Orléans geeilte 9. Armee-Korps war auch bereits auf das Magazin Corbeil angewiesen worden. Bei den übrigen Armee-Korps war jedoch die Noth — Dank der getroffenen Vorsorge, keine augenblickliche. Noch hatte jedes Armee-Korps seinen Fuhrenpark zum größten Theile beladen. Von der General-Etappen-Inspektion gemiethete 1200 Wagen, sowie 400 requirirte Fuhrwerke folgten gleichfalls noch mit voller Ladung den Armee-Korps. Andere 1200 gedungene Wagen kamen allmälig nach und sollten bis zum 10. Dezember die Armee eingeholt haben.

Die General-Etappen-Inspektion, welche schon am 22. dem Oberkommando mehrere mit dem oben angeführten Schreiben des Grafen Moltke gleichlautende telegraphische Nachrichten gegeben hatte, erhielt jetzt am 23. die Aufforderung, sie möge die Rekognoszirung der Eisenbahnlinie von Chaumont nach Troyes aufs schleunigste betreiben und mittheilen, bis zu welcher Station am 27. Proviant vorzuschieben sein würde. Von Nogent aus sollte dann, wenn möglich, die Richtung auf Fontainebleau weiter verfolgt werden.

Die dem Oberkommando zumal von Versailles her eröffneten guten Aussichten erfüllten sich nicht. Während des in dieser Darstellung behandelten Feldzuges sollte noch kein einziger Eisenbahn-Train die Armee erreichen. Auf das ihr am 23. zugegangene Telegramm erwiederte die General-Etappen-Inspektion am 26., daß die Rekognoszirung der Strecke gegen Troyes angeordnet sei, die Linie Joinville—Chaumont könne dagegen nicht vor dem 2. Dezember fahrbar gemacht, bis dahin also auch kein Proviant in der Richtung nach Fontainebleau hin transportirt werden. Weitere Schwierigkeiten ließ ein Telegramm der Inspektion vom 29. voraussehen: „Eisenbahn bei Nogent und Montereau nicht zu rekognosziren wegen wiederholter feindlicher Anfälle der Techniker, selbst bei starker Bedeckung." Auch den Telegraphen-Beamten erging es ähnlich. Oft zerstörten die Bauern die von ihnen eben mühsam fertig gestellte Arbeit sofort wieder. Mehrfach spürte man, daß sachkundige Spione auf den Linien

Zwischenapparate einschalteten. Dennoch war es nicht möglich, den nothwendigen regen Patrouillengang anzuordnen, da es hierzu an Truppen fehlte. Die Hülfe des General-Gouvernements von Reims wurde in Folge dessen nachgesucht, doch erklärte sich diese Behörde außer Stande, die verlangte Besetzung der beiden Punkte Méry und Nogent sur Seine zu übernehmen.

Am 28. November beantragte General v. Stiehle in seinem an jenem Tage nach Versailles erstatteten Berichte die Anlage von Magazinen in Etampes und Malesherbes durch die III. Armee, um dadurch die II. Armee für die Operationen der nächsten Zeit unabhängiger und freier zu machen. Insbesondere bat er, dort Hafer und Brod aufzuspeichern. Am 29., nachdem für die Arbeiten auf den Eisenbahnlinien genauere Projekte festgestellt worden waren, richtete er ein ausführliches Telegramm an den Grafen v. Moltke:

> „Die Eisenbahn Donjeux—Chaumont ist nicht vor dem 2. Dezember, Troyes 5 Tage später, Sens—Nemours ganz unbestimmt — vielleicht am 15. Dezember — wiederhergestellt; daher der Nachschub aufs Aeußerste erschwert. Bitte, telegraphisch die Bestände in Versailles der II. Armee für kurze Zeit zur Disposition zu stellen. In Corbeil, dessen Bestände die General-Intendantur zur Disposition gestellt hat*), sind nur 80 Centner Hafer und entsprechender Proviant, also kaum der Bedarf für kleine Kommandos gedeckt. Um Ermächtigung, unsere Verpflegungszüge von Blesme bis Lagny vorzuschieben, wird zu dauernder Sicherung der Verpflegung dringend gebeten."

Noch an demselben Tage kam in Pithiviers ein Schreiben aus Versailles mit der Nachricht an, daß die III. Armee 300,000 Portionen Mehl und 60,000 Nationen Hafer nach Malesherbes für die II. Armee und ebensoviel nach Etampes für die Armee-Abtheilung des Großherzogs senden werde. Der weitere Bedarf an Lebensmitteln sollte durch die eigenen Kolonnen der II. Armee aus Lagny geholt werden. Es lag nunmehr in der Absicht, dorthin — je nachdem die Entladung der schon angekommenen Züge vorschritt — Verpflegungszüge für die II. Armee heranzuführen.

Leider stellten sich der Magazin-Einrichtung in Malesherbes

---

*) Für das 9. Armee-Korps.

vielfache Schwierigkeiten in den Weg und die III. Armee wies dafür als Ersatz kleinere in Corbeil lagernde Bestände an.

Vorzugsweise mußten die Armee-Korps daher ihre Kolonnen nach dem weit entfernten Lagny senden. Dort wurde auch ein Beamter der II. Armee stationirt, welcher deren Interessen künftighin vertreten sollte.

Zur Bewachung von Malesherbes hatte das Oberkommando schon am 30. November zwei Kompagnien des 9. Armee-Korps abgesendet, welche zunächst noch Gefangene aus den letzten siegreichen Gefechten nach Fontainebleau eskortirten. Eine Pionier-Kompagnie desselben Korps rückte nach Lagny, brachte ebenfalls Kriegsgefangene dorthin und verblieb dann daselbst, um Proviant und Fourage für das neue Magazin auszuladen.

So war das Oberkommando bemüht, die Subsistenz der Armee sicher zu stellen, auch wenn die Verhältnisse sich schwieriger gestalten sollten, wie bisher.

Diese Verhältnisse änderten sich erst durch die in der Nacht vom 4. zum 5. Dezember erfolgende Besetzung von Orléans. Die große volkreiche Stadt bot die Mittel zur vortheilhaften Anlage von Magazinen und ganz neue Dispositionen mußten und konnten jetzt für den Unterhalt der Armee getroffen werden.

Die Schwierigkeiten in der Herstellung und Sicherung der rückwärtigen Verbindungen der Armee waren hauptsächlich durch die außerordentlich geringe Zahl der vorhandenen Etappen-Truppen erzeugt worden. Der General-Etappen-Inspektion der II. Armee standen in dieser Zeit nur 4 Besatzungs-Bataillone zu je 6 Kompagnien (Paderborn, Unna, Soest, Detmold), sowie das 5. Reserve-Husaren-Regiment zur Verfügung. Mit dieser ganz unzulänglichen Truppenmacht sollte der weite Landstrich, den die II. Armee von Metz bis zur Loire hin durchschnitten hatte, niedergehalten, die Thätigkeit der Eisenbahn- und Telegraphen-Abtheilungen auf den ausgedehnten in das Operationsterrain der Armee führenden Linien gesichert werden. Starker Arbeits- und Eskortedienst war nebenbei zu erfüllen. Für alle auf den Etappen thätigen Behörden wurde der Dienst in dieser Epoche ein äußerst gefahrvoller und angreifender, die Erfüllung der ihnen gestellten Aufgabe nahezu unmöglich. Dabei lag das ganze so mit einem Netze schwacher Garnisonen überspannte Gelände gegen Süden hin offen und den Einbrüchen der sich dort sammelnden irregulairen Formationen des Feindes preisgegeben da. Auf einer Linie von

24 deutschen Meilen konnten solche Einbrüche täglich erwartet werden. Dem Osten dieses Gebietes lag nun noch dazu die Festung Langres gegenüber, die man aus Mangel an Truppen nicht einzuschließen vermochte, und die in jenen Gegenden — wie es das Gefecht von Bologne gezeigt — der Heerd für die Volksbewaffnung des Feindes geworden war. Eine Zeit lang beobachtete General v. Kraatz mit seiner durch Kavallerie und Artillerie verstärkten Brigade den Platz, er bereitete auch einen Handstreich gegen denselben vor, mußte aber dann, wie bekannt, der Armee folgen und es blieb dort nur Oberst Ehrenberg mit

2 Bataillonen,
1 Eskadron,
1 Batterie

zurück, um die Etappentruppen zu unterstützen. Allein die ungünstigen numerischen Verhältnisse der II. Armee ihren Feinden an der Loire gegenüber erlaubten es durchaus nicht, stärkere Theile der Operations-Armee für Nebenzwecke herzugeben.

Nach und nach besetzten die Etappentruppen folgende Punkte, die mit kleinen Garnisonen belegt blieben: Montier en Der, Donjeux*), Chateau Vilain, Châtillon sur Seine, Ravières, Tonnerre, Auxon, Bar sur Seine, Lesmont, Estissac, Villeneuve l'Archivêque, Sens, Joigny, Cheroy, Nemours, Piuseaux. In und bei Chaumont lagen nach einander die Truppen der Detachements v. Kraatz und Ehrenberg. In Troyes rückten zeitweise Truppen des General-Gouvernements Reims:

1 Bataillon,
1 Kompagnie Jäger,
1/4 Eskadron,
2 Geschütze

als Garnison ein.

Bei dem schnellen Vormarsch der II. Armee war es gar nicht möglich gewesen, die bergigen und waldigen Distrikte des Seinegebiets, in denen sich der Widerstand selbst dann gezeigt hatte, wenn die starken Kolonnen der Armee-Korps sie durchzogen, gründlich von Freischaaren zu säubern. Hinter der Armee begannen diese daher sofort von Neuem ihr Wesen zu treiben.

*) In Donjeux lag eine Kompagnie der Eisenbahn-Abtheilung Nr. 4.

Die beiden bedeutendsten Gefechte, welche hierbei vorfielen, waren die von Châtillon am 19. und von Auxon am 25. November.

In Châtillon lagen drei Kompagnien des Landwehr-Bataillons Unna und eine Eskadron des 5. Reserve-Husaren-Regiments und sicherten sich während der Nacht durch Feldwachen, bei Tage durch die an den Ausgängen aufgestellten Posten. Am 19. November früh um 6¼ Uhr, als die Feldwachen eben eingerückt waren, allarmirten drei Schüsse, die der am Ausgange nach Montbard zu aufgestellte Tagesposten abfeuerte, die Besatzung. Die Wehrleute eilten aus ihren Quartieren nach den Sammelplätzen, aber schon begann auch in der Stadt das Feuer aus den Häusern, und es kam zu einem schwer zu leitenden Straßenkampfe der einzelnen Mannschaften gegen ihre Bedränger. Einige Offiziere und eine nicht unerhebliche Anzahl von Leuten sahen sich in ihren Quartieren unerwartet von Bewaffneten umringt und festgehalten. Man überschaute sehr bald, daß entweder die Einwohner am Kampfe Theil nahmen, oder daß sich Freischärler in der Stadt verborgen gehalten, während von außen her mehrere Kolonnen gleichzeitig in den Ort eindrangen. Die Lage der in den verschiedenen Stadtvierteln einquartirten Truppen war darum eine sehr üble. Zudem umging der Gegner den Ort, und damit sie nicht in demselben zuletzt eingeschlossen würde, räumte ihn die Garnison, nachdem sie einen Verluste von 4 Offizieren, 22 Mann an Todten und Verwundeten, sowie von 15 Offizieren, 158 Mann an Vermißten erlitten. Sie nahm indessen hinter der Stadt eine Aufstellung. Die Seine-Brücke und der Bahnhof blieben ebenfalls preußischerseits besetzt.*)

Allein auch der Feind räumte die Stadt wieder, und als am Nachmittage zufällig noch eine Abtheilung Rekonvaleszenten des 10. Armee-Korps vor derselben anlangte, nahm die Garnison sie zum zweiten Male in Besitz.

Am 20. rückte von Château Villain her noch eine Kompagnie Etappentruppen als Verstärkung heran, der Feind aber wiederholte seine Beunruhigungen, und die Nachricht vom Herannahen bedeutender Streitkräfte, welche schon 12 Kilometer südlich der Stadt stehen

---

*) Den Ueberfall hatten die Franktireurs des Voges, die Chasseurs de l'Isère, die Chasseurs Allagrobes des Alpes, ein Bataillon Doubs, die Chasseurs von Hâvre und Dôle — im Ganzen angeblich nur 400 Mann — unter Ricciotti Garibaldi in Verbindung mit den Einwohnern von Châtillon ausgeführt.

sollten, bewog den Kommandeur der Etappentruppen, am Abend nach Château Vilain abzurücken. Diesen Ort aber passirte am 21. General v. Kraatz mit seiner Kolonne und befahl, um die Landwehren nicht unter dem Eindruck der Räumung von Châtillon zu lassen, den Wiedervormarsch derselben. Er nahm sie am 21. noch bis Latrecy, am 22. bis Châtillon mit, installirte sie dort von Neuem und strafte den Ort für seine Betheiligung am Kampfe. Am 23. kamen in Châtillon noch die für die spätere Besetzung von Navières bestimmten Kompagnien des Bataillons Soest an. Auch sie hatten auf dem Marsche von Bar sur Seine her bei Plaines schon Scharmützel mit den Freischaaren gehabt, waren aber glücklich durchgedrungen. Als nun am 24. früh die Linientruppen ihren Marsch fortsetzten, blieben doch im Ganzen 7 Landwehr-Kompagnien und 1½ Eskadron Reserve-Husaren zu Châtillon zurück, die auf dem rechten Seine-Ufer — die eigentliche Stadt aufgebend — eine zur Vertheidigung geeignete Stellung bezogen. Von der Besetzung von Navières wurde vorläufig noch Abstand genommen.

Weitere Angriffe gegen Châtillon fielen nicht vor, allein Spuren des Volksaufstandes zeigten sich im ganzen oberen Seinegebiet. Die Verbindung zwischen Bar sur Seine und Châtillon wurde mehrfach unterbrochen. Noch am 4. Dezember versuchte eine Landwehr-Kompagnie vergeblich, sich von Bar nach der letztgenannten Stadt den Weg zu bahnen. Bewaffnete Banden versperrten ihr die Straße und sie mußte schließlich von Châtillon her durch andere Truppen abgeholt werden. Die schwache Besatzung von Chateau Vilain sah sich zeitweise sogar gezwungen, jenen Ort aufzugeben und nach Chaumont abzuziehen.

Ein Telegraphen-Beamter wurde sammt seiner Bedeckung aufgehoben und nach Langres abgeführt.

Später noch zeigten sich bei Mussy und Essoyes Banden und die Ruhe wurde erst dauernder, als sich zu Ende November und Anfang Dezember General v. d. Goltz vom Werderschen Korps auf der einen Seite und die ersten Truppen des 7. Armee-Korps auf der anderen Châtillon näherten.

Nicht minder wuchs die Unruhe im Otjewalde. Auch dort brach eine Kolonne der Freischaaren Garibaldis ein und führte am 25. November in aller Frühe den Ueberfall von Auxon aus. Dies Dorf war durch 100 zurückgebliebene ermüdete Mannschaften des 9. Armee-Korps besetzt worden, welche auf diese Weise das wichtige

Troyes gegen Süden hin schützen und die Straße nach St. Florentin und Joigny sichern sollten. Schon am 22. November hatte die schwache Abtheilung mehrfach Patrouillen-Rencontres im Othewalde zu bestehen. Am 25. früh um 5 Uhr sah sie sich plötzlich in ihren Quartieren angegriffen. Bewaffnete Haufen drangen in den Ort und wenn sich auch die Posten äußerst aufmerksam erwiesen hatten und sogleich feuerten, als sie in der Dunkelheit ihre Gegner herankommen sahen, so war doch die geringe Zahl der Vertheidiger bald in der gefährlichsten Lage. Die Bewohner des Ortes nahmen am Kampfe Theil und feuerten aus den Häusern, die draußen versammelten Volkshaufen und Freischärler versperrten den Soldaten die Auswege, welche sie sich wieder eröffnen mußten. Es kam zum lebhaften Feuergefecht, mehrfach sogar zum Kampfe Mann gegen Mann. Am Ausgange gegen Troyes hin versuchte sich die Besatzung noch einmal festzusetzen und zu behaupten, aber bald sah sie sich umringt und genöthigt, sich nach Villery durchzuschlagen. Dort vereinigte sie sich mit zwei Landwehr-Kompagnien und ging am Tage darauf wieder nach Auxon hin vor. Auch die für Auxon und Joigny bestimmten Kompagnien des Bataillons Paderborn schlugen die gleiche Richtung ein. Auxon wurde wieder besetzt. Hessische Reiter, welche den vom 9. Korps in Troyes zurückgelassenen Truppen angehörten und die mit einer von Troyes ausgeschickten fliegenden Kolonne*) im Othewalde streiften, wirkten dabei mit. Sie nahmen einen Theil der fliehenden Aufständischen gefangen. Auch Auxon wurde für seine Theilnahme an dem Ueberfall gezüchtigt.

Jene in den Othewald abgesandte Kolonne hatte außerdem bei St. Mards und Marraye Scharmützel zu bestehen.

So fanden die Beunruhigungen überall statt und kam es auch nicht zu Gefechten im größeren Style, gelang es auch den außerordentlich schwachen Besatzungstruppen, sich im Wesentlichen auf ihren Plätzen zu behaupten, so war ihr Dienst dennoch im höchsten Grade aufreibend und beschwerlich. Ohne Verbindung mit der Armee, ohne genaue Kenntniß von deren Lage und dem Ausgange der augenblicklich von ihr geführten Kämpfe, wurden sie vielfach durch falsche Gerüchte allarmirt, machten erfolglose Expeditionen und erschöpften ihre Kräfte

---

*) 5 Kompagnien des Bataillons Detmold, 2 Kompagnien großherzoglich hessischer Ersatz, 1 kombinirte hessische Eskadron.

im Vorpostendienste. Dazu kam der beschwerliche Eskorte- und Transportdienst, die Bewachung zahlreicher Kriegsgefangener u. s. w.

Es hätte dem Feinde gelingen müssen, die wenigen auf weite Länderstrecken in isolirten Posten vertheilten Streitkräfte zu überwältigen, indessen trotz der erheblichen Anstrengungen, welche die Regierung der Nationalvertheidigung machte, um Freikorps zu solchen Zwecken aufzustellen, gelang ihr das doch nicht. Auch die von der Vogesen-Armee abgesandten Kolonnen begnügten sich mit dem zu Châtillon errungenen Resultate, sowie mit dem weniger glücklichen Ueberfall gegen Auxon. Sie unternahmen weiterhin nichts Ernstliches.

So haben alle diese Aufstandsversuche und Unternehmen gegen die Etappen-Besatzungen mehr Unbequemlichkeiten als Gefahren erzeugt. Sie stellten es freilich eine Zeit lang in Frage, ob die II. Armee sich dauernd ohne Schwierigkeit werde ernähren können. Sie fesselten ferner — was sicherlich nicht wenig ins Gewicht fiel — die der Armee nachmarschirenden Ersatz- und Rekonvalescenten-Transporte, welche auf jeder Etappe als eine sehr willkommene Verstärkung in der Gefahr angesehen und daher oft festgehalten wurden. Die Aufmerksamkeit des Oberkommandos und der General-Etappen-Inspektion steuerte dem natürlich so viel als möglich.

Die Mitwirkung stärkerer Abtheilungen Linientruppen zur Sicherung der von der Maas und oberen Seine zur Loire führenden Etappenstraßen erwies sich indessen schon im November als nothwendig, wenn der Feind nicht allmälig in seinen Expeditionen kühner gemacht werden sollte.

General v. Kraatz hatte am 19. in Marnay, wo er sein Unternehmen gegen Langres einleiten wollte, den Abmarschbefehl erhalten und war, wie bekannt, über Châtillon zur Armee gerückt.

Das vor Langres zurückgelassene Detachement Ehrenberg wurde am 27. November der General-Etappen-Inspektion auf deren Antrag unterstellt. Aber mit so geringen Streitmitteln ließ sich um so weniger Bedeutendes unternehmen, als man dieselben der Beobachtung von Langres nicht ganz zu entheben vermochte. Noch am nämlichen Tage beantragte General v. Stiehle in Versailles, daß General v. Werder die Ueberwachung von Langres ausführen solle.

Antwort gab ein Schreiben des General Grafen Moltke, das schon in der Nacht zum 28. in Pithiviers eintraf:

„Das Königliche Oberkommando wird ganz ergebenst benachrichtigt, daß das 7. Armee-Korps (vorläufig exklusive der 14. Infanterie-Division) von Metz aus auf Châtillon sur Seine in Marsch gesetzt worden ist, um die Verbindung zwischen dem 14. Armee-Korps und der II. Armee, sowie die Etappenlinien der letzteren zu sichern. 4 Bataillone, 1 Eskadron, 1 Batterie gehen bereits am 28. und 29. d. Mts. per Bahn über Joinville so weit als möglich vor und sind angewiesen, im Einvernehmen mit der General-Etappen-Inspektion der II. Armee, welche hiervon telegraphisch in Kenntniß gesetzt worden ist, zu verfahren."

„Im Uebrigen wird das General-Kommando des 7. Armee-Korps für die nächste Zukunft seine Direktion von hier aus erhalten, ist aber angewiesen, sich mit dem Königlichen Oberkommando in unausgesetzter Verbindung zu halten."

Dem folgte einige Tage später die bezügliche Meldung der General-Etappen-Inspektion:

Troyes, den 1. Dezember 1870.
2 Uhr 50 Minuten Nachmittags.

„Vom 7. Armee-Korps sind in Donjeux bis gestern angekommen:

4 Bataillone,
1 Eskadron,
1 Batterie.

General v. Osten*) ist angewiesen, in zwei Kolonnen über Bar—Tonnere und Châtillon—Ravières in großen Märschen ohne Ruhetag vorzustoßen, die bezüglichen Besatzungstruppen werden ihm unterstellt, um Freischaaren — die sich zwischen Bar sur Seine und Châtillon, Chaource und Florentin von Neuem gezeigt, weit zurückzutreiben."

Die General-Etappen-Inspektion der II. Armee.
(gez.) v. Tiedemann.

Damit wurde auch das Detachement Ehrenberg bei Chaumont frei, das am 30. dort abgelöst, seinen Marsch zur Armee antrat, die es am 16. Dezember in Vendôme erreichte.

Nach Chaumont waren zudem vom General-Gouvernement Nancy Truppen aller drei Waffen gesandt worden. Das gab der General-Etappen-Inspektion und den zuerst eintreffenden Truppen des 7. Korps freie Hand, und es schien sich jetzt die Aussicht zu eröffnen,

*) Kommandeur der 25. Infanterie-Brigade.

daß die II. Armee in einiger Zeit wirklich im Stande sein werde, die ihr zugewiesenen Verbindungswege mit der Heimath nutzbar zu machen. Bisher war das nicht möglich gewesen.

VII.

An der Loire.

(Beaugency.)

Der weitere Verlauf des 5. Dezember.

Die energische Verfolgung der am 3. und 4. Dezember nach verschiedenen Richtungen auseinander gedrängten französischen Armee war die nächste Aufgabe der Sieger. Nichts lag näher, als der Wunsch, dem Gegner, den man nun glücklich aus seinen verschanzten Stellungen von Orléans vertrieben, und dessen junge Truppen man dabei der Entmuthigung und der Auflösung nahe gebracht hatte, noch in den nächsten Tagen durch hitziges Nachsetzen den Rest zu geben.

Auch das Oberkommando war von diesen Gedanken beseelt. Allein ebenso dringend, wie solche Wünsche sich geltend machten, ebenso zwingend trat auch das Gebot hervor, die Lage der eigenen Truppen zu berücksichtigen und über den Augenblick hinweg in die Zukunft zu blicken. Wohl war die Armee des Prinzen Friedrich Karl siegreich gerade ins feindliche Centrum mitten hineinmarschirt, aber der Feind hielt noch immer das Feld, nicht nur in der Front, sondern auch in den beiden Flanken standen die deutschen Truppen mit französischen Streitkräften in Berührung. Gänzlich geschlagen war nur die Mitte der französischen Armee das 15. Korps, das auf 50,000 Mann geschätzt wurde.*) Man wähnte in seine Niederlagen

---

*) General Martin des Pallières berechnet die 1. Division dieser Korps, dessen Kommandeur er war, noch am 4. Dezember auf 25,000 Mann. Hierzu kommt noch die 2. und 3. Division, jede wohl an 12—15,000 Mann stark, die Kavallerie und die Reserve-Artillerie. Jene Schätzung dürfte also keineswegs zu hoch gegriffen sein.

auch das 16. und 17. Armee-Korps hineingezogen,*) aber Theile dieser Armeeabtheilung waren stromaufwärts ausgewichen. Das dort bei Blois oder Tours noch neuformirte französische Regimenter ständen, nahm man an, ebenso sicher war es, daß die Regierung des Dictators Gambetta Tours nicht leichten Kaufes aufgeben, sondern alle ihre Streitmittel noch heranziehen würde, um diese Stadt zu vertheidigen.

Schon war auch der ganzen Armeeabtheilung des Großherzogs diese Richtung zugewiesen. Selbst das erschien nicht genug und die Unterstützung des Großherzogs durch Theile der II. Armee wurde von Hause aus ins Auge gefaßt.

In der direkt südlichen Richtung, in welcher die am 3. und 4. Dezember am meisten geschlagenen Truppen der Loirearmee zurückgingen, genügte zunächst Kavallerie, von Avantgarden der Armee gefolgt.

Im Osten befand sich gleichfalls noch eine französische Armeeabtheilung (das 18. und 20. Korps), die am 3. und 4. Dezember gar nicht gefochten hatte. Selbst die Besorgniß, daß dieses 50—60,000 Mann starke Heer wieder umkehren und abermals zur Offensive übergehen würde, war am 5. Dezember noch nicht ganz zerstreut. Jedenfalls mußte die deutsche Armee ihre linke Flanke hinreichend schützen und eine starke Entsendung damit beauftragen, den Rückzug jener Massen in Fluß zu erhalten. Die Korps der deutschen Armee zählten zur Zeit gewiß nicht mehr als 12—13,000 Gewehre in der Front. Ein Korps schien also das mindeste, was man für diesen Zweck verwenden durfte.

Seit mehreren Tagen aber waren die Truppen ununterbrochen marschirt und im Gefecht gewesen. Am 3. und 4. Dezember allein hatte die II. Armee aus der Linie Bazoches les Gallerandes bis Orléans kämpfend 5—5½ Meile in den direkten Richtungen zurückgelegt — keiner der vielen Umwege, welche während der Gefechte nöthig geworden waren, ist dabei in die Berechnung gezogen. Detachirungen, kleinere Kommandos aller Art bei den Trains, der Artillerie u. s. w. waren von der Infanterie gegeben worden. Die große Zahl der überall eingebrachten Gefangenen erforderte an Transport und Bedeckungsmannschaften mehr, als die Gefechte kosteten. Hinter jedem Armee-Korps bildete sich so unter dem Einfluß

*) Dies erwies sich später als Täuschung.

dieser Umstände ein weitreichender Schweif von kleinen Abtheilungen, die, wenn die Armee ununterbrochen weitermarschirte, trotz der größten Anstrengungen, diese wohl kaum wieder erreichen konnten.

Die Trains hatten in das verwickelte Gelände hinein, in welchem gefochten worden war, nicht folgen können. Die Verpflegung der Truppen war also ebenso mangelhaft geblieben, wie die Unterkunft. Ein Wechsel von eisigem Wind, Schneegestöber und Regenschauern hatte den 3. und 4. Dezember, zumal die Nacht zwischen beiden Tagen, sehr beschwerlich gemacht. Wenn die Rauheit der Jahreszeit freilich den Feind auch mehr angriff, als die deutschen Truppen, so konnten sich doch auch diese dem nachtheiligen Einflusse gewiß nicht entziehen. Die letzten Kämpfe schon hatten die Stempel einer gewissen Mattigkeit nicht mehr verkennen lassen.

Ferner war in den Schlachttagen, auf der ganzen Linie von Patay bis Chilleurs aux Bois gefochten worden, das heißt auf einer Front von gegen 5 deutschen Meilen; die Berührung mit dem Feinde reichte auf beiden Flügeln noch weiter. In dem ganzen Landstrich vorwärts dieser Linie blieben in Gehöften und Dörfern französische Traineurs, Kranke und Verwundete zurück. Waffen lagen überall umher und jene Nachzügler konnten sich später ohne Schwierigkeit wieder bewaffnen, um alles zu beunruhigen, was der Armee folgte. Sie vermochten leicht Transporte und vereinzelte Mannschaften aufzuheben, den Volkskrieg aber in weiten Kreisen auf eine gefahrdrohende Weise in Gang zu bringen.

Daß sich im Walde von Orléans noch eine beträchtliche Anzahl von Versprengten umhertrieb, war vorauszusetzen.

Diese ganze Gegend mußte deßhalb noch durchstreift und von französischen Soldaten und Waffen gesäubert werden.*) Das alles

*) Interessant für die Beleuchtung der in den Dezembertagen hinter der Armee herrschenden Verhältnisse sind die Erlebnisse eines Kompagnie-Chefs vom Infanterie-Regiment Nr. 56, der am 28. November bei Juranville verwundet und in dem Lazareth von Beaumont-en-Gatinais zurückgelassen worden war. Am 10. Dezember wurde dies Lazareth plötzlich durch die Nachricht allarmirt, daß Gaubertin von Turkos besetzt worden sei, und daß andere französische Abtheilungen in Beaune und Juranville eingerückt wären. In Folge dessen herrschte selbstredend unter den Verwundeten und Kranken große Aufregung — allgemein befürchtete man in französische Gefangenschaft zu fallen. Jener Offizier sammelte daher einige zwanzig Rekonvaleszenten der Infanterie und ein paar Kavalleristen,

erforderte Zeit und Kräfte. Noch fehlte ferner in mancher Hinsicht die Klarheit über die Lage und Bewegungen des Feindes; die rück-

---

die er auf seinen eigenen Pferden beritten machte, um mit dieser Abtheilung gegen Gaubertin zu ziehen.

Am 11. Morgens wurde dieser Ort unbesetzt gefunden, 200 französische Verwundete sollten Tags zuvor auf dem Wege nach Nemours dort passirt sein. Das kleine Detachement setzte sein Unternehmen daher weiter fort. In Beaune la Rolande fand es nicht weniger als 400 verwundete Franzosen vor, und 8 schwerverwundete Preußen, die in der Pflege einer englischen Ambulance, gut aufgehoben waren. Der Ort Juranville bot einen Anblick des entsetzlichsten Elends dar. Sämmtliche Gehöfte waren dort mit schwerverwundeten, größtentheils amputirten, französischen Verwundeten angefüllt, die nach ihrer Aussage seit dem 3. Dezember jedes ärztlichen Beistandes entbehrten. Die französische Ambulance der 1. Division (des 18. Korps) hatte sie dort nach der Schlacht von Beaune-la-Rolande im Stiche gelassen. Ein am Kopfe verwundeter Preuße wurde von seinen Kameraden mitgenommen. Auch in Lorcy lagen viel verwundete Franzosen, in Corbeilles 2 Braunschweiger und über 200 Franzosen. Die Einwohner sagten dabei überall aus, verwundete Preußen seien nach Bellegarde und Ladon geschafft worden.

Am 12. verstärkte sich die kleine Abtheilung in Beaumont abermals durch 16 Leute, welche wieder Waffen tragen konnten, um zur Aufklärung jener Gerüchte nach Bellegarde und Ladon vorzudringen. Im ersten Orte lagen noch 2—300 verwundete und 150 pockenkranke Franzosen, dagegen nur 4 Preußen, die von Juranville dorthin geschafft worden waren. Sämmtlich schwer verwundet, konnten sie nicht mitgeführt werden. Eine deutsche Frau, eine Trierin, Namens Bauscher, die sich aus Paris geflüchtet hatte, verpflegte die Leute indessen in jeder Beziehung gut. In Ladon wurde ein verwundeter oldenburgischer Offizier befreit, und nach Beaumont zurückgebracht, woselbst zufälliger Weise sein Vater das Lazareth als Oberarzt leitete. In Mézières fand man einen Vicefeldwebel. Ein französischer Sergeant aus Ladon berichtete nun aber, daß eine Anzahl verwundeter preußischer Offiziere und Soldaten gefangen nach Montargis abgeführt seien, um von dort nach dem Süden transportirt zu werden. Die Stadt sollte angeblich nur von Franktireurs besetzt sein.

In Folge dessen unternahm der Detachementsführer mit 2 Unteroffizieren 20 Infanteristen, die auf Wagen gesetzt waren, und 3 Kavalleristen am 15. Dezember einen neuen Zug von Beaumont nach Montargis. Hinter Panne war die Straße coupirt, die Kanalbrücke abgebrochen, erst bei Buge wurde ein Uebergang gefunden. Auf der Straße zwischen Buge und Montargis erhielt die Abtheilung aus einem Gehölz Feuer, allein die Freischärler, die sich dort umhertrieben, ergriffen die Flucht, als die Manschaften der vordersten Wagen gegen sie ausschwärmten. Ein Posten blieb auf der Brücke, die Wagen aber fuhren nun in scharfem Trabe in die ziemlich volkreiche Stadt hinein. Diese gerieth natürlich bei der unerwarteten Ankunft des Feindes in große Aufregung. Hunderte von leicht verwundeten Franzosen kamen zum Vorschein und bildeten für die kühnen

wärtigen Verbindungen waren völlig unsicher, der Nachschub an Munition und Ersatzmannschaften in Frage gestellt. Dann aber blieben die strategischen Ziele ins Auge zu fassen, welche sich aus dem gemeinsamen Handeln mit den anderen Armeen ergaben. Alles gipfelte vorerst darin, daß Paris bezwungen, jede Störung der einschließenden Armeen von irgend einer Seite her unmöglich gemacht würde.

Diese Aufgabe zu erfüllen, war die II. Armee nach ihrem Siege am ehesten bereit, doch verbot es die Rücksicht hierauf, die Masse ihrer Streitkräfte ohne Weiteres über die Loire zu führen und auf einem entfernten Kriegstheater in einen zweiten Feldzug zu verwickeln. Sie sollte daher vorläufig mit der Masse ihrer Kräfte am Strome stehen bleiben.

Um 10 Uhr Vormittags am 5. Dezember verlegte der Feldmarschall sein Hauptquartier nach Orléans — beim Eingange der Stadt vom Großherzoge empfangen. Dieser sprach den Wunsch aus, seine in Orléans kantonnirenden Truppen heute dort noch ruhen zu lassen; einen Wunsch, welchem Seine Königliche Hoheit der Oberbefehlshaber willfahrte, da er dem ausgegebenen Armeebefehl nicht widersprach, sondern innerhalb dessen Grenzen lag.

Von Orléans aus berichtete am Nachmittage der General v. Stiehle ausführlich nach Versailles.

„Mehr durch Manöver als durch Gefechte, schrieb er am Schlusse der von ihm gegebenen kurzen Relation, haben

---

Eindringlinge förmlich Spalier. Der kommandirende Offizier gab sich dem stellvertretenden Maire als Quartiermacher der 13. Division aus, besah Quartiere für die Generalität u. s. w. und sagte dann, daß er den Auftrag habe, sämmtliche preußische Verwundeten oder Versprengten sofort mitzunehmen. 1 Fähnrich, 1 Vicefeldwebel, 1 Feldwebel 113 Mann wurden in Folge dessen ausgeliefert, darunter 30 Schwerverwundete. Sie hatten die ihnen angewiesenen Räume nicht verlassen dürfen und sollten bei nächster Gelegenheit als Gefangene nach dem Süden abgehen. Es gelang nach zweistündigem Aufenthalte für den Transport genügende französische Ambulancewagen zu requiriren und nun die Rückfahrt anzutreten. Der Brückenposten bei Buge war inzwischen noch einmal beschossen, doch nicht vertrieben worden. Das ganze Detachement gelangte daher glücklich nach Corbeilles, blieb daselbst die Nacht und marschirte am Tage darauf nach Beaumont. Dort rüstete am 16. jener Offizier die waffenfähigen Leute wieder aus, sammelte noch einige Rekonvaleszenten, suchte auch die Orte gegen Orléans hin ab und führte dem 10. Armee-Korps dann nicht weniger als 250 Mann wieder zu.

wir sonach den großen Erfolg errungen, wobei uns das sehr schlechte Wetter und der üble Zustand der feindlichen Armee wesentlich unterstützten."

„Für die nächste Zeit beabsichtigt nunmehr der Prinz Feldmarschall die Armee-Abtheilung Seiner Königlichen Hoheit des Großherzogs Loire abwärts auf dem rechten Ufer zu dirigiren und diese Operation durch die Großherzoglich hessische Division auf linkem Ufer kotoyiren zu lassen."

„Wird diese Bewegung bis gegen Blois ausgedehnt, so wird sie uns wahrscheinlich den politischen Erfolg bringen, daß die feindliche Regierung aus Tours flüchtet."

„Die II. Armee selbst wird sich bis zur Entscheidung der Dinge bei Paris nicht über die Loire hinaus entfernen dürfen, sie wird deshalb längs des Flusses von Orléans bis Gien aufmarschiren, Teten über den Fluß vorschieben und die 6. Kavallerie-Division in der Sologne streifen lassen."

„Das Verhältniß der Abhängigkeit der Armee-Abtheilung Seiner Königlichen Hoheit der Großherzogs von der II. Armee würde der Prinz Friedrich Karl, Königliche Hoheit, von jetzt ab als gelöst betrachten, beabsichtigt jedoch, den Pontontrain des 3. Armee-Korps der Armee-Abtheilung zugetheilt zu belassen."

Diese beiden zuletzt angeführten Maßnahmen waren unvermeidlich, denn der Großherzog mußte, da er von der II. Armee ganz getrennt operirte und die weiteren Marschrichtungen, sobald sich später auch die II. Armee in Bewegung setzte, ohne Zweifel bald völlig divergirten, frei und selbstständig in seinen Entschlüssen sein. Ihn mit Brückenmaterial zu versehen, damit er in der Lage war, auch dann die Loire zu überschreiten, wenn der Feind die festen Brücken rechtzeitig zerstörte, erschien ebenfalls nothwendig. — — —

Das 9. Armee-Korps hatte am Morgen die 18. Infanterie-Division und das Hauptquartier nach Orléans hinein verlegt, dagegen die 25. Division über den Fluß auf das linke Ufer geschoben, wo sie den Rayon bis zum Loiret belegen sollte. Kurz nach 8 Uhr hatte der Einzug und ein Vorbeimarsch vor dem kommandirenden General stattgefunden. Im weiteren Verlaufe des Vormittags setzte sich dann eine Avantgarde in Bewegung, überschritt den Loiret und occupirte Olivet, während Seiten-Detachements auf dem linken Strom-Ufer von Orléans aufwärts und abwärts vordrangen.

Die Straße nach La Ferté St. Aubin ward noch von Nachzüglern des Feindes bedeckt gefunden. In fast allen Dörfern und Gehöften wurden französische Soldaten und Offiziere zu Gefangenen gemacht. Weggeworfene Waffen und Armaturstücke bekundeten, daß auf dieser Straße die über Orléans ausgewichenen Truppen in Auflösung zurückgegangen seien. Fielen auch noch einzelne Schüsse, so zeigte sich doch nirgends ein irgend ernster Widerstand.

Schon am Morgen war vom Ober-Kommando ein Generalstabs-Offizier zum 9. Armee-Korps entsendet worden, welcher sich später der, den Feind direkt verfolgenden Avantgarde des Korps anschloß. Durch diesen Offizier erhielt Prinz Friedrich Karl die ersten ausführlichen Nachrichten über den Character der Verfolgung und deren erste Ergebnisse, sowie über das Bild, das der feindliche Rückzug darbot.

Der Beauftragte sandte nämlich durch einen Ordonnanz-Offizier schon am Nachmittage eine mündliche Meldung, in der auch bereits ausgesprochen wurde, daß das 15. französische Korps und Theile des 16. in der Richtung auf La Ferté St. Aubin zurückgegangen seien.

Abends etwa um 5 Uhr traf er selbst wieder in Orléans ein, um genauen und vollständigen Bericht zu erstatten. Er hatte die Avantgarde kurz vorher nördlich des bei Haut Blanc gelegenen Schnittpunktes von Chaussee und Eisenbahn, bis wohin sie auf der Straße nach La Ferté vorgedrungen war, verlassen.

Das Ober-Kommando war also über die Vorgänge bei jener Avantgarde völlig unterrichtet, als es des Abends 7 Uhr seine Befehle gab, welche den eben ausführlich dargelegten Erwägungen entsprachen.

Hauptquartier Orléans, den 5. Dezember 1870,
7 Uhr Nachmittags.

„Der gestern geschlagene Feind wird in der Richtung Vierzon verfolgt."

„Das 9. Armee-Korps wird mit Kavallerie ihm in dieser Richtung folgen und einige Infanterie-Bataillone der 18. Infanterie-Division als Replis nachrücken lassen."

„Die 18. Infanterie-Division wird auf dem linken Loire-Ufer südlich Orléans morgen dislozirt. Die Großherzoglich hessische 25. Infanterie-Division detachirt einige

Bataillone und Schwadronen, welche als mobile Kolonne den südlichsten Theil des Waldes von Orléans bis zu dem von Cercottes nach Ambert führenden Wege und von dort in der Richtung auf Loury, sowie alle Gehöfte abzusuchen hat und alle noch vorhandenen versprengten feindlichen Soldaten sammelt, ebenso die sich vorfindenden Waffen.*)"

„Nach Vollendung dieser Expeditionen kehren diese Truppentheile zu ihren Divisionen zurück."

„Die 25. Großherzoglich hessische Division tritt von morgen ab bis auf Weiteres unter die Befehle Seiner Königlichen Hoheit des Großherzogs von Mecklenburg und marschirt auf dem linken Loire-Ufer morgen früh Loire abwärts auf der Chaussee längs des Thales vor. Eine Brigade der 2. Kavallerie-Division, Graf Stolberg, wird der 25. Division, zur Aufklärung des Terrains in größerer Breite, unterstellt werden. Das Hauptquartier des 9. Armee-Korps bleibt in Orléans."

„Das 10. Armee-Korps belegt morgen mit dem Hauptquartier und einer Division Orléans und dislozirt den übrigen Theil des Korps nordöstlich der Stadt um Fleury und Semoy."

„Auf dem Vormarsch des 10. Armee-Korps werden einige Bataillone und Eskadrons zur Absuchung des nördlichen Theiles des Waldes von Orleans zwischen den Straßen Orléans—Paris und Orléans—Chilleurs nördlich der beim 9. Korps genannten Grenzlinie detachirt, welche Truppen sich dem Armee-Korps dann wieder anschließen."

„Das 3. Armee-Korps marschirt morgen Loire aufwärts und geht mit seinen Teten bis über Châteauneuf hinaus. Detachements des Armee-Korps durchsuchen das Terrain nördlich bis zum Kanal von Orléans nach Versprengten und entwaffnen die Ortschaften."

---

*) Wie nothwendig eine solche Maßnahme war, bewies noch eine am 7. Dezember vom 3. Armee-Korps eingereichte Meldung, der zufolge Franktireurs das Abholen der bei Chilleurs im Walde erbeuteten französischen Fahrzeuge verhinderten.

„Hauptquartier Orléans.“

„Die Kavallerie-Division Hartmann detachirt zu gleichem Zwecke von Bellegarde nach dem nordöstlichen Theile des Waldes von Orléans und klärt das Terrain von Bellegarde südlich bis zum Kanal von Orléans und über Beauchamps hinaus auf. — Die Division Hartmann wird telegraphisch hiervon benachrichtigt werden.“

„Die 6. Kavallerie-Division rückt morgen mit einer Brigade durch Orléans über die Loire und dislozirt diese Brigade in den Rayon der 18. Infanterie-Division; die andere Brigade rückt in Kantonnements nordwestlich Orléans, westlich der Straße Orléans — Paris. Das Divisions-Stabsquartier kommt nach Orléans.“

„Die Armee-Abtheilung Seiner Königlichen Hoheit des Großherzogs setzt morgen den Vormarsch Loire abwärts auf dem rechten Ufer in der Richtung auf Blois fort, dehnt den rechten Flügel ihrer Kavallerie bis zur Beobachtung der Straße Orléans — Chateaudun aus und detachirt eine Brigade der Kavallerie-Division Graf Stolberg nach dem linken Loire-Ufer, welche dort der 25. (Großherzoglich hessischen) Division zugetheilt wird. Diese Division tritt bis auf Weiteres unter die Befehle Seiner Königlichen Hoheit des Großherzogs.“

„Der Pontontrain des 3. Korps wird der Armee-Abtheilung Seiner Königlichen Hoheit des Herzogs überwiesen.“

„Mein Hauptquartier bleibt morgen in Orléans.“

Der General-Feldmarschall.
gez. Friedrich Karl.

Eine Viertelstunde später ging an General Hartmann ein Telegramm über Boynes nach Bellegarde ab, das ihn mit dem wesentlichen Inhalt der ihn betreffenden Bestimmungen bekannt machte.

Der Abend des 5. Dezember verlief ruhig, ohne daß irgend eine wichtige Meldung über den Feind im Hauptquartier einlief und ohne daß es mit dem Feinde zu irgend einer ernsteren Berührung kam. Die Truppen der Armee nahmen die ihnen am Morgen zugewiesenen Kantonements ein. Auf dem äußersten linken Flügel besetzte General v. Hartmann im Laufe des Nachmittags mit gemischten Detachements Boiscommun, Ladon und Bellegarde, ebenso durch Kavallerie Mignières. Mit einer Brigade seiner Division und der reitenden Batterie ging er nach Beaune-la-Rolande. Vom Feinde, der nach allen Nachrichten auf Chateauneuf abgezogen war, trafen seine vorgesandten Patrouillen nur noch kleine Abtheilungen, von denen 25 Mann zu Gefangenen gemacht wurden. Der General wollte am 6. Dezember Montargis besetzen, nach Chateauneuf und Lorris rekognosciren, sich selbst aber nach Bellegarde begeben. Er meldete hierüber telegraphisch nach Orléans, wo seine Depesche Abends um 10½ Uhr einlief. —

Die Nacht zum 6. Dezember brachte eine weitere Nachricht über die Resultate der Verfolgung auf dem linken Loire-Ufer. Aus der Schilderung über die Lage der Armee und die Auffassung des Ober-Kommandos erhellt, daß diese Meldung zur Zeit das hervorragendste Interesse in Anspruch nahm. Das 9. Armee-Korps übersandte sie dem Prinzen Friedrich Karl. Sie lautete:

Hauptquartier Orléans, den 5. Dezember 1870,
Abends 10¾ Uhr.
Präsentirt 6./12. 70, 12¼ Uhr Nachts.

„Unter Befehl des General-Major v. Rantzau*) ist heute ein Detachement von:

3 Bataillons,
8 Eskadrons,
2 Batterien

bis über den Abschnitt des Loiret resp. bis Sandillon vorgeschoben worden. Dasselbe hat auf den 3 Hauptstraßen nach Beaugency Vierzon und Jargeau mit Infanterie und Artillerie die Punkte St. Hilaire, Olivet und Sandillon besetzt und Kavallerie auf den Straßen vorgeschoben."

„Von der vorpoussirten Kavallerie sind folgende Meldungen eingegangen:"

„„Die Punkte Mareau, St. Fiacre und der Schnittpunkt nördlich La Ferté St. Aubin, sowie Sandillon, sind nicht mehr vom Feinde besetzt. Schwache Infanterie-

---

*) Kommandeur der Großherzoglich hessischen Kavallerie-Brigade.

trupps leisteten der Kavallerie kurzen Widerstand, zogen sich aber sehr bald zurück. In den Ortschaften wurden viele Nachzügler des Feindes gefangen genommen.""

„„Nach Aussagen der Gefangenen sowohl, als auch der Landeseinwohner, soll sich die feindliche Hauptmacht über La Ferté zurückgezogen, diesen Ort auch bereits geräumt haben. Nur schwache Abtheilungen sollen über Sandillon zurückgegangen sein.""

„„Auf Beaugency und Jargeau sind Patrouillen zur Herstellung der Verbindung über die Loire abgesandt worden; das Detachement bei St. Hilaire meldet soeben, daß die Brücken bei Meung und Beaugency zerstört sind.""

gez. v. Manstein.

Daß die Brücke bei Jargeau ebenfalls vom Feinde vernichtet worden sei, hatte das Ober-Kommando bereits im Laufe des Tages erfahren. Welche Schwierigkeiten der Loirestrom zu dieser Jahreszeit den Operationen der beiden deutschen Heeresgruppen entgegenstellen werde, ließ sich schon jetzt übersehen.

Noch hoffte man aber einen der weiter von Orléans entfernt liegenden Uebergänge unversehrt zu finden.

Der 6. Dezember.

Der für den 6. Dezember von dem Feldmarschall ausgegebene Armeebefehl sollte nicht in seinem ganzen Umfange zur Ausführung gelangen. Die Truppen der Armee-Abtheilung bedurften noch eines zweiten Ruhetages, und der Großherzog ließ daher nur seine Kavallerie die ihm befohlene Bewegung antreten. Er ordnete noch am 5. Abends 10 Uhr Folgendes an:

„Die durch 1 Bataillon verstärkte 4. Kavallerie-Division marschirt nach Ouzouer-le-Marché und klärt das Terrain gegen den Loir auf."

„Die 2. Kavallerie-Division nebst 1 Bataillon, 1 Batterie und einer Kavallerie-Brigade des 1. bayerischen Korps rückt nach Beaugency vor."

„Eine Brigade der 2. Kavallerie-Division passirt um 9 Uhr Vormittags Orléans, geht auf das linke Ufer über und tritt dort unter die hessische Division, die ihr 2 Bataillone, 1 Batterie zuzutheilen hat. Diese Brigade erreicht mit ihren Spitzen die Höhe von Beaugency auf dem linken Loire-Ufer."

„Ein rechtes Seiten-Detachement geht nach Chateaudun vor. Die übrigen Truppen ruhen in ihren Kantonements in und um Orléans."

„Das Hauptquartier verbleibt in Orléans."

Dennoch sollte dieser Tag eine Reihe von interessanten Nachrichten auch vom rechten Flügel her bringen. — — —

Zunächst um 8¼ Uhr Morgens kam allerdings nur vom linken Flügel durch General v. Hartmann telegraphisch eine Nachricht über Boynes an. Der General hatte den Maire von Bellegarde vernehmen lassen und erfahren, daß General Bourbaki daselbst am 3. Dezember den Befehl über seine aus 2 Armee-Korps bestehende Heeres-Abtheilung von 50—60,000 Mann übernommen.*) Angeblich war diese Truppenmasse am 4. früh abmarschirt; Châteauneuf wurde allgemein als das von ihr genommene Ziel bezeichnet. Durch das Vorgehen des 3. Armee-Korps stromabwärts gegen Châteauneuf und Gien hin mußte jedenfalls nähere Aufklärung hierüber kommen.

Noch einmal trat übrigens jetzt der Gedanke in den Vordergrund, daß der Feind seine Armee nach dem rechten Flügel hin zusammenziehen werde, um dort im Osten gegen Paris vorzugehen. Immer wieder schien dies für ihn das Richtigste zu sein, was er zu unternehmen vermochte. Das Ober-Kommando hatte bereits in der Nacht den General v. Hartmann telegraphisch davon in Kenntniß gesetzt, daß gute Nachrichten angäben, General Bourbaki werde mit seiner Armee-Abtheilung um den linken Flügel der 1. Kavallerie-Division herum die Offensive gegen Paris ergreifen. Die General-Etappen-Inspektion der II. Armee, die ihren Sitz in Troyes hatte, wurde am 6. Dezember früh gleichfalls telegraphisch befragt, ob Joigny von ihren Truppen besetzt und ob dort eine Nachricht über den Feind eingegangen sei. Durch die Offensive in jener Richtung

---

*) Bourbaki trat in Wahrheit sein Kommando schon am 2. Dezember an.

konnte dieser am ehesten Tours degagiren; er bedrohte die Verbindungslinien der deutschen Armee, zu deren Sicherung nur geringe Kräfte des 7. Armee-Korps und die Etappen-Truppen verfügbar waren, und lief selbst keine Gefahr. Die Hartnäckigkeit, mit welcher die Pariser Armee versucht hatte, auf der Ostseite die Cernirungslinie zu durchbrechen, sprach gleichfalls dafür. Die Loirebrücken, die man bisher erreicht hatte, waren — die von Orléans ausgenommen — zerstört. Der Strom bildete daher künftighin für den Angriff in direkt nördlicher Richtung ein sehr bedeutendes Hinderniß. Sobald sie sich wieder gesammelt, mußte die Loire-Armee naturgemäß von Neuem zum Entsatz der Hauptstadt die Offensive ergreifen. Jedes andere Projekt war für sie zwecklos. Freilich wußte man ja, daß bedeutende Heerestheile des Gegners Loire abwärts zurückgegangen seien, indeß lag es auf der Hand, daß General d'Aurelle de Paladines nimmermehr allen seinen Truppen die eine Rückzugslinie über Orléans hatte anweisen können. Daß er Bedacht darauf genommen, Tours zu sichern, gleichzeitig aber auch die Brücken von Blois u. s. w. für den Rückzug zu benutzen, schien durchaus nicht außergewöhnlich. Darum mochten seine Absichten für die Zukunft sich doch für die Hauptkräfte ein ganz anderes Kriegstheater ausersehen haben, als das Gelände an der unteren Loire. Vielerlei Andeutungen, die dem Ober-Kommando zukamen, sprachen dafür, daß die Loire-Armee sich mit ihrem Gros an der oberen Loire wieder sammeln und dann rechts dieses Stromes und weiter hin am Loing- und Yonnelauf von Neuem vorgehen würde.

Man darf nicht außer Acht lassen, daß dem Feinde zu dieser Zeit für seine strategischen Kombinationen das wichtigste Mittel zu Gebote stand, das den deutschen Heeren fehlte, nämlich die Eisenbahnen.

Von Beaugency und Blois resp. von den weiter rückwärts gelegenen Stationen aus, wo ohne Zweifel alle Vorbereitungen für größere Militair-Transporte getroffen waren, konnten seit dem 4. und 5. Dezember über Tours und Vierzon schon bedeutende Streitkräfte nach Bourges und Nevers geschafft worden, andere auf den aus dem Süden heraufführenden Linien dorthin gezogen sein. Die Bahn Nevers—Paris beherrschte der Feind bis gegen Montargis hinauf. Daß sie bis dorthin noch fahrbar sei, schien seit den Novembertagen festzustehen, wo das französische 18. Armee-Korps daselbst unerwartet angelangt. Kein anderer der großen aus dem Süden kommenden Schienenwege führte den Feind so nahe an Paris heran, wie dieser.

Schon am 5., als die II. Armee eben Orléans besetzt, die Loire-Uebergänge gesichert und die Einleitungen getroffen hatte, mit dem in die Sologne zurückgewichenen Feinde Fühlung zu nehmen, ging das Ober-Kommando daran, eingehende Erhebungen darüber anzustellen, welche Vorbereitungen die französische Heeresleitung zu Orléans in der letzten Zeit für die weiteren Kriegsoperationen getroffen habe. Gewiß war es von Interesse, zu erfahren, auf welche Weise sie gedacht, ihre einzige und letzte Aufgabe, den Entsatz von Paris, zu erfüllen.

Bei dieser Gelegenheit fiel besonders schwer die Nachricht in's Gewicht, daß in den ersten Dezembertagen eine Reihe von Lastzügen mit Proviant, für Paris beladen, auf dem Bahnhofe von Orléans gestanden, in den letzten Stunden aber noch gegen Vierzon hin in Sicherheit gebracht worden seien. Daraus war mit noch mehr Gewißheit zu schließen, man habe feindlicherseits beabsichtigt, in einer solchen Richtung auf Paris vorzugehen, daß die Benutzung einer Eisenbahnlinie zur Beförderung dieser bedeutenden Proviant-Konvoi's möglich bliebe. Ueberdies wies die numerische Stärke der republikanischen Armeen und ihr Mangel an geordneten Trains darauf hin, auch für die Ernährung der Truppen die Eisenbahnlinien bei den Operationen innezuhalten. Der Gedanke, für diese Unternehmungen, wie es bisher im Plane lag, die Eisenbahn Orléans—Paris zu benutzen, war seit der Wiedereinnahme von Orléans durch die Deutschen wohl für immer verboten, denn nimmermehr durften die Franzosen darauf rechnen, selbst wenn die Stadt noch einmal von den Siegern verlassen werden sollte, das große Bauwerk der Eisenbahnbrücke über die Loire unzerstört zurück zu erhalten.

Auch diese Umstände lenkten die Aufmerksamkeit des Ober-Kommandos auf die Eisenbahnlinie Nevers—Gien—Montargis hin. Dort allein vermochte man die Vorräthe aus Süd- und Mittel-Frankreich Paris nahe zu bringen. Alles das stimmte ja auch mit der Rückzugsrichtung des rechten Flügels und des Centrums der Loire-Armee nach Bourges—Nevers hin überein. Schon ist angedeutet worden, daß man es für möglich hielt, auch alle diejenigen Theile der Loire-Armee, welche stromabwärts auf dem rechten Ufer zurückgegangen, würden im Wesentlichen bei Blois oder weiter unterhalb den Strom passiren, und sich dem übrigen Theile der Loire-

Armee wieder anschließen. Notizen der Provinzialblätter wiesen auf dergleichen hin. Weiter unten wird die Darstellung auf die Bewegungen des Feindes in diesen Tagen nach der Schlacht von Orléans näher eingehen. Hier aber sei des kriegshistorischen Interesses halber erwähnt, daß das Ober-Kommando in der That eine wirklich vorliegende Idee der französischen Kriegsdelegation von Tours richtig erkannt hatte.

Gambetta ließ sich durch die Nachricht von der verlorenen Schlacht bei Orléans nicht entmuthigen. Er faßte vielmehr sofort den Gedanken einer neuen Offensive:

„Die Regierung ist entschlossen, ihre Operationsbasis zu ändern und einen großen Schlag zu versuchen", telegraphirte er an Bourbaki. „Sie werden dessen vornehmstes Instrument sein, während die Korps von Chanzy und des Pallières — unsern Orléans angehalten — sich vorbereiten, um diese Stadt durch eine kräftige Offensive wieder zu nehmen."

„Sie Ihrerseits werden augenblicklich ihre Bewegung auf Gien suspendiren, das 18. und 20. Korps vereinigen und, sobald Sie es können, ohne einen Augenblick zu verlieren, sich auf Montargis dirigiren. Diese Stadt ist wenig oder gar nicht besetzt. Sie wird Sie nicht aufhalten."

„Dann werden Sie schleunig nach Fontainebleau vordringen und von da — wenn nöthig — den Marsch nach Melun fortsetzen. Sie können sicher sein, im gegebenen Augenblicke Ducrot's Armee zu begegnen, die sich mit prächtigen Erfolgen an den Ufern der Marne schlägt und eben im Begriffe ist, gegen den Wald von Fontainebleau vorzudringen. Nachrichten aus Paris, welche eben eintreffen, berichten Ducrot's Siege. Kommen wir denselben wenigstens in Etwas gleich. An Ihnen ist es, Paris gegenüber Frankreichs Ehre aufrecht zu erhalten!"

„Ihre Richtschnur sei es, daß der Osten vom Feinde fast entblößt ist. Jene Seite ist es in Folge dessen, wohin Sie sich werfen müßten, falls Sie zu lebhaft gedrängt würden. Endlich, wenn gegen alle unsere Erwartung der Rückzug nöthig werden sollte, würden Sie ihn auf der Linie Sens, Joigny, Auxerre ausführen."

„Wir senden Ihnen einen Munitionstrain nach Montargis."

Als es dann in Tours bekannt wurde, daß Bourbaki bei Jargeau und Sully über die Loire zurückgegangen sei, um nicht, den Fluß hinter sich, in einen Kampf verwickelt zu werden, erhielt er sofort einen neuen Befehl des Diktators, der etwa folgendermaßen lautete:

„Je ne comprends pas votre mouvement sur la rive gauche, vous auriez dû tenir sur la rive droite. Il est indispensable de reprendre l'offensive sur Montargis.*)“

Bourbaki remonstrirte unter Hinweis auf den Zustand seiner Truppen.

Statt aber den einmal gefaßten Plan aufzugeben, dachten Gambetta und sein Delegirter, Herr de Freycinet, nur daran, denselben zu modifiziren und seine Ausführung um einige Tage zu verschieben. Sie beschlossen, das 15. und 18. französische Korps nunmehr bei und nördlich Gien zu einer neuen kräftigen Offensive Loing abwärts zu konzentriren. Das stark gelichtete 20. Korps sollte die Stellungen des 15. bei Bourges einnehmen und halten.

Am 6. Dezember 2 Uhr 10 Minuten Nachmittags erhielten die Korps-Kommandanten der Loire-Armee die Befehle über die neue Organisation und Verwendung ihrer Truppen.

Darin wird der gemeinsame Ober-Befehl über das 15. und 18. Korps dem General Bourbaki zugewiesen und ihm folgende Weisung ertheilt:

„Le 15e et 18e corps se concentrent immédiatement à Gien, sur la rive droite de la Loire, et occuperont solidement l'angle, formé par les deux routes de Nogent sur Vernisson, à Gien et à Briare.“

„Le général Bourbaki recevra immédiatement de nouveaux ordres, tendant à une vigoureuse offensive.**)“

Die Ausführung dieses Gedankens scheiterte an dem Widerspruch des Generals Martin des Pallières und dem Zustande der Truppen.

---

*) Enquête parlementaire sur les actes du gouvernement de la défense nationale. Dépositions des témoins tôme 3. Déposition de Mr. le général Billot pag. 470.

**) Orléans, par le général Martin des Pallières pag. 260.

Das Nähere findet sich in dem Aufsatz Léon Gambetta und die Loire-Armee. Januarheft von 1875 der preußischen Jahrbücher (Berlin, Reimer's Verlag).

Auch das Ober-Kommando der II. Armee änderte daher bald seine Auffassung, die — wie nunmehr bekannt — an demselben Tage, an welchem der Gegner seine Entschlüsse gefaßt, auch das Richtige erkannt hatte.

Die Wichtigkeit des Eisenbahnknotens von Vierzon trat jetzt übrigens deutlich hervor. Zerstörte man die dort zusammenlaufenden Bahnen, so blieben den Franzosen freilich noch die südlichen Linien, aber die Verbindungen zwischen ihren verschiedenen Heeresgruppen wurden dann doch weit beschwerlicher und umständlicher. Die Schwierigkeit, Vierzon schnell durch Kavallerie zu erreichen, leuchtet ein; denn noch war der ganze, zum großen Theil sehr bedeckte Landstrich der Sologne von feindlichen Versprengten, Franktireurs und kleinen Trupps nach allen Richtungen hin durchzogen. Allein der Feldmarschall entschloß sich doch, die 6. Kavallerie-Division mit dieser wichtigen Expedition zu beauftragen, während er starke Theile der Armee bei Orléans zur weiteren Verwendung bereit hielt.

Er gab daher folgenden Armee-Befehl aus:

Hauptquartier Orléans, den 6. Dezember 1870.

„Es ist wahrscheinlich, daß der Feind bestrebt sein wird, die in den letzten Tagen geschlagenen Theile der Loire-Armee zu vereinigen,*) um von Neuem den Entsatz von Paris anzustreben."

„Verschiedene Anzeichen lassen vermuthen, daß eine solche Operation in der linken Flanke der II. Armee Loing abwärts versucht werden könnte."

„Es ist daher von Wichtigkeit, die, eine Vereinigung dorthin gestattenden Kommunikationen zu unterbrechen und die Beobachtung möglichst weit auszudehnen."

---

*) Bekanntlich beabsichtigte General d'Aurelle de Paladines im Gegensatze zu den Ideen Gambetta's, seine Armee bis zum 10. und 11. in der Linie Argent—Salbris—Romorantin hinter der Sauldre zu konzentriren. Das 15. Korps sollte bei Salbris den Stützpunkt für die Konzentration abgeben, der rechte Flügel unter General Bourbaki über Jargeau—Sully—Gien und dann über Argent heranrücken, der linke unter General Chanzy über Beaugency Blois und dann über La Ferté St. Aignan und Cour Cheverny. Auf dem rechten Flügel stand dann wieder das 18. Korps, links daneben das 20., im Centrum das 15. bei Salbris, das 16. bei Selles St. Denis, das 17. bei Romorantin, das Hauptquartier in Salbris. Von dieser Linie aus wollte der Ober-Befehlshaber der Loire-Armee nach seinem Plane die Offensive wieder ergreifen.

„Ich bestimme somit:“

„Die 6. Kavallerie-Division erhält den Auftrag, im beschleunigten Vormarsche mit Spitzen die Gegend von Vierzon zu erreichen und dort die drei Bahnverbindungen:

1. Vierzon—Bourges,
2. Vierzon—Chateauroux,
3. Vierzon—Tours

nachhaltig zu unterbrechen.“

„Behufs Ausführung gleichzeitiger Sprengungen ist seitens des 9. Armee-Korps ein stärkeres Pionier-Detachement mit Sprengmaterial der Kavallerie-Division beizugeben.“

„Die weiteren Anordnungen überlasse ich dem Kommandeur der 6. Kavallerie-Division, erwarte indessen, daß die Zerstörungsarbeiten am 8. d. Mts. werden ausgeführt sein. Ferner fällt der 6. Kavallerie-Division die Aufgabe zu, über die Marschrichtung der über La Ferté St. Aubin zurückgegangenen Theile der feindlichen Armee Nachricht zu beschaffen. Während des Vormarsches der Kavallerie-Division ist die Verbindung mit meinem Hauptquartier durch Relais zu erhalten.“

„Das 9. Armee-Korps hat die Kantonements südlich Orléans im Allgemeinen nicht über die Linie St. Hilaire, Olivet, St. Denis en Val auszudehnen, jedoch noch heute einige Infanterie als Replis der 6. Kavallerie-Division nach La Ferté St. Aubin vorzuschieben.“

„Das 3. Armee-Korps hat morgen seine Spitzen soweit vorzuschieben, daß konstatirt wird, ob von Gien nach Montargis feindliche Truppen-Bewegungen stattfinden oder heut stattgefunden haben.“

„Das Korps dislocirt sich im Uebrigen morgen auf dem rechten Loire-Ufer derart, daß die Queue bis Chateauneuf sur Loire aufschließt, Hauptquartier Chateauneuf. Das 3. Armee-Korps hat weiterhin die Unterbrechung der Bahn Nevers—Gien möglichst bald zu bewirken.“

„Die Kavallerie-Division Hartmann, deren Stabsquartier heute Beaune la Rolande ist, tritt unter die Befehle des General-Lieutenant v. Alvensleben. Die unter Befehl des General-Lieutenant v. Hartmann stehenden Bataillone des 10. Armee-Korps sind in den nächsten Tagen nach St. Denis de l'Hôtel (gegenüber Jargeau) zu dirigiren. Sie treten dann zum 10. Armee-Korps zurück."

„Das 3. Armee-Korps hat die Mittheilung dieses Befehls an General v. Hartmann zu veranlassen und diesen mit weiteren Befehlen zu versehen."

„Das 10. Armee-Korps beläßt morgen sein Hauptquartier und eine Infanterie-Division in Orléans und dehnt seinen linken Flügel bis St. Denis de l'Hôtel aus."

„Mein Hauptquartier bleibt morgen in Orléans."

Der General-Feldmarschall.
gez. Prinz Friedrich Karl.

Der Nachmittag des 6. Dezember brachte die erste Meldung des 9. Armee-Korps, dessen Spitzen La Motte Beuvron vom Feinde noch mit Infanterie und Kavallerie besetzt gefunden hatten, während nach Aussagen von Einwohnern auch starke Artillerie dort stand und der Feind die Absicht haben sollte, südlich des Ortes die Loire-Armee wieder zu konzentriren. Abends um 11 Uhr kamen aus La Ferté St. Aubin, von 6 Uhr datirt, genauere Nachrichten. Der Feind hielt noch in später Stunde den Ort und seine Umgebung stark besetzt, aber jenseits La Motte zogen starke Kolonnen von Infanterie und Kavallerie in südwestlicher Richtung ab, und es wurde klar, daß dort nur noch eine Arrieregarde Stand gehalten und die Versprengten gesammelt hatte.

Auch in südwestlicher Richtung gegen Beaugency hin auf dem rechten Strom-Ufer hatte nunmehr die Berührung mit dem Feinde wieder begonnen. Um 10 Uhr Abends übersandte General v. Stosch dem Feldmarschall eine Meldung, die der Großherzog von der 2. Kavallerie-Division erhalten. Diese Division hatte bekanntlich nach Beaugency vorgehen sollen.

St. Ay, den 6. Dezember 1870,
5 Uhr Abends.

„Die Straße von Meung nach Beaugency ist vom Feinde mit einem Regiment Infanterie und 6 Geschützen besetzt, größere Reserven dahinter. Le Bardon ist mit 2 Kompagnien feindlicher Infanterie besetzt, 2—3 Bataillone von Cravant nach Le Bardon im Anmarsche. Major Pausch, Bataillons-Kommandeur vom 12. bayrischen Infanterie-

Regiment*), meldet, daß er Meung nicht halten könne. Ich habe die beiden Husaren-Brigaden**) mit 2 Batterien von St. Ay nach Orléans zu an der großen Straße dislocirt; das bayerische Bataillon deckt diese Straße gegen Meung bei Bel Air. Die bayerische Kürassier-Brigade bezieht Kantonements in Chaigny, Huisseau, la Grosse und Orantay. Mein Stabsquartier ist in St. Ay an der Kirche."

gez. Graf Stolberg,
General-Lieutenant und Divisions-Kommandeur.

Zwei Meilen südwestlich Orléans stand also der Feind noch festen Fußes und verwehrte der Kavallerie der Armee-Abtheilung die große Straße. Die Aufklärung über diese eigenthümliche Erscheinung wurde dem Ober-Kommando durch einen Zufall von anderer Seite her in die Hand gespielt. Auf dem Telegraphen-Büreau zu Orléans hatten nämlich die deutschen Beamten, welche sich dort etablirten, eine französische Depesche gefunden, die aus der letzten Zeit vor der Einnahme der Stadt dort liegen geblieben war.

Orléans de Chateau Renault.

„Intendant colonne du général Camô à Monsieur L'Intendant subsistances Orléans."

„Tours. La colonne s'embarque aujourd'hui pour Beaugency composée de 2500 chevaux et 9500 hommes. Les vivres sont assurés pour les 3 et 4. Prevenez vos entrepreneurs des fourrages et des vivres."

Während der Schlachttage von Orléans schienen demnach frische Truppen von Tours her nach Beaugency herangeführt worden und jetzt dort beauftragt zu sein, den Rückzug der geschlagenen Loire-Armee zu decken.

Soweit es die eben angeführte Meldung der 2. Kavallerie-Division übersehen ließ, hatte der Feind auch nur an der großen Straße, die das Flußthal begleitet, eine Arrieregardenstellung ein-

---

*) Die Division war vom Großherzoge bekanntlich durch 1 Bataillon, 1 Batterie, 1 Kavallerie-Brigade des bayerischen Korps verstärkt worden.

**) Die schwere Brigade der Division war auf das linke Strom-Ufer zur hessischen Division entsendet worden.

genommen. Da sich die Armee-Abtheilung am 7. nach jener Richtung hin in Bewegung setzte, so stand eine nähere Aufklärung unmittelbar zu erwarten.

Völlig verändert aber erschien die Lage der Armee, als um Mitternacht in Orléans folgende Depesche aus Versailles eintraf, welche den Bericht des Generals v. Stiehle vom 5. Dezember beantwortete:

An
das Ober-Kommando der II. Armee.
Orléans.

Versailles, den 6. Dezember 1870,
9 Uhr 25 Minuten Abends.

„Schreiben durch Feldjäger erhalten. Lebhafte Verfolgung des geschlagenen Feindes mit Hauptkräften der II. Armee, ohne Rücksicht auf hiesige Verhältnisse, ist erforderlich."

„General Manteuffel hat Rouen genommen, Feind auf Havre zurück."

gez. v. Moltke.

Die Verfolgung des Gegners durch Kavallerie und Avantgarden war am 5. und in größerem Maßstabe durch die Befehle vom 6. eingeleitet, welche schon die Wegnahme von Vierzon umfaßten. Ehe indessen das Gros der Armee folgen konnte, waren noch die Nachrichten vom linken Flügel abzuwarten.

Der 7. Dezember.

Die Nacht brachte die Meldungen vom linken Flügel, wo die Tete des 3. Armee-Korps St. Aignan jenseits Châteauneuf erreichte.*)

---

*) Das Korps rückte an diesem Tage mit der 5. Division nach St. Aignan—Châteauneuf, mit der 6. Division nach St. Barthelemy (westlich Châteauneuf)—Pont aux Moines, mit der Korps-Artillerie nach Chécy.

Versprengte waren auf dem Wege dorthin noch mehrfach angetroffen, hier und dort Gefangene gemacht worden. Bei Germigny des Près kam es zu einem Renkontre. Die Einwohner von Châteauneuf sagten aus, daß in der Nacht vom 5. zum 6. Dezember große Truppenzüge dort passirt seien, um die Brücke von Gien zu erreichen. Die Gefangenen ergänzten diese Angabe dahin, daß 3 französiche Korps diese Rückzugsrichtung eingeschlagen hätten.*)

Bei Châteauneuf hatte übrigens das 3. Armee-Korps schon mit einer vom General v. Hartmann kommenden Eskadron die Verbindung aufgenommen.

Dieser General meldete Nachts um 1 Uhr telegraphisch Folgendes über die Thätigkeit seines Detachements:

Orléans von Boynes, den 6. Dezember,
Abends 10 Uhr 10 Minuten.

„Habe heute Rekognoszirungen entsandt gegen Ferrières, Montargis, Lorris, Châtenoy, Châteauneuf und Combreux."

„Ferrières mit den Loing-Uebergängen vom Feinde unbesetzt, Patrouillen auf Courtenay und Sens haben Nichts vom Feinde entdeckt. Montargis war von Franktireurs besetzt. Straßengefecht. — 1 Todter, 2 Verwundete. Beim Feinde 10—15 Todte, 3 Gefangene. So zahlreiche Franktireurs, daß ich nicht stark genug bin, Montargis gleichzeitig mit Bellegarde 2c. dauernd zu halten. Vage Gerüchte sprechen davon, daß 2—4000 Mann mit Geschützen gestern Abend Montargis auf Paris passirt hätten. Die Meldungen aus Ferrières widersprechen dem entschieden.**) Auf Châteauneuf und Lorris sind am 4. die Hauptkräfte des Feindes zurückgegangen, die letzten heute Morgen bei Lorris, Bivouak frisch. Von Lorris haben sich die Kolonnen ge-

---

*) Jedenfalls meinten diese Leute das 18., 20. Korps und die 1. Division des 15. Korps, die numerisch ebenso stark gewesen zu sein scheint, wie z. B. das 18. Korps, und die bei Courcy und Boiscommun vielfach mit den Truppen jener Korps in Berührung gewesen ist. Diese Division war bekanntlich nach Orléans herangerückt, das 20. Armee-Korps aber hatte inzwischen bei St. Denis—Jargeau die Loire passirt.

**) Oberst Chatelineau hatte am 2. Dezember den Befehl erhalten, mit seinen Franktireurs und 2 Berggeschützen durch den Wald von Montargis vorzugehen und den Wald von Fontainebleau zu gewinnen. Daran mögen sich die oben erwähnten Gerüchte geknüpft haben.

theilt auf Gien, Sully und Châteauneuf, die Gefangenen und Bewohner sprechen nur vom 18. Korps. Ein Jäger-Offizier 5 Mann — ein Zuave, ein Turko und Mobilgarden." —

„Châteauneuf wurde besetzt gefunden, 28 Mann Gefangene verschiedener Regimenter, Linien-Regimenter 84 und 38, 3 Lanziers, 3 Zuaven, 1 Turko, Marsch-Regimenter 82 und 52. Ueberall viel Versprengte gesehen. Combreux frei vom Feinde, ist von Marschkolonnen wahrscheinlich nicht passirt. Von Nemours fehlen noch die Meldungen.*) Für Reinigung des Waldes von Orléans habe ich wenig thun können. Bourbaki soll schon am 28. kommandirt haben,**) auf dem rechten Flügel das 20. Korps, gegen den linken Flügel das 10. Korps.***) Werde morgen die Rekognoszirungen über Ferrières fortsetzen."

gez. v. Hartmann.

So wurde nun klar, daß der rechte Flügel der Loire-Armee in größerer Breite und anscheinend in Unordnung gegen die Loirestrecke Châteauneuf—Gien zurückgewichen sei. Aufgeklärt sollte nun weiter werden, ob er sich dort auf dem rechten Loire-Ufer konzentrirt oder den Strom passirt hatte. Das schnelle Vordringen des 3. Armee-Korps, dem nunmehr auch die 1. Kavallerie-Division zur Verfügung gestellt war, mußte diese Aufklärung sehr bald geben.

Noch am 7. früh meldete General v. Hartmann, daß ihm der letzte Armee-Befehl durch das 3. Armee-Korps zugegangen sei. Auf seine Anfrage erhielt er telegraphisch den Befehl, die seiner Division zugetheilten Bataillone der Brigade Valentini vom 10. Armee-Korps zurückzusenden.

Im weiteren Verlauf des Vormittags ging auch die Antwort des General-Etappen-Inspekteurs auf die an ihn gerichtete Anfrage ein, ob Joigny besetzt und dort Nachricht vom Feinde eingegangen sei. Er erwiderte, daß Joigny von seinen Truppen mit 2 Kompagnien besetzt wäre, daß ferner 3½ Bataillone, 1 Eskadron,

---

*) Dort stand 1 Eskadron der Division.

**) Diese Angabe ist bekanntlich irrthümlich. Bourbaki übernahm das Kommando am 2. Dezember.

***) Hier findet eine Verwechslung zwischen dem 18. und 20. Korps statt.

1 Batterie vom 7. Armee-Korps am 8. Dezember in der Linie Ravières—Tonnerre stehen würden, während eine Brigade des Werderschen Korps sich im Vormarsche über Semur befände und am 10. Dezember in Sombernon stehen werde.

Der General fügte seiner Depesche hinzu:

„Ueberall kleine Freischaarenschwärme, in Auxerre circa 800 Franktireurs stationirt, welche kleine Züge unternehmen, sonst keine ernstlichen Störungen gemeldet."

Ein zweites, am Nachmittage in Orléans eintreffendes Telegramm der Inspektion besagte:

„Aus Joigny letzte Nachrichten vom 4. Nichts Neues durch vorgetriebene Patrouillen."

Die am 5. und 6. Dezember in den Vordergrund getretene Annahme, daß der Feind auf dem rechten Ufer der oberen Loire schon wieder in der Vorwärtsbewegung begriffen sei, wurde jetzt hinfällig.

Nun stand auch die Absicht des Feldmarschalls schon fest, die Loire zu verlassen und einen zweiten Feldzug in das Herz von Frankreich hinein nach Bourges und Nevers zu unternehmen. Die Einleitung für dieses Unternehmen war getroffen, da die 6. Kavallerie-Division heute schon in die Sologne vorauseilte, und das 3. Armee-Korps Loire aufwärts vordrang, um die linke Flanke der Armee frei zu machen und womöglich noch einen festen Stromübergang zu gewinnen. Davon, ob dies gelang, ferner von dem Inhalt der Nachrichten, welche die Kavallerie in der Sologne über den Rückzug der Loire-Armee sammeln würde, hingen die nächsten Dispositionen, zumal die Marschrichtungen, der Korps gegen Süden hin ab.

Sodann tönte seit der Mittagsstunde lebhafter Kanonendonner aus der Gegend von Meung nach Orléans herüber. Der Ausgang des dort begonnenen Gefechts war nicht minder wichtig.

Ein Generalstabs-Offizier des Ober-Kommandos war auf den Kampfplatz geschickt worden, um möglichst schnell und ausführlich zu melden.

Gegen Abend sandte dieser Offizier seinen ersten kurzen Bericht:

Vorwärts Meung, den 7. Dezember 1870,
Nachmittags 4½ Uhr.

„Seit 12½ Uhr Mittags steht die 17. Division im Gefecht. Zunächst und bis 2½ Uhr war nur Artilleriegefecht. Der Feind entwickelte hart östlich Baulle und la Bruère 2 Batterien und 1 Mitrailleusen-Batterie. Die 6 Batterien der 17. Division, welche westlich und nordwestlich Meung Aufstellung nahmen, brachten jene zum Schweigen."

„Die Infanterie avancirte alsdann von Meung aus gegen die vom Feind besetzten Dörfer Baulle, Foinard, la Bruère, Langlochère."

„Um 3½ Uhr griff das bayerische Korps von La Touane aus, le Bardon links lassend, ein."

„Um 4 Uhr hatte die 17. Division Baulle genommen, bald darauf die anderen Dörfer."

„Die Bayern stießen gegen den feindlichen linken Flügel zwischen Grand Chatre und Langlochère. Nach heftigem Infanteriegefecht schweigt auch dort jetzt das Feuer."

„Die feindliche Stärke ist noch nicht zu übersehen."

gez. Graf Häseler.*)

Die in den späteren Abendstunden noch vom Gefechtsfelde ankommenden Nachrichten bestätigten die schon am 6. vom Ober-Kommando gehegten Vermuthungen. Frische Truppen, die in den letzten Tagen nicht gefochten, aus neu equipirten, mit englischen Gewehren bewaffneten Rekruten gebildet, hatte der Feind von Tours herangebracht und heute gegen die vormarschirende Armee-Abtheilung in's Gefecht geführt.

Vorläufig war der Kampf allen Nachrichten zufolge noch nicht sehr ernst gewesen. Der Großherzog beabsichtigte, am 8. Dezember den Angriff gegen Beaugency weiter fortzusetzen.

Dort konnte der Feind heftigeren Widerstand leisten. Eine weitere indirekte Unterstützung der Armee-Abtheilung wurde daher in's Auge gefaßt.

Abends 10 Uhr, noch vor dem Eintreffen der Meldungen aus der Sologne und von Gien her, erließ Prinz Friedrich Karl folgenden Armee-Befehl:

---

*) Major im Generalstabe des Ober-Kommando's.

Hauptquartier Orléans, den 7. Dezember 1870.

„Die Armee-Abtheilung Seiner Königlichen Hoheit des Großherzogs hat heute in leichtem Gefecht*) westlich Meung feindliche Abtheilungen auf Beaugency zurückgetrieben und wird morgen, am 8. Dezember, gegen Beaugency weiter vorgehen."

„Ich bestimme:

„Vom 9. Armee-Korps haben die 18. Infanterie-Division und die Korps-Artillerie morgen frühzeitig aufzubrechen und auf dem linken Loire-Ufer stromabwärts so auf Beaugency zu marschiren, daß das gesammte 9. Armee-Korps in ein Gefecht daselbst vom linken Ufer her eingreifen kann."

„Das auf La Ferté St. Aubin vorgeschobene Detachement des 9. Armee-Korps ist nach Ermessen des kommandirenden Generals zur 18. Division heranzuziehen. Dagegen verbleiben die der 6. Kavallerie-Division zugetheilten Kompagnien bis auf Weiteres dieser Division attachirt."

„Das Detachement Winkler,**) welches heute beim Korps eingerückt ist, kann morgen Ruhetag halten."

„Das zu wählende Korps-Hauptquartier ist hierher zu melden."

„Das 10. Armee-Korps schiebt morgen eine Avantgarde nach La Ferté St. Aubin vor, als Repli für die auf Vierzon vorgegangene 6. Kavallerie-Division."

„Die Brigade Valentini ist seitens der Kavallerie-Division Hartmann über Fay aux Loges in den Rayon des 10. Korps dirigirt worden und somit morgen zum Korps heranzuziehen."

„Das 3. Armee-Korps hat morgen mit der Tete Gien zu erreichen, mit der Queue bis Les Bordes à St.

---

*) Thatsächlich ist das Gefecht erheblicher gewesen, als es die an jenem Abende im Hauptquartier zusammenlaufenden Nachrichten annehmen ließen. Die deutschen Truppen hatten einen Verlust von 15 Offizieren, 377 Mann.

**) Dies Detachement hatte den Wald von Orléans abgesucht.

Père (gegenüber Sully) aufzuschließen. Das Hauptquartier ist hierher zu melden."

„Mein Hauptquartier bleibt morgen in Orléans."

Der General-Feldmarschall.
(gez.) Friedrich Karl.*)

Nach der Ausgabe dieses Armee-Befehls kam noch vom 9. Armee-Korps die Meldung, daß die Avantgarde der 25. Infanterie-Division auf dem linken Loire-Ufer in der Höhe von Beaugency stände, die bei dieser Stadt über den Strom führende Brücke aber sei zerstört gefunden worden.

Am Nachmittag um 1 Uhr 50 Minuten war übrigens abermals ein telegraphischer Befehl Seiner Majestät in Orléans eingelaufen:

---

*) Der Feldmarschall faßte ferner an diesem Tage einen Fall in's Auge, der in letzter Zeit öfters bei der Armee vorgekommen war und dessen Wiederholung auch für die Zukunft noch zu erwarten stand, nämlich die Unterstellung von Kavallerie-Divisionen unter das General-Kommando eines detachirten Korps. Er legte seine Ansichten über dies Verhältniß den kommandirenden Generalen und den Kommandeuren der Kavallerie-Divisionen durch einen besonderen Armee-Befehl klar. Derselbe lautete:

Hauptquartier Orléans, den 7. Dezember 1870.

„Wenn eine Kavallerie-Division in administrativer und taktischer Beziehung an die Befehle eines Armee-Korps gewiesen wird, so muß der ausschließlichen Kompetenz des Kommandeurs der Kavallerie-Division Alles verbleiben, was auf Personalien Bezug hat."

„Dahin gehören auch selbstredend die Ueberwachung, Leitung und Handhabung aller Disziplinar-Verhältnisse. Ebenso ist der innere Haushalt des Truppenkörpers jeder anderen Einwirkung als derjenigen des Divisions-Kommandeurs entzogen. Dahin gehört vornehmlich die Disponirung über einzelne Theile der Division, welche eine Zerreißung der Truppenverbände in sich schließen würde. Wird eine Kommandirung oder Detachirung einzelner Theile der Division im Interesse der allgemeinen Situation nothwendig, so muß dem Divisions-Kommandeur es überlassen bleiben, die qu. Truppentheile auszuwählen und an die speziellen Befehle resp. Instruktionen des General-Kommando's zu verweisen."

Der General-Feldmarschall.
(gez.) Friedrich Karl.

Versailles, den 7. Dezember 1870,
Nachmittags 1 Uhr 45 Minuten.*)

„Die Armee-Abtheilung, in der dortseits angeordneten Richtung zu belassen, soll auf Allerhöchsten Befehl nunmehr wieder selbstständig operiren. II. Armee im Sinne des von Seiner Majestät gutgeheißenen Telegramms Operationen fortsetzen. Feldjäger folgt nach."

(gez.) Graf Moltke.

Dieses Telegramm sandte General v. Stiehle noch am Nachmittag an den Generalstabs-Chef der Armee-Abtheilung weiter und schrieb ihm dabei, welche Ansichten augenblicklich im Ober-Kommando der II. Armee die herrschenden seien.

Dieses schien augenblicklich um so nothwendiger, als nun jede Verbindung zwischen den beiden Heereskörpern definitiv aufgehoben war und deren getrennte Operationen nach Westen und Süden beginnen mußten. Das Schreiben lautete:

„Euer Excellenz übersende ich in Anlage ein Telegramm des General v. Moltke, welches heute Nachmittag hier eingegangen ist. Die frühere Mittheilung, auf welche darin, als von Seiner Majestät dem Könige genehmigt, Bezug genommen ist, enthielt die Weisung, mit dem Haupttheil der II. Armee dem zurückgehenden Feinde nachzumarschiren.**)"

„Die II. Armee macht die hierfür zu treffenden Anordnungen abhängig:

1. von dem Ausgange des morgen zu erwartenden Gefechts bei Beaugency, für welches das ganze 9. Armee-Korps auf dem linken Loire-Ufer thalabwärts dirigirt werden wird;
2. von den morgen zu erwartenden Meldungen des 3. Armee-Korps, ob die Brücke bei Gien unversehrt zu unserer Disposition steht;
3. von den noch nicht eingegangenen Meldungen der 6. Kavallerie-Division über den gegen Vierzon zurückgegangenen Feind.

„Das 9. Armee-Korps wird im Loire-Thale bis Blois die Armee-Abtheilung kotoyiren."

---

*) Das Telegramm hatte somit nur 5 Minuten gebraucht.

**) Siehe Seite 485.

„Es wird darauf gerechnet, daß über Blois der Pontontrain dem 9. Armee-Korps wird überwiesen werden können, so daß er von dort aus mit demselben nach dem Cherthale links abmarschiren kann zur Vereinigung mit der bis dahin vorgerückten II. Armee.*)"

Der 8. Dezember.

Die Nacht vervollständigte die Kenntniß des Ober-Kommando's über dasjenige, was am 7. geschehen.

Vom 3. Armee-Korps ging um 2 Uhr 10 Minuten von Châteauneuf, wohin der Telegraph schon hergestellt war, ein längeres Telegramm ein, dann folgten noch zwei schriftliche Berichte.

Durch den Inhalt dieser drei Mittheilungen gewann das Ober-Kommando über das dort Vorgefallene etwa folgendes Bild:

Ebenso, wie Loire abwärts bei Meung, hatte Loire aufwärts bei Nevoy der Feind dem Vordringen der herankommenden verfolgenden Kolonnen Widerstand geleistet. Bei Nevoy schien er sich in vollkommen fester Haltung gezeigt zu haben, wenn er auch mit Dunkelwerden die von ihm bis dahin vertheidigte Stellung, welche die Chaussee nach Gien sperrte, aufgab. Eine der Meldungen, welche die 5. Division, deren Avantgarde im Feuer stand, an das General-Kommando richtete, und welche dieses dem Ober-Befehlshaber zuschickte, sagte:

„Der Feind leistet hartnäckigen Widerstand und hat Artillerie in's Gefecht gezogen."

Sie datirte von 4¼ Uhr Nachmittags. Um 5¼ Uhr war diejenige geschrieben, welche die Nachricht enthielt, daß der Gegner seine Stellung räumte.

---

*) Bei dieser Gelegenheit beantwortete General v. Stiehle noch im Auftrage des Ober-Befehlshabers einen Antrag des Großherzogs, der dahin ging, daß die II. Armee das Schlachtfeld von Loigny aufräumen möge. Die Armee-Abtheilung, welche dieses so schnell verlassen, hatte die Arbeit nicht vollenden können. Bei Loigny war 1 Geschütz und 1 Mitrailleuse zurückgelassen worden, eine größere Anzahl von Gewehren lag noch in der Nähe des Dorfes umher. Auch bei Gidy stand noch eine Anzahl schwerer Geschütze, mit Munition versehen, in Batterie.

Thatsächlich war der Verlust auf preußischer Seite kein erheblicher gewesen,*) allein dies erfuhr das Ober-Kommando noch nicht. In der vom 3. Armee-Korps des Abends an den Ober-Befehlshaber gerichteten telegraphischen Depesche hieß es:

„Leichtes Gefecht bei Ouzouer, scharfes Gefecht bei Nevoy."

Man maß dem Gefechte daher eine größere Bedeutung bei, und nach Allem schienen bei Gien noch ernstere Kämpfe bevorzustehen. Diese Stadt war am 7. nicht mehr erreicht worden, sondern die Avantgarde der 5. Division hatte in der Dunkelheit nur noch Nevoy besetzen können. Das 3. Korps, das am 7. mehrere Hundert Gefangene machte, hatte sehr genaue Nachrichten gesammelt. Diese besagten, daß das 20. französische Korps, am 4. Dezember durch das Gefecht bei Chécy verhindert, sich nach Orléans abzuziehen, bei Sully die Loire passirt habe.**) Dorthin sollten sich auch das 16. und 18. Armee-Korps, die angeblich zu Anfang Dezember bei Bellegarde vereinigt standen, gewendet haben. Ein Theil des 16. Korps wäre dann bei Sully über den Strom gegangen, die Brücke aber zu früh zerstört worden, so daß der Rest mit dem 18. Korps längs des rechten Ufers sich nach Gien gewendet habe.***) Ferner versuchte eine Patrouille des 3. Armee-Korps, bis an die Eisenbahn bei Gien vorzudringen. Zwar erhielt sie schon Feuer, ehe sie ihr Ziel erreicht hatte, doch hörte sie, daß auf der Bahnlinie Verkehr stattfand.

Die vom General v. Hartmann gegen Gien vorgeschobenen Eskadrons waren schon bei Varennes auf Infanterie und Kavallerie gestoßen.

Volle Klarheit konnte also erst die Wegnahme von Gien am 8. Dezember geben. Noch blieb es zweifelhaft, was der Feind thun werde, ob einen Kampf annehmen, ob rechts oder links der Loire auf Nevers oder südlich des Stromes nach Vierzon und Bourges

---

*) 1 Offizier, 26 Mann.

**) In Wahrheit ist das Korps bei Jargeau über die Loire gegangen.

***) Jedenfalls bezeichneten die Gefangenen wiederholt die 1. Division des 15. Korps, die in letzter Zeit immer isolirt gestanden, als 16. Armee-Korps, auch verwechselten sie wohl oft das 18. und 20. Armee-Korps. Die beiden letzten Korps, stets zusammen genannt, waren in jenen Tagen nicht sicher das eine vom andern zu trennen.

zurückgehen. Schon war beim 3. Armee-Korps bekannt, daß die Brücke von Gien zum Sprengen vorbereitet sei, doch wollte General v. Alvensleben die Zerstörung durch schnelles Nachdringen verhindern, wenn dies aber nicht gelang, am 8. mit der Tete Châtillon sur Loire erreichen, um dort die Brücke wegzunehmen. Die Queue des Korps sollte bis Dampierre en Burly folgen.

Um 3 Uhr 10 Minuten früh langte in Orléans auch ein ausführlicher schriftlicher Bericht der 6. Kavallerie-Division an, die am Abend zuvor schon bis vor Salbris gewesen war.

Als die Avantgarden-Eskadron La Motte Beuvron passirt hatte, stieß sie zunächst auf eine französische Eskadron und ging gegen diese zur Attacke vor. Allein der Gegner wich schnell auf Nouan le Fuzelier zurück, wo er Aufnahme durch stärkere Streitkräfte fand. Die Verfolger wurden hier durch lebhaftes Infanteriefeuer empfangen, verloren ihren Führer, sowie 14 Mann, machten zwar trotzdem einige Gefangene und führten auch mehrere Beutepferde zurück, konnten indeß ohne erheblichere Unterstützung nicht durchdringen.

Als die Division herankam, nahm sie den Ort unter Artilleriefeuer, zog auch die beiden ihr attachirten Kompagnien*) vor und warf den Feind nach lebhaftem Infanteriegefecht. Die Gefangenen sagten aus, daß hier auf französischer Seite 3 Bataillone Infanterie und 1 Kavallerie-Regiment gestanden hätten.**) Die ausgedehnte Gefechtslinie und das Erscheinen mehrerer größerer Soutiens in derselben bekundeten, daß jedenfalls nicht geringere Abtheilungen, sondern eine geordnete Arrieregarde des Feindes sich hier den Verfolgern entgegenstellte.

In beiden Flanken klärte die Division unterdessen das Terrain weithin auf und erfuhr, daß zu ihrer Rechten der Ort La Ferté-Beauharnais stark vom Feinde besetzt sei. Die bis dorthin vordringenden Patrouillen wurden von regulärer Infanterie mit heftigem Feuer empfangen. Von der Linken her kam die Nachricht, daß durch Pierrefitte französische Kolonnen in der Richtung auf Vierzon zögen.

---

*) Vom Infanterie-Regiment Nr. 36.

**) Die vom General Martin des Pallières gebildete Arrieregarde, die er zunächst bei Nouan Stellung nehmen ließ, bestand aus 1 Regiment Infanterie, 3 Regimentern Kavallerie, 1 reitenden Batterie, 2 Sektionen einer 4pfündigen Fußbatterie.

Auch die Division selbst kam von nun ab nur langsam vorwärts, da sie aus allen Wäldern und Gehölzen, die in jener Gegend das Terrain für Kavallerie sehr unbequem machten, noch mit Feuer empfangen wurde. Dennoch drang sie bis 1/4 Meile diesseits Salbris vor. Dort hielt die französische Nachhut von Neuem. Ein waldiger Abschnitt, der die Straße sperrte und der sich bis zum Eisenbahndamm hinzog, war wiederum stark mit Infanterie besetzt. Als die Batterie der 6. Kavallerie-Division dagegen auffuhr und ihr Feuer eröffnete, antwortete auch auf französischer Seite die Artillerie. Zwar wurde noch ein vor der feindlichen Stellung gelegenes Gehöft durch die begleitenden Infanterie-Kompagnien genommen, allein die Dunkelheit brach nun herein und der Kampf mußte eingestellt werden. Auch hier handelte es sich nicht um den Widerstand von kleinen Trupps versprengter Soldaten, sondern mindestens um ein geschlossenes Infanterie-Regiment mit einer Batterie und Kavallerie. An 50 Gefangene verschiedener Regimenter wurden eingebracht, und nach ihrer Aussage stand in Salbris noch eine Kolonne aller Waffen von 4000 Mann, bei Vierzon ein ganzes französisches Korps.

Für die Nacht hatte die 6. Kavallerie-Division in Nouan le Fuzelier und La Motte Beuvron Quartiere genommen, diese jedoch erst um 10 Uhr Abends erreicht. Am 8. wollte General v. Schmidt von Neuem vorgehen und Salbris angreifen.

Alle Aussagen der Landleute stimmten übrigens darin miteinander überein, daß während der letzten Tage fortdauernd große Truppenzüge von Orléans herangekommen und nach Vierzon weitergezogen seien.

Beaugency, Salbris und Gien waren sonach die 3 Punkte, an denen der Feind am 7. Dezember Abends dem Vordringen der verfolgenden deutschen Kolonnen ernsten Widerstand entgegengestellt und ihnen für die Nacht Halt geboten hatte. Auf allen drei Punkten sollte am 8. Dezember mit der Tageshelle der Angriff wieder aufgenommen werden.

Die Morgenstunden brachten dem Ober-Kommando die schriftlichen Weisungen des großen Hauptquartiers, welche die beiden schon eingetroffenen Telegramme des Grafen Moltke ergänzten. Diese Weisungen sollten für die bevorstehenden Operationen die Grundlage bilden und sind daher wichtig, wenn auch die Ereignisse späterhin eine andere Richtung nahmen. Das Schreiben, an General v. Stiehle gerichtet, datirt Versailles, den 6. Dezember, 12 Uhr Abends, und enthält Folgendes:

„Wie bereits telegraphisch mitgetheilt, dürfte eine lebhafte und nachhaltige Verfolgung der Loire-Armee durchaus nöthig sein, da sie sich sonst nach wenig Tagen hinter der Yèvre wieder sammeln und bei ihrer numerischen Stärke eine neue Verlegenheit bilden kann. Wird die Verfolgung mit ausreichenden Kräften mindestens bis Vierzon fortgesetzt, so wird dies locker gefügte Heer sich vielleicht ganz auflösen, gewiß aber einen bedeutenden Theil seines Materials einbüßen. Es ist von großer Wichtigkeit, daß bei endlichen Friedens-Verhandlungen Frankreich nicht geltend machen kann, es habe ein Heer von 100,000 Mann, welches das Feld noch behauptet."

„Wenn sich zwar die Zukunft noch nicht klar übersehen läßt, so scheint doch jetzt schon als weitere Operationsrichtung der II. Armee die Linie Bourges — Nevers — Châlons sur Saône gegeben, in welcher sich successive die Korps der Generale v. Zastrow*) und v. Werder anschließen würden. Die Armee Seiner Königlichen Hoheit des Prinzen Feldmarschall wird so eine Stärke erhalten, welche ausreicht, um alle unsere Verbindungen, das Elsaß und die Belagerung von Belfort gegen Süden zu sichern, oder selbst, wenn dann noch nöthig, offensiv gegen Lyon vorzugehen. Die genannten offenen Städte bilden zugleich die Haupt-Militair-Etablissements des Feindes, wo trotz stattgehabter Evakuation sicher noch Vieles zu zerstören bleibt."

„Nach den hier eingegangenen Meldungen und Nachrichten müssen wir annehmen, daß die Korps des rechten Flügels der Loire-Armee nach Orléans herangezogen gewesen sind.**) Es ist an sich nicht wahrscheinlich, daß der kleinere Theil der überall geschlagenen Armee, die mit ihrer Hauptmasse auf dem Rückzuge begriffen ist, isolirt eine

*) Das 7. Armee-Korps.

**) Mittlerweile hatte sich bekanntlich herausgestellt, daß dem Feinde die Ausführung dieser am 4. Dezember zeitweise gefaßten Absicht nicht gelungen war.

Offensive gegen Paris unternehmen sollte, vielmehr wird General d'Aurelle de Paladines wohl Alles an sich ziehen, worüber er gebietet. Wenn indessen in dieser Beziehung noch Zweifel obwalten, die durch General v. Hartmann nicht inzwischen aufgeklärt sind, so ist vollkommen gerechtfertigt, daß, wie Sie beabsichtigen, ein Theil der Armee auf rechtem Loire-Ufer auf Gien marschirt, wobei die Wiedervereinigung bei Bourges oder Nevers bewirkt werden kann."

„Durch den kräftig ausgenutzten Sieg von Orléans, welcher dem ganzen Feldzug eine entscheidende Wendung gegeben hat, zerstört der Prinz das Prestige der noch nie von einem Feinde überschrittenen Loire, welches in dem Rückzuge des Generals v. d. Tann seine Bestätigung zu finden schien."

Diese der II. Armee für den neuen Feldzug gegebene Richtschnur stimmte mit Dem, was Prinz Friedrich Karl beabsichtigte, überein. Die Nachrichten über den Feind waren freilich seit dem Datum des Schreibens nicht unerheblich vollständiger geworden. — —

Von Gien her war keine Meldung des 3. Armee-Korps eingelaufen. Da aber der Telegraph bis Châteauneuf in Funktion war, so durfte man schließen, daß ein größeres Engagement dort nicht begonnen habe und daß das Korps im Vormarsche sei.

Von der Seite von Beaugency herüber ertönte der Kanonendonner, das Gefecht war dort im Gange. Der Ober-Quartiermeister der II. Armee wohnte auf Befehl des Feldmarschalls demselben bei und meldete an den Chef des Generalstabes:

Chatre, den 8. Dezember 1870,
1 Uhr Nachmittags.

„Der Feind steht mit beträchtlichen Kräften, mindestens 2 Divisionen,*) auf der Linie Beaugency—Forêt de Marchenoir, diese Lokalitäten verschanzt."

„Die Armee-Abtheilung greift an, die 22. Infanterie-Division als rechter Flügel auf Cravant, die Bayern im Centrum auf Villechaumont, die 17. Division gegen Beaugency."

---

*) Thatsächlich verfügte General Chanzy über 7 Infanterie-, 2 Kavallerie-Divisionen.

„Die Kolonnen-Munition der preußischen Artillerie geht zu Ende. Der Großherzog bittet um möglichst sofortige Absendung von 2 Artillerie-Munitions-Kolonnen nach Meung, von wo sie ihr Eintreffen hierher zu melden haben werden."

„Gefangene sagen aus, daß nach der Schlacht von Orléans das 15., 16. und 17. Korps in der Richtung auf Tours zurückgegangen sein sollen."

(gez.) v. Hertzberg.*)

Die in dieser Depesche enthaltene Bitte um Artillerie-Munition setzte das Ober-Kommando einigermaßen in Verlegenheit, denn auch die II. Armee hatte an den letzten Gefechtstagen bereits den Munitionsvorrath ihrer Kolonnen stark in Anspruch genommen. Bei dem weiteren Vorgehen gegen Süden hin aber mußten natürlich die rückwärtigen Verbindungen völlig abreißen, schneller Munitionsnachschub unmöglich werden. Es konnte daher mit Rücksicht auf die Schlagfertigkeit der Armee höchstens eine Kolonne des 10. Armee-Korps abgegeben werden.

Dieselbe erhielt Befehl, sich noch am Abend von Chevilly nach Meung zu begeben und dort dem Großherzoge zur Verfügung zu stehen.

Daß die Armee-Abtheilung auf stärkeren Widerstand gestoßen war, schien nicht auffallend. — Die Sicherung der Regierungs-Hauptstadt Tours und die Nothwendigkeit, die weiter unterhalb gelegenen Loirebrücken zu decken, wenn man französischerseits daran dachte, die Loire-Armee von Neuem zu konzentriren, erklärten ihn vollkommen. Dem Feinde gegenüber, der hier nur junge Truppen in's Gefecht führte, die zum Theil schon eine empfindliche Niederlage erlitten, zum Theil aber ihre Formationsorte eben erst verlassen hatten, schien kühnes Auftreten auch der Minderzahl erlaubt. In Orléans zweifelte man nicht daran, daß der Großherzog seines in der eingegangenen Depesche auf 2 Divisionen geschätzten Gegners Herr werden würde, um so mehr, als man auf eine erhebliche indirekte Einwirkung des 9. Armee-Korps mit Sicherheit rechnete.

Daß die von der Armee-Abtheilung gemachten Gefangenen angaben, das 15., 16. und 17. Korps seien Loire abwärts ausgewichen, erschien ebensowenig auffallend. Auf allen Straßen mischten sich

---

*) Oberst im Generalstabe.

Theile der verschiedenen Korps miteinander. In der südlichen Richtung wurden Mannschaften aufgegriffen, welche dem 15., 16. und 18. Korps angehörten, Loire aufwärts Leute vom 15., 16., 18. und 20. Korps, wenigstens nannten sie diese Nummern, auch stimmten ihre Angaben mit der vom Ober-Kommando aufgestellten Ordre de bataille.

Die in dieser Zeit auf das Sorgfältigste ausgeführten Untersuchungen und Vergleiche mit Zeitungsnachrichten, Aussagen der Einwohner u. s. w. ergaben zu jener Zeit folgende Voraussetzungen:

Mit Sicherheit übersah man, daß die Loire-Armee in drei größeren Gruppen zurückginge.

Das 17. Korps und 1. Division des 15. Korps glaubte man auf dem rechten Loire-Ufer über Beaugency abziehend und aufgenommen durch die frischen, von Tours vorgeschobenen Truppen des Generals Camô.

In der Richtung auf Vierzon wurde das 15., 16. und 18. Armee-Korps*) angenommen; schon wußte das Ober-Kommando, daß auch der Ober-Befehlshaber General d'Aurelle de Paladines diesen Weg eingeschlagen habe. Die hier weichenden französischen Truppenmassen waren augenscheinlich die am meisten erschütterten und aufgelösten.

Auf der Straße über Gien vermuthete das Ober-Kommando das 20. französische Korps.**)

Wenn diese Annahmen sich nun auch zum Theil später als Täuschung erwiesen, so müssen sie doch hier als Grundlage angenommen werden. Sie geben das Bild wieder, welches das Ober-Kommando sich über die Lage des Feindes machen konnte, als es jetzt seine weiteren Anordnungen für den Feldzug nach dem Süden traf. Unmöglich war es, diese auf dem direkten Wege mit allen Kräften zu beginnen.

Die Umstände, welche es nöthig gemacht hatten, das 3. Armee-Korps Loire aufwärts zu entsenden, sind bekannt. Ohne diese Detachirung hätte Nichts den dort zurückgehenden rechten Flügel der

---

*) Das 18. Korps setzte man besonders deshalb hier voraus, weil in einem Hotel der Stadt Orléans zwei Generalstabs-Offiziere von diesem Korps am 5. früh überrascht und zu Gefangenen gemacht wurden, die den Durchzug des 18. Korps durch Orléans hatten vorbereiten sollen.

**) Diese Täuschung klärte sich schon in den nächsten Tagen auf, als das 3. Armee-Korps Gien besetzte.

Loire-Armee gezwungen, seinen Rückzug fortzusetzen, Nichts ihn verhindert, stehen zu bleiben, sich gegen die Flanke der II. Armee zu wenden, oder gar die Offensive nach Norden hin wieder aufzunehmen.

Wie nothwendig es ferner war, das 9. Armee-Korps auf dem linken Stromufer Loire abwärts zu dirigiren, zeigte schon jetzt der Widerstand, den der Großherzog bei Beaugency fand.

Das große numerische Uebergewicht, welches die Loire-Armee für sich hatte, machte sich auch nach dem Siege von Orléans geltend. In der Front und in beiden Flanken der in ihr Centrum eingedrungenen deutschen Armee standen immer noch Heeresmassen, die bedeutend genug waren, um verfolgende Detachements abzuweisen und in der Rolle einer Armee isolirt aufzutreten. Loire aufwärts hätte nimmermehr weniger als ein preußisches Korps — damals, wie schon angeführt, etwa 12,000 Gewehre — entsendet werden dürfen, sollte dem Feinde nicht die Gelegenheit zu partiellen Erfolgen gegen eine vereinzelte kleinere Abtheilung geboten werden. Eine Unterstützung durch die schwache hessische Division allein würde, wie es sich jetzt schon erkennen ließ, Loire abwärts ebenso wenig Eindruck machen.

Vor etwa 5000 Mann Infanterie mit einigen Batterien und Kavallerie, wie sie dieser Division nach den nothwendigen Detachirungen verblieben, konnte weder der im Loirethale stehende Feind seine entschieden ernst gemeinte Gegenwehr aufgeben, noch die Regierungs-Delegation Tours verlassen. Hier wollte das Ober-Kommando daher auch ein ganzes Armee-Korps — das 9. — verwenden.

Für die direkte Richtung gegen Süden verblieb das 10. Armee-Korps, das schon zu der Operation gegen Orléans mit höchstens 10—11,000 Gewehren in der Front angetreten war; die Brigade Valentini, die am 8. Dezember, von sehr anstrengendem Dienste ermüdet, in Orléans einrückte, mitgerechnet. Dieses Korps hatte auch in und bei Orléans noch manche Verpflichtung zu erfüllen, so die Aufräumung des Schlachtfeldes von Loigny und des Terrains von Gidy.

Aber trotz dieser durch die Gewalt der Umstände erzeugten schwierigen Verhältnisse sollte der Zug gegen Bourges doch ohne Zögern aufgenommen, die ersten Bewegungen der Korps am Strome entlang mit der Einleitung zur Offensive vereinigt werden.

Wenn das 9. Armee-Korps seine Bewegung nur bis Vienne, gegenüber Blois fortsetzte, so schien es sicher, daß sie die Wirkung erreichen werde, die das Ober-Kommando von derselben hoffte, den Rückzug der bei Beaugency kämpfenden französischen Truppen und die Räumung von Tours durch die Regierungs-Delegation.

Zu derselben Zeit, zu welcher das 9. Armee-Korps Vienne erreichte, mußte das 3. aber bei Chatillon und Gien stehen und dort einen Loire-Uebergang gefunden oder hergestellt haben. Gleichzeitig konnte das 10. Armee-Korps mit der Masse seiner Truppen La Ferté St. Aubin und die Gegend südlich dieses Ortes erreichen.

Von der Linie Vienne—La Ferté—Gien (oder Chatillon) sollten alle 3 Korps zu gleicher Zeit den konzentrischen Vormarsch nach Süden antreten, um zunächst die 3 Punkte Menneton sur Cher, Salbris und La Chapelle d'Angillon zu erreichen und von dort den Marsch gegen Vierzon oder Bourges fortzusetzen. Alsdann war es Absicht, die französische Armee anzugreifen, wo man sie fand.

Nur auf diese Art schien es auch möglich, die Korps der II. Armee während des Vormarsches durch die wenig fruchtbare, an Ortschaften arme Sologne zu ernähren. Daß die rückwärtigen Verbindungen bei dieser Fortsetzung der Operationen nach dem Süden hin ganz abreißen würden, war unzweifelhaft. Unmöglich vermochte man Lebensmittel für die ganze Dauer des nun beginnenden Feldzuges mitzuführen. Das mußte von Hause aus berücksichtigt werden.

Dieses waren die Erwägungen, von denen des Prinzen Friedrich Karl am 8. Dezember, Nachmittags um 3 Uhr, im Hauptquartier Orléans erlassenen Befehle ausgingen. Dieselben umfaßten sogleich für alle drei Korps einen Zeitraum von 4 bis 5 Tagen und lauteten:

„Die Hauptkräfte der bei Beaune-la-Rolande und bei Orléans geschlagenen Loire-Armee haben sich theils über Gien, theils über Vierzon zurückgezogen. Eine Vereinigung derselben am Cher und an der Yèvre ist wahrscheinlich."

„Die II. Armee wird dorthin folgen und den Feind angreifen."

„Die Armee-Abtheilung Seiner Königlichen Hoheit des Großherzogs hat gestern im siegreichen Gefecht westlich Meung feindliche Abtheilungen auf Beaugency zurückgetrieben und setzt heute und in den nächsten Tagen die Operationen auf Tours fort. Ich bestimme demnach:

„Das 9. Armee-Korps kotoyirt auf dem linken Loire-Ufer die Bewegungen der Armee-Abtheilung Seiner Königlichen Hoheit des Großherzogs."

„Das siegreiche Vorschreiten desselben vorausgesetzt, wird das 9. Armee-Korps am 10. Dezember gegenüber Blois eintreffen, um demnächst von der Loire abzubiegen und in der Direktion auf Vierzon zu operiren."

„Dem entsprechend hat das 9. Armee-Korps am 10. Dezember die der 17. Infanterie-Division attachirte Ponton-Kolonne Nr. 3 heranzuziehen, sei es über die Brücke bei Blois, sei es — wenn dieselbe zerstört — unter Uebersetzen der Hakets und der Bespannung auf Maschinen."

„Das Korps hat alsdann

am 11. Dezember Contres,
am 12. Dezember Selles-sur-Cher,
am 13. Dezember Menneton-sur-Cher

zu erreichen."

„Vom Detachement Winkler sind 2 Bataillone und 1 Eskadron in Orléans zu belassen, welche im Verein mit 2 Bataillonen und einem Zuge einer schweren Batterie des 10. Armee-Korps die Sicherung der Loire-Uebergänge und die Besetzung der Stadt übernehmen."

„Das 10. Armee-Korps schiebt die heute auf La Ferté St. Aubin dirigirte Avantgarde als Replis für die 6. Kavallerie-Division in den nächsten Tagen bis Salbris vor, läßt die 19. Infanterie-Division entsprechend folgen, belegt mit der Queue des Korps

am 10. Dezember Orléans,
am 11. Dezember La Ferté St. Aubin,
am 12. Dezember La Motte Beuvron

und steht:

am 13. Dezember aufgeschlossen um Salbris. 2 Bataillone und 1 Zug einer schweren Batterie des Korps bleiben in Orléans zurück."

„Das 3. Armee-Korps mit der Kavallerie-Division Hartmann hat am 10. Dezember die Loire zu überschreiten."

„Auf welchem Punkte der Loire-Uebergang zu bewirken, wird davon abhängen, ob eine der Brücken bei Gien und

Chatillon erhalten, resp. welcher der 3 Uebergänge Sully, Gien, Châtillon am leichtesten herzustellen sein wird. Die Herstellung eines Ueberganges ist mit Aufbietung aller Kräfte zu fördern, so daß das Korps

am 11. Dezember Argent erreicht und am 12. Dezember um La Chapelle d'Angillon konzentrirt steht."

„Die Verhältnisse werden alsdann übersehen lassen, ob dem Korps als weitere Direktion diejenige auf Vierzon oder diejenige auf Bourges wird gegeben werden. Der vom 3. Armee-Korps genommene Loire-Uebergang bleibt mit 2 Bataillonen besetzt."

„Die 6. Kavallerie-Division, der die Kompagnien des 9. Korps zugetheilt bleiben, behält, resp. sucht die Fühlung mit dem Feinde in möglichst großer Breite unter Vornahme der Flügel auf."

„Mein Hauptquartier verbleibt bis einschließlich
den 11. Dezember in Orléans, geht
am 12. Dezember nach La Motte Beuvron,
am 13. Dezember nach Salbris."

„Das Vorgehen der II. Armee in breiter Front bedingt, daß für die nächsten Tage eine tägliche Befehlsertheilung nicht stattfinden wird."

„Nur das 10. Armee-Korps hat täglich einen Offizier in mein Hauptquartier zu entsenden."

„Das 9. Armee-Korps hat am 13. Dezember von Menneton nach Salbris die Verbindung aufzunehmen und dort Befehl zu empfangen, das 3. Armee-Korps ebenso am 12. Dezember von La Chapelle d'Angillon nach La Motte Beuvron, die 6. Kavallerie-Division sendet am 13. Dezember nach Salbris zum Befehlsempfang."

„Ich bestimme indessen, daß seitens des 3. Korps und der 6. Kavallerie-Division täglich über Vorkommnisse und Nachrichten vom Feinde mir zu melden ist."

„Orléans bleibt, wie schon erwähnt, von 4 Bataillonen, 1 Eskadron und einem Zug einer schweren Batterie besetzt. Oberst Leuthaus*) bleibt Kommandant von Orléans."

Der General-Feldmarschall.
(gez.) Friedrich Karl.

---

*) Erster Ingenieur-Offizier im Ober-Kommando der II. Armee.

Die Nachrichten, welche das Ober-Kommando im Laufe des Nachmittags nach dem Erlaß dieses Armee-Befehls erhielt, lauteten zum Theil für die beabsichtigte Offensive günstig, zum Theil ließen sie Schwierigkeiten voraussehen.

Die 6. Kavallerie-Division meldete um $4^3/_4$ Uhr Nachmittags, daß der Feind in der letzten Nacht Salbris geräumt habe. Vormittags um 10 Uhr — um diese Stunde war die Meldung aus Salbris abgegangen — passirte die 6. Kavallerie-Division die Stadt, um auf Vierzon weiter zu marschiren. Detachements zur Zerstörung der bei Vierzon zusammenlaufenden Eisenbahnlinien befanden sich bereits unterwegs. Aussagen von Gefangenen und Einwohnern bekundeten, daß große Massen der bei Orléans geschlagenen Armee auch hier noch passirt wären; aufgefangene Briefe bestätigten Dieses. General d'Aurelle de Paladines hatte sich bis zum 7. Dezember Nachmittags noch in Salbris aufgehalten.*) Die ihn begleitenden Truppenmassen sollten sich nach allen Angaben im Zustande der Auflösung befinden, die Truppen der verschiedenen Waffen wirr durcheinander gemischt.

Nur die Arrieregarde hatte eine gute Haltung bewahrt, marschirte geschlossen, benutzte geschickt das durchschnittene, von Gehölzen vielfach bedeckte Terrain und bewahrte so die ungeregelten, zurückströmenden Haufen vor der Gefangenschaft.

Die Natur der Sologne ist eine eigenthümliche. Sandige Hügelketten und Plateaus, vielfach von Salzfeldern bedeckt, schließen sich überall dicht aneinander, von kleinen und großen Waldstücken bedeckt, viel von Abschnitten durchzogen, so daß alle Straßen oft Defileen passiren. Unübersichtlich und außerordentlich arm an Ortschaften ist das ganze Gelände. Alles begünstigte dort den Feind.

Solche Nachrichten kamen aus dem Süden.

Von Osten her aus Gien meldete General v. Alvensleben II. telegraphisch über Châteauneuf, datirt 7 Uhr 25 Minuten Nachmittags:

„Avantgarde mit Gefecht in Gien eingerückt. Brücke dort gesprengt, wird morgen wieder hergestellt sein. Avantgarde nach Briare, patrouillirt über Chatillon; Sully beobachtet. Vor uns Theile des 18. Korps Bourbaki."

---

*) Der General verließ Salbris am 7. Dezember, Nachmittags 2 Uhr.

Von Westen her lagen noch keine nähere Nachrichten vor, allein man hatte den Kanonendonner in Orléans hören und unterscheiden können, daß er sich entferne. Des Abends kehrte der zum Großherzoge hinübergesandte Ober-Quartiermeister der Armee wieder nach Orléans zurück. Seine Schilderungen ließen erkennen, daß der Kampf ernster und allgemeiner gewesen war, als man es erwartet. Alle Truppen des Großherzogs hatten in das Gefecht eingreifen müssen und nicht unerhebliche Verluste erlitten. Die Stärke des Feindes, der seine Stellungen von der Loire bei Beaugency bis Cravant und zum Walde von Marchenoir hinüber ausdehnte, wurde sehr hoch veranschlagt. Wie schon die telegraphische Meldung des Oberst v. Hertzberg vom Morgen besagte, nannten die Gefangenen die Nummern mehrerer Korps. Dieselben Korps*) aber wurden auch im Süden auf der Straße nach Vierzon, theilweise sogar daneben noch im Osten gespürt. Völlige Klarheit darüber, wie stark hier und dort die französischen Streitkräfte waren, ließ sich noch immer nicht gewinnen.

Nach dem Süden hin hatte sich der Ober-Befehlshaber der französischen Loire-Armee persönlich gewendet; das ließ auf die Absicht schließen, dort alle Streitkräfte zu konzentriren, über die er verfügte. Trotz der Schwierigkeiten hatte übrigens der Kampf bei Beaugency mit einem Siege geendet. Dem Großherzoge waren 7 Geschütze und mehrere Tausend Gefangene in die Hände gefallen. Er glaubte indessen, auch ferner noch auf ernsten Widerstand zu treffen und einer Unterstützung zu bedürfen, um diesen brechen zu können. Von Interesse für das Ober-Kommando war es nun zunächst, ein Urtheil darüber zu gewinnen, welche Wirkung das Eingreifen des 9. Armee-Korps vom linken Stromufer her gehabt habe, Dieses Korps meldete etwa um die gleiche Zeit, als der Ober-Quartiermeister in Orléans seinen Bericht erstattete, schriftlich:

> „Die Korps-Artillerie rückte um 1/2 2 Uhr in Lailly ein, fand die 25. Division zwischen Cléry und Lailly mit dem Auftrage des Großherzogs, in gleichem Verhältniß mit ihm vorzuschreiten. Gleichzeitig war dem Prinzen Ludwig von Hessen gemeldet, daß der Wald Loire abwärts von französischer Infanterie und Artillerie besetzt sei."

---

*) 15., 16., 17.

„Das Gefecht auf dem rechten Loire-Ufer war sehr heftig und schien zu stehen, so daß ich die Divisions- und Korps-Artillerie vorzog und Beaugency gegenüber auffahren ließ. Dieser Ort war vom Feinde besetzt; dahinter und daneben schienen die Reserven zu stehen. Man richtete sich offenbar zur hartnäckigen Vertheidigung ein; etwa zwei Lagen reichten aus, die Reserven zu vertreiben, und gingen nun 2 Batterien bis auf den Loiredamm vor, welche den Zweck erreichten, den Ort vom Feinde zu säubern. Mittlerweile schien das Gefecht beim Großherzog vorwärts zu gehen, jedoch, wie ich glaube, zog sich dasselbe in nordwestlicher Richtung. Schließlich überzeugte ich mich, daß das Mecklenburgische Grenadier-Regiment in Beaugency einrückte. Inzwischen war die 25. Division stromabwärts vorgerückt, stieß nicht auf feindliche Truppen*) und nahm Kantonnements 1 Meile abwärts Lailly."

Lailly, den 8. Dezember 1870.

(gez.) v. Manstein.

Nach solchen Resultaten schien es unzweifelhaft, daß die indirekte Unterstützung des Großherzogs durch Batterien des 9. Korps, verbunden mit dem unbeirrten Vordringen der Avantgarde gegen Blois auch in den nächsten Tagen ausreichen werde. General v. Stiehle schrieb daher noch des Abends um 11 Uhr an General v. Manstein:

„Der Fortgang der Operationen der Armee-Abtheilung auf dem rechten Loire-Ufer wird am besten dadurch gesichert sein, daß Euer Excellenz dem heutigen Armee-Befehl gemäß unbeirrt den Vormarsch bis Blois fortsetzen."

„Die an die 25. Division gestellte Anforderung Seiner Königlichen Hoheit des Großherzogs, gleiche Höhe der Tete auf beiden Loire-Ufern inne zu halten, würde am zweckmäßigsten so nach der Ansicht Seiner Königlichen Hoheit des Feldmarschalls in Ausführung kommen, daß in der Höhe eines etwa beim Großherzoge engagirten Gefechts einige Batterien disponibel blieben, während eine starke Avantgarde

*) Der 25. Division stand eine schwache französische Arrieregarde, welche 4 Geschütze bei sich hatte, im Loirethale gegenüber.

weit vorwärts ihrem Auftrage, gegen Blois zu marschiren, nachkommen kann."

„Seine Königliche Hoheit der Prinz meint, daß Euer Excellenz Vormarsch den Sitz der feindlichen Regierung in Tours so direkt bedroht, daß hierdurch der Armee-Abtheilung die beste Unterstützung gewährt wird."

Der Offizier, der dieses Schreiben am frühen Morgen des 9. dem General v. Manstein zu überbringen hatte, erhielt noch den Auftrag, mündlich darüber Vortrag zu halten, daß der Ober-Befehlshaber das schnelle Erreichen von Vienne für wirksamer halte, als eine direkte Unterstützung, die allenfalls auf Kähnen über die mit Eis treibende Loire hinweg auf dem äußersten linken Flügel bei Beaugency der Armee-Abtheilung geliehen werden konnte. In Orléans war nämlich bekannt geworden, daß eine solche Maßregel auf Ansuchen des Großherzogs, der sich mit dem 9. Armee-Korps in Verbindung gesetzt, am 9. versucht werden sollte.

Auch an den kommandirenden General des 10. Armee-Korps schrieb General v. Stiehle noch um 11 Uhr Abends auf Befehl des Prinzen, daß der Großherzog in der Linie Cravant—Messas Gefecht gehabt habe und welche Einwirkung auf die bei Beaugency begonnenen Kämpfe man von der Thätigkeit des 9. Armee-Korps erhoffe. Dem General v. Voigts-Rhetz wurde indessen anheimgestellt, die Truppen der 20. Infanterie-Division — wie dies in den Grenzen der vom letzten Armee-Befehl gegebenen Bestimmungen lag — schon am 9. nach Orléans einrücken zu lassen.*) Man hatte dann für alle Fälle einige Truppen unmittelbar zur Hand.

Eine Viertelstunde später, um 11¼ Uhr Abends, traf von Meung eine von dort um 10 Uhr 20 Minuten aufgegebene ausführliche Depesche des Generals v. Stosch ein, welche mit den Worten begann:

„Das Ende des heutigen Gefechts war derart, daß die Bayern und der rechte Flügel die genommene Stellung behaupteten, während der linke Flügel siegreich vordrang und Beaugency nahm."

---

*) Die 20. Infanterie-Division hatte bekanntlich zuvor ihren linken Flügel bis St. Denis de l'Hôtel ausgedehnt.

Sie schilderte dann, daß die Truppen der Armee-Abtheilung — zumal das bayerische Korps und die 22. Infanterie-Division, deren Artillerie kaum noch gefechtsfähig wäre — sehr angegriffen seien.

„Soll die für den Feind nach der Entwickelung seiner Kräfte so wichtige Operation auf Tours fortgesetzt werden," hieß es weiterhin, „so bedarf die Armee-Abtheilung mindestens einer frischen preußischen Division. Sicher sind die Erfolge aber nur mit noch einem Korps."

General v. Stosch bat ferner, den General v. Manstein anzuweisen, daß er am 9. Dezember jede Hülfe gewähre, die über das Wasser hinweg möglich sei. Allein er führte dann noch an, daß der Eisgang den Brückenschlag unmöglich mache, und daß er eine direkte Unterstützung von Orléans aus für allein wirksam halte. Diese Unterstützung konnte freilich augenblicklich nicht gewährt werden, ohne alle die jetzt für die II. Armee entworfenen und eingeleiteten Pläne aufzugeben.

Mit Sicherheit rechnete der Feldmarschall auch jetzt noch darauf, daß die indirekte Unterstützung hinreichen werde.

Die gegebenen Befehle blieben in Kraft, um so mehr, als der um 3/4 11 Uhr in Orléans einlaufende Armee-Befehl, den der Großherzog an diesem Abend seinen Truppen gegeben, nach dem siegreichen Vorgehen am 8. auch die Verfolgung des Gegners in der Richtung auf Tours in's Auge faßte; er auch die zweckmäßige Anordnung traf, die Front für künftig zu verkürzen und die Truppen mehr zu konzentriren.*)

---

*) Der Befehl lautete:

Grand Chatre, den 8. Dezember 1870.

Befehl für die Armee-Abtheilung pro 9. Dezember.

„Nach dem heutigen siegreichen Vorgehen bestimmen Seine Königliche Hoheit, daß Kantonnements bezogen werden, und zwar überall in den innehabenden Stellungen.

1. Die 22. Infanterie-Division Cravant, la Vilesne, Launay (Stabsquartier).
2. Die 4. Kavallerie Division auf dem rechten Flügel der 22. Infanterie-Division.
3. Das 1. bayerische Armee-Korps in Cernay, Villechaumont, Villevert, Beaumont, Chatre.
4. Die 2. Kavallerie-Division Messas und sämmtliche Ortschaften zwischen Beaumont und le Bardon.

Der 9. Dezember.

Die erste Nachricht, welche der frühe Morgen brachte, war ein Telegramm vom 3. Armee-Korps, das in der ersten Stunde eintraf und leider angab, die Brücke bei Gien sei nicht so schnell herzustellen, wie man anfangs gehofft. Eine 60 Fuß breite Brücke und sehr morsches Mauerwerk erschwerten den Bau. Ueber die Brücke bei Chatillon hatte das General-Kommando noch keine Nachricht.

Wie vortheilhaft es gewesen wäre, einen Strom-Uebergang bei Gien zu besitzen, leuchtet ein; diese neuen Angaben kamen deshalb sehr unerwünscht. Allein noch blieb die Hoffnung auf die Brücke von Châtillon, und seit dem 7. Dezember war auch schon die Wiederherstellung derjenigen von Sully durch das Korps in Angriff genommen.

---

5. Die 17. Infanterie-Division an der Straße Beaugency—Meung. Dieser Ort ist durch eine Kompagnie zu besetzen.
6. Hauptquartier Seiner Königlichen Hoheit in Meung.
7. Morgen tritt die Verfolgung des Feindes in der Richtung auf Tours ein, und zwar:

   durch eine Avantgarde der 17. Division auf der Chaussee von Beaugency nach Tours;

   durch eine Brigade der 2. Kavallerie-Division über Villorceau;

   durch die 4. Kavallerie-Division von Cravant über Josnes auf Séris. Die 4. Kavallerie-Division benutzt hierzu auch das Detachement v. Rauch und beobachtet die Ausgänge der Forêt de Marchenoir. Die 22. Infanterie-Division löst um 7 Uhr das bayerische Korps in seinen Kantonnements ab. Das bayerische Korps erhält um 8 Uhr früh Befehl, in die neuen Kantonnements einzurücken."

Von Seiten des Ober-Kommando's.
Der Chef des Generalstabes.
(gez) v. Stosch,
General-Lieutenant.

Das Detachement des General-Majors v. Rauch, Kommandeur der 17. Kavallerie-Brigade, aus 2 Bataillonen, 2 Geschützen, 4 Eskadrons der 17. Infanterie-Division bestehend, war vom Großherzoge zu Ende November gegen Le Mans zurückgelassen worden, als er aus dem Perche links abmarschirte, um sich mit der II. Armee zu vereinigen. Nunmehr wurde es über Chateaudun herangezogen.

Gegen Süden hin hatte die 6. Kavallerie-Division noch am 8. Vierzon — 11 Meilen von Orléans entfernt — glücklich erreicht.

Auf dem Vormarsche von Salbris war die Division auf eine stärkere feindliche Abtheilung gestoßen, erlitt im Walde von Salbris auch noch Verlust, erzwang aber den Durchzug mit Artilleriefeuer, dann drang sie, nach und nach 60 Gefangene aufsammelnd, auch 3 Munitionswagen erbeutend, weiter vor. Quer über die Straße hinweg lagen an mehreren Stellen Verschanzungen und Geschütz-Emplacements, aber nirgends wurden dieselben vertheidigt. Abends um 7 Uhr rückte die Division in Vierzon ein, von Abgesandten der Stadt empfangen und willfährig von den Einwohnern aufgenommen, die in den letzten Tagen durch die Traineurs ihrer eigenen Armee viel gelitten. Im Orte zog man sogleich Erkundigungen ein und erfuhr, daß der Feind von Salbris direkt, ohne Vierzon zu berühren, angeblich auf Bourges abgerückt sei, wohin sich seine Hauptkräfte wendeten. Durch Vierzon waren nur noch Flüchtige gekommen, Truppen aller Waffen ohne inneren Zusammenhang — freilich viele Tausend Mann. Dann erhielt man auch Kenntniß davon, daß General d'Aurelle de Paladines seines Kommando's enthoben sei und Vierzon schon in bürgerlicher Kleidung passirt habe. Vergeblich forschte man jedoch danach, an wen der Ober-Befehl gegeben worden sei.

Ueber die Zerstörungsarbeiten an den Eisenbahnlinien lag noch keine Meldung vor, doch wurde dieselbe in Vierzon stündlich erwartet.

Diese, Nachts um 12 Uhr vom General v. Schmidt*) an den Ober-Befehlshaber abgesandte Meldung ging durch Relais in Orléans am Morgen ein.

Um 9¼ Uhr früh kam auch schon die erste Nachricht von der Armee-Abtheilung her, durch den aus Orléans dorthin geeilten Major Grafen v. Waldersee, Flügel-Adjutanten Seiner Majestät des Königs. Dieser Offizier telegraphirte von Meung 8½ Uhr früh an Prinz Friedrich Karl zurück:

„Seit 8 Uhr das Gefecht bei Beaugency engagirt. Scharfer Kanonendonner."

---

*) Führer der 6. Kavallerie-Division.

Einige Zeit darauf kehrte der des Morgens nach Lailly zum 9. Armee-Korps entsendete Offizier von dort zurück und brachte die Nachricht, daß auch General v. Manstein die Ueberzeugung hege, der unbeirrte Vormarsch auf Vienne (gegenüber Blois) sei das beste, was das 9. Armee-Korps thun könne, um den Großherzog zu unterstützen.

Daß die Armee-Abtheilung am 8. Dezember einen schweren Stand gehabt, war dem General bekannt, der Tags zuvor einen seiner Generalstabs-Offiziere über die Loire auf das Schlachtfeld entsendet hatte.

Ein am Morgen bereits eingeleiteter Versuch, durch die Eisschollen einige Infanterie nach Beaugency über die Loire zu setzen, stieß indeß auf viel Schwierigkeiten und wurde nunmehr aufgegeben.

Da aber trotz der am 8. Dezember vom Großherzoge errungenen Vortheile der Kampf auch heute wieder seinen Anfang nahm und sich derselbe allem Anschein nach ernst gestaltete, so stand der Feldmarschall vor einer schweren Entscheidung. Die Frage war, ob er im Vertrauen auf den endlichen, vollständigen Sieg des Großherzogs die Operationen nach dem Süden ungestört fortsetzen, oder sie aufgeben und sich zur Unterstützung der Armee-Abtheilung nach Westen wenden sollte.

Der Feldzug nach dem Süden Frankreichs war eingeleitet, die Truppen in die Richtungen gesetzt, um dorthin vorzugehen. Verpflegungsmaßregeln, Direktion des Trains waren entsprechend angeordnet. Auf seinem Wege Loire aufwärts war das 3. Armee-Korps schon um mehrere Tagemärsche von Orléans entfernt, das 10. mit Theilen um einen starken Marsch auf der Straße nach Vierzon vorgerückt. Das 9. Armee-Korps aber blieb, wenn sich die Armee auf dem rechten Loire-Ufer stromabwärts bewegte, von dieser völlig getrennt, denn noch verhinderte der Eisgang jeden Brückenschlag und vielleicht gelang es dem Feinde, alle Brücken bis Tours hin so rechtzeitig zu zerstören, wie die von Meung und Beaugency.

Eine Reihe von Tagen mußte nothwendig werden, um die Armee zusammenzurufen und ihr eine andere Richtung zu geben. Kaum konnte daher noch bei Beaugency ein irgend entscheidender Erfolg errungen werden.

Die jungen französischen Truppen, die dort fochten, standen zum Theil seit zwei Tagen im Feuer, sie hatten Geschütze und Gefangene verloren. Unmöglich dauerte ihr Widerstand lange an, hielten sie auch jetzt noch ihre Position fest. Das allmählige Anwachsen der Streitkräfte vor ihrer Front vermochte man ihnen nicht zu verbergen. Schon das stärker werdende Artilleriefeuer mußte die Ankunft der von der II. Armee in die Linie des Großherzogs nach und nach einrückenden Theile verkünden. Und fühlte der Feind dies, so unterlag es keinem Zweifel, daß er sich der drohenden Gefahr der Zertrümmerung rechtzeitig entzog.

Das vermochte er mit Leichtigkeit; denn sobald er nur den Loir passirt und das der Vertheidigung so überaus günstige Sarthegebiet erreicht hatte, konnte ihm die II. Armee, welche auch die nach dem Süden und Loire aufwärts zurückgegangenen Theile der Loire-Armee zu überwachen hatte, nimmermehr folgen.

Sicher schien es, daß der rechte Flügel der Loire-Armee von Bourges und Nevers her wieder vordringen würde, sobald er wahrnahm, daß stärkere Kräfte ihm nicht mehr gegenüberstünden. Dann aber zwang die Pflicht, die Cernirung von Paris gegen Süden hin zu decken, die II. Armee, von der französischen West-Armee abzulassen und sich gegen jenen Feind zu wenden, den sie für eine Zeit lang nur durch ganz schwache Kräfte beobachten konnte. Eine allgemeine und gründliche Entscheidung war also nicht zu erwarten, trotzdem man große Marschanstrengungen für die Truppen voraussah.

Und für diese nicht günstigen Aussichten mußte die II. Armee, sobald sie sich nach Westen wendete, einen Feldzug aufgeben, der, wenn er auch gewiß nicht ohne Mühsalen und Gefahren verlief, dennoch große Erfolge versprach. War einmal die sich neu sammelnde Armee bei Bourges, Nevers, oder wo man sie sonst treffen mochte, geschlagen, so hemmte Nichts mehr den Marsch in das offene Süd-Frankreich hinein. Die Werkstätten und Organisationsplätze Frankreichs schützte Nichts mehr, und gelang es nur, die preußischen Korps in schlagfertigem Zustande zu erhalten, ihnen hin und wieder einigen Ersatz an Mannschaften zuzuführen, so war ihnen kaum eine Grenze gesteckt. Reiche Früchte, welche erst für die vorangegangenen Mühsale entschädigten, fielen ihr sicherlich zu.

An den Ober-Befehlshaber mochte auch die Frage herantreten, ob es nicht zweckmäßig sei, die II. Armee zu theilen, den Großherzog zu verstärken und dennoch den eingeleiteten Feldzug weiter fortzuführen, um so beide Ziele gleichzeitig zu erreichen. Aber abgesehen davon, daß es immer ungünstig erschien, ein Armee-Korps — vielleicht für die Dauer des ganzen Feldzuges — zu zerreißen, war auch die Armee in ihrer numerischen Stärke schon so sehr reduzirt, daß gewissenhafte Ueberlegung diesen Gedanken von sich weisen mußte. Abzutreten wäre augenblicklich nur eine Division des 10. Armee-Korps gewesen. Das 9., 3. und halbe 10. Armee-Korps blieben alsdann verfügbar. Rechnete man nun für die Besetzung von Orléans 4, für die eines vom 3. Armee-Korps gefundenen Loire-Ueberganges 2 Bataillone ab, so brachte diese kleine Armee zu den entscheidenden Schlägen höchstens noch 25—26000 Mann Infanterie zusammen. Verlieh ihr auch die Nachwirkung ihrer Siege und der Name des Prinzen Friedrich Karl, den in Frankreich Jedermann nur in Verbindung mit Hunderttausenden nannte, auch für eine Zeit lang noch eine gewisse Stärke, so konnte sie bei der Länge der Marschlinien, die sie zurückzulegen hatte, nicht auf die Dauer ihre wahren Verhältnisse verbergen.

Die Theilung der Armee setzte nach beiden Seiten hin den Erfolg auf's Spiel; die schwache Unterstützung brachte die Vorwärtsbewegung der Armee-Abtheilung vielleicht doch nicht wieder in Fluß, und die geschwächte II. Armee fand gleichfalls ein unüberwindliches Hinderniß vor sich. Für Wagnisse aber war diese Kriegsepoche nicht die geeignete. Den Fall von Paris glaubte man seit lange nahe und damit die Entscheidung gekommen. Ein Rückschlag, der vorher eintrat, aber konnte sehr wohl selbst noch die Sicherheit der Belagerung in Frage stellen.

Des Prinzen Friedrich Karl Ansicht neigte entschieden zu der Fortsetzung des Feldzuges nach dem Süden, da er auch jetzt noch glaubte, der Großherzog werde — durch die indirekte Einwirkung des 9. Armee-Korps unterstützt — trotz aller großen Schwierigkeiten seiner Gegner Herr werden können.

Freilich läßt sich die Berechtigung des Einwandes gar nicht verkennen, daß es den jungen Armeen der französischen Republik nicht gelingen durfte, auch nur für mehrere Tage einen Widerstand im freien Felde zu leisten, ohne daß sie dabei eine Niederlage erlitten. Schon ein Gefecht mit nicht ganz entschieden ungünstigem Ausgange galt ihnen als ein Sieg, den ihre Führer benutzten, um die Zuversicht der Mannschaften zu heben, und aus dem die politischen Leiter des Volkes die Mittel zogen, um die Nation zu erregen, die Traditionen der Republik von 1792 neu zu beleben, so aber den Volkskrieg im großen Style in Gang zu bringen. Ließ man zweifelhafte Gefechte zu, in welchen sich die Ueberlegenheit des deutschen Soldaten an Kriegstüchtigkeit und Moral nicht in vollem Maße geltend machte, so erzog man sich in den bewaffneten Massen, welche Gambetta's Diktatur zusammentrieb, Feinde, die man dann später mit größeren Opfern und größeren Gefahren hätte schlagen müssen.

Als daher nunmehr neue Weisungen aus dem großen Hauptquartier gerade im entscheidenden Moment eingingen, entschloß sich Prinz Friedrich Karl auch ohne Zögern, den gewünschten Feldzug nach dem Süden aufzugeben und alle wieder unter seinen Befehl gestellten deutschen Streitkräfte an der Loire gegen den einen Feind zu wenden, der bei Beaugency widerstand. Nur die Theilung der II. Armee wollte er um keinen Preis, damit er der glücklichen Entscheidung hier oder dort auf alle Fälle sicher blieb.

Das betreffende Versailler Telegramm war von 9½ Uhr Morgens datirt und lautete:

> „Nach Meldung des Großherzogs stellen sich ihm die Hauptkräfte des Feindes gegenüber. Seine Majestät befehlen, daß, um die überaus wichtigen Operationen auf Tours energisch fortzuführen, die Armee-Abtheilung so schnell als möglich mit mindestens einer Division direkt auf dem rechten Loire-Ufer zu unterstützen ist, wobei Kooperation auf dem linken Ufer mit starken Kräften anheimgestellt wird. Seiner Königlichen Hoheit dem Prinzen Feldmarschall fällt hiermit die obere Leitung der gesammten Operationen an der Loire zu."
>
> (gez.) Graf Moltke.

Schon um 10½ Uhr, also nur eine Stunde später, als dieser Befehl in Versailles dem Telegraphen übergeben worden war, erließ der Feldmarschall seine neuen Befehle.

Er schrieb zunächst an General v. Voigts-Rhetz:

> „Der Großherzog hat gestern nach Gefecht mit bedeutenden feindlichen Kräften Beaugency erreicht und steht auf der Linie Beaugency—Cravant heute wieder im Gefecht."
>
> „Euer Excellenz sollen deshalb angesichts Dieses mit den in und um Orléans stehenden disponiblen Theilen des 10. Armee-Korps nach Meung aufbrechen, um als Reserve wenigstens gegen Abend in das Gefecht eingreifen zu können."
>
> „Die nach La Ferté St. Aubin und Loire aufwärts geschobenen Theile des 10. Armee-Korps sind sämmtlich alsbald nach Meung heranzuziehen."

„Seine Majestät der König haben befohlen, daß die II. Armee längs der Loire gegen Tours operiren soll.“

„Das 9. Armee-Korps erreicht auf dem linken Loire-Ufer heute mit der Tete Blois.“

„Das 3. Armee-Korps wird bis morgen nach Orléans von Gien herangezogen, wo die Brücke vom Feinde gesprengt ist.“

„Die Trains bleiben bei Orléans, welches morgen vom Königlich bayerischen Korps besetzt wird.“*)

Gleichzeitig erhielt auch General v. Alvensleben die Mittheilung, daß der Feldmarschall seine Dispositionen ändere. Das 3. Armee-Korps sollte demgemäß mit der Kavallerie-Division Hartmann in forcirten Märschen am 9. und 10. nach Orléans zurückkehren, in Gien aber ein Kavallerie-Regiment und ein Bataillon als linkes Seiten-Detachement der II. Armee belassen. Dies Detachement erhielt den Auftrag, längs der Loire patrouillirend, Verbindung nach Orléans zu halten.

Eine kurze Angabe von dem Inhalt dieses Befehls ging sogleich telegraphisch nach Châteauneuf zur Weiterbeförderung durch Relais ab.

Zum Großherzog aber wurde sofort ein Generalstabs-Offizier des Ober-Kommando's mit dem Versailler Telegramm und der Aufforderung entsendet: „Die Armee-Abtheilung möge ihre Positionen halten, das 10. Armee-Korps werde mit den in und um Orléans disponiblen Theilen nach Meung aufbrechen, um gegen Abend als Reserve bereit zu stehen.“

Eine ausführliche Instruktion wurde außerdem für die 6. Kavallerie-Division nothwendig. Um 12½ Uhr Mittags ging daher nach Vierzon ein Schreiben ab, welches den General v. Schmidt über die eingetretene Wendung der Dinge näher unterrichtete, ihn auch von den über das 10. und 3. Armee-Korps getroffenen Dispositionen in Kenntniß setzte. Es wurde ihm ferner mitgetheilt, daß das 9. Armee-Korps noch am 9. Dezember mit seiner Tete und der ihm zugetheilten Brigade der 2. Kavallerie-Division gegenüber Blois eintreffen würde.

---

*) Die hierauf bezüglichen Anordnungen siehe weiter unten.

Dann fügte der Prinz hinzu:

„Die 6. Kavallerie-Division soll heute Ruhetag halten und morgen, am 10., nachdem die Eisenbahn bei Vierzon zerstört ist, in der Richtung über Romorantin, Contres so abrücken, daß ihr rechter Flügel Verbindung mit dem 9. Armee-Korps aufnimmt, der linke Flügel aber das Cherthal beobachtet. Weitere Befehle werden der Kavallerie-Division auf dem Wege durch das 9. Armee-Korps zugesandt werden. Der Eingang dieses Befehls ist sogleich hierher zu melden."

So waren nun die ersten Anordnungen getroffen, um die II. Armee in die neue Richtung hinüber zu führen. Ehe die weiteren Maßnahmen zur Theilnahme an den Kämpfen bei Beaugency und an den Operationen gegen Tours getroffen wurden, mußte man in Orléans nähere Nachrichten vom Schlachtfelde her abwarten. Diese blieben nicht aus. Der Großherzog, in dem Glauben, daß er nur durch eine Division unterstützt werden würde, bat, diese Division auf der großen Straße von Beaugency bis la Rivelle marschiren zu lassen. Dort werde sie von ihm weitere Befehle erhalten. Um 11¾ Uhr wurde ihm telegraphisch die Antwort, das 10. Korps sei auf Meung dirigirt, die Tete verließe eben Orléans, der Marsch sei beschleunigt.

Wie das Gefecht stände, ergaben mehrere Depeschen des Grafen Waldersee.

1. Um 11 Uhr 36 Minuten in Orléans eintreffend:

Beaumont, 10¾ Uhr Morgens.

„Seit 8 Uhr ist die Armee-Abtheilung auf der Linie Beaugency—Cravant im Gefecht. Der Feind greift lebhaft an und scheint den rechten Flügel umfassen zu wollen. Bis jetzt ist noch kein Terrain verloren gegangen."

2. Um 1¾ Uhr Nachmittags:

Beaumont, 12 Uhr 30 Minuten Nachmittags.*)

„Der Angriff des Feindes im Centrum gegen Cravant ist abgewiesen. Vor dem linken Flügel sind französische

*) Diese Depesche, um 1 Uhr 41 Minuten in Meung aufgegeben, brauchte zu ihrer Beförderung nach Orléans nur 4 Minuten.

Massen sichtbar, sie scheinen aber nicht geneigt, anzugreifen. Die Umgehung des rechten Flügels ist in's Stocken gekommen und es scheint der feindliche linke Flügel sich sogar gegen Lorges zurückzuziehen."

3. Um 4½ Uhr Nachmittags:

Beaumont, 3 Uhr Nachmittags.

„Die 22. und 17. Infanterie-Division stehen auf der Linie Bonvalet—Villorceau, Cernay. Vorstoß in der Richtung auf Toupenay angeordnet. Da ansehnliche feindliche Kräfte sich bei Villermain anscheinend zum Vorrücken sammeln, so ist nördlich Cravant eine Flanke gebildet. Der Feind aus der Front scheint im Rückzuge. Es sind das 17. und 22.*) Korps konstatirt."

„Nach soeben eingehender Meldung zieht sich der Feind von Villermain auf die Forêt Marchenoir zurück."

Diese Nachrichten lauteten nicht ungünstig, wenigstens schien nun der noch an diesem Morgen bei der Armee-Abtheilung befürchtete Rückschlag nicht mehr zu erwarten.

Wenn der Feind thatsächlich jetzt schon nach Westen hin auswich, so wurde dadurch die II. Armee ohne Zweifel schnell und weit von der mittleren Loire fortgezogen, und es machte sich die Nothwendigkeit geltend, die auf Bourges—Nevers zurückgewichenen Theile der Loire-Armee darüber zu täuschen, daß Orléans und der mittlere Stromlauf schon jetzt von der Armee verlassen würde. General Schmidt bekam deshalb um 4½ Uhr Nachmittags noch die Weisung, nicht sogleich mit der ganzen 6. Kavallerie-Division von Vierzon abzurücken, sondern eine Brigade am 10. und 11. noch dort, sowie in Theillay le Pailleux oder Salbris zurückzulassen. Diese Brigade sollte besonders nach Osten hin patrouilliren und überall in der Bevölkerung die Nachricht verbreiten, „daß die II. Armee zu beiden Seiten der Loire stromaufwärts gegen Nevers—Bourges vorrücke," dann aber am 12. ihrer Division auf dem Wege nach Contres fol-

---

*) Das 22. Korps gehörte der französischen Nord-Armee an. Es liegt hier eine Verwechselung mit dem bei General Chanzy's Armee befindlichen 21. Korps vor. Dies letztere focht am Walde von Marchenoir.

gen.*) Auf seinem Marsche nach Westen sollte der General Schmidt die Eisenbahn Vierzon—Tours, möglichst weit gegen die letzte Stadt hin ausgreifend, an mehreren Stellen zerstören. Dann wurde er noch avertirt, daß das 9. Armee-Korps voraussichtlich am 10. Dezember mit seiner Tete in der Höhe von Blois stehen bleiben würde.

Die am Abend vom Gefechtsfelde nach Orléans zurückkehrenden Offiziere brachten genauere Berichte über den Zustand der Armee-Abtheilung und die Stärke des ihr gegenüberstehenden Feindes. Thatsächlich sollten alle Truppen der Armee-Abtheilung auf's Aeußerste angegriffen sein. Sie hatten am 1., 2., 3., 4., 7., 8., jetzt auch am 9. Dezember im Gefecht oder doch unter Waffen gestanden, hatten Verluste gehabt und waren auch zuvor schon durch große und anstrengende Märsche ermüdet worden. Die Verpflegung konnte bei solchen Verhältnissen selbstredend nur eine äußerst unregelmäßige sein, auch die Bekleidung war ruinirt. Alles Das wirkte auf den Zustand der Truppen. Zu befürchten stand, daß bei weiteren ununterbrochenen Anforderungen die Abspannung sich geltend machen würde. Alle Kadres, zumal die der Infanterie, schmolzen durch die Gefechtsverluste, die Gefangenentransporte, kleine Kommando's, den Abgang an Ermüdeten und Marschunfähigen schnell zusammen. Die 17. und 22. Division hatten nach Anrechnung der letzten Verluste im Summa kaum noch 12,000 Gewehre in der Front, das gesammte bayerische Korps noch 7000, während sein Standesausweis vom 1. Dezember noch über 17,000 Mann Infanterie berechnete. So stark war der Abgang aller Art gewesen. Schon während des ganzen Krieges hatte dieses Armee-Korps fortwährend große Verluste gehabt und ohne Unterlaß bedeutende Strapazen zu ertragen. Es fehlte ihm jetzt bereits fast ganz an Berufs-Offizieren, deren es auf allen Schlachtfeldern viele verloren hatte. Die eine der beiden Divisionen besaß z. B. zur Zeit nur noch einen einzigen Hauptmann der Linie, welcher Dienst in der Front that, Kompagnien und Bataillone mußten der Führung junger Landwehr-Offiziere übergeben werden. Auch der größte Theil der Mannschaft

---

*) Diese Bestimmung wurde durch neue Befehle vom 10. Dezember dahin geändert, daß jene Brigade zur Beobachtung der I. französischen Loire-Armee, von der man eine Offensive gegen Orléans erwartete, noch bis auf Weiteres in ihrer Stellung verbleiben, sich vor der I. Loire-Armee aber, wenn nöthig, direkt auf Orléans abziehen sollte.

ward schon durch den frisch aus der Heimath gekommenen Ersatz gebildet.*)

Dies Alles machte es dringend nothwendig, dem Korps wenigstens eine kurze Ruhe zu gewähren, damit es sich retabliren könne.

Der Feldmarschall entschloß sich deshalb, diesem Armee-Korps die Besetzung und Sicherung von Orléans und der Loire-Stellung zu übergeben. Die übrigen Korps aber sollten sich aufmachen, um die französische West-Armee vollends zu schlagen und, wenn möglich, durch die Verfolgung ganz zu zertrümmern. Durch eine solche Verwendung wurde den Bayern neben der Erfüllung einer wichtigen Mission, welche unter allen Umständen ein Korps oder eine starke Division absorbirt hätte, die erwünschte Gelegenheit geboten, sich für die Zukunft zu neuer, kräftiger und ruhmvoller Theilnahme am Feldzuge zu befähigen.

Die Nachrichten über den der Armee-Abtheilung gegenüberstehenden Feind stimmten in vielen Stücken untereinander und mit Dem, was das Ober-Kommando selbst in Erfahrung gebracht hatte, nicht überein.

General v. Stosch sagte am 8. Dezember in seiner des Abends nach Orléans gesandten Depesche, der Großherzog habe das 15., 16., 17. und 19. Armee-Korps vor sich. Heute waren im Gefecht das 17. und 21. Armee-Korps von den Gefangenen genannt worden. Das 15. Armee-Korps war aber, wenigstens mit dem bei Weitem größten Theile seiner Truppen, südlich auf Vierzon ausgewichen, das 16. Korps war gleichfalls im Süden und auch Loire aufwärts gespürt worden — eine Bestätigung davon sollte sogar noch am 10. früh dem Ober-Kommando durch das 3. Armee-Korps zugehen. Auch das Ober-Kommando aber glaubte das 17. Korps ganz bei Beaugency. Jedenfalls hatte sich dort aus Theilen der Loire-Armee und neu formirter Truppen eine Armee gebildet, die man als West-Armee bezeichnen konnte. So nannte sie auch ein Theil der Gefangenen. Die Verstärkungen konnten nur von Tours und aus der Bretagne, sowie aus dem Lager von Conlie herangekommen sein. Dort im

---

*) Sehr interessante und lehrreiche Schilderungen der im 1. bayerischen Armee-Korps in jenen Tagen herrschenden Zustände enthält auch hier das 1872 in München bei Rudolph Oldenbourg erschienene Werk: „Das 1. bayerische Armee-Korps v. d. Tann im Kriege 1870/71. Nach den Kriegsakten bearbeitet von Hugo Helvig, Hauptmann im Generalstabe.“

Westen hatte letzthin General Fiereck den Befehl geführt;*) dies gaben viele Zeitungsnotizen und andere Nachrichten übereinstimmend an. Man setzte daher in Orléans auch voraus, daß dieser General bei Beaugency kommandire.

Die Stärke der dort versammelten französischen Truppen wurde sehr verschieden geschätzt. Die Einen nahmen 100,000 Mann und darüber an, Andere, wie der vom Ober-Kommando heut dorthin gesendete Generalstabs-Offizier, schätzten die Stärke, die sie wirklich im Gefecht gesehen, auf 30,000 Mann.**)

Der andauernde Widerstand des Feindes, der sich hier und dort zähe vertheidigte, selbst Offensivstöße versuchte, ging über Das hinaus, was man von den jungen, zum Theil schon durch verlorene Schlachten niedergedrückten Truppen erwartet hatte. Andererseits zeigte doch auch hier das viele Kanoniren auf große Entfernung und das langsame, schwerfällige Vor- und Rückwärtswogen der feindlichen Truppenmassen noch alle Schwächen, welche die schnell aufgebrachten Heere der Republik bisher — zumal in der Offensive — bewiesen hatten. Eine Initiative, welche sie zu weit ausgreifenden Operationen im freien Felde befähigt hätte, lag auch in dieser West-Armee nicht.

Den augenblicklich herrschenden Verhältnissen entsprechend, erließ der Prinz Feldmarschall gegen Abend folgenden Befehl an den Großherzog von Mecklenburg und den General v. Voigts-Rhetz:

Hauptquartier Orléans, den 9. Dezember 1870.

„Seine Majestät der König hat befohlen, daß die II. Armee nebst der Armee-Abtheilung zunächst gemeinschaftlich die Richtung auf Tours einschlagen sollen, um die feindliche Regierung von dort zu vertreiben."

„Unter Abänderung des gestern erlassenen Armee-Befehls über die Operationen der nächsten Tage bestimme ich deshalb:

---

*) General Fiereck, ebenso wie der früher im Westen kommandirende Graf Kératry, war bereits gegen Ende des Monat November durch General Jaurès (Marine-Offizier) ersetzt worden; letzterer hatte aus den in und um Le Mans versammelten Streitkräften das 21. französische Korps gebildet, das er später nach dem Walde von Marchenoir heranführte. Die bei Beaugency fechtende Armee kommandirte bekanntlich General Chanzy.

**) Die wirkliche Stärke der Armee Chanzy's ist schwer zu berechnen. 6—7 Infanterie-, 2 Kavallerie-Divisionen verwendete er im Kampfe thatsächlich; diese Truppenmasse mag an 50,000 Mann Infanterie, 5—6000 Pferde und gegen 200 Geschütze gezählt haben.

„1. Das Königlich Bayerische Armee-Korps wird mit der Besetzung von Orléans beauftragt. 1800 Mann Infanterie und eine Eskadron desselben werden bereits morgen am 10., das Armee-Korps selbst am 11. in Orléans einrücken".

„Auf dem linken Loire-Ufer werden fortifikatorische Verstärkungen zur Sicherung der beiden Brücken hergerichtet".

„2. Das 10. Armee-Korps, welches heute bereits mit seinen Teten bis Meung gelangt ist, rückt morgen bis Beaugency vor, schließt auf und entsendet eine Avantgarde bis Mer, wo möglichst mit dem 9. Korps Verbindung aufzunehmen ist".

„Der Ponton-Train des 3. Armee-Korps, welcher bis jetzt der Armee-Abtheilung attachirt war, rückt morgen nach Meung und wird dem 10. Armee-Korps überwiesen".

„3. Die Armee-Abtheilung Seiner Königlichen Hoheit des Großherzogs hält morgen Ruhetag. Ihre Kavallerie beobachtet den Feind gegen Morée durch die 4. Kavallerie-Division, gegen die Linie Marchenoir—Mer durch den auf dem rechten Ufer disponiblen Theil der 2. Kavallerie-Division".

„4. Das 3. Armee-Korps mit der 1. Kavallerie-Division ist heute zum Marsche von Gien nach Orléans beordert und wird bis morgen am 10. Abends mit dem Haupttheil in Orléans eintreffen".

„Das 3. Korps hat alle Loire-Brücken von Orléans aufwärts bis Châtillon (einschließlich) vom Feinde zerstört gefunden*)".

„Ein Detachement von einem Regimente der 1. Kavallerie-Division und einem Bataillon des 3. Armee-Korps bleibt als linkes Seiten-Detachement in Gien zurück und wird am 13. dieses durch das Königlich Bayerische Korps abgelöst werden".

„Von Orléans aus wird das 3. Armee-Korps am 11. dem Vormarsche des 9. Armee-Korps auf dem linken Loire-

*) Darüber, daß auch die Brücke von Chatillon zerstört gefunden worden war, hatte das 3. Armee-Korps inzwischen telegraphische Meldung erstattet.

Ufer folgen, falls die Brücke bei Blois unversehrt in unseren Händen. Ist dies nicht der Fall, so marschirt das 3. Armee-Korps auf dem rechten Loire-Ufer".

„5. Das 9. Armee-Korps schließt morgen bis zur Höhe von Blois in engen Kantonnirungen auf und schiebt eine Avantgarde weiter gegen Amboise vor".

„Es wird sich dann ergeben, ob die Verhältnisse ein weiteres isolirtes Vorgehen des 9. Armee-Korps, etwa bis Amboise, in den nächsten Tagen gestatten, oder ob das Einrücken des 10. Korps in die gleiche Höhe auf rechtem Ufer abgewartet werden muß".

„Das in Orléans zurückgelassene Garnison-Detachement wird am 11. d. M. frühzeitig dem Korps nachrücken".

„6. Die 6. Kavallerie-Division, welche heute bei Salbris Vierzon steht und an letzterem Orte die Eisenbahn zerstört, rückt am 10. in der Richtung auf Contres nach Westen ab und soll die Verbindung mit dem 9. Armee-Korps aufsuchen. Ihr linker Flügel wird das Cher-Thal beobachten, eine Brigade derselben bleibt bis zum 12. noch auf der Linie Vierzon—Salbris und folgt an diesem Tage der Division gegen Contres*)".

„7. Mein Hauptquartier bleibt morgen Orléans."

gez. Friedrich Karl.

Die Tendenz dieses Befehls war, wie ersichtlich, den augenblicklich engagirten Kämpfen Halt zu gebieten. Nur, wenn man den Feind gar nicht drängte, war die Aussicht vorhanden, ihn noch schlagen zu können. Sonst hätten unentschiedene, die Kräfte auch der frisch hinzukommenden Truppen allmälig aufzehrende Kämpfe noch weiterhin fortgedauert. Daher war der Armee-Abtheilung die Ruhe anbefohlen, die so lange dauern sollte, bis die Masse der II. Armee herankam, falls der Feind nicht — wie es freilich sehr wahrscheinlich war — aus eigener Initiative den Rückzug antrat.

Auch General v. Manstein erhielt denselben Befehl, doch fügte Prinz Friedrich Karl, diesen General betreffend, noch hinzu:

„Euer Excellenz werden über die morgen zu treffenden Dispositionen beim 9. Korps selbstständig entscheiden müssen,

---

*) Wie schon angeführt, erfuhr diese Anordnung noch eine Aenderung.

je nach den Maßnahmen des Feindes und den eingegangenen Nachrichten."

Nach Erlaß dieser Befehle vervollständigten sich noch die Nachrichten über das bei den einzelnen Korps im Laufe des Tages Vorgefallene. Das 3. Armee-Korps hatte bereits um 5½ Uhr auf telegraphischem Wege gemeldet, daß die Brücke von Châtillon nur für leichtes Fuhrwerk brauchbar gewesen und jetzt zerstört sei. Auch die Brücken bei Gien und Sully wären mit den vorhandenen Mitteln nicht herzustellen, ein Detachement auf Wagen eile nach Cosne voraus, um die dortige Brücke zu rekognosziren und, wenn möglich, zu besetzen, alle Anstrengungen würden gemacht werden, um einen Loire-Uebergang zu Stande zu bringen, aber es fehlte an Kähnen und Brückenmaterial aller Art.

Diesen Nachrichten folgte um 7 Uhr Abends ein ausführlicher schriftlicher Bericht, der in Gien am 9. Dezember um 11 Uhr Vormittags geschrieben war. Er enthielt in Kürze etwa Folgendes:

Nach dem Gefecht von Nevoy am 7. Abends hatte der Feind der engagirten Tetenbrigade des 3. Armee-Korps starke Vorposten hart gegenüber gelassen und mit dem Gros seiner Arrieregarde, soweit es die Patrouillen-Meldungen feststellten, nördlich Gien ein Bivouak bezogen. Die Gefangenen berichteten, daß diese Nachhut, dem 18. Armee-Korps angehörend, aus einem Zuaven- und einem Infanterie-Regiment bestände, welche nur vier Tage vorher aus Afrika angelangt, per Bahn bis Gien vorgeführt worden seien.

Der kommandirende General befahl nach dem Gefecht dicht Fühlung am Feinde zu behalten und sich ihm anzuhängen, um mit ihm zugleich nach Gien und der Loire-Brücke vorzudringen, falls er es versuchte, zur Nachtzeit abzuziehen.

Da es noch immer zweifelhaft war, ob nicht hinter der Arrieregarde, die sich gezeigt hatte, stärkere Truppenmassen ständen, so brach der Vorsicht halber das ganze Armee-Korps am 8. Dezember noch vor Tagesanbruch auf, um nach Gien vorzugehen. Schon um 7 Uhr früh griff die an der Spitze marschirende 9. Infanterie-Brigade den Ort an, allein der Feind wich, ging zum Theil über die Brücke auf das linke Ufer hinüber, zum Theil auf dem rechten Ufer stromaufwärts zurück. Die jedenfalls schon seit längerer Zeit zur Sprengung vorbereitete Brücke flog in die Luft, noch ehe es gelungen war, sich ihr zu nähern*).

---

*) Vom linken Loire-Ufer her empfing der Feind die Avantgarde des

Das 3. Korps mußte daher auf dem rechten Ufer verbleiben, es schob auf diesem die 5. Infanterie-Division noch bis Briare, mit der Avantgarde bis Châtillon sur Loire vor. Auch dort aber wurde, wie es die telegraphische Meldung schon besagte, die Brücke zerstört gefunden.

In Folge davon ging ein Kavallerie-Regiment, ein Infanterie-Bataillon auf Wagen und eine Batterie sogleich in beschleunigtem Marsche nach Cosne voraus, um den dort gelegenen Stromübergang zu gewinnen.

150 Gefangene waren dem Armee-Korps in die Hände gefallen, alle vom 18. Korps, so daß es nun klar wurde, dieses Korps habe den Weg über Gien genommen, das 20. dagegen näher an Orléans die Loire überschritten. General Bourbaki, der das 18. Korps kommandirte, war persönlich erst am 8. Dezember nach Gien gekommen, um dort die Brücke zu passiren. Ueber die Marschrichtung, welche die französischen Kolonnen jenseits des Stromes eingeschlagen, fehlten natürlich die Nachrichten, allein General v. Alvensleben ließ auf Kähnen ein kleines Rekognoszirungs-Detachement über den Strom setzen und gegen Argent vorrücken, um eine Aufklärung darüber zu erhalten.

Bei der Wichtigkeit, welche für das 3. Armee-Korps bis zum Eingange der neuen alle Dispositionen verändernden Befehle der Besitz eines Loire-Ueberganges hatte, ließ der kommandirende General eine genaue Untersuchung der Loire-Brücken vornehmen. Er besichtigte dieselben bis Châtillon hinauf persönlich. Leider waren die Resultate, je näher man dem Versuche der Wiederherstellung trat, desto

---

3. Korps mit Gewehrfeuer, das auch die Straßen von Gien beherrschte, die zum Fluß hinablaufen und ebenso einen Platz, über den die große Loirestraße führt. Die Nähe des hohen Uferrandes machte das Ausbiegen unmöglich, die Avantgarde hatte daher nicht unerheblichen Aufenthalt. Erst als sie durch Schützen, die sich in den an der Brücke gelegenen Häusern einnisteten, sowie durch ein bei der Kirche aufgestelltes Geschütz das Feuer des Feindes gedämpft hatte, konnte sie mit einem Verlust von 1 Offizier und 16 Mann passiren. Dasselbe Spiel erneuerte sich, als das Gros der 5. Infanterie-Division folgte. Dieses brachte am Quai gleichfalls ein Geschütz in Position und ließ dort auch Tirailleurs ausschwärmen, welche lebhaft über den Fluß feuerten, um den jenseitigen Ausgang der Brücke und die daran gelegenen Gebäude vom Feinde zu säubern. Das gelang jedoch erst dann völlig, als eine Kompagnie vom Infanterie-Regiment Nr. 52 auf Kähnen über den Strom setzte und die französischen Tirailleurs verjagte oder zu Gefangenen machte.

ungünstiger. Die Pfeiler lagen 30—40 Fuß hoch über dem Wasserspiegel, die Zerstörungen aber waren gründlich und systematisch ausgeführt, von der Kettenbrücke von Sully, deren Belag man aus dem Hängewerk auf 3—400 Fuß Länge herausgenommen, fehlten sämmtliche Schrauben, zu deren Herstellung man starker Schmiedewerke der Eisengießereien bedurft hätte. Bei Gien waren die Pfeiler morsch und so erschüttert durch die Explosion, daß sie die Last darüber hinziehender Truppenmassen nimmermehr getragen hätten. Trotz aller aufgewandten Mühe sah sich der General v. Alvensleben genöthigt, seinem Berichte hinzuzufügen: „Schon jetzt muß ich es aussprechen, daß selbst, wenn bei Cosne die Brücke unzerstört in meine Hände kommt, das Armee-Korps morgen die Loire nicht wird überschreiten können, da Cosne von der Queue des Korps zehn Meilen entfernt ist.“*).

Ueber die Episode von Gien gab ein in Vierzon aufgefundenes Depeschenbuch noch einen interessanten Aufschluß. Es enthielt die Kopie eines durch Vierzon am 5. Dezember 2 Uhr 50 Minuten Nachmittags an den Kommandanten des 20. Korps General Crouzat gerichteten Telegramms:

---

*) In Gien war auch der seiner Zeit schon erwähnte nachstehende Rapport über die Verluste der 1. Division des 18. französischen Korps bei Beaune-la-Rolande gefunden worden:

18e corps d'armée.

1re division.

	Tués.		Blessés.		Disparus.	
	Offic.	Hommes.	Offic.	Hommes.	Offic.	Hommes.
1re brigade: Général Bouet.						
9e bataillon de chasseurs . . .	—	7	2	57	—	20
19e mobile du Cher	2	33	9	238	—	30
82e „ 1e bataillon	—	2	—	14	—	18
42e de marche	2	10	6	123	—	66
13e d'artillérie 13e batterie . . .	—	—	—	1	—	—
	4	52	17	433	—	134
2e brigade: Colonel Robert.						
44e de marche	2	66	15	304	—	561
73e „ „	—	4	1	38	—	54
	2	70	16	342	—	615
Total:	6	122	33	775	—	749

Général en chef au général Crouzat.

Continuez à passer la Loire et détruisez ponts derrière vous, puis chercher à railler Bourbaki à Gien, en vous dirigeant soit sur Sully, si la route est sure, soit sur Aubigny par est. Cette dernière vous fait faire un détour, mais présente plus de sécureté. Quant aux instructions, demandez les au général Bourbaki, qui a été investi du 18e et 20e corps

par ordre
le général en chef d'état-major
général Borel.

Die hier angedeutete Konzentration größerer feindlicher Truppenmassen bei Gien galt dem Oberkommando als eine Bestätigung der Voraussetzungen, welche zu der Detachirung des 3. Armee-Korps Loire aufwärts geführt hatten. Weiter unten wird die Darstellung auf diesen Punkt näher eingehen, zunächst ist noch zu verfolgen, welche Nachrichten dem Prinzen Friedrich Karl am Abende des 9. Dezember resp. in der Nacht zum 10. Dezember von den übrigen Theilen der Armee zugingen.

Die Meldungen aus Vierzon trafen erst des Nachts um 2½ Uhr ein. Die vom Oberkommando befohlenen Eisenbahnzerstörungen waren ausgeführt worden. Ein Detachement von 2 Eskadrons, ½ Kompagnie Pioniere hatte noch am 8. Dezember Abends Menneton sur Cher erreicht und dort die Brücke gesprengt. Ein gleich starkes Detachement eilte am 9. nach dem Vereinigungspunkt der Bahnlinien von Chateauroux und von Bourges nach Vierzon, südöstlich dieser Stadt, und sprengte auch die dort gelegene Brücke. Beide Detachements stießen bei ihren Expeditionen noch auf den Feind. Bei Menneton sur Cher zeigten sich 2 französische Kavallerie-Regimenter — Dragoner und Chasseurs — zogen sich indessen beim Erscheinen der preußischen Kavallerie Cher abwärts nach Selles hin zurück.

Das andere Detachement traf bereits am 8. Dezember auf seinem Wege nach der für die Zerstörung ausgesuchten Stelle und zwar bei Neuvy sur Barangeon, an der Straße Vierzon—La Chapelle—d'Angillon auf die Arrieregarde der nach Bourges marschirenden französischen Kolonnen und hatte dort ein leichtes Gefecht. Ernster Widerstand zeigte sich auch auf dieser Seite nicht. Das

Fortkommen der Truppen ward jetzt mehr durch die mit Eis bedeckten, schon sehr glatten Wege, als durch den Feind erschwert.

Die 6. Kavallerie-Division selbst ruhte am 9. in ihren Kantonnements an der Straße Salbris—Vierzon. Ihre Patrouillen sandte sie in der Richtung auf Bourges—Quency am Cher, auf Issoudun, Vatan und Cher-abwärts gegen Tours vor, um Nachrichten vom Feinde zu sammeln und sich selbst in ihrer exponirten Stellung zu sichern.

Fortdauernd wurden noch Gefangene der auf Bourges abgezogenen französischen Korps eingebracht, am 8. und am 9. ungefähr 200 an der Zahl. Eine Menge von Angaben über die feindliche Armee ließen sich sammeln. Sie kamen alle dahin überein, daß nicht nur das 15., sondern auch das 16. und 17. französische Korps von Orléans aus auf der großen Straße bis Salbris marschirt, dann aber östlich in die direkt nach Bourges führenden Wege eingebogen seien.

Dieselbe Arrieregarde, welche General Schmidt am 7. bei Nouan le Fuselier vor sich gehabt, war am 8. bei Neuvy sur Barangeon gewesen. In der geraden Rückzugsrichtung nach Vierzon sollten nur die völlig aufgelösten Theile der Armee davongeeilt sein. Große Massen waren auch dort noch in wirrem Durcheinander, die Truppenverbände nicht mehr festhaltend, retirirt, auch die Bagagen hier abgefahren. In der Stadt Vierzon waren nur noch wenig Waffen und Armeematerial gefunden worden. Allein auf dem Bahnhofe machte man eine werthvolle Beute, denn dort hatte der Feind beim Abzuge 74 Eisenbahnwagen und 2 Tender stehen lassen, die der II. Armee für die Eröffnung ihrer rückwärtigen Verbindungen von Werth sein konnten*).

Gleichfalls um 2½ Uhr Nachts erhielt das Oberkommando folgende Meldung vom 9. Armee-Korps:

St. Dié, den 9./12. 1870, 9 Uhr Abends.

„Das 9. Armee-Korps gelangte heute mit der Tete bis Montlivault, wurde hier mit Beginn der Dunkelheit durch eine französische Division heftig, aber vergeblich angegriffen. Der Feind soutenirte durch das Feuer zweier Batterien vom rechten Loire-Ufer her. Für morgen ist die weitere Offen-

*) Der Befehl, dies Eisenbahnmaterial zurückzuschaffen, wurde der 6. Kavallerie-Division demnächst ertheilt.

sive auf Blois abhängig von der Kooperation des Großherzogs von Mecklenburg. Das 2. Bataillon des 4. Hessischen Regiments erstürmte Abends um 6 Uhr das Schloß Chambord, eroberte 5 Geschütze, 12 bespannte Munitionswagen und machte 150 Gefangene, darunter 1 Oberst." *)

gez. v. Manstein.

---

*) Diese interessante und erfolgreiche Waffenthat verdient eine kurze Darstellung, wie sie sich nach den später dem Oberkommando zugegangenen Berichten zusammenstellen läßt. Das 2. Bataillon des 4. hessischen Infanterie-Regiments, zur Zeit 3 Kompagnien stark, hatte am Nachmittag in St. Dié den Befehl erhalten, sich in den Besitz von Schloß und Park Chambord zu setzen, da sich dort Franktireurs eingenistet hatten, die durch ihr Feuer die vorüberziehenden Abtheilungen des 9. Korps belästigten. Es war in Folge dieses Befehls sogleich südlich ausgebogen und hatte die 8. Kompagnie nach dem Parkthore südlich Muides dirigirt, während die beiden anderen Kompagnien (6. und 7.) das Thor von Malives wählten. Keines der beiden Thore war vom Feinde besetzt, indessen erschien im Innern des Parkes, nahe desjenigen von Malives, eine französische Abtheilung, welche nun durch die für die Vertheidigung hergerichteten Scharten von außen her beschossen wurde. Nach kurzem Gefecht wurde der Eingang glücklich forcirt. Die 7. Kompagnie blieb dort zurück, ebenso postirte die 8. einen Zug an dem Thore von Muides. Weiter in den Park hinein, gegen das Schloß hin, drangen also nur zwei kleine Kolonnen, die eine zwei Züge, die andere eine Kompagnie stark, vor. Die letzte Kolonne, die 6. Kompagnie, kam zuerst, doch auch schon in der Dunkelheit, bei dem Schloß Chambord an, daß sie besetzt fand. Gefangene, die man bereits unterwegs gemacht, sagten indessen aus, die Besatzung sei entmuthigt und würde wohl kapituliren. In Folge dessen forderte der Kompagniechef die Uebergabe. Eine Gewehrsalve gab Antwort. Die hessische Kompagnie postirte sich nun am Parkrande, dem festen und von einem breiten Wassergraben umgebenen Schloß gegenüber. Lebhaftes Gewehrfeuer wurde von beiden Seiten eröffnet. Da kamen auch die zwei Züge der 8. Kompagnie, die zuvor an das Bataillon herangezogen, dann aber der 6. Kompagnie nachgeschickt worden waren, in der Nähe der breiten steinernen Schloßbrücke an. Sie bildeten, ihre Offiziere an der Spitze, eine kleine Sturmkolonne, stürzten sich auf die Brücke, wurden nur von wildem, resultatlosem Feuer empfangen und nahmen das Schloß, dessen Besatzung, mit einem Oberst, einigen Stabsoffizieren und gegen 200 Mann, sich ergab, ohne einen Schuß zu thun. Eine eben bei dem Schlosse eingetroffene starke französische Kolonne ergriff, durch den plötzlichen, unerwarteten Angriff im Dunkeln erschreckt, eilig die Flucht und die sie begleitende Batterie, die in den Schloßhof eingefahren war, fiel in die Hände der kleinen siegreichen Schaar. Kanoniere, welche sich zur Wehre setzen und mit den Geschützen davoneilen wollten, wurden mit dem Bajonnet niedergestochen oder verwundet. Die Batterie zählte, wie erwähnt, 5 Geschütze, 12 Munitionskarren, außerdem 60 Pferde. Auch die 6. Kompagnie war sogleich in das

Diese Meldung bestätigte die Meinung des Oberkommandos; denn die Anstrengungen, welche der Feind augenscheinlich gemacht hatte, um das 9. Armee-Korps aufzuhalten, bewiesen, welchen Eindruck das Vordringen starker Kolonnen am linken Loire-Ufer bei ihm hervorrief.

Vom rechten Loire-Ufer war schon am Abend telegraphisch die Nachricht eingelaufen, daß General v. Voigts-Rhetz in les Marais bei Meung eingetroffen sei, der Großherzog aber seiner Unterstützung nicht mehr bedurft habe, der General werde am 10. Dezember Morgens den Rest seines Korps nach Meung folgen lassen. Im Laufe des 10. vermochte das Korps daher schon, zumal mit starker Artillerie, in den Linien des Großherzogs als Verstärkung aufzutreten.

VIII.

Gegen den Loir.

Der 10. Dezember.

Jetzt, da die II. Armee sich nach Westen aufmachte, um die französische Armee, welche dort so lange Stand gehalten hatte, wenn möglich noch zu erreichen und zu zertrümmern, waren jedenfalls

---

Schloß eingedrungen, die 7. folgte alsbald. Der französische General Mauraudy mit der 2. Brigade von der 1. Division des 16. französischen Korps hatte am Abend das Schloß erreichen sollen, das nur von einem Theil der Freischaaren Lipowski's besetzt war und wurde von dem eben geschilderten Unfall betroffen. Bezeichnend ist es, daß er die Stärke des Feindes, mit dem er zu thun gehabt, in seinem Bericht (siehe Chanzy: la deuxième armée de la Loire, pag. 494) auf 15000 Mann mit 18 Kanonen schätzte. In dem Wirrwarr, der bei dem Ueberfall am Schlosse entstand, sowie schon zuvor im Park, hatten Franzosen auf Franzosen gefeuert. Diese Irrthümer, die Finsterniß, der Eindruck der letzten Gefechtstage hatten die ganz unbegründete, aber bei jungen, nicht erzogenen und undisziplinirten Truppen erklärliche Panique vorbereitet. Nähere Angaben über dies interessante Gefecht enthält die Schrift: „Gefechte und Züge des 9. Armee-Korps im Feldzuge 1870/71. Flensburg, Expedition der Flensburger Norddeutschen Zeitung."

partielle Gefechte, vielleicht sogar noch eine allgemeine taktische Entscheidung zu erwarten.

Während der letzten Gefechte gegen die französische West-Armee hatte der Geschützkampf, oft auf weite Entfernung geführt, eine große Rolle gespielt. Der Eindruck, den solche Kanonaden auf die Truppen machen, ist niemals ein günstiger gewesen. Nur zu leicht gewöhnt sich die Infanterie daran, die Entscheidung von der Wirkung der Artillerie zu erhoffen, die den Feind mit ihren Geschossen überschüttet. Das giebt den Kämpfen einen zehrenden, ermüdenden und entscheidungslosen Charakter, welcher auch die am Ende siegreich gebliebene Truppe an Schlagfertigkeit und innerem Gehalt ärmer macht. Solche Einwirkungen werden zumal zur Geltung kommen, wenn, wie es jetzt der Fall war, der Krieg schon lange dauert, Kriegslust und Thatkraft ihren Höhepunkt überschritten haben.

Hier aber gestaltete sich auch der Munitionsersatz zu einer sehr ernsten Schwierigkeit. Am 12. Dezember besaß die gesammte, wieder vereinigte Armee des Prinzen Friedrich Karl nur noch 2¾ gefüllte Artillerie-Munitions-Kolonnen. Alles resultatlose Schießen mußte daher aufhören, das Herangehen auf nahe Entfernung wieder als Hauptsache vorangestellt werden, sollte nicht schließlich die Armee durch Munitionsmangel unfähig werden, die ihr gestellten Aufgaben zu erfüllen.

Der Feind hatte sich seit dem Beginn der Kämpfe bei Orléans stets bemüht, durch Entwickelung starker und weithin ausgedehnter Artillerielinien dem siegreichen Vordringen der deutschen Truppen Halt zu gebieten. Das hatte nach und nach diese neue Kampfweise herbeigeführt, deren Fortsetzung für die Zukunft nicht ohne gewichtige Bedenken war. Der Feldmarschall legte daher seine Grundsätze für die Durchführung der nun erwarteten Kämpfe in einem an die Armeeabtheilung, die Korps- und Kavalleriedivisionen gerichteten Befehle klar:

Orléans den 10. Dezember 1870.

„Die Gefechte der letzten Tage und der stets wiederholte Versuch des Feindes, mit sich vermehrender Artillerie gegen uns im freien Felde zu schlagen, veranlassen mich, die Herren Generale darauf hinzuweisen, daß eine Beschränkung des wirkungslosen Artilleriefeuers auf Distanzen über 2000 Schritt durchaus eintreten muß. Der Munitionsersatz kann sonst bei aller Anstrengung nicht gesichert sein."

„Geht der Feind, wie bisher, bisweilen offensiv gegen uns vor, so kommen wir bei zweckmäßiger Terrainbesetzung zur vollsten Ausnutzung unseres Feuers, welches bei der Artillerie doch nur in dem wirksamsten Momente Schnellfeuer sein darf."

„Verhält sich der Feind hingegen, wie meist vor unserer Front, nur mit Artilleriefeuer wirkend, und unseren Angriff erwartend, so empfiehlt es sich für unsere Front, sehr wenig mit Artillerie zu schießen, während einer der feindlichen Flügel auf nicht mehr als eine Viertelmeile umfaßt wird. Hier wird dann der Platz für lebhaftes Artilleriefeuer sein, um den Feind zu verleiten, Offensivstöße gegen unsere Umfassung zu unternehmen."

„Mit solcher Umfassung kann unsere zahlreiche Kavallerie mit reitender Artillerie sogar bisweilen eine Tournirung bis in den Rücken eines feindlichen Flügels verbinden, um so Verwirrung beim Feinde herbeizuführen."

„Sind so die feindlichen Angriffe verlustreich abgewiesen, so folgt dann unsere Offensive mit Infanterie, um den Feind zum Rückzuge zu nöthigen."

„Auf diese Weise werden die resultatlosen Kämpfe vermieden werden, welche unsere Truppen ermüden, uns nutzlose Verluste zufügen, unsere kostbare Artilleriemunition konsumiren."

Der General-Feldmarschall
gez. Friedrich Karl.

Ehe nun die Bewegungen der Korps nach der neuen Richtung hin dargelegt werden, ist es zweckmäßig, kurz zu überblicken, wo dieselben gestanden hatten, als sie am 9. Dezember der Befehl zur Umkehr traf:

1) Das 3. Armee-Korps und die 1. Kavallerie-Division mit der Tete in Cosne, 14 deutsche Meilen von Orléans, mit der Queue bei Gien, 8½ Meile von Orléans, Hauptquartier Gien.

2) Das 10. Armee-Korps mit dem Hauptquartier und einer Division in Orléans, mit der andern Division und der Korps-Artillerie südlich des Stromes bei Sandillon

und Olivet, Avantgarde La Ferte-St. Aubin 3 Meilen von Orléans entfernt.*)

3) Das 9. Armee-Korps mit der Tete bei Montlivault, mit dem Gros und dem Hauptquartier bei St. Dié, 6½ Meile von Orléans, und so lange der Armee nicht ein Uebergang in die Hand gefallen war oder der Eisgang aufgehört hatte, gänzlich isolirt.

4) Die 6. Kavallerie-Division mit dem Gros in Vierzon, 11 Meilen von Orléans, mit Theilen in Salbris und La Loge.

Schon diese Entfernungen zeigen, daß die Verstärkungen beim Großherzoge nur tropfenweise eintreffen konnten. Leider wurde es damit unmöglich, den entscheidenden Schlag gegen die französische Westarmee in dem Augenblicke zu führen, wo dieselbe, ermattet von mehrtägigem Ringen, die letzten verzweifelten Anstrengungen gegen die Armee-Abtheilung machte. Die größte Eile war natürlich geboten und wurde auch von allen Truppen angewandt.

Noch am Abend des 9. Dezember war das 10. Armee-Korps auf der Linie Meung—Orléans, das 3. bis Bray und Gien marschirt, am 10. früh brach alles wieder nach Westen auf.

Von nun ab gipfelten alle Interesse in den Ereignissen bei Beaugency. Auch heute war ein Generalstabsoffizier des Ober-Kommandos dorthin entsendet.

Im Laufe der Morgenstunden ging zuvörderst ein Schreiben des General v. Stosch ein, an den Generalstabschef der II. Armee

---

*) In Folge der am 8. Dezember erlassenen Befehle des Prinzen Friedrich Karl zum Beginn der Operationen nach dem Süden rückte bei diesem Korps am 9. Dezember die Brigade v. Wedell (38) nach La Ferté St. Aubin, die Korps-Artillerie nach Olivet, die Brigade Lehmann (37) nach Sandillon. Die 20. Infanterie-Division, deren linker Flügel in St. Denis de l'Hôtel gestanden hatte, zog in Orléans ein, nachdem am 8. die nach anstrengendem Dienst und weiten Märschen vom General v. Hartmann kommende Brigade Valentini (39) sich ihr wieder angeschlossen hatte. Ohne abzukochen traten alle Truppen, als sie eben ihre Ziele erreicht hatten, wieder an, nur die Brigade Valentini machte in Orléans einen Halt, um die Mannschaften zu verpflegen. Nachmittags um 3½ Uhr standen bei Grand Chatre 8 Batterien zur Verfügung des Großherzogs, 4 Bataillone erreichten bald nach 4 Uhr Meung. Abends war das Korps von dort bis Orléans rückwärts an der großen Straße echelonirt, Hauptquartier Les-Marais.

gerichtet. Seine Königliche Hoheit der Großherzog wünschte nämlich, daß ein Theil des bayerischen Korps auch fürder bei der Armeeabtheilung verbleiben solle, um dieser die Eigenschaft einer selbstständigen Armee zu erhalten und um die 17. und 22. Infanterie-Division durch eine Korps-Artillerie zu einem Armee-Korps zu vervollständigen. Um 10 Uhr Vormittags antwortete der Prinz Feldmarschall zustimmend. Der Armeebefehl vom 9. Dezember wurde abgeändert. Eine bayerische Infanterie-Brigade mit einer Batterie, die Kürassier-Brigade mit Batterie und 6 Batterien als Reserve-Artillerie sollten beim Großherzog bleiben, General v. d. Tann*) mit dem Rest des Korps aber am 11. Dezember nach Orléans rücken und heut am 10. schon einen Kommandanten und — wie befohlen — 1800 Mann voraussenden. Nach der Berechnung des Generals v. Stosch konnten nach diesen Arrangements die Bayern in Orléans im Ganzen noch mit 4500 Gewehren, 500 Pferden und 12 Batterien einrücken, die Infanterie und Kavallerie sehr angegriffen.

Auch am 10. Dezember war der Kampf bei Beaugency erneuert worden. Der dorthin abgesendete Offizier meldete wiederholt telegraphisch:**)

Um 10 Uhr 38 Minuten Vormittags:

„Die Tete des 10. Korps passirte um 8¼ Uhr Meung. Soeben meldet die 22. Division in der Stellung Cravant—Cernay—Origny lebhaften feindlichen Angriff auf beiden Flügeln."

Am Nachmittage folgte dann eine kurze telegraphische Relation über das bis dahin Vorgefallene. Sie datirte von Cravant 1 Uhr Nachmittags, war in Meung um 2 Uhr 42 Minuten aufgegeben worden, und besagte etwa das Nachstehende:

In der vergangenen Nacht hatte der Feind die Dörfer Villejouan und Origny überfallen und genommen. Um 7½ Uhr Morgens entwickelte er dann einen mit starken Kräften eingeleiteten Angriff auf den rechten Flügel der Armeeabtheilung, so daß das bayerische Korps dorthin gezogen wurde und mit der Front gegen Villermain eine Aufstellung nahm, wo der Feind von Poisly am

*) Kommandeur des 1. Bayerischen Korps.

**) Ueber Meung.

Walde von Marchenoir bis hinüber nach Coudray—Chateau eine lange Artillerielinie etablirte, die bis auf 12 Batterien geschätzt wurde. Dagegen traten dann die bayerische Korps-Artillerie, sowie die Korps-Artillerie des 10. Korps in's Feuer und zwangen den französischen linken Flügel bald zum Zurückgehen.

Auch in der Front wurden die Nachts verlorenen Dörfer wieder erobert und die 17. Division begann von Beaugency her in der Richtung gegen Josnes vorzudringen, während die im Centrum zwischen der 17. Division und den Bayern stehende 22. Division ihre Stellungen innehielt und behauptete.

Starke Theile des 10. Korps standen schon bei Beaugency und Grand Chatre in Reserve zum Eingreifen bereit.

Vorwärts Beaugency an der Loire fand kein Gefecht statt, auch auf dem anderen Stromufer beim 9. Armee-Korps war es still. An der Widerherstellung der Brücke von Beaugency wurde rüstig gearbeitet und man hoffte sie des Abends für Fußgänger gangbar zu machen. Leider verhinderte der Eisgang noch immer das Schlagen einer Pontonbrücke über den Strom und ebenso das Uebersetzen von Mann und Pferd auf Maschinen. Eine Verbindung mit dem 9. Armee-Korps war daher noch nicht erreicht worden.

Um 4 Uhr 35 Minuten Nachmittags kam das letzte Telegramm welches die Entwickelung des Gefechts bis 3/42 Uhr behandelte.

Die gesammte feindliche Artillerie, die im Norden den deutschen rechten Flügel umfassend erschienen war, ging um diese Zeit zurück und das bayerische Korps avancirte gegen Villermain und Coudray Château. Auch die Offensive der 17. Division machte Fortschritte, während die 22. Division im Centrum stehen geblieben war. Die Reserve bei Grand Chatre hatte keine Verwendung gefunden; im Loirethale war es auch jetzt nicht zum Kampfe gekommen.

Diese Angaben bildeten den Inhalt der letzten Meldung, welcher der Generalstabsoffizier, der sie einsandte, zum Schluß hinzufügte: „Munitionsersatz beim 10. Korps und der Armeeabtheilung nothwendig."

Sein bald mündlich abgestatteter Bericht ergänzte das Bild der heute dort geführten Kämpfe.

Alle Offensivversuche des Feindes auf der Front des Großherzogs bei Villorceau, Villechaumont, Cravant und Layes, die der Feind mit lebhaftem Artilleriefeuer einleitete und dann mit starken geschlossenen Infanteriemassen durchführte, waren resultatlos geblieben, trotz der am Morgen gelungenen Ueberfälle auf Origny und Villejouan, wo die drei am weitesten vorgeschobenen Vorposten-Kompagnien der Armee-Abtheilung gestanden hatten. Auch die weit ausholende Umfassungs-Bewegung der Franzosen über Poisly, Sedenay, Villermain, Coudray-Chateau, die der Feind schon am Tage zuvor — damals jedoch ohne die starke Artillerie, die er heut entwickelte — versucht hatte, scheiterte, als das Bayerische Korps, durch Batterien des 10. Armee-Korps unterstützt, dort von Beauvert nach Montigny hinüber eine starke, etwas zurückgebogene Flanke von Geschützen bildete. Die Ermattung hatte sich beim Feinde schon deutlich bekundet. Die Kanonade füllte den größten Theil der Gefechtstage aus und nur, wo um die Dörfer gestritten wurde, kam es zum zeitweise lebhaften Gewehrfeuer. Des Gegners Kräfte gingen augenscheinlich auf die Neige — eine Widerholung der Angriffe ließ sich nicht erwarten.

Abends um 8 Uhr folgte diesen Nachrichten eine kurze telegraphische Relation über das Gefecht, welche General v. Stosch an das Ober-Kommando richtete.

Meung, den 10. December 1870.
7 Uhr 20 Minuten Abends.

„Heute Morgen ging der Feind gegen die Stellung der 22. Division bei Cernay und Villechaumont vor und suchte dieselbe von der Forêt de Marchenoir aus zu überflügeln. Dieselbe wurde sofort durch das 1. Bayerische Korps unterstützt, welches Layes und Beauvert besetzte und allmälig in Gemeinschaft mit Batterien des 10. Korps, gegen Villermain vordrang. Der Feind entwickelte nunmehr weiter umfassend eine Division bei Mézières, welche von der 4. Kavallerie-Division zum Stehen gebracht wurde. In der Front war inzwischen die 17. Division in Beaugency durch die 19.*) abgelöst worden und warf den Feind auf Origny und Villejouan.**) Hier endete bei Anbruch der Dunkelheit die Kanonade."

---

*) Die zur 20. Division gehörende Brigade Diringshofen (4 Bataillone 2 Batterien stark) befand sich des Morgens um 10½ Uhr, als ein Eingreifen des 10. Korps geboten schien, nahe bei Beaugency und übernahm, in die Linie der 17. Division einrückend, den linken Flügel bei dieser Stadt.

**) Siehe die Darstellung der Schlacht weiter unten in Anmerkung, welche die Einzelheiten der Kämpfe giebt, wie dieselben thatsächlich verlaufen sind.

„Da diesseits ein Angriff nicht beabsichtigt war, begnügte man sich damit, die Angriffe des Feindes zurückgewiesen zu haben. Diesseitige Vorposten auf der Linie vorwärts Beaugency, Villemarceau, Cernay, Layes, Beauvert, Montigny, Poisioux und Beobachtung gegen Moirée."

„Feind mit dem rechten Flügel an der Loire, dann über Serqueu Château, Jones nach der Forêt de Marchenoir.*)

gez. v. Stosch.

Soweit die Nachrichten über die Armee-Abtheilung.

Das 10. Armee-Korps meldete nur noch, daß es sein Hauptquartier in Beaugency genommen habe. Hier sei indessen kurz hinzugefügt, was an diesem Tage außer den schon bekanntgewordenen Ereignissen bei diesem zur II. Armee gehörigen Korps vorgefallen war.

Nachdem des Morgens die Brigade Diringshofen bei Beaugency in die Gefechtslinie eingerückt war, hatte sich die Nothwendigkeit herausgestellt, den rechten Flügel des Großherzogs zu unterstützen. Die Korps-Artillerie, die gerade im Vormarsch über Cravant war, bog nun nördlich aus und ging durch Messas nach Cravant vor. Die drei nachfolgenden Infanterie-Brigaden, gleichfalls auf Beaugency dirigirt, rückten nach Grand Chatre als Reserve. Wie sie sich dort versammelt hatten, bestand aber bereits für den rechten Flügel keine dringende Gefahr mehr und sie kochten nun an Ort und Stelle ab.

Die 4 Fuß-Batterien der Korps-Artillerie waren inzwischen in der Linie von Beauvert gegen Montigny hin, mit Bayrischen Batterien vereint, ins Feuer gekommen und wurden in den ersten Nachmittagsstunden ihres Gegners Herr, so daß sich die schweren Batterien links schwenkend gegen Poisly wenden konnten. Um 2 Uhr schon befahl der nach Cravant geeilte kommandirende General, Munition

---

*) An der Loire stand ein Theil der Kolonne Camô unter General Tripart, sowie die 1. Division des 16. Korps, im Centrum bei Josnes das 17. Korps, auf dem linken Flügel, am Walde von Marchenoir, die 2. Division und die Reserve des 21. Korps.

Das Nähere über die feindliche Aufstellung wird weiter unten angeführt.

zu schonen und zog die leichten Batterien, die kein direktes Ziel mehr hatten, aus dem Feuer zurück.*)

Die reitenden Batterien der Korps-Artillerie griffen hingegen auf dem Gefechtsfelde der 17. Infanterie-Division bei Villejouan ein und blieben dort in einer Position südwestlich Villemarceau bis zur Dunkelheit in Thätigkeit. Die drei bei Grand Chatre versammelten Infanterie-Brigaden rückten übrigens um 2 Uhr noch bis südwestlich Beaumont, doch nahm der Großherzog der vorgerückten Tageszeit halber von der Offensive Abstand, an welche zeitweise gedacht worden war.

In Folge dessen bezog das 10. Korps Kantonnements: mit der 20. Infanterie-Division in Beaugency, Vorposten von Loynes zur Loire hinüber, mit der Korps-Artillerie und der 19. Infanterie-Division zwischen Messas und Meung.

In der Nacht noch wurde das Korps-Hauptquartier Beaugency dadurch allarmirt, daß die Gewehrkugeln des Feindes, der die Vorposten angriff, bis auf den Marktplatz der Stadt einschlugen.

Vom 9. Armee-Korps hörte das Ober-Kommando an diesem Tage Nichts — die Meldung desselben langte erst am 11. Dezember früh in Orléans an. Auch die Armee-Abtheilung hatte keine Verbindung mit dem Korps gehabt, doch wurden die Bemühungen bei Beaugency auf irgend eine Art einen Uebergang herzustellen, fortgesetzt; General v. Voigts-Rhetz telegraphirte noch am Nachmittage nach Orléans, daß es für den Brückenschlag wünschenswerth sei, daß in Orléans und unterhalb der Stadt liegende französische Brückenmaterial, sowie sämmtliche Schiffsgefäße dort zu haben. Er bat, Beides durch die Ponton-Kompagnie des 3. Armee-Korps zu Wasser nach Beaugency schaffen zu lassen.

Der Eisgang verhinderte die Ausführung dieses Projektes zwar, allein das Ober-Kommando hatte schon alle Veranstaltungen getroffen, um bei Beaugency aus dem Material der Armee eine Kriegsbrücke schlagen zu lassen.

Uebrigens empfing das Ober-Kommando schon Abends um 8 Uhr eine Nachricht, welche es indirekt davon unterrichtete, daß die Expedition des 9. Armee-Korps ihren Zweck nicht verfehlt hätte.

---

*) General v. Voigts hatte zu der Zeit, als er diese Maßnahmen traf, den Armee-Befehl des Prinzen noch nicht in Händen, sondern handelte aus eigener Initiative.

Versailles, den 10. Dezember 1870,
6 Uhr 30 Minuten Nachmittags.

„Französische offizielle Depesche meldet, daß die Regierung heute ihren Sitz von Tours nach Bordeaux verlege. Gambetta befindet sich bei der Armee."

gez. v. Podbielsky.*)

Des inneren Zusammenhanges halber sei hier ferner noch die Meldung des 9. Armee-Korps hinzugefügt, die in Orléans am 11. Dezember früh 3 Uhr 50 Minuten einging:

H.-Q. Vineuil bei Blois, den 10. Dezember 1870,
Abends 8 Uhr.

„Das Korps hat heute Nachmittag 1/2 4 Uhr, ohne direkten Widerstand zu finden, jedoch unter heftigem Gewehrfeuer aus der Stadt, die Vorstadt von Blois besetzt. Die Loirebrücke soll heute Morgen 6 Uhr gesprengt sein. Die Oeffnung durch Sprengung eines Pfeilers beträgt 40 bis 50 Fuß. Der Feind beschoß den Vormarsch des Korps durch 2 Batterien vom rechten Loire-Ufer her. Auf der Eisenbahn wurde starker Verkehr bemerkt. Ein Seiten-Detachement suchte den Wald von Chambord ab, besetzte, ohne Widerstand zu finden, Bracieux und schob Patrouillen nach Neuvy, Fontaine, Cour Cheverny vor, ohne vom Feinde mehr wie einzelne Versprengte zu finden. Verbindung mit der 6. Kavallerie-Division aufgesucht, aber noch nicht hergestellt."

„Soeben ein Offizier dieser Division aus Romorantin hier eingetroffen. Das Korps steht in engen Kantonnements südöstlich Blois und in der Vorstadt."

V. S. d. G.**)
Der Chef des Generalstabes.
Bronsart v. Schellendorf,
Major.

Von der 6. Kavallerie-Division aus Vierzon war die Nachricht eingelaufen, daß sie die Befehle zum Abmarsche nach Romorantin—Contres erhalten habe.

---

*) General-Quartiermeister der Armee.

**) Von Seiten des General-Kommando's.

Nachmittags um 1 Uhr war der Division schon die Nachricht zugegangen, daß das 9. Korps am Tage zuvor bei Montlivault Widerstand gefunden und Blois noch nicht erreicht habe; der Vormarsch am 10. sei abhängig gewesen von dem Vorschreiten der Armee-Abtheilung auf dem rechten Strom-Ufer. Danach sollte die 6. Kavallerie-Division ihren eigenen Vormarsch bemessen.

Nachmittags um 5 Uhr folgte dem ein ausführliches Schreiben. Da der Feind sich auch heute noch nahe Beaugency behauptet hatte, so mußte man nun die Möglichkeit ins Auge fassen, daß die übrigen Theile der Loire-Armee sich von Neuem regen würden, um die bedrängte, aber dennoch ausdauernde Armee Chanzy, die dem Großherzog gegenüberstand, durch eine Offensive zu degagiren. Streng genommen lag es auf der Hand, daß das Französische Kriegs-Ministerium den Generalen, welche die Korps des rechten Flügels der Loire-Armee kommandirten, eine Vorwärts-Bewegung von Bourges und Nevers her anbefehlen würde, auch wenn die dorthin zurückgegangenen Truppen der Ruhe und Sammlung noch dringend bedurften. Des Kriegsministers Gambetta allmächtige Hand war ja schon mehrfach in den Operationen der feindlichen Heereskörper zu spüren gewesen. Jedenfalls mußte die II. Armee auf dergleichen Ereignisse schon in den nächsten Tagen gefaßt sein. Der Prinz Feldmarschall schrieb daher an das Kommando der 6. Kavallerie-Division:

„Der Feind hat einen bedeutenden Theil seiner Kräfte nördlich Beaugency gegen die Armee-Abtheilung und das 10. Korps entwickelt. Es hat deshalb heute das 10. Armee-Korps nicht auf rechtem Loire-Ufer gegen Blois vorrücken können, und wird das 9. Korps dadurch verhindert sein. sich in den Besitz von Blois zu setzen."

„Das feindliche 18. und 20. Korps, welche bei Bourges vermuthet werden,*) können dadurch veranlaßt sein, gegen Orléans vorzumarschiren."

„In diesem Falle sollen die dem Feinde bei Bourges jetzt nächsten Regimenter, denselben beobachtend, vor ihm her langsam sich auf Orléans abziehen."

„Die anderen Regimenter der 6. Kavallerie-Division —

*) Siehe weiter unten die Meldungen des 3. Armee-Korps.

ich vermuthe die beiden Husaren-Regimenter*) — hätten sich, je nach Umständen, direkt nach Orléans zu wenden, oder sich an das 9. Armee-Korps heranzuziehen. Für letzteres beabsichtige ich, wenn es die Loire wie ich glaube erlaubt, morgen bei Beaugency eine Kriegsbrücke schlagen zu lassen."

„Die in Salbris und Vierzon stationirten Regimenter der Kavallerie-Division erhalten deshalb den Befehl, nach Osten hin festzustellen, ob morgen und in den nächsten Tagen feindliche Truppenmärsche auf der Straße Bourges—Aubigny Ville stattfinden."

„Häufige Meldungen an mich sind durch die sogleich wieder einzurichtende Relaislinie sicher zu befördern."

„Die Regimenter in Salbris und Vierzon verbleiben in ihrer jetzigen Aufstellung bis weiterer Befehl von mir erfolgt."**)

Der General-Feldmarschall
gez. Friedrich Karl.

Ausgiebige Nachrichten über die letzten Operationen des Feindes an der oberen Loire waren noch vom 3. Armee-Korps her eingelaufen. Sie datirten vom Abend des 9. Dezember, langten jedoch erst am Nachmittage des 10. in die Hände des Oberbefehlshabers.

Das Korps wiederholte seine Angabe, daß es auf seinem Vormarsche von Orléans nach Gien Gefangene vom 16., 18., 20. französischen Armee-Korps gemacht hätte.

Aus der Uebereinstimmung vieler Aussagen dieser Leute sowie der Einwohner schien hervorzugehen, daß das 20. französische Korps bei Sully über die Loire gegangen sei, das 18. Korps und unbe-

---

*) Generalmajor v. Schmidt, der Führer der Division, hatte die 14. Kavallerie-Brigade (Ulanen 3 und 15, Kürassiere 6) in Vierzon, La Loge und Salbris zurückgelassen und war mit der 15. Brigade (Husaren 3 und 16), sowie der reitenden Batterie der Division und den 2 Kompagnien Infanterie, über die er verfügte, nach Westen aufgebrochen.

**) Hierdurch erfuhr der am Tage zuvor Nachmittags $4^1/_2$ Uhr an die 6. Kavallerie-Division gerichtete Befehl (Siehe Seite 322) eine Abänderung.

deutende Trümmer des 16.*) bei Gien. In dieser Stadt selbst hatten sich alle jene Angaben wieder bestätigt. Die dem Ober-Kommando schon mit der letzten Meldung überreichte Verlustliste der 1. Division des 18. französischen Korps in der Schlacht von Beaune la Rolande war in der Wohnung des betreffenden Divisions-Kommandeurs liegen geblieben. Aus sicherer Quelle wurde festgestellt, daß auch General Bourbaki am 7. noch in Gien gewesen war.

Die auf Kähnen über die Loire gesetzte Infanterieabtheilung, welche, von einem Generalstabsoffizier des Korps geführt, gegen Argent marschirt war, hatte ermittelt, daß längs dieser Straße französische Truppen gelagert, die man auf etwa eine Division schätzen mochte. Eingegangene Erkundigungen lieferten als Ergebniß: die Hauptmassen des Feindes seien direkt auf Argent gezogen und der Durchmarsch, der am Abend des 7. um 7 Uhr begonnen, habe die ganze Nacht fortgedauert. Es wurden Leute aufgegriffen, welche die Franzosen als Führer mitgenommen und dieselben sagten nun aus, daß im Laufe des 8. Dezember ein Divisionsgeneral mit 4 Eskadrons, 6 Geschützen und etwa 3—4000 Mann Infanterie von der Hauptstraße nach Autry abgebogen und über Cernoy, Barlieu bis nach Vailly marschirt sei, während die Hauptmassen an diesem Tage Argent erreichten, die Avantgarde Aubigny Ville. Ueber die Marschrichtung des angeblich bei Sully über die Loire gegangenen 20. französischen Korps**) war nichts bekannt geworden.

Diesem ersten ausführlichen Bericht war ein zweiter kürzerer beigefügt, der aus Chateauneuf dem Hauptquartier des 3. Armee-Korps vom 10. Dezember 1870, 1 Uhr Nachmittags datirte:

„Das Armee-Korps wird in Folge des gestern Nachmittags

---

*) Es hat hier jedenfalls stets eine Verwechslung der selbstständig operirenden 1. Division des 15. französischen Korps mit dem 16. durch die Gefangenen stattgefunden.

**) Bekanntlich ist das Korps bei St. Denis—Jargeau über die Loire gegangen, nicht bei Sully; dorthin sind wohl nur Theile des Korps gekommen, welche jene für die in Ordnung marschirende Masse bestimmte Brücke nicht mehr erreichten. Der nächtliche schnell ausgeführte Marsch des 20. Korps über die Hängebrücke von Jargeau scheint auch in der Bevölkerung wenig Aufsehn erregt zu haben, da das 3. Armee-Korps davon keine Nachricht erhielt, während ihm viel von dem Passiren der Heertrümmer durch Sully berichtet worden ist.

$3^1/_2$ Uhr eingetroffenen Befehls des Königlichen Oberkommandos heute Abend um 5 Uhr mit der Tete St. Denis de l'Hôtel, mit der Queue Les Bordes erreichen, so daß es in 24 Stunden $6^1/_2$ Meile zurückgelegt hat."

Da das Korps somit erst am 11. Orléans zu erreichen vermochte, so blieben die Bestimmungen, welche der Oberbefehlshaber in seinem Armeebefehl für den 10. Dezember gegeben, auch für den 11. noch aufrecht erhalten. Die Aufgaben der einzelnen Korps hatten sich ja noch nicht geändert, die 6. Kavallerie-Division, für die solche Aenderungen eingetreten, war wie erwähnt, mit besonderen Weisungen versehen.

Der Großherzog wurde deßhalb nur noch telegraphisch davon unterrichtet, daß der Armeebefehl vom 9. unverändert nun auch den 11. Dezember umfassen sollte.

Die weiteren Befehle für die Offensive nach Westen konnten erst am 11. Dezember erlassen werden, wenn auch vom 9. Armee-Korps die noch fehlenden Nachrichten eingelaufen waren. In einem ausführlichen Berichte, den General v. Stiehle am Nachmittage des 10. Dezember nach Versailles an den Grafen Moltke richtete, wurden indeß in großen Zügen schon die Absichten für die nächsten Tage angedeutet.

„Wenn das heutige Gefecht bei Cravant, wie zu vermuthen, mit dem Rückzuge des Feindes endet, berichtete General v. Stiehle, so beabsichtigt Seine Königliche Hoheit der Prinz-Feldmarschall, die Armeeabtheilung auf der Straße Ouzouer-le-Marché—Morée den Wald von Marchenoir umgehen, und dann die Armeeabtheilung über Vendôme, die II. Armee längs der Loire auf beiden Ufern gegen Tours vorrücken zu lassen."

Er fügte noch hinzu:

„Unsere Verluste der letzten Tage sind nicht bedeutend; die Gefechte waren ohne Energie und bestanden meist in Kanonaden; leider oft auf große Entfernungen, Unterstützung bei Ergänzung der Munition wird deshalb dringend erbeten."

Daß Prinz Friedrich Karl die Armeeabtheilung aus ihren augenblicklichen Stellungen herausziehen und auf die nördlichen Marschrichtungen versetzen wollte, hatte seinen Grund in dem für die Operationen nach Westen entworfenen allgemeinen Plane.

Nur zwei große Straßen, die unter allen Umständen ein schnelles und sicheres Fortkommen stärkerer Truppenmassen möglich machen, führen von Orléans her gegen den mittleren Lauf des Loir, diejenige über Beaugency im Loirethale und die von Ouzouer le Marché. Auf diesen beiden Straßen sollten auch die Hauptcolonnen der Armee des Prinzen vordringen, in der nördlichen Richtung der Großherzog, in der südlichen das 10. und 3. Korps, unterstützt durch das links der Loire operirende 9. Armeekorps. Nur so konnte gegen die Armee Chanzy auch noch ein Erfolg erzielt werden; denn man durfte hoffen auf beiden Seiten schneller Terrain zu gewinnen als im ungünstigsten Falle*) ihre Flügel auszuweichen vermochten. Dem Frontal-Angriff würde sie — das ließ sich voraussehen — langsam und, den ganzen Raum zwischen der Forêt de Marchenoir und der Loire füllend, unter abschnittsweisem Gefecht ausweichen. In den Flanken umfaßt und überraschend angegriffen, wäre sie dagegen der Niederlage nicht entgangen. In der Front mußten natürlich auch die Angreifer so lange temporisiren, bis die Umfassungs-Kolonnen weit genug vorgedrungen waren.

So zu verfahren und damit diesem mit wenig Hoffnungen eröffneten neuen Feldzuge auch noch eine entscheidende und an Resultaten reiche Wendung zu geben, war jetzt des Feldmarschalls Absicht.**)

---

*) D. h., wenn General Chanzy zeitig seinen Rückzug einzuleiten begann.

**) Die Schlacht von Beaugency gehört, wie die von Loigny, in die Geschichte der Armee-Abtheilung des Großherzogs von Mecklenburg. Es erscheint indessen an dieser Stelle eine kurz gefaßte Darstellung der Kämpfe vom 7., 8., 9. und 10. Dezember geboten. Zu berücksichtigen bleibt übrigens, daß dem Ober-Kommando der II. Armee dieser Hergang zur Zeit des Krieges nur soweit bekannt geworden ist, als es die oben angeführten Meldungen und Nachrichten ergaben.

Gefecht bei Meung.

Wie bekannt war die 2. Kavallerie-Division, welche auf der Straße über Beaugency und Mer der Armee-Abtheilung des Großherzogs gegen Tours hin voraufeilen sollte, schon am 6. Dezember auf feindliche Streitkräfte gestoßen, welche die große Loire-Straße in der Gegend von Meung versperrten. Die ihr beigegebene Infanterie hatte diese Stadt zwar genommen, aber wieder geräumt, weil sie einem starken Feinde gegenüber zu exponirt gewesen war. Truppenbewegungen von Cravant her zu der großen Straße Orléans—Beaugency hinüber waren ferner wahrgenommen worden.

Als am 7. Dezember Morgens die Hauptcolonnen des Großherzogs ihren Marsch begannen, wurde daher schon zwischen ihnen — in der Erwartung neuer Kämpfe — eine lebhafte Verbindung unterhalten.

Der 11. Dezember.

„Néanmoins la situation commançait à devenir critique pour le général Chanzy. Le prince Charles avait reçu par Chartres et Chateaudun de nouveaux renforts.*) Il se

---

Die 2. Kavallerie-Division hätte an diesem Tage bis Mer vordringen sollen, die 4., auf dem rechten Flügel, bis Marchenoir und Plessis l'Echelle.

Das Marschziel der 22. Infanterie-Division, die hinter der Kavallerie den rechten Flügel hielt, war der Rayon Charsonville—Ouzouer le Marché—Villermain—Baccon, das der an der Loire vorrückenden 17. Division die Stadt Beaugency. Zwischen den beiden Divisionen marschirten die Bayern nach einem Rayon Villermain—Cravant—Beaumont—Rondonneau—Baccon. Der Großherzog verließ um 9 Uhr Morgens Orléans und beabsichtigte sein Hauptquartier in Beaugency zu nehmen.

Diesen Vormarsch begleitete auf dem linken Loireufer die 25. (Großherzoglich Hessische) Division, welcher eine Brigade der 2. Kavallerie-Division beigegeben war. Die Division sollte Lailly, die Kavallerie Muides erreichen.

Ferner stand unter des Großherzogs Befehlen noch das Detachement des Generals v. Rauch, das, ursprünglich zur Beobachtung gegen Le Mans zurückgelassen, jetzt in Chateaudun war, nach Morée vorrücken und bis Vendôme rekognosziren, gleichzeitig aber auch nach Westen hin aufklären sollte.

In und bei Orleans hatten die Truppen eine kurze Ruhe genossen, aber nur wenig für die Wiederherstellung der Bekleidung thun und keinen Ersatz heranziehen können. Die Infanterie war an Zahl schon sehr schwach. Die 17. Division hatte kaum 5000 Bajonette an Ort und Stelle, die 22. Division trotzdem sie nicht so erhebliche Detachirungen abgegeben, nicht viel mehr; das Bayrische Korps zählte noch 9994 Mann Infanterie. Der Großherzog vermochte daher kaum noch 19—20,000 Gewehre in seine Gefechtslinien zu bringen.

Der Vormarsch in breiter Front war am 6. Dezember noch in der Idee disponirt worden, daß zunächst ein ernster Widerstand nicht zu erwarten sei.

Am 7. Dezember sollte zunächst die an der Loire auf dem rechten Ufer der 2. Kavallerie-Division folgende 17. Division in ein ernsteres Gefecht verwickelt werden. Sie trat um $9^1/_2$ Uhr von ihrem Rendezvous ($^1/_2$ Meile westlich Orléans) an und nahm das Dragoner-Regiment 17 rechts heraus, um mit den Bayern Verbindung zu halten, während die Masse der Truppen selbstredend die große Loirestraße verfolgte. Bald aber traten auf dieser Straße Stockungen ein. Vorn bei Meung war wiederum die 2. Kavallerie-Division im Gefecht und schickte ihre Bagage zurück, welche der 17. Division entgegenkam. Ferner war die 1. Bayerische Division, die als linke Flügelcolonne ihres Korps weiter nördlich hatte vordringen sollen, ebenfalls — um schneller vorwärts zu kommen und, da ihr die Abmarschzeit der 17. Division nicht bekannt gemacht worden — in die große Loirestraße eingebogen. Erst nach und nach entwirrte sich das Durcheinander und der Großherzog wies der Bayerischen Division den Weg

---

*) Wie aus der Darstellung hervorgeht, ist dies ein Irrthum.

grossissait également des forces précédement envoyées dans les directions de Gien et de Salbris et ne laissant plus dans

---

über la Challerie auf Messas an, damit die 17. Division nach Meung vorgehen und den Feind angreifen könne.

Eine erste Meldung, der gemäß der Feind gar über Meung gegen St. Ay vordringen sollte, welche von der Bayerischen Division übermittelt worden war, bestätigte sich nicht. Die Avantgarde der 17. Division fand selbst Meung vom Feinde frei. Dahinter aber standen die Franzosen auf dem flachen, von Gärten und Weinkulturen bedeckten Plateau, quer über die Straße und die Eisenbahn hinweg in guter, fortifikatorisch vorbereiteter Stellung. Die langgestreckten Dörfer La Bruère und Foinard bildeten ihre Front, von der aus sich das Terrain sanft gegen Meung abdacht; ihr rechter Flügel stützte sich bei Baulle an den Strom. Die frisch formirte, ganz neu ausgerüstete und bewaffnete Division Camô war dort aufmarschirt. Bis an Meung heran hatte sie ihre Vortruppen geschoben.

Die Avantgarde der 17. Division schickte sich sofort an, diese Vortruppen auf beiden Flügeln zu umgehen und in den Flanken anzugreifen, sie sandte ein Bataillon nördlich um Meung herum, ein halbes Bataillon durch die Stadt, ein halbes südlich am Stromufer vor, von Norden und Süden her, nicht in der Front sollte der Hauptstoß erfolgen. Der Rest der Avantgarde blieb hinter Meung als Reserve zurück.

Allein der Feind entzog sich der drohenden Umfassung und wich schnell auf seine Hauptstellung Baulle—la Bruère zurück. Die 2 Avantgarden-Batterien der 17. Division trabten nun zwar durch Meung vor, um die Weichenden noch zu beschießen, sie sahen sich aber jetzt aus jener Stellung durch ein überlegenes, lebhaftes Geschütz- und Mitrailleusenfeuer empfangen. Auch mit ihren weittragenden Gewehren sandten die Franzosen den erscheinenden Batterien ihre Geschosse zu. In Meung setzten die feindlichen Granaten bald mehrere Häuser in Brand.

Der Kommandeur der 17. Division, General v. Treskow, übersah sofort, daß die Kräfte der Avantgarde nicht ausreichen würden, um den Widerstand zu brechen, und beschloß, seine ganze Division zu entwickeln. Zunächst ließ er seine noch verfügbaren 4 Batterien gleichfalls durch Meung vorgehen, so daß etwa um 2 Uhr alle 6 Batterien den Kampf kräftig aufnahmen.

Die 2. Kavallerie-Division, welche diesen Feind bis dahin beobachtet und mit ihren Batterien bekämpft, machte der 17. Division die Front frei und konzentrirte sich auf deren rechtem Flügel in dem freien Terrain zwischen les Fontaines und Baccon, denn auf dem Plateau zwischen Meung und Foinard war eine Bewegung von Reiterei ganz unmöglich. Selbst der Infanterie boten die Weinfelder Schwierigkeiten.

Auf der andern Loireseite, Meung gegenüber, erschien jetzt auch die hessische Division. Leider aber konnte sie in den Kampf nicht eingreifen, da gerade hier das linke Stromufer erheblich niedriger ist und es keine Aussicht nach dem rechten hinüber bietet.

Orléans qu'une faible garnison, il voulut tourner l'ennemi, qu'il ne pouvait vaincre. Il essaya donc d'une de ces sur-

---

Während der Kanonade bei Meung war nun das gleich Anfangs um Meung nördlich herum vorgeschickte Bataillon im Marsche geblieben. Der Feind trat ihm zwar in den Weinfeldern mit starken Tirailleurschwärmen entgegen, doch warf es dieselben schnell auf la Bruère zurück. Nur dieses stark besetzte Dorf konnte es nicht nehmen, sondern es mußte demselben gegenüber halten bleiben und sich sogar um etwas in die Weingärten zurückziehen, da das feindliche Feuer zu stark und es ferner nothwendig wurde, die bei dem schnellen Vorgehen auseinandergekommenen Mannschaften zu sammeln.

Dieser isolirte Verstoß hatte übrigens gezeigt, daß die französische Front über la Bruère nördlich hinausreiche; denn unerwartet zeigten sich auch bei Langlochère feindliche Truppen. Dorthin dirigirte General v. Treskow nunmehr 2 Bataillone aus seinem Gros, welche dem bereits vorgedrungenen Bataillon seinen schweren Stand erleichtern und ihrerseits versuchen sollten, die feindliche linke Flanke zu erreichen. Auch südlich längs der Loire ließ er jetzt das Vordringen mit stärkeren Kräften fortsetzen.

Die nördlich angesetzte Umfassung reichte auch diesmal nicht aus. Zwar wurde Langlochère leicht genommen und das Vordringen von da aus gegen la Bruère erfolgreich fortgesetzt, aber nun erschien in der rechten Flanke der beiden umgehenden Bataillone stärkere feindliche Infanterie, welche gleichfalls von Norden her nach la Bruère herankam. Ja, als eine Kompagnie, um wieder diesen Feind in der Flanke zu beunruhigen, über Longlochère nördlich gegen le Buisson ausbog, endeckte man auch dort dichte französische Tirailleurschwärme. Man hatte also den Feind nicht umfaßt, sondern in seine von ihm schnell noch verlängerte Front hineingestoßen.

Während sich die hier vorgedrungenen Bataillone der 17. Division nun bei Langlochère gegen den nördlich stehenden Feind wehrten, gelang es ihnen doch gleichzeitig, auch la Bruère zu nehmen. Die 6 Batterien bei Meung kämpften gleichzeitig die französischen Geschütze nieder. Ein bisher als Artilleriebedeckung bei Meung zurückgebliebenes Bataillon schloß sich nun gleichfalls der in la Bruère eingedrungenen Infanterie an, Foinard wurde genommen und von Süden her brach die dort vorgegangene Umgehungscolonne (4 Jäger-, 2 Infanterie-Kompagnien) über Baulle energisch in die feindliche Stellung ein. Die Division Camô wurde geworfen. Sie zog in der Dunkelheit auf Beaugency ab. Theile der deutschen Infanterie und 3 Batterien setzten ihr nach und den Verfolgern fielen einige Hundert Gefangene, 1 Geschütz, 1 Mitrailleuse in die Hände.

Bei Langlochère hielt sich der Feind noch. Erst gegen 4 Uhr begann er auch dort zu weichen. In demselben Momente traf eine der Batterien der 17. Division von Meung bei den gegen Langlochère zurückgelassenen Abtheilungen ein und diese gingen nun sogleich zur energischen Offensive über. Der Gegner wurde in westlicher Richtung geworfen und eine Strecke weit verfolgt.

prises qui lui étaient familières et qui faillit réussir. Il achemina le long de la Loire, mais sur la rive gauche, un

---

Hierzu hatten indirekt auch die Bayern mitgewirkt. Die 1. Division des Korps v. d. Tann, die vom Großherzoge, wie bekannt, um die Loirestraße zu räumen, auf la Challerie dirigirt worden war, vernahm, als sie dort ankam, schon den Kanonendonner von Meung. Sie setzte deshalb den Marsch ohne Aufenthalt über les Monts auf le Bardon fort, konnte aber nicht sehr schnell vorwärts kommen, da die Wege äußerst schmal waren. Erst um 1/24 Uhr Nachmittags traf die vorderste Brigade bei le Bardon ein, dirigirte sich nun aber sogleich südlich gegen das Gehöft la Bourie, das in einer Bodensenkung liegt und hinter dem sich die flache Höhe gegen Langlochère erhebt. Auf dieser erannte man den Feind. Somit war es auch ersichtlich, daß der bei Langlochère fechtende rechte Flügel der 17. Division vom Feinde noch erheblich überragt wurde und daß das Eingreifen geboten sei.

Die drei bei der 1. Brigade befindlichen Batterien fuhren südlich le Bardon auf, um das Vordringen der Infanterie zu unterstützen. Diese erreichte auch La Bourie, nahm es und drängte den Feind in südlicher Richtung zurück. Ein Befehl des Großherzogs wies die 1. Division an, weiter gegen Messas vorzudringen. Wie das aber eben geschehen sollte, tauchte der Feind auf den Höhen von Grand Chatre auf und warf sich in die rechte Flanke der 1. Brigade, die nun von der Verfolgung ihrer Vortheile in südlicher Richtung abstehen und sich, scharf rechts schwenkend, nach Westen wenden mußte. Die heranbeorderte 2. Brigade sollte ihre frühere Aufgabe übernehmen und sich gegen Süden dirigiren. Diese Brigade war noch nicht heran, als auf der Höhe südlich la Bourie unerwartet eine französische Batterie erschien und nun in die linke Flanke der schon nach Westen geschwenkten 1. Brigade hineinfeuerte. Zwei Bayerische Kompagnien von dieser Brigade, welche ihre ursprüngliche Richtung noch beibehalten hatten, sahen diese Batterie plötzlich nahe vor sich. Entschlossen warfen sie sich hinein und eroberten 8 Geschütze, 2 Mitrailleusen. Leider konnten sie diese Trophäen nicht behaupten, sondern verloren sie wieder an bald herandringende stärkere französische Abtheilungen. Als die 2. Brigade herankam, hatte der Feind die gefährdeten Geschütze schon in Sicherheit gebracht. Diese Brigade konnte, da die Dunkelheit hereinbrach, nur noch mit schwachen Theilen eingreifen; die 1. Brigade drang noch bis in die Höhe von Petit und Grand Chatre vor, mußte dann aber auch inne halten. Die Artillerie und Kavallerie der Division war überhaupt bei le Bardon verblieben.

Die 2. Bayerische Division war von Huisseau nach Baccon marschirt, wo sie um 1 Uhr Nachmittags mit der Spitze eintraf. Das anfangs auf der Seite von Meung hörbare Geschützfeuer war um diese Zeit verstummt (als die 2. Kavallerie-Division dort den ersten einleitenden Kampf abbrach), dafür ertönte gerade jetzt von Ouzouer le Marché her stärkerer Kanonendonner. General v. d. Tann, der selbst bei Baccon anwesend war, hielt deshalb die 2. Division zurück, bis sich die Verhältnisse geklärt haben würden. Kavallerie-

corps de 20,000 hommes, qui descendit par Saint Hilaire, Cléry, St. Laurent des Eaux. Ce corps avait pour mission de

---

Patrouillen fanden in südlicher Richtung ein Gehöft bei Villocry, in westlicher das Dorf Poisioux und Schloß Coudray vom Feinde besetzt.

Da es mittlerweile bei Duzouer wieder still wurde und man nun das heftige Gefecht bei Meung hörte, erhielt die 3. Brigade Befehl südlich gegen Villocry vorzugehen, woselbst ihre Avantgarde auch schon um 3 Uhr eintraf und ein leichtes Artillerie-Gefecht gegen französische Kolonnen führte, welche in der Richtung von Chatre auf Cravant abzogen.

Eine Pause in dem Gefecht bei Meung ließ glauben, daß dasselbe nur sehr schwach sei und sich dem Ende nähere; die Brigade erhielt deshalb durch den Kommandeur der 2. bayerischen Infanterie-Division den Befehl, von dem Vorrücken nach Süden abzustehen und sich westwärts zu wenden, um die dort entdeckten Spitzen des Feindes zu vertreiben und die Verbindung mit der 22. Division herzustellen. Als Ziel wurde der Brigade les Banchets angewiesen. In dieser neuen Richtung war sie bereits bis Thorigny gekommen, als genauere Nachrichten sie abermals nach Süden zurückriefen. Von Villocry aus wurde auch noch die Verbindung mit der 1. bayerischen Division aufgenommen. Ueber diesen Bewegungen aber brach die Dunkelheit herein.

Die 4. bayerische Brigade und die Reserve-Artillerie waren überhaupt bei Baccon verblieben. Die Reserve-Kavallerie, die Kürassier-Brigade hatte sich der 2. Kavallerie-Division angeschlossen, die, wie bekannt, zwischen les Fontaines und Baccon hielt.

Die 22. Division hatte um 2 Uhr Mittags den Marsch von Ormes angetreten, bald von dem Vormarsch der übrigen Kolonnen des Großherzogs unterrichtet und in reger Kommunikation mit den Bayern. Bei Coulmiers angekommen, erhielt die Division eingehende Mittheilungen von der ihr vorausmarschirenden 4. Kavallerie-Division. Diese hatte nämlich Binas, Jouy, Ourcières, les Fontaines, Thorigny, le Bardon von feindlicher Infanterie besetzt gefunden; französische Kavallerie zeigte sich bei Marolles, Villermain, Launay, Thorigny, im Ganzen 6 Eskadrons. Diese Beobachtungen waren etwa um Mittag gemacht worden. Stärkere Rekognoszirungen der Kavallerie-Division gingen dann vor und entdeckten namentlich bei Marolles und Vallière bedeutendere Kräfte des Gegners, der dort alle 3 Waffen zeigte. Gegen diese führte die Division eine längere Kanonade, welche so lange währte, bis die 22. Division herankam.

Alsdann bezogen beide Divisionen Kantonnements um Ouzouer le Marché, Charsonville und Epieds, Vorposten in der Linie Ablainville—Boussy—l'Orme—Mézières. Weiter südlich standen die bayerischen Vorposten von les Banchets bis vorwärts Chatre, die der 17. Division in der heute eroberten Linie la Bruère—Baulle, in welche die Avantgarde nebst 3 Batterien hineingezogen worden war.

Der Verlust der 17. Division hatte betragen: 8 Offiziere, 211 Mann,
der der Bayern: . . . . 8 „ 94 „

s'emparer du pont de Blois, de traverser le fleuve et de tourner la forêt de Marchenoir."

Die übrigen Truppentheile erlitten nur ganz unbedeutende Einbuße.

Wie schon erwähnt, war es die französische Division Camô gewesen, welche bei Baulle und Foinard sich der 17. Division entgegengestellt hatte. Eilig von Tours mit der Eisenbahn herangezogen, sollte sie, ebenso wie das 21. Korps, welches den Wald von Marchenoir besetzte, der zurückgehenden Armee Chanzy's einen Halt verleihen. Aus seiner zwischen Beaugency und dem Walde von Marchenoir gelegenen Hauptstellung zog General Chanzy ferner die Division Deplanque über le Mée gegen Messas vor, um General Camô zu unterstützen. Diese Division, die freilich nach den Kämpfen von Orléans nur sehr schwach gewesen sein kann, wendete sich gegen die von Le Bardon herankommende 1 bayerische Division, während noch weiter nördlich die Division Roquebrune demonstrirte und sich bei Grand Chatre gleichfalls den Bayern gegenüber zeigte. Weiter nördlich hatte am Walde von Marchenoir (auch bei Marolles und Vallière) die 3. Division des 21. französischen Korps der 4. Kavallerie-Division gegenübergestanden.

Während das Ober-Kommando der II. Armee in Orléans nur über die Kämpfe von Meung Nachricht erhielt, konnte der Großherzog bereits an diesem Abende übersehen, daß er beim weiteren Vordringen die ganze Linie vom Walde von Marchenoir bis zur Loire bei Beaugency vom Feinde besetzt finden würde. Er befahl deshalb für den 8. Dezember:

1) Die 17. Division steht um 10 Uhr Vormittags hinter ihrer Avantgarde in der Gegend von Baulle zum weiteren Vormarsche bereit.
2) Das 1. bayerische Armee-Korps hat sich zu derselben Zeit bei Grand Châtre, Front gegen Beaumont, konzentrirt.
3) Die 22. Infanterie-Division, welcher eine Brigade der 4. Kavallerie-Division überwiesen wird, hat um 10 Uhr über Villermain Cravant erreicht.
4) Die 2. Kavallerie-Division bildet die Verbindung zwischen dem 1. Bayerischen Armee-Korps und der 22. Infanterie-Division und hat sich um 10 Uhr zwischen Grand Chatre und Cravant versammelt.
5) Die 4. Kavallerie-Division folgt der 22. Infanterie-Division.
6) Das Detachement des General v. Rauch ist durch die 4. Kavallerie-Division aufzusuchen und demselben der Befehl zu übermitteln, sich auf dem kürzesten Wege und so schleunig als möglich an die 4. Kavallerie-Division heranzuziehen. Dieses Detachement hat entweder Chateaudun in der Richtung auf Morée passirt, oder ist heute (am 7.) nach Orgères gegangen. Dorthin wird die Verbindung aufzunehmen sein.
7) Die Großherzoglich Hessische Division ist angewiesen, von Dry und Lailly auf dem linken Loireufer in der Richtung auf Tours, je nach dem Vorschreiten der Armee-Abtheilung auf dem rechten Ufer vorzugehen und in etwa sich entwickelndes Gefecht nach Kräften einzugreifen.

So berichtet Charles de Freycinet in seinem Buche „La guerre en Province“ pag. 197 über die Expeditionen des 9. Armee=

Die Schlacht von Beaugency.

General Chanzy hatte beschlossen, in seiner Stellung Stand zu halten. Es mußte nun also zum neuen entscheidenden Kampfe kommen. Seine Streitkräfte waren folgendermaßen vertheilt. Das 21. französische Korps, neuformirt, 4 Divisionen und eine Reserve stark, hielt den Wald von Marchenoir in seiner ganzen Ausdehnung besetzt. Die Division Collin (die 2.) stand geschlossen in der ersten Schlachtlinie, die sich vom Ostende des Waldes von Marchénoir zur Loire bei Beaugency hinüberzog. Sie hielt dort bei Lorges und Poisly den äußersten linken Flügel inne. Die Reserve des 21. Korps befand sich in der Hand des kommandirenden Generals Jaurès bei Marchénoir und hielt sich bereit, nach Lorges vorzurücken. Das Centrum der Armee bildete das 17. Armee=Korps, zur Zeit unter General Guepratte, der das Kommando interimistisch für den bei Loigny schwer verwundeten de Sonis führte. Von diesem Korps stand die 3. Division bei Prenay und Le Plessis, die 2. bei Ourcelle und Villejouan, die 1. bei Villemarceau und Loynes. Auf dem rechten Flügel bei Villorceau und Grand Bonvalet hielt Admiral Jauréguiberry mit der 1. Division seines, des 16. Korps, dessen andere beiden Infanterie=Divisionen den Rückzug längs der Loire weiter fortgesetzt hatten und die nun das rechte Ufer dieses Stromes gegen die Umgehung durch das 9. deutsche Armee=Korps vertheidigen sollten. Unmittelbar am Loireufer hielt die Division Camô, die sich nach dem Kampfe vom 7. längs des Ravins von Vernon aufgestellt und dort auch ihre 5 Batterien entwickelt hatte. Vor ihrer Front hielt sie indessen noch Messas, Coquille, Or. du Chiau besetzt, mit Vortruppen selbst Villeneuve. Vor der Front der Armee waren die beiden Kavallerie=Divisionen des 16. und 17. Korps vertheilt, sowie Eclaireurs und Irregulaire.

Trotz des partiellen Echecs, den sie am 7. erlitten, war die französische Armee am 8. Dezember dennoch im großen Ganzen völlig in der Lage, einen ernsten Kampf aufzunehmen. Ihre Positionen hatten freilich eine sehr beträchtliche Ausdehnung, indessen begünstigte das Terrain die Vertheidigung und die zahlreiche Artillerie verlieh derselben eine erhebliche Stärke.

Es erschien deshalb durchaus zweckmäßig, daß der Großherzog von Mecklenburg seine Armeeabtheilung, die ihren Marsch am 7. Dezember in großer Breite angetreten hatte, mehr zusammenzog und daß er zumal die weit nördlich dirigirte 22. Division an sein Centrum heranrief.

Allein diese Bewegung konnte nicht mehr ohne eine lebhafte Verwickelung mit der seit dem frühen Morgen unter Waffen stehenden feindlichen Armee durchgeführt werden, vor deren Front sie entlang führte. Die 22. Division trat ihren Marsch von Ouzouer le Marché und la Marcellerie in zwei Kolonnen an, die rechte sollte über Villermain, die linke über Coudray Château nach Cravant rücken, der ersten schloß sich auch die 8. Kavallerie=Brigade (v. Hont=

Korps Loire abwärts, nachdem er zuvor von den Erfolgen Chanzy's bei Beaugency berichtet und von dem außerordentlichen Eindrucke ge-

heim) an, die für diesen Tag von der 4. Kavallerie-Division abgezweigt worden war.

Die 4. Kavallerie-Division folgte von Ouzouer le Marché aus der 22. Division.

Die rechte Kolonne dieser letzten Division säuberte Villermain von kleinen feindlichen Abtheilungen. Als sie dann aber das Dorf passirte und südlich desselben zum Vorschein kam, wurde sie aus der Richtung von Poisly her mit Gewehr- und Geschützfeuer überschüttet und starke feindliche Kräfte wurden dort sichtbar, welche Miene machten, die Offensive zu ergreifen. Wie bekannt, stand in jener Gegend die französische Division Collin.

Die auf solche Weise in ihrem Marsche aufgehaltene Kolonne machte nun gegen den unerwartet auftretenden Gegner Front und nahm eine Aufstellung in der Linie Boigny—Sedenay. Das Dorf Villermain diente als Reduit. Auch die linke Kolonne wurde herbeigerufen. Erst drei, später alle 6 Batterien der Division traten in's Feuer, es kam zu lebhafter Kanonade und Füsilade, während welcher die Angriffsbewegungen des Feindes nicht nur abgeschlagen, sondern derselbe sogar genöthigt wurde, auf Lorges zurückzugehen. Bis Poisly und Cognère wurde er noch verfolgt; dann setzte die Division auf gemessenen Befehl des Großherzogs ihren Marsch gegen Cravant fort und ließ von weiterer Ausbeutung der auf dem ersten Gefechtsfelde errungenen Vortheile ab. Die 4. Kavallerie-Division, die sich mit ihren Batterien gleichfalls am Kampfe betheiligt hatte, folgte abermals, behielt aber die Forêt de Marchenoir im Auge und deckte der 22. Infanterie-Division während des ganzen Tages Flanke und Rücken und griff dabei noch mehrfach mit ihrer Artillerie in das Gefecht ein. Eine vorauseilende reitende Batterie begann auch bei Montigny das sich bald entwickelnde zweite Gefecht durch lebhaftes Feuer gegen feindliche Abtheilungen, welche sich bei Montsouris im Marsche auf Cravant zeigten.

Auch bei Cravant suchte der Feind der 22. Division zuvorzukommen. Er hatte schon die Gehöfte Beauvert und Layes besetzt und wollte eben in Cravant eindringen, als sich die linke Kolonne der Division durch schnelles Vorgehen in den Besitz von allen drei Punkten setzte. Die ganze Division schwenkte nun, sich auf die bei Montigny—Jouy schon feuernde reitende Batterie stützend, in die Linie Jouy—Beauvert—Cravant ein, placirte ihre Reserve und die Kavallerie-Brigade bei Launay und entwickelte in der großen freien Lücke zwischen Beauvert und Jouy alle ihre 6 Batterien. Rechts von dieser Stellung zwischen Jouy und Coudray hielt die 4. Kavallerie-Division. Nachmittags 1½ Uhr war Alles so geordnet. Der Feind aber machte nun die ernstesten Anstrengungen, um diese Position zu nehmen und damit den rechten Flügel der Armeeabtheilung zu werfen. Die Kanonade steigerte sich zu unerhörter Heftigkeit. Auch mit dem Infanterieangriff zögerte der Gegner nicht. General Jaurès rief seine Reserve herbei und gegen 3 Uhr erfolgte ein allgemeiner Vorstoß der

sprochen, welchen der Widerstand dieses Generals auf den Prinzen Friedrich Carl angeblich gemacht haben soll.*)

---

hier versammelten Theile vom 21. und der 3. Division des 17. Korps gegen die Linie Layes—Cravant. Layes ging verloren, aber Beauvert wurde behauptet und auch bei Cravant der Feind glücklich und energisch abgewiesen, wobei das 9. bayerische Jäger-Bataillon mitwirkte. Der Kommandeur der 22. Division, General v. Wittich, setzte seine Reserve ein und entriß dem Gegner Layes wiederum. Ein kritischer Moment, während dessen die Kavallerie-Brigade Hontheim sich schon bereit machte, durch rücksichtslose Attaquen, ähnlich wie es bei Loigny die Brigade Colomb der 2. Kavallerie-Division gethan hatte, der Infanterie Luft zu schaffen, ein Moment, während dessen ferner die beiden Kavallerie-Divisionen von der drohenden Gefahr in Kenntniß gesetzt worden waren, wurde dadurch überwunden. Die Vertheidiger gingen sogar zur Verfolgung über. Das Feuergefecht währte übrigens mit großer Lebhaftigkeit fort, einige ihrer Batterien mußte die 22. Division in sichere Stellungen zurücknehmen. Allein bis zur Dunkelheit behauptete man glücklich alle Punkte der Front und machte noch einige hundert Gefangene.

Das an dem Kampfe um Cravant betheiligte bayerische 9. Jäger-Bataillon bildete den äußersten rechten Flügel des Korps v. d. Tann, welches die 22. Division bei ihrem Anmarsche gegen Cravant zwischen Beaumont und Rilly im vorschreitenden Kampfe gegen Villechaumont gesehen hatte.

Jenes Korps hatte sich, wie bekannt, bei Grand Chatre versammelt und stand dort um 10½ Uhr geschlossen zum Vorrücken bereit. Drüben auf den flachen Höhen von Villechaumont und Villevert sah man den Feind zum Gefecht aufmarschirt. Vor der französischen Position senkte sich das Terrain zu einer jener in der Beauce so vielfach vorkommenden sanften Bodendepressionen, in welcher entlang die Straße von Beaugency nach Cravant läuft. Von dieser Chaussee aus hebt sich das Gelände dann wieder ebenso allmälig gegen Beaumont und die Stellungen der Bayern. Aehnlich wie am 2. Dezember standen sich hier die beiden Parteien auf flachen Terrainwellen gegenüber und zwischen ihnen dehnte sich eine weite kahle Mulde aus, deren Ueberschreiten im unbehinderten Feuer des Feindes natürlich sehr schwierig war.

Um 11 Uhr erhielt die 2. bayerische Division Befehl, bis Beaumont an den Rand der trennenden Mulde vorzurücken und ihre Batterien zu entfalten. Die 1 Division, die zum Korps herangezogene bayerische Kürassier-Brigade und die Artillerie-Reserve blieben noch bei Grand Chatre in der Hand des kommandirenden Generals.

Um 11½ Uhr war die 2. Division bei Beaumont aufmarschirt, als auch der Feind bereits von seinen Höhen mit starken Kräften herabstieg und zum Angriff gegen Beaumont vorging, die Chaussee überschreitend. Zahlreiche, auf

---

*) Ces succès répétés causèrent une stupéfaction profonde à l'ennemi. (Pag. 196.)

Unstreitig hatte jene Expedition des 9. Armee-Korps ihre Wirkung nicht verfehlt. Man schrieb ihr, wie ersichtlich, sogar noch

---

den Höhen von Villechaumont vortrefflich placirte Batterien begannen zugleich ihr Feuer. Aber schnell wurde Beaumont noch von den Bayern besetzt, die 2. Division entfaltete sich zu beiden Seiten des Dorfes bis auf 2 Bataillone und 1 Batterie vollständig und der Feind wurde glücklich abgewiesen. Er wich, und auf Befehl des Großherzogs, der bei Chatre hielt, ging die 2. bayerische Division nun zum Gegenangriff über. Sie drang glücklich bis an die Chaussee vor, in die Mulde hinein, nahm auch Le Mée. Einige Abtheilungen überschritten sogar die große Straße und avancirten gegen Villechaumont. Allein hier war die schwache Division bald in einer einzigen Linie entwickelt, zu weit ausgedehnt und dennoch isolirt, weil die 17. Division weiter südlich gegen Mittag erst ihr Vorrücken begann und auch auf der anderen Seite die 22. Division noch bei Villermain focht und Cravant erst erheblich später erreichen konnte. Die auf dem linken Flügel gegen die 17. Division hier entstandene Lücke füllte zeitweise die 2. Kavallerie-Division.

Eine Brigade der 1. Division rückte als Reserve bis Beaumont heran, indessen der Feind hielt den Raum zwischen diesem Dorfe und der Chaussee unter dichtem Granatenhagel und erschwerte so die Unterstützung der vorn kämpfenden Linie. Diese begann nach 1 Uhr Nachmittags — als sich ein Theil der Bataillone bereits verschossen hatte — zu schwanken und zu weichen. Langsam wogte an einzelnen Stellen das Gefecht gegen Beaumont zurück und die 2. Brigade von der 1. Division, die Artillerie-Reserve und auch die kleine Reserve der 25. Division, die noch bei Beaumont gestanden, mußte in den Kampf eingreifen. Gegen die neu erscheinenden Streitmassen steigerte der Feind sein Geschütz- und weittragendes Gewehrfeuer zu bedeutender Heftigkeit und die Verluste wuchsen von Minute zu Minute; dennoch wurde die Chaussee wiederum in ganzer Länge erreicht und ihr Besitz gesichert. Das auf dem äußersten rechten Flügel postirte 9. Jäger-Bataillon detachirte eine Abtheilung bis Cravant und die Front des fechtenden Korps dehnte sich nunmehr von diesem Flecken bis le Mée aus. Hinter der an der Chaussee im Feuer liegenden dünnen Infanterielinie standen die Batterien, bei Grand Chatre als Reserve noch die, 2000 Gewehre zählende, 1. Brigade und die Kürassiere. Dem gegenüber hielt der Feind seine dominirenden Höhen inne, welche ihm eine gesicherte Aufstellung und gute Feuerwirkung gewährten. Die Lage des bayerischen Korps gestaltete sich abermals sehr ernst, zumal da auf den beiden Flügeln eine Unterstützung nicht möglich war. Südlich hielt der Feind noch Messas, nördlich erwehrte sich die 22. Division nur mit Mühe des übermächtigen Gegners. Zur Schließung der Lücke zwischen den Bayern und der 17. Division zog der Großherzog außer der 2. Kavallerie-Division auch noch die bayerischen Kürassiere vor. In den unpassirbaren Weinfeldern aber konnte die Kavallerie nichts Ernstliches unternehmen, sondern mußte sich auf die Thätigkeit ihrer Batterien und eine mehr demonstrative Thätigkeit beschränken.

Aus dieser gefahrvollen Situation hoffte der Großherzog sein Centrum

weiter gehende Ziele zu, als ihr solche thatsächlich gestellt worden waren.

---

durch eine Offensive zu befreien und zog zu deren Durchführung die 1. bayerische Brigade, die letzte Reserve der Armeeabtheilung an die fechtenden Truppen heran, auch die letzten Batterien traten ins Feuer. Gleichzeitig mit seinem Angriff auf Cravant avancirte der Feind nun auch gegen den rechten Flügel der Bayern. Die bayerischen Batterien wurden immer mehr von dem sich nähernden Infanteriefeuer überschüttet, sie hatten schon viele Pferde verloren, so daß die Geschütze nur noch mit deren vier oder zwei bespannt werden konnten. Brach der Feind durch, so standen sämmtliche Batterien in großer Gefahr, sie begannen daher in eine 800 Schritt rückwärts gelegene Position überzugehen.

General Chanzy dachte allerdings ernstlich an einen Durchbruch des deutschen Centrums. Er wollte für diesen sogar alle disponible Kavallerie zu einem großen Schlage einsetzen, stand aber davon ab, weil er seine Gegner noch nicht für erschüttert genug hielt. Den ersten Offensivstoß gegen Beaumont hatte die Division Roquebrune (die 1. des 17. Korps) ausgeführt. Später griff die Division Deplanque (die 1. des 16. Korps) von Grand Bonvalet her gegen le Mée hin ein und hatte das erste Schwanken der Bayern verursacht. Die 2. und 3. Division des 17. Korps richteten bisher ihre Anstrengungen mehr gegen Cravant hin. Als der Angriff dieses Ortes mißglückt war, machte sich auch weiter südlich bei Villechaumont ein Weichen der Franzosen bemerkbar und die nun eingreifende 1. bayerische Brigade brachte die deutschen Linien wieder zum Vorgehen. Diese stiegen jetzt die Höhe von Villechaumont hinan und nahmen selbst dieses Dorf. Allein der Feind verfügte noch über starke Reserven namentlich der Division Deplanque, zog dieselben vor und drängte die Bayern wieder den Hang hinab an die Chaussee zurück. Villechaumont ging verloren; auch Mée nahm der Feind und machte dort eine Anzahl Gefangener, nachdem sich die bayerische Infanterie auf jenem Flügel theilweise wieder verschossen hatte. Der Feind begann sich in die Lücke zwischen den Bayern und Messas hineinzudrängen, stand aber mit der nun einbrechenden Dunkelheit von diesem Versuch ab, weil nun weiter südlich die Fortschritte der 17. Division fühlbar wurden und dieselben seine rechte Flanke zu bedrohen anfingen. Wieder avancirten die Bayern auch auf dem linken Flügel bis zur Chaussee Beaugency—Cravant und setzten sich auch von Neuem in den Besitz von le Mée. Villechaumont verließ der Feind gleichfalls und bayerische Bataillone nisteten sich dort ein. Die vom langen Kampfe und den vorangegangenen Anstrengungen äußerst erschöpften Truppen bivouakirten und kantonirten auf dem Schlachtfelde.

Die 2. Kavallerie-Division hatte des Morgens auf dem rechten Flügel der Bayern bei Grand Chatre gestanden, Verbindung mit der 22. Division gehalten und das Terrain vorwärts aufgeklärt. Nachmittags war sie, wie bekannt, auf den linken Flügel der Bayern südöstlich Beaumont vorgezogen worden. Von dort rückte sie, als die zweite Offensive des Feindes, welche die

General Chanzy selbst sagt:

„La journée du 10. nous était donc restée favorable,

Division Deplanque gegen die noch isolirte 1. bayerische Division unternommen, abgewiesen worden war, nordwärts zur 22. Division heran, um dieser nahe zu sein, die augenblicklich bei Villermain einen harten Stand hatte. Eine der Batterien fuhr auch noch am Wege Cravant—Launay auf und die Brigaden rückten gleichfalls bis dorthin, allein die einbrechende Dunkelheit setzte weiterer Thätigkeit ein Ziel und die Division bezog in le Bardon und Messas Kantonnements.

Die 17. Division war bis zum Mittag in der am 7. von ihr genommenen Linie Baulle—Langlochère stehen geblieben, der Feind ihr gegenüber in Villeneuve; ab und zu fiel ein Gewehrschuß. Mittags traf bei der Avantgarde das bisher in Toul stationirte Bataillon ein, nach einem langen schnellen Marsche, sonst aber ganz frisch. Um 12¼ Uhr erhielt die Division Befehl, auf Beaugency vorzugehen; denn der Großherzog beabsichtigte um diese Stunde die allgemeine Offensive in der Richtung Beaugency—Laveau.

Villeneuve hatte der Feind kurz zuvor geräumt, aber Messas hielt er stark besetzt und zwei Bataillone, zwei Batterien des Gros wurden dorthin entsendet, sie drangen auch in den Ort ein, indessen ein hartnäckiger Häuserkampf, bei welchem mehrere Gehöfte in Flammen aufgingen, währte bis zur Dunkelheit fort. Erst der Besitz der Kirche, in welcher 3 Offiziere 200 Mann zu Gefangenen gemacht wurden, entschied über das Schicksal des Ortes.

Die Avantgarde war im Marsche gegen Beaugency geblieben, und stieß auf die starke Stellung der Division Camô am Ravin von Vernon, an dem zumal eine markirte Weinbergshöhe stark besetzt war. Gegen diese Höhe richtete sich der erste Angriff, kam aber zum Stocken, weil die eigene Artillerie ihn nicht unterstützen konnte und auch die Infanterie sich in dem schwierigen Terrain nur mühsam weiter arbeitete. Eine Gegenoffensive des Feindes wurde indessen gleichfalls abgewiesen. Unterdessen trat eine unerwartete Wendung dadurch ein, daß es der längs des Stromufers vordringenden linken Kolonne der Division gelang, nach kurzem Gefecht das wichtige Beaugency zu nehmen. Das 9. Armee-Korps hatte bekanntlich die Stadt vom linken Loireufer unter starkes Artilleriefeuer genommen und den Feind für den dort stehenden Flügel besorgt gemacht, auch die Reserven dieses Flügels aus ihren sicheren Stellungen hinter Beaugency aufgescheucht. Mißverständnisse kamen hinzu, welche den General Camô schon vorher veranlaßt hatten, einen Theil seiner Division auf die Höhen hinter Beaugency zurückzuführen, und der Halt des französischen rechten Flügels löste sich. Das Feuergefecht dauerte freilich dicht westlich der Stadt und am Bahnhof noch fort, allein der Feind räumte mit beginnender Dunkelheit dennoch auch seine Positionen am Ravin von Vernon und zog ab. Eine Batterie, welche geglaubt hatte, noch durch Beaugency hindurchfahren zu können, fiel in die Hand der dort eingerückten Infanterie und Jäger.

Nur Vernon hielt der Feind noch fest, wurde aber daselbst in der Nacht von

bien que nous eussions éprouvé sur plusieurs points des pertes assez serieuses, principalement dans le 51e de marche.....

---

einem der Hanseatischen Bataillone, welche Messas genommen hatten, überfallen und unter Verlust von 230 Gefangenen hinausgeworfen.

An der zerstörten Loirebrücke von Beaugency nahm die 17. Division die Verbindung mit dem 9. Armee-Korps auf. Der Eisgang auf dem Strome machte indessen eine direkte Kommunikation von Truppenabtheilungen noch unmöglich.

Die Division kantonnirte in der Nacht eng zusammengedrängt in den eroberten Ortschaften.

Der Kampf war an diesem Tage lebhaft gewesen. Er hatte nicht unerhebliche Verluste gebracht, die Truppen sehr angestrengt; es mangelte an Munition und Verpflegung. Ein Theil der Artillerie, — die Mehrzahl der 4Pfünderbatterien, — war durch den starken Gebrauch momentan oder dauernd gefechtsunfähig geworden. Das Verbleien der Züge führte diesen Uebelstand herbei.

Allein mit der Dunkelheit war doch das Gefecht auf allen Punkten des ausgedehnten Schlachtfeldes glücklich beendet worden, Geschütze und Gefangene in den Händen des Großherzogs, der daher voraussetzte, daß der Feind die Nacht zum Rückzuge benutzen würde und dementsprechend, wie bekannt, (s. S. 313) für die Verfolgung disponirte.

Als Notiz fügte er seinen Befehlen hinzu, daß am nächsten Tage eine Schlacht nicht beabsichtigt sei.

In der Nacht fiel nun durch Zufall ein französischer Ordonanzreiter den Bayern in die Hände und es wurde demselben jener Befehl Chanzy's abgenommen, aus dem sich ersehen ließ, wie wenig dieser General schon an den Rückzug dächte. Zwar beabsichtigte Chanzy seine Stellungen weiter rückwärts zu verlegen, doch nur, um sich enger zu konzentriren und um den Anschluß an die Division Camô wiederherzustellen, die mit der Mehrzahl ihrer Truppen, nachdem sie Beaugency verlassen, bis hinter das Ravin von Tavers zurückgewichen war. Dort brachte General Tripart einen Theil zum Stehen, während der Rest, geführt von Camô selbst, den ein Sturz mit dem Pferde heftig erschüttert hatte, den Marsch bis Mer fortsetzte und dort die Hängebrücke zerstörte.

Nach Chanzy's Anordnungen sollten auch die übrigen Truppen des Admiral Jaureguiberry, die 1. Division des 16. Armee-Korps und die 1. des 17. Korps sich hinter der Bodensenke aufstellen, welche sich etwa von Origny her zur Loire hinabzieht, und deren unterstes Ende die Schlucht von Tavers bildet. Die Höhen von Toupenay, Serqueu-Château und Laveau boten dort neue vortheilhafte Positionen. Auch die Kavallerie des 17. Korps wich von Clos Moussu und Loynes hinter Laveau zurück. — Die des 16. Korps stand von Beginn der hier geführten Kämpfe an vor dem linken Flügel der Armee bei Poisly und Lorges.

Ce jour la encore, si une diversion sérieuse avait pu être faite sur l'autre rive de la Loire, nous eussions réfoulé

Die Rückwärtsbewegung aber deckten die Franzosen passender Weise durch eine in aller Frühe begonnene Offensive. Auf ihrem rechten Flügel griffen sie das in der letzten Nacht verloren gegangene Vernon sowie das rückwärts gelegene Messas an. Truppen, welche der Gegner nebst einigen Batterien auf den Höhen vor dem Ravin von Tavers zurückgelassen, führten den Vorstoß ziemlich entschlossen aus, wurden aber von den schnell allarmirten Besatzungen der beiden Dörfer abgewiesen.

Ebenso wurden die Bayern von der französischen Division Roquebrune, welche Morgens um 5 Uhr gegen Villechaumont und Villevert avancirte, angegriffen. Die Besatzung von Villechaumont war schon in der Nacht durch die Nachricht allarmirt worden, daß Cernay um Mitternacht vom Feinde besetzt gewesen sei, und daß dort Bewegungen von französischen Truppen zu hören wären. Auch in Le Méc machte sich Alles zur Abwehr eines Angriffs fertig. Der letztgenannte Ort wurde übrigens zuerst angegriffen und seine Verbindung mit Villechaumont unterbrochen. Bei Villechaumont fielen seit 7 Uhr früh Kanonenschüsse, die französische Infanterie aber verhielt sich vor der Hand passiv.

Die Besatzungen von Villechaumont und Méc gehörten zur 2. Bayerischen Division. Der Rest dieser Division, der in Beaumont lag, machte sich nun sofort zum neuen Gefecht bereit.

Auch die 22. Division, welche mit den zuerst bei Launay versammelten Truppen, den Befehlen des Großherzogs gemäß, gleich nach 7 Uhr gegen Beaumont aufbrach, um die Bayern in ihren Kantonnements abzulösen, wurde auf diesem Marsche schon von französischen Granaten begrüßt. Als die Division zwischen Beaumont und Cravant eintraf, begann vorn schon der Kampf und sie schob nun sofort einen Theil ihrer Streitkräfte nach Villechaumont und der zwischen diesem Dorfe und Cernay gelegenen Windmühle vor, von wo aus, wenn Villechaumont gesichert war, Cernay angegriffen und genommen werden sollte.

Allein auch das feindliche 21. Korps regte sich und warf seine dort stehenden Vortruppen in die von der 22. Division verlassenen Stellungen hinein. Durch ein Mißverständniß waren auch Layes und Beauvert, die besetzt hatten bleiben sollen, geräumt worden. Die Besatzung folgte der Division gegen Beaumont, drehte auf Befehl des Divisions-Kommandeurs wieder um, fand aber Layes schon vom Feinde besetzt. Auch in Beauvert hatten sich französische Tirailleurs eingenistet. Wie nun die 22. Division bei Villechaumont die Bayern unterstützt hatte, so nahmen diese ihrerseits an dem Kampfe jener Division um den Besitz von Layes Antheil. Im ersten Anlauf wurde das Dorf von Bayern und Preußen zurückerobert. Layes und Beauvert dann aber von der 1. bayerischen Division besetzt, während die preußischen Infanterie-Abtheilungen später abermals zu ihrer Division abrückten.

l'ennemi sur ses positions autour d'Orléans; l'ardeur des troupes était telle qu'à diverses reprises, pendant l'action, le général

---

Auf diese Weise kam es, daß die 22. Division nunmehr ihren Platz zwischen den beiden bayerischen Divisionen erhielt.

Im Verein mit der 2. bayerischen Division wehrte sie bei stehendem Feuergefecht auf größere Entfernungen den Feind in der Linie Cravant—Villechaumont—Mée ab und nahm um 10 Uhr Vormittags auch Cernay weg, so daß die Besatzung von Cravant ihre Schützen bis auf die Höhen bei jenem Orte vorschieben konnte. Hinter Cravant sammelte der Divisions-Kommandeur am Nachmittage auf Befehl des Großherzogs eine stärkere Reserve. Bald darauf wurde auf dem linken Flügel des Centrums von Le Mée aus Villevert und Villorceau genommen, so daß sich nun die neue Gefechtslinie von nördlich Cernay nach Villorceau hin erstreckte.

Die 1. bayerische Division nebst der Kürassierbrigade und der Artillerie-Reserve hatte sich des Morgens bei Grand Chatre und Rilly versammelt und von da aus bereits die 2. Brigade in die alten Stellungen der 22. Division vorgeschoben, wo sie, wie bekannt, an dem Kampfe von Layes und Beauvert Theil nahm. Der Feind leitete übrigens bald umfassende Bewegungen in der Richtung auf Villermain ein, während er zugleich bei Beauvert stärker zu drängen begann. Nun wurde auch die 1. Brigade und ein Theil der Artillerie-Reserve über Launay rechts herausgezogen und die Bayern bildeten hier von Montigny über Beauvert nach Layes hin eine Art Defensivflanke. Auf speziellen Befehl des Großherzogs sollten sie sich indeß auf keinen Fall über Montigny ausdehnen; sie verblieben daher auf diesem Flügel in ihrer Stellung und wirkten nur durch ihr Feuer gegen die demonstrirenden Bewegungen des Gegners. Die Kürassiere ritten nach Villechaumont vor, fanden dort aber keine Gelegenheit zum Eingreifen.

Die 4. Kavallerie-Division wirkte übrigens, wie in den Tagen zuvor, zu der Sicherung der rechten Flanke der Armee-Abtheilung mit. Sie hatte sich bis 10 Uhr Vormittags bei Beaumont versammelt und war von da nach Launay vorgerückt, eine Brigade, welche weiter nördlich beobachtete, bis Coudray Château. Ouzouer le Marché und Binas fanden die Patrouillen vom Feinde mit allen 3 Waffen besetzt; bei Villermain schossen sie sich mit feindlichen Tirailleurs herum. Von 1 Uhr Nachmittags ab rückte die Division weiter vor. Die 10. Brigade ging gegen Villermain, das der Feind räumte, die 9. mit den beiden Batterien bis nördlich Montigny, die 8. blieb nördlich Launay und hielt Verbindung mit der 2. Kavallerie-Division, welche südlich dieses Dorfes erschien. Aus Villermain und den umliegenden Orten zog die feindliche Infanterie intakt ab, ebenso ließen sich die Batterien nicht mit denen des Feindes in einen Kampf ein, da jene in guten vorbereiteten Deckungen standen.

Die 2. Kavallerie-Division war des Morges durch den Angriff des Feindes auf Vernon und Messas aus ihren Kantonnements aufgestört worden und hatte sich schnell bei der hochgelegenen Ferme la Borde auf dem rechten Flügel

en chef avait dû donner l'ordre aux divisions, de ne pas se laisser entraîner trop loin, tout mouvement de l'armée en

---

des bayerischen Armee-Korps versammelt. Dort behielt sie der Großherzog zu seiner Verfügung, dirigirte sie dann um 1 Uhr Nachmittags gegen Cravant, wo sie indessen nicht zum Eingreifen kam und beauftragte sie später zwischen der 22. Division, der 1. bayerischen Division und der 4. Kavallerie-Division die Verbindung aufrecht zu erhalten, was sie unter verschiedenen Bewegungen ausführte.

Der Großherzog hatte am Morgen eine noch engere Konzentration befohlen. In dieser wollte er die Einwirkung des 9. Armee-Korps abwarten, welches auf dem linken Loireufer unbeirrt gegen Blois vorging, nachdem der Versuch, Infanterie auf Kähnen über den Strom zu setzen, in Uebereinstimmung mit dem Ober-Kommando der II. Armee und im Hinblick auf die technische Schwierigkeit aufgegeben worden war. Die beabsichtigte Konzentration wurde indessen durch den Beginn des Kampfes unausführbar gemacht. Nachmittags faßte der Großherzog den Entschluß durch Offensive der 17. und 22. Division eine entschiedenere Wendung herbeizuführen. Eine starke Reserve zu durchgreifenden Unternehmungen fehlte leider. Nur das im Laufe des Tages bei der Armee-Abtheilung eingerückte Detachement des Generals v. Rauch, 2 Bataillone, 5 Eskadrons, 2 Geschütze, stand zur Verfügung. Es wurde für den Nothfall zurückgehalten. Den Hauptstoß sollte die 17. Division in der Richtung auf Villorceau ausführen. Zu ihrer Unterstützung gingen um 3 Uhr Nachmittags 3 Bataillone, 4 Eskadrons, 1 schwere Batterie der 22. Division auf Villejouan und Origny vor und nahmen beide Dörfer; Ourcelle blieb in Feindes Hand, da die Dunkelheit dem Gefecht ein Ende machte.

Die 17. Division hatte sich um Mittag am Ravin von Vernon konzentrirt und kanonirte gegen die noch diesseits des Grundes von Tavers stehenden Abtheilungen und gegen Batterien des Feindes. Um 1 Uhr Mittags erhielt sie den Befehl des Großherzogs den, Vorstoß in des Gegners rechte Flanke zu machen. Unter Zurücklassung eines Bataillons in Beaugency rückte sie nun mit der Avantgarde nach Pierre couverte, mit dem Gros nach Grand Bonvalet.

Da Beaugency gegenüber indeß noch erhebliche feindliche Streitkräfte standen und bei dem Vorstoß auf Villorceau eine Deckung gegen Südwesten gleichfalls nothwendig erschien, ließ der Divisions-Kommandeur die Avantgarde stehen. Theile des Gros, die in Grand Bonvalet noch eine Anzahl Gefangener gemacht hatten, besetzten dann die Gehöfte les Grottes und Clos Moussu. Zwei reitende Batterien wurden ferner unter Bedeckung gegen Villemarceau vorausgeschickt, um die Bayern zu unterstützen, 2 Bataillone, 1 Batterie folgten, dirigirten sich aber gleichfalls gegen Villemarceau, da der Feind bereits bis dorthin zurückgewichen war. Das Dorf wurde erreicht und besetzt und ein mehrfach erneuter Versuch des Gegners, es von Villejouan und Origny her wieder zu erobern, abgewiesen. In der Richtung nach Westen hin schob das Gros der Division seine vorderen Truppen nun auch nach Grand und Petit Boynes, sowie bis auf die Höhen westlich les Grottes vor.

dehors de ces positions étant imprudent et inutile. En effet, avec les forces considérables qu'elle avait devant elle et que

---

Diese neue Linie aber griff der Feind lebhaft an. Eines der hanseatischen Bataillone, welches an der Vertheidigung Theil nahm, ging zum Gegenangriff vor und gab damit das Signal zum allgemeinen Avanciren. Die ganze Linie ging bis zu der Schlucht vor, hinter welcher die französischen Massen standen, und trieb die über diese Schlucht vorgedrungenen Feinde dorthin zurück; dann aber bot ein überaus heftiges Gewehr-, Geschütz- und Mitrailleusenfeuer dem Angriffe Halt. Die Verluste waren nicht unbedeutend. Die Fermen de Feularde und la Pierre tournante aber wurden noch genommen und behauptet.

Die französische Brigade Bourdillon von der 1. Division des 16. Korps hielt das Ravin im Verein mit den Truppen des General Tripart. Um ihnen noch eine Unterstützung zu bringen, formirte sich die Brigade Faussemagne, die 2. von der 1. Division des 17. Korps zu einem Flankenstoße gegen die weit und isolirt vorgedrungenen hanseatischen Bataillone bei den Fermen de Feularde und Pierre tournante. Allein dieser Stoß kam nicht zur Ausführung; denn die beiden von ihrer Expedition gegen Villemarceau zum Gros ihrer Division zurückkehrenden reitenden Batterien sahen die anrückende feindliche Brigade und beschossen sie so erfolgreich, daß sie umkehrte. Die Dunkelheit machte auch hier dem Kampfe ein Ende.

Um $4^1/_4$ Uhr Nachmittags hatte der Großherzog bereits von Grand Chatre aus befohlen:

„Nach den heutigen siegreichen Gefechten werden Kantonnements bezogen:

1) Die 17. Infanterie-Division an der Straße Beaugency—Meung.
2) Die 22. Infanterie-Division nördlich davon bis Cernay und Cravant.
3) Das 1. bayerische Korps nimmt Kantonnements in dem Raum Beauvert, Launay, Thorigny, les Fontaines, Chatre.
4) Die 2. Kavallerie-Division geht in die Kantonnements bei le Bardon, die sie in der verflossenen Nacht belegt hatte.
5) Die 4. Kavallerie-Division behält Villermain und die Ausgänge der Forêt de Marchenoir unter Beobachtung und bezieht Kantonnements in der Gegend von Baccon.
5) Hauptquartier der Armee-Abtheilung Meung."

Daß am 9. Dezember Nachmittags schon stärkere Theile des 10. Armee-Korps bei Meung eintrafen, ist bekannt. (Siehe Seite 334.)

Auch am 10. Dezember sollte die Armee-Abtheilung noch keine Ruhe haben, wie es in der Absicht des Großherzogs und des Prinzen Friedrich Karl, der mittlerweile den einheitlichen Oberbefehl an der Loire wieder übernommen, gelegen hatte. Noch vor Tagesanbruch eröffnete der Feind den Kampf von Neuem.

General Chanzy war mit den Resultaten des 9. Dezembers zufrieden gewesen, da er seine Armee aus eigenem Entschlusse weiter hatte zurücknehmen wollen, das Mißglücken der verschiedenen partiellen Offensivstöße seine Pläne also nicht kreuzte. In der Linie Lorges—Tavers, die er für die fernere Vertheidigung ausersehen, drängte ihn sein Gegner nicht. Bedrohlich aber schien

le prince Charles, que rien ne menaçait dans d'autres directions, pouvait y maintenir, elle avait à craindre d'être tourné sans

---

ihm, daß die 2. Division des 17. Armee-Korps am Abend noch Villejouan und Origny verloren hatte; denn er fürchtete, daß die Deutschen dieses vor Josnes postirte Korps völlig durchbrechen und damit seine Armee zertrümmern würden. Er ertheilte deshalb an General Guepratte den gemessenen Befehl, mit der geworfenen Division die beiden Dörfer noch in der Nacht wieder zu nehmen. Dieses Unternehmen wurde erst des Morgens etwa um 6 Uhr ausgeführt, glückte aber vollständig, da gerade um diese Zeit die angegriffenen Orte nur schwach besetzt waren.

Deutscherseits hatte nämlich die 17. Division Villemarceau noch am Abend des 9. Dezembers geräumt, die 22. Division dagegen auch dieses Dorf besetzt. In Origny, Villejouan und Villemarceau stand die Nacht hindurch je ein Bataillon, indessen konnten dort so starke Kräfte nicht belassen werden, als die Division sich gegen Tagesanbruch konzentrirte. Es blieben vielmehr nur in Cernay und Origny je 2 Kompagnien auf Vorposten dem Feinde so hart gegenüber zurück, daß man die Stimmen aus den französischen Bivouaks zu hören vermochte. Als sich nun zu der schon bezeichneten Zeit die ganze 2. Division des 17. französischen Korps aufmachte und von allen Seiten über Origny herfiel, fand sie keinen sehr starken Widerstand, nahm das Dorf und machte 1 Stabs-Offizier und etwa 120 Mann von der Besatzung gefangen. In Villejouan stand eine Replis-Kompagnie, auf welche sich der Rest, der sich glücklich durchschlug, zurückzog. Doch auch dieses Dorf wurde durch starke französische Massen angegriffen, welche von Villemarceau her avancirten. Die vereinigten Kompagnien mußten daher den Rückzug nach der Mühle von Villechaumont fortsetzen. Das Gewehrfeuer begann aber damit wieder auf der ganzen Front des Centrums.

Der Großherzog hatte auf die Befehle des Prinzen Friedrich Karl hin für diesen Tag noch folgendermaßen disponirt:

Meung, den 9. Dezember 1870.

„Die 17. und 22. Infanterie-Division halten sich morgen den 10. d. M. in ihren Kantonnements bereit, wenn es erforderlich werden sollte, das 10. Armee-Korps zu unterstützen. Die Rendezvous-Stellungen sind dem Ober-Kommando hierher zu melden."

„Das bayerische 1. Armee-Korps sendet morgen 1800 Mann Infanterie und 1. Eskadron nach Orléans und folgt selbst am 11. d. M. dorthin. Der Allarmplatz des Korps für morgen ist hierher anzugeben. Das Detachement des III. Armee-Korps in Gien ist von demselben durch 2 Bataillone und 1 Kavallerie-Regiment am 13. d. M. abzulösen."

„Die 2. Kavallerie-Division hat sich morgen der ihr zufallenden Aufgabe, Beobachtung gegen die Linie Marchenoir—Mer mit dem General-Kommando des 10. Armee-Korps (heute in la Nivelle) direkt zu benehmen. Die 4. Kavallerie-Division bleibt im Wesentlichen in den innehabenden Kantonnements,

l'espoir d'un résultat réel. Néanmoins avant de prendre un parti définitif, le général en chef voulut encore faire une

---

läßt aber die Nordausgänge der Forêt de Marchenoir beobachten und klärt gegen Morée hin auf."

„Hauptquartier Seiner Königlichen Hoheit des Großherzogs morgen in Meung."

(gez.) v. Stosch.

Die 22. Division versammelte sich demnach mit der einen Brigade bei Cravant, mit der anderen bei Cernay. Die am Tage zuvor genommene Front sollte aber von den Vortruppen festgehalten werden. In Folge der Ereignisse von Origny und Villejouan befahl nun der Divisions-Kommandeur der bei Cernay stehenden Brigade, im Verein mit seiner Artillerie, dem weiteren Vordringen des Feindes in der Linie Cernay—Villechaumont Schranken zu setzen. Daß auf der anderen Seite die 17. Infanterie-Division gegen die rechte Flanke der so unerwartet vorgedrungenen französischen Stellung wirken werde, setzte er voraus. Es galt aber auch, die Bayern noch für diesen Tag in der Schlachtlinie festzuhalten und er begab sich deshalb sofort auf die Rendezvous-Plätze des v. d. Tann'schen Korps nach Rilly und Launay. Die Bayern waren thatsächlich bereits entschlossen, zu bleiben und den befohlenen Abmarsch aufzuschieben; sie hatten auch schon die in der Frühe begonnene Räumung von Layes und Beauvert sistirt. Nur die 1. Brigade rückte nach Orléans.

Der Kampf gestaltete sich nun wie am Tage zuvor. Die 22. Division, unterstützt durch eine nach Villechaumont wieder vorgegangene Brigade Bayern, hielt unter mäßiger Kanonade ihre Stellungen im Centrum der Front fest; durch ihr Artilleriefeuer half sie dann noch dazu mit, den Feind wieder aus Villejouan zu vertreiben.

Die beiden anderen bayerischen Brigaden nebst den Kürassieren und den Batterien der Reserve-Artillerie behaupteten in gleicher Weise den rechten Flügel bei Layes und Beauvert und bildeten auch von dort nach Montigny hin wiederum die Defensivflanke, die sich schließlich bis le Coudray Château und les Vanchets ausdehnte.

Der Feind griff nämlich an diesem Tage mit seinen Umfassungsdemonstrationen bis Mézières und Bizy aus, wohin er über Villesiclaire starke Streitkräfte vorschob. Erst tauchten seine Tirailleurs und kleinere Abtheilungen, dann größere Massen und schließlich eine ganze aus allen drei Waffen bestehende Division hier in der rechten Flanke der Armee-Abtheilung auf. Die 2. Division und die Reserve des 21. französischen Korps hatten gegen deren rechten Flügel bei Beauvert am Morgen das Feuergefecht eröffnet, zugleich aber bis gegen Coudray Château hin detachirt. Die 3. Division des 21. Korps hatte sich darauf hin ebenfalls vom Walde von Marchenoir aufgemacht und rückte nun neben der 2. Division in die Gefechtslinie ein, die Umfassung in der dargestellten Art immer weiter östlich ausdehnend. Die 1. Division des 21. Korps rückte nach Vallière und schob eine Rekognoszirung bis nach Ouzouer le Marché vor.

tentative auprès du ministre de la guerre, qui état alors à Bourges. Il lui télégraphie, ainsi qu'au général Bourbaki, le 10. au soir ce qui suit:

Diese Umfassung, welche bei energischer Durchführung für den Großherzog hätte gefährlich werden können, blieb aber mehr eine Demonstration von hin und herwogenden Truppenmassen, als ein Angriff. Die Batterien kanonirten dabei auf größere Entfernung.

Zur Unterstützung der Bayern hatte sich auf deutscher Seite bei Coudray Chateau auch die 4. Kavallerie-Division versammelt und ihre Batterien auf die Höhen nördlich Poisiaux vorgezogen, von wo sie in wirksames Feuer traten. Ferner war diese Flanke, wie bekannt (Siehe Seite 339), durch die Batterien des nach Chatre gerückten 10. Armee-Korps verstärkt und wesentlich unterstützt worden. Etwa um 3 Uhr Nachmittags schwieg auch das feindliche Geschützfeuer, die erschienenen französischen Kolonnen zogen nach der Forêt de Marchenoir ab und die 4. Kavallerie-Division, die schon am Morgen über Binas gegen den Wald, sowie gegen Morée beobachtet hatte, trieb ihre Patrouillen wieder nordwärts vor, ohne auf den Feind zu stoßen.

Die 2. Kavallerie-Division, welche sich des Morgens bei Rilly versammelt hatte, war auf Befehl des Großherzogs gleichfalls einmal nach dem rechten Flügel über Launay und Montigny vorgetrabt, ehe die 4. Kavallerie-Division, die dann ihren Platz einnahm, dort hatte anlangen können. Da keinerlei Gefahr im Vorzuge war, rückte die 2. Kavallerie-Division wieder auf ihren Sammelplatz bei Rilly und verblieb dort in Reserve.

Zu seiner Linken hatte das des Morgens eine Zeit lang gefährdete Centrum der Armeeabtheilung eine wirksame Unterstützung durch die 17. Division erhalten. Diese Division stand in der Frühe mit ihrer Avantgarde in der Linie Les Grottes—Clos Moussu, mit dem Gros bei Vernon, der Kavallerie-Brigade bei Messas bereit. Das Detachement des Generals v. Rauch war Abends vorher bei der Division eingerückt.

Als Truppen des 10. Armee-Korps bei Beaugency eingetroffen waren, — des Vormittags um 11 Uhr — rückte die Avantgarde nach Loynes vor, das Gros und die Kavallerie-Brigade nach Villorceau. Auch Villemarceau wurde von der Avantgarde durch 2 Bataillone besetzt. Der Feind entwickelte freilich gegen das Dorf sogleich starke Schützenschwärme, die von der Linie Origny—Petit Taupanne avancirten. Die Avantgardenbatterien der 17. Infanterie-Division aber wiesen dieselben bald zurück, so daß der Gegner sich auf eine heftige Kanonade beschränkte, durch welche er freilich die deutschen Batterien zum Zurückgehen zwang. Er machte dabei seine schwereren Kaliber geltend, die auf eine von den deutschen Feldbatterien nicht zu überwindende Distance ihrerseits eine gute Wirkung zeigten.

Als dann die 17. Infanterie-Division inne ward, daß sich Villejouan in Feindes Hand befände, griff sie nach genügender Vorbereitung durch Artillerie auch dieses Dorf energisch an, nahm es und machte die Vertheidiger der Li-

„Le mouvement qu'il est possible et indispensable de faire pour rétablir, coute que coute, notre situation, est le suivant: marcher de Bourges sur Vierzon, pousser le gros de la première armée par Romorantin sur Blois; prendre position entre la Loire et le Cher pour entrecepter les communications de l'ennemi entre Orléans et son armée engagée sur Tours, de façon à couper cette dernière de sa base d'opération. Si ce mouvement se fait, je me charge de tenir sur la rive droite de la Loire. Me faire connaître la décision qu'on aura définitivement prise."

Le ministre répondit que la première armée, qui se constituait, n'était point encore en état d'entreprendre une

---

siere zu Gefangenen. Das Artilleriefeuer der 22. Infanterie-Division und der sie unterstützenden bayerischen Batterien wirkte wesentlich dabei mit.

Im Innern des Dorfes dauerte der Kampf indessen noch fort und der Feind versuchte wiederholt von Origny her Verstärkungen heranzuführen, die indessen zeitig zurückgewiesen wurden. Zuletzt unternahmen sogar 10 französische Bataillone gleichzeitig und aus derselben Richtung einen Vorstoß, um die noch kämpfenden Vertheidiger zu degagiren. Auch dieser Vorstoß ward — abermals mit Hülfe der Batterien des Centrums — von der 17. Division glücklich abgeschlagen, in dem Dorfe aber, welches die französischen Granaten mittlerweile in Brand gesteckt hatten, das letzte Gehöft genommen und 170 Gefangene gemacht.

Bei Josnes, Trugny, Laveau erkannte man deutlich starke französische Massen, von denen Theile auf Origny vormarschirten. Es standen dort die 1. und 2. Division des 17. Korps, die Kavallerie dieses Korps, sowie die 1. Division des 16. Korps. Das Anerbieten des 10. preußischen Armee-Korps, die 17. Division unterstützen zu wollen, wurde daher mit Dank angenommen und die beiden reitenden Batterien jenes Korps trabten schnell heran, um im Verein mit den Batterien der Division durch ein lebhaftes Feuer die erreichbaren feindlichen Massen zu schnellem Zurückgehen zu bewegen.

Im Ganzen hatte die 17. Division 400 Gefangene gemacht.

So schloß auch dieser Tag in vortheilhafter Weise. Die mehrtägigen Kämpfe von Beaugency hatten damit ihr Ende erreicht.

Die Verluste waren, zumal beim bayerischen Armee-Korps, nicht gering. Im Ganzen büßte die Armeeabtheilung am 7., 8., 9. und 10. Dezember 152 Offiziere, 3600 Mann ein, eine Ziffer, welche im Verhältniß zu ihrer Stärke sehr bedeutend ist, da sie, ohne die hessische Division, nur 24,000 Mann Alles in Allem gezählt hatte, als diese Gefechte begannen. Der Verlust betraf dabei fast ausschließlich die vorher schon so schwache Infanterie.

8 genommene Geschütze und etwa 4000 Gefangene waren die Trophäen des Sieges.

opération importante. Le temps était d'ailleurs très mauvais; les routes étaient couvertes de verglas et presque impracticables. La deuxième armée n'avait donc plus, qu'à profiter des avantages qu'elle avait remportés pour effectuer sa retraite au délà du Loir.

La situation se compliquait d'ailleurs sur la Loire, que des colonnes allemandes descendaient par la rive gauche, voyant qu'elles n'y rencontraient aucune résistance serieuse. Le général Maurandy, dirigé sur Chambord pour défendre le parc, avait trouvé les franctireurs de Paris, qui le gardaient, repoussés d'une partie de leurs positions, et l'intérieur du parc envahi: Ne pouvant s'y maintenir parce qu'il n'avait encore sous la main, qu'une faible partie de ses troupes, les autres n'arrivant que successivement, il dut se replier sur Blois.*) Le général Barry, qui défendait ce point avec ce qu'il avait pu y ramener de sa division et quelques débris du 15e corps aux ordres du général Peytavin, avait du faire sauter le pont et redoutait pour la ville un bombardement de la part de l'ennemi, qui, maître du faubourg de Vienne, menaçait de la brûler, si on cherchait à la défendre. Il n'y avait donc plus à compter sur l'occupation certaine de cette position importante, et si les Allemands parvenaient à y rétablir le pont ou à réussir dans leurs essais d'en faire un avec des bateaux malgré les difficultés, que créaient les glaçons charriés par le fleuve, l'armée pouvait d'un moment à l'autre être prise à revers.

Der französische Oberbefehlshaber der II. Loirearmee fürchtete also gleichfalls, durch das 9. Armee-Korps umgangen und in seinen rückwärtigen Verbindungen bedroht zu werden. Seine Bemühungen, den die I. Loirearmee bei Bourges kommandirenden General Bourbacki zu einer Diversion gegen die untere Loire zu bewegen, fanden Unterstützung durch die Regierung zu Tours, welche diesem General den Befehl ertheilte, in Bourges alle Marschunfähigen zurück zu lassen, und mit den übrigen Truppen seiner Armee auf Blois zu marschiren, um jede Bewegung deutscher Streitkräfte auf dem linken Stromufer Loire abwärts zu verhindern und das dort schon vor-

*) Siehe die Darstellung Seite 333 Anmerkung.

geschobene 9. Armee-Korps in den Fluß zu werfen. General Chanzy sollte sich gleichzeitig, wenn er es für nöthig hielt, bis Blois zurückziehen, dort der entgegeneilenden Armee Bourbaki's aber die Hand reichen.

Allein dieser Plan scheiterte an dem schlechten Zustande der bei Bourges konzentrirten Korps. General Bourbaki widersprach und machte dem sich entspinnenden Depeschenwechsel endlich durch die energische Antwort ein Ende: „Si vous voulez sauver l'armée (seine, die I. Loirearmee) il faut la mettre en retraite. Si vous lui imposez une offensive qu'elle est incapable de soutenir dans les conditions actuelles, vous vous exposez à la perdre. Dans le cas ou votre intention serait de prendre ce dernier parti, je suis si profondement convaincu des conséquences pouvant en résulter, que je vous prierais de confier cette tache à un autre.“

Da General Chanzy sich auf die eigenen Kräfte angewiesen sah, das 9. Armee-Korps aber nicht aufgehalten, so entschloß er sich schon am 10. Abends zum Rückzuge an den Loir, den er mit dem 11. Dezember früh einzuleiten begann. Was im Hauptquartier der II. Armee vorausgesehen worden war, trat ein. In demselben Augenblicke, in welchem die der Armeeabtheilung des Großherzog von Mecklenburg geliehene Unterstützung sich geltend machen konnte, ward sie dadurch unnütz, daß der feindliche General den Widerstand aufgab. Freilich vermochte man dieses eigenthümliche Zusammentreffen vom Standpunkte der gegenüberstehenden deutschen Armee aus damals nicht sogleich in vollem Umfange zu erkennen.

Ehe dies erläutert wird, ist nachzuholen, wie sich aus der geschlagenen Loirearmee zwei für sich bestehende Heere unter den Generalen Chanzy und Bourbaki gebildet hatten, welche von nun ab die Bezeichnungen der I. und II. Loirearmee führten.*)

General d'Aurelle's Rückzugsplan, der bekanntlich darin bestand, die am 2., 3. und 4. Dezember geschlagene Loirearmee über Gien, Orléans, Blois in die alten Positionen hinter der Sauldre zu führen, wo sie sich reorganisiren sollte, war gescheitert. Zunächst verlor

---

*) Für diejenigen Leser, welche die Anmerkungen verfolgt haben, ergiebt sich in den nächsten Seiten eine Reihe von Wiederholungen; doch können diese nicht vermieden werden, wenn der Text selbständig sein und auch dann vollständig orientiren soll, wenn die Anmerkungen überschlagen werden.

noch während der Schlacht General Chanzy die Verbindung mit dem Hauptquartier d'Aurelle's und wandte sich gegen Beaugency. Am Abend des 4. Dezember brachte er das Gros seiner Truppen glücklich in die Linie Rosières, Huisseau sur Mauve zurück, während die 2. und 3. Division des 16. Armee-Korps, nachdem sie am 4. bei Boulay und Briey gekämpft und dann einen schwierigen Rückzug durch den unwegsamen Wald von Bucy ausgeführt hatten, in Unordnung bis Meung, Beaugency und sogar bis Mer auf der Loire-Straße davoneilten. Auf dieser Straße fuhren außerdem alle Trains vom linken Flügel der Armee ab. Ein etwa 1000 Mann starkes Detachement der 3. Division des 15. Korps unter dem Divisions-Kommandeur, General Peytavin, schloß sich den nach dieser Seite ausweichenden Heerestheilen an, während andererseits zahlreiche Mannschaften und selbst Bruchstücke von Regimentern und Bataillonen des 16. Armee-Korps in den großen Strom über Orléans auf Vierzon hineingezogen wurden.

Wohl einsehend, daß es ihm unmöglich werden würde, an der Mauve, so nahe von Orléans, stehen zu bleiben, führte General Chanzy am 5. Dezember diejenigen Truppen, welche er unter der Hand hatte, in die zwischen dem Ostrande des Waldes von Marchenoir und der Loire gelegenen Positionen zurück. Dort lehnte sich sein linker Flügel bei Poisly und Lorges an den Wald, der rechte dehnte sich über Ourcelle und Villorceau gegen Beaugency und das Loire-Thal aus.

Dieses wieder wurde durch die frische von Tours vorgeschobene Division des General Camô gedeckt, welche für das neu zu formirende 19. Armee-Korps bestimmt gewesen war. General Camô nahm vorwärts Beaugency bei Baulle, Foinard und la Bruère Stellung und sperrte dort die große Straße. Allein noch eine andere mächtige Hülfe ward dem General Chanzy durch das neugerbildete 21. Armee-Korps gebracht, das, 4 Infanterie- und eine Kavallerie-Division zählend, den Wald von Marchenoir und seine Zugänge besetzt hielt. So verstärkt beschloß General Chanzy in den von ihm gewählten Stellungen halt zu machen, da ein weiterer Rückzug nicht allein den Regierungssitz Tours gefährdete, sondern auch die jungen Truppen seiner Armee leicht gänzlicher Auflösung ntgegenführen konnte. Vom 5. Dezember Abends an stand diese Armee, festen Fußes den Angriff erwartend, und mit den Vorbereitungen für die Vertheidigung beschäftigt, im Felde. Nur die 2. und 3. Division des 16. Armee-Korps hatten, wie erwähnt, isolirt den Rückzug bis Mer und Blois fortgesetzt.

Unterdessen führte General Martin des Pallières das 15. Armee-Korps, untermischt mit Traineurs aller andern Korps, zumal mit vielen Trümmern des 16. — noch am 5. Dezember früh bis La Ferté St. Aubin zurück.

Dort organisirte er eine Arrieregarde und setzte den Marsch noch im Laufe dieses Tages bis La Motte Beuvron fort. In dieser Stadt traf General Martin mit dem Oberbefehlshaber zusammen, der ihm die Weisung ertheilte, nach Salbris zu marschiren.

Noch in der Nacht vom 5. zum 6. Dezember brach unter den bei La Motte Beuvron lagernden Truppen eine Panique aus, welche dadurch verursacht worden war, daß Landleute, um sich von den plündernden Traineurs zu befreien, die Kunde vom Herankommen der Verfolger aussprengten. Die noch in der Dunkelheit aufbrechende Reserve-Artillerie wurde daher bereits von einem Strome von Flüchtigen begleitet. Am 6. wurde der Marsch nach Salbris fortgesetzt. Bei Nouan-le-Fuzelier stellte sich bekanntlich die Arrieregarde,

3 Regimenter Kavallerie,
1 Regiment Infanterie
1 reitende Batterie,
2 Sektionen einer 4pfder Batterie auf. Sie bestand aus denjenigen Truppen, welche bis dahin die beste Haltung bewahrt hatten.

In Salbris begannen die Stäbe der höheren Armeebehörden das Gewirr der Flüchtigen zu lösen und die Mannschaften, den Cadres entsprechend, zu welchen sie gehörten, von Neuem zu ordnen. Hinter der Sauldre wurden die Bivouakplätze bezeichnet. Oestlich der Straße an der Chaussee nach Aubigny Ville lagerte das 15. Korps, westlich an der nach Romorantin die Versprengten vom 16. und 17. Armee-Korps, welche in Detachements formirt und nach Blois instradirt wurden. In Vierzon, wo bereits viele Traineurs angelangt waren, setzte man einen Kommandanten und eine Garnison ein.

Das 20. und 18. Armee-Korps waren, wie das 16. und 17. vom Centrum getrennt worden.

Das 20. unter General Crouzat, welches am 4. Dezember

über Fay-aux-Loges nach Orléans hatte marschiren sollen, entdeckte zuerst, daß preußische Truppen schon bei der Stadt im Kampfe standen. Dennoch beschloß General Crouzat, sich dorthin einen Weg zu bahnen. Seine Avantgarde (die 3. Division unter General Ségard) hatte schon Pont aux Moines passirt, als sie auf die linke Flankendeckung des preußischen 3. Armee-Korps stieß. Es entspann sich nun das Gefecht von Chécy, in Folge dessen General Crouzat, der sehr bedeutende Streitkräfte vor sich glaubte, seine Dispositionen änderte und nach St. Denis de l'Hôtel—Jargeau abmarschirte, wohin er seine Impedimenta bereits vorausgeschickt hatte.

In der Nacht vom 4. zum 5. passirte das ganze 20. Korps unter dem Schutze der auf dem rechten Stromufer gefechtsbereit aufgestellten 3. Division die Hängebrücke von Jargeau*), die dann zerstört wurde. Am 5. noch marchirte das Korps nach Viglain, am 6., auf höheren Befehl, nach Argent. Dort blieb es vorläufig stehen.

Das 18. Korps unter General Bourbaki selbst ging bei Sully auf das linke Loireufer über, Traineurs und Trains wichen sogar über Gien aus.

Noch am 5. Dezember in Sully empfing General Bourbaki den direkten Befehl des Kriegsministers, die Offensive über Montargis auf Melun zu ergreifen und sich mit seinen Truppen in den Wald von Fontainebleau zu werfen. Nach einigen Stunden rief ihn eine Contreordre nach Gien, welchen Punkt er stark besetzen sollte, wohin er selbst auch zu marschiren gedachte, um sich zu verproviantiren.

Am 6. kam er, auf dem linken Stromufer aufwärts rückend, bei Gien an und schob einen Theil des 18. Korps, den der frühere intermistische Korpskommandeur, General Billot, persönlich führte, auf das rechte Stromufer zurück.

Auf diese Truppen stieß am 7. Dezember das 3. Armee-Korps. Es kam zum Gefecht von Nevoy. General Bourbaki eilte selbst auf den Kampfplatz und man berathschlagte, ob den Befehlen der Regierung entsprechend, Gien unter Aufbietung aller Kräfte behauptet, oder der Rückzug auf Bourges fortgesetzt werden sollte.

---

*) Nur die 12pfünder Batterien gingen mit dem 18. Korps bei Sully über den Strom zurück.

Für den ersten Fall wollte General Billot das ganze 18. Armee-Korps wieder auf das rechte Stromufer ziehen*), während auch das 20. Korps noch in der Nacht herbeigerufen werden konnte.

Allein eine Schlacht vor dem Defilee, den breiten Strom mit einer einzigen Brücke hinter sich, schien dem General Bourbaki zu gefahrvoll. Er befahl — anscheinend aber erst nach längerer Ueberlegung — den Rückzug.

Noch in der Nacht marschirten die bei Nevoy stehenden Truppen mit Artillerie und Bagagen über die Brücke von Gien ab, die hinter ihnen in die Luft gesprengt wurde.

Im Laufe des 8. setzte das ganze 18. Korps den Marsch in südlicher Richtung fort.

Die Regierung von Tours verlor über den excentrischen Rückzug der Loirearmee, der ohne Zweifel, wenn auch mehr aus dem Druck der Umstände, als aus klarem und freiem Entschluß des Oberbefehlshabers entstanden, doch viele Vortheile für sich hatte, die Geduld. Sie hielt die Wiedervereinigung der einzelnen Heeresgruppen für unausführbar und bildete, aus der Noth eine Tugend machend, zwei gesonderte Armeen. General d'Aurelle de Paladines wurde am 6. Dezember seines Oberbefehls enthoben und trat, da er das ihm angebotene Kommando des Lagers von Cherbourg ausschlug, in das Inactivitätsverhältniß zurück.

Das 15., 18. und 20. Armee-Korps wurden unter General Bourbaki zu der I., das 16., 17., sowie das frisch zur Feldarmee tretende 21. Korps und die Division Camô zu der II. Loirearmee vereinigt, deren Kommando General Chanzy erhielt. Die I. Loirearmee sollte nach der Rückkehr ihrer Versprengten u. s. w. auf 100,000, die II. auf 120,000 Mann gebracht werden.

Nicht nur am 5. Dezember, sondern auch noch in den nächsten Tagen ward von dem Diktator Gambetta noch einmal der Gedanke aufgenommen, über Montargis die Offensive gegen Fontainebleau zu ergreifen. Dieses Projekts ist seiner Zeit schon Erwähnung gethan worden. Bereits waren die Befehle gegeben, das zur Ausführung bestimmte 15. und 18. Korps in dem Dreieck Nogent sur Vernisson—

---

*) Inzwischen hatte General Billot das Kommando des 18. Armee-Korps definitiv übernommen.

Gien—Briare zu konzentriren, das 20. nach Salbris zu dirigiren, als der ganze Plan wieder fiel, weil der Zustand der Truppen ihm zu schroff entgegenstand.

Dennoch sollten die bereits zur Einleitung dieser Operation getroffenen Vorbereitungen ihren Einfluß auf die Bewegungen des 15. Armee-Korps ausüben. Der Kommandeur dieses Korps, General Martin des Pallières, welcher gegen die Idee einer neuen Offensive heftig remonstrirte, beabsichtigte, seinen Rückzug nach Vierzon fortzusetzen, wo schon Tausende von Versprengten vor ihm angelangt waren*) und wo er auch den wichtigen Eisenbahnknoten zu decken hatte. Er sandte zunächst seine Trains und die 3. Division dorthin. Allein General d'Aurelle de Paladines, der noch in Salbris weilte und durch zweifelhafte Depeschen der Regierung eine Art Autorität über das 15. Korps behalten hatte, bewog ihn zu der beabsichtigten Konzentration, nach Gien zu marschiren. Das geschah. General Martin rückte im Laufe des 7. mit den beiden Divisionen, die er noch bei sich hatte, nach Aubigny Ville.

Vierzon wurde in Folge dessen von den Trümmern der Armee, die sich dort angesammelt, geräumt, die meisten zogen in der Richtung von Issoudun ab. In Aubigny erreichten den General Martin Depeschen der Regierung und des General Bourbaki mit Gegenbefehlen, deren einer zufolge er nach Bourges marschiren sollte, während er nach anderen in Salbris zu halten oder Vierzon zu decken gehabt hätte.

Am 8. Dezember passirte, von Argent kommend, das 20. Korps Aubigny, an demselben Tage folgte General Bourbaki persönlich und kündigte für den 9. das 18. Armee-Korps an. General Martin beschloß deßhalb, über Henrichemont nach Bourges zu rücken, um die große Straße, auf der nun schon die beiden anderen Korps marschirten, frei zu machen. Seine Kavallerie-Division deckte bei Allogny den Durchzug der gesammten Armee, welche nun bei Bourges auf-

*) Nach Angabe des Kommandanten Laurent allein 5000 Mann und mehrere hundert Offiziere vom 16. französischen Korps. Für das Studium der in jenen Tagen in der Loirearmee herrschenden Zustände ist der Bericht des Kommandanten von Vierzon, Laurent, von hohem Interesse. Siehe Martin des Pallières Orléans S. 266.

schloß. Das 20. Korps sammelte sich dort am 10., während das 15. in der Nacht vom 10. zum 11. bei Bourges ankam und das 18. am 11. Abends Brécy erreichte.

In seiner hierüber am 11. Dezember nach Tours gerichteten Depesche sagt Bourbaki: „Hommes et chevaux sont exténués de fatigues, par suite de la continuité et de la longueur des marches qu'ils viennent de faire, de la neige et du verglas et de la rareté du bois."

Viel Traineurs waren auf allen Straßen und in den Ortschaften zurückgeblieben, welche die Truppen passirt hatten.*)

General Chanzy hielt während dieser Tage, wie bekannt, zwischen dem Walde von Marchenoir und der Loire der Armeeabtheilung des Großherzogs Stand. Er hatte die Absicht in seiner Front von Beaugency bis Lorges—Poisly hin die Division Camô und das 16. Armee-Korps auf dem rechten Flügel, das 17. im Centrum, die 2. Division und die Reserve des 21. Korps auf dem linken Flügel zu verwenden, während der Rest des 21. Korps auch ferner den Wald von Marchenoir okkupirte. Allein das Vorgehen des 9. Armee-Korps bewog ihn schon am 6. der 3. Division des 16. Korps (Maurandy) die Deckung von Blois und des linken Loireufers zu übertragen. Die 2. Division desselben Korps (Barry) sollte ebenfalls in Blois bleiben, sich dort ordnen, dann freilich wieder gegen Beaugency vorgehen, um dem rechten Flügel der Armee Chanzy als Reserve zu dienen. Allein auch diese Division gelangte in der Front der Armee nicht mehr zur Thätigkeit. Schon am 9. früh 4 Uhr telegraphirte der Divisionskommandeur, General Barry, aus Mer an den Oberbefehlshaber: „La colonne Camô**) est en pleine déroute. Je n'ai pas un homme, je n'ai pas

---

*) General Billot berichtet z. B. über den Marsch von Gien nach Bourges: „Je continuai ma retraite, et au bout de trois jours d'une marche très fatiguante, laissant beaucoup de traînards (beaucoup de gardes mobiles, qui se trouvaient dans leur pays allaient dans les fermes et y restaient), jarrivai près de Bourges; le général Bourbaki y avait établi son quartier général depuis quelques jours.

**) Diese Kolonne war es, welche General Barry hauptsächlich hatte stützen sollen.

de division. Pour n'être pas pris par l'ennemi, je me retire sur Blois.“

Das Gefecht von Meung am 7. hatte im Wesentlichen General Camô mit seinen frischen Truppen geführt. Am 8. wurde der Kampf allgemein. General Chanzy hielt, wie auch in den Gefechten der folgenden Tage, mit 6—7 Infanterie-Divisionen*) 2. Kavallerie-Division**) und der Reserve des 21. Korps Stand.

Erschöpft von mehrtägigen Kämpfen, einsehend, daß er auf ein schnelles Eingreifen des General Bourbaki verzichten müsse, faßte General Chanzy am 10. Dezember den Entschluß zum Rückzuge. Gambetta reiste zwar am 11. noch nach Bourges, um seinen persönlichen Einfluß auf den Oberbefehlshaber der I. Loirearmee geltend zu machen, und er bewog denselben auch, sich am 12. gegen Vierzon in Bewegung zu setzen, allein es war jetzt schon unmöglich, eine Wendung in die Operationen zu bringen. Denn auch bei General Chanzy's Armee lockerte sich die Ordnung und der innere Halt der Truppen.

Die Auflösung wurde in allen Heerestheilen eine tiefgehende. Ein Erlaß des Diktators aus jenen Tagen spricht lebhaft dafür:

Circulaire de Bordeaux le 10 (Decembre) 4 h. s.

Le Ministre de la guerre à M. M. les généraux, commandant les subdivisions, et préfets des 89 départements de la République: „Par suite de la dernière évacuation précipitée d'Orléans un certain nombre de fuyards ont abandonné leur drapeau et ont pu grace un premier moment d'émoi se retirer, soit dans leurs foyers, soit dans de grands centres où il pourrait leurs être possible de se soustraire pendant quelque temps à leurs obligations militaires. A la reception de la présente vous les ferez rechercher et les contraindrez au besoin à rejoindre sans délai à l'armée de la Loire leurs corps respectifs. Vous feriez traduire au conseil de guerre ou devant la cour martiale ceux qui n'obtemperaient pas immédiatement à leur ordre de rejoindre.“

---

*) Die Division Camô, 1 Division des 16. Korps, 3 des 17., 1—2 des 21.

**) Die des 16. und 17. Korps.

Noch am 14. Dezember wurde dieser Erlaß von Bordeaux aus wiederholt:

Le Ministre de la guerre à M. M. les Préfets et Généraux commandant Divisions et Subdivisions Militaires:

„Le Ministre de la guerre est informé, qu'un certain nombre de militaires de tous grades qui se sont trouvés séparés de leurs corps à la suite des dernièrs evenements militaires n'ont pas encore rejoint. Le Ministre rappelle que les militaires dans ce cas sont considérés par la loi comme ayant deserté devant l'ennemi et à ce titre sont passible devant des conseils de guerre. Les autorités civiles et militaires sont chargées sous leur responsabilité personnelle de mettre immédiatement en demeure de rejoindre leurs corps tous les militaires, qui se trouvent encore dans de telles conditions. Ceux qui n'obéiraient pas à cet ordre dans les vingts quatre heures seront traités selon la riguеur des lois."

C. de Frayciuet.*)

Dem Hauptquartier des Prinzen Friedrich Karl, in welchem man die Lage der französischen Armee natürlich noch keineswegs so deutlich übersehen konnte, wie dieselbe hier geschildert worden ist, brachte der 11. Dezember sehr werthvolle Aufschlüsse. Es erhielt nämlich an diesem Tage die am 9. Dezember früh der Armee-Abtheilung in die Hände gefallenen Instruktionen, welche General Chanzy am 8. Dezember aus seinem Hauptquartier Josnes erlassen hatte. Dies Schriftstück, welches die Unterschrift des Generalstabschefs Vuillemot trug, gab die Aufstellung der Truppen Chanzy's vom 8. Dezember Abends an und nannte folgende Heerestheile:

---

*) Diese Erlasse finden sich unter dem reichen französischen Aktenschatze, welcher der II. Armee während dieses Winterfeldzuges in die Hände fiel, gesammelt und geordnet wurde.

1) In der Linie Poisly—Lorges: Die Kavallerie-Division des 16. Armee-Korps, die 2. Division und die von Marchenoir vorgezogenen Reserven des 21. Korps.

2) In der Linie Prénay—Villemarceau, das Dorf Cernay vor der Front stark besetzt: Die 3. Infanterie-Division des 17. Korps.

3) Rechts neben der Infanterie des 17. Korps bei Clos Moussu die Kavallerie desselben Korps.

4) Zwischen Bonvalet und dem Ravin von Vernon über Pierre Couverte sich hinziehend, die Truppen des General Camô.*)

Eine andere wichtige Nachricht kam Abends aus Versailles. Dort war nämlich die definitive Theilung der geschlagenen Loirearmee in die beiden Armeen Chanzy's und Bourbaki's, sowie deren Zusammensetzung schon bekannt geworden. Fraglich blieb es dort nur noch, ob das 19. französische Armee-Korps nicht auch vielleicht in seiner Formation vollendet und der Verfügung des General Chanzy unterstellt worden war.

Da der eben angeführte Befehl des Generals aber das 19. Armee-Korps gar nicht nannte, herrschte in Orléans auch hierüber kaum ein Zweifel und es ließ sich daher am Abend dieses Tages ein sicherer und vollständiger Ueberblick über die Stärke und Zusammensetzung der dem Großherzoge gegenüberstehenden Truppen gewinnen. — — Der Großherzog selbst hatte für den 11. Dezember auf folgende Weise disponirt:

Das 10. Armee-Korps löst vor Tagesanbruch die 17. Infanterie-Division in der ersten Linie ab und diese Division versammelt sich zwischen Cravant und Beaumont.

Die 22. Infanterie-Division bleibt in ihren alten Stellungen (rechts neben der 17. Division bei Cravant).

Die Bayern lassen Kavalleriepostten in der Front und konzentriren sich bei Rilly.**)

In der so bezeichneten Aufstellung erwartete der Großherzog die

---

*) Dem Wortlaute nach befinden sich die Instruktionen in Chanzy „La deuxième armée de la Loire, Paris Henry Plon 1871 pag. 133.

**) Den Wortlaut des Befehls siehe von Wittich. Aus meinem Tagebuch, Cassel, Theodor Kay 1872 pag. 306.

ferneren Angriffe des Feindes, allein diese blieben nun schon ganz aus. Daß die Offensivkraft des Gegners erschöpft sei, trat deutlich hervor. Ruhig stand man sich am Vormittage gegenüber.

In Orléans konnte man an dem Ausbleiben von Nachrichten ermessen, daß es heute zu weiteren Kämpfen nicht gekommen sei. Kononendonner ward nicht gehört und um 11¾ Uhr Vormittags erließ der Feldmarschall seine Dispositionen zur Fortsetzung der Offensive nach Westen hin:

„H.-Q. Orléans, den 11. Dezember 1870.

„Nachdem die Offensivversuche des Feindes auf der Linie Beaugency—Villermain resultatlos geblieben sind, ist anzunehmen, daß eine Fortsetzung derselben nicht stattfinden wird“.

„Die unter meinen Befehlen vereinigten Truppen werden die Offensiv-Bewegungen wieder aufnehmen, nachdem das 3. Armee-Korps, welches im Vormarsch Loire aufwärts bereits Châtillon sur Loire, mit den Spitzen sogar Cosne erreicht hatte, aufgerückt sein wird“.

Ich bestimme demnach für den 12. und 13. das Folgende:

„Das 10. Armee-Korps, welches heut eine Avantgarde auf Mer vorschiebt, verstärkt dieselbe morgen, am 12. d. M. und treibt Rekognoszirungen in westlicher Richtung vor“.

„Im Uebrigen verbleibt das Korps am 12. und 13. in den Kantonnements um Beaugency. Mittelst des Pontontrains Nr. 3 wird versucht werden, noch heute bei Beaugency einen Uebergang über die Loire herzustellen, dessen Sicherung das 10. Armee-Korps übernimmt“.

„Die Armee-Abtheilung Seiner Königlichen Hoheit des Großherzogs behält durch die Kavallerie-Divisionen Fühlung am Feinde, durch die 4. Kavallerie-Division (Prinz Albrecht K. H.) in der Direktion auf Morée, durch die 2. Kavallerie-Division (Graf Stollberg) südlich der Forêt de Marchenoir. Die Armee-Abtheilung verbleibt im Uebrigen morgen am 12. in den heutigen Kantonnements“.

„Am 13. Dezember nach rechtzeitigem Abkochen rückt die Armee-Abtheilung in enge Kantonnements an und südlich der Straße Ouzouer le Marché—Binas. Die südliche Grenze sind die Orte Villermain—Poisioux—Baccon (der Armee-Abtheilung gehörend)“.

„Die Kavallerie-Division Stollberg ist möglichst südlich zu dislociren und unterhält die Verbindung zwischen der Armee-Abtheilung und dem 10. Armee-Korps“.

„Das von Seiner Königlichen Hoheit dem Großherzoge für den 13. zu nehmende Hauptquartier ist mir zu bezeichnen“.

„Das 3. Armee-Korps mit der Kavallerie-Division Hartmann, welches heute Orléans und die östlichen Vorstädte, mit der Queue Mardie erreicht, rückt morgen am 12. Dezember in Quartiere, deren Rayon westlich durch die Mauvelinie begrenzt wird“.

„Die an diesem bei Meung mündenden Bachlaufe gelegenen Orte (Meung ausgeschlossen) gehören dem 3. Korps und sind somit von der Armee-Abtheilung morgen früh zu räumen“.

„Das 3. Armee-Korps schließt morgen am 12. so auf, daß von der Queue des Korps nur noch die westlichen Vorstädte von Orléans belegt bleiben“.

„Korps-Hauptquartier am 12. Dezember Les Marais östlich Meung“.

„Am 13. Dezember konzentrirt sich das 3. Armee-Korps in engen Kantonnements um Cravant und Beaumont. Die Grenze gegen die Armee-Abtheilung ist festgestellt. Die südliche Grenze bilden die dem 10. Armee-Korps gehörende Orte Villorceau, Messas und Laveau“.

„Eine Eskadron der Kavallerie-Division Hartmann wird morgen am 12. gegen Vannes (südlich Orléans) vorgeschoben. Nähere Instruktion wird der Eskadronchef mündlich erhalten. Es wird anheimgestellt, diese Eskadron heute in der südlichen Vorstadt von Orléans einzuquartieren“.

„Das 9. Armee-Korps hat gestern die auf dem linken Ufer der Loire gelegene Vorstadt von Blois besetzt, die Loirebrücke aber zerstört gefunden“.

„Das Armee-Korps verbleibt in dieser Aufstellung bis dahin, daß die auf rechtem Ufer der Loire vorgehenden Korps die Höhe von Blois werden erreicht haben. Da die Witterungsverhältnisse in nächster Zeit einen Brückenschlag vielleicht unmöglich machen, so sind die Trains des Armee-Korps bis gegenüber Beaugency morgen zurückzunehmen; damit das Korps in etwaigen Gefechtsbewegungen nicht gehemmt wird. Es ist zu versuchen, ob durch eine Bedrohung der Stadt Blois die Herstellung der Loirebrücke durch die Gemeinde erzielt werden kann. Der Eisenbahnverkehr zwischen Blois und Tours ist durch Artilleriewirkung zu unterbrechen“.

„Die 6. Kavallerie-Division, welche heute mit einer Brigade die Gegend von Contres erreicht, bleibt in Verbindung mit dem 9. Armee-Korps und rekognoszirt Cher- und Loire abwärts.

Die bei Vierzon und Salbris verbliebene Brigade der 6. Kavallerie-Division beobachtet ferner die Straße Bourges—Aubigny Ville".

„Deren Meldungen gehen durch Relais nach Orléans, vom 13. d. M. ab an General v. d. Tann, der die schleunige Weiterbeförderung (event. telegraphisch) in mein Hauptquartier zu veranlassen hat".

„Mein Hauptquartier verbleibt am 12. in Orléans und geht am 13. nach Beaugency. In Beaugency seit heute Telegraphenstation. In Beaugency findet am 13. Nachmittags 5 Uhr Befehlsausgabe statt, zu welchem Zweck Seitens der Armee-Abtheilung und Seitens der drei Korps Offiziere zu senden sind".

Der General-Feldmarschall
(gez.) Friedrich Karl.

Dieser Armeebefehl erlitt übrigens im Laufe des Tages noch einige Abänderungen; denn am Nachmittage trafen in Orléans verschiedene Depeschen ein, die den Rückzug des Feindes meldeten. Um 5 Uhr Nachmittags erfuhr Prinz Friedrich Karl, daß die Franzosen auf der ganzen Front des 10. Armee-Korps, anscheinend in der Richtung auf Mer und Vendôme abzögen. Bei Séris wurde noch eine schwache Arrieregarde gesehen.

Das 10. Armee-Korps folgte in 4 Kolonnen, den rechten Flügel über Josnes, den linken längs der Loire vorziehend. Der Großherzog von Mecklenburg wurde nun sogleich aufgefordert, darüber Aufklärung zu schaffen, ob auf der Straße Tours—Vendôme—Chartres nach Norden zu Truppenmärsche stattfänden. Er sollte die 4. Kavallerie-Division ihre Rekognoszirungen bis auf jene Straße ausdehnen lassen und auch künftighin mit dem rechten Flügel der Kavallerie möglichst weit in jener Richtung vorgreifen. Es erschien nämlich nicht unmöglich, daß der Feind unter dem Schutze der bei Beaugency standhaft ausharrenden Armee Chanzy andere Truppen Loir aufwärts gegen Paris dirigirte. Auch die Armee-Abtheilung folgte indessen dem Gegner, doch jetzt, da sie die Situation als eine veränderte ansah und neue Maßnahmen dem entsprechend für zweckmäßig hielt, nicht nördlich des Waldes von Marchenoir, wie der Armee-Befehl es gewollt, sondern südlich desselben. Stimmte dies nun freilich auch mit den Absichten des Ober-Kommandos nicht überein, so ließ sich doch augenblicklich die schon angetretene Bewegung nicht aufhalten, und der Großherzog von Mecklenburg, der über das Geschehene durch seinen Generalstabschef telegraphisch Meldung machen ließ, erhielt um 5 Uhr Nachmittags auf demselben Wege den Bescheid, daß der Feldmarschall für den 12. Dezember die Marschrichtung südlich des Waldes von Marchenoir genehmige.

Der Marsch der übrigen Truppen aber ward durch telegraphische Befehle beschleunigt. General v. Voigts-Rhetz erhielt die Weisung, am 12. noch bis zur Höhe von Mer vorzudringen und von da aus dem Feinde eine starke Avantgarde folgen zu lassen. Das 3. Armee-Korps, von der Wendung der Dinge und diesen neuen Anordnungen unterrichtet, sollte gleichzeitig mit seiner Tete Beaugency erreichen, wo am Nachmittage schon der Feldmarschall sein Hauptquartier zu nehmen beabsichtigte.

— — — — — — — — — — — — — — — — —

Abends um 9 Uhr meldete General v. Voigts-Rhetz, daß er in der Linie Josnes—Serqueu Château bis zur Loire hinüber halt gemacht habe, da der Feind bei Einbruch der Dunkelheit bei Séris und in der rechten Flanke den vordringenden Kolonnen noch Infanterie zeigte. 100 Gefangene vom 17. französischen Korps waren unter leichtem von wenig Verlust begleitetem Gefecht dem General in die Hände gefallen. Nach ihren Aussagen befand sich der Feind seit den Morgenstunden im Rückzuge. Sein Hauptquartier behielt General v. Voigts-Rhetz in Beaugency.

Aus den Meldungen des Großherzogs ersah Prinz Friedrich Karl ferner, daß von der Armee-Abtheilung neben dem 10. Armee-Korps südlich des Marchenoir-Waldes die durch ein Kavallerie-Regiment verstärkte 22. Infanterie-Division folge, während nördlich um den Forst herum Theile der 4. Kavallerie-Division vorgingen.

Diese Nachrichten besaß Prinz Friedrich Karl des Abends, als er durch den 1. Ingenieur-Offizier seines Hauptquartiers, den er mit der Leitung des Brückenschlages beauftragt, aus Beaugency folgende Meldung erhielt:

> „Die Pontonbrücke bei Beaugency 2000 Schritt oberhalb der stehenden Brücke ist nahezu fertig, sie wird heut Abend noch bestimmt gangbar. Die stehende Brücke, welche auf 1000 Fuß Länge zerstört, ist als Laufbrücke für Infanterie in Reihen gangbar.
>
> (gez.) Leuthaus, Oberst."

So war der erste Loireübergang außerhalb der Stadt Orléans glücklich hergestellt worden. Er hatte großen Werth, da die Lage des 9. Armee-Korps bei längerem isolirtem Verbleiben auf dem linken

Stromufer leicht hätte bedenklich werden können. Man zweifelte nicht, daß der Feind Anstrengungen machen müsse, um das Korps aller seiner Verbindungen zu berauben und es, wenn möglich, in die Loire zu werfen. Diese Gefahr schwand nun, wenigstens so lange das Eistreiben nicht von Neuem anfing.

Wie erwähnt, setzte sich General Bourbaki am 12. Dezember mit seiner Armee thatsächlich nach Vierzon in Bewegung, um über Romorantin vorzudringen und dem 9. Armee-Korps Verlegenheiten zu bereiten. Das 3. Korps dem 9. auf dem linken Stromufer folgen zu lassen, woran man bekanntlich anfangs gedacht,*) schien jetzt nicht mehr räthlich, denn General Chanzy, der nun schon seinen Rückzug begonnen, wich gewiß nicht längs des Stromes, sondern in mehr nördlicher Richtung aus. Wollte man ihn noch erreichen und mit überlegenen Kräften schlagen, so durfte man nicht auch das 3. Korps noch von der Armee trennen. Zudem blieb die Pontonbrücke auch immer ein unsicheres Verbindungsmittel zwischen den beiden Ufern und wann die stehende Brücke bei Blois wiederhergestellt sein würde, ließ sich noch nicht übersehen.**). Es blieb also bei der dem 3. Armee-Korps gegebenen Marschrichtung rechts der Loire, um es für alle Fälle sicher bei der Armee zu haben.

Nachzuholen ist nun in Kürze, was bei den übrigen Theilen der Armee am 11. geschehen war, obgleich die Meldungen darüber zum Theile erst am folgenden Tage und später in die Hände des Oberbefehlshabers gelangten.

Das 9. Armee-Korps ruhte in seinen Quartieren gegenüber Blois, versuchte indeß, sich mit dem Maire der Stadt in Verbindung zu setzen und durch Drohungen, wie befohlen, die Wiederherstellung der Brücke zu erzwingen.

Am 10.***) war es in ähnlicher Weise und durch einige in die Stadt geworfene Granaten geglückt, den Feind zu zwingen, daß er das sehr lästige Gewehrfeuer einstellte, durch welches er bis dahin

---

*) Siehe Seite 326 und 327 den Befehl des Prinzen Friedrich Karl an General v. Voigts-Rhetz und General v. Manstein vom 9. Dezember.

**) Daß die stehende Brücke bei Beaugency höchstens zu einer Laufbrücke wiederhergestellt werden konnte, ging aus der eben angeführten Meldung des Oberst Leuthaus hervor. Siehe Seite 384.

***) Also an dem Tage, an welchem das Korps zu Vienne, Blois gegenüber ankam.

jeden Verkehr in der Vorstadt Vienne und jede Annäherung an die Brücke verhindert hatte. Allein diesmal erwies sich der Gegner standhaft. Der Präfekt, Herr Lecanu, der Maire und der älteste der in der Stadt anwesenden Befehlshaber, General Barry, erschienen an der Brücke und erklärten sich zur energischen Vertheidigung entschlossen.

Auf Böten hinüberzusetzen, war unmöglich, da die Stadt noch ziemlich stark — jedenfalls durch mehrere Bataillone Infanterie besetzt war.*)

Patrouillen des 9. Armee-Korps streiften im Loirethal vorwärts und gegen Contres hin, um die Verbindung mit der 6. Kavallerie-Division aufrecht zu erhalten.

Diese Division war am 11. Dezember mit Ausnahme der 14. Kavallerie-Brigade, welche sie, den Befehlen des Prinzen Friedrich Karl gemäß, in Vierzon, Theillay le Pailleux, La Loge und Salbris zurückließ, in Contres eingetroffen und hatte dort, sowie in Fresne und Sassay Kantonnements bezogen, nach St. Aignan, Montrichard und Chaumont sur Loire aber ihre Patrouillen vorgeschickt.

Bei ihrem Marsche war sie in Romorantin noch auf eine der von der Straße Salbris—Vierzon abgebogenen oder westlich dirigirten Abtheilungen Versprengter getroffen. Ungefähr 300 Mann verschiedener Waffen hatten den Ort eben erreicht, als auch die verfolgende preußische Kavallerie dort gleichfalls anlangte. Ohne Offiziere zerstreuten sich die Flüchtigen und entkamen, durch das Terrain begünstigt, bis auf 100 Mann, die der Kavallerie-Division und ihren Patrouillen in die Hände fielen. Ein linkes Seitendetachement von 2 Eskadrons Husaren und der Pionier-Kompagnie war von Vierzon aus dem Cher gefolgt, um noch an mehreren Stellen die Bahnlinie nach Tours gründlich zu zerstören. Von dieser kleinen Kolonne streiften Patrouillen südlich über den Cher hinüber bis Graçay und Valençay, ohne auf den Feind zu treffen. Nur bei Anjoing stießen die aus Graçay zurückkehrenden Reiter mit Franktireurs zusammen.

Da deutscherseits augenblicklich an eine Kooperation Bourbakis gegen die untere Loire gedacht wurde, wäre diese Meldung

*) Siehe weiter unter die Darstellung der Ereignisse auf französischer Seite.

unläugbar sehr interessant gewesen. Sie gelangte indessen, obwohl sie schon am 11. Dezember Nachmittags um 9½ Uhr von Romorantin abgeschickt worden war, erst am 14. Vormittags zu Suèvres in die Hände des Oberbefehlshabers.

Das 3. Armee-Korps traf mit seinem Hauptquartier und der 6. Infanterie-Division in Orléans, mit der 5. Infanterie-Division in Chécy, mit der Korps-Artillerie bei La Cour Château—Bionne ein.

Der 12. und 13. Dezember.

In Orléans erhielt Prinz Friedrich Karl am 12. Dezember bis zum Nachmittage um 1 Uhr, wo er sein Hauptquartier nach Beaugency verlegte, durch das 10. Armee-Korps und die Armeeabtheilung des Großherzogs keine Nachricht von Bedeutung mehr. Dieser Umstand ließ mit Sicherheit annehmen, daß der Feind seinen Rückzug ohne Aufenthalt fortsetzte.

In der Nacht war von dort her nur telegraphisch gemeldet worden, daß die Kriegsbrücke bei Beaugency jetzt wirklich fertig dastünde.

Dagegen brachte der Vormittag verschiedene Berichte aus der Sologne, wo noch die 14. Kavallerie-Brigade streifte und am 10. und 11. ihre Patrouillen weit hinaus bis Aubigny Ville, La Chapelle d'Angillon, St. Martin d'Auxigny und über Mehun sur Yèvre gegen Bourges vorgeschickt hatten.

Ueberall fanden die ausgesandten Reiter die Spuren großer Truppenmärsche nach Bourges, stießen aber nicht mehr auf dorthin ziehende französische Kolonnen. Hier und da tauchten in den Orten einzelne Posten, zurückgelassene kleine Detachements oder Franktireurs-Abtheilungen auf. Allein auch diese verschwanden meistens bei Annäherung stärkerer Patrouillen.

Einmal, am 11. Dezember Vormittags, wurde das Detachement in Vierzon durch von Bourges über Méhun vordringende Abtheilungen Franktireurs allarmirt, die dann jedoch wieder verschwanden.

Auch von der vorübergehend eingeleiteten Konzentrationsbewegung gegen Gien hin entdeckte man ein Anzeichen; denn in Rouan wurde noch der Befehl des General Martin des Pallières für die am 7. Dezember zurückgelassene französische Arrieregarde vorgefunden, der diese über Sully sur Loire oder Aubigny Ville zur Armee des General Bourbaki heranrief.

Die Ueberzeugung, daß der hier zurückgewichene Theil der französischen Armee noch sehr unter dem Eindruck der letzten Niederlage stünde, machte sich bei den Kavallerie-Patrouillen geltend.

Obwohl nach allen Aussagen bei Bourges viel französische Truppen standen, nahmen die ausgesandten Reiterabtheilungen doch nirgends die Andeutung für eine Offensive wahr und der Führer der 14. Kavallerie-Brigade, Oberst Graf Groeben, sagte in einer seiner Meldungen:

„Der in ziemlicher Auflösung von Orléans zurückgegangene Feind wird schwerlich sofort wieder zu größerer Offensive schreiten. Diese kann nur von frischen Truppen ausgehen."*) Die von Glatteis bedeckten Wege boten den Patrouillen übrigens erhebliche Schwierigkeiten. Fast nirgends waren die Straßen zu Pferde zu verlassen und kleine Infanterieabtheilungen des Feindes konnten leicht die Beobachtungssphäre sehr eng begränzen.

Die vom Prinzen Friedrich Karl für einen Streifzug in die Sologne bestimmte Eskadron der 1. Kavallerie-Division**), traf übrigens am 12. bei Sandillon ein und ihre Patrouillen gingen nach Tigy und Vannes vor, ohne auf den Feind zu stoßen. Auch weiterhin gegen Sully und Isdes wurde das Land frei gefunden.

An der oberen Loire bei Gien war vom 3. Armee-Korps bekanntlich eine Abtheilung von:

1 Bataillon,
1 Kavallerie-Regiment,
2 Geschützen

zurückgeblieben, die nun zur ferneren Beobachtung der Armee Bourbaki's mitwirken konnte. Das 3. Korps bat den Feldmarschall indessen, dieses Detachement durch die Bayern ablösen und dem Marsche nach Westen folgen zu lassen.

Prinz Friedrich Karl willfahrte dem Wunsche, um die Truppen in Gien nicht ganz von ihrem Korps zu trennen und General

---

*) Dennoch trat Bourbaki bekanntlich am 12. Dezember seinen Marsch gegen Vierzon hin an.

**) Siehe Armeebefehl vom 11. Dezember $11^3/_4$ Uhr Vormittags Seite 381.

von der Tann erhielt den Befehl, seinerseits 500 Mann Infanterie, mehrere Eskadrons und Geschütze in Gien zu stationiren, die abgelösten Truppen aber über Orléans der Armee nachzusenden. Am Nachmittag wurde ihm noch von Beaugency aus telegraphirt, daß er das Ulanen-Regiment Nr. 4, welches General von Alvensleben in Gien postirt, den Rückmarsch auf dem linken Stromufer machen lassen und es zu Streifzügen in der Sologne unter seinem Befehle behalten sollte. Dies Regiment hatte auch die in Sandillon stehende Eskadron abzulösen und sie der 1. Kavallerie-Division zurückzusenden.

So wurden auf dieser Seite gegen Ost und West hin die Verhältnisse für die nächste Zeit geordnet.

Als Prinz Friedrich Karl sich am Nachmittage nach Beaugency begeben hatte, traf ihn dort um 5 Uhr eine Abschrift des Befehls, den der Großherzog vor wenig Stunden bei Josnes an seine Truppen erlassen hatte. Darin waren den einzelnen Theilen der Armeeabtheilung folgende Ziele gesteckt:

Der 17. Division Talcy, Avantgarde La Madeleine—Villefrouin.

Der 22. Division Villexanton, Avantgarde Maves.

Die Vorposten beider Divisionen an der Chaussee Marchenoir—Blois, sowie gegen den Wald von Marchenoir.

Thatsächlich wurden diese Ziele erst am folgenden Tage — am 13. Dezember erreicht.

Das bayerische Detachement sollte bis Josnes folgen, während die 4. Kavallerie-Division nördlich um den Wald von Marchenoir herum gegen Morée beobachtete. Das Hauptquartier ging nach Talcy.*)

Das 10. Armee-Korps bestätigte die Voraussetzung, welche dieser Befehl machen ließ, nämlich, daß der Feind ohne Aufenthalt gegen den Loir zurückging. Freilich führte er diese Bewegung nur langsam aus.

Das Armee-Korps, dem der Großherzog heute die 2. Kavallerie-Division beigegeben hatte, war längs der Loire vorgegangen.

---

*) Der Wortlaut des Befehls findet sich in: von Wittich, „Aus meinem Tagebuche 1870/71“ Cassel; Verlag von Theodor Kay. 1872.

Bei Mer fand es leichten Widerstand, die Spitzen trafen ferner überall noch auf französische Flankeurs, die langsam auswichen.

Bei Séris, Lusseau, les Trois, Maillets und Avarai fand man dabei noch die vor Kurzem von den Franzosen verlassenen Bivouackplätze, die Straßen mit gefallenen Pferden und weggeworfenen Ausrüstungsstücken bedeckt. Am Strome entlang war das 16. französische Korps gezogen, auf den nördlichen Parallelstraßen das 17.

Aufgefundene Briefe gaben allgemein Vendôme als das Ziel der zurückgehenden Armee an, während augenscheinlich auch ein Theil derselben sich auf Blois gewendet hatte und dort noch stand. Das 10. Korps bezog des Abends Kantonnements längs der Loire von Suèvres bis Avarai, Hauptquartier in Mer.

Unter den aus Briefen und den gesammelten Provinzialblättern entnommenen Nachrichten war besonders die eine auffallend, daß sich das zertrümmerte 15. französische Korps bei Montrichard sammele, wohin es sich von Salbris und Vierzon gewendet haben sollte. Wenn auch diese Angabe im Widerspruch mit den bisher über den Rückzug des 15. Korps aufgefundenen Notizen stand, so ward sie doch mit solcher Sicherheit gemacht, daß sie beachtet werden mußte. Für geradezu unwahrscheinlich konnte man sie übrigens auch durchaus nicht erklären. Da, wie bekannt, ein Detachement des 15. Korps mit General Chanzy zurückgewichen war, die Hauptmasse über Salbris südlich, so mochte dem Feinde der Gedanke nahe liegen, am Cher beide Theil wieder zu vereinigen. Die Eisenbahn schien ihm alle Mittel dazu zu bieten, und der Versuch war schon deßhalb für den Feind von Vortheil, weil er dadurch den Marsch des 9. Armee-Korps auf Tours bedrohte.

Bekanntlich hatten die Patrouillen der 6. KavallerieDivision um jene Zeit von Contres aus schon Montrichard unbesetzt gefunden und die Bahn in Cherthale war zerstört, allein es sei hier daran erinnert, daß die Meldung darüber dem Ober-Kommando erst am 14. Dezember zuging.

Dann mag man auch heute, wo man die Theilung der Loirearmee und den divergirenden Rückzug Chanzy's und Bourbaki's genau übersieht, es nicht recht verständlich finden, daß man in jenen Tagen noch eine Konzentration des 15. Korps bei Montrichard für möglich hielt. Allein man bringe in Anschlag, daß die vereinzelten mit den Thatsachen, wie wir sie jetzt kennen, übereinstimmenden Nachrichten, dem Ober-Kommando unter einer Fülle anderer zuging, von denen jede damals gleiches Recht beanspruchte. Dann aber standen dem Feinde auch sämmtliche Schienenwege Südfrankreichs zu Gebote, welche selbst unerwartete Bewegungen glaubhaft machen konnten. Was in jener Epoche von den Eisenbahnen in Frankreich geleistet wurde, beweist eine Depesche, welche sich in dem Dienstjournal der Station Vierzon fand und in der den Bahnhofschefs strenge anbefohlen wird, zwischen den einzelnen beförderten Zügen mindestens 20 Minuten Intervalle aufrecht zu erhalten.

Der Feldmarschall nahm in dieser Lage zuerst Bedacht darauf, die noch immer weit auseinander gezogene Armee zu konzentriren, um den Feind, wenn er, sei es diesseits des Loir, sei es an jenem Flusse selbst in ähnlicher Weise, wie nach der Schlacht von Orléans, wieder unerwartet Halt machte, sogleich mit entscheidender Wucht angreifen zu können. Er befahl daher um 5½ Uhr Nachmittags von Beaugency aus Folgendes:

„Nach den vom 10. Korps eingegangenen Nachrichten hat der Feind eine langsame Rückzugs-Bewegung in der Richtung auf Vendôme heute gemacht."

„Die Armee kann morgen nicht mit ihrem Gros dem Feinde folgen, sie muß sich erst vollständig konzentriren, um dann wirksam fechten zu können."

„Die Armeeabtheilung Seiner Königlichen Hoheit des Großherzogs läßt von der Kavallerie des rechten Flügels bis zur Straße Vendôme Châteaudun aufklären. Die im ersten Treffen stehenden Infanteriedivisionen der Armeeabtheilung haben Avantgarden vorzuschieben, deren Spitzen den Feind im Auge behalten. Ernsthafte Engagements sind aber zu vermeiden."

„Das Hauptquartier Seiner Königlichen Hoheit des Großherzogs bleibt in Talcy. Die Trains der 17. Division, welche heute die Straße Meung—Beaugency verstopfen*), sind spätestens bis morgen weiter nördlich zu ziehen."

„Das 10. Armee-Korps behält sein Hauptquartier in Mer, schickt dem Feinde eine schwache Avantgarde nach, um ihn im Auge zu behalten und entsendet ein starkes Detachement mit mehreren

*) Diese Trains waren von Seiner Königlichen Hoheit beim Ritte nach Beaugency angetroffen worden.

Batterien morgen so gegen Blois, daß der Angriff gegen diese Stadt um 1 Uhr Nachmittags beginnen kann."

„Das 9. Armee-Korps wird diesen Angriff, wenn es nöthig ist, mit Artillerie unterstützen. Das 9. Armee-Korps bleibt morgen stehen, beobachtet die Zugänge von Tours und entsendet eine Rekognoszirung — Kavallerie mit reitender Artillerie — gegen Montrichard, wo das zertrümmerte feindliche 15. Korps sich sammeln soll."

„Die jetzt bei Beaugency geschlagene Schiffbrücke wird morgen weiter abwärts näher an Blois neu geschlagen werden, um weiterhin dem 9. Korps und der 6. Kavallerie-Division zum Uebergang auf das rechte Ufer zu dienen."

„Die Trains des 9. Korps, welche südlich Beaugency stehen, haben heute von hier direkt Befehl erhalten, morgen am 13. auf der Chaussee nach der südlichen Vorstadt von Orléans zu rücken und am 14. über die Brücke von Orléans bis östlich von Meung vorzumarschiren, von wo das 9. Korps demnächst weiter über sie disponiren wird."

„Die 6. Kavallerie-Division, welcher dieser Befehl durch das 9. Korps mitzutheilen ist, verbleibt morgen in ihrer jetzigen Aufstellung bei Salbris—Vierzon—Contres und hält sich in genauer Verbindung mit dem 9. Korps, welchem alle wichtigen Meldungen mitzutheilen sind. Am 14. zieht sich die Kavallerie-Division an das 9. Korps heran."

„Das 3. Armee-Korps marschirt morgen bis zur Höhe von Beaugency vor und schließt mit der Queue und seinen Trains bis Meung inkl. auf. Das Hauptquartier ist hierher zu melden."

Am Abend, nachdem dieser Befehl ausgegeben worden war, ergänzten sich die Nachrichten über den Feind noch erheblich. General v. Stosch schrieb von dem neuen Hauptquartier des Großherzogs Château Talcy ausführlicher über das, was die Armeeabtheilung an diesem Tage erlebt.

Auch des Großherzogs Truppen waren heute, wie das 10. Armee-Korps, überall auf französische Heerestrümmer gestoßen, doch leisteten dieselben nirgend ernsten Widerstand.

Auf dem äußersten rechten Flügel war die 4. Kavallerie-Division bis vor Châteaudun gestreift, hatte den Ort von Freischärlern besetzt gefunden, sonst aber Nichts von Truppenbewegungen wahrgenommen.*) Südlich des Waldes passirten die beiden Infanterie-Divisionen überall die Reste großer Lager, zumal bei Prenay. Dem Walde von Marchenoir zunächst stieß man auf Nachzügler des 21. französischen Armee-Korps, weiter südlich auf die des 17. Die Gefangenen gaben Südwest als die Rückzugsrichtung an und Abends war die 22. Division bei Villexanton noch auf kantonnirende feindliche Arrieregarden gestoßen. An allen Orten, zumal in der Nähe des Waldes von Marchenoir, hatte der Feind die Vertheidigung systematisch vorbereitet, Schützengräben und Batterieemplacements ausgehoben. General v. Stosch faßte die ihm vorliegenden Nachrichten dahin zusammen, daß alle Andeutungen auf einen direkt nach Westen gerichteten Rückzug des Feindes hinwiesen. Das ließ sich wieder mit Vendôme in Uebereinstimmung bringen.

Auch General von Voigts-Rhetz sandte aus Mer Abends 9 Uhr 50 Minuten, wohin der Telegraph bereits funktionirte, noch folgende Depesche:

„Wennschon ich glaube, daß die Hauptkräfte des Feindes auf Vendôme gehen, halte ich es doch für ebenso gewiß, daß das 16. Korps, oder ein Theil desselben heute von Mer auf Blois marschirt ist. Ich bin daher der Ansicht, daß es rathsam ist, zum Angriff auf Blois nicht nur ein Detachement, sondern das ganze Korps vorgehen zu lassen und bitte um Genehmigung hierzu. Bitte um baldige Antwort."

Der Prinz willigte in den Vormarsch des ganzen 10. Armee-Korps, „um zu erkennen, ob Blois der rechte Flügel der feindlichen Armee." „Ist Blois isolirt, fügte der Feldmarschall hinzu, dann umfassender Angriff unter Vermeidung zu langer Kanonade, weil nur noch 2¾ Munitionskolonnen für beide Armeen disponibel sind." Der Hinweis auf die Schonung der Munition war um so nothwendiger, als der Mangel daran wirklich bedenklich zu werden anfing und er schließlich noch das entscheidende Moment abgeben konnte, wenn es jetzt wieder zu partiellen Kämpfen kam, die viel

---

*) Hiermit gab der General Antwort auf den der Armeeabtheilung am 11. vom Oberkommando gewordenen Auftrag, festzustellen, ob auf der Straße Tours—Vendôme—Chartres Truppenmärsche nach Norden stattfänden, oder nicht. Siehe Seite 383.

Pulver kosteten, General Chanzy sich aber hinterdrein noch zur Schlacht stellte. Die Gelegenheit dazu bot ihm ja schon das tief eingeschnittene felsige Thal des Loirflusses.

Der Prinz hatte bereits am 11. Dezember Ermittelungen anstellen lassen, wieviel Artilleriemunition bei den einzelnen Korps der Armee noch vorhanden sei, oder demnächst erwartet würde, um einen möglichst genauen Ueberblick zu gewinnen.

Beim 3. Armee-Korps waren alle Batterien vollständig mit Munition versehen und außerdem $2^3/_4$ gefüllte Artillerie-Kolonnen vorhanden — zur Zeit die einzigen der Armee. $2^1/_4$ Artillerie-Munitions-Kolonnen wurden vom 15. ab, aus Nanteuil, wohin sie zur Ergänzung abgerückt waren, erwartet.

Beim 9. Armee-Korps hatten die Batterien ihre komplette Munition, sämmtliche Artillerie-Kolonnen waren aber seit dem 4. Dezember nach Nanteuil unterwegs und konnten nicht vor dem 17. Dezember eintreffen.

Das 10. Armee-Korps führte die vollzählige Batteriemunition bei sich. Von seinen Kolonnen waren $1^1/_2$ seit dem 29. November zur Abholung frischer Munition unterwegs, sie konnten daher täglich zurückerwartet werden. 1 war erst am 11. nach Nanteuil abgeschickt worden, 2 folgten am 12. Diese 3 Kolonnen konnten also immer erst nach 10—12 Tagen zurückkehren.*)

Die Armeeabtheilung hatte — wie bekannt — fast ihre sämmtlichen Kolonnen bei Beaugency geleert**); bei der 17. Division indessen die Batteriemunition vollzählig. Bei der 22. Division waren die wenigen schußfähigen Batterien nur noch zur Hälfte mit Munition versorgt. Dem bayerischen Detachement fehlte es nicht an Munition.

Wenn man Ausgleichungen zwischen den einzelnen Heerestheilen voraussetzte, so waren freilich immer noch 150 Schuß für jeden 4-Pfünder, 120 für jeden 6-Pfünder vorhanden. Allein es leuchtet ein, wie schwer bei der großen Breite, in der die Armee noch marschirte, und in der sie schon der Lage der Straßen, der Unterkunft und der Verpflegung halber auch in nächster Zeit noch operiren mußte, eine solche Ausgleichung blieb. Sie konnte sich immer nicht so schnell

---

*) $^1/_2$ Kolonne befand sich bei dem Detachement vor Langres.

**) Ueber den augenblicklichen Stand derselben fehlte eine Angabe.

vollziehen, daß man bei einigermaßen ernsten Engagements rechnen durfte, Verlegenheiten bei dem einen oder anderen Korps ganz zu vermeiden.

Wenn der Feind Blois hartnäckig vertheidigte, so lag die Versuchung jedenfalls nahe, durch ein Bombardement der reichen und ziemlich bevölkerten Stadt ein blutiges Infanteriegefecht um deren Besitz zu sparen.

Ueber die Verhältnisse bei Blois gab auch das 9. Armee-Korps noch nähere Auskunft. Es berichtete, datirt von Nachmittags 3½ Uhr über die Vorgänge am 11., wie dieselben in großen Zügen schon dargestellt worden sind.*) Zwischen den durch die Loire getrennten Parteien hatte sich mittlerweile eine Art von Waffenstillstand herausgestellt. An der zerstörten Brücke standen sich der französische und der deutsche Posten ruhig gegenüber. Französische Linieninfanterie und Artillerie zeigten sich in der Stadt. Der Feind war zwar bei seiner Weigerung geblieben, die Brücke jetzt wieder herzustellen, allein er sistirte doch den Eisenbahnverkehr mit Tours und beschoß auch die Straßen der Vorstadt Vienne nicht mehr, in welcher die Mannschaften des 9. Armee-Korps sich frei bewegten. Viele Einzelheiten über die interessante Episode von Chambord waren dabei in Erfahrung gebracht und mit ziemlicher Sicherheit festgestellt worden, daß dort, sowie bei-Montlivault die 3. Division des 16. Armee-Korps gefochten hätte. Ein gefangener Mobilgardenkapitain schilderte eingehend die völlige Desorganisation des 16. Korps, das nur noch aus Trümmern bestehen sollte. General Barry**), der sich bei den Verhandlungen gezeigt, kommandirte die 2. Division jenes Armee-Korps, welches sich also mit dem größeren Theile seiner Cadres nach Blois hineingeworfen zu haben schien.

Mit der 6. Kavallerie-Division stand das 9. Armee-Korps durch Patrouillen in Verbindung. Ihm wurden von dort her Gefangene des 15. Armee-Korps zugeführt, welche aber wieder aussagten, daß dieses Korps nach Bourges marschirt sei.

Das 9. Armee-Korps war in dieser Weise auch bereit, den

---

*) Siehe Seite 385.

**) Das 9. Armee-Korps nannte ihn in seiner Meldung Barille, doch ließ sich aus der vom Oberkommando aufgestellten Ordre de bataille des Feindes der richtige Name leicht ermitteln.

Angriff gegen Blois wieder aufzunehmen. Er hatte schon Batterien gegen die Stadt und den Bahnhof gerichtet und mit dem Gros seiner Truppen bis südlich Blois aufgeschlossen. Die hessische Division war schon bis Candé und Les Montils vorgeschoben, die beim Korps befindlichen Regimenter der 2. Kavallerie-Division bis Ouchamps und Fougères; Patrouillen streiften gegen Amboise*) und den Cher.

Der Bericht des 9. Armee-Korps ging noch am Abend dem General von Voigts-Rhetz zu, damit er daraus die Angaben über die Stärke des Feindes in Blois entnähme. Der General ließ aus Mer um Mitternacht durch seinen Stabschef antworten: „Verbunden mit den Gründen, die zu der Ansicht führen, daß mindestens eine Division des 16. Korps hier gelagert hat und heute früh auf der Straße nach Blois weitermarschirt ist, dürfte die Meldung des 9. Armee-Korps die Meinung bestärken, daß ein Angriff auf Blois morgen entweder mit dem ganzen 10. Armee-Korps zu unternehmen, oder ganz zu unterlassen sein dürfte."

Um so mehr richtete sich am Morgen des 13. Dezember das Interesse des Oberkommandos auf Blois, wo der erste Zusammenstoß der II. Armee mit den zurückgehenden Truppen Chanzys bevorzustehen schien. Allein schon um ½9 Uhr Morgens empfing Prinz Friedrich Karl in Beaugency die telegraphische Meldung aus Mer, daß eine Kavalleriepatrouille des 10. Korps noch am Abend vorher bis in die Vorstadt von Blois geritten und dort zwar auf bewaffnete Civilisten, aber nicht auf reguläre Truppen gestoßen sei. Auf diese Meldung hin fragte Prinz Friedrich Karl zurück, ob es jetzt noch Absicht des General von Voigts-Rhetz sei, mit dem ganzen Korps nach Blois hineinzugehen, oder nur mit einem Detachement. Die Richtung gegen Vendôme wurde nunmehr die wichtigere. Das Telegramm traf das Generalkommando des 10. Armee-Korps nicht, da dasselbe schon von Mer aufgebrochen war, allein ein dort zurückgelassener Generalstabsoffizier gab die Nachricht, daß es seines Generals Vornehmen gewesen, — falls Blois wirklich unbesetzt wäre —, die 20. Infanterie-Division in die Stadt zu verlegen, die 19. nach Norden hin vorzuziehen.

---

*) Sie drangen in jenen Tagen selbst in die Stadt ein, doch kam das nicht zur Kenntniß des Oberkommandos.

Bald darauf, um 9 Uhr Morgens, erhielt der Prinz Feldmarschall eine nicht unwesentliche Mittheilung vom Großherzoge. Zur ferneren Beobachtung nördlich des Marchenoir-Waldes hatte die 4. Kavallerie-Division eine ihrer Brigaden bei Baccon zurückgelassen, der auch die am Tage zuvor bis nach Chateaudun gestreiften Abtheilungen angehörten.*) Von dort aus ging nun eine ausführlichere Meldung ein. Der ganze Raum zwischen der Nordlisiere des Forstes und dem Aigre-Bach war noch vom Feinde okkupirt; aus allen Orten, denen sich die Reiterpatrouillen näherten, wurde geschossen. Stärkere Kavallerie-Abtheilungen, von Infanterie auf Wagen begleitet, zeigten sich und trieben das preußische Kavallerie-Regiment, das dort rekognoszirte**), schließlich nach Ozoir le Breuil zurück, wo es zuletzt übernachtet hatte. Freilich sagten ihm Gefangene aus, die französische Armee sei im Rückzuge gegen Tours, indessen auch Verdes und La Ferté Vilneuil, nördlich des Waldes von Marchenoir, waren vom Feinde noch besetzt, der eher eine mehr nördliche Richtung genommen zu haben schien.

Nun ging aus dem Briefe eines französischen Intendanten, den das 10. Armee-Korps mit Beschlag belegt hatte, deutlich hervor, daß das 16. französische Armee-Korps am 13. Dezember Selommes, am 14. Vendôme erreichen sollte. Dies Korps aber bildete bisher, gemeinsam mit der Division des General Camô, den rechten Flügel von Chanzy's Armee. Demnach mußte man sich das 17. und 21. französische Korps an diesem und dem folgenden Tage nördlich der von Vendôme über Selommes nach Mer zu gezogenen Linie in einer mit dieser parallelen Richtung abmarschirend voraussetzen.

War das wirklich der Fall, so wurde eine Rechtsschiebung der ganzen, dem Prinzen Friedrich Karl unterstellten Armee nothwendig; denn vor allen Dingen mußte man dafür sorgen, daß dem Gegner nicht etwa die Wege gegen Paris hin offen blieben. Die Umfassung des französischen linken Flügels war wünschenswerther, als die des rechten.

Der Prinz setzte von dieser neuen Wendung der Dinge den Großherzog, den sie am nächsten betraf, noch von Beaugency aus um 11 Uhr Vormittags in Kenntniß. Er benachrichtigte ihn, daß

---

*) Siehe Seite 392.

**) Das Rheinische Dragoner-Regiment Nr. 5.

eine Avantgarde des 10. Armee-Korps noch bis an den Cisse-Bach vorgeschoben und daß ebenso gegen Herbault und auf der Straße nach Tours rekognoszirt werden würde. Der Feldmarschall fügte dann hinzu:

„Falls die Nachrichten über den Feind heute nichts Anderes angeben, wird Eurer Königlichen Hoheit Armee-Abtheilung morgen so in Bewegung gesetzt werden müssen, daß der rechte Flügel auf Morée, der linke Flügel auf Oucques dirigirt wird, während Detachements den Wald von Marchenoir und das Terrain nördlich davon aufklären. Von Morée aus würde dann eine Avantgarde Loire abwärts gegen Vendôme vorzuschieben sein."

„Das 3. Armee-Korps beabsichtige ich morgen am 14. auf Maves zu dirigiren; es wird seine Avantgarde in der Richtung auf Selommes vornehmen."

„Ich verlege mein Hauptquartier heute Mittag nach Suèvres, welches telegraphisch mit Mer verbunden wird."

Diese hiermit angeordnete Rechtsschiebung sollte die Armee-Abtheilung in die vom Ober-Kommando ursprünglich beabsichtigte nördliche Richtung hinüberführen, welche sie bekanntlich nicht eingeschlagen, um den abziehenden Feind direkt zu verfolgen.

Aus den letzten Nachrichten trat aber die Wichtigkeit jener Richtung noch deutlicher hervor, daher diese abändernden Maßnahmen des Feldmarschalls.

Schon jetzt also war es Prinz Friedrich Karl's Absicht, mit allen Streitkräften der Armee Chanzy gegen Vendôme und Morée zu folgen, dazu auch die noch jenseits der Loire stehenden Heerestheile heranzuziehen. Auf die Gründe, welche hierfür entschieden, geht die Darstellung später näher ein.

Die Anordnungen, um die Pontonbrücke nach St. Dié zu ververlegen, wurden vom Ober-Kommando direkt getroffen.

Dann brach der Feldmarschall nach Suèvres auf. Als er bei diesem Ritte Mer passirte, erhielt er dort eine Depesche, die eben auf der Telegraphenstation zur Beförderung nach Beaugency abgegeben worden war. Sie kam vom 10. Armee-Korps:

„Blois ist vom Feinde geräumt. Ich rücke mit einer Division daselbst ein und lege den Rest des Korps in Quartiere zwischen Blois und Ménars. Es scheint, daß auch die auf Blois zurückgegangenen Truppen von da aus die Richtung nach Vendôme genommen haben."

(gez.) v. Voigts-Rhetz.

Das bestätigte nur die schon herrschenden Anschauungen.

Bald traf den Oberbefehlshaber nun auch eine Nachricht vom 9. Armee-Korps, aus Blois 10¼ Uhr Vormittags datirt: „Die Tete des 9. Armee-Korps hat soeben die Loire passirt, nachdem die französischen Truppen abmarschirt sind. Die Stadt hat sich nicht vertheidigt, Herstellung der Brücke angeordnet."

General v. Manstein selbst schrieb aus St. Gervais von 9 Uhr 30 Minuten früh, daß auf sein Verlangen die Gemeinde von Blois die Herstellung der Brücke sofort in Angriff genommen habe und daß diese Arbeit auch vom linken Ufer aus gefördert werden würde, um, wenn möglich, in 24 Stunden schon einen für alle Waffengattungen brauchbaren Uebergang herzustellen. Schon war man dort daran gegangen, auf Kähnen und unter Benutzung von Leitern und Brettern stärkere Infanterie-Abtheilungen nach der Stadt Blois hinüber zu bringen, welche die Verbindung mit der Avantgarde des 10. Armee-Korps aufnehmen sollten.

Dann fügte General v. Manstein hinzu:

„Die von hier am 12. gegen den Cher vorgeschickten Rekognoszirungen haben bei Montrichard Nichts vom Feinde gefunden und nur erfahren, daß feindliche Abtheilungen sich auf Tours gezogen haben. Die Brücke bei Chaumont hat der Feind durch Anzünden zerstört. — Diesseits Amboise haben sich französische Kavalleriepatrouillen gezeigt."

„Abtheilungen der 6. Kavallerie-Division, welche bis zur Loire streiften, wollen feindliche Kolonnen auf dem rechten Ufer beobachtet haben, die, von Nordosten kommend, sich in der Richtung auf Tours gezogen hätten. Weitere Rekognoszirungen gegen Amboise und den Cher sind für heute im Verein mit der 6. Kavallerie-Division angeordnet. Speziell gegen Montrichard ist heute früh die der 25. Division attachirte Brigade der Division Stollberg nebst einer reitenden Batterie zur Rekognoszirung vorgeschoben."*)

---

*) Was die in dieser Meldung erwähnten Märsche französischer Kolonnen am rechten Stromufer zwischen Blois und Tours anbetrifft, so ist zu erwähnen, daß die Brigade Desmaisons (die 1. der Division Barry — des 16. Korps) von Blois aus auf dem rechten Ufer nach Tours zurückging, ferner daß die bei

Beide Korps, die in Blois eingerückt waren, mußten nun zunächst mit neuen Befehlen versehen werden.

An das 10. Armee-Korps wurde während des Rittes nach Suèvres ein Generalstabsoffizier vorausgesendet, der ihm die Befehle des Prinzen Friedrich Karl überbrachte, wie sie bereits in dem Schreiben an den Großherzog angedeutet worden waren. Eine Avantgarde sollte in der Richtung auf Vendôme den Cisse-Bach erreichen, während Rekognoszirungen gegen Herbault und Tours streiften.

An das 9. Armee-Korps nach St. Gervais ging um 3½ Uhr Nachmittags aus Suèvres folgendes kurze Schreiben des Prinzen ab:

„Das 9. Armee-Korps verbleibt bis auf weiteren Befehl in seinen Kantonnements auf dem linken Ufer der Loire, während das 10. Armee-Korps sich in und nördlich Blois dislozirt."

Zwischen St. Dié und Suèvres wird eine Pontonbrücke bis heute Abend hergestellt sein."

„Ueber das Ergebniß der Rekognoszirungen erwarte ich baldigst Meldungen."

„Mein Hauptquartier ist heute und morgen in Suèvres."

Für die weitere Verwendung des 9. Armee-Korps auf dem einen oder anderen Loire-Ufer mußte es zumal entscheidend sein, ob die französische Regierung noch in Tours sei, oder nicht, wie eine internationale Nachricht dem großen Hauptquartier schon gemeldet.*) General v. Voigts-Rhetz wurde deshalb beauftragt, in Blois genaue Recherchen darüber anzustellen.

Dann handelte es sich darum, auch das 3. Armee-Korps von dem Geschehenen in Kenntniß zu setzen und ihm neue Weisungen zukommen zu lassen, welche der augenblicklichen Konstellation entsprachen.

Der Prinz schrieb dem General v. Alvensleben gleichfalls um 3½ Uhr Nachmittags ausführlich über die Ereignisse bei Blois und die schon an die anderen Heerestheile gegebenen Befehle.

Dann fügte er hinzu:

„Das 3. Armee-Korps soll morgen mit seiner Tete Maves er-

Chambord—Montlivault verunglückte 3. Division des 16. Korps von Amboise auf beiden Stromufern noch weiter gegen Tours zurück marschirte, bis sie später nach Chateau Renault wieder vorgezogen wurde.

*) Siehe das Telegramm des General v. Podbielsky an das Ober-Kommando der II. Armee vom 10. Dezember Abends, pag. 380.

reichen und kann den Raum von dort über Villexanton, Villangond, Mer, La Chapelle, St. Martin, Villetard, einschließlich aller genannten Orte belegen."

„Die 1. Kavallerie-Division ist der Tete nahe zu dislozieren."

„Eine Avantgarde, meist aus Kavallerie bestehend, ist in der Richtung auf Selommes vorzuschieben."

Für einen vollständigen Ueberblick über die Ereignisse vor der Front und den Rückzug des Feindes fehlten noch die Nachrichten von der Armee-Abtheilung. Leider blieben dieselben für diesen Tag aus, sie erreichten das Ober-Kommando erst am 14. früh. Die große Länge der Front, von welcher die Meldungen der Vortruppen zu sammeln waren, der schlechte Zustand der Wege, erschwerte den Austausch von Nachrichten und Befehlen in dieser Zeit erheblich.

Schon hatte aber der 13. Dezember es fast völlig klar gelegt, daß der abziehende Feind sich hinter den Loir und zwar mit der Masse seiner Kräfte concentrisch gegen Vendôme zusammenzöge. Das ließ schließen, er werde dort hinter dem recht bedeutenden und festen Fluß-Abschnitt halten und auch die taktische Entscheidung nicht scheuen. Es ließ sich auch nicht läugnen, daß lange und schwierige Rückzüge den Feind mehr angreifen, seine schon sehr gelockerten Truppenverbände mehr auflösen würden als selbst neue Kämpfe. Die Zähigkeit, welche General Chanzy bei Beaugency bewiesen, sprach gleichfalls für die Annahme, daß er am Loir seine geschlagene Armee von Neuem zum Stehen bringen wolle.

Die ungünstigen Verhältnisse, unter denen die II. Armee zu dieser ganzen Operation aufgebrochen war, machten sich jetzt fühlbar. Wünschenswerth war es natürlich, dem Gegner auf der Ferse zu folgen und ihn womöglich sofort bei Vendôme anzugreifen. Allein dazu wären jetzt nur die sehr schwache Armee-Abtheilung des Großherzogs*) und das 10. Armee-Korps, zusammen etwa 20—22,000 Gewehre zählend, verfügbar geblieben. Mit so ungenügenden Streitkräften wieder isolirt anzugreifen, würde ohne Zweifel ein Fehler gewesen sein. Es hätte abermals zu entscheidungslosen viel Munition konsumirenden Kämpfen geführt, die nur dem taktischen Gehalt der eigenen Truppen schadeten, des Feindes Vertrauen aber systematisch

*) Die bayerische Infanterie, die beim Großherzoge verblieben war, hatte vornehmlich den Gefangenentransport zu übernehmen.

stärkten. Das Herankommen des 3. und 9. Armee-Korps, sowie der 6. Kavallerie-Division mußte erst abgewartet werden.

Für den 14. Dezember umfaßten die heute gegebenen Befehle daher noch Alles, was die Truppen auszuführen vermochten. Erst für den 15. konnten weitere Anordnungen getroffen werden.

Der 13. Dezember brachte übrigens auch neue Weisungen des großen Hauptquartiers, welche verschiedene für die jetzt begonnene Operation gültige Gesichtspunkte aufstellten.

General v. Moltke schrieb aus Versailles vom 12. Dezember an den Generalstabschef der II. Armee:

„Nachdem es in den letzten Tagen des November und den ersten Tagen dieses Monats gelungen, die in verschiedenen Richtungen unternommenen Versuche des Feindes, Paris zu entsetzen, abzuweisen, kommt es zunächst darauf an, die zu diesem Zweck verwendeten, locker gefügten, feindlichen Heeresmassen durch eine energische Verfolgung für längere Zeit außer Thätigkeit zu setzen."

„Diese Aufgabe besteht meiner Ansicht nach noch bezüglich der in den letzten Tagen der Armee-Abtheilung Seiner Königlichen Hoheit des Großherzogs gegenüber befindlich gewesenen feindlichen Armee-Korps, welche mit ausreichenden Kräften weiter zu verfolgen und möglichst zu zersprengen sind."

„Andererseits ist nicht zu verkennen, daß unsere Kräfte vor dem Falle von Paris nicht ausreichen würden, die Operationen in südlicher und westlicher Richtung zu weit auszudehnen und ist daher hier eine Beschränkung vorläufig geboten, welche auch noch den Vortheil bieten wird, den Truppen die nach den anstrengenden Bewegungen und Gefechten der letzten Zeit gewiß nothwendige Ruhe zu gewähren."

„Ohne ganz besondere Veranlassung dürfte von der II. Armee die Linie des Cher, Tours—Bourges—Nevers nicht zu überschreiten sein, welche in der Bereithaltung der Hauptkräfte bei Orléans ihren Stützpunkt finden könnte."

„Die Sicherung gegen Westen würde die Armee-Abtheilung Seiner Königlichen Hoheit des Großherzogs von Mecklenburg-Schwerin zu übernehmen haben. Wenn, wie es scheint, die Truppenformationen (vormals Kératry) von Conlie aus bereits zur Loire-Armee herangezogen und folglich in den Rückzug derselben verwickelt sind, so würde eine Centralstellung, etwa bei Chartres, in nicht allzuweiter Entfernung von Paris die Möglichkeit einer Auflösung des genannten Verbandes, oder des Austausches einzelner Theile desselben gewähren."

„Die bezüglich der Besetzung von Orléans durch Theile des ersten bayerischen Korps getroffene Anordnung des Königlichen Ober-Kommandos wird durch vorstehende Darlegung zur Zeit nicht berührt."

„Eine besondere Aufmerksamkeit erfordert meiner Ansicht nach die dauernde und sichere Beobachtung der unter Oberbefehl des Generals Bourbaki über Gien u. s. w., in der Richtung auf Bourges, bezüglich Nevers abgezogenen feindlichen Korps." (18. und 15.)

„Für ein etwaiges Wiedervorschreiten der Letzteren ist diesseits die Mitwirkung des Generals der Infanterie v. Zastrow, welcher von morgen ab in Châtillon sur Seine befindlich, durch die Infanterie-Regimenter 60 und 72 verstärkt werden soll, in Aussicht genommen. Die Unterhaltung der Verbindung mit dem vorgenannten General stelle ich daher ergebenst anheim."

„Was ferner die nächsten Operationen der I. Armee anbetrifft, so wird eine Konzentration eventuell bei Beauvais unter Festhaltung von Rouen und Amiens den Norden Frankreichs niederhalten."

„Die 5. Kavallerie-Division endlich (heute Stabsquartier Chartres) ist angewiesen, durch eine Vorwärtsbewegung auf Nogent le Rotrou die direkte Verfolgung des über Vendôme abziehenden Feindes zu unterstützen." — — — — — — — — — — — —

Wenn am Abend dieses Tages auch das Ober-Kommando der Armee nicht von allen Theilen der Armee genau unterrichtet war, wo sie standen, so erscheint zur Orientirung des Lesers doch ein kurzer Ueberblick über die Stellung der einzelnen Truppenkörper vom 13. Dezember Abends, ehe die Darstellung fortschreitet, am Platze:*)

1. Die II. Armee.**)

Das 10. Armee-Korps mit der 2. Kavallerie-Division in, nördlich und östlich Blois, daselbst auch das Hauptquartier des Korps.

---

*) Es bleibt indessen für das Folgende zu beachten, daß das Ober-Kommando diese Kenntniß zur Zeit noch nicht besaß.

**) Einschließlich der vom Großherzoge dem 10. Korps zugetheilten 2. Kavallerie-Division.

Das 9. Armee-Korps in und um Blois—Vienne, eine Avantgarde im Loire-Thale bis Candé—Les Montils vorgeschoben, Hauptquartier St. Gervais bei Blois. Beim 9. Armee-Korps, und zwar bei der Avantgarde im Loire-Thale, befand sich eine Brigade der 2. Kavallerie-Division.

Das 3. Armee-Korps mit der 5. Infanterie-Division bei Meung, mit der 6. bei Beaugency, Korps-Artillerie Messas, Hauptquartier Meung, mit der 1. Kavallerie-Division, die ihm noch unterstellt war, bei Cravant.

Die 6. Kavallerie-Division mit der 15. Brigade, der Batterie und den beiden ihr zugetheilten Infanterie-Kompagnien bei Contres, daselbst auch das Stabsquartier — mit der 14. Brigade bei Salbris.*)

Hauptquartier Suèvres.

2. Die Armee-Abtheilung des Großherzogs von Mecklenburg-Schwerin.**)

Die 17. Infanterie-Division in und um Oucques, Avantgarde Epiais—St. Gemmes, Stabsquartier Oucques.

Die 22. Infanterie-Division in und um Maves—Villexanton, Avantgarde Rhodon—Conan, Stabsquartier Villeromard.

Das bayerische Detachement bei Josnes.

Die 4. Kavallerie-Division mit der 8. Brigade und 1 Batterie bei Plessis l'Echelle, mit der 9. Brigade und 1 Batterie Villeneuve—Trouville, mit der 10. Brigade bei Membrolles (zwischen Chateaudun und Ouzouer le Marché).

Hauptquartier Talcy Château.

General Chanzy erreichte an diesem Tage mit seiner Armee schon den Loir und nahm dort von Cloyes bis Vendôme eine Aufstellung, während er auch St. Amand und Château Renault besetzt hielt.***)

---

*) Das in Vierzon stehende Regiment dieser Brigade war am 13. Dezember Mittags von dort verdrängt worden und die Brigade hatte sich darauf bei Salbris konzentrirt, doch besaß das Ober-Kommando noch keine Nachricht davon.

**) Ausschließlich der 2. Kavallerie-Division. Von der Armee-Abtheilung erhielt Prinz Friedrich Karl, wie erwähnt, am 13. keine Nachricht.

***) Das Nähere folgt weiter unten.

Die Ansichten, welche General v. Moltke in seinem Schreiben über die weiteren Operationen der Armee ausgesprochen, trafen in der Hauptsache mit dem zusammen, was auch der Feldmarschall wollte. Die Armee Chanzy's sollte zertrümmert und in einen Zustand versetzt werden, daß wenigstens Wochen dazu gehörten, ehe sie wieder gegen die deutschen Armeen im Felde zu erscheinen vermochte. Allein die II. Armee durfte ihr nur soweit folgen, als es dringend nothwendig war, um jenen Zweck zu erreichen. Ihre eigene Verfassung war schon derart, daß auch sie, wenn sich die Operationen so wie jetzt noch weiter hinzogen, bald unfähig werden mußte, irgend welche kräftigen Schläge zu führen. Noch standen der Armee aber ohne Zweifel bis zum Falle von Paris andere große und schwierige Aufgaben bevor, welche neue Gefechte und starke Marschanstrengungen forderten. Man durfte gewiß nicht daran zweifeln, daß, wenn General Chanzy abgefertigt worden war, man es bald mit Bourbaki zu thun haben werde. Dergleichen konnte sehr nahe bevorstehen; meldete auch an diesem Tage noch die bei Sandillon (südöstlich Orléans) verbliebene Eskadron, sie habe Nachrichten, daß bei Bourges noch starke Abtheilungen der I. Loire-Armee ständen, und daß dort an Verschanzungen gearbeitet würde.*)

Die noch isolirt in Vierzon—Salbris zurückgebliebenen Regimenter der 6. Kavallerie-Division**) hatten nach ihrer am 14. früh 10 Uhr eingehenden Meldung dort schon am 12. einen recht schweren Stand. Die in der Richtung gegen Bourges abgeschickten Patrouillen stießen schon diesseits Vignoux sur Barangeon und bei Foecy auf Mobilgarden, konnten nicht vorwärts und wurden dann von französischen Chasseurs bis dicht vor Vierzon verfolgt. Franctireurs warfen sich in die Vierzon nordöstlich und nördlich umgebenden Wälder. Auch Mehun sur Yèvre wurde stark besetzt gefunden. Weiter nördlich zwischen La Chapelle d'Angillon und Henrichemont zeigte sich französische Kavallerie und drängte die schwachen preußischen

*) Die Meldung datirte vom 12. Dezember Nachmittags 3 Uhr.

**) Sie waren, wie erwähnt (Seite 404 Anmerkung), aus Vierzon schon am 13. verdrängt worden

Reiterabtheilungen zurück. Die Haltung der zahlreichen Fabrikarbeiter in Vierzon begann schon feindselig zu werden; denn es mangelte in der Stadt, der man natürlich jede Kommunikation nach Süden verwehren mußte, an Lebensmitteln.

Den preußischen Kavallerieregimentern fehlte namentlich der Hafer. Dabei war die Verbindung mit der 6. Kavallerie-Division verloren gagangen, so daß die Regimenter der 14. Brigade augenblicklich ganz isolirt standen. Ihre Lage wurde natürlich von Stunde zu Stunde bedenklicher. Daß der kühnen Reiterschaar keinerlei stärkere Truppenabtheilungen folgten, daß die II. Armee von Orléans noch nicht im Marsche auf Bourges sei, merkte nun wohl auch die Bevölkerung und wurde sie erst gewahr, daß die wenigen Schwadronen in der Sologne keinerlei Unterstützung hinter sich hatten, so war natürlich ein allgemeiner Aufstand zu gewärtigen, um denselben den Rückweg nach Westen und zur Loire zu verlegen. Allein der Vortheil, welchen das Wagniß, sie dort noch zu belassen, der Armee brachte, war doch ein sehr bedeutender; denn das Oberkommando erhielt auf diese Weise noch am 14. die Gewißheit, daß wenigstens in der direkt westlichen Richtung Bourbaki's Armee noch keine sehr großen Fortschritte gemacht haben könne.

Ließ sich auch natürlich voraussetzen, daß sich seit dem 12. Dezember die Verhältnisse im Cherthale geändert haben möchten — wie es thatsächlich auch der Fall war*) — so vermochte die Armee doch für einige Tage noch ihren Zielen im Westen unbehindert zu folgen.

Ob die französische Regierung Tours bereits verlassen habe und so die eine wichtige Aufgabe erfüllt sei, konnte General v. Voigt-Rhetz zwar in der Stadt Blois nicht feststellen, allein die neueste Nummer des Journals „Liberté," die dort gefunden wurde, besprach die Verlegung des Regierungssitzes als ein fait accompli.

General v. Voigts-Rhetz fügte dem Telegramm, das diese Nachricht brachte, und das gegen Mitternacht vom 13. zum 14. Dezember in Suèvres eintraf, hinzu:

„Patrouillen sind bis La Chapelle-Vendômoise und westdes Forêt de Blois gewesen, ohne auf den Feind zu stoßen."

„Die Maires von La Chapelle und von Marolles sind hier vernommen und sagen aus, daß ihre Orte von keinen französischen Truppen, sondern nur von Flüchtlingen passirt seien.

---

*) Siehe Seite 385 u. 404.

„Bei La Chapelle sind Gefangene vom 17. und einer vom 16. Corps gemacht worden, die nach Lebensmitteln suchten. Der letzte sagte aus, sein Corps, (das 16.) habe Nachts vom 12. zum 13. bei Pontijoux gelegen. Es scheint also das 16. Korps von Mer und Suèvres nordwestlich ausgebogen zu sein."

Diesen Nachrichten folgten Nachmittags 1 Uhr andere. Nunmehr hatte sich auch in der Stadt Blois soviel feststellen lassen, daß man dort wisse, die Regierung sei nicht mehr in Tours. Neuerdings gefundene Briefe sprachen alle von den furchtbaren Zuständen in der zurückgehenden Armee.

„Les balles et la mitraille m'ont encore épargné, afin que je puisse voir à loisir notre affreuse débâcle."

„Je ne vous en dis pas davantage, jai le coeur trop serré, je ne suis plus à moi, je suis comme fou, un véritable insensé."

„Nous ne touchons plus ni vivres, ni solde, mais nous couchons toujours sur la terre gelée (der Brief ist am 11. Dezember geschrieben) et dans la neige et encore quand messieurs les Prussiens nous en donnent le temps, car nous somme traqués comme de véritables bêtes fauves."

. . . .

„Le 16. Corps dont J . . . fait parti a été entièrement abimé surtout les Mobiles."

Dazu kamen nun die Nachrichten von der Armee-Abtheilung über deren Vormarsch am 13., die bisher ausgeblieben waren.*)

Die 17. Division war auf dem rechten Flügel bei Oucques noch auf den Feind gestoßen, hatte den Ort aber nach kurzem Artilleriegefecht genommen.

Auf den Straßen über La Bossé und Viévy le Rayé fand sie die Spuren der vor ihr abziehenden französischen Kolonnen. Vorübergehend zeigten sich bei La Pagerie noch Truppenmassen und Batterien, doch wichen auch diese den herannahenden Verfolgern aus. Die Avantgarde, die über St. Léonhard und Oucques mar-

*) Die hier geschilderten Vorgänge sind durch die auf Seite 404 gegebene Uebersicht über die Aufstellung der Armee im Großen schon vorweg dargelegt worden.

schirte, weil alle südlichen Landwege schon unpassirbar waren, drang bis Epiais und Ste. Gemmes vor, fand diese Orte bereits frei und etablirte dort ihre Vorposten.

Das Gros folgte bis Oucques. Bei diesem Marsche machte die Division nicht weniger als 2160 französische Nachzügler zu Gefangenen, allein auch sie selbst kam nur mühsam vorwärts. „Ich halte es für meine Pflicht, schrieb der Divisionskommandeur, ganz gehorsamst zu melden, daß in Folge der gestrigen und heutigen Märsche, trotz der nicht besonders großen Entfernungen, alle Truppen sehr erschöpft sind.“

Zudem war bei einer Batterie der Division die Influenza unter den Pferden so stark ausgebrochen, daß diese Batterie, nicht mehr operationsfähig, in Kantonnements bei Marchenoir zurückgelassen werden mußte.

Südlich der 17. Division war auch am 13. Dezember die 22. Infanteriedivision vorgegangen. Die Meldungen derselben reichten nur bis 1 Uhr Nachmittags. Am Mittag war die Avantgarde der Division eben in Begriff gewesen, in die vom Feinde verlassenen Orte Pontijoux und Villetard einzurücken. Obgleich auch hier der Feind keinerlei Widerstand leistete, so beabsichtigte der Divisionskommandeur um jene Zeit doch, nicht über diejenigen Ziele hinauszugehen, welche ihm am Tage zuvor gestellt waren, d. h. mit der Avantgarde bei Pontijoux, Villetard und Maves zu bleiben, Vorposten bis in die Höhe von Villebersol vorzuschieben. Nach Rhodon und Conan sollte Kavallerie und Infanterie auf Wagen rücken, der Rest der Division in Villexanton, Viller und Villerclin bleiben.*)

Auch diese Division hatte zahlreiche Gefangene gemacht. In allen Gehöften und Dörfern ergaben sich ganze Scharen von Nachzüglern an die herankommenden Kavalleriespitzen. Viele dieser Leute waren völlig übermüdet und dazu angetrunken. Kaum vermochten sie einigermaßen sichere Angaben über die Truppentheile zu machen, denen sie angehörten.

Die Bayern standen, wie erwähnt, am 13. noch bei Josnes mit dem Gefangenentransport beschäftigt.

Das waren die Nachrichten, welche das Oberkommando aus den verschiedenen Meldungen des Großherzogs entnahm.

---

*) Siehe im Vergleich hierzu die auf Seite 404 gegebene von der Division am Abend des 13. Dezember thatsächlich eingenommene Stellung.

Von Interesse wurde ferner eine andere, welche das Stabsquartier der 5. Kavalleriedivision zu Chartres allarmirt hatte und die ihren Weg über Versailles nach Suèvres fand. Ein Johanniterritter hatte, von Orléans kommend, in Chartres berichtet, 25,000 Franzosen seien in Chateaudun eingerückt. Die beiden Batterien, welche von Paris her der 22. Infanteriedivision als Ersatz für ihre unbrauchbar gewordenen 4 Pfünder zugeführt werden sollten,*) und die schon bis Orgères gekommen waren, erfuhren dort gleichfalls, durch die Brigade Bredow der 5. Kavalleriedivision, daß Chateaudun stark besetzt sei. In Versailles hatte man sich diese Nachrichten nicht erklären können. Hier bei der Armee wo vielfache Spuren andeuteten, daß Theile der Armee Chanzy die nordwestlich führenden Wege zum Loir eingeschlagen hatten, konnte man sehr wohl glauben, daß sich der französische linke Flügel bis Chateaudun hin nördlich ausdehnen wolle. Der Großherzog vermochte darüber Klarheit zu schaffen.

Nothwendig erschien es jetzt, wo sich die Armeeabtheilung dem Loirflusse näherte und die entscheidenden Tage für die jetzt im Gange befindlichen Operationen herannahten, den Großherzog mit weitergehenden, die nächste Feldzugsepoche umfassenden Weisungen zu versehen. Für diese wieder mußten die dem Oberkommando aus dem großen Hauptquartier zugegangenen Darlegungen die Grundlage bilden. Am 14. Dezember Mittags schrieb der Prinz Feldmarschall dem entsprechend an den Großherzog:

„Für die ferneren Operationen der jetzt unter meinem Oberbefehl vereinigten Streitkräfte wird bestimmend sein:

„Die Sicherung der Armee von Paris gegen Offensiv-Unternehmungen der feindlichen Armeen und — hiermit in Verbindung — die weitere Verfolgung derjenigen feindlichen Kräfte, welche in der letzten Zeit der Armeeabtheilung Eurer Königlichen Hoheit gegenüberstanden und jetzt im Rückzuge begriffen sind."

„Der II. Armee wird hierbei — in der Aufstellung an der Loire — die Sicherung gegen Süden und eventuell die Operation gegen diejenigen feindlichen Korps (18., 20. resp. 15.) zufallen, welche die Rückzugsrichtung über Bourges und respective über Tours eingeschlagen haben," „während über die Aufgabe der Armee-Abtheilung Eurer Königlichen Hoheit die durch den Chef des Generalstabes der

---

*) Zwei bayerische 6-Pfünderbatterieen waren der 22. Infanteriedivision schon auf Befehl des Großherzogs als Beihülfe zugetheilt worden.

Armee gestern Abend hierher mitgetheilten Direktiven vom 12. sich, wie folgt, aussprechen:

„„Die Sicherung gegen Westen würde die Armeeabtheilung Seiner Königlichen Hoheit des Großherzogs von Mecklenburg Schwerin zu übernehmen haben. Wenn, wie es scheint, die Truppenformationen (vormals Kératry) von Conlie aus bereits zur Loirearmee herangezogen und folglich in den Rückzug derselben verwickelt sind, so würde eine Centralstellung etwa bei Chartres in nicht allzuweiter Entfernung von Paris, die Möglichkeit einer Auflösung des genannten Verbandes, oder des Austausches einzelner Theile desselben gewähren.""

„Durch jene divergirenden Operationsrichtungen ist die Trennung der II. Armee von der Armeeabtheilung Eurer Königlichen Hoheit bedingt, welche Trennung einzutreten haben wird, nachdem es gelungen ist, mit koncentrirten Kräften die am Loir sich stellende feindliche Armee entscheidend zu schlagen, oder wenn der Rückzug dieser Armee weiter fortgesetzt werden sollte."

„In diesem letzten Falle müßte die weitere Verfolgung, welche die II. Armee von ihren Bestimmungen entfernen würde, allein der Armeeabtheilung zufallen."

„Die 5. Kavalleriedivision, deren Stabsquartier am 12. in Chartres war, ist aus dem großen Hauptquartier angewiesen worden, durch eine Vorwärtsbewegung auf Nogent-le-Rotrou die direkte Verfolgung des über Vendôme abziehenden Feindes zu unterstützen."

„Ueber die Rückzugsrichtung des feindlichen linken Flügels werden Euer Königlichen Hoheit inzwischen durch die Avantgarde der Armeeabtheilung und durch die 4. Kavallerie-Division Meldungen zugegangen sein, welche auch darüber aufklären werden, in wie weit die der 5. Kavalleriedivision zugegangene Nachricht, daß Chateaudun stark (nach anderen Nachrichten mit 25,000 Mann) besetzt sei, auf Thatsache beruht, oder ob der linke Flügel des Feindes die Rückzugsrichtung Chateaudun eingeschlagen hat."

„Die Besetzung von Orléans durch Theile des ersten bayerischen Korps wird, wie General Graf Moltke ausspricht, durch die Trennung der Armee-Abtheilung von der II. Armee zunächst nicht alterirt werden."

Um diese Orientirung noch zu vervollständigen, fügte der Oberbefehlshaber die Nachrichten hinzu, welche im Hauptquartier zu Suèvres über die I. Armee bekannt geworden waren.

Seit dem Morgen des 14. war für das 9. Armee-Korps schon der Befehl des Oberkommandos erlassen, die auf dem linken Loire-ufer befindliche Brigade der 2. Kavallerie-Division über St. Dié nach Villetard und Mulsans zu entsenden, von wo sie am 15. über Oucques zum Großherzoge zurückkehren sollte. Es lag in der Absicht des Feldmarschalls, die ganze Division demnächst sich wieder vom 10. Armee-Korps trennen und zur Armeeabtheilung abrücken zu lassen. Auch der leichte Feldbrückentrain der 17. Division, der in die nach St. Dié verlegte Kriegsbrücke eingebaut worden war, erhielt den Befehl, nach Oucques zu marschiren, wo er, wenn möglich am 15. Dezember Abends eintreffen sollte.

Ehe nun die Ereignisse auf dem linken Loireufer, sowie hinter der Armee dargestellt werden, ist hier zu berichten, was im Laufe des 14. Dezember noch beim 10. Armee-Korps vorging, welches über seine Erlebnisse im Laufe des Tages mehrfach telegraphisch nach Suèvres berichtete.

Das Armee-Korps erhielt nämlich in Folge der Meldung, daß seine Patrouillen schon ziemlich weit nordwestlich Blois streiften, ohne auf den Feind zu stoßen, um 11½ Uhr Vormittags durch ein Telegramm den Befehl, noch am 14. ein starkes Detachement mit Artillerie in der Richtung auf Vendôme vorzusenden, welches am 15. feststellen sollte, ob der Feind Miene mache, bei Vendôme am Loir Stand zu halten, oder nicht.

Das Armee-Korps hatte schon am Morgen des 14. Dezember kleine Detachements nach Chouzy, Herbault und La Chapelle Vendômoise vorgeschickt, um in möglichst weiten Kreisen Aufklärung über den Rückzug des Feindes zu schaffen. Als nun der Befehl des Oberkommandos in Blois eintraf, verstärkte General v. Voigts-Rhetz die Truppen in La Chapelle auf

3 Bataillone,
1 Eskadron,
1 Batterie,

und ersuchte auch die 2. Kavallerie-Division, einige Eskadrons und eine Batterie zu der Expedition stoßen zu lassen. Soweit war der General übrigens sehr bald im Klaren, daß er dem Befehlshaber telegraphisch meldete, er halte für den 15. Dezember den Abmarsch des ganzen 10. Armee-Korps für geboten.

Die im Loirethale über Chouzy hinaus streifenden Reiterpatrouillen fanden nämlich dort keine Spuren mehr vom Rückzuge bedeutender Truppenmassen. Nur 1—2000 Mann sollten dort in ungeregelten Zügen passirt sein, ferner viel vereinzelte Leute. Dagegen wurde von allen Seiten wieder gemeldet, der Feind sei auf Vendôme ausgewichen.

Der Abend brachte schriftlich und telegraphisch noch eine ganze Reihe weiterer Meldungen des 10. Armee-Korps und der 2. Kavallerie-Division, welche letztere um Château Pesay sich konzentrirte.

Zunächst hatten die Patrouillen noch stets Feuer erhalten, sobald sie über Le Breuil hinaus gegen Villeromain vorgingen; doch später streiften sie bis zur Linie Selommes*)—Villeromain, dort stießen sie auf bedeutendere feindliche Abtheilungen und man gewann die Ueberzeugung, daß bei Selommes—Villeromain die französische Arrieregarde stände. Unter deren Schutz waren ohne Zweifel bedeutende Truppenmassen auf Vendôme abgezogen. Die Einwohner sprachen allgemein von 50—60,000 Mann, sie gaben aber auch an, daß von Vendôme aus Truppentransporte nach Tours hin stattfänden.

Zu gleicher Zeit stießen die von Herboult gegen St. Amand streifenden Patrouillen bei Gombergean auf französische Abtheilungen, so daß es klar wurde, auch dort seien feindliche Kolonnen zurückmarschirt.

Eigenthümlicherweise zeigte der Feind schon heute ein anderes Verhalten, als noch in den letzten Tagen. Während sich am 12. und 13. oft ganze Abtheilungen in Dörfern und Gehöften an die heransprengenden deutschen Reiterpatrouillen ergeben hatten, stand heute die äußerste Nachhut des Gegners überall fest; empfing die herankommenden Verfolger mit lebhaftem Feuer und trat sogar gegen eine Offizierpatrouille der 2. Kavallerie-Division offensiv auf. Als diese Patrouille, auf der großen Straße heranreitend, bei Villeromain ankam, entwickelte sich dort eine starke Chasseur-Abtheilung und trieb sie bis le Breuil zurück, wo sie durch eine preußische Husaren-Eskadron aufgenommen wurde. Die 2. Kavallerie-Division fügte daher einer ihrer Meldungen hinzu, „daß der Rückzug der Franzosen keineswegs en déroute geschehe, sondern in Ordnung vor sich gehe.“ Die Landleute hatten dies mehrfach bestätigt. Alle diese Meldungen

*) Selommes selbst war vom Feinde frei, der hinter dem Dorfe Stellung genommen hatte.

gelangten noch am 14. Dezember Abends in die Hände des Oberbefehlshabers.

Immer deutlicher wurde jetzt das Bild, das man sich im Hauptquartier über die Absichten des Gegners zurechtlegte. Schon schien es unzweifelhaft, daß der Feind am Loirfluße wieder Halt gemacht und starke Avantgarden diesseits zurückgelassen habe. Daß er dabei den Versuch mache, Theile seiner Armee — zunächst wohl die Impedimenta — über Tours auf der Eisenbahn der Verfolgung zu entziehen, ließ sich trotzdem wohl glauben.

Auch von der Armeeabtheilung kamen am Abend des 14. noch weitere ausführliche Nachrichten über den ereignißreichen heutigen Tag, den 14. Dezember.

Die vordersten Truppen des Großherzogs hatten den Loir bereits erreicht und dort den Feind wieder geschlossen vor sich gefunden. Um Mittag war im Hauptquartier Suèvres Kanonendonner zu hören gewesen.

Was der Prinz hierüber erfuhr, enthielten die Meldungen der 4. Kavallerie-Division, die mit ihren Hauptkräften südlich des Marchenoir vorgegangen war und heute die Fühlung am Feinde besaß; ferner die Berichte der 17. Infanterie-Division. Beide Schriftstücke hatten ihren Weg über Oucques, das Hauptquartier des Großherzogs, genommen.

Die Patrouillen der 4. Kavallerie-Division waren in der letzten Nacht aus der Linie Thorigny—Selommes mit Feuer empfangen worden.

Am Morgen entdeckten sie noch zahlreiche Nachzüglertrupps, die gegen den Loir hin abzogen. Von Boisseau und Rhodon aus waren starke Kolonnen nach Coulommiers, also gleichfalls wohl auf Vendôme, marschirt. Die Spuren davon wurden noch gefunden und die Landleute behaupteten sogar, daß 20—40,000 Mann diese Richtungen eingeschlagen hätten.

Den Weisungen des Prinzen Friedrich Karl entsprechend, hatte ferner die Armeeabtheilung die Rechtsschiebung in die Linie Oucques—Morée ausgeführt und die 17. Division auf Fréteval—Morée am oberen Loir dirigirt. Dort also wurde das Flußthal und die feindlichen Stellungen heute schon berührt. Die auf Fréteval heranrückenden Truppen fanden in diesem Orte starken Widerstand.

Der Gegner zeigte Artillerie und Infanterie in bedeutender Zahl auf den jenseitigen Höhen, hielt aber auch das tief gelegene Dorf selbst besetzt. Die um 2 Uhr Nachmittags an den Großherzog abgesandte Meldung der Division sagte, daß die Artillerie über das Loirthal hinweg gegen die französischen Batterien in lebhaftem Kampfe stände, daß ein Theil des Ortes schon genommen wäre, daß indessen der Kampf in demselben noch fortdauere. Die auf Morée dirigirte Kolonne hatte diesen Flecken zwar unbesetzt gefunden, indessen ward auch sie vom hohen jenseitigen Loirufer aus mit Geschützfeuer empfangen.*)

---

*) Zum Verständniß der Bewegungen der Armeeabtheilung an diesem Tage ist der Armeebefehl hier einzufügen, den der Großherzog für den 14. Dezember erlassen hatte, obgleich dieser Befehl dem Oberkommando damals nicht bekannt wurde.

Hauptquartier Talcy, den 13. Dezember 1870.

„Den eingegangenen Nachrichten zufolge scheint der Feind mit seinen Hauptkräften in westlicher Richtung vorzugsweise auf Vendôme zurückzugehen. Es sind aber auch und zwar nicht unbedeutende Kolonnen gegen den westlichen Theil des Forêt de Marchenoir über la Bossé und la Pagerie ausgewichen. In wie weit diese letztere Rückzugslinie absichtlich oder unabsichtlich eingeschlagen ist, läßt sich mit Bestimmtheit nicht angeben."

„Seine Königliche Hoheit der Großherzog beabsichtigen, dem ihm ertheilten Auftrage des Prinzen Friedrich Karl gemäß, morgen mit der Abmeeabtheilung die Front gegen Vendôme zu behalten, dabei aber den westlichen Theil des Waldes von Marchenoir absuchen zu lassen und sich mehr rechts an den Loirbach zu schieben, damit das 3. Armee-Korps, welches auf Maves und Selommes dirigirt ist, in die Linie einzurücken vermag. Höchstdieselben bestimmen demgemäß:

1) Die 17. Infanterie-Division rückt in den Kantonnementsrayon Beauvillers, la Bossé, Monlavy, Morée, Rocheux (diese Orte fallen der 17. Division zu). Das nach Morée bestimmte kombinirte Detachement hat die Chaussee über la Pagerie und Ecoman einzuschlagen und dabei den Wald abzusuchen. Das Detachement, welches Fréteval angewiesen erhält, geht über la Bossé dorthin und hält dabei Verbindung mit der über Ecoman nach Morée dirigirten Abtheilung.

2) Die 22. Infanterie-Division besetzt mit dem Gros Ducques, le Chesnay, le Tremblay und Lorry, mit der Avantgarde aber Epiais und Ste Gemmes.

3) Die Brigade der 4. Kavallerie-Division, welche heute nach Villeneuve, Boisseau und Baignault dirigirt war, verbleibt daselbst.

4) Die andere Brigade dieser Division, welche heute in die Gegend von Marchenoir dirigirt war, vereinigt sich mit den in Josnes kantonirenden bayerischen Truppen und belegt mit denselben la Pagerie und die östlich gelegenen Orte inclusive St. Léonard.

Der Feind machte also keine Miene, die Loirlinie leichten Kaufes aufzugeben. Die von einer Offizierspatrouille der 4. Kavallerie-Division gemachte Meldung, daß Vendôme nur noch schwach besetzt sei, blieb vereinzelt. Ohne Zweifel mußte die Armee sich vorbereiten, die Flußlinie zu forciren.

Wichtig wurde dabei das Zusammenwirken zwischen der II. Armee und der Armeeabtheilung. Der Großherzog sowohl, als auch General v. Stosch antworteten deshalb ausführlich auf das letzte Schreiben des Prinzen Feldmarschall*), das die leitenden Gesichtspunkte für die Operationen der nächsten Zeit gegeben hatte.

Der Großherzog schrieb, es sei ihm erwünscht, sich zu dem bevorstehenden gemeinschaftlichen Angriffe gegen den Loir-Fluß auf der Linie Morée—Fréteval konzentriren zu können. Dort wollte er bereit stehen, den Angriff zu unternehmen, sobald der rechte französische Flügel in der Gegend von Vendôme engagirt sein würde. Demnach beabsichtigte er, den ersten Schlag der in den südlichen Richtungen vorgehenden II. Armee zu überlassen. Die Stellung von Fréteval erschien sehr stark, die Streitkräfte der Vertheidiger sehr ansehnlich. Der Großherzog glaubte daher, daß ein direkter, mit der II. Armee gleichzeitiger Angriff den Stärkeverhältnissen seiner geringen Truppenmacht nicht entsprechen würde. Auch er hielt einen kombinirten Angriff der gesammten hier verfügbaren deutschen Korps und einen entscheidenden Schlag gegen die am Loir stehende Armee General

---

5) Cloyes bleibt, wenn dasselbe heute von der 4. Kavallerie-Division (den nördlich des Marchenoir vorgezogenen Theilen der Division) erreicht ist, mit einem entsprechenden Detachement besetzt; der andere Theil geht nach Moisy.

Die nach la Pagerie dirigirten Truppen haben durch kombinirte Infanterie- und Kavallerie-Detachements die Verbindung mit Moisy aufzunehmen und aufrecht zu erhalten.

6) Aufklärung nach allen Richtungen durch kleinere und größere Detachements ist unter den obwaltenden Verhältnissen sowohl zur eigenen Sicherheit, als auch zur Beobachtung des Feindes durchaus erforderlich.

Seine Königliche Hoheit der Großherzog nehmen Quartier in Oucques, wohin Relaisverbindung von allen Divisionen zu etabliren ist.

Offiziere zum Befehlsempfang morgen um 6 Uhr in Oucques."

(gez.) v. Stosch.

*) Von Mittags 12 Uhr des 14. Dezember. Siehe Seite 409.

Chanzy's im Allgemeinen indessen für durchaus geboten. Seine Absichten gingen sogar noch weiter. Er war nämlich der Meinung, daß es zweckmäßiger wäre, den geschlagenen Feind mit der ganzen Armee nach dem Westen Frankreichs zu verfolgen und so die Cernirung der Hauptstadt sicher zu stellen, als nach der jetzt erwarteten Entscheidung die Armeeabtheilung bei Chartres Stellung nehmen zu lassen, um auf diese Weise die vor Paris stehende Heere zu decken.

General v. Stosch fügte dem noch Einiges hinzu.

Er gab eine kurze Uebersicht über die ihm vorliegenden Nachrichten vom Feinde. Diese lieferten namentlich die nachstehenden wichtigen Notizen:

Vom 16. französischen Korps hatte die Armeeabtheilung nur wenig Gefangene gemacht.

Vom 17. dagegen waren bis zum Mittag dieses Tages mindestens 4000 Mann eingebracht worden und zwar alle auf dem Wege nach Vendôme. Erst von Oucques an hatte eine Abzweigung in nordwestlicher Richtung nach Frêteval hin stattgefunden.

Vom 21. feindlichen Korps fielen den Verfolgern nur am Walde von Marchenoir Gefangene in die Hände.

Vendôme sollte, wie oben erwähnt, nach einer Meldung der 4. Kavallerie-Division nur noch schwach besetzt sein, während die 17. Infanterie-Division bei Frêteval und Morée auf zähen Widerstand gestoßen war. Die am 14. Dezember eingebrachten Gefangenen sagten aus, daß sie zurückgingen, um sich zu retabliren.

General Stosch knüpfte an die Aufzählung dieser Notizen folgende Darlegung.

„Aus diesen Nachrichten schließe ich, daß die ganze Armee des Feindes nach dem Westen abzieht, und diesen Rückzug auszunutzen wäre nächste Aufgabe der Armee, welche Prinz Friedrich Karl jetzt vereinigt. Dazu würde es für uns, die wir allein noch frische Kräfte gegenüber haben, wünschenswerth sein, daß die Teten des Korps, welches Vendôme morgen bei guter Zeit erreicht, rechts schwenken und die Straße nach Norden einschlagen, um die Uferverteidigung zu vertreiben. Die Armeeabtheilung würde sich bei Frêteval—Morée konzentriren und rechtzeitig eingreifen. Der Feind kann so lange, wie wir ihm auf den Fersen sind, nicht nach Paris marschiren."

Auch General v. Stosch sprach der Fortsetzung der weiteren Offensive nach dem Westen das Wort, allein er erkannte an, daß die augenblickliche Lage der Armeeabtheilung die Ausführung dieser Offensive nicht begünstige.*)

Die 22. Infanterie-Division zählte nach seiner Angabe durchschnittlich nicht mehr als 350 Gewehre in ihren Bataillonen und besaß nur noch 2 gefechtsfähige Batterien.**)

Die 17. Infanterie-Division, die noch nicht so lange in der aufreibenden Thätigkeit war, wie die 22., schätzte General v. Stosch auf 600 Gewehre für das Bataillon, doch auch sie hatte, wie bekannt, bereits eine Batterie wegen Krankheit der Pferde außer Dienst stellen müssen. Die fünf schwachen bayerischen Bataillone***) welche zu dem jetzt durch den Transport von Tausenden französischer Gefangenen ganz in Anspruch genommen, und 4 bayerische Batterien, die sich bei ihnen befanden†) konnten kaum ins Gewicht fallen. Daß mit solchen Kräften keine ernstliche oder gar in schwierigem Terrain noch längere Zeit andauernde Offensive zu führen sei, lag auf der Hand. Der Hauptantheil an den Leistungen bei einer solchen Operation würde daher der Natur der Sache nach doch auf die Korps der **II.** Armee gefallen sein.

Am Schluß seines Schreibens theilte General v. Stosch noch die Nachricht mit: „Soeben kommt ein Offizier aus Fréteval und meldet, daß der Feind starke Kolonnen und Batterien, anscheinend von Marine-Artillerie††), entwickelt. Er wirft mindestens aus ganz festen Positionen auf 6000 Schritt. Das Gefecht wird erst mit dem Tage schweigen.“ Das klang ziemlich ernst.

In den beiden Schreiben wurde ferner noch um bestimmte Befehle gebeten, die der Feldmarschall auch, der Lage der Armeeabtheilung entsprechend, ertheilte. Zuvor ist jedoch, da es sich nun um einen Angriff auf die Loirelinie handelt, noch zusammenzufassen, welche Meldungen im Hauptquartier Suèvres über die Verhältnisse am oberen Flußlauf bei Cloyes und Chateaudun eingegangen waren.

---

*) Ausführliche Schilderungen über den Zustand der Truppen folgen nach — erst danach läßt sich ein Urtheil gewinnen, ob es rathsam war, die Offensive über den Loir nach Westen fortzusetzen oder nicht.

**) Zwei bayerische Batterien waren ihr, wie erwähnt, ferner zugetheilt.

***) Etwa 1700 Mann stark.

†) Außer den 2 Batterien bei der 22. Division.

††) Es sind nur schwere Feldbatterien (12Pfünder) zur Verwendung gekommen.

Der mehrfach wiederholten Nachricht, daß Chateaudun stark besetzt sein sollte, ist schon gedacht worden.

Gleiches meldete heute Abends um 8 Uhr ein Telegramm aus Orléans. General von der Tann hatte durch die zur 5. Kavallerie-Division gehörende 12. Brigade die Mittheilung erhalten, daß dieselbe am 13. gegen Chateaudun vorgegangen sei, um aufzuklären, was an den auch ihr zugekommenen Meldungen und Gerüchten, daß jene Stadt vom Feinde stark besetzt wäre, Wahres sei. Thatsächlich hatte die Brigade auch französische Infanterie im Orte gefunden, so daß sie nicht durchzudringen vermochte.

Die 10. Kavallerie-Brigade*), die auf dem äußersten rechten Flügel der Armeeabtheilung nördlich des Waldes von Marchenoir streifte, meldete gleichfalls, Chateaudun sei seit dem 13. früh besetzt und Landleute gäben die Stärke der dort stehenden Truppen auf 20,000 an. Die von dieser Seite her bis an die Stadt streifenden Patrouillen erhielten Feuer, sahen jedoch nur Mobilgarden und Franktireurs, doch sollten südlich des Ortes auch Geschütze aufgefahren sein. Der Kommandeur der 10. Kavallerie-Brigade hielt nach den ihm zugegangenen Andeutungen dafür, daß Lipowsky's Freischaaren in den Ort eingedrungen seien.**) Für die Annahme, daß nur irregulaire Truppen dort ständen, sprach der Umstand, daß der Abschnitt des Aignebaches von Verbes bis La Ferté, den der Feind bisher besetzt gehalten, geräumt worden, daß aber die Truppen von dort in langen Kolonnen nach Süden abgezogen waren. Es hatte sich also der früher in und am Walde von Marchenoir stehende linke Flügel der von General Chanzy in den Tagen von Beaugency kommandirten Truppen anscheinend nicht nach Chateaudun abgezogen.

Die 10. Kavallerie-Brigade beabsichtigte, das Gelände gegen Chateaudun und Cloyes hin noch weiter aufzuklären, auch, wenn möglich, noch genauer festzustellen, was die Besetzung von Chateaudun zu bedeuten habe.

Jedenfalls mußte die Armee, sobald der Loir weiter südlich forcirt war, ihre Aufmerksamkeit auf den oberen Flußlauf richten und

---

*) Zur 4. Kavallerie-Division gehörig.

**) Dies ist eine irrthümliche Annahme; Lipowsky stand bis zum 9. Dezember bei Chambord, später im Walde von Amboise. In Chateaudun tauchten andere irregulaire Truppen auf.

feststellen, ob sich thatsächlich der linke Flügel der Armee Chanzy's bis dorthin ausdehne. Auch das Ober-Kommando der III. Armee hatte übrigens die schon durch den General Grafen v. Moltke angekündigten Maaßnahmen getroffen, von Norden her bei der weiteren Verfolgung dieses Gegners nach Kräften mitzuwirken. Abends 10 Uhr 15 Minuten erhielt Prinz Friedrich Karl darüber folgendes Telegramm:

Versailles, den 14. Dezember 1870,
6 Uhr 20 Minuten Nachmittags.

„Die 5. Kavallerie-Division in Chartres hat von hier aus Befehl erhalten, am 15. Dezember mit Kavallerie und allen sonstigen disponiblen Kräften (3—4 Bataillonen und 3 Batterien) über Brou vorzugehen und den Rückzug des Feindes zu beunruhigen."*)

(gez.) v. Blumenthal.**)

Des Feldmarschalls Befehle für die Armee-Abtheilung gingen Abends um 10 Uhr ab. In seinem Auftrage schrieb General v. Stiehle an den Generalstabschef der Armee-Abtheilung:

„Das 10. Armee-Korps in Blois und Umgegend hat heute bereits Befehl erhalten, morgen gegen Vendôme vorzugehen. Da die Entfernung jedoch 4 Meilen beträgt, so ist bei den kurzen Tagen auf ein entscheidendes Gefecht des Korps morgen am Loir-Bache nicht zu rechnen. Nur wenn die feindliche Besatzung von Vendôme schwach sein sollte, kann die Avantgarde den Ort nehmen und von dort stromaufwärts noch eine Strecke vorgehen. Ein wirksames Eingreifen in das Gefecht bei Morée—Fréteval kann und wird demnach erst am 16. Dezember stattfinden."

„Seine Königliche Hoheit der Feldmarschall übersendet deßhalb den Befehl, daß die Armee-Abtheilung morgen den so nöthigen Ruhetag hält und durch ihre Avantgarden den Feind im Auge behält. Am 16. frühzeitig hat dann der Angriff mit uns übereinstimmend zu erfolgen. Wenn nöthig, wird das 3. Korps, dessen Tête heute bei Mayes eingetroffen, wenigstens theilweise als Reserve am Loir verfügbar sein."

---

*) Das Schreiben des Generals Grafen Moltke vom 12. hatte bekanntlich angegeben, die 5. Kavallerie-Division werde über Nogent le Rotrou vordringen.

**) Chef des Generalstabes der III. Armee.

Weiterhin legte das Schreiben klar, daß an die Aufstellung der Armee-Abtheilung bei Chartres in den Weisungen des großen Hauptquartiers nur für den Fall gedacht sei, daß der Feind seinen Rückzug ohne Aufenthalt fortsetzte und er sich so im fernen Westen der Verfolgung entzog.

Auch die Gründe, welche die Wahl des weit nördlich gelegenen Chartres veranlaßt, wurden noch einmal kurz entwickelt.*)

„Soweit sich von hier aus übersehen läßt, wird es rathsam sein, daß die Armee-Abtheilung, wenn es bei Morée zu keinem ernsthaften Gefechte kommt, sich von dort direkt auf Chateaudun wendet."

„Die Kavallerie-Division des Grafen Stolberg wird morgen im Verein mit dem 10. Armee-Korps vorgehen und, soweit es der aufgeweichte Boden zuläßt, die Verbindung mit der Armee-Abtheilung halten."

„Die Avantgarde des 3. Armee-Korps geht über Selommes vor."

„Das 9. Armee-Korps bleibt vorläufig à cheval der Loire bei Blois stehen."

„Das Hauptquartier Seiner Königlichen Hoheit bleibt morgen vorläufig in Suèvres."

Soweit die Anordnungen des Ober-Kommandos in Bezug auf die Fortsetzung der Operationen gegen den Loir.

Nachzuholen bleibt nur noch, welche Meldungen dem Prinzen Friedrich Karl inzwischen von den anderen Theilen des ausgedehnten Kriegstheaters zukamen, das die Armee zur Zeit einnahm.

Die Meldung des 9. Korps über die Vorgänge am linken Loire-Ufer griffen noch bis auf den 13. Dezember zurück. An jenem Tage war die bei Condé stehende hessische Kavallerie zunächst bis zu der abgebrannten Brücke von Chaumont gestreift. Sie hatte bei dieser Expedition aus anscheinend sicherer Quelle in Erfahrung gebracht, daß zwar südlich Montrichard der Sammelpunkt des zersprengten 15. französischen Korps sein sollte**), daß indessen alle auf

*) Siehe das Schreiben des Generals Grafen Moltke vom 12. Dezember 1870. S. Seite 402.

**) Daß alle diese Nachrichten irrthümlich waren, ist bekannt; die Schicksale des 15. Korps nach der Schlacht von Orléans siehe Seite 373—379.

dem linken Loire-Ufer befindlichen Streitkräfte des Feindes sich schon in einer Verfassung befänden, welche auf keinerlei ernsten Widerstand rechnen ließe — selbst bei Tours nicht.*) Dann gingen die hessischen Reiter bis Mosne und bis dicht vor Amboise weiter vor. Erst bei dieser Stadt erhielten ihre Spitzen Feuer und auch dort zeigten sich nur vereinzelte französische Soldaten, keine geschlossenen Truppen. In Chaumont und auf dem Wege nach Mosne und Amboise fanden die Reiter noch eine Anzahl fortgeworfener Gewehre, die auf den ungeordneten Rückzug kleiner Kolonnen längs dieser Straße schließen ließen.

In einem andern Mittags um 1 Uhr nachfolgenden Berichte**) sagte General v. Manstein außerdem noch, daß thatsächlich der Feind noch in der Nacht vom 12. zum 13. Dezember von Blois aus gegen Tours mit Kolonnen und Fahrzeugen marschirt sei. Weiter meldete der General:

„Die auf Befehl heute (am 13.) von Les Montils nach Montrichard vorgesandte schwere Brigade der 2. Kavallerie-Division***) hat bis zu letztgenanntem Orte Nichts vom Feinde gesehen und von Einwohnern nur in Erfahrung gebracht, daß gestern etwa 600 Mann feindlicher Infanterie nebst Kavallerie von Montrichard nach Bléré abmarschirt sind, daß der Feind überhaupt jene Gegend in der Richtung auf Tours geräumt habe. Loire abwärts und diesseits Amboise befinden sich auf beiden Ufern noch schwache Kavallerie-Abtheilungen.“†)

Für den 15. Dezember hatte das 9. Armee-Korps den Befehl erhalten, Blois mit einer Brigade provisorisch zu belegen, um dort das ganze 10. Armee-Korps disponibel zu machen.

Von der 6. Kavallerie-Division, die noch bei Contres

---

*) Die in Tours herrschenden Verhältnisse, sowie die Maaßnahmen, welche der Feind traf, um die Stadt schnell wieder zu sichern, werden weiter unten ausführlich behandelt.

**) Derselbe ist älteren Datums, als die eben erwähnte Meldung, war aber noch nach Beaugency geschickt worden und erreichte daher verspätet das Ober-Kommando.

***) Bekanntlich war diese Brigade neuerdings am 14. Dezember wieder zur Armee-Abtheilung des Großherzogs zurückbeordert.

†) Bis dicht vor Amboise waren inzwischen die hessischen Reiter vorgedrungen. Siehe oben Zeile 4.

stand, ging heute erst, wie schon erwähnt, die vom 11. Dezember datirte Meldung über das Eintreffen der Division in jener Gegend ein, sowie über ihre Streifzüge nach St. Aignan, Montrichard und Chaumont sur Loire. Da aber das 9. Armee-Korps mit Patrouillen der Division in Verkehr stand, so durfte das Ober-Kommando voraussetzen, daß dort seitdem nichts Wesentliches vorgefallen sei, wenn es keine Nachricht bekam.

Ueber die Vorgänge bei der noch in der Sologne zurückgebliebenen 14. Kavallerie-Brigade gab General v. d. Tann aus Orléans telegraphisch Auskunft. Diese Brigade hatte dorthin gemeldet, daß der Feind sie aus Vierzon verdrängt und die Stadt unmittelbar nach ihrem Abzuge durch Franctireurs und Mobilgarden besetzt habe, ebenso den Wald von Vierzon, während Freischärler und Kavallerie auch in Neuvy sur Barangeon eingetroffen waren.

Die näheren Umstände dieser Vorgänge wurden in Suèvres erst am 15. Dezember bekannt, als der schriftlich abgestattete Originalbericht der Brigade dort einlief.*)

Eine nach Lury von Vierzon aus vorgeschickte Patrouille hatte am 13. früh diesseits Méreau Feuer erhalten. In Folge dessen ging eine Ulanen-Eskadron dahin vor, wurde jedoch durch Mobilgarden, zahlreiche Franktireurs und Kavallerie zurückgedrängt.

Eine auf Bourges entsandte Patrouille war nur bis zur Barangeon gekommen, ebenso war Foecy besetzt gefunden.

Gleichzeitig mit dem Vorgehen des Feindes von Méreau her drängten zahlreiche Franctireurs, von regulärer Infanterie und etwas Kavallerie gefolgt, die Vorposten auf der Straße von Bourges her in die Stadt zurück, während sich unter der Masse der Fabrikarbeiter in der Stadt große Erregung zeigte.

Es wurde deshalb um 1½ Uhr die Räumung der Stadt Vierzon befohlen und die dort kantonnirenden 4 Eskadrons setzten sich auf der großen Straße nach Salbris in Marsch.

Bereits die Tete der Kolonne erhielt in der nördlichen Vorstadt Feuer aus den Häusern; die Kolonne selbst und namentlich die an der Queue reitende Eskadron**) wurden aus den, schnell von Blousen-

---

*) Der Inhalt ist des logischen Zusammenhanges halber indessen schon hier wiedergegeben.

**) Die Eskadron verlor 16 Mann, 14 Pferde.

männern besetzten Gebäuden am Bahnhof mit lebhafter Füsilade empfangen. Französische Chasseurs, die, am Bahndamme entlang vordringend, den Uebergang der Straße über denselben schnell erreichten, beschossen gleichfalls die Abziehenden und im Walde nördlich Vierzon versuchten Franctireurs diesen den Weg zu verlegen, wichen aber vor den heransprengenden Patrouillen aus.

Der Feind folgte wohl mit einigen Abtheilungen Mobilgarde, einer Kompagnie Infanterie und mit Kavallerie-Patrouillen noch bis über den Wald von Vierzon nördlich hinaus, machte dann aber vor den südlich La Loge ausgestellten Vorposten der 14. Kavallerie-Brigade Halt.

Nicht nur die Besatzung von Vierzon allein war an diesem Tage mit dem Feinde zusammengestoßen, sondern auch die von Theillay gegen Allogny vorgeschickten Patrouillen. Dieselben trafen schon bei Neuvy sur Barangeon auf überlegene französische Kavallerie, welche, durch Franctireurs gedeckt, nicht attackirt werden konnte.

General v. d. Tann meldete im Anschluß an den kurzen telegraphischen Bericht über diese Ereignisse ferner:

„Der Feind scheint mit seiner Hauptkolonne von Bourges gegen Tours marschiren zu wollen."

Diese Vermuthung war gleichfalls in der schriftlichen Meldung der 14. Kavallerie-Brigade ausgesprochen, deren Führer sich mit solchen Absichten des Gegners die Besetzung von Vierzon in Einklang brachte.

„Inwieweit der Feind beabsichtigt, nordwärts mit größeren Abtheilungen vorzugehen, schrieb derselbe zum Schluß, läßt sich nicht mit Bestimmtheit angeben. Auf's genaueste unterrichtet, daß nur 4 Eskadrons in Vierzon standen, daß die seit 4 Tagen annoncirte Infanterie **nicht** eintraf, scheint man von Bourges aus beschlossen zu haben, den für Kavallerie gänzlich unhaltbaren Posten wiederzugewinnen."

Daran war die Meinung geknüpft, daß der Gegner durch das wiederbesetzte Vierzon gedeckt, Cher abwärts marschiren werde.

General v. d. Tann hatte, da die 14. Kavallerie-Brigade inzwischen den Befehl erhalten, über Romorantin zu ihrer Division abzurücken, und sie diesen Marsch am 14. Dezember begann, der bei Sandillon stehenden Eskadron der 1. Kavallerie-Division den Auftrag gegeben, die Straßen nach Vierzon zu decken. Den gleichen Auftrag beabsichtigte er, dem Ulanen-Regiment Nr. 4 zu ertheilen, sobald dies auf seinem Marsche von Gien her bei Orléans eingetroffen sein würde.

Von der oberen Loire kamen keine Nachrichten — dort also schien noch Alles ruhig zu sein.

Das 3. Armee-Korps hatte seinen Marsch zur Armee auch am 14. Dezember fortgesetzt und erreichte mit dem Hauptquartier Villetard, mit der 6. Infanterie-Division Maves, mit der 5. Mer, mit der Korps-Artillerie Villexanton.

Die 1. Kavallerie-Division war nach Conan und Umgegend gerückt.

Eine Meldung derselben ging dem Ober-Kommando durch das 3. Armee-Korps noch in der Nacht zum 15. Dezember zu.

Diese Meldung enthielt mehrere interessante Angaben über den Vormarsch am 14. Dezember. Der Divisions-Kommandeur, General-Lieutenant v. Hartmann, sollte aus der Gegend von Cravant—Beaugency über Bourichard in die neuen Kantonnements um Canon einrücken. Allein der Grundlosigkeit aller nicht chaussirten Wege halber, ferner, weil er den Kanonendonner von Morée hörte, schlug er sogleich die Straße von Marchenoir ein. Erst bei dieser Stadt bog er in die Chaussee nach Blois hinüber und folgte dieser bis Sermaise. Auch dort noch mußte die Batterie zurückgelassen werden, weil die weiteren Wege für sie völlig unpassirbar waren. Erst am 15. Dezember beabsichtigte General v. Hartmann, sie auf einem größeren Umwege nachzuziehen. Nachdem er hierüber berichtet, fügte er hinzu:

„Auf der ganzen Strecke von Cravant über Josnes auf Marchenoir habe ich eine große Anzahl vereinzelter Mannschaften der verschiedensten diesseitigen Truppentheile, Detachements, Bagagen und Kolonnen — unter Anderem zwei Munitions-Kolonnen für die 22. Infanterie-Division — angetroffen, welche ihre Truppentheile suchten, und die ich nicht im Stande war, zu dirigiren. Es würde von Vortheil für die Armee sein, wenn ein über den Marsch derselben völlig orientirter Offizier — Eskadronschef — mit seiner Eskadron entsandt würde, um diese Mannschaften u. s. w. ihren Truppentheilen zuzuführen, resp. zuzutreiben.“

„Die Gangbarkeit außerhalb der Straßen mit Steinaufschüttung ist völlig unterbrochen.“

Diese Meldung zeigte, wie deutlich sich bei den Truppen, welche dort marschirt waren, schon die Spuren der Auflösung bemerkbar machten.

Bei dem Zustande der Straßen war jedenfalls auch für das 3. Armee-Korps und die 1. Kavallerie-Division nach den außerordentlichen Anstrengungen, die sie seit dem 9. Dezember gehabt*), wenigstens für die Masse ihrer Truppen ein Ruhetag sehr nothwendig. Aus Rücksicht für diese Nothwendigkeit hatte der Feldmarschall bereits um 5½ Uhr Nachmittags an den General v. Alvensleben II. den Befehl gesandt, seine Avantgarde an Kavallerie zu verstärken und sie am 15. Dezember über Selommes gegen Vendôme vorauszusenden, im Uebrigen aber seinen Truppen für diesen Tag Ruhe zu gewähren.

Das sind die Nachrichten, welche das Ober-Kommando damals über die Vorgänge des 14. Dezember erhielt. Außergewöhnlich schwierige Verhältnisse hatten sich in diesen Tagen für die Armee herausgestellt. Die Lage der Truppen war in materieller Hinsicht eine nahezu unerträgliche geworden. Diese Lage mußte nunmehr auf die Entschlüsse des Feldherrn ihren Einfluß ausüben, so sehr die Wünsche des Feldmarschalls sich gewiß auch über solche Rücksichten hätten hinwegsetzen und den ursprünglich weiter gesteckten Zielen nachstreben mögen.

Auf diese ökonomischen Verhältnisse wird die Darstellung noch ausführlich eingehen. Hier finde nur ein Bericht des Generalstabschefs der II. Armee an den General v. Moltke seinen Platz. Inmitten jener verwickelten Situation am 14. Dezember Nachmittags 1 Uhr in Suèvres geschrieben, spricht sich in demselben deutlich der Druck aus, den die herrschenden Zustände auf die Kriegsoperationen jener Tage übten. General v. Stiehle faßte zunächst kurz zusammen, was in den letzten Tagen geschehen war und fuhr dann fort:

„Der Großherzog erhält nunmehr (am 14. Dezember), gemäß Euer Excellenz gestrigen Schreibens und der eingegangenen Nachrichten, den Befehl, selbstständig gegen den linken feindlichen Flügel zu operiren. Er ist von dem Vorgehen der Kavallerie-Division Rheinbaben gegen Nogent le Rotrou**) von Chartres aus unterrichtet

---

*) Nur am 12. Dezember war der Marsch des Korps kein großer gewesen.

**) Als General v. Stiehle seinen Bericht schrieb, war die Depesche des General v. Blumenthal, derzufolge die 5. Kavallerie-Division zunächst über Brou vorgehen sollte, in Suèvres noch nicht eingetroffen.

und angewiesen, eventuell in der Gegend von Chartres eine Centralstellung zu nehmen."

„Die II. Armee wird durch Rekognoszirungen konstatiren, ob der Feind bei Vendôme Stand halten will."

„Ist dies nicht der Fall, so beabsichtigt Seine Königliche Hoheit der Feldmarschall nicht, mit dem Gros der II. Armee über die heutige Aufstellung weiter nach Westen zu folgen, da wir hierdurch die Armee-Abtheilung Bourbaki, die nach gestrigen Meldungen bei Bourges sich zwar verschanzen soll — was aber eine Maske sein kann*) — völlig aus dem Auge verlieren würden."

„Geht Bourbaki rechts der Loire über Briare vor, so sind wir jetzt schon mehr als 6 Märsche von seiner Marschrichtung auf Paris entfernt."

Nach dieser Auseinandersetzung folgte in Kürze eine Uebersicht über die Bewegungen der Armee am 14. Dezember selbst. Dann hieß es weiter:

„Das sehr schlechte Wetter macht alle nicht chaussirten Wege grundlos; Chausseen aber sind hier seltener, als in den anderen Theilen Frankreichs. Das Schuhzeug unserer Infanterie läßt sich bei Fortsetzung der bisherigen Märsche nicht erhalten."

„Was die II. Armee — unmittelbar von Metz in Eilmärschen hierher gezogen — seit der Schlacht von Orléans im Marschiren geleistet, um in die Höhe des täglich nach Westen weitermarschirenden Großherzogs zu gelangen, ergiebt sich aus der einfachen Thatsache, daß zur Einleitung der ursprünglich befohlenen Bewegung gegen Bourges der linke Flügel der II. Armee bereits bis Châtillon sur Loire, Detachements sogar bis Cosne gelangt waren."

„Das jetzige Stadium des Krieges und das fortwährende Zusammenschmelzen namentlich unserer Infanterie und ihrer Offiziere ohne genügenden Ersatz, während der Feind in seinen Massen-Aufgeboten das reichste Menschenmaterial hat, muß uns nöthigen, unsere Art der Kriegführung hiernach einzurichten."

„Wir dürfen mit dem Feinde nur schlagen, mit der Aussicht auf entschiedenen Erfolg; es sei denn, daß er uns angreift, wo unsere

---

*) Als dies geschrieben wurde, war auch das Telegramm, das die Wiederbesetzung von Vierzon durch den Feind meldete, noch nicht in Händen des General v. Stiehle; — es kam indessen an, ehe der Brief befördert worden und der General fügte seinem Berichte dementsprechend noch einige Zeilen hinzu.

Taktik uns immer das Uebergewicht geben wird. Unentschiedene Kanonaden, die der Abend nach enormem Munitionsverbrauch beendet und denen gar kein Gefechtsplan zu Grunde liegt, dürfen wir nicht freiwillig unternehmen, ja selbst das Gewinnen von Trophäen, Gefangenen und Geschützen hat jetzt nicht den Werth, wie in anderen Kriegen; denn der Feind ist an Mannschaften und an neu formirten Departementsbatterien geradezu unerschöpflich."

„Gelingt es uns, den Feind bis zum Falle von Paris in Schach zu halten und alle Entsatzversuche energisch zurückzuschlagen, so sehe ich unsere Aufgabe als erfüllt an."

„Erst nach dem Falle von Paris kann eine Aenderung hierin eintreten.*)"

„Die II. Armee wird deshalb, wenn der Feind über Vendôme nach Westen zurückgeht, in kleinen Märschen auf beiden Loire-Ufern nach der Gegend von Orléans marschiren und von diesem Centralpunkt aus die weiteren Maßnahmen des Feindes, mit ihrer Beobachtung überall hin weit ausgreifend, verhindern."

Soweit es in der Macht des Oberkommando's lag, sollte auch in diesen Tagen, während welcher die II. Armee noch den abziehenden Armee-Korps des General Chanzy folgte, für die Beobachtung der Armee Bourbaki gesorgt werden. Das Schreiben des General v. Moltke vom 12. Dezember hatte hierbei die Mitwirkung des mit starken Theilen des 7. Armee-Kops nach Mittel-Frankreich heranrückenden Generals v. Zastrow in Aussicht gestellt. An diesen General schrieb der Feldmarschall daher noch am 14. Abends 6 Uhr und theilte ihm mit, was bei der II. Armee geschehen war, und wo sich dieselbe augenblicklich befände. Er erklärte auch dem General v. Zastrow, daß er Anstand nähme, mit der II. Armee dem Feinde noch weiter nach Westen zu folgen, wenn jener seinen Rückzug auch über den Loir hinweg noch fortsetzte und fügte seine Gründe dafür hinzu. Diese lagen bekanntlich zum großen Theil in der Rücksicht darauf, daß die I. französische Loire-Armee sehr wohl, wie es schon einmal zu Ende November ihre Absicht gewesen, die Offensive über Montargis wieder aufnehmen könne. Hierauf Bezug nehmend, äußerte sich der Prinz:

*) General v. Stiehle übersandte bei dieser Gelegenheit dem Chef des Generalstabes der Armee den Befehl des Prinzen Friedrich Karl vom 10. Dezember, welcher sich über die Art aussprach, wie künftighin zu fechten sein würde. Siehe Seite 335.

„Euer Excellenz lade ich deshalb ein, diese Situation mir dadurch zu erleichtern, daß Sie mit Ihren Streitkräften baldigst eine Aufstellung einnehmen, welche den Feind verhindert, auf der Straße Nevers—Gien vorzumarschiren. Ich habe als äußersten linken Flügel ein bayerisches Detachement von 1 Bataillon und etwa einer Eskadron mit einigen Geschützen in Gien detachirt, über welches briefliche Verbindung mit mir aufgenommen werden könnte, außerdem ist hierzu die Telegraphen-Verbindung resp. die regelmäßig gehende Post über Sens auf Orléans geeignet. Orléans selbst ist vom General v. d. Tann mit dem größten Theile seines Korps — etwa 5000 Gewehre — besetzt. Alle Loirebrücken außer denen in Orléans selbst, sind von Cosne abwärts bis unterhalb Blois vom Feinde zerstört worden; die Brücke von Blois aber ist heute von uns hergestellt."

Wie weit General v. Zastrow in der Lage war, dieser Aufforderung des Prinzen Friedrich Karl entsprechend, in die Operationen an der Loire einzugreifen, ließ sich freilich von Sucvres aus nicht übersehen.

Der 15. Dezember.

Ehe die Vorgänge bei der Armee am 15. Dezember geschildert werden, erscheint es zweckmäßig, wieder kurz zusammenzufassen, wie die einzelnen Truppenkörper, über welche Prinz Friedrich Karl verfügte, auf dem ausgedehnten, jetzt in den Bereich der Bewegungen der Armee hineingezogenen Landstriche vertheilt standen. Freilich muß dabei von dem bisher in dieser Darstellung im Großen eingehaltenen Grundsatze, nur das zu geben, was beim Oberkommando bekannt war, abgewichen werden.

Das Oberkommando vermochte natürlich die Stellungen der Armee damals nicht so in's Einzelne hinein zu überblicken, sondern seine Kenntnisse beschränkten sich auf das, was auch hier in der Schilderung des 14. Dezember aus Befehlen und Meldungen bekannt geworden ist. Allein solche Ruhepausen in der Erzählung der sonst unaufhaltsam fortrollenden Ereignisse sind nothwendig, soll der Faden nicht verloren gehen.

Vom oberen Loir gegen Chateaudun, bis nach Vendôme und St. Amand hinab, bis Vouvray vor Tours*), Amboise, Montrichard,

---

*) Siehe weiter unten die Meldung des 10. Armee-Korps.

St. Aignan, Romorantin, bis südlich Orléans, bis nach Vamers hin und Gien streckte die Armee ihre Arme aus; noch weiter hin streiften Patrouillen und kleinere Abtheilungen. Auf einer Linie von 32 deutschen Meilen stand sie überall mit dem Feinde in Berührung, ein Gebiet von 120 Quadratmeilen hielt sie augenblicklich besetzt — selbstredend von den durch die Etappentruppen überwachten Departements ganz abgesehen. Die beiden nicht unbedeutenden Städte Orléans und Blois erforderten eine ständige Besatzung. Verhältnißmäßig erhebliche Kräfte nahmen der Relais- und Verbindungsdienst aller Art, die Gefangenentransporte, Bedeckung der Trains und Kolonnen in Anspruch.

Trotzdem hatte das Oberkommando noch immer die einheitliche Leitung auf diesem ganzen Kriegstheater aufrecht erhalten und alle Theile mit den nöthigen Befehlen versehen.

Die Stellungen waren folgende:

1. Auf dem äußersten rechten Flügel, zwar der Armee nicht einverleibt, aber doch zur Zeit mit derselben gemeinsam operirend, die zur 5. Kavallerie-Division gehörende 12. Kavallerie-Brigade (Bredow). Sie stand — im Ganzen 6 Eskadrons, 2 Bataillone, 1 Batterie — bei Bonneval, im Begriff auf Chateaudun vorzugehen. Bei Brou hatte sie andere 4 Eskadrons postirt. Offizierpatrouillen der 5. Kavallerie-Division streiften ferner schon bis Bellême, Connerré und St. Calais.

2. Von der Armeeabtheilung Seiner Königlichen Hoheit des Großherzogs von Mecklenburg-Schwerin:

Die 17. Infanterie-Division bei Morée—Fréteval.

Die 22. Infanterie-Division bei Oucques, Epiais, St. Gemmes, Villeneuve-Frouville.

Das bayerische Detachement bei Viévy le Rayé, Ceoman-Moisy.

Die 4. Kavallerie-Division mit der 8. und 10. Brigade in dem Raum Sémerville, Ouzouer le Doyon, Moisy nördlich des Waldes von Marchenoir mit der 9. Brigade bei Boisseau, Villeneuve-Frouville. Gegen Chateaudun und Cloyes hatten die nördlich des Waldes von Marchenoir stehenden Brigaden detachirt; die zweite Kavallerie-Division mit einer Brigade bei der Hessischen Division, mit zwei Brigaden und den Batterien bei Pesay Chateau.

Hauptquartier der Armee-Abtheilung Oucques.

2. Das 3. Armee-Korps mit der 6. Infanterie-Division

bei Maves, mit der 5. bei Mer, mit der Korps-Artillerie bei Villexanton, mit der 1. Kavallerie-Division bei Conan.

Hauptquartier Villetard.

3. Das 10. Armee-Korps mit der 19. Infanterie-Division bei Ménars und Blois, mit der 20. Infanterie-Division bei Blois, Detachements in La Chapelle Vendômoise, Herbault, Chouzy, mit der Korps-Artillerie zwischen Ménars und Blois.

Hauptquartier Blois.

4. Das 9. Armee-Korps mit der 18. Division bei St. Gervais und Vienne, mit der 25. Division; mit denjenigen Theilen, die als Avantgarde im Loirethale vorgedrungen waren, bei Château de Villonet, Detachements in Candé und Les Montils, — Theile der Division in Blois, mit der Korps-Artillerie bei Veneuil.

Hauptquartier St. Gervais.

5. Die 6. Kavallerie-Division bei Contres, ferner bei Mur und Rougeou, wohin an diesem Tage die von Salbris — Vierzon kommende 14. Kavallerie-Brigade herangezogen wurde.

6. Das Königlich bayerische 1. Armee-Korps, mit Ausnahme des bei der Armee-Abtheilung verbliebenen Detachements bei Orléans, ein Detachement von 2 Bataillonen, 1 Kavallerie-Regiment in Gien — später noch im Laufe des 15. in Ouzouer sur Loire, wohin es durch den überlegenen Feind zurückgedrängt wurde.

7. Das Armee-Hauptquartier in Suèvres.

Die Aufträge, welche die einzelnen Theile der Armee für den 15. Dezember hatten, waren, wie bekannt, die nachstehenden.

Die Armeeabtheilung sollte ruhen, aber Fühlung am Feinde behalten,

das 3. Armee-Korps seine Avantgarde gegen Vendôme vorschieben,

das 10. Armee-Korps gleichfalls gegen Vendôme marschiren, um zu ermitteln, ob der Feind dort Stand halten werde,

das 9. Armee-Korps mit einer Brigade Blois belegen, mit dem Reste stehen bleiben.

Die 6. Kavallerie-Division sollte sich in der Gegend von Contres konzentriren, das 1. bayerische Korps, verstärkt durch das Ulanen-Regiment Nr. 4, in seinen Stellungen an der Loire verbleiben.

— — — — — — — — — — — — — — — — — — — —

Die Nachrichten, welche Prinz Friedrich Karl nun im Laufe des 15. Dezember erhielt, lassen sich nicht chronologisch ordnen und zugleich klar gruppiren. Besser ist es daher, alle diejenigen zusammenzufassen, welche von den einzelnen Theilen der Front eingingen.

Vom rechten Flügel her übersandte der Großherzog die letzten ihm von der 17. Division bekannten Nachrichten, die noch auf das Gefecht vom letzten Abend zurückgriffen. Sie lassen sich etwa in Folgendem kurz wiedergeben.

Am Abend hatte die Division den Ort Fréteval, in den sie 3 Bataillone hineingeworfen, behauptet. Allein der Besatzung des Städtchens standen am Bahnhofe noch starke französische Kolonnen, mit vorgezogenen in Schützengräben postirten Tirailleurs gegenüber, die den Ort unter sehr lebhaftem Feuer hielten. Pausen traten dabei wohl hin und her ein, aber noch in der Dunkelheit erwachte die Füsilade mit der größten Lebhaftigkeit von Neuem. Bei einbrechender Nacht wurde die deutsche Artillerie zurückgezogen, die dort noch irgend verfügbare Infanterie aber in der Nähe in Allarmquartiere gebracht, um für alle Fälle bei der Hand zu sein; denn die am Bahnhofe stehenden französischen Truppen wurden auf 7—8 Bataillone geschätzt*) und auf weitem Halbkreise flackerten Abends in den starken Stellungen jenseits Fréteval die Bivouakfeuer des Feindes auf.

Diesen Bericht über die Vorgänge vom 14. Dezember Abends schloß der Divisions-Kommandeur, General v. Tresckow, mit folgenden Worten:

„Die Infanterie in Fréteval ist außerordentlich erschöpft, doch habe ich die Truppen in ihren Positionen nicht ablösen können, weil der Zugang zur Stadt unter dem Feuer des vom Feinde besetzten Bahnhofs liegt. Die Mannschaft ist durchnäßt, sehr vielen Leuten sind die Stiefel im aufgeweichten Boden stecken geblieben, die Zahl der Kranken ist sehr groß.“

„Sowie man die Straßen verläßt, fällt man bis an die Knie in den Morast. Artillerie darf die Straße nicht verlassen.“

---

*) Siehe weiter unten die Darstellung von französischer Seite.

„Die Gewehre sind durch den Regen und die anhaltenden Märsche der letzten Tage sehr verdorben, so daß ihre Brauchbarkeit in Frage steht."

„Es giebt Kompagnien, bei denen an 40 Mann das Schuhwerk in Folge des heutigen Marsches verloren haben. Ich habe deshalb große Bedenken, ob die Infanterie der Division morgen kampffähig sein wird."

Welch' eine Nacht voll Erregung und Mühsal die Truppen in Frêteval unter solchen Verhältnissen zubrachten, ist leicht zu ermessen. Abends um 7 Uhr erfolgte inzwischen noch ein lebhafter, unter klingendem Spiel ausgeführter Angriff der Franzosen vom Bahnhof aus gegen die Stadt. Glücklich wurde er abgeschlagen. Da indessen alle Nachrichten dahin zusammen kamen, daß außerordentlich überlegene französische Streitkräfte aller Waffengattungen Frêteval gegenüberstanden, so erschien es dem Kommandeur der 17. Division zweifelhaft, ob der Feind sich auf die Defensive beschränken werde. Er beschloß, seine Division mit Tagesanbruch südlich Frêteval zu konzentriren und auch das Dorf, das von der Seite der deutschen Positionen her gar nicht einzusehen war und vollständig im todten Winkel lag, zu räumen. Das geschah am 15. Morgens um 4 Uhr.

Der Verlust der Division im Gefecht bei Frêteval bezifferte sich auf 5 Offiziere, 133 Mann.

In der, diese letzten Ereignisse behandelnden zweiten Meldung, die vor Frêteval 8 Uhr 45 Minuten Morgens am 15. geschrieben war, sagte General v. Treskow, er werde sich nunmehr auf die Vertheidigung des diesseitigen Uferrandes beschränken und kein Gefecht provociren. Die ganze Division stand indessen unter dem Gewehr.

Auch das ursprünglich gegen Vendôme bestimmte Detachement der Division war gleichfalls nach Courcelles herangezogen worden, nur die hölzerne Brücke von Pezou wurde durch ein Bataillon beobachtet und Kavalleriepatrouillen streiften flußabwärts gegen Vendôme. Bei Morée stand gleichfalls noch ein Detachement der Division.

Die Franzosen hielten übrigens nicht nur bei Frêteval Stand, sondern hatten auch die Brücke bei den Forges de Courcelles stark besetzt, sie befestigten jenen Posten sogar.

Auch diese Meldung besagte wieder:

„Die Truppen haben gestern sämmtlich nicht abkochen können

und die Nacht in Gefechtsstellung zugebracht, auch wird heute die Heranziehung der Bagage nicht ausführbar sein."

„Das Schuhzeug ist in der traurigsten Verfassung, eine Menge Leute haben, wie bereits gestern gemeldet, in dem tiefen Lehmboden die Stiefel stecken lassen. Ich wiederhole diese pflichtmäßige Meldung, da der heutige Tag, auch wenn der Feind nicht angreifen sollte, keineswegs als ein Ruhetag angesehen werden kann."

Diesen beiden Meldungen war durch das Oberkommando der Armeeabtheilung nochmals hinzugefügt worden, daß der Angriff von Fréteval und Morée her erst dann gemacht werden könne, wenn die Korps der II. Armee Vendôme nähmen und ihre Wirksamkeit sich geltend machte.

Abends 6½ Uhr meldete der Großherzog noch weiter, er werde am 16. Dezember früh 8½ Uhr seine Truppen auf der Linie Fréteval—Morée bereit halten, um den Angriff der II. Armee auf Vendôme zu unterstützen. „Es wird hierbei bemerkt, war der Meldung hingefügt, daß die 17. Infanterie-Division durch die täglichen Gefechte und Gefechtsbereitschaft, durch die schlechten Wege, die fast grundlos sind, vollständig erschöpft ist und für morgen auf ein kräftiges Mitwirken derselben kaum zu rechnen sein dürfte."

„Soweit es sich bis jetzt herausgestellt hat, stehen ansehnliche feindliche Kräfte bei Fontaine an dem Kreuzungspunkt der Chausseen. Schwächere Abtheilungen gegen Morée, von wo aus der Angriff am leichtesten zu führen sein wird."

Aus Chartres hatte der Großherzog wiederum Nachrichten erhalten, die er gleichfalls mitschickte. Die 5. Kavallerie-Division sollte danach an diesem Tage, dem 15. Dezember, mit der Hauptmasse ihrer Kräfte über Bonneval auf Chateaudun vorgehen, eine rechte Seitenkolonne — nur aus Kavallerie bestehend — über Brou gegen Courtalin. In Courville lag noch ein Kavallerie-Regiment, dessen Patrouillen schon bis Bellême, Conerré, St. Calais gestreift waren, ohne auf den Feind zu stoßen. Diese Patrouillen hatten die Nachricht zurückgebracht, daß zur Zeit in Le Mans nur noch eine schwache Garnison von etwa 1500 Mann läge.

Während nun den heutigen Tag über die Armeeabtheilung still stand und zum großen Theile ruhte, kam es südlich bei Vendôme zu den ersten Kämpfen, bei denen sich die Truppen des 3. und 10. Armee-Korps, sowie der 1. und 2. Kavallerie-Division betheiligten.

Vom 10. Armee-Korps kamen am Vormittag des 15. Dezember ausführliche Berichte nach Suèvres. Die bei dem General-Kommando des Korps am Abend des 14. Dezember aus dem Loirethale eingehenden Meldungen, welche dem Oberkommando in Kürze wiedergegeben wurden, enthielten widersprechende Nachrichten über Märsche französischer Kolonnen. Bis Amboise sollten starke Massen marschirt sein, sich dort aber getheilt haben. Es hieß, daß von dort Kolonnen nach Château Renault, andere — schwächere — nach Tours abmarschirt seien. In Tours sollten nur noch sehr wenig Truppen stehen, da der größere Theil der dort eingerückten Heertrümmer augenblicklich nach Langeais weitermarschirt war und auch die Nationalgarde — den Gedanken an eine Vertheidigung aufgebend — ihre Waffen abgeliefert hatte.

Vouvray war vom Feinde frei, dagegen hielt er den Bahnhof an der Brücke von Montlouis noch besetzt. Eine französische Zeitung vom 13. Dezember, die bei den Streifereien der Patrouillen gefunden wurde, gab genauere Notizen über den Abzug der französischen Regierungsdelegation von Tours nach Bordeaux. Weiter nördlich war, einer anderen Meldung zufolge, Château Herbault am 14. Dezember Nachmittags um 4 Uhr deutscherseits besetzt worden, Chateau—Renault aber wurde noch in Feindes Hand gefunden und Landleute gaben an, es ständen dort an 4000 Mann. Auch St. Amand wurde noch von stärkeren Kräften festgehalten. Auf den durch diese Gegenden führenden Straßen waren nach Angabe der Landeseinwohner bedeutende französische Streitkräfte — angeblich 20,000 Mann — nach Vendôme am Loir gezogen.

Ein Zufall sollte dem Oberkommando der II. Armee an diesem Tage noch ein sehr werthvolles Mittel zur Orientirung über den Feind in die Hand spielen. Aufmerksamen Telegraphenbeamten der II. Armee gelang es, französische Depeschen mitzulesen, die von Vendôme aus noch über Blois nach Tours u. s. w. gegeben wurden. Aus diesen Depeschen ergab sich zunächst, daß das 21. französische Armee-Korps mit dem Hauptquartier und der Division Goujard in und bei Busloup stünde. Dieses Korps war es also, was der Großherzog bei Fréteval gegenüber hatte*). Dieselbe Depesche bezeichnete den Ort Courtiras bei Vendôme als den Aufstellungspunkt der Division Michel (Kavallerie-Division des 17. Korps).

Ferner war nach einer anderen Depesche auch auf die Anwesenheit des 19. französischen Korps am Loir zu schließen, das sehr wohl aus dem Westen herangezogen sein konnte**).

Es handelte sich darin um eine Orientirung über den Dienst bei Auszahlung des Soldes. Da nun das 16. mit Theilen des 17. Armee-Korps in ganzer Stärke unzweifelhaft gleichfalls am Loir zu suchen war, so nahm das Oberkommando an, daß man dort möglicherweise auf 4 französische Korps stoßen würde.

Eine andere Depesche gab dem Intendanten des 17. Armee-Korps Nachricht davon, daß nach Meslay und Vendôme bedeutende Quantitäten von Lebensmitteln und Hafer per Eisenbahn herangeführt würden. Der Chef-Intendant Bouché telegraphirte ferner an einen in St. Amand weilenden Intendanten, er möge angeben, ob aus Blois noch Lebensmittel zu beziehen und wie stark die Truppen wären, die er zu verpflegen habe u. s. w., er solle ferner die Initiative bei jeder Maßnahme ergreifen, die ihm gut dünke. Ein anderer Armeebeamter klagte über den Mangel an Geld: „Je télé-

---

*) Urgence. St. Calais de Vendôme le 15 à 10 h. 57 M. Préfet Loir et Cher à Souspréfet St. Calais. 2963.

La division Goujard et le quartier général du 21 corps sont à Busloup et la division Michel Courtiras arrondissement de Vendôme. (Die Division Goujard stand thatsächlich weiter gegen Cloyes hin.)

Lecanu.

**) Mans de Vendôme 15 à 12h. 50 M.

Payeur principal du 19 corps au payeur du 21 corps au Mans. Le service de la solde est-il assuré dans toutes les divisions de votre corps? Comment se fait la solde au camp de Conlie, réponse dans la journée voyez besoin.

Intendant Bouché.

(General-Intendant der II. Loirearmee.)

Nachdem nunmehr durch die Ordre de bataille des Chanzy'schen Werkes (S. 637) bekannt geworden ist, daß Mr. Bouché in dem Hauptquartier des General Chanzy als erster Intendant der Armee fungirte, darf man wohl annehmen, daß in dieser Depesche ein Irrthum in der Adresse vorgefallen ist, und daß es richtig heißen muß Payeur principal du 19 corps et payeur principal du 21 corps etc. An Beide ist die Frage des Armeeintendanten gerichtet.

graphe au ministre des finances pour demander d'urgence des fonds, mon encaisse étant insuffisant pour assurer la solde des troupes". Bald darauf wurde leider die zugängliche französische Linie aufgehoben und die fernere Korrespondenz für Tours und le Mans über St. Calais befördert.

Diese Angaben aber ließen doch schon schließen, daß der Feind seinen Rückzug nicht fortsetzen, sondern da, wo er stand, sich zur Wehre setzen wolle. Keine Maßregel ließ auf einen nahe bevorstehenden Abmarsch schließen.

Inzwischen waren nun die Avantgarden des 10. und 3. Armee-Korps im Vordringen gegen Vendôme begriffen. Das Oberkommando hatte einen Generalstabsoffizier zur schnellen Vermittelung der Nachrichten zum 10. Armee-Korps entsendet. Um $6^1/_2$ Uhr lief eine Meldung dieses Offiziers telegraphisch in Suèvres ein. Sie datirte von $3^1/_2$ Uhr Nachmittags:

„Seit 2 Uhr steht die Avantgarde des 10. Armee-Korps im Gefecht gegen die feindliche Aufstellung la Guignetière—la Bretonnerie südlich Vendôme. Der Feind zeigte bis jetzt 2 Batterien und 1 Mitrailleusenbatterie, wenig Infanterie, vier Eskadrons. Drei Batterien des 10. Korps hatten um 3 Uhr die feindlichen Batterien zum Schweigen gebracht, nur die Mitrailleusen feuern noch."

„Mehrere Bataillone und Batterien der 20. Division sind gegen die rechte feindliche Flanke dirigirt."

„Aus der Richtung von St. Amand ist Feuer hörbar vom Detachement Barnekow.*) General Hartmann meldet, daß er mit der Avantgarde des 3. Korps zwischen Coulommiers und Rocé im Gefecht steht."

„Soeben schweigen die Mitrailleusen."

(gez.) Graf Haeseler.**)

Nach seiner Rückkehr am Abend ergänzte dieser Offizier durch mündlichen Bericht seine Meldung. Abends um 9 Uhr kam noch eine schriftliche Relation des 3. Armee-Korps in Suèvres an. Der Verlauf des Gefechts war, in Kürze dargestellt, etwa folgender gewesen:

---

*) Siehe weiter unten.
**) Major im Generalstabe.

Das 10. Armee-Korps stand am 14. Dezember mit seiner Hauptmasse bekanntlich in und bei Blois, Detachements nach Chouzy, Herbault und La Chapelle Vendômoise vorgeschoben. Die Truppen in La Chapelle wurden nun für den 15. in Folge der Befehle des Oberkommandos auf

3 Bataillone,
1 Eskadron,
1 Batterie

vermehrt. Von der dem Korps vom Großherzoge zugetheilten 2. Kavallerie-Division stießen noch:

2 Kavallerie-Regimenter,
1 Batterie

dazu.

Diese verstärkte Avantgarde rückte am 15. unter Befehl des Kommandeurs der 2. Kavallerie-Division, des Generals Grafen zu Stolberg, gegen Vendôme vor.

Von Blois aus folgte zunächst der Rest der 20. Infanterie-Division, dann die Korps-Artillerie und zuletzt die 19. Infanterie-Division in derselben Richtung.

Auch das Tags zuvor nach Herbault vorgeschickte Detachement wurde dadurch, daß die in Chouzy stehende Abtheilung sich ihm anschloß, auf 2 Bataillone verstärkt. Eine Brigade der 2. Kavallerie-Division und eine reitende Batterie traten ferner zu diesem Detachement über, so daß im Ganzen

2 Bataillone,
2 Kavallerie-Regimenter,
1 Batterie,

unter Befehl des Generals von Barnekow von hier gegen St. Amand vorrückten.

Die Avantgarde der Hauptkolonne stieß auf der Chaussee Blois—Vendôme bereits südlich Villeromain auf französische Vortruppen, die sich langsam in der Richtung auf Vendôme abzogen. Während die Kavallerie sich auf die Flügel gesetzt hatte, ging die Infanterie längs der großen Straße vor. Sowie das Tetenbataillon die Höhe von La Galoche erstieg, wurde es von feindlichen Batterien, welche diesseits Vendôme standen, mit lebhaftem Feuer empfangen, auch Tirailleurschwärme zeigten sich und beschossen die vordringenden deutschen Kolonnen. Südlich der Vorstadt Le Temple waren schon von den Höhen von Maligneas aus stärkere feindliche Truppenmassen beobachtet worden.

In der Linie Le Châtelet, vorwärts La Galoche und vorwärts der Schlucht von Villematin brachte die Hauptkolonne des 10. Armee-Korps nunmehr 3 Batterien in's Feuer, die den Kampf einleiteten, während die Infanterie die Gehölze und Gehöfte auf den Flügeln besetzte und dort allmälig gegen französische Tirailleurschwärme vordrang. Das geschah von $1^1/_2$ Uhr Nachmittags an. Eine 4. Batterie — anfangs in einer Aufnahmestellung bei Maligneas zurückgelassen — ging, als die Infanterie genug Terrain gewonnen hatte, dort bis in die Höhe von Broche Poisson vor, von wo aus sie sehr wirksam gegen die in der schon bezeichneten Linie Guignetière — Bretonnerie stehenden französischen Batterien eingriff.

Das Gros der Haupt-Kolonne kam heran und die an deren Tete befindlichen Theile der 20. Infanterie-Division erhielten nun, verstärkt durch die beiden reitenden Batterien der Korps-Artillerie, den Befehl, über St. Anne vorzugehen. Die Bewegung querfeldein durch den tief aufgeweichten Boden war der schwierigsten Art. Allein von $3^3/_4$ Uhr Nachmittags ab gelang es dennoch, nördlich St. Anne noch 3 andere Batterien in's Feuer zu bringen, während auch die an der Chaussee Blois — Vendôme aufgefahrenen Batterien avancirten. Mit allen 7 Batterien — denen der Feind etwa 6 und an zwei Punkten auch Mitrailleusen entgegenstellte — führte das 10. Armee-Korps nun den Geschützkampf glücklich durch.

Das Infanteriegefecht beschränkte sich meist auf über große Entfernung hinweg geführtes Geplänkel und nahm nur auf dem äußersten rechten Flügel bei Bois la Barbe einen lebhafteren Charakter an.

Der Feind zeigte nur wenig Infanterie, und die ganze Art, wie er focht, schien gegen Abend den Schluß zu rechtfertigen, daß er sich nur noch um seinen Abzug schlage. Der kommandirende General des 10. Korps ertheilte daher, als das Geschützfeuer mit Eintritt der Dunkelheit verstummt war, der 19. Infanterie-Division den Befehl, noch einen Vorstoß gegen die feindliche Stellung zu machen. Allein dieser Stoß hatte keinen Erfolg. In dem zähen Bodenschlamm blieben den Mannschaften der seitwärts der Straßen entwickelten Infanterie die Stiefeln stecken, alles drängte auf die feste Chaussee zurück und auf dieser konnte man keine Fortschritte machen, da der Feind sie noch unter Feuer hielt. So kam der letzte Angriff zum Stocken. Es war $7^1/_2$ Uhr Abends. Das Korps stellte zwischen

Bois la Barbe und Orgie Vorposten aus und bezog sehr ermüdet enge Kantonnements hinter dieser Linie.

Das linke Seiten-Detachement war unterdessen bei St. Amand auf überlegene feindliche Streitkräfte gestoßen, denen gegenüber es sich während des Nachmittags hielt. Am Abend bezog es bei Gombergean Kantonnements, da der ihm von dem kommandirenden General zugesandte Befehl, nach Crucheray heranzurücken, es nicht erreichte.

Am frühen Morgen des 16. Dezember ging dem Ober-Kommando über die Erlebnisse dieses Detachements durch das 10. Armee-Korps folgende Meldung zu:

Villeromain, den 15. Dezember 1870,
Abends 10 Uhr.

„Vom linken Seiten-Detachement ist Meldung eingegangen, daß der Feind mit starken Abtheilungen auf Chaussee und Eisenbahn gegen Tours marschirt und daß er alle an der Eisenbahn liegenden Dörfer mit Infanterie besetzt habe."

A. B.
v. Caprivi,
Oberst-Lieutenant und Generalstabschef.

Rechts neben dem 10. Korps war die Avantgarde des 3. Korps gleichfalls bis zur Dunkelheit hin im Gefecht gewesen. Um $8^1/_2$ Uhr früh hatte sich diese Avantgarde, bestehend aus der 11. Infanteriebrigade mit 2 Fußbatterien und einer Brigade der 1. Kavallerie-Division nebst der reitenden Batterie, in Summa also:

6 Bataillone,
2 Kavallerie-Regimenter,
3 Batterien

bei Conan*) unter Befehl des General v. Hartmann gesammelt.**) Nach den Meldungen der Patrouillen am Morgen stand dabei schon fest, daß Périgny vom Feinde noch gehalten würde.

Der direkte Weg von Conan auf Rhodon und Selommes, sowie

---

*) Eines der Kavallerie-Regimenter, das in Rhodon gelegen, war sogleich von dort aus auf Selommes dirigirt worden und sollte Patrouillen auf Villeromain zur Verbindung mit dem 10. Armee-Korps aussenden, sowie gegen Coulommiers und Villetrun.

**) Kommandeur der 1. Kavallerie-Division.

der nach Villegrimont waren zur Zeit schon so vollständig unpassirbar für die Artillerie, daß General Hartmann sich entschließen mußte, statt nach Nordwesten zunächst scharf nach Süden zu marschiren und sich bei Champigny auf die von daselbst über Villegrimont, Selommes, Villetrun, Coulommiers führende bessere Straße zu setzen.

Bei Villegrimont erhielt der General v. Hartmann die Meldung, daß der Feind den Abschnitt von Périgny*)—Bois du Coudray—Mézières besetzt hielte. Vom 10. Armee-Korps schallten schon einige Kanonenschüsse herüber**), welche lehrten, daß dieses Korps etwa in gleicher Höhe mit der Kolonne des 3. vorginge. Das Bois du Coudray, sowie die zwischen diesem Gehölz und Coulommiers gelegenen Ortschaften und Gehöfte wurden durch ein kleines Detachement von 1 Bataillon 1 Eskadron gesäubert. Villetrun, das er besetzt hatte, verließ der Feind nach kurzer Kanonade. Als sich indessen die Rekognoszirung weiter entwickelte, eröffnete er von der Südlisiere von Rocé her lebhaftes Infanteriefeuer. Der Ort mußte angegriffen werden und es kam dort zuerst zu einem stehenden Gefecht. Patrouillen meldeten auch, daß nördlich Rocé und von dort in westlicher Richtung in den Wald von Haut Fontenay hinein, französische Kolonnen marschirten. Aus der Lisiere dieses Waldes von La Forêt aus begann ebenfalls das Infanteriefeuer.

Gleichzeitig aber wurde das Gefecht beim 10. Armee-Korps deutlicher hörbar, auch sah man von der Gegend von Villetrun her die französische Batterien südlich le Temple im Feuer stehen. General v. Voigts-Rhetz gab Nachricht, daß er den Gegner in seiner starken Stellung angreifen würde und ersuchte den General v. Hartmann, des Feindes linke Flanke anzufassen und so mitzuwirken.

Rocé räumte der Feind. Allein am Gehölze von La Forêt und später in der Stellung von Bel Essort, in der er auch eine Batterie auftreten ließ, setzte der Gegner den Widerstand fort. Aus der langen Baumreihe, welche von Haut Fontenay über Bel Essort hinwegzieht, empfing der Feind die in erster Linie vorgehenden Kompagnien mit lebhaftem Schnellfeuer. Allein auch diese Positionen wurden nach und nach genommen. Alle drei Batterien des Detachements wirkten dabei mit. Das linke Seiten-Detachement dieser

---

*) Das Dorf Périgny selbst räumte der Feind bald darauf.

**) Bei Villeromain abgefeuert.

Kolonne war inzwischen zur direkten Theilnahme an dem Gefechte auf dem rechten Flügel des 10. Armee-Korps nördlich Moulin Béton in das Ravin des Houzée hinabgestiegen.

Während dieser Gefechte traf den General v. Hartmann von der Seite der 17. Division her die Nachricht, der Feind habe am Loir-Uebergange von Pezou das dort aufgestellte Detachement der Division*) gegen Lignières zurückgedrängt, während er mit mehreren Infanterie-Regimentern**) auf Renay und Champlain, also gegen die rechte Flanke der nach Vendôme hin vordringenden deutschen Kolonnen debouchirte. Diese Offensive hätte umsomehr bedenklich werden können, als die ins Gefecht gezogenen Truppen des General v. Hartmann während des Kampfes eine Linksschwenkung in der Richtung gegen Vendôme ausgeführt und so angegriffen hatten. Das Herannahen des Abends machte eine Wirkung der weit ausholenden Bewegung des Gegners unmöglich.

Bald nachdem Bel Essort genommen war, setzte die hereinbrechende Dunkelheit dem Kampfe ein Ziel. Nur eine kurze Strecke weit konnte der Feind gegen Vendôme hin noch verfolgt werden. Dann wurden Vorposten vom Ravin des Houzée-Baches bis hinüber zur Straße Villetrun—Ducques ausgesetzt, welche rechts mit denen der Armee-Abtheilung — speziell mit der 22. Infanterie-Division — Verbindung nahmen. Dahinter bezog die ganze Kolonne in Villetrun, Coulommiers, Villarceau und Selommes Allarmquartiere.

Der Rest des 3. Armee-Korps und der 1. Kavallerie-Division hatte in seinen Kantonnements geruht.

Die Verluste in diesem Gefechte bei Vendôme beim 3. und 10. Armee-Korps, sowie der engagirten Kavallerie betrugen 5 Offiziere 161 Mann.

Die Meldung des 3. Armee-Korps ließ über das vom General v. Hartmann geführte Gefecht einen ziemlich vollständigen Ueberblick gewinnen, so daß der Prinz Feldmarschall schon am Abend des Tages über die Vorgänge bei Vendôme im Wesentlichen unterrichtet war und demgemäß seine weiteren Verfügungen treffen konnte.

Das 9. Armee-Korps besetzte an diesem Tage die Stadt Blois mit seiner Avantgarde und schickte Patrouillen in der Richtung

---

*) Jäger-Bataillon Nr. 14 und 1 Eskadron.

**) Brigade Paris des 17. Korps.

gegen Herbault und Vendôme vor, um sich über den Gang des Gefechts, von dem man in Blois den Kanonendonner vernahm, zu orientiren. Die zerstörte Brücke wurde bis ½4 Uhr Nachmittags durch eine für alle Waffengattungen gangbare Holzkonstruktion wiederhergestellt.

Von der 6. Kavallerie-Division aus Contres traf Mittags um 12¼ Uhr eine vom 13. 11 Uhr Vormittags datirte Meldung ein. Täglich waren von Contres Offizierpatrouillen nach Chaumont und weiter Loire abwärts entsendet worden, ebenso nach Montrichard und St. Aignan.

Die bis an die Loire streifenden Patrouillen hatten am 12. Dezember von Rilly aus auf dem rechten Loire-Ufer französische Kolonnen marschiren sehen, sich dann aber vor einer auf dem linken Ufer erscheinenden französischen Eskadron zurückziehen müssen. Bei Montrichard und St. Aignan war fortdauernd das Land vom Feinde frei gefunden worden.

Dem folgte Abends um 6 Uhr ein neuer Bericht, welcher schon vom 15. Mittags datirte. Er besagte, daß am Tage zuvor die Loire abwärts streifenden Patrouillen der Division vom rechten Ufer aus wiederholt beschossen worden seien. Vor Amboise, auf dem von Pontlevoy nach jener Stadt führenden Wege waren die Patrouillen auf ein Lager von Mobilgarden und Reiterei gestoßen, hatten dessen Stärke aber nicht genau feststellen können, weil der Feind sich aufmerksam sicherte.

Am 15. waren in denselben Richtungen wie früher wiederum Patrouillen aufgebrochen, dann aber auch Cher aufwärts nach Selles hin.

Das untere Cher-Thal wurde jedesmal, wo es die Patrouillen erreichten, vom Feinde frei gefunden.

Am 15. Dezember wurde die 14. Kavallerie-Brigade bei der Division zurückerwartet.

Von der 14. Kavallerie-Brigade, die bekanntlich bei Vierzon—Salbris gestanden, war am 15. früh um 3¼ Uhr derjenige schriftliche Bericht eingelaufen, welcher Tags zuvor dem General v. d. Tann Anlaß zu seinem Telegramm gegeben, daß der Feind im Cher-Thale vorwärts zu marschiren schiene.

Der Inhalt dieser Meldung ist seiner Zeit schon wiedergegeben worden.

Die dort ausgesprochene Vermuthung über die bei der I. französischen Loire-Armee herrschenden Absichten hatte sich seitdem durch Nichts weiter bestätigt. Fest stand jedenfalls, daß diese Armee auch nicht direkt auf Orléans vorginge — welche Operationen sie im Sinne hatte, blieb demnach ungewiß. Darüber indessen möglichst schnell klar zu werden, war vor allen Dingen wichtig.

Selbst die Vereinigung Bourbaki's mit Chanzy, vielleicht unter Benutzung der Eisenbahn, würde die nächsten Entscheidungen am Loir nur wenig beeinflußt haben, besaß die II. Armee nur erst Sicherheit, daß beide feindlichen Armeen vor ihr standen und daß bei Gien nichts zu befürchten sei. Bei dem Zustande, in welchem sich alle feindlichen Streitkräfte um diese Zeit befanden, hatte das numerische Uebergewicht nur wenig zu bedeuten. Es würde das Schicksal einer Schlacht am Loir kaum geändert haben. Unter den jetzt herrschenden Verhältnissen aber durfte Chanzy höchstens auf vereinzelte Theile jener Armee rechnen, die schnell von Vierzon und Bourges per Bahn unter Benutzung der südlichen Linien zu seiner Unterstützung herbeigeholt werden konnten.

Die Zweitheilung der feindlichen Armee, die sich nach der Schlacht von Orléans durch den Druck der Umstände herausgebildet hatte, machte sich in dieser Epoche für des Prinzen Friedrich Karl Unternehmungen ungünstiger geltend, als es die Vereinigung sämmtlicher feindlicher Korps an einem Punkte vermocht hätte. Keiner der feindlichen Heerkörper war so schwach, daß man ihn blos durch Detachirungen in Schach halten konnte; jeder war selbst einem vereinzelten Armee-Korps, wie es die Kämpfe des Großherzogs bei Beaugency bewiesen hatten, gewachsen, wenn nicht überlegen. Die II. Armee mußte deßhalb gegen jeden, sobald er aggressiv wurde, mit ihren gesammten Kräften auftreten, also Hin- und Hermärsche an der Loire ausführen.

General v. d. Tann wurde nunmehr telegraphisch ersucht, Nachrichten zu geben, sobald irgend etwas über Bourbaki's Marsch bekannt werden sollte.

Der General antwortete hierauf gleichfalls telegraphisch:

Orléans, den 15. Dezember,
Mittags 12 Uhr.

„Seit den Nachrichten der 14. Kavallerie-Brigade vom 13. Dezember Abends, daß Vierzon und der nördliche Wald von Mobilgarden besetzt seien, sind neuere Nachrichten über

Bewegungen Bourbaki's bei mir nicht eingetroffen; doch habe ich dem heute Mittags in Orléans durchmarschirenden 4. Ulanen-Regiment sogleich Befehl gegeben, am 16. früh seine Rekognoszirungen bis an das Cher-Thal auszudehnen und werde das Ergebniß telegraphisch melden."

(gez.) Tann, General.

Soweit die Nachrichten von der Armee, die dem Prinzen Feldmarschall bis zum Abend des 15. Dezember zugingen.

Von Einfluß für die Entscheidungen der nächsten Tage wurde außerdem noch ein heute am Nachmittag um 2 Uhr eingehendes neues Schreiben des General v. Moltke, in welchem dieser dem Generalstabschef der II. Armee seine nach den letzten Meldungen gefaßten Ansichten darlegte:

„Soweit sich hier übersehen läßt, schrieb General v. Moltke aus Versailles vom 14. Dezember 2 Uhr Nachmittags, ist die feindliche Loire-Armee, trotz wiederholter Kämpfe, keineswegs vernichtet, wohl aber wesentlich geschwächt und in zwei Hälften auseinandergesprengt."

„Die eine dieser Hälften, im Rückzuge auf Le Mans—Conlie begriffen, wird von dem 10. Armee-Korps und der schwachen Armee-Abtheilung des Großherzogs verfolgt. Die 5. Kavallerie-Division mit 5000 Pferden und 4 Garde-Landwehr-Bataillonen ist wiederholt angewiesen, über Nogent le Rotrou und La Ferté Bernard in die Flanke des Gegners zu rücken. Wiefern es dann noch erforderlich sein möchte, das 3. Armee-Korps in dieser Richtung folgen zu lassen, werden Sie nach dem zu bewältigenden Widerstand ermessen. Mir will scheinen, daß dies nicht nöthig ist, weder, um General Chanzy in der rückgängigen Bewegung zu erhalten, noch um Tours zu besetzen, wo wohl ohne Zweifel heute schon eine Division des am linken Loire-Ufer befindlichen 9. Armee-Korps eingerückt ist und zur Behauptung dieses Punktes völlig genügt."

„Wohl zu bedenken ist, daß die andere Hälfte der Loire-Armee voraussichtlich bei Bourges Zeit gehabt hat, sich wieder zu sammeln, und daß sie unter einem tüchtigen Führer wie Bourbaki leicht in den nächsten Tagen, sei es am linken Ufer gegen Orléans, oder am rechten über Gien die Offensive wieder ergreifen kann."

„In beiden Fällen würde das bayerische Korps eine Abwehr nicht zu leisten vermögen, besonders nicht im letzteren Falle, auch wenn die Kavallerie-Division Hartmann (von der wir nicht wissen, wo sie steht) hinzustieße."

„In Berücksichtigung einer möglichen Offensive Bourbaki's am rechten Loire-Ufer wird General v. Zastrow auf Auxerre—Clamecy dirigirt werden, wo er à portée steht; es ist aber wichtig, daß er so lange wie möglich dort und bei Nuits die im baldigen Betrieb zu setzende Eisenbahnlinie Châtillon—Joigny—Melun schützt."

Zum Schluß gab der Generalstabschef der Armee noch die Nachricht, daß bei Paris sich die Zahl der Deserteure erheblich mehre, daß aber sichere Anzeichen, die auf den nahen Fall der Hauptstadt schließen ließen, noch nicht vorlägen und daß die Cernirungs-Armee jedenfalls auf einen langen Widerstand gefaßt sein müßte.

Dem folgte ferner ein Telegramm mit der Anfrage, ob Tours bereits besetzt sei und mit ausführlichen Weisungen über die Zerstörung der in der Gegend von Tours gelegenen Eisenbahnbrücken, deren Wichtigkeit für das Schienennetz von West-Frankreich wohl zu beachten war. Des Prinzen Friedrich Karl Dispositionen mußten naturgemäß den Angriff der Loir-Flußlinie in's Auge fassen, an welcher der Feind von Fréteval bis Vendôme und St. Amand hin in Position stand. Auf dieser ganzen Linie hatte am 15. Dezember die Armee mit dem Gegner in Contact gestanden, überall zeigte derselbe starke Kräfte. War es auch möglich, daß General Chanzy — wie es während des Gefechts von Vendôme beim 10. Armee-Korps schon einmal angenommen worden — nur noch um der Sicherheit seines Rückzuges willen Widerstand geleistet*), so mußte man ebenso doch auch darauf gefaßt sein, daß er gesonnen wäre, nicht ohne Schlacht seine festen Positionen aufzugeben.**) Viele Eigenthümlichkeiten des französischen Feldherrn sprachen für die Wahrscheinlichkeit eines solchen Entschlusses. Die gründliche und energische Durchführung einer taktischen Entscheidung, welche diesem ganzen in immer wiederholten partiellen Engagements sich hinschleppenden Feldzuge den Ausschlag gab, mußte unter allen Umständen sorgfältig vorbereitet werden. Zwei wichtige Momente verursachten dabei große Schwierigkeiten und waren wohl zu berücksichtigen, nämlich der furchtbare Zustand aller Wege, und die Kürze der Wintertage.

---

*) Bis jetzt waren diese Vermuthungen noch eine Täuschung.

**) Das war thatsächlich am 15. noch Chanzy's Absicht. Die Operationen seiner Armee werden weiterhin dargelegt.

Umsomehr war der Feldmarschall entschlossen, alle ihm zu Gebote stehenden Kräfte in der Richtung gegen den Loir, und die Hauptmasse, wie es sich aus der Lage der Anmarschlinien naturgemäß ergab, gegen den Punkt Vendôme hin in Bewegung zu setzen. Wenig helle Tagesstunden waren immer nur für den Anmarsch, die Einleitung des Kampfes, die Erzwingung der Uebergänge über das tief eingeschnittene Flußthal und die Erstürmung der jenseitigen Höhen verfügbar. Sollte der Sieg seine Früchte tragen, so mußte auch die Verfolgung noch unmittelbar nach der Schlacht begonnen werden. Der II. Armee war bei Beginn dieses Krieges wiederholt das Loos zugefallen, daß sie zur Schlacht von weither heranmarschiren mußte, daß die Entscheidung in später Stunde begann und alsdann die noch während der Krisis hereinbrechende Dunkelheit ihr einen guten Theil von den Früchten des Sieges raubte*). Gleiches durfte sich hier nicht wiederholen, zumal der Zustand der Armee mehrtägige, langwierige Gefechte verbot. Es galt daher, nicht nur so stark als möglich vor den Stellungen des Feindes zu erscheinen, sondern auch die Angriffs-Kolonnen geschlossen bis dicht an den Feind heran zu führen, ehe der erste Kanonenschuß bei dem allgemeinen ernsten Angriff fiel.

Ein Opfer, daß diesen nothwendigen Bedingungen für den entscheidenden Sieg gebracht werden mußte, war die Expedition des 9. Armee-Korps nach Tours.

An sich war diese Expedition schon nicht ohne Gefahr und Schwierigkeiten, wenn auch darüber kaum noch ein Zweifel bestehen konnte, daß gegen Tours hin nur schwache Kräfte des Gegners ausgewichen seien, eine geschlossene und starke Gegenwehr deshalb dort vorerst nicht zu erwarten stand.

Der Vormarsch längs der Loire hätte gleichzeitig auf beiden Ufern des Stromes erfolgen müssen. Die im Thale entlang führenden Straßen — die einzigen auf denen, bei den augenblicklich herrschenden Bodenverhältnissen, der Marsch größerer Massen gegen Tours möglich war — liegen beide tief am Wasser und sind überall von dem hohen gegenüberliegenden Uferrande aus zu beherrschen. Die Thalränder haben aber durchweg dichten Anbau und bieten kleinen Streifparteien die geeignete Gelegenheit zur Belästigung der auf dem

*) Spicheren, St. Privat la Montagne, Beaune la Rolande (mit Beziehung auf das Eingreifen der 5. Infanterie-Division).

andern Ufer marschirenden Truppen. Auf diese Eigenthümlichkeit machte auch das Generalkommando des 9. Armee-Korps schon von Vienne aus einmal aufmerksam. Waren auch die Patrouillen des 10. Armee-Korps rechts des Stromes schon bis Vouvray gestreift, so vermochte der Feind doch in jedem Augenblicke dieses Ufer wieder zu besetzen, wenn nicht stärkere Kolonnen den einzelnen Reitern folgten. Wie aber solche hier vordringen lassen, während der Feind noch am Loir zum Kampfe bereit mit seiner ganzen Armee dastand?

Schwieriger, als die Einnahme von Tours war indessen noch die Behauptung der Stadt.

Bei derselben mündeten 4 Eisenbahnlinien, die der Feind vorläufig noch beherrschte. Auf allen konnte er Truppen in beliebiger Stärke heranführen, sowohl von seinen beiden das Feld haltenden Armeen, als auch von den Organisationsplätzen der Neuformationen her. Von Vendôme, wo General Chanzy stand, hatten die Truppen nur wenig Stunden Fahrt.

Es konnte sehr wohl fraglich sein, ob der Feind an der Behauptung der Stadt für jetzt ein Interesse habe. Kehrte aber die Armee des Prinzen Feldmarschall nach der Entscheidung am Loir wieder in ihre Stellungen von Orléans zurück, so lag in der isolirten Besetzung von Tours eine direkte Aufforderung für den Feind durch ein Unternehmen gegen diese Stadt den Eindruck der letzten unglücklichen Kriegsereignisse zu verwischen. Dann aber konnte die Lage des einen vorgeschobenen Korps eine sehr gefahrvolle werden — zumal, wenn es dort wie überall die Brücken über den Strom zerstört fand.

Um Tours zu sichern und den daselbst stehenden Truppen den einzigen Rückweg längs der Loire offen zu halten, hätte die II. Armee später sehr weit südlich — mindestens bis zum Cher — mit starken Detachirungen ausgreifen müssen. Und diese Verpflichtung fiel ihr zu, nachdem sie sich zuvor um ein ganzes Armee-Korps geschwächt hatte.

Doch solche Bedenken ließen sich wohl noch überwinden. Weit schwerer fiel es in's Gewicht, daß man für die anscheinend bevorstehende Schlacht das 9. Armee-Korps nicht missen konnte.

Die letzte Meldung des Großherzogs hatte betont, daß am 16. streng genommen von seinen Truppen nur auf die 22. Infanterie-Division zu rechnen sein würde, d. h. auf etwa 4000 Gewehre, vier

Batterien*) und einige hundert Pferde. Diese kleine Kolonne und die Batterien der beiden anderen Operationskörper repräsentirten also zunächst den Namen der Armee-Abtheilung.

Die II. Armee war freilich noch weit weniger angegriffen. Allein das 3. Armee-Korps legte in seiner Meldung über das Gefecht von Vendôme gleichfalls Gewicht darauf, daß die Truppen des Generals v. Hartmann am 15. 4 Meilen zum Theil durch tiefe, morastige Felder zurückgelegt hätten und daß diese Anstrengung um so größer gewesen sei, als die 11. Infanterie-Brigade, welche die Expedition mitgemacht, gerade die Nacht zuvor sich bei starkem kaltem Winterregen auf Vorposten befunden hatte. Dem 10. Armee-Korps war es ähnlich gegangen.

Gewiß litt der Feind noch weit mehr in dieser Zeit, als die deutschen Truppen, indessen ein unberechenbarer Vortheil fiel ihm zu. Er hatte sich seinen Hülfsquellen genähert und konnte sehr wohl an den Loir ganz frische Truppen gezogen haben. — Seit die französischen Depeschen am Nachmittage bekannt geworden waren, nahm das Oberkommando an, daß sehr wohl das 19. französische Korps zur Armee Chanzy herangerückt sein konnte. Schon einmal während dieser Kriegsepoche war unerwartet am Walde von Marchenoir ein neugebildetes Armee-Korps der Republik aufgetreten und hatte es nach den Kämpfen von Orléans dem General Chanzy erlaubt, den Widerstand unmittelbar wieder aufzunehmen. Aehnliches konnte hier nach den weit weniger entscheidenden Gefechtstagen von Beaugency abermals der Fall sein. Was das Auftreten eines Armee-Korps, das noch gar nicht gefochten — sei es auch nur lose formirt — in einer Kriegsepoche, wie es diese war, zu bedeuten hat, das ermißt Jedermann leicht, der den Krieg kennt.

Auf deutscher Seite war das 9. Armee-Korps augenblicklich am meisten bei Kräften, es durfte also am Loir keinesfalls fehlen. Nur eine Division dieses Korps gegen Tours vordringen zu lassen, während die andere der Armee als Reserve folgte, hielt das Oberkommando unter den oben näher dargelegten Umständen für durchaus unausführbar.

Die Regierung war von Tours fort, militairische Etablissements von Bedeutung lagen dort nicht, und wenn auch die Besetzung der Stadt, die so lange Sitz der Diktatur von Frankreich gewesen, eine

---

*) Darunter 2 bayerische.

Art politischer Bedeutung, der Eisenbahnknoten eine strategische Wichtigkeit hatte, so vermochte dieser Umstand augenblicklich doch das immer gewagte und die Kräfte zersplitternde Unternehmen nicht zu rechtfertigen.

Nach gefallener Entscheidung am Loir beabsichtigte der Prinz zwar nicht längs der Loire, wohl aber von Vendôme her eine Expedition zur vorübergehenden Besetzung der Stadt auszusenden. Dies wollte er um so mehr, als man im großen Hauptquartier augenscheinlich bedeutenden Werth auf die Besitznahme von Tours legte. Freilich war dort noch nicht bekannt, daß die II. französische Loire-Armee am Loirfluß Halt gemacht und Prinz Friedrich Karl eine Schlacht erwartet hatte, auch ließ sich aus der Ferne gewiß der materielle Zustand, in welchem sich ein Theil der Armee des Prinzen Friedrich Karl befand, nicht so beurtheilen, wie hier, wo man die Truppen marschiren und fechten sah.

Den 16. Dezember wollte der Oberbefehlshaber noch dazu verwenden, die Armee-Korps für den Kampf in sich aufschließen, das 9. die Loire überschreiten, die 6. Kavallerie-Division von Contres herankommen zu lassen. Konnte dieser Tag daher auch die Entscheidung noch nicht geben, so sollte er doch schon die Einleitung zur Schlacht bilden, die Gelegenheit zur Fortführung der am 15. Dezember begonnenen Kämpfe gewähren.

Am Abend des 15. Dezember zwischen 8 und 9 Uhr erließ der Prinz-Feldmarschall demnach folgenden Armee-Befehl:

Suèvres den 15. Dezember 1870.

„Das 10. Armee-Korps und eine durch Kavallerie verstärkte Avantgarde des 3. Armee-Korps, welche heute zur Rekognoszirung der feindlichen Aufstellung vorgegangen, haben am Loirfluß Gefecht gehabt, welches morgen fortgesetzt werden wird."

„Durch andere Nachrichten, insbesondere durch mitgelesene französische Telegramme ist konstatirt, daß das 19.*) und 17. französische Armee-Korps bei Vendôme und nördlich davon und das 21. französische Armee-Korps gegenüber Morée zwischen Fréteval und St. Hilaire steht."

„Die Armee-Abtheilung Seiner Königlichen Hoheit des Großherzogs von Mecklenburg-

*) Es lag hier eine Verwechslung mit dem 16. französischen Korps vor.

Schwerin steht mit den Spitzen der 17. Division dem 21. französischen Korps gegenüber von Morée bis Lignières und hat sich dem Befehl gemäß heute dem Feinde gegenüber beobachtend verhalten."

„General von Rheinbaben mit der 5. Kavallerie-Division, 3—4 Garde-Landwehrbataillonen und 4 Batterien, davon 2 für die 22. Infanterie-Division bestimmt, ist am heutigen Tage von Chartres gegen Brou vorgegangen."

„Bevor zum entscheidenden Angriff der feindlichen Armee hinter dem Loir, den ich am 17. beabsichtige, geschritten wird, ist es erforderlich, daß die II. Armee in sich aufschließt."

„Die am Feinde befindlichen Truppentheile der Armee-Abtheilung Seiner Königlichen Hoheit des Großherzogs von Mecklenburg werden sich deshalb morgen am 16. dem Feinde gegenüber beobachtend verhalten und nur in dem Falle in ein Gefecht eintreten, daß der Feind zum Angriff vorgehen sollte."

„Das 10. und die Avantgarde des 3. Armee-Korps setzen den heute begonnenen Angriff fort."

„Außerdem bestimme ich für den morgenden Tag:"

„Die Armee-Abtheilung schließt hinter der 17. Division so auf, daß ihre Kräfte für den 17. zum entscheidenden Angriff des Feindes bereit stehen, welcher vom Fortgange des Gefechts bei Vendôme abhängig zu machen ist."

„Das 3. Armee-Korps hat mit seinem fechtenden Theil morgen auf Villétrun—Coulommiers aufzuschließen. Es ist erforderlich, die Queue von Mer frühzeitig aufbrechen zu lassen, damit sie morgen an einem Gefecht Theil nehmen könne."

„Das 9. Armee-Korps beläßt morgen eine gemischte Brigade in Blois und Vienne zur Besetzung der stehenden, sowie der Pontonbrücke, behält schwache Posten auf beiden Loire-Ufern gegen Tours und marschirt mit dem übrigen Theile morgen am 16. von Blois nach Villeromain vor und nimmt vorwärts dieses Ortes eine konzentrirte Aufstellung, bereit nach Erforderniß als Reserve verwendet zu werden."

„Die 6. Kavallerie-Division, welcher dieser Befehl

möglichst rasch vom 9. Armee-Korps zuzufertigen ist, passirt morgen mit den bereiten Theilen die Loire auf der Kriegsbrücke bei St. Diė oder auf der stehenden Brücke und rückt in eine Rendezvous-Stellung zwischen Villeromain und Pinoche."

„Wohin mein Hauptquartier nach vorwärts verlegt wird, werde ich noch mittheilen, vorläufig gehen Meldungen zur telegraphischen Weiterbeförderung nach Suėvres."

Der General-Feldmarschall
(gez.) Friedrich Karl.

Während dieser Armee-Befehl entworfen wurde, traf, von Orléans kommend, ein Telegramm in Suėvres ein, welches wohl angethan war, die gesammte strategische Lage der Armee als verändert erscheinen zu lassen.

Orléans den 15. 12. 1870. 8 Uhr 20 M. Abends.

„Soeben, 7 Uhr 30 Minuten Abends, trifft von Oberst Leonrod aus Gien die Meldung in Orléans ein, daß das dortige Detachement von Briare her, wo schon Morgens viel Signale und Fuhrwerk hörbar, von einer bedeutend überlegenen feindlichen Infanterie-Abtheilung um 2 Uhr Nachmittags angegriffen worden und sich in Folge zweier Umgehungs-Kolonnen späterhin auf Ouzouer zurückziehen werde. Soll ich dem Feinde bis zum Kanal von Orléans entgegenrücken?"

(gez.) Tann
General.

Was im Hauptquartier der II. Armee erwartet worden war, schien eingetroffen zu sein, General Bourbaki mit der I. französischen Loire-Armee die Offensive ergriffen zu haben, um Chanzy zu degagiren.

Im Cherthale marschirte diese Armee zur Zeit noch nicht. Das war durch die 6. Kavallerie-Division bekannt. Sie schien — den letzten Meldungen der aus Salbris und Vierzon nach Westen abgerückten 14. Kavallerie-Brigade zufolge — in dieser Richtung auch nur schwächere irreguläre Truppen verwendet zu haben, Kavallerie und Franktireurs. Das ließ jetzt immer sicherer annehmen, sie habe sich nur der ihr lästigen nahen Beobachtung entziehen wollen.

Unmöglich konnte jetzt noch der Abmarsch der II. Armee von Orléans gegen den Loir für den Feind ein Geheimniß sein. Dann aber war irgend eine weiter ausschauende Aktion Bourbaki's mit Sicherheit vorauszusetzen. Die Offensive Loire abwärts über Gien blieb nun — wie im Hauptquartier des Prinzen Friedrich Karl angenommen wurde — das einzig Mögliche, an das man denken konnte. Diese Offensive zu verzögern, ohne daß die Armee des Prinzen, welche jetzt nach Westen marschirte, wieder umkehrte, waren nur die allerunzureichendsten Mittel vorhanden. Das bayerische Korps konnte mit etwa 4500—5000 Gewehren und 500 Pferden unmöglich Orléans festhalten und zugleich den Angriffen einer, zwar schon sehr erschütterten, aber doch zahlreichen Armee Stand halten. Die schwachen Garnisonen von Etappentruppen in den Städten am Loing und der Yonne zählten kaum. Sie hatten zudem augenblicklich noch über und über mit Gefangentransporten zu thun.*)

Dennoch blieb der Prinz Feldmarschall fest entschlossen, zunächst die II. Loirearmee zu schlagen, wenn sie am Loireflusse Stand hielt, und sich erst nach der endgültigen Abrechnung mit diesem einen Gegner dem andern zuzuwenden. Die für den 16. Dezember schon entworfenen Maßnahmen blieben deßhalb aufrecht erhalten, der Armeebefehl ging an die Korps ab.

Soweit Vorsichtsmaßregeln gegen die I. Loire-Armee augenblicklich in der Macht des Oberbefehlshabers lagen, wurden sie natürlich gleichfalls getroffen.

Um 8½ Uhr, unmittelbar nach dem Eintreffen seiner Meldung, erhielt General v. d. Tann folgendes Telegramm:

„Die nach Sicherstellung von Orléans disponiblen Theile des Armee-Korps wollen Euer Excellenz dem Feinde am Kanal möglichst bald gegenüber stellen und Fühlung am Feinde behalten."

(gez.) Friedrich Karl.

Um 9 Uhr ließ der Generalstabschef noch ein zweites folgen:

„Seine Königliche Hoheit befiehlt, die Kanalbrücken

---

*) Wie geringfügig deren Unterstützung immer nur sein konnte, bewies eine noch in derselben Nacht in Suèvres ankommende telegraphische Depesche des General-Etappeninspecteurs:

An das Oberkommando der II. Armee.

„Das Gouvernement Rheims hat ohne Mittheilung Truppen von Troyes weggezogen, sofort Generaletappeninspection ersucht, Bataillon Torgau dorthin zu instradiren. Es wird in fünf Märschen eintreffen, so daß dann die seitens des Generals v. Zastrow dorthin gesandten drei Linienkompagnien frei werden."

(gez.) v. Tiedemann.

von Fay gegen den Loing hin durch Kavallerie abbrechen zu lassen, häufig hierher zu melden und General Tiedemann behufs Anweisung der Etappengarnisonen — namentlich Montargis — zum Widerstande zu benachrichtigen."

(gez.) v. Stiehle.

Nach Versailles erstattete General v. Stiehle Meldung über das Vorgefallene und bat, General Zastrow's Marsch zu beschleunigen; denn man glaubte, daß dieser General am ehesten von Osten her gegen Bourbaki's Armee wirksam würde eingreifen können. Dem betreffenden Telegramm fügte der General noch hinzu:

„Rückmarsch des 3. und 9. Armee-Korps wird angeordnet werden, wenn zu übersehen ist, daß dies kein falscher Alarm war."

Der 16. Dezember.

Die Ereignisse des 15. Dezember hatten das Interesse des Oberkommando's getheilt. Die Lage der Armee und ihres Feldherrn war eine höchst spannende geworden. Auf der einen Seite stand die Entscheidungsschlacht gegen die französische Westarmee unmittelbar vor der Thür, auf der anderen erwartete man gleichzeitig, einen neuen Gegner die Operationssphäre der II. Armee betreten zu sehen.

Die Nacht hatte eine weitere telegraphische Meldung aus Orléans gebracht:

„Die Meldung des Obersten von Leonrod von Ouzouer den 15. Abends 8½ Uhr stellt fest, daß im Laufe des 15. in Briare mehrere Eisenbahnzüge von Nevers ankamen, daß sich kleinere Kolonnen sammelten und in der Richtung auf Montargis sich bewegten, daß zwischen 1 und 2 Uhr vier feindliche Bataillone gegen Gien anrückten, in mehreren Kolonnen dieses Städtchen angriffen, dort aber stehen blieben, als das bayerische Detachement den Rückzug auf Ouzouer antrat."

„Das Detachement erhielt soeben Befehl, mit dem Feinde in starker Fühlung zu bleiben, und seine Bewegungen zu beobachten."

„Ferner ging von Oberstlieutenant Radecke,*) heute

*) Kommandeur des Ulanenregiments Nr. 4 das zuerst bei Gien, dann bei Orléans zur Unterstützung des Bayrischen Korps für den Aufklärungsdienst zurückgeblieben war.

Nacht um 12 Uhr die Meldung ein, daß Vierzon vom Feinde unbesetzt, die Bahn daselbst zerstört, Romorantin ebenfalls unbesetzt, südlich dieses Ortes nicht auf den Feind gestoßen und nirgends dortselbst das Vorhandensein oder eine Bewegung des Feindes zu bemerken sei."*)

(gez.) Tann, General.**)

Am bedeutsamsten erschien in dieser Meldung die Notiz, daß französische Truppen von der oberen Loire her gegen Montargis vorgerückt seien. Unwillkürlich erinnerte man sich der Rolle, welche dieser wichtige Ort schon einmal zu Ende des November und zu Anfang des Dezember gespielt hatte. War auch vorerst vom Feinde nichts Weiteres geschehen, als daß er das ihm gegenüberstehende und ihm ohne Zweifel lästige Beobachtungsdetachement eine Strecke zurückgedrängt hatte, so schloß das doch weitgehende Pläne — die dadurch eingeleitet wurden — keineswegs aus. Die allgemeine Offensive der Armee Bourbaki's mochte erst in den nächsten Tagen bevorstehen, das war möglich. Die Spannung und die Ungewißheit mit ihrem Einfluß auf die Entschlüsse des Oberkommandos dauerten indessen fort.

Näher noch als die Befürchtungen, daß die I. französische Loirearmee den lang geplanten Marsch Loing-abwärts gegen Fontainebleau wieder aufnehmen könne, lag dem Oberkommando die Gefahr für Orléans. Wenn der Feind von Gien her auf dem rechten Loire-Ufer, oder auf beiden Ufern gleichzeitig angriff, konnte das 1. bayerische Korps beim besten Willen die ausgedehnte Stadt auch nicht einen Tag lang behaupten. Möglich war es sogar und wahrscheinlicher, je braver und länger es aushielt, daß es den Rückzug auf der Pariser Straße während des Kampfes verlor und den auf Chartres einschlagen mußte.

Die Wiedereinnahme von Orléans durch die Franzosen aber wäre naturgemäß davon begleitet gewesen, daß eine große Anzahl von deutschen Verwundeten und Kranken dem Feinde in die Hände fiel, daß er Material, Vorräthe und seine in der Schlacht vom 3. und 4. Dezember verlorenen Geschütze erbeutete. Und ein solches Ereigniß

*) Da das Ulanenregiment Nr. 4 seit dem 15. Dezember Nachmittags die zur Beobachtung der Straßen von Orléans nach Vierzon und nach Bourges zurückgelassene Eskadron Werkmeister (1. Kavallerie-Division, Ulanenregiment Nr. 8) abgelöst hatte, so kehrte diese Eskadron nunmehr zur 1. Kavallerie-Division zurück.

**) Zum Theil rührten diese in der Depesche des Generals v. d. Tann gegebenen Nachrichten noch von der 14. Kavalleriebrigade her.

konnte für Frankreich mit Recht als ein großer Sieg gelten; jedenfalls würde es nach dieser Richtung hin ausgebeutet worden sein.

Welchen moralischen Eindruck ein solcher Sieg aber nicht allein auf die französische Republik, sondern selbst auf das ganze interessirte Europa machen mußte, ist einleuchtend. Ohne Zweifel sahen die Regierung der Republick und deren Feldherrn dies ebenso sehr ein, wie die deutschen Armeebefehlshaber und das mußte jene zu dem Versuche gegen Orléans antreiben.

Die glückliche Wegnahme eines Objectes, um dessen Besitz die gesammte Armee des Prinzen Friedrich Karl kurz zuvor eine Schlacht geschlagen hatte, war für den Feind ein Sieg — die Umstände, unter welchen ein solcher Erfolg errungen wird, wiegen für die öffentliche Beurtheilung immer nur leicht.

Fiel nun Orléans in General Bourbaki's Gewalt, so mußte die II. Armee gezwungen in Eilmärschen dorthin, dann aber folgte die II. französische Loirearmee ohne Zweifel. General Chanzy, von dem man eine solche That bestimmt erwartete, hätte aber, sobald er am Ende der ganzen Operation wieder bei Beaugency stand, gleichfalls mit Recht den endlichen Sieg für sich beansprucht, selbst wenn nun mittlerweile Orléans zum dritten Male deutscherseits besetzt worden wäre. Solche Scheinsiege seiner Armeen aber hätten für den Feind nicht blos den moralischen, sondern auch einen materiellen Werth gehabt. Sie würden das Kriegsfeuer der ganzen Nation angefacht und der Volks-Bewaffnung einen neuen Aufschwung verliehen haben.

Wollte die II. Armee sich dauernd theilen und mit einem Armee-Korps den Großherzog im Westen unterstützen, mit zwei Korps gegen Bourbaki die Offensive ergreifen, so stellte sie auf beiden Seiten den Erfolg in Frage. Solche Erwägungen geleiteten den Oberbefehlshaber in die Entscheidungen dieses Tages.

Um 8 Uhr früh brach Prinz Friedrich Karl von Suèvres auf und ritt mit seinem Stabe über Blois nach La Chapelle Vendômoise. Seine Absicht war es, wenn der Feind Stand hielt, das Hauptquartier nach Toisy Château zu verlegen,*) um am 17. Dezember früh von den ersten Morgenstunden an auf dem Kampfplatze zugegen sein zu können. Zum 10. Armeekorps gegen Vendôme wurde von La

---

*) Quartiermacher wurden dorthin vorausgesendet.

Chapelle aus ein Generalstabsoffizier des Oberkommandos abgesendet, der möglichst bald melden sollte, ob der Feind die Schlacht annehmen zu wollen schiene, oder nicht.

Bald stellte sich bis zur völligen Klarheit heraus, daß der Gegner seinen Abzug in's Sarthegebiet fortsetze.

So unbedeutend das Gefecht vom 15. Dezember auch erschienen, so hatte namentlich der Verlust der Höhe von Bel Essort dennoch viel Eindruck auf die französische Armee gemacht. In seinem Buche „La deuxième armée de la Loire“ sagt General Chanzy (pag. 195): „Malgré les succès obtenus à Frêteval*) et sur le plateau de St. Anne**) la perte des positions de Bel-Essort,***) allait rendre difficile et périlleuse la défense de Vendôme. L'ennemi pouvait en effet établir là des batteries qui pourraient fouller tout le ravin de la Houzée, prendre d'écharpe celles que nous avions établies en avant du Temple, et en s'avançant jusqu'à la pente, qui donne sur le Loir, contrebattre le feu de nos pièces en position sur la rive droite.“

Zunächst war General Chanzy, die Folgen des Rückzugs mehr fürchtend, als den Kampf, nur entschlossen, ganz hinter den Fluß zu gehen und dort Stand zu halten; als aber am 16. Dezember früh von allen Seiten ungünstige Berichte über den Zustand seiner Truppen einliefen, entschied er sich, zu weichen und bis Le Mans an die Sarthe zu marschiren, um seiner Armee dort Ruhe gewähren zu können. Als Prinz Friedrich Karl bei La Chapelle eintraf, war dort außer vereinzelten Kanonenschüssen Nichts von einem Kampfe bei Vendôme zu hören. Meldungen über ein größeres Engagement, die ihm jedenfalls erstattet worden wären, trafen nicht ein und am Nachmittage kam durch mündliche Bestellung die Meldung des 10. Armee-Korps über die schnell und ohne erhebliches Gefecht erfolgte Besetzung von Vendôme, sowie darüber, daß der Gegner seinen Rückzug auch vom rechten Loireufer ohne Aufenthalt fortführe. Nun wurde es un-

---

*) General Chanzy meint hier die Wiederbesetzung der von der 17. Infanterie-Division geräumten Stadt Frêteval, die indessen ohne jedes Gefecht vor sich gegangen war.

**) Siehe die hier gegebene Darstellung des Gefechts beim 10. Armee-Korps am 15. Dezember.

***) Diesen Punkt hatten bekanntlich die Truppen des Detachements Hartmann Tags zuvor genommen.

zweifelhaft, daß General Chanzy nicht mehr Stand halten wollte. Daß die II. Armee weder über den Loir nach Westen folgen solle noch könne, — darüber herrschte kein Zweifel mehr und sogleich faßte der Oberbefehlshaber den Entschluß, der bei Gien drohenden Gefahr entgegenzutreten und einen Theil der II. Armee ohne Verzug an die Loire zurückzuführen, den Rest, sobald nöthig, folgen zu lassen.

Ehe aber die Anordnungen, welche er zur Ausführung dieser Absicht traf, wiedergegeben werden, ist es hier am Platze, zu berichten, was bei den in der Front stehenden Korps am 16. Dezember vorgefallen war.

Das 10. Armeekorps hatte sich des Morgens versammelt. Um 10 Uhr Vormittags standen die Truppen zum Vormarsch bereit und zwar die 19. Infanterie-Division und die Korpsartillerie auf der Chaussee Blois-Vendôme, die 20. Infanterie-Division bei St. Anne.

Schon in der Nacht hatten die Vorposten gemeldet, der Feind scheine abzuziehen, jetzt als der Morgennebel verschwunden war, bestätigte sich dies. Die vordringenden Kolonnen fanden die Positionen verlassen, die der Feind am Tage zuvor vertheidigt. Gegen Mittag erreichte die Avantgarde des Korps ohne Gefecht die Höhen südlich der Stadt. Von der dort gelegenen alten Burgruine aus übersah man weithin das Loirthal und erblickte nun sowohl im Thale selbst, als auch auf dem jenseitigen hohen Uferrande ausgedehnte französische Bivouaks. In diesen entstand bald eine Bewegung und man sah Marsch-Kolonnen die Chaussee nach Le Mans hin entlang ziehen.

Noch war die Stadt besetzt, allein, als nun die preußischen Teten in dieselbe eindrangen, räumte sie der Feind und versuchte, die Loirbrücken zu zerstören. Dieses Unternehmen mißglückte; die Kommunikation wurde nicht völlig unterbrochen, die Infanterie der Avantgarde säuberte die Stadt und ging ohne Aufenthalt über die Brücken vor.

Bei La Fosse am jenseitigen Berghange setzte sich französische Infanterie zur Wehre und empfing die über den Eisenbahndamm vordringenden preußischen Tirailleurs mit lebhaftem Feuer. An 3 Stellen waren französische Batterien aufgefahren. Doch auch an der Ruine le Temple gelang es, zwei Geschütze des 10. Armeekorps zu etabliren, auf den Höhen östlich der Stadt eine Batterie. Durch das Feuer dieser Artillerie unterstützt, ging der Infanterie-Angriff schnell und glücklich vorwärts. 6 Geschütze, 1 Mitrailleuse der im Abfahren begriffenen französischen Batterien fielen, ohne daß sie zum Feuern kamen, den hart aufbleibenden Infanteriespitzen in die Hände.

Vier der Geschütze waren noch mit voller Bespannung, auch einige Munitionsfahrzeuge wurden sammt den dazu gehörigen Pferde erbeutet. In der Stadt Vendôme fand man etwa 2000 Gewehre, viel Munition und Material, sowie Büreaux mit interessanten Schriftstücken. Der erste Kanonenschuß hatte die französischen Bivouaks lebendiger gemacht und den Abmarsch der sich dort formirenden Kolonnen beschleunigt. Schneller verschwanden nun die lagernden Massen, von den Granaten der preußischen Geschütze verfolgt. Die Avantgarde des 10. Armeekorps ging noch bis zu den Höhen am rechten Loirufer vor und setzte dort Vorposten aus. Die Masse des Korps kantonnirte in und um Vendôme.

230 Gefangene fielen den Verfolgern in die Hände, dem 16., 17. und 21. Korps angehörig. Die Verluste des 10. Armeekorps in dem kurzen Gefechte von Vendôme betrugen 3 Offiziere 47 Mann.

Vom 3. Armeekorps war das Tetenbataillon etwa gleichzeitig mit den Truppen des 10. Korps in Vendôme eingedrungen, auch eine Batterie unter Cavalleriebedeckung eilte dorthin. Da aber das 10. Armeekorps schon dem Feinde nachsetzte und irgend einer Unterstützung bei dem Stande der Dinge nicht bedurfte, so kamen diese Truppen nicht mehr zur Verwendung. Kleine Reiterpatrouillen streiften nur noch von Vendôme auf den Straßen gegen Le Mans, Montoire und Tours, um Nachrichten über den Feind zu sammeln. Die eine dieser Patrouillen, welche den Weg über Huisseau en Beauce wählte, stieß noch am linken Loirufer auf eine französische Kolonne, welche gegen Château Renault abzog, dort aber blieb und in Kantonnement rückte. Landeseinwohner gaben dieser Patrouille ferner an, daß noch am 16. zwischen 7 und 8 Uhr 8 Militairzüge von Vendôme gegen Tours abgefahren seien.*)

Alle übrigen Truppen des 3. Korps und der ihm unterstellten 1. Kavallerie-Division schlossen, wie befohlen, bei Villetrun-Coulommiers auf. Der noch nicht beim Detachement v. Hartmann befindliche Theil der 6. Infanterie-Division**) sollte direkt nach Villetrun marschiren. Der Weg von Conan nach Rhodon aber befand sich schon in einem solchen Zustande, daß die Kolonne, einsehend, sie könne

---

*) Die Meldung hierüber kam nicht am 16. Dezember, sondern erst später an das Oberkommando.

**) Die 12. Infanteriebrigade 2c.

darauf nicht vorwärts kommen, wieder Kehrt machte und nun den weiten Umweg über Oucques einschlug, auf welchem sie erst um $3^1/_2$ Nachmittags in der Gegend von Villetrun eintraf.

Die 5. Infanteriedivision marschirte von Mer nach Selommes, die Korpsartillerie nach Baignault.

Die 1. Kavalleriedivision konzentrirte sich ganz bei Faye-le-Château und patrouillirte gegen Champlain und Château Renay. Der kommandirende General begab sich nach Villetrun und erhielt dort Meldung über die Ereignisse von Vendôme. Durch die nordwärts entsandten Patrouillen bekam das Korps ferner Kenntniß, daß in Château Renay Abtheilungen der 17. Division ständen und daß das Meklenburgische Jägerbataillon das Gehölz von Renay besetzt hielte.*)

Aber ebenso wurde festgestellt, daß sich auch heute noch die Loirbrücke von Pezou sowie Petit Chichoray in Feindes Hand befänden. Desgleichen hielten die Franzosen St. Firmin und Château Meslay besetzt, während sie auf den jenseitigen Höhen Batterien etablirt hatten. Eine Art Brückenkopf schützte den Uebergang von Pezou.

Am Vormittag hatte der Feind sogar von dort her mit einigen Bataillonen einen Verstoß gegen Renay unternommen, war aber auf die Mecklenburgischen Jäger gestoßen und wieder zurückgegangen. Von diesen Verhältnissen unterrichtet, sandte der kommandirende General des 3. Korps zu der nördlich neben seinen Truppen stehenden 22. Infanteriedivision, welche die am Vormittage dort befindliche 17. Division abgelöst hatte, hinüber. Er ließ anfragen, was man gegen die noch das linke Loirufer haltenden französischen Abtheilungen zu thun beabsichtige. Für das 3. Korps sei Pezou zu weit entfernt, um dort angreifen zu können, das Korps, welches aus großer Tiefe aufmarschiren müsse, auch nicht bereit dazu. Die 22. Division lehnte im Hinblick auf die weite Ausdehnung ihrer Stellung und die Befehle des Großherzogs, den Angriff gleichfalls ab, hielt es sogar für erwünscht, wenn Theile des 3. Korps nach Chateau Renay vorgeschoben würden.

So blieb der Feind im Besitze des von ihm noch diesseits des Flusses eingenommenen Terrains und das 3. Armeekorps bezog mit

---

*) Das Bataillon hatte bekanntlich Tags zuvor den Uebergang bei Pezou besetzt gehalten und war von dort durch die Brigade Paris vom 17. Korps verdrängt worden.

Dunkelwerden Kantonnements — theilweise nach 5 Meilen weiten Märschen auf sehr schlechten Wegen. — Die 6. Infanterie-Division um Rocé, die 5. um Selommes, die Korpsartillerie bei Le Petit Roux. Die 1. Kavallerie-Division hatte ursprünglich die Gegend um Château Renay belegen sollen, ging aber, da dort noch theils der Feind, theils Abtheilungen des Großherzogs standen, bis St. Gemmes zurück.

Alle diese Einzelheiten gelangten jedoch heute nicht zur Kenntniß des Oberbefehlshabers.

Das 9. Armeekorps und die 6. Kavallerie-Division marschirten im Laufe des Tages nach den ihnen zugewiesenen Rendezvous, nämlich Villeromain und Pinoche, wo sie weitere Befehle des Prinzen gewärtig sein sollten. Das 9. Armeekorps wurde indessen schon dicht südlich La Chapelle Vendômoise, wo der Feldmarschall seine Aufstellung nahm, angehalten.

Ueber die Ereignisse bei der Armee-Abtheilung wurde der Oberbefehlshaber Abends 10 Uhr durch ein Schreiben des Großherzogs unterrichtet.

H. Q. Ducques, den 16. Dezember 1870.

„Die Armee-Abtheilung steht heute mit der 22. Infanterie-Division und der schweren Brigade der 2. Kavallerie-Division bei Fréteval. Die bayerische Brigade hat Morée besetzt. Die 17. Infanterie-Division ist zurückgegangen und kantonnirt auf der Linie Ducques, Viévy, Ecoman, Moisy."

„Die 4. Kavallerie-Division hat den rechten Flügel, beobachtet den Loirbach und dehnt ihren Kantonnementsrayon bis Charray, Verdes und Sémerville aus."

„Die hier eingegangenen Nachrichten besagen, daß von der Division Rheinbaben Châteaudun besetzt ist, der Divisionsstab ist nach Brou gegangen. Die bei dieser Division angestellten Beobachtungen ergaben das Resultat, daß sich der Feind von Cloyes und auch von Vendôme in westlicher Richtung abzieht."

„Der Armee-Abtheilung gegenüber ist eine Veränderung in der feindlichen Aufstellung nicht bemerkt. Der Wald von St. Claude war noch vom Feinde besetzt. Derselbe hatte gestern durch Besetzung mehrerer Fermen in der Richtung auf La Ferté unseren rechten Flügel zu umfassen gesucht."

„La Ferté ist jetzt vom Feinde geräumt, die Brücke von Fréteval ist vom Feinde abgebrannt. Dem Schalle nach zu urtheilen, scheint derselbe zwischen Fréteval und Vendôme heute Vormittag Sprengungsversuche gemacht zu haben."*)

„Während der Ablösung der 17. Division durch die 22. fielen einige Kanonenschüsse. Der Loirbach zwischen Fréteval und Morée bis nach St. Hilaire wurde heute rekognoszirt."

„Daselbst finden sich keine Uebergänge, die Ufer und Thäler sind sumpfig, so daß ein Angriff hier auf viele Schwierigkeiten stößt, die bei dem aufgeweichten Boden kaum zu überwinden sein würden. Etwas weiter nördlich etwa beim Bois de St. Claude würde sich der Uebergang bewerkstelligen lassen."

„Zur Beurtheilung der Stärke wird bemerkt, daß die Bataillone sehr zusammengeschmolzen sind und die der 22. Division nicht 400 Mann zählen."**)

„Nachdem Seine Königliche Hoheit der Großherzog heute der Ablösung der 17. Division beiwohnte, ist Höchstderselbe nach Ducques zurückgekehrt."

V. S. d. O.
Der Chef des Stabes.
(gez.) von Stosch,
Generallieutenant.

Am Nachmittage machte der Feind auf dem äußersten rechten Flügel übrigens noch eine Anstrengung gegen die zur Armeeabtheilung gehörende bayerische Brigade bei Morée. Von St. Hilaire und la Blinière her griff er jenen Punkt an, wurde aber durch die Bayern und die Batterien der Kavallerie-Division zurückgewiesen.

Inzwischen hatte die Masse der Armee schon den Befehl zum Rückmarsch an die Loire erhalten.

Die Gründe, welche diesen Kontremarsch in zwingender Weise veranlaßten, sind bekannt. Allein noch einmal ist übersichtlich zusammenzustellen, wie es innerhalb der Armee aussah, um richtig über das Geschehene zu urtheilen.

*) Es waren die Detonationen der Sprengungsversuche von Vendôme gehört worden.

**) General v. Stosch hatte sie bekanntlich schon früher auf 350 Gewehre im Durchschnitt geschätzt.

Schon sind Einzelheiten, wie die Schwäche der Bataillone, der schlechte Zustand der Straßen, die zu Grunde gerichtete Bekleidung, die Anstrengungen der Märsche auf Glatteis oder im tiefen Straßenschlamm, die Strapazen der winterlichen Bivouaks, die Vorpostennächte bei strengem Frost oder, was schlimmer war, bei Regen und Schnee, hier und dort hervorgehoben worden.

Von weit her kam die Armee heran. Die letzten Tage, die sie vor Metz zugebracht, waren fast unerträglich gewesen. Krankheit und Leiden aller Art lichteten dort ihre Reihen. Der Wunsch nach Ruhe und Erholung schien ebenso dringend als berechtigt, wie sie zu Ende Oktober dem Waffenplatze den Rücken wandte, in welchem ihr erster Gegner Marschall Bazaine so zähe und standhaft ausgehalten und nicht früher als nach 70tägiger enger Einschließung die Waffen gestreckt hatte. Allein diese Ruhe war ihr nur in sehr beschränktem Maße während der nachfolgenden Märsche zu Theil geworden, die sich bald in Eilmärsche umgestaltet hatten. Dann folgte der Feldzug in der Beauce mit seinem überaus anstrengenden Vorpostendienste auf 5, 6, 7 Meilen langer Front, auf deren ganzer Ausdehnung es beinahe täglich zu Gefechten kam. Die Schlachten von Beauce, Loigny und Orléans wurden geschlagen, ohne Ruhezeit aber schloß sich die Einleitung zu einem Feldzuge nach Süden und der zehrende viertägige Kampf von Beaugency daran.

Eine ganz neue Erscheinung — der Volkskrieg — trat hierbei den Truppen entgegen und verursachte ihnen nicht allein Unbequemlichkeiten, sondern selbst ernste Hindernisse im Sicherheits- und Aufklärungsdienste. In der ersten Epoche des Krieges war die Kavallerie der Armee auf Tagemärsche den Heersäulen vorausgeeilt und diese ruhten allnächtlich unter ihrem Schutze in Kantonnements und Bivouaks ohne allzugroßen Aufwand von Vorsichtsmaßregeln aus. Ganz anders stand es jetzt damit. Aus jedem Gehöfte, vor der Front der Armee, aus jedem Gebüsch erhielten die anreitenden Patrouillen Feuer und erlitten Verluste, ohne viel gesehen zu haben. Die Kavallerie mußte sich eng an die Infanterie der Avantgarde halten. Der Sicherheitsdienst war schwieriger, erforderte mehr Kräfte und dennoch kamen hier und dort kleine Unfälle vor. Da die deutsche an der Loire stehende Armee oft einer doppelten, dreifachen Uebermacht die Stirn bieten mußte, so war sie auch gezwungen, sehr viel größere Terrains besetzt zu halten, als es ihrer Stärke entsprach.

Der Dienst für Relais, für die Verbindungen wurde gleichfalls verwickelter. Der Prozentsatz der auf diese Nebenzwecke verwendeten Kräfte stieg unverhältnißmäßig gegen früher, wo starke Heeresmassen sich auf engem Raume nebeneinander bewegten.

Die Kämpfe waren freilich weit weniger intensiv, mit weit weniger Energie und Rücksichtslosigkeit geführt, wie ehedem, immer hervorragender war von Tage zu Tage das Feuergefecht auf große Entfernung geworden, zumal die Kanonade. Dafür aber schleppten sie sich aufreibend und entscheidungslos hin, um ebensoviel vom Mark der Truppe zu verbrauchen, wie die heißen Schlachttage gegen das Kaiserheer. Die Truppen standen viel unter Waffen, manövrirten häufig in leichtem Gefecht auf große Entfernungen hin; weit ausholende Umgehungen hatten oft die mangelnde Durchschlagskraft des frontalen Angriffs ersetzen müssen. Die Gefangenentransporte kosteten beinahe mehr Leute, als die Gefechte und bedeckten den Raum hinter den Armeen mit vereinzelt umherirrenden kleinen Kommandos, welche die Korps ebensowenig rechtzeitig erreichten, wie der aus der Heimath nachgesendete Ersatz. Unaufhaltsam schmolzen die Cadres und man muß sich daran gewöhnen, für jene Kriegsepochen mit ganz anderen Begriffen zu rechnen, als es die Regel ist. Von den Korps, Divisionen u. s. w. war nur der Namen derselben geblieben, nicht so der Werth und die Kraft. Ein Armee-Korps zählte an Infanterie kaum so viel, wie eine Division zu Beginn des Krieges und die besten Elemente waren schon zum guten Theil der Kugel oder den Strapazen erlegen. Dabei blieben Artillerie und Trains gleich stark an Material — die Wagenkolonnen wuchsen sogar erheblich und damit die Schwerfälligkeit der Heersäulen. Langsam arbeiteten sich die übermäßig langen Kolonnen vorwärts und brauchten die Zeit vom Anbruch des Tages bis zur Dunkelheit, um gewöhnliche Etappen von 3—4 Meilen zurückzulegen. Von den Division zählten einzelne, wie die 22., bei Weitem nicht mehr die Stärke einer kompletten Brigade; das ganze 1. bayerische Korps kam an Infanterie nur einer solchen gleich. Dabei waren die Offizierkorps noch weit über dieses Verhältniß hinaus schwächer geworden; Charge und Funktion stimmten längst nicht mehr überein. Viel Reserveoffiziere in der Führung, viel Ersatzmannschaften in Reih und Glied — das lähmte die taktische Verwendbarkeit der Armee beträchtlich.

Bis zum 11. Dezember hatten sich die Truppen mühsam über das Glatteis der Wege hinweggeholfen, seitdem war Thau- und Regenwetter gefolgt; der Zustand der Straßen ist schon mehrfach geschildert. Fußhoch stand der Schlamm selbst auf den jetzt noch allein benutzbaren Chausseen. Außerhalb der festen Straßen aber kamen selbst Patrouillen nicht fort, geschweige denn geschlossene Truppenkörper. Wo Batterien auffahren sollten, mußte erst eine künstliche Unterlage von Strauchwerk geschaffen werden, damit die Räder der Geschütze nicht bis an die Achsen einsanken. Daß Kavallerie-Divisionen dabei für eine Armee nur eine geringe Bedeutung haben, ist klar. Der Prinz Feldmarschall aber befehligte zur Zeit deren vier.

In vielen Bataillonen sah man schon Leute baarfuß, in Holzschuhen, mit leinenen Beinkleidern angethan. In der Armee-Abtheilung gab es, wie erwähnt, Kompagnien, bei denen 40 und mehr Leute ganz ohne Schuhzeug waren.

Nun hatte sich die Armee bekanntlich auch mit Artillerie-Munition noch immer nicht hinlänglich versorgen können. Für wenig anhaltende Gefechte reichte der Vorrath noch aus, nicht aber für eine neu zu beginnende zusammenhängende Operation.

Man berücksichtige diese Zustände, reduzire die Truppennamen auf ihre wahre Bedeutung, setze dann voraus, daß die Armee sich, den Feind verfolgend, von Abschnitt zu Abschnitt bis zur Sarthe weitergearbeitet hätte, dann, gezwungen durch eine Bewegung Bourbaki's, umgekehrt wäre, um alle diese Wege noch einmal zu durchmessen, dann wird man sich mit Recht fragen müssen, ob sie nach neuen ruhelosen Märschen bei Orléans oder an der oberen Loire noch in einem irgend gefechtsfähigen Zustande angekommen wäre.

Daß aber die Umkehr nach Osten zu einem neuen Feldzuge am oberen Loing unfehlbar nöthig geworden wäre, steht jetzt fest, nachdem des Gegners Absichten bekannt geworden sind.

Am 17. Dezember war es, wo Gambetta in Bourges dem General Bourbaki schrieb:

„En consequence, je compte que vous penserez, comme moi, qu'il n'y a pas un instant à perdre et que vous songerez plutôt à precipiter le mouvement sur Montargis qu'à le retarder, songez quelle gloire ce serait pour vous d'arriver jusqu'à Fontainebleau presque sans coup férir.“ *)

Die Gefahr war also keine eingebildete.

Viel würde aber mit dem weiteren Vorgehen nach Westen nicht

---

*) Siehe Seite 452.

erreicht worden sein. Wohl hätte man die Auflösung der Armee Chanzy noch etwas befördert, Geschütze und Gefangene genommen, aber schließlich konnten sich die Trümmer dieses Heeres doch im unerreichbaren Hintergrunde der Bretagne der Vernichtung entziehen und retabliren.

Welche moralische Wirkung diese letzte Kriegsepoche gehabt, ermißt man leicht. Wenig zähe Gemüther ausgenommen, hatte Jedermann selbst die glücklichen Gefechte satt. Das Kriegsfeuer brannte nur noch matt flackernd fort — die Sehnsucht, jetzt endlich einmal die gewünschte Ruhezeit zu gewinnen, war sehr verbreitet.

— — — — — — — — — — — — — —

Seine Königliche Hoheit hatte dieses Gesammtbild wohl in's Auge gefaßt, als er gegen 3 Uhr Nachmittags dem General v. Manstein, der sich mit seinem Stabe bei ihm eingefunden, schon den Befehl zum Abmarsche nach Orléans ertheilte. Der General sollte mit der Tete des 9. Armee-Korps noch an diesem Abende Beaugency erreichen.

Das Korps brach auch sofort auf und machte trotz der nahen Dunkelheit noch durchschnittlich 4 Meilen. Die 18. Division marschirte bis Beaugency und Mer, die 25. mit der Korps-Artillerie bis Mer und zu den Orten von dort rückwärts gegen Blois hin; die letztgenannte Stadt blieb auf Befehl des Prinzen Feldmarschall noch besetzt, bis das 10. Armee-Korps die daselbst kantonirenden Truppen ablöste. Das Hauptquartier des Korps ging nach Beaugency.

Die 6. Kavallerie-Division erhielt gleichfalls Befehl zum Rückmarsch. Am 17. Dezember sollte sie bei Coulmiers und südlich dieses Ortes Kantonnements beziehen.

An die beiden anderen Korps der Armee richtete der Feldmarschall aus La Chapelle Vendômoise um 4 Uhr Nachmittags kurze schriftliche Befehle.

1. An das 10. Armee-Korps:

„Da der Feind am Loir-Flusse nicht Stand hielt und da gestern das bayerische Detachement aus Gien verdrängt ist, habe ich das 9. Armee-Korps heute bereits gegen Orléans in Marsch gesetzt. Es behält vorläufig Blois besetzt."

„Die Ablösung dort durch das 10. Armee-Korps ist morgen zu bewerkstelligen."

„Das 3. Armee-Korps tritt morgen den Marsch auf Mer und

Beaugency an und nimmt die Kriegsbrückenkolonne von St. Dié auf, ohne daß sie vorläufig etablirt wird."

„Die 1. Kavallerie-Division wird dem 10. Armee-Korps zugetheilt."

„Euer Excellenz bleiben mit dem Korps und dieser Division hier, behalten den Feind im Auge, eine weitere Instruktion wird morgen für Euer Excellenz durch einen kommandirten Offizier nach Blois gesandt werden, wo sie abzuholen ist."

„Mein Hauptquartier geht heute nach Suèvres, am 17. nach Meung."

„Die Armee-Abtheilung Seiner Königlichen Hoheit des Großherzogs wird sich morgen auf Châteaudun dirigiren. General v. Rheinbaben mit der 5. Kavallerie-Division, drei Garde-Landwehr-Bataillonen und einigen Batterien soll heute zur Verfolgung des Feindes bis Mondoubleau und Bonneval gelangen."

2. An das 3. Armee-Korps:

„Da der Feind unter Sprengung der Brücken Vendôme geräumt und in vollem Rückzuge ist, soll das 3. Korps nicht weiter folgen, sich für heute, möglichst weit nach Osten greifend, disloziren und morgen den 17. mit Tete und Hauptquartier Mer erreichen, am 18. sich um Beaugency dislozirен."

„Die 1. Kavallerie-Division wird dem 10. Armee-Korps überwiesen, welches hier verbleibt."

„Die Armee-Abtheilung rückt auf Châteaudun. Feindliche Truppen haben gestern, von Briare kommend, das bayerische Detachement aus Gien verdrängt. Das 9. Armee-Korps ist deshalb schon heute im Rückmarsch begriffen."

„Mein Hauptquartier ist heute Suèvres, am 17. Meung."

„Das nach Gien beorderte Bataillon und 2 Geschütze werden in Beaugency, wo sie heute eintreffen, das Korps erwarten."*)

Dann wurden noch Detailnachrichten hinzugefügt, wie z. B., daß die Brücke von St. Dié abgebrochen wurde u. s. w. Die weiteren Anordnungen beabsichtigte Prinz Friedrich Karl erst zu erlassen, wenn er Meldungen aus Vendôme und von den übrigen Punkten der Front erhalten hatte.

---

*) Daß dieses Detachement im Begriff war, der Armee nachzurücken, hatte die jetzt in Orléans befindliche General-Etappeninspektion der II. Armee dem Ober-Kommando telegraphisch nach Suèvres gemeldet.

Noch bei La Chapelle Vendômoise erreichte ihn über Blois eine Depesche aus Versailles, datirt vom 16. Dezember 1870, Vormittags 10 Uhr 40 Minuten:

„General Rheinbaben*) stand gestern mit der Brigade Barby bei Courtalin; heute erreicht die 5. Kavallerie-Division mit Teten Montmirail und Mondoubleau, wohin Mittheilung für Verwendung am 17. zu geben. General Zastrow hat gestern Befehl erhalten, mit allen Kräften auf Auxerre vorzurücken".

(gez.) Graf Moltke.

Bald nach dem Eintreffen in Suèvres Abends um 8 Uhr folgte dann die telegraphische Meldung des dem 10. Armee-Korps vom Prinzen Friedrich Karl beigegebenen Generalstabsoffiziers, der sein Telegramm von Blois vorausschickte, es auch dann bald durch mündlichen Bericht näher erläuterte.**)

Der Inhalt dieser, sowie einiger anderen Meldungen, die dem Feldmarschall zugingen, gab einen Ueberblick über das Gefecht dieses Tages, so daß man dessen Bedeutung im Allgemeinen schon zu beurtheilen vermochte.

Um 8½ Uhr schrieb der Oberbefehlshaber zunächst an den Großherzog, dessen schon weiter oben im Wortlaut mitgetheilte Meldung über die Ereignisse des 16. Dezember ihm indessen noch nicht vorlag:

„Eurer Königlichen Hoheit theile ich mit, daß bei Vendôme und nördlich der Feind heute nicht Stand gehalten, sondern den bereits gestern begonnenen Abzug auf Tours und Le Mans fortgesetzt hat.

---

*) Kommandeur der 5. Kavallerie-Division.

**) Die von Blois aus beförderte Depesche dieses Offiziers lautete:

„Zehntes Korps ohne wesentlichen Widerstand in Vendôme eingerückt. Der Feind ist mit Massen schon nach gestrigem Gefecht auf Le Mans abgezogen. Seine Arrieregarde folgte heute nach mißglückten Brückensprengungsversuchen. Etwa 200 Gefangene und 6 oder 8 Geschütze, einige mit voller Bespannung, sind heute in unsere Hände gekommen. Unsere Avantgarde gegen Le Mans und auf der Pariser Straße bis Bel-Air. Feindliche Kolonnen auch von Fréteval auf Epuisay abziehend gemeldet. Nur 16. und 17. Korps konstatirt. Verbindung mit dem 3. Korps, dessen Spitzen in Meslay und Arcines."

(gez.) v. Bülow.
Hauptmann im Generalstabe.

Sobald ich heute übersah, daß es zu der gehofften Waffenentscheidung am Loirfluß nicht kommen werde, habe ich das 9. Armee-Korps Kehrt machen und auf Orléans abrücken lassen, wo seine Teten-Division morgen am 17. eintrifft. Das 3. Armee-Korps ist ebenso befehligt, am 17. bis Mer, am 18. bis Beaugency und Gegend zu marschiren."

„Zu diesem Contremarsch bin ich durch die vom General der Infanterie v. d. Tann aus Orléans eingegangene Meldung veranlaßt, daß der Feind am 15. von Briare aus gegen Gien vorgegangen sei und das dortige Bayerische Detachement verdrängt habe."

„Das 10. Armee-Korps und die 1. Kavallerie-Division bleiben unter General d. J. v. Voigts-Rhetz am Loirfluß zurück, mit dem Befehle, zunächst den abziehenden Feind zu verfolgen, demnächst die Eisenbahnbrücken zwischen Tours—Angers und Tours—Le Mans zu zerstören und, Blois besetzt haltend, als rechter Flügel der II. Armee den Feind dort weiter zu beobachten."

„Die Verfolgung des Feindes in den nächsten Tagen verspricht namentlich für Eure Königliche Hoheit dadurch große Erfolge, daß nach einer Mittheilung des Generals Grafen Moltke der General-Lieutenant v. Rheinbaben mit der 5. Kavallerie-Division, 3 bis 4 Garde-Landwehr-Bataillonen und 4 Batterien, von denen zwei für die 22. Infanterie-Division bestimmt sind, in Bonneval und Montdoubleau steht. Eure Königlichen Hoheit muß ich anheimstellen, die Kommunikation mit dem General v. Rheinbaben sich zu eröffnen."

Nachdem diese Verhältnisse ausgenutzt sein werden, würden Eure Königliche Hoheit die Richtung auf Châteaudun einzuschlagen haben und den Feind, falls er noch dort sein sollte, zu beseitigen. Weitere Weisungen würden Euer Königlichen Hoheit nur aus dem großen Hauptquartier Seiner Majestät des Königs zugehen können, da die täglich wachsende räumliche Entfernung eine weitere gemeinsame Leitung der II. Armee und der Armee-Abtheilung ausschließt."

„Mein Hauptquartier nehme ich morgen am 17. in Meung, am 18. in Orléans."

„Das 10. Armee-Korps nahm heute mehrere bespannte Geschütze und machte mehrere hundert Gefangene."

Um 9 Uhr schrieb der Feldmarschall dann an den General v. Voigts-Rhetz und ertheilte ihm die angekündigte ausführliche Instruktion:

„Euer Excellenz habe ich durch meinen heute Nachmittag 4 Uhr von La Chapelle — Vendômoise aus übersandten Befehl angewiesen, mit dem 10. Armee-Korps und der Euer Excellenz unterstellten Kavallerie-Division Hartmann (welche für jetzt nur aus 5 Regimentern und einer reitenden Batterie besteht) am Loir zu verbleiben, während das 9. und 3. Armee-Korps auf Orléans in Marsch gesetzt worden sind."

„Diese Anordnungen sind veranlaßt durch den über den Loir hinaus fortgesetzten Rückzug der feindlichen Armee Chanzy, sowie die Nachrichten, daß die Offensive der feindlichen Armee Bourbaki auf dem rechten Loire-Ufer sich vorzubereiten scheint."

„Die Aufgabe der II. Armee ist Sicherheit der Cernirungs-Armee von Paris gegen Süden."

„Dieser Aufgabe wird die Armee zu entsprechen suchen, mit dem Mittelpunkt Orléans, die Flügel bis Blois oder Tours und bis Gien vorgeschoben, unter Zerstörung der zwischen jenen Punkten gelegenen Loire-Uebergänge."

„Euer Excellenz wird, unter Besetzung von Blois und Sicherung der dortigen Loire-Brücke, zunächst die weitere Verfolgung und Beobachtung der über den Loir abgezogenen feindlichen Armee zufallen."

„Alsdann wird eine Unternehmung auf Tours umsomehr Erfolg versprechen, als einmal Nachrichten hier vorhanden, daß der Feind Tours zu halten nicht beabsichtigt*), dann Truppenmärsche im Cher-Thal abwärts nicht gemeldet worden sind und endlich der Moment des so entschiedenen feindlichen Rückzuges kühnen Unternehmungen besonders günstig ist."

„Hierbei wird sich Gelegenheit finden, die für die feindliche Armee wichtigen Verbindungen nachhaltig zu unterbrechen. Diese Verbindungen sind:

1. die Bahnlinie Tours—Angers, welche am wirksamsten durch Sprengung der Brücke bei Cinq Mars coupirt werden würde;
2. die Bahnen Tours—Le Mans und Tours—Vendôme.
3. die Bahn Tours—Poitiers (Cher-Brücke), sowie
4. die Bahn Tours—Blois, welche, da eine dauernde Besetzung von Tours nicht in der Absicht liegt, für uns ohne Nutzen ist."

---

*) Diese Anschauung war aus französischen Provinzialblättern entnommen.

„Wenn diese Unternehmungen in nächster Zeit stattfinden, werden sie um so sicherer Erfolg haben.“

„Es ist möglich, daß, sobald die Armee des General Chanzy sich retablirt haben wird, seitens derselben eine Offensive wird versucht werden.“

„Es kann nicht erwünscht sein, daß einer solchen Offensive gegenüber Euer Excellenz in eine Reihe von Gefechten zweifelhaften Ausganges eintreten. Euer Excellenz würden vielmehr in diesem Falle unter Zerstörung der Brücke von Blois, in möglichst breiter Front ohne Gefecht auf Beaugency auszuweichen haben, wodurch die Gelegenheit für einen kombinirten entscheidenden Schlag geboten werden kann.“

„Die Armeeabtheilung des Großherzogs Königliche Hoheit, wird auch die Verfolgung der Armee — unter Benutzung der Vortheile, welche die Einwirkung der aus allen Waffen bestehenden Kavallerie-Division Rheinbaben bietet — fortsetzen, demnächst ihrer Aufgabe — Deckung der Cernirungsarmee von Paris gegen Westen — gemäß, eine Aufstellung in der Gegend von Châteaudun respektive Chartres zu nehmen haben.“

„Von besonderer Wichtigkeit ist, daß Euer Excellenz in steter Verbindung mit meinem Hauptquartier bleiben. Eine solche Verbindung vermittelt zunächst die in Blois oder Vendôme atablirte Telegraphenstation, deren eventuelle Verlegung an einen anderen Punkt der Linie Blois—Orléans leicht ausführbar sein wird.“

„Daneben ist eine starke Relaislinie mit meinem Hauptquartier Orléans zu unterhalten.“

So war nun die Armee des Prinzen mit Befehlen versehen, es blieb nur übrig, die an der Loire zurückgelassenen Truppen entsprechend anzuweisen.

General von der Tann wurde von den Ereignissen am Loirflusse sowie von der Rückkehr zunächst des 9. Armee-Korps zur Loire nach Orléans unterrichtet. Er wurde avertirt, daß die Tete des 9. Armee-Korps am 17. Dezember Abends dort eintreffen solle und etwa nothwendige weitere Maßnahmen gegen den an der oberen Loire bei Gien erschienenen Feind mit dem General v. Manstein zu verabreden seien.

Der General gab übrigens noch durch ein um 10 Uhr in Suèvres einlaufendes Telegramm ausführlichere Nachricht über die weiteren Vorgänge auf jenem Kriegstheater:

Orléans, den 16. Dezember 1870,
Abends 9 Uhr.

„Die Kavallerie-Rekognoszirungen bis 12 Uhr Mittags ergaben, daß die Stadt Gien vom Feinde unbesetzt, dagegen der Eisenbahndamm östlich von Infanterie, Artillerie und Chasseurs à cheval besetzt ist, — ferner, daß auf der Straße Briare—Montargis eine feindliche Vorrückung nicht wahrnehmbar. Diese Straße, sowie jene von Gien—Orléans werden genau beobachtet. Die Landleute erwarten französische Hülfe von Briare und namentlich von Montargis, wahrscheinlich Zuzüge zu einem sich im Süden von Gien bildenden Korps. Die Stärke der feindlichen Truppen bei Briare ist unbekannt. Ein Gefangener will den Kommandirenden in La Charité gesehen haben. Gien ist zur örtlichen Vertheidigung ganz ungeeignet."

„Vom 4. Ulanen-Regiment über die Cherlinie bis jetzt keine Meldung eingetroffen. Zufolge eines hierher gelangten Briefes des Kommandanten Colomb der 1. Division des 15. französischen Korps war dieselbe bei Vierzon am 15., jedoch war Vierzon, wie schon gemeldet, unbesetzt."

Tann,
General.

Diese Nachrichten gewährten, wenn sie auch noch die Erwartung eines neuen Feldzuges an der oberen Loire bestehen ließen, doch die Sicherheit, daß sich der Rückmarsch der beiden in Bewegung gesetzten Korps bis in die Stellungen von Orléans ruhig vollziehen, das Nachfolgen auch des 10. Korps und eine Abänderung der ihm gestellten Aufgabe unnöthig werden würde. Wenn keine neuen bedeutungsvollen Ereignisse vorfielen, so sollte die Armee auch der Ruhe genießen, deren sie so dringend bedurfte. Bekleidung und Munition mußten gründlich ergänzt werden, der Ersatz herangezogen und Alles in einen Stand gebracht, der es erlaubte, neue Feldzüge kräftig aufzunehmen. Mit Rücksicht auf den Zustand, in dem sich die französischen Armeen befanden, durfte man wohl voraussetzen, daß das Wiedererscheinen der II. Armee an der mittleren Loire den General Bourbaki bewegen werde, von seinen Plänen abzustehen.

Die Zwischenzeit aber sollte, abgesehen von der wichtigen Arbeit, die Armee zu neuen Thaten zu rüsten, nicht ungenützt verstreichen, wie dies die Dispositionen des Feldmarschalls zur Genüge zeigen. Die von dem großen Hauptquartier aus als so wichtig hingestellte Expedition gegen Tours, welche zuvor dem 9. Korps zugedacht war, wurde nun ja durch das am Loir zurückbleibende 10. Armee-Korps ausgeführt und so auch noch dieser der Armee ertheilte Auftrag erfüllt.

Der 17. Dezember.

Die Blicke der Armee waren von jetzt ab, während sie die vor einigen Tagen durchgezogenen Landstrecken wieder passirte, nach dem Osten gewendet. General Chanzy's Korps entzogen sich im fernen Westen allmälig dem Bereich der Verfolgung; von Bourbaki allein konnten jetzt bedeutsame Kriegsoperationen ausgehen.

Noch in den Morgenstunden des 17. Dezember, ehe Prinz Friedrich Karl Schloß Suèvres verließ, traf dort eine neue Meldung von der Loire her ein.

Orléans, den 17 Dezember,
9 Uhr 10 Minuten Morgens.

„Die Nachrichten von Gien bis zum 16. Abends 8 Uhr lauten:

„„Eine Vorrückung über Briare und Gien ist nicht bemerkbar; den ganzen Tag über standen Abtheilungen in der Stärke von 3 Bataillonen zwischen diesen beiden Städten. Die Gehöfte verschanzt, Straße verbarrikadirt, Eisenbahndamm stark besetzt, auch mit 2 Geschützen.""

„Vom linken Ufer keine Wahrnehmungen über den Feind."

(gez.) Tann,
General.

Als nun in Meung am Nachmittage des 17. Dezember die Meldung des General von Manstein eintraf:

„In Orléans eingerückt, werde ich mit 4 Eskadrons und 4 Batterien in der Vorstadt nach Gien, mit 13 Bataillons und der Korpsartillerie in und bei Orléans, mit der 25. Division echellonirt bis St. Ay kantonniren. Das Korps ist morgen operationsfähig."

Da schien die Gefahr für den Besitz der Loirestellung vorüber, die Krisis, in der sich die Armee seit dem 15. Dezember, wo die

Bayern aus Gien zurückgedrängt worden, befunden, wieder überwunden.

Die Sicherheit wurde kaum dadurch vermehrt, daß die Generaletappeninspektion des Abends telegraphisch die Nachricht gab, das 7. Armee-Korps werde am 20. Dezember mit bedeutenden Kräften bei Auxerre stehen; denn die Hülfe von dort her konnte doch immer erst sehr spät wirksam werden.

Zu verdanken war diese neue günstige Sachlage vor allen Dingen der außerordentlichen Marschleistung des 9. Armee-Korps, die nur wenige Beispiele in der Kriegsgeschichte der neueren Zeit findet. Schon einmal, als es sich zu Mitte des Monats November um die schleunige Sicherung der Straße Paris—Orléans gegen die Offensive der französischen Loirearmee handelte, hatte sich das Korps durch anhaltende forcirte Märsche ausgezeichnet, diesesmal aber seine damals errungenen Erfolge noch überboten.

Der Zustand der Straßen ist bekannt. Die Steinschüttung der Chausseen war fast schon ganz aufgewühlt, überall fanden sich tiefe Schlaglöcher, überall waren ferner noch die Cadaver gefallener französischer Pferde liegen geblieben und machten den Marsch beschwerlich. Die Kolonnen des ganzen Armee-Korps legten von La Chapelle — Vendômoise bis Orléans fast 9 deutsche Meilen zurück. Hierzu kommen noch die Entfernungen, welche die Truppen am Vormittage des 16. Dezember zu dem Rendezvous nach La Chapelle gemacht, denn nur ein Rendezvous von 2—3 Stunden auf den regennassen Feldern von La Chapelle lag zwischen jenem ersten und dem großen zweiten Marsche. Dieser ward wieder nur von kurzer Nachtruhe in engen, über und über gefüllten Kantonnements unterbrochen. Die Truppen aber fanden dabei natürlich nicht die Gelegenheit und die Mittel, sich eine andere Verpflegung zu schaffen, als etwas Kaffee, der in später Nacht oder Morgens vor dem Ausrücken bereitet werden konnte.

Viele Truppentheile machten am 16. und 17. Dezember in einer Zeit von 33—36 Stunden, die Nachtruhe und die Zeit der Gefechtsbereitschaft bei La Chapelle eingerechnet, an 10, 10½, 11 deutsche Meilen und mehr. Erschwert aber wurden diese Märsche noch dadurch, daß den Truppen in der Dunkelheit überall nachrückende Kolonnen, Trains und Kommandos aller Art entgegenkamen.

Trotzdem hatten manche Bataillone u. s. w. gar keine Maroden, welche zurückgelassen werden mußten, die übrigen durchschnittlich 5%.

Von nahezu 4000 Pferden fielen 13. Das Gepäck ist nur hier und dort den Mannschaften gefahren worden.*)

Freilich war das 9. Armee-Korps zur Zeit das frischeste der Armee und die Marschleistungen sind es vornehmlich, die sich bei den Truppen im Kriege immer mehr erhöhen. Auf diesem Gebiete macht sich auch das geltend, was man in der Regel „kriegsgewohnt", „kriegsgeübt" nennt; — hier hat die Bezeichnung des „Veteranen" viel mehr ihre Bedeutung, als in Beziehung auf gesteigerte Hingebung, Todesverachtung, Opferwilligkeit im Gefecht.

Die Kenntniß der Gefahr wirkt im Allgemeinen nicht darauf hin, sie geringer zu achten und während der Körper sich kräftigt und Strapazen leicht ertragen lernt, können doch immer Geist und Herz ermüden und sich dem Ende der Thaten entgegensehnen.

Von der 6. Kavallerie-Division kam am Nachmittag um 4½ Uhr (von 11 Uhr Vormittags aus der Gegend von Josnes datirt) die Meldung, daß die Division auf dem Marsche in die ihr befohlene Stellung bei Coulmiers und südlich dieses Ortes sei. Die 14. Kavallerie-Brigade und die Batterie gingen mit dem Divisionsstabe nach Coulmiers, Baccon und Gegend, die 15. Brigade nach Charsonville, Villorceau, Champdry.

Das 3. Armee-Korps hatte für diesen Tag bekanntlich den Befehl, mit der Tete und dem Hauptquartier Mer zu erreichen Dieser Befehl war am 16. Abends 10 Uhr in die Hände des kommandirenden Generals gelangt. Am 17. marschirte derselbe mit der 5. Infanterie-Division nach Villetard, mit der 6. nach Marchenoir, mit der Korpsartillerie nach Plessis l'Echelle. Das Hauptquartier ging nach Mer.

Für den 18. Dezember ging dem General v. Alvensleben II. noch ein kurzer Befehl des Feldmarschalls zu:

Suèvres, den 17. Dezember Vormittags 11 Uhr.

„Die 6. Kavallerie-Division ist angewiesen, heute nach Coulmiers und Gegend südlich abzurücken, wo dieselbe morgen am 18. verbleiben wird."

„Der Dislokations-Rayon des 3. Korps für morgen

---

*) Das Nähere geht aus der interessanten Schrift: Gefechte und Züge des IX. Armee-Korps im Feldzuge 1870—71 (Flensburg, Expedition der Flensburger Norddeutschen Zeitung) hervor, der auch diese Notizen entnommen sind.

den 18. Dezember ist östlich bis Meung einschließlich auszudehnen und ist das Korpshauptquartier morgen in Meung zu nehmen."

„Euer Excellenz wollen hinsichtlich der Dislokation für den 18. mit der 6. Kavallerie-Division in Verbindung treten; Collisionen werden leicht vermieden werden, weil die Ausdehnung des Dislokationsrayons nicht beschränkt ist."

„Mein Hauptquartier geht morgen nach Orléans."

Der General-Feldmarschall
(gez.) Friedrich Karl.

Das 10. Armee-Korps begann im Verein mit der 1. Kavallerie-Division am heutigen Tage seine selbstständigen Operationen zur Verfolgung des in das Sarthegebiet zurückweichenden Feindes.

In der Nacht vom 16. zum 17. Dezember hatte der kommandirende General dem Feldmarschall noch telegraphisch die Bitte ausgesprochen, die 2. Kavallerie-Division statt der 1. bei seinem Korps behalten zu dürfen. Die Division des Grafen Stolberg befand sich einmal schon in der Hand des Generals v. Voigts-Rhetz und hatte in Verbindung mit den Truppen des 10. Armee-Korps Fühlung am Feinde. Da aber die Armeeabtheilung des Großherzogs mittlerweile ihre selbstständige Rolle wieder aufgenommen hatte, so mußte dies Ansuchen abgelehnt werden. Seine Königliche Hoheit hatte zur Zeit kein Recht der Verfügung mehr über Truppen jenes Heereskörpers. Auf seine Frage erhielt General v. Voigts-Rhetz daher die Weisung, die 2. Kavallerie-Division nach Ouçques zum Großherzog in Marsch zu setzen.

Ueber die Thätigkeit des 10. Korps an diesem Tage meldete der General am Abend um 10½ Uhr.

Vendôme, den 17. Dezember Nachmittags
8 Uhr 10 Min.

„Ich habe heut ein Detachement bis Epuisay vorgeschickt, das nach leichtem Gefecht 250 Gefangene gemacht hat. Der Feind ging in Auflösung zurück. Die Gefangenen sind vom 17. Korps, einige vom 21."

(gez.) v. Voigts-Rhetz.

Dann folgte noch ein zweites Telegramm:

Vendôme, den 17. Dezember Nachmittags
8 Uhr 25 Min.

„Aus bei der Verfolgung aufgegriffenen Dienstpapieren

eines Chefs des Generalstabes im 17. Korps geht hervor, daß die II. Loirearmee unter General Chanzy aus dem 16., 17. und 21. französischen Korps besteht. Rapporte wiesen die Verminderung bis zur Hälfte nach. Befehle und Berichte lassen sehr erschütterten Zustand schließen. Die Papiere folgen per Post."

(gez.) v. Voigts-Rhetz.

Diese erbeuteten Papiere sollten bald sehr interessante und gründliche Aufschlüsse über die Armee des General Chanzy geben. Ehe darauf indessen ausführlicher eingegangen wird, sei hier zunächst eingeschaltet, was beim 10. Armee-Korps ferner geschehen, ohne daß das Oberkommando an jenem Tage schon Kenntniß davon erhielt. Ein ausführlicher schriftlicher Bericht darüber ging im Laufe des 19. Dezember in Orléans ein, der zum Theil noch bis auf die Ereignisse am 15. Dezember zurückgriff, wie sie hier schon bekannt sind.

Am 17. Dezember marschirte zunächst ein Detachement des Korps, bestehend aus:

3 Bataillonen,
2 Eskadrons,
1 Batterie

nach Blois, um diese Stadt zu besetzen und dort die noch vom 9. Armee-Korps zurückgelassenen hessischen Truppen abzulösen, die nun ihrem Korps nachgesandt wurden.

Die Besetzung von Blois erhielt zugleich den Auftrag, die Eisenbahn Blois—Tours zu zerstören.

Eine andere Kolonne des Korps

4 Bataillone,
2 Eskadrons,
2 Batterien,

unter Oberst Haberland*), erhielt den Befehl, an den Azayabschnitt vorzurücken, den Feind auf seinem Rückzuge bis Epuisay hin zu verfolgen und zumal diejenigen seiner Kolonnen zu schädigen, welche, von Fréteval kommend, auf Epuisay abzogen.

---

*) Kommandeur des braunschweigischen Infanterie-Regiments Nr. 92.

Der Detachements-Kommandeur ließ zunächst, am Azayabschnitt angekommen, eine Avantgarde auf Epuisay vorgehen. Diese aber fand den Ort von überlegener französischer Infanterie und Artillerie besetzt, so daß sie nicht durchdringen konnte. Der Rest des Detachements rückte nach, nahm den Ort und verfolgte den eiligst abziehenden Gegner noch bis zum Brayeabschnitt, der indessen abermals besetzt gefunden wurde. Inzwischen war dem Obersten die Anwesenheit eines französischen Truppenlagers in seinem Rücken bei Danzé gemeldet worden, es aber nicht gelungen, mit der Armeeabtheilung des Großherzogs oder mit der 5. Kavallerie-Division, welche Truppenkörper beide in die Verfolgung des Gegners eingreifen sollten, die Verbindung aufzunehmen.

Er ging daher, um seine schwache Abtheilung nicht zu gefährden, für die Nacht auf Azay zurück. Sein Verlust betrug nur 20 Mann, die errungenen Trophäen, wie schon bekannt, 250 Gefangene. Auch eine Fahne war in die Hände der Sieger gefallen.*)

Von der Armeeabtheilung des Großherzogs von Mecklenburg gingen keine weiteren Nachrichten ein. Gegen Abend des 17. Dezember fanden Patrouillen der bei Vendôme stehenden Vorposten des 10. Armee-Korps bei Pezou an der Pariser Straße noch die Verbindung mit Patrouillen der 22. Infanterie-Division.

Das waren die Ereignisse des 17. Dezember. Mit der letzten Berührung zwischen Truppen des Prinzen Feldmarschall und denen des General Chanzy bei Epuisay schloß dieser mühsame Feldzug der Armee gegen den Loir hin ab. Er hatte den Truppen keine blutigen entscheidenden Kämpfe, aber große Strapazen und Entbehrungen gebracht. Strategische Krisen von hoher Bedeutung waren überwunden worden, und darum ist dieser Zug nicht weniger interessant, als diejenigen, welche die II. Armee zuvor gegen den Feind unternommen.

---

*) Die noch immer aus der Zeit der Schlacht von Orléans her in Pithiviers postirten zwei Kompagnien vom 10. Korps wurden nun dort disponibel und demnächst nach Blois zum 10. Armee-Korps dirigirt.

Ein kurzer Rückblick auf die letzten entscheidenden Tage dieser Kriegsepoche findet sich in einem Schreiben, welches General v. Stiehle am Abend des 17. Dezember aus dem neuen Hauptquartier Meung an den Chef des Generalstabes der Armee richtete. Es erhält hier seinen Platz, da es zugleich das Geschehene noch einmal rekapitulirt und es am Besten die Auffassung jener Tage wiedergiebt:

An den General der Infanterie, Grafen v. Moltke.

„Euer Excellenz berichte ich gehorsamst, daß nach Abgang meines letzten Briefes vom 14. d. Mts. noch an demselben Tage durch Meldungen sich ergab, daß der Feind bei Morée und Fréteval der Armeeabtheilung gegenüber und bei Vendôme der Avantgarde des 10. Armee-Korps Stand hielt."

„Es schien sonach die Möglichkeit gegeben, mit den vereinigten Kräften dem Feinde ein entscheidendes Treffen am Loireflusse zu liefern."

„Der große Mangel an gebauten Straßen verlängerte jedoch die Marschkolonnen derart, daß erst zum 16. Nachmittags das 3. Korps bei Villetrun—Coulommiers, das 9. Korps und die Kavallerie-Division vom linken Loireufer her bis halbwegs zwischen Blois und Vendôme herangezogen sein konnten."

„Die Armeeabtheilung, welche bis Fréteval selbst dem Feinde unmittelbar gefolgt war, erhielt deshalb Befehl, sich während des 15. und 16. zu retabliren, was ihr sehr Noth that — und den Feind nur zu beobachten."

„Um nicht ein entscheidungsloses Nachmittagsgefecht zu engagiren, wurde der ernsthafte Angriff des Feindes auf den 17. früh bestimmt."

„Inzwischen gelang es einem aufmerksamen Telegraphenbeamten in Blois, französische Depeschen mitzulesen, welche über Vendôme von Le Mans nach Tours circulirten. Sie bezogen sich meist auf Verpflegungsgegenstände. Es wurde daraus konstatirt:

1) daß die Hauptquartiere des 17. und 19.*) Korps bei Vendôme,
2) daß das Hauptquartier des 21. Korps in Busloup der Armeeabtheilung gegenüber,

*) Betreffs des 19. Armee-Korps war die gemachte Voraussetzung bekanntlich irrig.

3) daß Le Mans und das Lager von Conlie das Ziel der feindlichen Armee sei.

„In diese Vorbereitungen hinein traf am 15. Dezember Abends die telegraphische Meldung des Generals von der Tann, daß das bayerische Detachement aus Gien verdrängt sei."

„Der Feind war bis Briare mit der Eisenbahn gefahren und hatte von dort sogar in kleinen Kolonnen sich nördlich gegen Montargis bewegt."

„Der General von der Tann erhielt Befehl, unter Festhaltung von Orléans dem Feinde am Canal von Orléans entschiedenen Widerstand zu leisten und die Kanalbrücken gegen Montargis hin zu zerstören."

„Seine Königliche Hoheit der Feldmarschall wollte durch diese spätere Gefahr sich nicht die Möglichkeit entgehen lassen, den Feind vor uns am Loir mit endlich konzentrirten Kräften entscheidend zu schlagen. Die getroffenen Dispositionen für den 17. blieben deshalb aufrecht erhalten. Zwischen Blois und Vendôme angelangt, erhielt nunmehr gestern Nachmittag Seine Königliche Hoheit der Feldmarschall die Meldung:

1) daß der Feind seit dem 15. Nachmittags von Vendôme gegen Tours mit Kolonnen marschire,*)
2) daß am 16. Vormittags der Feind nach mißlungenen Sprengungsversuchen der Loirbrücken, Vendôme nach leichtem Gefecht geräumt habe und er im entschiedenen Abzuge auf Le Mans sei."

„Hierdurch schwand die Möglichkeit zum Gefecht; die Gefahr bei Gien konnte in den Vordergrund treten und es wurde zur Stelle wie folgt, disponirt:

„Das 9. Armee-Korps, die Reserve, tritt sofort den Rückmarsch auf Orléans an, erreicht noch am 16. Nachts mit der Tete Beaugency, am 17. Orléans und östlich. So eben meldet General v. Manstein aus Orléans von 4 Uhr 26 Minuten Nachmittags, heute am 17., daß er mit der Division Wrangel**) und der Korpsartillerie in und östlich Orléans eingerückt, mit der

---

*) Die Richtung haben wohl nur Verpflegungs- und Verwundeten-Trains und einzelne Heertrümmer eingeschlagen.

**) Die 18. Infanterie-Division.

25. Division von Orléans bis St. Ay echelonirt stehe und daß das Korps operationsfähig sei eine erneute außerordentliche Marschleistung des 9. Korps."

„Das 3. Armee-Korps marschirt am 17. mit der Tete bis Mer zurück und dislozirt sich am 18. um Beaugency, Hauptquartier Meung."

„Die 6. Kavallerie-Division erreicht am 17. Coulmiers und bezieht Kantonnements."

„Das 10. Armee-Korps und die ihr zugetheilte 1. Kavallerie-Division bleiben am Feinde, setzen die Verfolgung fort (welche beiläufig am 16. 6 oder 8 Geschütze*) — davon einige bespannt — und mehrere hundert Gefangene einbrachte) und führen demnächst die Bahnzerstörungen zwischen Tours—Angers, Tours—le Mans und, wenn es gelingt Tours zu okkupiren, Tours—Poitiers aus. Blois und die für alle Waffen dort hergestellte stehende Brücke bleiben vom 10. Korps besetzt."

„Geht der Feind in einigen Tagen nach seiner Retablirung wieder zur Offensive über, so wird das 10. Armee-Korps sich ohne ernsthafte Gefechte auf das 3. Korps repliiren zu gemeinsamem Entscheidungsgefecht. Gestern ist übrigens beim 10. Korps das zuletzt in Chaumont noch zurückgelassene Detachement**) wieder eingerückt und das 10. Armee-Korps in voller Stärke."

„Die Armeeabtheilung Seiner Königlichen Hoheit des Großherzogs erhielt von diesen veränderten Dispositionen noch in der Nacht vom 16. zum 17. Nachricht, wurde ebenso unterrichtet von dem Vormarsche des General v. Rheinbaben auf Montdoubleau, eingeladen, mit diesen kooperirend, den Feind heute zu verfolgen, demnächst Châteaudun zu säubern und dann eine Centralstellung südlich Chartres einzunehmen, entsprechend den von Euer Excellenz hierher ausgesprochenen Direktiven."

„Da die wachsende räumliche Entfernung eine gemeinsame Leitung der Operationen von hier aus für jetzt verbietet, wurde Seine Königliche Hoheit der Großherzog aufgefordert, sich die weiteren Weisungen aus dem großen Hauptquartier Seiner Majestät des Königs einzuholen. Seine Königliche Hoheit der Feldmarschall

*) 6 Geschütze, 1 Mitrailleuse.

**) Oberst Ehrenberg mit 2 Bataillonen, 1 Eskadron, 1 Batterie; Siehe Seite 67, 452.

betrachtet hiermit das Abhängigkeitsverhältniß der Armeeabtheilung von der II. Armee vorläufig für gelöst, wird nunmehr morgen sein Hauptquartier in Orléans nehmen und je nach Lage der Dinge bei Gien das 9. Korps weiter nach Osten schieben. Erst, wenn der Tag hier bekannt sein wird, an welchem das 7. Armee-Korps von Auxerre aus gegen die Loire vorstößt, wird das 9. Armee-Korps mit Erfolg über Gien vorgehen können. Dann würde der Feind in eine üble Lage gebracht werden."

„Nach den heutigen Meldungen des General von der Tann ist Gien vom Feinde nicht mehr besetzt. Er zeigt alle drei Waffen zwischen Gien und Briare und richtet sich dort fortifikatorisch ein."

„Nach Montargis zu scheint er die Vorwärtsbewegung nicht fortgesetzt zu haben."

„Möglich ist es deshalb, daß der Vorstoß bei Briare nur eine Maske war; der enorme Vortheil des Feindes über Eisenbahnen, wenn auch auf weiterem Bogen, disponiren zu können, macht es nicht undenkbar, daß der größte Theil der Armee Bourbaki auf Tours herangezogen wird."

„General v. Stosch sandte sogar bereits eine Meldung, daß nach Aussage von Gefangenen Bourbaki am Loirfluße kommandire, was bisher durch nichts bestätigt."

„Jedensfalls wird die II. Armee in der Lage sein mit ihren 3 Korps vereinigt gegen den wieder vordringenden Feind zu schlagen."

„Wie unwahrscheinlich diese Eventualität einer erneuten Offensive der feindlichen Westarmee, wie demoralisirt und hoffnungslos die feindliche Armee ist, das zeigt von den in Vendôme gestern aufgefangenen Briefen, unter vielen ähnlichen der sehr interessante eines feindlichen Mobilgardenoffiziers, oder Militairarztes."*)

„Er giebt der Stimmung der denkfähigen Leute im französischen Heere sprechenden Ausdruck."

„Die bei St. Dié von uns geschlagene Schiffbrücke ist heute abgebrochen. Das 1. pommersche Ulanen-Regiment Nr. 4 durchstreift die Sologne und sichert die südlichen Zugänge auf Orléans.

---

*) Der Brief wurde diesem Bericht beigefügt. Die Darstellung geht weiterhin auf denselben ein.

Vom Feinde ist bisher keine Bewegung aus dieser Richtung gemeldet. Vierzon selbst war am 15. d. vom Feinde unbesetzt."

„Schließlich führe ich an, daß das Schuhzeug der Truppen in einem kaum mehr reparaturfähigen Zustand ist, in einigen Ruhetagen wird versucht werden, etwas daran zu bessern. Viele Bekleidungsgegenstände der Korps lagern, z. B. vom 10. Korps in Lagny, ohne daß sich bisher die Möglichkeit bot, sie herankommen zu lassen."

„So eben gehen folgende Meldungen ein:

1) Das 10. Armee-Korps hat heute mit einem Verfolgungs-Detachement Epuisay nach leichtem Gefecht erreicht, 250 Gefangene gemacht, meist vom 17. Korps, einige vom 21. Korps, Aufgefangene Dienstpapiere des Generals Chanzy konstatiren ein Zusammenschmelzen der feindlichen Truppenstärke auf die Hälfte.

   Für das Eingreifen des Generals v. Rheinbaben von Mondoubleau her könnte sich sonach morgen vortreffliche Gelegenheit bieten.

2) General v. Zastrow meldet durch General v. Tiedemann, daß er am 20. mit bedeutenden Kräften in Auxerre eintreffen werde."

(gez.) v. Stiehle.

Der 18. Dezember.

Nach langer Zeit regnerischen Wetters war der 18. Dezember wieder der erste klare und sonnige Tag. Während dieses Tages nun vollendete die II. Armee ihren Rückmarsch in die Loirestellung.

Prinz Friedrich Karl nahm sein Hauptquartier nach siebentägiger Abwesenheit wieder in Orléans.

Noch ehe er indessen Meung verlassen, empfing er dort eine telegraphische Meldung aus Orléans über die Vorgänge an der oberen Loire:

„Nach Meldung des Detachements-Kommandos in Ouzouer sur Loire ist der Feind am 17. d. M. mit einem Bataillon auf der Straße Gien—Orléans bis zur Höhe von Nevoy vorgegangen und hat gleichzeitig das Plateau mit einer Infanterie-Abtheilung und einer Eskadron, den Eisenbahndamm mit Plänklern besetzt, weiteres Vordringen jedoch unterlassen. Auf den Straßen Gien—Montargis und Briare—Montargis wurden keine feindlichen Truppenbewegungen bemerkt. Zur Sicherung der Relaislinie wurden, da Kavallerie-Patrouillen durch Franctireurs mehrfach angeschossen, täglich einmal fahrende Infanterie-Patrouillen zwischen Pont aux Moines und Ouzouer angeordnet."

(gez.) Tann,
General.

Dem folgte im Laufe des Tages noch eine von 12½ Uhr Nachmittags aus Ouzouer datirte schriftliche Meldung des Detachements-Kommandeurs, Oberst Leonrod.

Auch um jene Zeit war der Feind aus der von ihm am 17. Dezember eingenommenen Vertheidigungsstellung vor Gien nicht weiter avancirt. Die Straßen Gien—Orléans und Gien—Lorris hatte er auf 4 Kilometer vor Gien durch Barrikaden versperrt, diese aber nur mit schwachen Infanterie-Abtheilungen besetzt. In Gien lagen Mobilgarden und auch regulaire Truppen, die Stärke der Besatzung ließ sich indessen nicht ermitteln.*) Noch am Abend des 17. Dezembers war eine kleinere französische Infanterie-Abtheilung mit 1 Eskadron Kavallerie bemerkt worden, die von Gien auf der Straße nach Montereau und Lorris vorging. Allein weder von Lorris, noch von Les Châtellières her,**) wo ein kleines Kavallerie-Piquet stand, kamen weiterhin irgend bemerkenswerthe Meldungen nach Ouzouer sur Loire.

Alles, was der Feind jetzt that, waren nur defensive Maßregeln, keinerlei Vorbereitungen für einen Angriff, und dennoch hatte er seine Absicht, die ganze I. Loire-Armee zu einer Offensive gegen Paris hin vorzuführen, noch keineswegs aufgegeben. Gerade jetzt waren die Vorbereitungen für den Marsch über Montargis gegen Fontaineblau im vollen Gange.***)

---

*) Möglicherweise gehörten die um jene Zeit bei Gien auftretenden französischen Truppen der im Nivernais operirenden Territorial-Division des General de Pointe de Givigny an.

**) Am Schnittpunkt der Straßen Gien—Montereau und Ouzouer sur Loire—Châtillon sur Loing.

***) Bekanntlich hatte sich General Bourbaki mit der I. Loire-Armee am 12. Dezember gegen Vierzon hin in Bewegung gesetzt, um die hart bedrängte Armee Chanzy zu degagiren. Da diese aber ihren Rückzug gegen den Loir fort-

Freilich kam derselbe nicht zur Ausführung, sondern der Gegner änderte seine Absichten, die, vom Ober-Kommando inzwischen erkannt, auch ihren Werth verloren.

---

setzte, auch Blois der Punkt, wo sich die beiden Heere die Hand reichen sollten, französischerseits geräumt wurde, so faßte Gambetta, der zur Zeit in Bourges weilte, anscheinend schon am 13. Dezember den Plan einer neuen Offensive über Montargis in's Auge (Siehe Enquête parlementaire sur les actes du Gouvernement de la Défense Nationale. Dépositions des témoins pag. 471 Tome III Déposition de M. le général Billot) und begann die Vorbereitungen zu seiner Ausführung. Bourbaki widerstrebte dem sofortigen Beginn dieses neuen Feldzuges, allein Gambetta bestand darauf, daß er sich nach Nevers in Bewegung setze und von dort zunächst Loireabwärts vordringe, um dann über Montargis auf Fontainebleau zu marschiren.

Der Dictator übersah sehr wohl die Vortheile, welche ihm daraus erwuchsen, daß General Chanzy durch seinen Widerstand bei Beaugency die gesammten vom Prinzen Friedrich Karl kommandirten Streitkräfte momentan nach Westen gezogen hatte.

Am 17. Dezember schrieb er in Bourges an Bourbaki folgenden Brief, der darüber vollen Aufschluß gab.

Bourges, den 17. Dezember 1870.

„La dernière dépêche du général Chanzy le représente comme aux prises avec la presque totalité du corps de Frédéric-Charles, du duc de Mecklembourg et une colonne venant par la vallée de l'Eure, dont on n'estime pas la force. Il est plus que jamais urgent que la diversion énergique, à laquelle vous êtes résolu soit menée le plus vivement possible afin de gagner rien que par la marche beaucoup d'avance sur vos adversaires. En conséquence, je compte que vous penserez, comme moi qu'il n'y a pas un instant à perdre, et que vous songerez plutôt à précipiter le mouvement sur Montargis qu'à le retarder. Songez qu'elle gloire ce serait pour vous d'arriver à Fontainebleau, presque sans coup férir. Je suis informé de source positive, qu'il n'y a pas un Prussien dans Seine-et-Marne; il faut dont profiter au plus vite de la situation. A Fontainebleau on n'est qu'à deux étapes de Paris, en tenant compte des forts et des travaux avancés de la capitale."

„Vos troupes doivent être reposées, tant par l'effet du temps, que parce que, depuis huit jours ils n'ont pas vu l'ennemi; vouz avez de jeunes et vigoureux commandants de corps, qui ne demandent qu'à aller en avant; vos troupes elles-mêmes, quoique jeunes, retrouveront dans cette offensive les meilleures qualités de la race française. Vous leur parlerez, et vous saurez les entrainer. Ayez recours à des moyens extraordinaires, s'il le faut. Vous avez un blanc-seing, usez-en tant au point de vue des transport que des requisitions; n'oubliez pas surtout le cantonnement, que je vous ai recommandé. Je ne peux me'mpêcher de vous presser, de vous tourmenter; tant je sens les minutes précieuses;

Prinz Friedrich Karl beschloß vorläufig die bei Douzouer sur Loire stehenden schwachen Truppen nur durch Kavallerie zu verstärken, um sie dadurch in den Stand zu setzen, daß sie das Land weiterhin aufzuklären vermochten, zumal die von Gien nördlich und nordöstlich führenden Straßen, sowie die Eisenbahn. Er befahl daher der 6. Kavallerie-Division, das Schleswig-Holsteinische Husaren-Regiment No. 16 am 19. Dezember nach St. Denis de l'Hôtel, am 20. nach Ouzouer sur Loire abrücken zu lassen. Dort sollte dies Regiment unter die Befehle des Obersten Leonrod treten.

Auch General v. Zastrow gab heute telegraphisch noch einmal Nachricht, er werde nach Auxerre rücken. Dort hoffte er am 21.*) Dezember mit einem starken Detachement zu stehen; — der durch Feldjäger überbrachte Brief des Prinzen Friedrich Karl vom 14. Dezember hatte ihn glücklich erreicht. Auch in der Sologne zeigten sich wieder stärkere französische Sreitkräfte, denn der Feind hatte während der Abwesenheit der II. Armee von der Loire begonnen, seine Beobachtungssphäre weiter auszudehnen und sich Orléans zu nähern. Das südlich von Orléans streifende Ulanen-Regiment Nr. 4 sandte an diesem Tage aus La Ferté St. Aubin zwei schriftliche Meldungen an das Ober-Commando ein. Die erste, von 2¼ Uhr Nachmittags datirt, berichtigte, daß eine nach Vannes gerittene Patrouille dort auf französische Kavallerie getroffen sei; von einem Gefangenen hatte sie dabei erfahren, daß im Orte ein Detachement von 1500 Mann stände, welches aber noch weiter vordringen werde. Eine stärkere Patrouille die alsdann unter einem Offizier über Menestreau und Sennely nach Vannes eilte, fand diesen Ort auch thatsächlich durch Infanterie be-

---

e suis convaincu qu'en le faisant, je met d'accord les intérêts de la Republique, de la France, et de votre propre renommée. Aujourd'hui il faut faire dix fois son devoir, pour le faire une fois. Songeons à Paris qui se dévoue depuis quatre mois pour la France, et qu'il est de notre honneur de secourir à tout prix."

Noch während dieser Plan einer Offensive über Montargis im ersten Stadium seiner Ausführung war, trat indeß eine gewichtige Aenderung ein. Die Verlegung der Offensive in den Osten von Frankreich wurde beschlossen. In seinem Hauptquartier Baugy am 19. Dezember erhielt General Bourbaki die entsprechenden Weisungen des Diktators. Die Einleitungen für den Zug gegen Belfort begannen, der für ihn so verhängnißvoll werden sollte.

*) Die erste, durch General v. Tiedemann gegebene Mittheilung sagte bekanntlich am 20.

setzt und erhielt von derselben lebhaftes Feuer. An verschiedenen Punkten aber traf sie bei ihrem Marsche auf französische Posten und Reitertrupps.*)

Von Loir her, wo das 10. Armee-Korps und die 1. Kavallerie-Division standen, kam heute um Mittag folgende telegraphische Meldung:

Vendôme, den 18. Dezember 1870.
1 Uhr 5 Minuten Nachmittags.

„Bitte mich mit Nachrichten vom linken Flügel der Armee zu versehen, da sie auf meine Entschlüsse von Einfluß sind. Die Bevölkerung von Blois ist durch Gerüchte über Annäherung von Bourbaki schon jetzt so erregt, daß ich das dortige Detachement verstärken muß, wenn es wahrscheinlich ist, daß weitere Nachrichten die Stimmung steigere. Hier nichts Neues. Das 21. französische Korps scheint mehr nördlich auszuweichen. Ich denke morgen mit den Hauptkräften gegen Tours auf Chateau-Renault abzurücken, worüber schriftliche Aeußerung folgt."

(gez.) v. Voigts-Rhetz.

Der Prinz, der die Nachrichten aus der Sologne um diese Zeit noch nicht besaß, antwortete gleichfalls telegraphisch: „Der Feind ist auf unserem linken Flügel nicht weiter vorgegangen, geringe Kräfte stehen südlich Gien und verschanzen sich. Südlich Orléans bis zum Cher ist Alles ruhig."

General v. Voigts-Rhetz hatte übrigens, wie seine später folgenden Meldungen ergaben, das Verfolgungsdetachement bei Azay am Morgen dieses Tages durch ein Ulanen-Regiment und eine reitende Batterie verstärkt, zu seiner Aufnahme auch noch ein Bataillon nach Azay dirigirt, ihm dann aber den Befehl ertheilt, wieder an den Brayeabschnilt vorzugehen. Bei diesem Marsche fielen dem Detachement nochmals viele Gefangene in die Hände, ohne daß es selbst dabei Verluste hatte. Es säuberte nunmehr das Terrain zwischen Loir und Braye vollständig vom Feinde und das Armee-Korps nahm die für diesen Zeitpunkt beabsichtigte Aufstellung Blois—Vendôme.

---

*) Daß bei Vierzon, wenn auch nicht in dieser Stadt, die 1. Division des 15. Armee-Korps stand, war, wie erwähnt, durch einen Brief des Kommandeurs dieser Division, General de Colomb, bekannt geworden.

Mit der nach Cloyes abgerückten 22. Infanterie-Division nahmen die Patrouillen auch an diesem Tage die Verbindung auf.

Seinen Zug nach Tours aber bereitete General v. Voigts-Rhetz, wie er gemeldet hatte, vor. Er sandte seine Avantgarde nach St. Amand, wo sie auf dem Bahnhofe noch eine Anzahl interessanter telegraphischer Korrespondenzen fand, sonst aber selbstredend keine Spur vom Feinde mehr.

Die Expedition gegen die zweite Regierungs-Hauptstadt, die nunmehr begonnen war, gehört in die später folgende letzte Abtheilung der Operationen der II. Armee. Eine abermalige Aufforderung aus dem großen Hauptquartier, sämmtliche Bahnbrücken bei Tours zu sprengen — auch die in der Richtung nach Orléans gelegene von Montlouis — wurde dem General v. Voigts thelegraphisch mitgetheilt.

Vom 3. Armee-Korps kam Nachmittags die Meldung, daß das General-Kommando in Meung eingerückt sei und weitere Befehle erwarte. Der Prinz ließ auf dieses Telegramm durch seinen Chef des Stabes antworten, für den 19. Dezember stünde keine Dislocationsveränderung bevor, am 20. wolle er eine Infanterie-Brigade des Korps, und das Jägerbataillon bis Orléans heranziehen, den übrigen Theilen aber die Kantonnements bis Beaugency am Strome abwärts lassen.

Das 9. Armee-Korps und die 6. Kavallerie-Division ruhten in ihren Kantonnements bei Orléans und Coulmiers.*)

Vom Großherzog blieben die Nachrichten aus, so daß es im Hauptquartier nicht bekannt war, wie weit die Armee-Abtheilung in

---

*) Seine Majestät der König befahl in diesen Tagen, in Erwägung, daß der Divisions-Kavallerie während der jüngsten Zeit weniger Gelegenheit zur Thätigkeit und Auszeichnung gegeben werden konnte und, um einer ungleichmäßigen Abnutzung des Pferdematerials vorzubeugen, den Austausch der den Infanterie-Divisionen nach der Ordre de bataille zugetheilten Kavallerie-Regimenter gegen andere jetzt bei den Kavallerie-Divisionen eingetheilte leichte, oder Ulanen-Regimenter des entsprechenden Armee-Korps.

Das Ober-Kommando sollte diesen Austausch nach Zeit und Umständen überall da zur Ausführung bringen, wo die im Gange befindlichen Operationen dies zuließen und über Zeit und Modalität des Austausches nach Versailles berichten.

Da, wo die betreffende Kavallerie-Division sich nicht mit dem zugehörigen Armee-Korps in demselben Armee-Verbande befand, wollte Seine Majestät den Zeitpunkt des Austausches nach dem Gange der Operationen noch näher bestimmen.

ihrer Bewegung gekommen sei, doch sollte die 6. Kavallerie-Division danach streben die Verbindung wieder aufzunehmen. Prinz Friedrich Karl ersuchte den Großherzog auch ferner, er möge nach Orléans hin Relais etabliren. Die Beziehungen zwischen den beiden, auch weiterhin noch cooperirenden, wenn auch nicht unter einheitlichem Befehl stehenden Heereskörper mußten auf alle Fälle auch für die Zukunft erhalten bleiben.*) —

Prinz Friedrich Karl befahl hierauf, daß
1) das 1. Brandenburgische Ulanen-Regiment Nr. 3 zur 5.,
2) das Brandenburgische Kürassier-Regiment Nr. 6 vorläufig zur 6.,
3) das Schleswig-Holsteinische Husaren-Regiment Nr. 16 zur 18. Infanterie-Division

und dagegen:
4) das 2. Brandenburgische Dragoner-Regiment Nr. 12,
5) das 1. Brandenburgische Dragoner-Regiment Nr. 2 und
6) das Magdeburgische Dragoner-Regiment Nr. 6 zur 6. Kavallerie Division übertreten sollte. Dieser Austausch war schon für den 19. Dezember angeordnet.

Der Prinz suchte die Genehmigung Seiner Majestät dafür nach, daß das Kürassier-Regiment Nr. 6 definitiv zur 6. Infanterie-Division übertreten dürfe- um das Zietensche Husaren-Regiment und das Ulanen-Regiment Nr. 15 bei der 6. Kavallerie-Division belassen zu dürfen. Der Oberbefehlshaber der II. Armee ging hierbei von der Ansicht aus, daß die nur mit Pistolen bewaffneten Kavallerie-Regimenter am zweckmäßigsten bei den Infanterie-Divisionen verbleiben, während andererseits mit Zündnadel-Karabinern bewaffnete Regimenter bei den Kavallerie-Divisionen unentbehrlich seien. Er hielt ferner dafür, daß bei der jetzigen Kriegführung von den schweren Regimentern die Ulanen am besten den Kavallerie-Divisionen zugetheilt würden, da deren Pferde zu den weitreichenden Patrouillenritten geeigneter erschienen, als die der Kürassier-Regimenter. Alsdann erbat der Prinz von Seiner Majestät eine anderweitige Zusammensetzung der jetzt nur aus schweren Regimentern bestehenden 1. Kavallerie-Division, die unter dieser Eigenthümlichkeit nicht unwesentlich zu leiden hatte. Nach Absicht Seiner Königlichen Hoheit sollten an Stelle des Kürassier-Regiments Königin Nr. 2 und des 2. Pommerschen Ulanen-Regiments Nr. 9 die Dragoner-Regimenter Nr. 3. und 11 successive zur 1. Kavallerie-Division übertreten. Da ferner die 2. Brigade dieser Division aus ostpreußischen Regimentern zusammengesetzt war, so suchte der Oberbefehlshaber es ferner nach, daß das 1. Leib-Husaren-Regiment und das Pommersche Husaren-Regiment (Blüchersche Husaren) Nr. 5. eventuell eines dieser Regimenter zu derselben übertrete. Er wollte so der 1. Kavallerie-Division die wünschenswerthe Selbstständigkeit geben.

*) Von früherer Zeit stand im Bereich der Armee-Abtheilung noch eine Eskadron Ulanen Nr. 15. in Chartres, ein Zug Ulanen Nr. 3 in Rambouillet. Beide Abtheilungen gehörten zur 6. Kavallerie-Division und wurden nunmehr zu dieser Division wieder herangezogen.

Die vom 10. Armee-Korps in und bei Vendôme genommenen französischen Akten boten, wie erwähnt, in dieser Kriegsepoche die beste Gelegenheit, sich eine genaue Kenntniß von den Verhältnissen der II. französischen Loirearmee zu verschaffen, mit der man eben noch in so lebhafter Berührung gewesen und die auch für die Zukunft ihrer Lage zur Cernirung von Paris halber der gefährlichere Gegner blieb. Schon wiederholt ist darauf hingewiesen worden, wie weit die Auflösung auch in der Armee des General Chanzy trotz aller Beharrlichkeit und Energie ihres Führes, vorgeschritten war. Sie artete zeitweise bei einzelnen Theilen dieser Armee zu einem regellosen Wirrwarr aus, der sich nur dann wieder einigermaßen hob, wenn die Armee, auf starke Positionen und ihre verhältnißmäßig zahlreiche Artillerie gestützt, in der rückgängigen Bewegung einen mehrtägigen Halt machte.

Während der Märsche und Gefechte aber lösten sich die entmuthigten Truppen auf, verweigerten den Kampf; die Gewalt der Führer über die Massen begann zu schwinden. Wäre es dieser Armee nicht gelungen, ihre Artillerie immer noch zu retten — eine Thatsache, die bei der geringen Qualität der französischen Pferde und bei dem Zustande der Straßen alle Anerkennung verdient — hätte sie nicht ein überlegenes weittragendes Infanteriegewehr gehabt, so würde es gelungen sein, sie trotz aller Bemühungen ihrer Offiziere und Generale ganz zu zerstreuen. Ein lebhaft redender Zeuge dieser Zustände, der hier zuerst angeführt sei, ist der Privatbrief, der in Vendôme dem 10. Armee-Kops in die Hände fiel und dessen schon in dem Berichte des Generals v. Stiehle Erwähnung gethan worden ist. Er wurde am 15. Dezember in Villiers bei Vendôme geschrieben und spricht sich sehr treffend und rückhaltslos aus:

„Du sagtest mir, führt der Schreiber unter Anderem an, daß es nicht den Anschein habe, als sei ich entmuthigt. Nein — ich war es damals nicht; ich habe immer gehofft, bis zu diesem Augenblicke. Ich habe immer geglaubt, daß wir, die gerechteste der Sachen, das edelste der Prinzipe vertheidigend, am Ende siegen müßten. Wohlan, ich muß es Dir gestehen, ich hoffe nicht mehr."

„Es ist nicht die Furcht, es ist nicht all' das Elend, welches ich leide, was mir dies Geständniß entreißt; nein, es ist die Ueberlegung, welche mich so reden heißt. Als ich vor 1½ Monat die Gelegenheit hatte, die Streitkräfte der Loir-Armee zu sehen, war ich voll Vertrauen. Es ist eine schöne Armee, sagte ich mir, zahlreich, gut ausgerüstet und besonders intelligent, denn die Infanterie war zum größten Theil aus der Mobilgarde zusammengesetzt. Ich hoffte, daß eine Armee, welche sich dessen bewußt ist, wofür sie kämpft und deren Mitglieder alle eifersüchtig sind, sich für das Wohl des Vaterlandes den Rang abzulaufen, ich hoffte, sage ich, daß solche Truppen die größten Erfolge erreichen müßten. Jetzt sehe ich ein, daß Charakterstärke und guter Wille nichts wider die Kanonen vermögen."

„Diese ganze Loire-Armee ist in Auflösung, nach allen Seiten hin zerstreut."

„Welch' ein trauriges Schauspiel war es, welches sich uns während der letzten 3 Tage in Vendôme geboten!! Zuerst die armen Verwundeten vom 15. und 16. Korps, die sich mehrere Tage hindurch in der Gegend von Marchenoir geschlagen haben. Es sind deren mehr als Tausend angekommen, alle mit Blut und Schmutz bedeckt, die Kleider in Fetzen. Die Mehrzahl war ruhig und trug dies Loos mit Resignation, nur Diejenigen, deren Schmerzen unerträglich waren, ließen Seufzer vernehmen. Welch' ein herzzerreißender Anblick, all' diese Wunden zu sehen. Ich bin dazu gekommen, mich zu fragen, ob es nicht ein Hohn sei, daß man den Menschen als das intelligenteste der Thiere bezeichnet hat? Ich für mein Theil glaube nicht mehr daran."

„Aber was thun? Das ist nicht Alles. Viel Blut ist vergossen und dennoch sind wir geschlagen worden. Man will es uns verbergen, aber wir haben leider den Beweis davon unter den Augen. Das ist es, was mir alle Illusionen vollständig geraubt hat. Wir haben in Vendôme Soldaten von allen Korps ankommen sehen, welche nicht wußten, wo ihre Regimenter waren, Artillerie ohne Kanonen, Kavallerie mit Pferden, welche sich nicht mehr aufrecht erhalten konnten. Endlich, nichts trauriger, als diese ganze Masse von Soldaten an Allem Mangel leiden zu sehen. Diejenigen, welche wir fragten, sagten uns einstimmig, es sei für sie unnütz, sich zu schlagen, sie rechneten nicht mehr auf den geringsten Erfolg. Sie haben gethan, was sie konnten und Nichts erreicht. Sie sind auf das Vollständigste demoralisirt."

„Die preußische Artillerie führt mit Geschützen aus, was wir mit Gewehren thun, nämlich ein Pelotonfeuer. Unsere Feinde, sagt man, führen so viel Kanonen mit, wie sie irgend im Stande sind, fortzuschleppen."

„So ist nun die Loire-Armee also aufgelöst; man muß sie von

Grund aus rekonstituiren. Ich glaube indessen, daß sie nicht sehr viel werth sein wird, denn das was ihr fehlt, ist ein Führer und ich fürchte sehr, daß man den nicht finden wird."

„Was soll geschehen? Was wird Gambetta thun? Ich für mein Theil wage es nicht, mich darüber auszusprechen, doch der Minister spielt ein gewagtes Spiel. Ich glaube, er würde gut thun, das Land zu befragen um sich dieser ungeheuren Verantwortlichkeit zu entlasten."

„Endlich muß ja doch einer von den beiden Theilen der Besiegte sein, und wenn man die Chancen der kriegführenden Parteien in Betracht zieht, so kann man nur für Frankreich fürchten."

„Wie ich es Dir aber schon gesagt habe, nicht die Furcht ist es, welche mich so sprechen läßt, sondern die Vernunft." — — —

General Chanzy, der Höchstkommandirende der geschlagenen Armee, macht in seinem Buche „La deuxième armée de la Loire" in sofern kein Hehl daraus, wie es um seine Armee bestellt gewesen, als er die Befehle anführt, welche er seinen Generalen zu wiederholten Malen ertheilen mußte, um Ordnung und Festigkeit in seine Truppen zu bringen. Von unten her unablässige Klagen über die Unmöglichkeit, ferner das Feld zu halten, von oben her stets neue Befehle sich zu sammeln, zu retabliren und Widerstand zu leisten oder gar die Offensive zu ergreifen — das ist die Korrespondenz zwischen dem Feldherrn und seinen Unterführern.*)

Alle Anerkennung muß man denjenigen Männern zollen, welche auch in einer solchen Lage den Muth nicht verloren und an der

---

*) Ein recht interessanter Beleg dafür, der sich nicht in dem oben citirten Buche findet, sei hier aus den aufgefundenen Akten des 17. französischen Korps angeführt:

(Der kommandirende General des 17. Korps an den General und Kommandeur der 1. Division.)

17 Corps d'armée — Concriers, 12. Décembre 1870,
Etat Mor gal — 12 h. $^1/_2$ du matin.

Mon cher Général!

„Mr. le Général en chef me répond rélativement à votre demande itérative de vous replier:

„„Je maintiens mes ordres.""

„„Le gal de Roquebrune (Kommandeur der 1. Division des 17. Korps) ne peut faire le mouvement qu'il propose sans compromettre ce qui se trouve en arrière de lui.""

„„Les forces qu'il à devant lui ne peuvent être considérables.

Fortsetzung des Kampfes unter allen Umständen festhiellen. Freilich hatten sie in den Tagen von Beaugency nur außerordentlich geringe Kräfte sich gegenüber gehabt und die Bedeutung jener Kämpfe, an denen sie alle deutsche Streitkräfte betheiligt glaubten, über welche Prinz Friedrich Karl und der Großherzog gemeinsam verfügten, weit überschätzt. Dennoch erscheint das Werk nicht gering, die locker gefügten Schaaren trotz der mehrtägigen Gefechtsengagements, der Kälte, der Ermüdung, des Mangels an Lebensmitteln überhaupt nur zusammenzuhalten. Alle Mittel, alle Hebel der Moral, des Patriotismus wie der Furcht wurden in Bewegung gesetzt, um einige Disziplin in den Reihen der Armee aufrecht zu erhalten.

Neben den geharnischten Befehlen und den Drohungen wurden Proklamationen und Tagesbefehle voller überschwänglichen Lobes der Truppen und ihrer Tapferkeit veröffentlicht.

„Der General en chef de Chanzy, der Vizeadmiral Jaurréguiberry, unter dessen Befehle wir momentan gestellt waren, und der General Guépratte, Kommandant des 17. Armee-Korps, haben mir einer nach dem andern ihre Anerkennung (l'éloge) über das Verhalten der Division während des 8. und 9. Dezember ausgesprochen", sagt der Kommandeur der 1. Division des 17. Korps in seinem Tagesbefehl vom 11.

„Diese Anerkennung fällt gänzlich (tout entiers) auf die Offiziere und Soldaten zurück, welche mit so viel Muth die Gefahren, die Fatiguen und Entbehrungen dieser „dure campagne" ertragen. Ich bin glücklich, dies zu ihrer Kenntniß zu bringen."

Doch dem sollte unmittelbar der hinkende Bote folgen; denn das Manuskript des Befehls fährt fort: „Mais à coté des braves, qui combattent il y a une foule de misérables qui quittent les rangs, se réfugient sur les derrières et se livrent au pillage; il faut que tout les hommes de coeur aident l'autorité à detruire cette plaie qui compromet le salut de la patrie"

S'il a une batterie a 800m de lui, qu'il la fasse enlever a la bayonette la nuit, ou qu'il dispose 2 batteries pour lui repondre.""

Le gal Ct provt le 17 Corps
(General Guépratte,
Kommandeur der Kavallerie-Division des Korps).
Par ordre
Le Colonel chef d'état major
Forgemol.

Erst nachträglich sind diese Worte, die einen eigenthümlichen Kontrast gegen die vorangehenden Sätze bilden, gestrichen und durch die Phrase ersetzt: „Nous nous efforcerons tous d'en mériter encore. Le but sacré, que nous poursuivons, qu'est le salut de la patrie, soutiendra nos coeurs.“

Am 7. Dezember mußte in demselben Armee-Korps durch General de Guépratte streng befohlen werden, daß die Offiziere die Bivouaks ihrer Truppen nicht verlassen sollten, um die Nächte in den nächstgelegenen Ortschaften zuzubringen. Am 13. Dezember erhielt die Kavallerie-Division des mit der Masse seiner Truppen auf dem rechten Loireufer stehenden Korps Befehl, Rekognoszirungen auf das linke Ufer hinüberzuschicken, um dort die Traineurs zu sammeln und zu ihren Divisionen zurückzuführen*). Aehnliche Maßnahmen hat General Chanzy bekanntlich mehrfach ergriffen.

Einen interessanten Blick in jene Zustände wirft namentlich der Depeschenwechsel, der zwischen General Chanzy und dem Kommandeur der 2. Division des 16. Armee-Korps, General Barry, von Vendôme nach St. Amand und zurück in jenen Tagen stattfand."

General Barry hatte bekanntlich mit seiner Division, Trümmern der 3. Division des 16. Korps, der Kolonne Camô und des Detachements Peytavin vom 15. Armee-Korps Blois vertheidigt und die Stadt am 12. Abends — früher als es in des Oberbefehlshabers Absicht lag — geräumt.

„La marche que je viens de faire me confirme tristement dans l'opinion que javais sur la solidité de ces débris“**), meldete er, nachdem er, von Blois abziehend, auf St. Amand marschirt war. Weiterhin, als ihm befohlen wurde, wieder gegen Blois vorzugehen: „Avec mes troupes je ne puis tenter aucune offensive.“***)

---

*) La division de cavalerie fera demain matin des reconnaissances sur la rive gauche du Loir, en passant par Lignières, Renay, St. Firmin et autres localités voisines d'où elle fera sortir tous les trainards, qui seront ramenés à leurs division.

**) Siehe Seite 495 Anmerkung.

***) Général Barry à Général Chanzy, Vendôme. „Je suis très affecté de vos reproches je les repousse énergiquement, et il n'est pas un officier dans mes troupes qui n'approuve hautement ma conduite. Je n'avais plus à empêcher l'ennemi de passer sur la rive droite, puisque l'abandon

An anderen Stellen: „Je suis ici dans une position impossible et qui ne peut se prolonger — veuillez m'envoyer des ordres ou plutot venir vous-même.“

„Je vous demande instamment à venir ici vous même le plutôt possible. Vous jugerez de la situation et de ce qui s'est passé. Quant à St. Amand c'est une position qui n'est pas tenable et il est de toute impossibilité de faire manoeuvrer l'artillerie en dehors des routes.“

In späteren Depeschen des General Barry finden sich noch folgende Angaben:

1. „Le Général Desmaisons*) est arrivé avec ses débris, qui ne sont qu'un embarras.“

2. „Le Général Peytavin est ici (in St. Amand) avec moi, ainsi que le Général Michaud, qui s'est chargé de prendre le devant de nos colonnes avec les débris de mobiles qu'il m'est impossible de laisser dans le rang.“

. . . .

3. „Mes troupes n'étant ni embrigadées ni pourvu d'officiers pour la plupart, la confusion règne en peu cette nuit dans les rangs.“

4. Le Général Desmaisons m'a ramené hier (15 Decembre) 6 à 700 mobiles de la Mayenne, dont il m'est impossible de tirer parti soit maintenant soit plus tard. C'est une cohue très-embarrassante, qui n'est plus bonne qu'a gaspiller des virves et des munitions. Je demande qu'ils soient renvoyés à Laval.“

Noch am 16. Dezember meldete ein Telegramm des Maire von Château Renault an den Präfekten von Tours: „Plus de troupes

---

de Mer la lui livrait et je ne voulais pas, à moins d'un sacrifice qu'on devait alors me demander, me laisser cerner dans Blois — à ma place vous auriez fait ce que j'ai fait.“

„Avec mes troupes je ne puis tenter ancune opération offensive, mais je tiendrai à St. Amand. Je couvrirai le chemin de fer, la route de Tours et celle de Blois. Je me relierai, s'il est possible avec St. Anne.“

„J'écris à Maurandy (3. Division des 16. Korps) de se maintenir à Château Renault en se réliant avec moi et en éclairant fortement la vallée de la Brenne.“

*) Kommandeur der 1. Brigade der 2. Division des 16. Korps.

ici, mais en revanche beaucoup de trainards la plupart abandonnant leurs armes.“

Auch General Chanzy selbst sah sich genöthigt, mit scharfen Befehlen gegen Offiziere und Mannschaften aufzutreten, die von der Truppe Abwesenden — wie der Kriegsminister Gambetta befohlen — als Deserteure zu erklären und ihnen mit dem Kriegsgericht zu drohen, falls sie nicht zu ihren Regimentern zurückkehrten.

Wie sehr bei solchen Verhältnissen die Truppen zusammengeschmolzen, ist leicht zu ermessen. General Barry giebt die Stärke der bei St. Amand versammelten Cadres auf 3000 Mann an, trotzdem sich dort der größere Theil seiner eigenen und Trümmer der 3. Division des 16. Korps, ferner Theile der Division Camô, des Detachements Peytavin zusammengefunden hatten. In derselben Depesche giebt er die Stärke der Kavallerie-Brigade de Landreville auf 330 Pferde an.*) General Maurandy brachte von seinen Truppen, mit denen er bei Montlivault und Chambord verunglückt war, am 16. Dezember nur noch 1800 Mann, eine Batterie und ein Regiment Lanciers nach Montoire**). Rechnet man zu den Truppen Barry's die dahin gehörige Brigade Desmaisons, so vereinigte die 2. und 3. Division des 16. Korps bei Montoire doch wohl nicht mehr als 6000 Mann Infanterie, einige hundert Pferde und etwa 30 Geschütze.

Auch die Gefechtsverluste sind hin und wieder beim Feinde nicht unbedeutend gewesen, wenngleich sie jedenfalls immer eine erhebliche Anzahl von Traineurs in sich schließen, die bis zu dem Zeitpunkt, an welchem die Rapporte aufgestellt wurden, oder überhaupt nicht zu ihrer Truppe zurückkehrten. So giebt die 2. Brigade der 1. Division des 17. Armee-Korps ihre Verluste am 8. Dezember bei Beaugency auf nicht weniger als 28 Offiziere, 2110 Mann an, darunter

---

*) Général Barry à Général Chanzy. „Je viens de faire le recensement de mes effectifs et de mes approvisionnements. J'ai environ 3000 hommes de débris, 16 pièces, pourvues pour une journée de munitions et un jour de vivres, sans moyen de ravitaillement, plus 330 chevaux du Général de Landreville sans fourrage assurée.“

**) Ein Theil der Truppen seiner Division ist wohl überhaupt nicht auf das rechte Loire-Ufer zurückgelangt. Ferner beließ er, als er nach Montoire abmarschirte, ein Bataillon bei Château Renault, ein Bataillon bei Longpré.

freilich nur 2 Offiziere 112 Mann todt, die Mehrzahl vermißt.*) Freilich füllten sich die Cadres immer wieder schnell, sobald nur ein mehrtägiger Stillstand in den Operationen eintrat und man auf französischer Seite Zeit gewann, die vereinzelt umherirrenden Soldaten zu sammeln, die Regimenter und Bataillone zu retabliren. Die organisatorische Thätigkeit der französischen Heerführer und der Regierung von Tours ist eine geradezu unermüdliche gewesen. Selbst während der Gefechtstage von Beaugency und Vendôme hat General Chanzy darin nicht nachgelassen. Der von Château d'Epan am 13. Dezember erlassene Befehl (Note de service) des 17. Armee-Korps beginnt unter Anderem mit folgenden Weisungen:

„Pour satisfaire à la demande renouvelée du général en chef, les Cts de Division et Chefs de service enverront demain sans faute à l'Etat major Gal. du 17e corps:

1° Un état indiquant les corps ou fractions de corps, qui composent les divisions ou services et, en regard de chaque corps ou fraction de corps l'effectif approximatif actuel. Un seul état sera fourni pas division ou par service différent.

2° Un rapport succinct sur les combats livrés depuis le 1er de ce mois; le rapport sera établi par le commandant de la Don et par les chefs des services et centralisera tous les rapports des corps ou fractions.

3° Un Etat nominatif par corps (officiers et soldats) des tués, blessés ou disparus dans chacune des affaires.

---

*) Der Rapport lautet:

Etat des hommes tués, blessés ou disparus dans le combat du 17e Corps. 8. Décembre 1870.

1e Division. 2e Brigade.	Tués Officiers.	Tués Troupe.	Blessés Officiers.	Blessés Troupe.	Disparus Officiers.	Disparus Troupe.
11e Bon de Chasseurs à pied .	néant	13	8	172	néant	307
43 Rt de marche	2	93	13	531	.	622
72 Rt Garde mobile	néant	6	5	74	.	192
Total	2	112	26	777	néant	1121

Lavaux de Josnes le 11 Decembre 1870.
Le Lt Colonel ct la 2e Brigade
Faussemagne.

4° Un Etat des propositions faites pour remplir les vacances dans les grades supérieures.

5° Un Etat de propositions, pour remplir les vacances dans les grades inférieurs. Cet Etat sera accompagné de titres provisoires — de nomination soumi à la signature du Commandant du 17e Corps. (Les divisions ou services qui auraient déjà fourni cet Etat avec les titres provisoires n'auront pas à le produire de nouveau.)

6° Un travail de propositions pour recompenser — il n'y aura qu'un Etat par corps et il donnera des notes sur tous les candidats, il sera accompagné de mémoires de propositions individuelles.

Les divisions et services devront se mettre en mesure de fournir ces renseignements et Etats demain même. Cela leur sera possible, puisqu'il n'y a pas mouvement demain. Que l'on observe exactement dans l'établissement de ces pièces les préscriptions ci-dessus.“ *)

Welche Erfolge diese und viele ähnliche, das kleinste Detail auf das peinlichste ordnende Befehle im Einzelnen gehabt haben, ist schwer zu ermessen. Vieles davon mag ohne Resultat geblieben sein, aber im großen Ganzen ist es doch erreicht worden, daß nach wenig Wochen die Armee von Neuem numerisch in bedeutenderer Stärke als früher, gut bekleidet und meist auch gut bewaffnet dastand und daß Prinz Friedrich Karl noch einen Feldzug gegen dieselbe unternehmen mußte, der schwieriger und gefahrvoller werden sollte, wie der Dezemberfeldzug gegen den Loir.

Vorerst indeß — das zeigen die angeführten Daten klar — hatte der Feind seine Schlagfertigkeit fast ganz verloren und er konnte nur eilen, seine Trümmer von Truppen in unregelmäßigen Strömen aus dem Bereich der Verfolgung zu bringen, sowie die Artillerie und Trains zu bergen, die sich am schwersten ersetzen ließen.

Das Ober-Kommando der II. Armee, dem die sämmtlichen Instruktionen des General Chanzy vom 4. bis zum 14. Dezember, eine Reihe von Befehlen des 17. Armee-Korps, Depeschen, organi-

*) Derselbe Korpsbefehl enthält unter vielen organisatorischen, taktischen u. s. w. Maßnahmen auch ein Jagdverbot: „Interdiction formelle de la chasse. Plusieurs militaires ont aujourd'hui chassé dans les bois et occasionné aux populations un certain émoi.“

satorische Dekrete, Tagesbefehlsbücher französischer Truppentheile u. s. w. schon damals zur Verfügung standen, konnte jene Zustände völlig richtig beurtheilen und danach etwa die Zeit bemessen, die ihm für die eigenen Maßnahmen zur Retablirung der Armee verfügbar blieb.

Ist so die augenblickliche Lage der II. französischen Loire-Armee während jener Tage genugsam beleuchtet, so bleibt doch noch ein Blick auf ihre Bewegungen zu werfen.

Es ist schon ausführlich berichtet worden, wie sich General Chanzy nach Beendigung der viertägigen Kämpfe von Beaugency zum Rückzuge an den Loir entschloß, und welche Rolle das Vorgehen des 9. Armee-Korps gegen Blois auf dem linken Loire-Ufer bei der Entstehung dieses Entschlusses gespielt.

Schon am 10. Dezember hatte der General seine Armee mit den nöthigen Weisungen für den Fall versehen, daß der Rückzug nothwendig werden sollte. Er befahl damals in großen Zügen Folgendes:

„Das 21. Armee-Korps behält wie bisher die Forêt de Marchenoir besetzt, zumal deren Ostlisiere bei Poisly und Lorges."

„Das 17. Armee-Korgs weicht in die Stellung Concriers-Séris zurück, seine Kavallerie nach Bouricharb."

„Die 1. Division des 16. Korps — die sich noch bei der Armee befand — geht nach Lussay und die bei dieser Division verbliebenen Theile der Division Camô (Colonne mobile de Tours) — welche an Stelle des durch einen Sturz mit dem Pferde verletzten Generals Camô jetzt der General Tripart kommandirte — etabliren sich zwischen Lussay und der Loire."

„Die Kavallerie des 16. Korps postirt sich hinter Séris."

So sollte die Armee mit ihrem linken Flügel am Walde von Marchenoir das feste Pivot bilden. Diese Bewegung kam indessen am 10. nicht zur Ausführung. Der Großherzog von Mecklenburg drängte seinen Gegner nicht, in Uebereinstimmung mit den Absichten des Prinzen Friedrich Karl, der den Feind nur festhalten wollte und Truppen heranbringen, bis die Flügel weiter vordringen und umfassen konnten. Den deutschen Truppen verging der Tag zudem über der Abwehr der von den Franzosen zur Umfassung auf deren rechtem Flügel unternommenen Bewegungen. Die Armee-Abtheilung vermochte, bald auf solche Weise engagirt, keine anderen Manöver von Bedeutung zu unternehmen*).

*) Siehe Seite 368 Anmerkung.

Ferner hatte der am Morgen des Tages unternommene glückliche Ueberfall auf Origny die Franzosen ermuthigt. Sie blieben den 10. hindurch also noch im Wesentlichen stehen. Die Rückzugsbefehle kamen erst am 11. Dezember von 10 Uhr des Morgens ab in Ausführung.

Ueber den rechten Flügel der Armee — die erste Division des 16. Korps, sowie die Truppen der Kolonne von Tours — übernahm der von General Chanzy mit besonderem Vertrauen geehrte Admiral Jauréguiberry den gemeinsamen Oberbefehl*), denn auf diesem Flügel fehlte es am meisten an Ordnung und festem Halt.

Die allgemeinen Rückzugsrichtungen wurden schon jetzt bestimmt und zwar für das 21. Korps die auf Fréteval, für das 17. die auf Oucques, für den rechten Flügel die Straße Pontijoux, Selommes, Vendôme. Nach einem systematisch und langsam ausgeführten Marsche gelangte die Armee, von den Teten der deutschen Truppen beobachtet, um 3 Uhr Nachmittags glücklich in die neuen Bivouaks. Wie befohlen, war das 21. Armee-Korps in seinen Positionen am Walde von Marchenoir im Allgemeinen verblieben, doch hatte sich die 2. Division dieses Korps unter General Collin nach Lorges und La Motte Potain zurückverlegt, um so auch den Abmarsch dieses Korps einzuleiten. Das 17. Korps nahm die ihm zugewiesene Stellung Concriers—Séris ein, seine Kavallerie bei Morée (südlich Talcy). Der rechte Flügel unter dem Admiral bivouakirte zwischen Avaray und Séris, die Kavallerie des 16. Korps, welcher wohl eine Verwendung nach dem linken Flügel der Armee zugedacht gewesen, nördlich bei Bourichard. Im Laufe des 11. Dezember war dem General Chanzy die Befürchtung nahe getreten, daß Prinz Friedrich Karl ihn auf seinen beiden Flügeln umgehen und nördlich des Waldes von Marchenoir vor ihm Cloyes oder Morée und von dort aus den Wald von Fréteval gewinnen, oder über Blois und Herbault südlich vordringen könne**). Er hielt es für nothwendig, zur Abwehr dieser

---

*) Auch die erste Division des 17. Korps (Roquebrune), welche den rechten Flügel dieses Korps hielt, wurde dem Admiral zur Verfügung gestellt. Der Admiral kommandirte früher die 1. Division des 16. Korps und hatte für den zum Oberbefehlshaber der II. Loire-Armee ernannten General Chanzy das Kommando des 16. Armee-Korps übernommen, welches er auch späterhin führte.

**) Bekanntlich war diese Befürchtung zum Theil richtig — sie traf fast den wirklichen, nur durch die Umstände später gekreuzten Plan des Prinzen Friedrich Karl.

ihm drohenden Gefahr zeitig Vorkehrungen zu treffen. Deßhalb befahl er noch am 11. der Brigade Collet vom 21. Korps, sämmtlichen Franktireurs, die sich bei der Armee befanden, einem Bataillon und einer Section Artillerie von der Division Goujard des 21. Korps, sich in das Terrain nördlich des Waldes von Marchenoir zu werfen und dort die Straße nach Chateaudun zu beobachten. Der Rückzug dieser Kolonne sollte auf St. Hilaire la Gravelle gehen. Auf der andern Seite erhielten die längs des rechten Loireufers von Mer bis Amboise disponirten Truppen wiederholte gemessene Befehle, die Stromlinie auf's Aeußerste zu vertheidigen und jeden Brückenschlag zu verhindern. Den Oberbefehl über die Stromvertheidigung erhielt dabei der in Blois verweilende General Barry, Kommandeur der 2. Division des 16. Korps.

Es ist hierbei kurz nachzuholen, wie sich auf jeder Seite die Verhältnisse der französischen Truppen gestaltet hatten. Nach der Schlacht von Orléans waren die 2. und 3. Division des 16. Korps (Barry und Maurandy) allmälig bis Blois zurückgewichen und mit ihnen das Detachement Peytavin vom 15. Korps, sowie eine Menge Trümmer anderer Truppen, Trains und Kolonnen aller Art. Die Wegnahme von Beaugency durch den Großherzog von Mecklenburg am Abend des 8. Dezember erzeugte ferner eine Panique unter den Truppen der Division Camô, von welcher ein Theil und mit demselben der kranke Divisionskommandeur bis Mer zurückging, um diesen Ort zu besetzen, während der Rest unter General Tripart auf dem rechten Flügel der Armee bei Tavers stehen blieb.

Nunmehr am 11. Dezember verstärkte General Chanzy den General Barry noch durch die Kavalleriebrigade de Landreville vom 17. Korps, um so die Bewachung des Stromufers noch mehr sicher zu stellen.

Bei dem weiteren Rückzuge der Armee sollte zunächst Mer geräumt werden, General Barry aber den Ort Ménars behaupten und ebenso möglichst lange die Stadt Blois. Nur wenn der Feind heftig drängte, ward ihm gestattet, den Ort in der Nacht vom 12. zum 13. Dezember zu räumen und nach Amboise abzuziehen. Dorthin war schon die Brigade Desmaisons von Barry's Division und der größte Theil der bei Chambord und Montlivault verunglückten Division Maurandy vorausgeeilt, während sich andererseits Trümmer von Maurandy's Truppen nach Blois hineinwarfen und sich dort der Besatzung anschlossen.

Auch an General Bourbaki wendete sich Chanzy am 11. nochmals, um ihn zu bewegen, gegen Blois vorzustoßen und so das 9. preußische Armeekorps aufzuhalten.

Seine Absicht war es, alle die jetzt am Loireufer stehenden Truppen, wenn sie sich dort nicht mehr halten konnten, bei Amboise zu versammeln und sie dort über Château Renault und Montoire nach St. Calais hinter die mittlerweile am Loir aufgestellte Armee zu ziehen. Schon hatten sich von Blois unter dem Eindruck der Besorgniß, welche dort der Ausgang des Gefechts von Chambord hervorgerufen, zahlreiche Traineurs, Trains u. s. w. auf der Straße nach Château Renault in Bewegung gesetzt.

Nachdem er diese Vorkehrungen zur Sicherung seiner beiden Flanken getroffen, erließ General Chanzy seine weiteren Dispositionen für den Rückzug. Am 13. Dezember wollte er den Loir erreichen und dort eine Stellung bei St. Anne-Malignas, hinter der Houzée und dann hinter dem Loir bis hinauf nach Fréteval nehmen.

Er befahl dazu für den 12. Dezember folgendes:

1. Die ganze Division Camô vereinigt sich wieder bei Aunay nördlich Mer und marschirt, Mer räumend, sobald alles dort noch befindliche Material geborgen ist, über La Chapelle St. Martin, Maves nach Pontijoux. Dort sichert sie die Straße Blois-Chateaudun, während sie auch in der Richtung gegen Maves ihre Vorsichtsmaßregeln betrifft.

2. Die erste Division des 16. Korps marschirt von Villegonceau über Villexanton, Viller in den Raum zwischen den Straßen Pontijoux-Marchenoir und Pontijoux-Oucques, um dort in der Höhe des Bois Brulé zu bivouakiren. Die Kavallerie des 16. Korps zieht sich nach Rhodon heran.

3. Das 17. Korps geht in breiter Front — die drei Divisionen parallel mit einander auf besonderen Wegen — in eine neue Stellung an der Straße Pontijoux — Oucques zurück und lagert dort mit dem rechten Flügel in der Höhe von Boisseau, mit dem linken bei Oucques.

Die Kavallerie des 17. Korps geht nach Oucques.

4. Vom 21. Korps nimmt die 2. Division am 12. früh bei Roches eine Bereitschaftsstellung, deckt den Rückzug der Armee und schließt sich demselben später an, um bei Lorry und La Pagerie Stellung zu nehmen.

Die Reserve des 21. Korps marschirt über Marchenoir, St. Léonard nach Vivy le Rayé.

Die noch an den Ausgängen der Forêt de Marchenoir stehenden Detachements dieses Korps sammeln sich bei ihrem Gros in St. Laurent des Bois und marschiren nach Autainville, die zwischen Autainville und Morée postirten Detachements bleiben stehen.

Die Kavallerie des 21. Korps, sowie die diesem Armeekorps zur Verfügung gestellte leichte Kavalleriebrigade des 16. Armee-Korps geht gegen Binas, Verdes, La Ferté—Vineuil vor, um in jenem Terrain — wie die bereits früher dahin gesandten Truppen — zu rekognosziren, ob der Feind die Armee in der Richtung auf Cloyes—Morée zu umgehen sucht.

Auch in der Front sollte Kavallerie, zumal die éclaireurs algériens und die des Kapitain Bernard, sowie die Reiter des General Tripart am Feinde bleiben und den Abzug der Armee decken, für dessen Gelingen gerade an diesem Tage General Chanzy große Sorge hegte.

Der Tag wurde systematisch in Echelons ausgeführt, die Bataillone hielten sich zum Deployiren bereit, die Batterien fertig zum Auffahren in geeigneten Positionen. Schon vor Tagesanbruch waren die Impedimenta vorausgesandt worden.

Der Tag ging — wider General Chanzy's Erwarten — ohne Unfälle vorüber. Nur griffen die verfolgenden deutschen Avantgarden zahlreiche Traineurs, auch zurückbleibende Fuhrwerke auf.

Da am 12. Dezember das Regenwetter begann und die Wege erst mit Glatteis bedeckte, um sie dann allmälig tief aufzuweichen, so gestaltete sich dieser Marsch zu einem der beschwerlichsten, welche General Chanzy's Armee je zurückgelegt. Erst am Abend erreichten die Korps die ihnen zugewiesenen Bivouaks an der Straße Pontijoux-Ducques—Viévy. Die Unordnung in den Kolonnen ist dabei, wie General Chanzy selbst angiebt, schon eine sehr bedeutende gewesen. In seinem des Abends zu Château des Noyers ausgegebenen Armeebefehl sagt der General unter Anderem:

„Le général en chef a remarqué beaucoup de désordre dans la marche d'aujourd'hui. Les généraux commandant les corps d'armée rendront responsables les généraux commandant les divisions, les brigades et les chefs de corps, de toute infraction aux instructions si souvent répétées. Les hommes ne doivent point marcher insolement, et il ne doit y avoir avec les convois que la garde et les hommes qui y sont employés reguliérement."

Von seinem neuen Hauptquartier im Schlosse Noyers aus gab General Chanzy alsdann die Dispositionen für den 13.

Ebenso systematisch und vorsichtig wie an dem verflossenen Tage sollte auch am kommenden der Marsch ausgeführt werden. Die speziellen Bestimmungen waren folgende:

1. Der rechte Flügel der Armee (die erste Division des 16. Korps und die Kolonne von Tours unter General Camô), befehligt von dem Admiral Jauréguiberry, marschirt auf den beiden Wegen über Conon, Rhodon, Selommes, und über Villeberfol, Villemardy, Périgny in Positionen südlich Vendôme. Diese Positionen sichern den ganzen Sector zwischen dem Houzée-Bach und dem Loir unterhalb Vendôme. Ihr rechter Flügel lehnt sich an die steil eingeschnittene Schlucht von Chanteloup, die zum Loir abfällt, ihr Centrum bilden die Höhen von St. Anne, den linken Flügel die von Malignas. Das Thal der Houzée bis zur Mündung in den Loir oberhalb Vendôme wird sorgsam überwacht. Genie-Offiziere des Kommando's mit den nöthigen Mannschaften eilen in diese Stellung und bereiten dieselbe zur Vertheidigung vor.

2. Die Kavallerie des 16. Korps deckt die Bewegung des rechten Flügels gegen Süden hin. Sie marschirt über Budan, Villammoy zur Straße Blois—Vendôme hinüber, dann nach Crucheray und setzt sich von dort auf die Straße Château Renault—Vendôme. Auf dieser Straße angelangt, geht sie durch Vendôme auf das rechte Loirufer zurück und nimmt Stellung bei Courtiras. Dort schließt sich ihr die bisher zum 21. Korps detachirte leichte Brigade wieder an.

3. Die Trains des rechten Flügels der Armee ziehen ebenfalls über den Loir ab.

4. Die 3 Divisionen des 17. Korps marschiren wieder, wie am 12., auf parallelen Straßen in gleicher Höhe mit einander gegen den Loir ab und passiren den Fluß auf den Brücken von Meslay, St. Firmin und Pézou.

Auf dem rechten Ufer angekommen, nehmen sie Stellung von Tuileries bei Vendôme bis Pézou.

Die Kavallerie des 17. Korps geht über Oucques und Pézou hinter die bei dem letztgenannten Orte stehende 3. Division.

5. Das 21. Korps geht auf Fréteval, seine noch am Walde von Marchenoir stehenden Detachements ziehen sich allmälig durch Morée nach der Brücke von St. Hilaire la Gravelle ab.

Alsdann nimmt das ganze Korps Stellung von Mont Henry,

sich dort an das 17. Korps anschließend, bis St. Hilaire und detachirt die Division Goujard (corps de Brétagne) nach Cloyes, um diesen Punkt und die Straße nach Chateaudun festzuhalten, sowie den Bachlauf der Droué in der linken Flanke der Armee zu überwachen.

— — — — — — — — — — — — —

Dieser Abmarsch an den Loir sollte von der Armee nicht gleichzeitig, sondern mit Echelons vom rechten Flügel angetreten werden, die Kavallerie des 16. Korps um $6^1/_2$ Uhr Morgens beginnen, dann um 7 Uhr der Admiral mit seinen Truppen, um 8 Uhr das 17. Korps folgen. Dem 21. Korps wurde es überlassen, seinen Marsch je nach Umständen zu regeln. Die Trains erhielten den Befehl, den Truppen um zwei Stunden vorauf zu marschiren, damit keine Verlegenheiten für die letzteren entstünden, sobald es zum Gefecht kam.

Sogleich faßte General Chanzy ferner die Einrichtungen für ein längeres Verbleiben und eine hartnäckige Vertheidigung der neuen Stellungen in's Auge.

Die Korpskommandanten erhielten den Befehl, die Positionen für das Gefecht zu rekognosziren und die Plätze für die Geschützemplacements zu bestimmen. Die Erdarbeiten sollten später begonnen werden. Die Trains und Kolonnen seien so zu placiren, daß sie leicht mit dem Bahnhof von Vendôme verkehren könnten, wohin die Verpflegung, sowie Ersatz an Munition und Armatur herangeführt werden würde.

Als Hauptquartier der Armee wählte General Chanzy gleichfalls Vendôme.

Der Besorgnisse für den linken Flügel seiner Armee scheint sich der französische Oberbefehlshaber jetzt entschlagen zu haben, nachdem er am 12. so ausgiebige Maßnahmen getroffen, um sich auf jener Seite zu sichern.

Reger blieben die Bedenken über die Verhältnisse des rechten Flügels. Immer noch befürchtete General Chanzy, von Blois her umgangen und an seinem Marsche zum Loir verhindert zu werden. Nachrichten aus jener Stadt fehlten gänzlich. Er richtete deßhalb noch am 12. Nachmittags von Noyers Château eine abermalige Aufforderung an den General Barry, sich so lange als möglich in Blois zu halten und Kunde von dem zu geben, was an der Loire vorgefallen sei.

Erst nach Mitternacht traf die erwartete Nachricht in Noyers ein,*) doch sie besagte, daß Blois bereits von seiner Besatzung geräumt sei und daß es dem General Barry nicht einmal möglich geschienen, seinen Rückzug, wie befohlen, auf Amboise zu nehmen, sondern daß derselbe auf St. Amand marschirt wäre. Die Besetzung von Mer durch das 10. preußische Armeekorps hatte dieses schnelle Aufgeben der wichtigen Stadt veranlaßt. Nun hielt es General Chanzy für möglich, daß seine Gegner des Abends noch die Brücke von Blois herstellen, schnell Truppen vom linken auf das rechte Stromufer hinüberziehen und darauf durch einen Nachtmarsch mit starken Kräften gegen Vendôme vordringen würden.

Dann wäre der Marsch seines rechten Flügels am 13. Dezember nicht ohne einen schwierigen und ernsten Kampf möglich gewesen. Sogleich erhielt General Barry daher den Befehl, sich seiner Bagagen zu entledigen und nach Blois zurückzukehren, oder wenigstens Herbault zu besetzen und von dort aus den Marsch der Verfolger zu beobachten. In der Nacht um 1 Uhr langte noch der Präfect von Blois, Herr Lecanu in Noyers an. Er hatte Blois erst nach dem

*) Der General Barry richtete um jene Stunde folgendes Telegramm über Vendôme nach Noyers an den General Chanzy: „Ainsi que je vous avais prévénu par mon telegramme du 12, j'ai effectué mon mouvement de retraite de Blois avec le gros de mes forces aujourd'hui, un peu avant la nuit, en evacuant successivement les points occupés, en dissimulant complètement mon mouvement à l'ennemi, en laissant vers le pont de Blois une solide arrière-garde, chargée de défendre le passage du pont et de ne se rétirer qu'à la nuit close, en prévenant en outre le prefet qu'il ait à s'opposer, après le départ des troupes à toute capitulation tendant au rétablissements du pont, au moins assez longtemps, pour que nous ne soyons pas inquiété de ce côté.

Je n'ai pas été attaqué à Blois. Il m'était d'ailleurs impossible de songer à me retirer sous le feu de l'ennemi venant de Mer. La marche que je viens de faire me confirme tristement dans l'opinion que j'avais sur la solidité de ces débris.

Je n'ai pas de renseignements positifs sur les mouvements de l'ennemi sur les deux rives. On signale vaguement une tentative de construction de pont à Chouzy. (Diese Nachricht war bekanntlich eine irrige.)

Maurandy avait reçu mes instructions pour se replier en même temps que moi d'Amboise sur Château Renault. J'attends de ses nouvelles.

Le pont d'Amboise a du sauter ce matin à sept heures.

J'ai rallié ici mon artillerie divisionnaire, ce qui porte le nombre actuel de mes bouches à feu à 24 pièces, y compris 4 de 12 et la batterie Peytavin.

Abmarsch der letzten Truppen verlassen und war über Vendôme gereist, um den Oberbefehlshaber von der ihm drohenden Gefahr zu unterrichten.

Er bestätigte nun die Anwesenheit starker deutscher Streitkräfte auf dem linken Loireufer Blois gegenüber und zweifelte gleichfalls nicht daran, daß die Brücke in kurzer Zeit wiederhergestellt sein würde. Ein Offizier des Hauptquartiers war bereits auf die Meldung des General Barry hin nach Blois geeilt. Er kehrte um 8 Uhr des Morgens nach Noyers zurück und berichtete, daß er um 6 Uhr früh in Blois den Maire gesprochen, daß aber von dem Herannahen der Preußen noch Nichts zu bemerken sei.

Einigermaßen über die Verhältnisse bei Blois beruhigt, sendete der General en chef nunmehr nur den Befehl an die Truppen, ihren Marsch auf Vendôme soviel als möglich zu beschleunigen. Gleichzeitig schob er eine Abtheilung Eclaireurs zu Pferde gegen Blois vor, um auch fernerhin Nachrichten von dort her zu erhalten.

General Barry führte übrigens den ihm gewordenen Befehl, wieder umzukehren, nicht aus.*)

Die Rückzugsbewegung der Franzosen vollzog sich, wie bekannt, auch am 13. Dezember ohne wesentliche Störung, nur kam es zu der kurzen Kanonade von Oucques und zu einigen Rencontres der Kavallerie-Patrouillen. Auch auf diesem Marsche blieben wieder, alle Straßen bedeckend, viele Nachzügler zurück, die von den verfolgenden deutschen Reitern gefangen genommen wurden. Dennoch zeigt sich General Chanzy mit dem Gesammtresultat dieses Rückzuges an den Loir zufrieden — und das mit Recht! „En resumé, sagt er in seinem Buche pag 172, cette retraite de la deuxième armée des lignes de Josnes sur Vendôme, dans les conditions de mauvais temps, de fatigue et de danger, dans lesquelles elle s'était effectuée, faisait le plus grand honneur aux troupes. Elle avait assez imposé à l'ennemi pour qu'il n'eut pas osé l'in-

---

*) Siehe Seite 493 die Antwort, welche General Barry dem General Chanzy auf sein Verlangen, wieder gegen Blois vorzugehen, von St. Amand aus gab. Es ist dies die auf jener Seite in Anmerkung wörtlich angeführte telegraphische Depesche: Je suis très affecté .... Siehe ferner den Bericht des General Barry über die Räumung von Blois. Chanzy la deuxième armée de la Loire pag 505—507.

quiéter et profiter des chances qu'il avait de détruire cette armée, s'il avait sû les mettre à profit.“

Genugsam ist beleuchtet worden, welchen eigenthümlichen Bedingungen der strategischen Lage der deutschen Truppen vor Beginn und während dieses Zuges General Chanzy es verdankte, daß er wenigstens die Masse seines Heeres, seine Artillerie und seine Trains rettete. Es kam ihm eben zu Statten, daß die Verfolger mit einer Tiefe von 2 Tagemärschen herankamen, also erst aufschließen mußten, ehe sie an einen ernsten Angriff denken konnten.

Der französische Oberbefehlshaber faßte bei der Wahl seiner Stellung am Loir eine Reihe von Vortheilen ins Auge, welche diese ihm zu bieten vermochte. Der Loir, der seine reißenden Gewässer fast durchweg mehr als mannestief, in einem scharf eingeschnittenen Thale dahinströmen läßt, bildet ein Fronthinderniß von nicht geringer Bedeutung. Die wenigen Furthen, welche er besitzt, sind leicht zerstört, desgleichen die Brücken, von denen nur einige aus Stein bestehen. Von Illiers bis Château du Loir hin bleibt diese Bildung des Thales die gleiche. Die Höhen auf dem rechten Ufer eignen sich dabei sehr gut zur Vertheidigung, auch beherrschen sie vollkommen die Uebergänge.

Von dieser Stellung hinter dem Loir her bedrohte die Armee ferner den Marsch eines preußischen Korps gegen Tours, ohne daß sie sich auf der andern Seite von den über Chartres gegen Paris und die untere Seine führenden Straßen zu sehr entfernte. Gegen diese Straßen hin vermochte sie immer über Châteaudun zu debouchiren.

Stand die Armee zwischen Frêteval und Vendôme, so glaubte General Chanzy sie durch eine Schwenkung rückwärts — bei welcher der Wald von Frêteval seine linke Flanke gegen den Feind deckte — an den oberen Loir versetzen zu können. Dort hoffte er ohne Zweifel unerwartet zu erscheinen und dann gegen Paris vorzubrechen. Das überaus bedeckte Gelände des Perche war freilich sehr geeignet, um eine solche Bewegung dem Auge des Gegners möglichst zu verhüllen. Außerdem war es vor und während der Bewegung leicht, dies Terrain durch die, bei der Armee anwesenden Freischaaren zu überwachen und den deutschen Rekognoszirungen zu verschließen.

Ein Uebelstand blieb zu überwinden. Vendôme, der Hauptstapelplatz für die Armee, erschien so wichtig, daß man es nicht aufgeben konnte. Der Besitz der Stadt schloß auch die Sicherheit des Bahnhofes ein. Allein, um Beide zu vertheidigen, mußte man Stellung auf dem linken Flußufer nehmen, dort wieder, der landeinwärts auf dem Plateau vorliegenden Höhen halber, ziemlich weit südlich und zwar, wie schon aus den Befehlen für den 13. hervorgeht, bei Chanteloup, St. Anne und Malignas. Dadurch dehnte sich die Position sehr aus und absorbirte viel Truppen. Die früher zur Sicherung von Vendôme vorgenommenen fortifikatorischen Arbeiten aber lagen meist auf der Nord- und Westseite, konnten also nur wenig nützen. An den Folgen dieser eigenthümlichen Schwierigkeit scheiterte wenig Tage später Chanzy's Entschluß, am Loir Stand zu halten.

Die Positionen, welche die Truppen vom 14. Dezember ab einnahmen, waren im Allgemeinen die von General Chanzy in seinem Armeebefehl schon für den 13. Dezember bestimmten.

Auf dem äußersten rechten Flügel vom Ravin von Chanteloup bis zur Straße Blois Vendôme — das starke Centrum bei St. Anne — hielt die Division Camô, an jener Straße, bei Malignas und am Houzéebach die 1. Division des 16. Korps (General Deplanque).

So hatte sich um Vendôme gegen Süden ein Halbkreis von Truppen zu einer Art von Brückenkopf formirt, den der Admiral Jauréguiberry von le Temple her, wo er sein Hauptquartier genommen, kommandirte.

Ueber diesen Halbkreis hinausgeschoben bei St. Amand stand noch General Barry, der dort auch verbleiben sollte, aber gleichfalls wieder unter Befehl des Admirals, seines früheren Korpskommandeurs, trat. General Barry bezeugte indessen auch jetzt keine große Lust, dort lange zu halten.*)

General Maurandy war von Amboise nach Château Renault herangerückt,**) General Desmaisons hatte sich dagegen seiner Division noch nicht anschließen können.

---

*) Siehe seine Depeschen an General Chanzy Seite 494 sowie Chanzy la deuxième armée de la Loire pag. 196.

**) General Chanzy giebt an (la deuxième armée de la Loire pag 180), daß General Maurandy am 13. in Montoire gestanden habe. Allein eine der Depeschen des General Barry vom 13. Dezember ist an Maurandy nach Châ-

Die Kavallerie des 16. Korps kantonnirte in der Umgegend von Courtiras, hatte aber zur Beobachtung der Straße von Blois einige Eskadrons zurückgelassen, die dort im Verein mit den von General Chanzy zu gleichem Zweck direkt abgesandten Eklaireurs das Terrain gegen die Loire aufklärten.

Aus allen diesen Truppen*) sollte der Admiral das 16. Armee-Korps neu reorganisiren und seinen, für diese Arbeit entworfenen Plan dem Oberbefehlshaber vorlegen.

Das 17. Armee-Korps hatte sich folgendermaaßen aufgestellt:

Die 1. Division bei Tuileries und le Poirier, — 2 Bataillons 1 Batterie in die fortifikatorisch vorbereitete Stellung von Bel Essort, Haut Fontenay und La Touche auf das linke Ufer, 1 Bataillon an die Brücke von Meslay vorgeschoben, diese Brücke durch eine auf dem hohen rechten Ufer eingeschnittene Batterie gesichert.**)

Die 2. und 3. Division von Haie de Champ bis Pezou, die Brücke von Pezou gleichfalls besetzt.

Die Kavallerie-Division bei la Ville aux Clercs, wo sie allein Kantonnements gefunden.

Das 21. Korps stand von Pezou bis St. Hilaire la Gravelle längs der Straße Vendôme — Chateaudun, die 2. Division bei Mont Henry auf dem rechten Flügel, die 3. bei Le Plessis, westlich Morée, aber mit 1 Brigade am alten Schlosse von Fréteval auf dem linken Loirufer, — mit 1 Bataillon den Bahnhof von Fréteval festhaltend. Die 1. Division bei St. Hilaire.

Links hinausgeschoben war bekanntlich die Division Goujard (corps de Bretagne) bei Cloyes.

---

teau Renault gerichtet und lautet: „Restez à Château Renault jusqu'à nouvel ordre et infirmez-moi des difficultés qui pourraient vous survenir.“

*) Aus den 3 alten Infanterie- und der Kavallerie-Division dieses Armeekorps (1. Deplanque, 2. Barry, 3. Maurandy, Kavallerie-Div. Michel), sowie aus der Division Camô (auch immer noch als Colonne mobile de Tours bezeichnet) und dem Detachement Peytavin vom 15. Korps.

**) General Chanzy giebt an, daß diese Aufstellung schon am 13. eingenommen worden. An jenem Tage stand bei Bel Essort indessen nur 1 Bataillon, die übrigen Truppen setzten sich erst am 14. um 7 Uhr früh nach dem linken Ufer, respective nach Meslay in Bewegung. Dies geht aus dem Korpsbefehl des 17. Armeecorps von Château l'Epau, den 13. Dezember 1870, Abends 10 Uhr hervor. Auch erwähnt Chanzy nicht der zur Deckung der Brücke von Meslay postirten Batterie. (Siehe Chanzy la deuxième armée de la Loire pag 176, 177.)

Die Befestigung dieser ganzen ausgedehnten Stellung, die Versorgung der Truppen mit allem Nöthigen und die Reorganisation der Kadres wurde sogleich in Angriff genommen. Die Kranken schickte man nach Tours und Le Mans, die Stadt Vendôme selbst wurde von Traineurs und versprengten Abtheilungen gesäubert. Den Truppen gestattete General Chanzy ausnahmsweise, zu kantonniren, doch sollte die Aufmerksamkeit und Gefechtsbereitschaft in jedem Moment aufrecht erhalten bleiben.

Während des 14. kam es nun bekanntlich zu den ersten ernsteren Berührungen mit den verfolgenden deutschen Kolonnen. Als die 17. Division vor Morée und Fréteval erschien, ging bei St. Hilaire la Gravelle ein großer Theil der 1. Division des 21. Korps unter dem Divisions-Kommandeur General Rousseau*) selbst auf das linke Loirufer zurück, um gegen die rechte Flanke der ankommenden Gegner zu demonstriren, doch verlief dieser Vorstoß unter ganz leichtem Gefecht und ohne Wirkung. Bei Fréteval wurde der Kampf, wie die Darstellung von deutscher Seite schon gezeigt hat, ernster. Am frühen Morgen des 14. ließ der Kommandeur der dort stehenden 3. Division des 21. Korps seine 1. Brigade von dem alten Schlosse Fréteval auf das rechte Flußufer zurückkehren und er postirte in dem Orte nur ein Bataillon Marinefüsiliere, die, obwohl noch durch 2 Bataillons und 1 Batterie verstärkt, dennoch von den hierher dirigirten Theilen der 17. Division verdrängt wurden, so daß Fréteval mit seiner wichtigen Brücke in deren Hände fiel. Am Bahnhof behaupteten sich die Vertheidiger indessen bis zum Abend und dies brachte den herbeigeeilten Korps-Kommandeur General Jaurès auf den Gedanken, das Dorf durch einen nächtlichen Ueberfall wieder zu erobern.

Er beauftragte hiermit den Kommandeur der 2. Brigade der 3. Division, Oberst du Temple, der den überraschenden Angriff mit 4 Bataillonen seiner Brigade und den Marinetruppen ausführen sollte. Allein diese letzteren gingen vor der zum allgemeinen Anlauf bestimmten Stunde bereits gegen die Besatzung vor; sie wurden abgewiesen und gaben nach Verlust ihres Führers den Kampf auf.

---

*) Früher Generalstabschef bei Graf Kératry, als dieser noch die Truppen der Brétagne (darunter auch die Division Goujard) kommandirte.

Oberst du Temple stand nun aber, da er seine Gegner gewarnt und auf ihrem Posten sah, von weiteren Unternehmungen überhaupt ab.*)

Für den 15. Dezember machte sich das ganze 21. Korps kampfbereit und auch die 3. Division des 17. Korps hielt sich zu seiner Unterstützung fertig, während die 2. Division die Linksschiebung vorbereitete.**) In der Front gegen den Wald von Marchenoir, gegen Oucques und Pontijoux sollte das 17. Korps im Verein mit den in Rocé und Coulommiers liegenden éclaireurs algériens das Terrain weithin aufklären.

Admiral Jauréguiberry aber erhielt in Folge eines Rekognoszirungsrittes, den der Oberbefehlshaber am 14. Dezember des Nachmittags unternommen,***) Befehl, seine gesammten Positionen zu ändern. Die Stellungen auf dem linken Loireufer zeigten sich bei näherer Besichtigung weniger vortheilhaft, als man gedacht. General

---

*) Siehe die Darstellung von deutscher Seite Seite 431—432.

**) General Guépratte, der interimistische Kommandeur des Korps, befahl zu diesem Ende Folgendes:

„Château d'Epau 15 décembre 1870."

„Le Grand-duc de Mecklembourg a attaqué hier, 14 decembre, la division Guillon (3e) du 21e corps et a réussi à s'emparer de Fréteval: nous sommes encore maîtres de la gare cependant."

„La 3e division devra prendre le matin au jour les dispositions de combat, préscrites par le général en chef. Elle se portera un peu en avant de Pézou pour appuyer le 21e corps, s'il trouvait trop de difficultés à reprendre Fréteval."

„La deuxième division appuira un peu à gauche pour défendre Pézou si la chose était necessaire. Les divisions surveilleront bien les ponts en avant d'elles. Ils doivent être préparés, pour être détruits au premier signal. Il ne faut pas hésiter à le faire, si l'ennemi se présente en force. . . . .

„Le mouvement des 3e et 2e divisions vers la gauche ne doit pas être trop accentué, afin que le 17e corps d'armée puisse, le cas échéant résister à une attaque directe."

„Les positions de combat seront maintenues jusqu'a ce qu'on connaisse le résultat obtenu par le 21e corps."

***) Ueber die Erfahrungen, welche General Chanzy bei diesem Ritte gemacht, sagte er in seiner Instruktion d. d. Vendôme den 14. Dezember 1870:

„Le général en chef a constaté dans la visite d'aujourd'hui aux avant postes, beaucoup de désordre; des hommes isolés circulent dans toutes les directions et campent pour leur compte dans les bois; des détachement cherchent leurs cantonnements; prétendant n'avoir reçu, ni ordres, ni indications. Il n'a rencontré dans toute sa tournée, ni un grand général, ni un chef de corps."

Chanzy hatte, wie er selbst sagt, bis dahin Vendôme zum Centrum eines ausgedehnten verschanzten Lagers gewählt, nun sollte es nur noch als einfacher Brückenkopf betrachtet werden, den man jederzeit mit Leichtigkeit aufzugeben vermochte.

Nur die Brigade Bourdillon vom 16. Korps (die 1. der 1. Division) nebst 3 Batterien, 2 Mitrailleusen wurde bestimmt, auf dem Plateau von le Temple zu verbleiben, durch 2 nach Périgny, Villeromain und Crucheray vorgesandte Regimenter Kavallerie gesichert. Die übrigen Truppen erhielten neue Plätze auf dem rechten Ufer angewiesen und zwar der Rest der 1. Division des 16. Korps H. de Montrieux, die Division Camô links davon zwischen Huchepie und Tuileries.

Am 15. Dezember fand nun auf dem linken Flügel, wo die französische Armee den Kampf erwartete, General Jaurés Fréteval wieder geräumt, und er vermochte ohne große Schwierigkeiten und Verluste die Brücke zu zerstören. Die 3. Division des 21. Korps unternahm einen Vorstoß über Pezou,*) durch den sie den Angriff auf Fréteval unterstützen wollte, der aber nun keinen Zweck hatte. Auf dem rechten Flügel aber kam es zu den Kämpfen gegen die Avantgarden des 3. und 10. Korps, welche General Chanzy unter dem Namen einer „Bataille de Vendôme“ zusammenfaßt.**)

Dort waren gerade die Truppen des Admiral Jauréguiberry im Begriff, den angeordneten Stellungswechsel auszuführen, als ihre Kavallerie den Heranmarsch deutscher Kolonnen von Blois her signalisirte. Sogleich kehrte fast die ganze Division Camô***) zurück, ebenso andere Regimenter und Bataillone,†) um ihre ersten Positionen wieder einzunehmen.

Bei dieser Bewegung entwickelte sich alsdann im Laufe des Nachmittags der Kampf gegen die herankommenden Kolonnen des 10. Armee-Korps. Bekanntlich endete die Nacht das Gefecht noch ehe es völlig entschieden und noch ehe die Franzosen, deren Artillerie bis dahin

---

„Les généraux commandant les corps d'armée désigneront chaque jour un général pour faire la visite de tous les cantonnements; son rapport visé par le commandant du corps d'armée, sera addressé, au général en chef.“

*) Siehe die Darstellung dieses Vorganges von deutscher Seite S. 441.

**) Siehe die Darstellung dieser Kämpfe auf deutscher Seite S. 436—441.

***) Das 59. Marschregiment, das 27. Regiment (mobiles l'Isère), das 16. Marschjägerbataillon und die Divisions-Artillerie.

†) Das 37. Marschregiment und das 7. Marschjägerbataillon.

den Kampf im Wesentlichen führte, und die nun zu unterliegen begann, von dem Plateau verdrängt werden konnten. Am Abend kehrten übrigens noch alle Truppen Jauréguiberry's, die des Morgens dort gestanden, auf das linke Loirufer zurück — nur ihre Bagage u. s. w. ließen sie hinter dem Flusse.

Nördlich des Houzéebaches aber war, wie früher dargestellt*), die Position von Bel Essort verloren gegangen, Chanzy selbst hatte sich auf den Kampfsplatz begeben und dem 17. Korps Befehl gesandt, seine an jenem Punkte postirten Bataillone zu unterstützen, allein die nachgesandte Verstärkung, die Brigade Pâris, kam zu spät**) und vermochte nur noch den Rückzug über die Brücke von Meslay zu decken, die hinter den letzten passirenden Truppen in Brand gesteckt wurde.

Dieser Unfall war es, der den General Chanzy für das linke Loirufer vorwärts Vendôme besorgt machte.***) In der That konnten auch die auf den Höhen südlich der Stadt kämpfenden Truppen am anderen Tage leicht ernstlich gefährdet werden, wenn es dem preußischen 3. Armee-Korps und der 1. Kavallerie-Division gelang, von Osten her dort einzudringen, oder oberhalb Vendôme den Fluß zu forciren. Auch zeigten sich die im Gefecht gewesenen französischen Truppen schon sehr erschüttert.†)

Dennoch dachte General Chanzy noch immer an Fortsetzung des Widerstandes in den jetzt von ihm eingenommenen Positionen.

Er befahl, daß sich die Armee am 16. früh kampfbereit halten solle, die Artillerie entwickelt, — die Brücken, soweit sie nicht mehr für den Rückzug der noch auf dem linken Ufer stehenden Truppen nöthig waren, zerstört, die Fuhrten ungangbar gemacht. Um für General Barry einen Rückzug frei zu halten, wurde die Flußbesetzung bis Montoire ausgedehnt, wohin die Brigade Pâris vom 17. Korps eilen sollte.

Für die Bestreichung des Houzéethales durch Geschütz vom rech-

---

*) Siehe Seite 440.

**) Siehe Seite 441.

***) Siehe Seite 456.

†) Les troupes, qui n'avaient pu prendre encore aucun répos, et qui souffraient beaucoup de la température, n'offraient pas à ce moment la solidité désiderable pour continuer la lutte dans de bonnes conditions, si l'ennemi appelait à lui de nouveaux renforts et tentait une nouvelle bataille.

ten Ufer her, für die direkte Vertheidigung dieses Ravin's durch Franktireurs trug der Oberbefehlshaber Sorge. Zum Schluß seiner sehr eingehenden Befehle sagte er:

„La position qu'occupe l'armée est de la dernière importance, il faut la conserver à tout prix. Le général en chef compte sur l'énergie de tous pour obtenir ce résultat. Les commandants de corps d'armée ne se mettraient en retraite, qu'après avoir pris ses ordres."

„On disposera en arrière des lignes la gensd'armerie et des escadrons, pour empêcher tout désordre et ramener à leurs corps les hommes qui chercheraient á éviter le combat."

In diesem Befehle fungirt übrigens auch zum ersten Male eine colonne mobile de Vendôme, die dem 16. Korps zugetheilt wurde.

Nur für den Nothfall wurden den Korps Rückzugswege bezeichnet. Allein nach Erlaß dieser Befehle trafen während der Nacht immer mehr beunruhigende Meldungen über den Zustand der Truppen im Hauptquartier Vendôme ein und um 5 Uhr früh kam Admiral Jauréguiberry selbst dorthin, um zu versichern, daß er nicht mehr an einen ernsten Widerstand glaube.

Inzwischen hatte der Oberbefehlshaber sich im Laufe des 15. abermals an die Regierung gewendet, um eine Demonstration der I. Loire-Armee zu erlangen.*) Bourbaki wollte sich indessen nur zu einem Marsche auf dem linken Cherufer gegen die untere Loire bereit erklären, der sein Eingreifen in die Schicksale der Armee Chanzy jedenfalls weit hinausschob.

Von der Regierung erhielt Chanzy die Antwort, daß Bourbaki's Truppen noch nicht zu neuen Operationen bereit seien.

Es blieb also nichts als der Rückzug an die Sarthe übrig, der am Morgen des 16. ohne Zögern begonnen wurde. Durch den dichten Nebel in der Frühe begünstigt, führte Admiral Jauréguiberry seine Truppen über Vendôme zurück, während Genieabtheilungen die Zerstörung der steinernen Loirbrücken vorbereiteten und auf dem rechten Ufer Batterien in Position gebracht wurden, um den Abzug zu decken und den Verfolgern das Debouchiren aus Vendôme zu ver-

*) Am 16. Dezember setzte er sich noch einmal mit dem zur Zeit in Méhun sur Yèvre weilenden General Bourbaki selbst in Verbindung und erhielt von der Absicht dieses Generals, wenn nöthig, links des Cher vorzumarschiren, Kenntniß.

wehren. Da deren Spitzen erst in den späten Vormittagstunden Vendôme erreichten, so gelang es auch noch, den Bahnhof mit dem dort lagernden Armee- und Eisenbahnmaterial zu evacuiren. Ein schwerer Lasttrain, von zwei Lokomotiven gezogen, entkam glücklich über Tours nach Le Mans.

Bekanntlich mißlang der Versuch, die Brücken zu sprengen und so geschah es, daß den Verfolgern noch Gefangene, Wagen, eine Mitrailleuse, sowie eine Reserve-Batterie von 12 Pfündern, welche bei Bel Air gestanden, und die zu spät abfuhr, in die Hände fielen.

Auf dem linken Flügel der Armee ging der Kommandeur der 1. Division des 21. Korps, General Rousseau, an diesem Tage damit um, von St. Hilaire la Gravelle aus abermals gegen Morée vorzudringen und sich dieses Ortes zu bemächtigen. Er dachte so der Armee die Möglichkeit offen zu halten, daß sie wieder über den Loir debouchiren könne. Dies Vornehmen führte zu dem zweiten leichten Gefecht von Morée, gegen das mittlerweile dort eingetroffene bayerische Detachement.

General Chanzy beabsichtigte, die Armee noch am 16. in die Stellung Mondoubleau, Epuisay, Montoire zurückzuführen, doch erreichte der linke Flügel, der bis gegen Dunkelwerden am Loir stehen blieb, die ihm zugewiesenen Marschziele nicht, sondern gelangte nur bis la Chapelle Vicomtesse und Romilly, welche Punkte er auch erst spät in der Nacht erreichte. Die links detachirte Division Goujard, die über Droué nach St. Agil marschiren sollte, um dort abermals die linke Flanke der Armee zu sichern, brach erst des Abends 8 Uhr auf, um noch in der Nacht Droué zu erreichen.

Der Abzug durch das von Hecken, Gebüsch, Plantagen, Knicks und Hohlwegen bedeckte bergige Gelände gestaltete sich äußerst schwierig. Viele Kolonnen verirrten sich, Theile der Bataillone und Regimenter kamen abermals von ihren Truppen ab und schlugen nun, wie die Ströme von einzelnen Leuten, welche die Straßen bedecken, direkt die Richtung auf Le Mans ein.

„Le Mans était devenu en effet une attraction à laquelle un grand nombre d'hommes ne put résister.“ So berichtet General Chanzy. „C'était pour eux le répos, le bien-être et tout au moins un répit pendant lequelle ils n'entendraient plus le canon, qui tonnait constament tout le jour et une grande partie de la unit depuis le 28 novembre.“

In seinem neuen Hauptquartier Epuisay angekommen, traf der Oberbefehlshaber sogleich seine Anordnungen, um den Strom der Flüchtigen, soweit möglich, noch diesseits Le Mans zu hemmen. Andererseits ließ er alle der Armee zugedachten Transporte von Ersatz und Material dort aufhalten. Nach Tours und Angers erging der Befehl, die neuen Sendungen ebenfalls nach Le Mans zu dirigiren.

In St. Amand hatte, rechts detachirt, General Barry gestanden, in Château Renault der ihm unterstellte Maurandy.

Der Kanonendonner, den er vom Loir her am 14. und 15. gehört, machte den General Barry um die Sicherheit seiner stark mitgenommenen Truppen sehr besorgt.*) Schon änderte er aus eigener Initiative seine Aufstellung, indem er seine Streitkräfte rückwärts an die Straße Tour—Vendôme verlegte, St. Amand vor der Front aber noch mit einigen Streitkräften besetzt hielt.**)

Dann aber wendete er sich mit einer Reihe von Telegrammen an den Oberbefehlshaber, um ihm das Gefährliche seiner Lage zu schildern. General Chanzy blieb indessen dabei, daß der Rückzug erst dann erfolgen sollte, wenn auch die Armee ihren Abmarsch nach Le Mans fortsetzte, oder wenn die Umgehung in beiden Flanken, welche General Barry für seine Truppen fürchtete, wirklich eintrat und sich im Kampfe fühlbar machte.

---

*) Siehe Seite 494.

**) Général Barry à général Chanzy.

„Je me suis mis en position aujourd'hui. Le village de St. Amand n'étant pas susceptible de défense sur son front, parceque l'artillerie se trouverait sans aucune vue, je le fais garder par 600 hommes, détachant une grand-garde à 1000 mètres sur la route d'Herbault, précédé d'un poste de cavalerie à Gombergean. Deux pièces de quatre à l'entrée du village à une jonction de route."

„Le reste des troupes posté en arrière de la route de Tours à Vendôme, couvrant cette route, ainsi que le chemin de fer, et le télégraphe et appuyé à des bois."

„10 pièces d'artillerie à droite sur la grande route dominant la route d'Herbault et tout le pays en avant de St. Amand. 4 pièces à gauche sur la même route, pour prévenir tout mouvement tournant."

„Les forcés de la route serviront de tranchées abris pour les tirailleurs."

„Le convoi de reserves d'artillerie à Ambloy, ainsi que l'ambulance Peytavin."

„Le général Desmaisons est arrivé avec ses débris, qui ne sont qu'un embarras."

Dieser Theil der französischen Armee ist überhaupt nur mit dem schwachen linken Seitendetachement des 10. Armee-Korps und der 2. Kavallerie-Division in Berührung gekommen, allein die Stärke jenes Detachements wurde von General Barry weit überschätzt; denn derselbe glaubte es mit 20,000 Mann und mehr zu thun zu haben, denen seine schwachen Kräfte keinen ernsten Widerstand entgegenzusetzen vermochten.*)

Um sich zu verstärken und wohl auch den Abzug aller seiner zwischen dem Loir und der Loire vertheilten Streitkräfte vorzubereiten, gab er dem General Maurandy in Château Renault am 15. den telegraphischen Befehl, sich ihm in der Stellung hinter St. Amand an der Straße Tours—Vendôme anzuschließen. General Desmaisons hatte ihn inzwischen gleichfalls erreicht.

In Château—Renault und Longpré sollte Maurandy je ein Bataillon zurücklassen. Diese Bataillone hatten dort zu verbleiben, bis Verstärkungen von Tours her vorrückten, um sie abzulösen.**)

Das Hauptquartier des General Barry war in la Noue am Schnittpunkt der Straßen Château Renault—Vendôme und St. Amand—Montoire.

Am 16. ging der General nun in Folge der Ereignisse bei Vendôme auf Montoire zurück, dort aufgenommen durch die Brigade Pâris. Die ihm zugetheilte Kavallerie-Brigade de Laudreville vom 17. Korps sandte er an die Kavallerie-Division dieses Korps zurück, da Maurandy ihm ein Lanciersregiment zugeführt hatte, welches ihn in den Stand setzte, die Verbindung mit dem rechten Flügel der Armee aufzunehmen.

Von Montoire aus erstattete er alsdann an den Oberbefehlshaber telegraphischen Bericht, der indessen noch nach Vendôme gerichtet war, also jedenfalls aus früher Stunde datirt.***)

---

*) Siehe den Depeschenwechsel zwischen Barry und Chanzy. Chanzy la deuxième armée de la Loire pag. 196.

**) Diese Einzelheiten gehen aus General Barry's aufgefundenen Depeschen hervor.

***) „Le général Maurandy vient de m'arriver avec environ 1800 hommes, et une batterie de huit pièces de 4, après avoir laissé un bataillon à Château Renault, et un à Longpré, pour assurer et surveiller ma droite."

Im Laufe des 16. Dezember wurden auch die Detachirungen Maurandy's noch nach Montoire herangezogen und somit vereinigte General Chanzy an diesem Tage auch die seit der Schlacht von Orléans von seiner Armee getrennt gewesenen Theile wieder mit derselben.

Am 17. Dezember führte er seine Korps hinter die Linie des l'Auille und des Brayebaches zurück.

Dem 21. Korps — (außer der Division Goujard) — wurde die Stellung Vibraye—Conflans,

dem 17. Conflans—St. Gervais de Vic,

dem 16. St. Gervais—Pont de Braye

zugewiesen.

Der Marsch vollzog sich unter dem Avantgardengefecht bei Epuisay.

Die abziehende Division Goujard traf bei Droué unerwartet auf vordringende Theile der 5. Kavallerie-Division und der sie begleitenden Gardelandwehrtruppen. General Goujard gelangte in Folge dessen am 17. nur bis St. Agil.

Für den 18. befahl General Chanzy folgende Stellungen:

das ganze 21. Korps in der Linie St. Maixent—Semur,

" " 17. " " " " Coudrecieux—Maisoncelles,

" " 16. " " " " Tresson—St. Georges de la Couée,

von diesem Korps sollte sich indessen General Barry mit seinen Truppen am unteren Loir entlang echeloniren und zwar von der Brayemündung über la Malabrerie bis Jupilles hin, im letzten Ort sein Hauptquartier.

„Il amène aussi un régiment de Lanciers. Je puis, par suite, vous renvoyer la brigade de Landreville, qui me reliait avec l'amiral et le général Maurandy."

„Le poste de Lanciers de St. Nicolas de Mottets a eu le soir trois vedettes enlevées par la cavalerie ennemi, qui est paru aussi à Gombergean, où j'ai un poste de cavalerie."

„De ce côté j'ignore le résultat."

„J'ai préscrit que l'on tienne partout aux uhlans et éclaireurs prussiens."

„Je tiendrai ici dans les conditions présentes, mais je demande instamment qu'on ne me les renverse pas."

Am 19. rückte die Armee in ihre Positionen am Huisnebach und der Sarthe ein, in denen sie sich reorganisiren sollte.

General Barry allein blieb stehen.

Nicht ohne Interesse sind neben den Vorgängen bei diesem Rückzuge der Armee Chanzy auch die Verhältnisse, welche in Tours während derselben Zeit geherrscht hatten. Die Rolle, welche die Bedrohung der ehemaligen Regierungshauptstadt durch die auf dem linken Loireufer vorgehenden deutschen Streitkräfte während der Operationen des Prinzen Friedrich Karl gegen den Loir gespielt, giebt den Ereignissen in derselben auch für diese Darstellung Wichtigkeit.

Das Vorgehen der Avantgarde des 9. Armee-Korps über Vienne hinaus gegen Amboise hatte in Tours die größte Bestürzung hervorgerufen. Während General Chanzy, um sich gegen die Umgehung von dieser Seite her zu sichern, bekanntlich sehr umfassende Vorkehrungen traf und nach allen Seiten hin Befehle sandte, die Loirebrücken zu zerstören, machte man sich in Tours auf einen Besuch des Feindes gefaßt.

Schon am 11. Dezember ertheilte der Prefekt dem Maire die Weisung, dafür zu sorgen, daß die Gewehre der Nationalgarde abgeliefert würden, denn er beabsichtigte, sie per Eisenbahn in Sicherheit zu bringen. „En prévision de l'arrivée de l'ennemi et dans l'impossibilité de défendre la ville de Tours dans la ville même, il serait facheux de voir les fusils de la garde nationale tomber entre les mains de l'ennemi pour être detruits sur la place publique.“

An demselben Tage aber ertheilte der Diktator Gambetta wieder dem Prefekten den Befehl, die Brücken von Montlouis und Amboise zu besetzen und sie erst im Nothfall zu sprengen, um so den Rücken der Armee Chanzy zu sichern. Der Prefekt sandte dem Maire von Amboise die gemessene Ordre, die Brücke zu bewachen, auch consignirte er noch am 11. die Mobilisirten der Cantone von Amboise und Bléré.

Am 12. gab der Sousprefekt von Loches die ihm durch seine flüchtigen Gensdarmen überbrachte Nachricht, daß ein preußisches Korps von Montrichard über Bléré heranrücke. Später kamen beruhigendere Nachrichten, daß sich der Gegner, der St. Aignan geräumt habe, auf Contres ziehe. *) Truppen wurden wieder

*) Eine der Depeschen enthält den gewiß charakteristischen Zusatz: „recherche individus suspects.“

nach Tours herangeführt. Für den 13. Dezember kündigte der Prefekt von Angers schon demjenigen von Tours die Ankunft einer Legion mobilisirter Nationalgarde von Saumur her an. Sie zählte 2100 Mann.

Da General Chanzy gleichfalls noch am 12. aus Epiais gute Nachrichten über den Rückzug seiner Armee gab,*) traf der Prefekt weitere Anstalten zur Sicherung der Stadt. Er telegraphirte am 13. Dezember an den Prefekten von Poitiers: „Réquirez chemin de fer de m'envoyer immédiatement le matériel nécessaire pour evacuer malades et blessés et pour faire transporter troupes à l'armée de la Loire et prisonniers."

„Une panique s'est produite aujourd'hui a Tours par suite de faux renseignements transmis par le Général commandant la Division, qui est parti."

„Mais il ne m'est signalé d'ennemis dans un périmètre moindre de 40 Kil. et encore en petit nombre."

„Si des fonctionnaires de l'Intendance, qui on fui de Tours se trouvent à Poitiers, veuillez les renvoyer ici.**)

In Folge der Räumung von Blois zogen sich am 13. die noch nordöstlich Tours stehenden Territorialtruppen nach Neuillé—Pont Pierre, Langeais Saumur ab,***) so daß die Stadt Tours von da

---

*) Général Chanzy à G[l] commandant à Tours et à G[l] commandant au Mans et à Préfet de Tours et du Mans. „L'armée opère son mouvement de retraite sur Vendôme; elle n'a pas été inquiété aujourd'hui. Donnez-mois les renseignements que vous pouvez avoir sur la marche, la force et les positions de l'ennemi autour de vous; son mouvement sur St. Aignan est il confirmè? A-t-il fait des tentaves pour passer la Loire? — est il en force à Nogent?

**) Unter den am 13. Dezember nach Tours kommenden Nachrichten findet sich auch folgende originelle Depesche aus Chenonceaux:

„Plus de Prussieus à Vierzon, tous tués, prisonniers ou décampés. Ms. Bourbaki y arrive demain avec une forte armée."

***) Urgent Tours de Monnaie 13 Décembre 8h. 45m. soir.

„Colonel commandant superieur des gardes mobiles de Seine et Marne à Préfet d'Indre et Loire à Tours. Général Michaud (Territorialkommandant von Blois) parti avec ses troupes pour Neuillé Pont Pierre pour se rendre à Langeais demain; destination pour le bataillon Seine et Marne Cherbourg."

„Envoyez à Monnaie provisoirement avec un détachement

an lediglich dem Schutze ihrer Garnison überlassen war. Dies im Verein mit der Nachricht, daß ein preußisches Korps von Montrichard auf Loches marschire, scheint abermals eine Panique in der früheren Regierungshauptstadt erzeugt zu haben. Am Morgen des 14. Dezember telegraphirte der Prefekt von Tours nach Saumur, wo sich die Neuformationen sammelten: „Panique cessé, point danger. Envoyez d'urgence un train à Langeais pour prendre troupes et materiels accumulés là.“.

Die Franktireurs von Tours, die gegen den unteren Cher ausgesandt waren, fanden an diesem Tage die Spur der noch vom Cher her abziehenden französischen Truppen aller drei Waffen, die von Bléré über Cormery nach Montbazon wollten und empfingen in Cormery die Nachrichten, daß Bléré und Montrichard unbesetzt seien und kein Feind jene Kolonnen verfolgt habe. Im Laufe des Tages klärte es sich auf, daß die deutschen Truppen in dem Raume zwischen Cher und Loire keine weiteren Fortschritte machten.

Die Stärke der in diesem Raume sich zeigenden deutschen Truppen wurde auf nur 5000 Mann und 4 Batterien angegeben. Einmal kam aber noch die Nachricht, 5000 Mann mit 34 Geschützen seien am 13. Dezember vor Montrichard angekommen, um über Loches die Stadt Tours von der Südseite her anzugreifen; doch bestätigte Nichts diese Gefahr.

Unter General Chanzy's Mitwirkung wurde auch der Eisenbahn- und Telegraphendienst geregelt, der eine Zeit lang sehr in Verwirrung gerathen war.

Chanzy machte den General Sol, den er in Tours vermuthete, für die Ordnung dieser Verhältnisse verantwortlich und rieth ihm, mit seinen Truppen zwischen Loire und Cher den Deutschen entgegen zu gehen. Auch von der Regierung erhielt General Sol die gemessensten Befehle, nach Amboise zu marschiren. Der Prefekt dagegen wendete sich noch Vormittags um 11 Uhr an den Diktator mit einer Depesche: „Donnez donc ordre immédiat pour faire

---

de 25 dragons commandé par un officier le deuxième bataillon occupant Reugny et faites rejoindre ce bataillon á Monnaie ce soir; les ordres sont donnés. Effectif des deux bataillons 1100 hommes. Mon intention est de replier cette nuit sur Saumur par Château la Vallière.“

Urgence Signé Huot.

rentrer un chef militaire. Ni Sol, ni Clary, je ne répondrais pas d'eux. Quelques troupes. Qu'ils reviennent aussi intendants, gensd'armes."

Dem General Chanzy antwortete er:

„Vous devez comprendre combien ma position est difficile, n'ayant reçu des forces, qui nous défendent." Dann gab er ihm, wie Chanzy verlangte, die Nachrichten, die er vom Cher und der Loire bei Amboise her erhalten. Auch in einer Depesche an General Maurandy, der seinen Intendanten suchte, um in Château-Renault die Truppen löhnen zu können, antwortete er noch am 14.: „Personne ici, ni général, ni intendant."

Um indessen eine wenigstens einigermaßen widerstandsfähige Wehrkraft in Tours zu organisiren, ertheilte Gambetta dem in Angers stehenden General Ferri Pisani den Befehl, sich sogleich dorthin zu begeben. Er erhielt an Stelle des seiner Funktionen enthobenen General Sol das Kommando aller Truppen in Tours und das der 18. Militair-Division. Am 15. noch verfügte er über etwa 5000 Mann, mit denen er Vernon, die Brücke von Montlouis, St. Martin le Beau und Bléré besetzte. Die Freischaaren Lipowsky's, welche sich ihm anschlossen, sollten den Wald von Amboise vertheidigen. Auch der Prefekt zog in seiner Eigenschaft als Vicepräsident des Vertheidigungscomités noch einige Truppen heran, wie die Chasseurs du Hâvre und Franktireurabtheilungen von Langeais. Von Angers her waren ihm im Ganzen 10,000 Mann angekündigt worden.

Jedenfalls sammelten sich im Laufe des 16. Dezember schon nicht unbeträchtliche bewaffnete Schaaren in Tours, um die Stadt zu vertheidigen. An demselben Tage kamen auch bereits von vielen Seiten her die Nachrichten, daß das linke Loireufer von den deutschen Truppen geräumt sei, daß diese bei Blois den Strom passirt und theils gegen Herbault, theils gegen Vendôme gezogen wären (zuletzt eine bei Contres lagernde Abtheilung von 1600 Mann und 6 Geschützen). Von St. Aignan, Montrichard, Amboise aus, auch durch eine bei Blois in einer Flasche in den Strom geworfene Meldung wurde diese Kunde bestätigt, der Prefekt nahm die Herstellung der Eisenbahnlinie Tours—Vierzon aus eigener Initiative in Angriff und General Pisani setzte sich mit Bourbaki in Verbindung, dessen Herankommen noch erwartet wurde.

Auch General Chanzy erhielt am 17. nach Epuisay über Le Mans telegraphisch von Tours aus die Nachricht: „L'ennemi a evacué complètement rive gauche de la Loire, se portant sur Vendôme au nombre d'environ 15000 hommes et passant par Blois, dont on dit le pont rétabli."

Von Vouvray und Monnaie aus wurden die Bewegungen der deutschen Truppen weiterhin beobachtet; die Ruhe kehrte momentan zurück. Der Prefekt nahm sogar die Sendungen seiner mobilisirten Nationalgarden in das Lager von la Rochelle wieder auf.*)

Die Ereignisse dieser kurzen Episode geben neben dem Bilde der herrschenden Verwirrung doch auch einen interessanten Einblick in die fast fieberhafte Thätigkeit, welche alle Faktoren der augenblicklich herrschenden Gewalt entfalteten, um immer neue Truppen aufzubringen und die entstehenden Lücken in den Reihen der Vaterlandsvertheidiger durch frische Kräfte wieder zu füllen.

Ueber die I. französische Loirearmee vermochte sich das Oberkommando selbstredend nicht annähernd so genau zu orientiren; es fehlten ihm dazu die Mittel. Hier sei indessen für das Verständniß der Situation hinzugefügt, was während des Zuges der II. Armee gegen den Loir auf jener Seite geschehen ist.

Am 11. Dezember Abends hatte General Bourbaki alle 3 Korps seiner Armee um Bourges versammelt.**) Er wollte ihnen dort, oder — wenn es nach ihm ginge — noch weiter rückwärts bei St. Amand-Montrond Zeit geben, sich auszuruhen und wieder in einen schlagfertigen Zustand zu versetzen.

Aber gleichzeitig begann auch schon das Drängen der Regierung, er möge den bei Beaugency kämpfenden General Chanzy

---

*) Préfet à général Detroyat à La Rochelle.

„Evenements recents ont mis obstacle à envoi regulier de la garde mobilisée de mon département. Je m'occupe vu l'encombrement des lignes ferrées vers Angers, de faire diriger nos mobilisés vers vous par voie de terre jusqu' à Bressuire."

Le Préfet d'Indre et Loire.

**) Siehe Seite 377. Das 15. Korps war erst in der Nacht vom 10. zum 11. ins Bivouak gerückt, das 18. kam am 11. erst zwischen Aix d'Angillon und Brécy 16 Kilometer von Bourges entfernt, an.

unterstützen; bekanntlich begehrte dieser General selbst den Marsch der I. Loirearmee gegen Blois.

Schon am 10. Dezember schrieb der Kriegsdelegirte de Freycinet an Bourbaki unter Anderem: „Si jétais à votre place, je raillerais immédiatement mes trois corps; je chatierais les bandes qui se sont portées sur Vierzon et qui ont compté beaucoup plus sur l'imagination de vos troupes que sur leurs propres forces pour refouler votre armée.“

„Je repousserais vivement l'ennemi au delà de Salbris et je dirigerais une forte colonne dans la direction de Blois; vous dites vous même, que l'ennemi veut tourner les débris de l'armée de la Loire; je voudrais lui prouver que ses débris ne se laissent pas ainsi jouer.“

Allein General Bourbaki klagte bitter über den Zustand seiner Armee: „J'ai pris toutes les dispositions possibles pour combattre si cela devient nécessaire, mais avec un troupeau d'hommes en grande partie demoralisés par les échecs successifs qui viennent de les frapper, par les fatigues de marches continuelles et rapides, par le temps affreux que nous avons et surtout par la débandade du 15e corps, je prévois le resultat néfaste qui nous attend.“

Er schätzte ferner die über Orléans debouchirten deutschen Streitkräfte auf 70,000 Mann und glaubte von denselben unfehlbar in der Flanke gefaßt und geschlagen zu werden, sobald er sich nach Blois hin in Bewegung setzte.

Einmal am 11. gab er nach und erklärte sich bereit, auf Vierzon und Villefranche am Cher vorzumarschiren, um von da seine Operationen über Romorantin oder in der Richtung gegen Tours fortzusetzen. Später wollte er, wie schon seiner Zeit erwähnt, nur links des Cher vordringen.*)

Am 12. Dezember Nachmittags setzte sich die Armee thatsächlich in Bewegung. Das 18. Armee-Korps rückte nach St. Martin d'Auxigny, das 20. mit der Tete bis Allogny, das 15. mit dem Hauptquartier nach Méhun sur Yèvre. Eine Avantgarden-Brigade besetzte am 13. Vierzon, Rekognoszirungen gingen auf Neuvy sur Barangeon und La Chapelle d'Angillon vor. Aber auch am 13. klagt General Bourbaki wieder: „Je continue à recevoir des

---

*) Siehe Seite 514.

réclamations de mes commandants de corps d'armée au sujet des fatigues imposées aux troupes, des retards dans les distributions, de l'état de l'équipement, de l'habillement, d'effets de campement et de la chaussure."

Wieder verlangte er nach St. Amand zurückgehen zu dürfen und die Offensivbewegung einzustellen. Der Diktator genehmigte diesen Wunsch nicht; dafür aber willigte er darein, daß die Armee auf dem linken Ufer der Nèvre weitläufige Kantonnirungen bezöge.

Kaum jedoch war dies ausgeführt, als eine neue Idee Gambetta's die Truppen wieder in Bewegung brachte. General Chanzy hatte die Hauptkräfte der Armee des Prinzen Friedrich Karl auf sich gelenkt, nachdem er der schwachen Armeeabtheilung des Großherzogs von Mecklenburg 4 Tage lang widerstanden. Der französische Diktator begriff, wie schon dargelegt, die Vortheile, welche ihm daraus erwachsen konnten. Er faßte abermals die Offensive über Montargis gegen Fontainebleau und Melun in's Auge. Frei lag dieser Weg gegen Paris hin vor der I. Loire-Armee; denn an einen ernsten Wiederstand der ganz geringfügigen deutschen Streitkräfte, welche bei Gien standen und der Etappen-Garnisonen war nicht zu denken. Gambetta glaubte hier Großes erreichen und vielleicht an's Ziel gelangen zu können. Es ist schon dargelegt worden, wie stürmisch er in den General Bourbaki drang, um diese Operation auf Schleunigste zu beginnen.*)

General Bourbaki war auch dem neuen Plane abhold. Er fürchtete namentlich, daß die in Chaumont, Châtillon sur Seine und — wie er meinte — auch in Auxerre versammelten deutschen Truppen**) ihm, wenn er vordrang, den Rückzug abschneiden würden. Allein er mußte dennoch nachgeben und es wurde nun verabredet, daß die Armee bei Nevers auf das rechte Loireufer hinübergehen und auf diesem Ufer zunächst nach Montargis marschiren solle.

Bourbaki wollte hierbei versuchen, die deutschen Abtheilungen, die an der oberen Loire standen, zu umgehen, im Rücken anzugreifen und zu zerstreuen. Er vermuthete sie freilich noch in Cosne, welcher Ort, wie bekannt, nur am 9. vorübergehend besetzt worden war.

Weiterhin dachte er seinen Marsch zwischen Loing und Yonne

---

*) Siehe Seite 484 Anmerkung.

**) Wie bekannt, lagen dort nur Etappentruppen und Theile des 7. Armee-Korps.

auszuführen — durch den Loing gegen die Armee des Prinzen Friedrich Karl geschützt. Das bedeckte Gelände zwischen den beiden Flüssen schien seinem Unternehmen günstig.

Schon nach wenig Tagen begann die Einleitung für diesen Feldzug und am 19. Dezember nahm General Bourbaki sein Hauptquartier in Baugy zwischen Bourges und Nevers. Dort aber erschien ein Abgesandter des Diktators bei ihm, welcher abermals abändernde Vorschläge überbrachte, deren Inhalt indessen aus dem Bereiche dieser Darstellung hinausfällt. Der Feldzug Loing abwärts wurde den andern Projekten zu Liebe wieder aufgegeben. So hatte diese Armee in starken Hin- und Hermärschen Zeit und Kräfte verloren, in die Entscheidungen, die zu derselben Zeit an der Loire und am Loir fielen, aber nicht direkt eingegriffen.

XI.

Die rückwärtigen Verbindungen und die materielle Lage der Armee während der Operationen an der Loire und gegen den Loir.

Es ist ausgeführt worden, wie sich während der Zeit der Konzentration der Armee in der Beauce der Mangel einer selbstständigen geregelten und gesicherten Etappenverbindung der II. Armee mit der Heimath geltend zu machen begann.

Auf der einen Seite hatte die Wiederherstellung der Bahnlinie Joinville — Bologne — Chaumont, welche in nächster Zeit über Châtillon—Tonnere—Joigny—Sens—Montereau—Fontainebleau—Montargis u. s. w. fortgesetzt werden sollte, trotz aller Bereitwilligkeit der Eisenbahn-Verwaltung weit mehr Zeit in Anspruch genommen, wie erwartet — der Neubau der Eisenbahnbrücken bei Donjeux hielt namentlich ganz außerordentlich auf.

Auf der anderen Seite war der Nachschub mit Fuhrwerk über Nancy und Troyes nicht weniger schwierig gewesen, da auch diese Straße fortdauernden Beunruhigungen unterworfen war.

Wenn die II. Armee nur wenig unter der Ungunst dieser Verhältnisse litt, so muß dies dem Umstande zugeschrieben werden, daß das Ober-Kommando schon von dem Verlassen der Cernirungsstellungen vor Metz an sich stets der bevorstehenden Schwierigkeiten bewußt war und danach strebte, ihnen rechtzeitig durch geeignete Maßnahmen entgegenzutreten.

1. Alle 3 Korps der Armee verließen Metz mit Kolonnen und Wagenparks, die bis zum äußersten Maße der Belastung mit Lebensmitteln gefüllt waren.

2. In das Vormarsch-Terrain hatten die betreffenden Behörden sogleich Eisenbahnzüge mit Proviant entsendet, die auf der Linie Blesme—Chaumont weiter vorgeschoben werden sollten, je nachdem dieselbe fahrbar wurde.

3. Aus diesen Vorräthen ergänzten die Korps ihre Bestände, so daß sie die Linie Blesme—Chaumont wieder mit vollbeladenen Verpflegungstrains verließen.

4. Die Armee lebte beim weiteren Vormarsche so viel als möglich vom Lande, sie ergänzte ihre Bestände in jeder sich irgend darbietenden Weise, durch Requisitionen, Ankäufe, Lieferungsabschlüsse. Den Armee-Korps wurde befohlen, dahin zu streben, daß sie mit gefüllten Wagen am Loing ankämen.

5. Die General-Etappen-Inspektion ergänzte ihren Fuhrenpark, wie schon früher angedeutet, auf 2400 Wagen und führte sie mit einer möglichst starken Belastung an Lebensmitteln der Armee nach.

Diese Anordnungen machten es möglich, die ungünstigen Verhältnisse zu paralisiren, welche bei dem weiteren Vordringen der Armee nach Orléans hin dadurch eintraten, daß die oben bezeichnete der Armee zugewiesene Bahnlinie an so vielen Stellen und so gründlich zerstört war. Dennoch hatte man diese Schienenwege wählen müssen, weil die Seine-Brücke bei Montereau im Kriege nicht wieder hergestellt werden konnte. Die Verbindung wurde von Moret (bei Fontainebieau) aus wieder südlich nach Montargis, von da nördlich bis Juvissy, dann abermals in südlicher Richtung nach Orléans weitergeführt. Blesme und Orléans liegen in der Luftlinie nur 32 deutsche Meilen von einander entfernt, die hergestellte Eisenbahnlinie zwischen beiden Punkten aber gewann eine Länge von nahezu 80 Meilen.

Dennoch legte auch das Ober-Kommando der II. Armee auf den Besitz einer eigenen Eisenbahnlinie so hohen Werth, daß es auch seinerseits Alles aufbot, um die bezeichnete Zickzackbahn wieder in Betrieb zu setzen. Daneben war, wie bekannt, die Basirung der rückwärtigen Verbindungen auf Nanteuil respektive Lagny zeitig in Erwägung gezogen. Nicht sogleich, aber doch noch immer zeitig genug wurde sie auf die dringende Bitte bewilligt, welche alle Schwierigkeiten darlegte, mit denen die II. Armee zu kämpfen hatte. Die energische Ausnutzung jener Erlaubniß schuf denn auch in Verbindung mit den neuen zu Orléans getroffenen Anordnungen für die Zukunft gesicherte Verhältnisse.

In Orléans wurde sogleich die Errichtung eines Central-Reserve-Magazins in Angriff genommen. Zunächst ging es damit nur langsam vorwärts. Man hatte gehofft, in der Stadt reiche Vorräthe und vor allen Dingen brauchbares Eisenbahn-Material zu finden, diese Hoffnung aber erfüllte sich nicht. Auch die Strecken gegen Blois und gegen Vierzon hin waren leer. Erst im letzten Orte erbeutete die dorthin vordringende 6. Kavallerie-Division eine große Anzahl von Waggons.*)

Die noch zu erwartenden Kolonnen der General-Etappen-Inspektion kamen nur sehr langsam an und der Versuch, die Ankäufe von Proviant in den größeren Städten des occupirten Landstrichs in's Werk zu setzten, scheiterte vorläufig. An die Eröffnung der Bahnlinie der II. Armee auch nur bis Montargis war noch für geraume Zeit nicht zu denken. Zwischen Montargis und Nemours hatte man gleichfalls eine bedeutende Eisenbahnbrücke zerstört gefunden. Für das Magazin in Orléans kommen daher zunächst nur die Mittel in Betracht, welche auf die Eisenbahnstrecke Juvissy — Orléans, deren Herstellung jetzt sogleich in Angriff genommen wurde, herbeigeschafft werden konnten. Juvissy wurde durch Landtransporte mit Lagny in Verbindung gesetzt, alle Kolonnen des Korps aber später, wenn irgend angängig, noch immer nach Lagny geschickt.

Mit der Zeit besserten sich alle diese Verhältnisse. Die Linie Juvissy—Orléans wurde zuerst von einer bayerischen Eisenbahn-Abtheilung nothdürftig in Stand gesetzt, bis zum 8. Dezember konnten auf derselben 5—6 Waggons pro Tag bewegt werden, 40 Wagen und 2 sehr mangelhaft beschaffene Lokomotiven bildeten das gesammte augenblicklich hier disponible Material.**) Später übernahm ein Ingenieur-Offizier des Ober-Kommandos, dem die preußische Feld-

---

*) Siehe Seite 332.

**) Nach und nach wurden im Ganzen 80 Wagen verfügbar gemacht.

Eisenbahn-Abtheilung Nr. 2. beigegeben wurde, die gesammte Leitung des Betriebes auf dieser Linie. Dadurch, daß man nur auf der stark ansteigenden Strecke Juvissy—Etampes Pferdebetrieb einrichtete, auf der Strecke Etampes—Orléans dagegen den Dampfbetrieb fortsetzte, gelang es, die Leistungsfähigkeit der Bahn erheblich zu steigern.

Freilich konnte auf diesem Wege auch jetzt nur ein geringer Theil des täglichen Bedarfs für die II. Armee herangebracht werden — allein es war doch immer eine nicht zu verschmähende Aushülfe.

Als die Armee ihren Zug gegen den Loir antrat, konnten besondere Anordnungen nicht getroffen werden. Alle bei den Korps befindlichen Kolonnen und Fuhrparks wurden noch am 11. Dezember nach Lagny gesandt und dann später in Orléans gefüllt, um den vordringenden Truppen zu folgen. Was irgend durch die Wagenparks der General-Etappen-Inspektion, durch Ankäufe und Requisitionen beschafft werden konnte, war in Orléans inzwischen aufgespeichert worden. Im Uebrigen verließ man sich auf die Leistungsfähigkeit des Landes. Da dieser Zug nur eine geringe Dauer hatte, so entstand auch keine große Verlegenheit.

Die Wiedereröffnung der Bahnlinie Orléans—Blois und von dort weiter gegen Tours hin war freilich schon in's Auge gefaßt und auch durch das große Hauptquartier dem Ober-Kommando der II. Armee anempfohlen worden. Bayersche Beamte sollten hier den Dienst versehen. Vorläufig aber konnte daran noch nicht gedacht werden, es mangelte allzusehr an Personal und Material. Schon hatte der General-Quartiermeister der Armee die Nothwendigkeit betont, die Beamten für die Strecke Orléans—Juvissy aus Sachkundigen zu wählen, die noch in der Truppe steckten, da die Heimath kaum mehr Kräfte zu liefern vermochte. Alle übrigen Techniker, die innerhalb der Truppen aufzufinden waren, sollten alsdann überhaupt dem Eisenbahndienste zurückgegeben werden.

Auch der Ausbau der Linie Montereau—Montargis wurde vom 16. Dezember ab in Angriff genommen und die bayerische Feld-Eisenbahn-Abtheilung dorthin geschickt.

Sehr werthvoll war die in Vierzon gemachte Beute von Eisenbahnmaterial. 4 Personen-, 70 Güterwagen und 2 Tender fielen dort in die Hand der einrückenden Truppen, um durch Pferde nach Orléans geschafft zu werden, ehe Vierzon wieder geräumt wurde. Sie vermehrten den vorhandenen Wagenpark. Die vom Ober-Kommando früher in's Auge gefaßte Idee, von der französischen Kompagnie de l'Est die nothwendige Zahl von Eisenbahnwagen leihweise zu entnehmen, scheiterte in dieser Zeit, weil das große Hauptquartier sich mit dem Gedanken, Truppen- und Munitionstransporte bei der Benutzung des französischen Materials vertragsmäßig auszuschließen, nicht einverstanden erklärte und demgemäß seine Weisungen an die Gesandschaft in Bern ertheilte.

Die Transportmittel, über welche die Armee auf den von ihr besetzten Schienenwegen verfügte, blieben daher sehr geringe.

Bei dem weiteren Vorrücken wurde es übrigens nothwendig, die General-Etappen-Inspektion der Bewegung folgen zu lassen. Am 6. Dezember erhielt sie daher telegraphischen Befehl, ihren Sitz baldmöglichst von Troyes nach Nemours zu verlegen und die Teten der Etappentruppen so stark zu machen, als sie es vermochte. Die Inspektion gab am nächsten Tage telegraphische Antwort:

Troyes, den 7. Dezember 1870.
12 Uhr 50 Minuten Nachmittags.

„Stündlich Betrieb der Eisenbahn nach hier erwartet, daher Truppen erst abkömmlich innerhalb fünf bis sechs Tagen, wenn Ablösung vom 7. Korps erfolgt ist. Im Augenblick Truppen an der Tete vorzuschieben unmöglich. Soll unter diesen Umständen der Abmarsch der Inspektion nach Nemours noch aufgeschoben werden?"

General-Etappen-Inspektion der II. Armee.
(gez.) v. Tiedemann.

Das Ober-Kommando erwiderte Abends um 7 Uhr durch Telegramm:

„Verlegung der General-Etappen-Inspektion nach Nemours muß sofort geschehen; Vorschieben von Etappentruppen nach Möglichkeit zu beschleunigen."

Da der Oberbefehlshaber sich in jenen Tagen mit dem Plane eines Zuges nach Bourges und Nevers gegen die dorthin zurückgewichene Armee Bourbaki beschäftigte, so war die Anwesenheit der obersten Etappenbehörde nahe der Armee nöthig, um die Verbindungen, den Verpflegungs- und Nachschubdienst zu organisiren. Nemours sollte natürlich nur eine Zwischenstation sein, und die Inspektion von dort aus nach Orléans übersiedeln. Auf den letzten, ihr zugegangenen Befehl meldete diese Behörde am nächsten Tage, sie werde am 9. Dezember Troyes verlassen und am 13. in Nemours eintreffen. Sie beschleunigte ihren Marsch übrigens und traf — durch neuen telegraphischen Befehl vom 12. dahin gewiesen — am 14. Dezember über Pithiviers in Orléans ein.

Auch die Etappentruppen wurden in dieser Zeit sehr erheblich vermehrt. Auf Befehl Seiner Majestät des Königs vom 7. Dezember trat nämlich die III. Armee die ihr zur Verfügung stehenden 5 preußischen Bataillone Aschersleben, Halle, Torgau, Bitterfeld und Mühlhausen an die II. Armee ab. Diese Truppen standen zur Zeit in Montereau, Moret, Fontainebleau, Melun, Château Thierry, Nogent l'Artaud, Nanteul sur Marne, Meaux, Lagny und Corbeil vertheilt. Ferner trat auch das 1. Reserve-Husaren-Regiment zu den Etappentruppen der II. Armee über. Dies Regiment hatte am 6. Dezember den Fußmarsch von Nancy über Toul, Ligny, Bar le Duc nach Meaux angetreten und war angewiesen, dem Ober-Kommando die weiteren Marschquartiere telegraphisch zu melden. Da die III. Armee aber 5 Bataillone Etappentruppen abtrat, so wurden sie der Besetzung von Melun, Fontainebleau, Moret und Montereau enthoben. —

Alle zur Herstellung des neuen Verhältnisses nöthigen Schritte wurden zwischen den beiden Ober-Kommandos der II. und III. Armee direkt geregelt und am 17. Dezember hatten die Etappentruppen der II. Armee folgende Punkte besetzt: Bar sur Seine Auxon, Joigny, Troyes, Estissac, Villeneuve l'Archevêque, Sens, Montereau, Cheroy, Melun, Moret, Nemours, Fontainebleau, Malesherbes, Puiseaux, Pithiviers, Toury und Orléans. Die weiter östlich und südlich gelegenen, früher von der II. Armee eingenommenen Etappen waren mittlerweile durch Gouvernementstruppen oder durch das herangerückte 7. Armee-Korps besetzt worden.

Wie früher, so dauerten auch in dieser Epoche noch die Beunruhigungen auf den rückwärtigen Verbindungslinien fort. Zumal von Auxerre aus, wo sich größere Abtheilungen Franctireurs und andere Truppenformationen gesammelt hatten, unternahm der Feind kleinere Streifzüge gegen die nächstgelegenen Etappenorte, deren Garnisonen er fortdauernd neckte und beunruhigte.

Das oben schon angeführte Telegramm der General-Etappen-Inspection vom 7. Dezember besagte zum Schluß: „Aus Cheroy und Sens werden feindliche Bewegungen ohne Angabe von Courtenay aus gemeldet. Oberst Ehrenberg ist angewiesen zu rekognosziren und nach Umständen gegen den Feind aufzutreten.

Das Detachement diente somit noch auf seinem Marsche von Chaumont zur Armee als eine willkommene Verstärkung der Etappen-Truppen. Am 3. Dezember war übrigens, wie spätere Meldungen ergaben, ein Kommando Ersatzmannschaften des 3. Armee-Korps im Dorfe Egriselle angegriffen worden. Das Kommando hatte — 152 Mann stark — die Etappenstraße von Sens aus verfehlt und sich gezwungen gesehen, in Egriselle zu übernachten. Dort legte es sich vorsichtigerweise in der Kirche in Allarmquartier und richtete dieselbe zur Vertheidigung her. Gegen 5 Uhr Morgens fielen Gewehrschüsse gegen die Fenster, welche die Scheiben zertrümmerten und der Feind versuchte in die Kirchthüren einzudringen. Mit leichter Mühe wurde er abgewiesen, schichtete aber nun Strohmassen rings um die Kirche auf und suchte das Schiff derselben in Brand zu setzen oder die Besatzung zu ersticken, welcher übrigens eine Kapitulation angeboten wurde. Ein auf den Thurm und das Kirchendach gestiegener Schützenzug verjagte, da das angezündete Feuer nun die Umgebung erhellte, bald den Gegner aus dem nächsten Bereich der Kirche, ein anderer Zug machte dann einen Ausfall und trieb ihn dabei in ein nahe gelegenes Gehölz. Der Versuch, ihm dort durch einen schnellen Marsch den Weg zu verlegen, mißglückte jedoch. Das angegriffene Detachement verfolgte seinen Gegner aber noch bis 4 Kilometer vor Courtenay. Es hatte nur 2 Mann eingebüßt, welche sich in der Nacht gegen den Befehl des Kommandoführers aus der Kirche geschlichen, und die nun vermißt wurden. Der Feind ließ einen Offizier — nach Ausweis seiner Papiere ein Pole — sowie 12 Mann todt auf dem Platze liegen, gegen 30 Verwundete soll er angeblich mit sich geführt haben. Bewaffnung und Equipirung der Freischärler erwiesen sich übrigens als vortrefflich, auch zeigten sie eine erhebliche Fertigkeit im Handhaben ihrer Gewehre, dafür aber eine um so schlechtere Haltung im Gefecht. In Courtenay standen um jene Zeit nach mehreren übereinstimmenden Angaben 5—600 Bewaffnete. —

Ueber den Anmarsch des 7. Armee-Korps, von dem die endgültige Beseitigung dieser Zustände gehofft wurde, gingen dem Ober-Kommando mehrfach telegraphische Meldungen der General-Etappen-Inspektion zu.

Am 7. Dezember telegraphirte General v. Tiedemann unter Anderem: „Morgen wird General v. Osten vom 7. Korps mit 3½ Bataillonen, 1 Eskadron, 1 Batterie in der Linie Ravières—

Tonnerre stehen." „General v. Zastrow mit den ersten Truppen in Joinville."

Er meldete ferner, daß die Brigade Goltz vom Werderschen Korps die Gegend von Châtillon wieder verlassen habe, die nunmehr aber durch das 7. Korps gesichert wurde. Ueber die weiteren Bewegungen des General v. Zastrow ist das Nöthige in großen Zügen schon gesagt worden.

Nicht unerheblich wurde die Thätigkeit der Etappen-Behörden und Etappen-Truppen der Armee durch die Gefangenen-Transporte in Anspruch genommen, die nach den Schlachten von Orléans und Beaugency in bedeutendem Umfange begannen. Die einzelnen Etappenorte und ihre schwachen Besatzungen wurden von den ankommenden langen Zügen der Kriegsgefangenen förmlich überschwemmt und der Bewachungs- und Eskorte-Dienst nahm alle Kräfte so sehr in Anspruch, daß für Expeditionen in die Umgegend, oder gar gegen die weit entfernten Sammelplätze der französischen Freischaaren und Territorialtruppen Nichts übrig blieb.

Eine andere bedeutende Last, die der General-Etappen-Inspektion zufiel, war die Aufgabe, für den Belagerungspark der Armee von Paris durch Requisition 1000 Vorspannpferde zu schaffen. Bei dem großen Mangel an Kavallerie, die allein weitreichende Streifereien hätte unternehmen können, war es unendlich schwierig, einer größeren Anzahl von Landpferden habhaft zu werden. In der Folge blieben auch die Resultate weit hinter den geforderten Zahlen zurück.

So war selbst noch während dieser Kriegsepoche die II. Armee ohne eigene selbstständige Verbindung geblieben, und die Folgen eines solchen Verhältnisses mußten naturgemäß auf ihren Handlungen lasten. Kein ausreichender Ersatz an Menschen und Material erreichte sie. Unter dem Feuer des Feindes, der ihren Angriffen eine zähe Defensive entgegensetzte, schmolzen aber ihre Bataillone von Tage zu Tage. Ihre Bekleidung war ruinirt, Munitionsmangel drohte gerade in entscheidenden Augenblicken; für ausreichende Ernährung wurde zwar noch immer mit Aufbietung aller Mittel gesorgt, allein die Rücksicht auf die Schwierigkeiten, welche auch auf diesem Gebiete leicht eintreten konnten, hemmten und bedingten dennoch die Entschlüsse des Feldherrn bei jeder Gelegenheit. Die gänzliche Unsicherheit der rückwärtigen Verbindungen der Armee in dieser Zeit darf bei Beurtheilung ihrer Leistungen nicht gering veranschlagt werden.

XII.

Schluß.

Am 19. Dezember gab Prinz Friedrich Karl den an die Loire zurückgekehrten Truppen seine Befehle, die neuen Stellungen zu beziehen, in denen ihnen die überaus nöthige Ruhe endlich zu Theil werden sollte.

Dem 9. Armee-Korps wurden Kantonnements zwischen Orléans und Chateauneuf angewiesen. Ein Detachement des Armee-Korps erhielt die Bestimmung, das wichtige Montargis zu besetzen, um von dort aus das Land nach Süden gegen Briare hin aufzuklären und Verbindung mit General v. Zastrow nach Auxerre hin zu suchen. Das Hauptquartier des Korps in Orléans.

Das 3. Armee-Korps sollte sich zwischen Orléans und Beaugency einrichten, sein Hauptquartier in Meung.

Von der 6. Kavallerie-Division erhielt eine Brigade den Befehl, sich südlich Orléans an den Loiret zu begeben und statt des Ulanen-Regiments Nr. 4 die Streifereien in der Sologne zu übernehmen. Dieses Regiment sollte zur 1. Kavallerie-Division zurücktreten und auf Mer abrücken, um zwischen dem 10. und 3. Korps die Verbindung aufrecht zu erhalten.

Die Bewegungen der Truppen zu dieser neuen Bestimmung wurden schon für die nächsten Tage festgesetzt. Des Feldmarschalls Absicht war es, wenn Alles so ausgeführt sei, in der Lage der Truppen keinerlei Veränderung vorzunehmen, bis sie völlig ausgeruht und in jeder Hinsicht wieder hergestellt waren, oder bis neue Angriffsbewegungen des Feindes dazu nöthigten, die Ruhe aufzugeben.

So schloß dieser lehrreiche Feldzug.

Er hatte der Armee viele unerwarteten Erscheinungen gebracht. Von Metz her in ein Land gesandt, das anscheinend waffenlos vor den Siegern lag, sah sie sich plötzlich in Verhältnisse geführt, welche — wollte man sie auch fernerhin beherrschen — alle Kräfte in Anspruch nahmen. Eine in mancher Beziehung völlig veränderte Weise der Kriegführung begann gleichzeitig. Ganz neuer Art waren viele der hier auf diesem zweiten Kriegsschauplatz den eingedrungenen deutschen Heeressäulen entgegentretenden Schwierigkeiten.

Die französische Regierung der Nationalvertheidigung hatte es trotz mancher Mißgriffe doch vermocht, die Republick zu einer Kraftentwickelung zu bringen, an welche man früher nie geglaubt und von der sich Deutschland Nichts hätte träumen lassen, wenn der Krieg mit dem Tage von Sedan, oder mit dem Falle von Metz sein Ende gefunden. Für die Provinzen spielte hierbei die Thätigkeit der Regierungsdelation von Tours — oder thatsächltch die Diktatur Gambetta's die Hauptrolle.

Wenige Wochen, nachdem sie ihre Thätigkeit begonnen, hatte es diese Gewalt vermocht, eine Feldarmee von 5 starken Korps aufzubringen, die mit allem Kriegsmaterial reichlich versehen und deren Cadres durchweg vollzählig, ja zum Theil wohl gar stärker waren, als ursprünglich beabsichtigt. Es war dies die erste Loire-Armee unter dem General d'Aurelle de Paladines, aus dem 15., 16., 17., 18. und 20. Armee-Korps*) bestehend, deren jedes 3 Infanterie-Divisionen, eine Kavallerie-Division und eine Reserve-Artillerie besaß. Die Regierung selbst gab die Stärke dieser ihrer Hauptarmee wohl etwas übertrieben, indessen doch immerhin gewiß annähernd richtig auf 200,000 Mann mit 500 Geschützen an**). Schon zu Ende November war diese Armee in ihrer vollen Stärke operationsfähig.

Daneben entstanden im Norden und Osten Frankreichs andere Armeen, welche ebenfalls schon in den letzten Tagen des Monats

---

*) Nur das 20. Korps besaß keine Kavallerie-Division.

**) Genau wird die wirkliche Stärke dieser Armee sich schwer feststellen lassen. Am zahlreichsten war das 15. französische Korps, dessen 1. Division wiederholt auf 25,000 Mann angegeben wird. General de Bois (l'artillerie de 15. corps, Paris 1871 Dumaine) bezifferte es im Oktober 1870 auf 60,000 Mann und 128 Geschütze. Das Korps zählte mithin noch bei Orléans wohl 50,000 Mann und darüber. Das 20. Korps wird auf 30,400 Mann, das 18. auf 25,000 Mann angegeben. Das 16. und 17. Korps sind ohne Zweifel erheblich stärker gewesen. Die 1. Division des 17. Armee-Korps läßt sich aus den Angaben ihres Tagebuchs auf 11,779 Mann Infanterie (incl. Offiziere) berechnen, hierbei ist das zu ihr gehörige 43. Marsch-Regiment, über welches sich keine Stärkeangabe findet, nicht veranschlagt. Nimmt man es dem 41. Marsch-Regiment gleich, zu rund 3500 Mann an, so kommt man auch für diese Division auf eine Ziffer von 15,000 Mann Infanterie. Gewiß wird man daher nicht viel fehlgreifen, wenn man für diese beiden letzten Korps (16. und 17.) je 35,000 Kombattanten annimmt. Das ergäbe für die Loire-Armee unter General d'Aurelle eine Stärke von rund 180,000 Mann, die sie zweifelsohne auch erreicht hat. Diese Ziffer ist auch in der Untersuchung über die Thätigkeit der National-Regierung zu Versailles von offizieller Seite angegeben worden. (Siehe Enquête parlamentaire, Depositions des temoins 3, pag. 495.)

November unter lebhaften Kämpfen das Feld hielten. Ueberall aber tauchten ferner Territorialtruppen, Formationen jeder Art, Freischaren u. s. w. auf, welche die eingedrungenen Deutschen Truppen auf allen Seiten umschwärmten.

Gewiß ist ein solches Resultat staunenswerth, wenn man bedenkt, daß, ehe das Werk, diese Streitmacht zu schaffen, begonnen wurde, die alte kaiserliche Armee von Frankreich zu Grunde gegangen, ihr ganzer Organisations-Apparat aber in Paris eingeschlossen war. Nur sehr unbedeutende Reste blieben den Männern übrig, welche die Leitung des Kriegs-Departements für die Provinzen Frankreichs übernahmen und die zum Theil — wie Gambetta und Herr v. Freycinet — bis dahin dem militairischen Berufe fern gestanden hatten.

Bei Beaune la Rolande und in den Kämpfen von Orléans zu Beginn des Monats Dezember wurde diese erste große Armee der Republik in ihrer ursprünglichen Verfassung zerstört. Ihre beiden Flügel erlitten empfindliche Niederlagen und ihr Centrum wurde durchbrochen. Aus der ersten Loire-Armee wurde die I. und II. unter Bourbaki und Chanzy.

Während die I. bei Bourges sich sammelnd, immer noch die Aufmerksamkeit des Siegers erforderte und die Rücksicht auf die Existenz dieser Armee ihn in seinen Operationen unfrei machte, gelang es der Regierungsdelegation abermals, der II. Loire-Armee unmittelbar nach der Schlacht von Orléans 5 frische Divisionen zuzuführen.*)

Theile dieser frischen Streitkräfte in ihre Front hineinziehend, konnte diese Armee die Kämpfe von Beaugency aufnehmen und sie wurde ein beachtenswerther Gegner, der vom 10. Dezember ab für einige Tage fast alle an der Loire befindlichen deutschen Streitkräfte auf sich zog.

Das schnelle Entstehen immer neuer Heere, die gleichsam aus dem Boden wuchsen und denen auch während der Aktion immer noch

---

*) Die Division Camô, drei Divisionen und das Korps de Bretagne des 21. Armee-Korps. Dies letzte Armee-Korps besaß außerdem noch eine Reserve. Es war gleichfalls sehr stark. De Freycinet giebt am 4. Dezember in einer seiner Depeschen an, er habe bei Beaugency und Marchenoir 60,000 Mann vereinigt. (Siehe d'Aurelle la première armée de la Loire, pag. 346.) Diese Ziffer bildet sonach die Stärke der Division Camô und des 21. Korps. General Camô führte nachweislich (Siehe Seite 288) 9500 Mann heran; mithin bleiben für das 21. Korps nach Freycinet's Angabe 50,500 Mann; doch ist diese Zahl unzweifelhaft zu hoch gegriffen.

Ersatz an Menschen und Material zufloß, spricht für die außerordentliche Gewalt des damals herrschenden Regimes und für die Leichtigkeit, mit der man in Frankreich die Massen in Bewegung bringen kann, wenn man den Zauber, den der Begriff des Waffenruhmes auf dieses Volk ausübt, zu benutzen versteht. Zur Vertheidigung des vaterländischen Bodens, gewiß aber auch, sobald es sich um einen Rachekrieg gegen den Sieger handelt, wird Frankreich immer bereit sein, alle seine Männer zu den Fahnen zu entsenden.

Nicht weniger tritt in dieser Kriegsepoche deutlich die Kraft an's Tageslicht, welche in dem Reichthum Frankreichs liegt. Nur ein Land, welches über so unerschöpfliche materielle Hülfsquellen und über eine so alte Kultur gebietet, kann im Stande sein, die Mittel für eine so schnell und großartig improvisirte Heeres-Organisation aufzubringen. Die Industrie und der Kredit des Landes haben jedenfalls ganz Außerordentliches geleistet und Deutschland würde dergleichen kaum möglich gemacht haben.

Freilich kam es den Gewalthabern Frankreichs sehr zu statten, daß sie durch die Wiederherstellung der Republik, sowie durch die Errichtung einer Diktatur in den Provinzen, aller Rücksichten auf die bestehenden Verhältnisse enthoben waren und die Mittel für ihre Zwecke brauchen konnten, wo und wie sie dieselben fanden. So konnten Sie auch die Rücksicht darauf hintenan setzen, welche Wunden dem Lande durch ihren kühnen Versuch, die Waagschale des Sieges gewaltsam auf Frankreichs Seite zu neigen, geschlagen wurden.

An militairischer Tüchtigkeit standen diese Heere der Republik denen des Kaiserreichs bei Weitem nach. Die Elemente, welche bei den Massenaufgeboten in die Reihen der Regimenter und Bataillone aufgenommen werden mußten, boten zum Theil gewiß keine Garantie für die Moral der Truppe*). Das Offizierkorps war ebenfalls so

---

*) Interessant für diese Epoche der Organisation der Streitkräfte der Republik ist unter vielem Anderen ein aus Vendôme vom 18. November 1870 datirter Bericht des Kommandeurs des 11. Marschjägerbataillons an seinen Divisions-Kommandeur:

„Mon Général, au moment ou une action avec l'ennemi est imminente, je crois de mon devoir, de vous rendre compte de la mauvaise composition du bataillon que je commande et des craintes, que cette situation fait naître."

„Le 11e bataillon de marche de chasseurs à pied à été formée à Rennes, le 8 du courant, à l'effectif de 1300 hommes; les cadres furent

bunt zusammengesetzt und an vielen Stellen gewiß nur wenig mehr bewandert in militairischen Dingen, als die Rekruten, welche es anführen sollte.

Allein, was dieser Armee an Qualität fehlte, glich sie nahezu durch ihre Zahl und vor Allem durch die Zähigkeit der Regierung aus, die sie aufstellte und stets von Neuem vollzählig machte. Dieser Regierung stand eine Oberleitung der Armee zur Seite, welche nach den unglücklichen Gefechten doch die Defensive meist wieder auf-

pris dans les éléments que cet effectif présentait. Le 14, nous étions mis en route, avant d'avoir eu le temps d'étudier et de connaître un peu les hommes, et, chose plus grave, sans avoir pu leur donner une première instruction militaire qui leur fait complètement défaut. Ce sont presque tous des engagés volontairs, qui sont entré au service, pressés par la faim, leur existance d'autrefois est très problématique; ils appartiennent en partie à cette classe de misérables, renvoyés comme bouches inutiles des grands centres de population et surtout de Paris; aussi sont ils animés d'un très mauvais esprit, respectants peu ou point la discipline, et inspirants à tout ceux qui les approchent, un sentiment de défiance, justifié par leurs actes.“

„Certes, mon général, cette fâcheuse disposition d'esprit, cette indiscipline dans une troupe qui doit combattre prochainement, n'à rien de bien rassurant pour celui, qui est appellé à la commander, mais avec de la formeté, unie à un sentiment paternel pour tout ce, qui concerne le bienêtre de la vie matérielle de l'homme, on peut encore, je crois, espérer de ramener cette troupe aux sentiments du devoir; il n'en est malheureusement pas ainsi quand l'instruction militaire lui fait également défaut, et j'entends par „instruction militaire“ le maniement des armes.“

„Ces hommes n'ont été exercés qu'aux marches des écoles du soldats et de peloton, sans fusil entre leurs mains, et, malheureusement, depuis le 8 Novembre, il ne m'à pas été possible, de les exercer plus de trois fois.“

„Malgré cette situation défavorable, j'espère, mon général, avec le concours de mes officiers, obtenir de bons services du bataillon, et faire oublier la mauvaise impression qu'il vous à causé pendant la route du Mans à Vendôme.“

Später, während des Dezemberfeldzuges, ist das Bataillon mehrfach in vortheilhafter Weise von General Chanzy genannt worden.

So stand es um die Mannschaften der Armee; wie es mit dem Ersatz der Offiziere bestellt gewesen, ist danach leicht zu ermessen. Setzt doch das französische Kriegsministerium der Regierungsdelegation förmlich einen Preis für die Offiziere der kaiserlichen Armee, welche ihre Flucht aus der Gefangenschaft bewerkstelligen sollten. In einem Erlaß vom 13. November sagt es: „Le Gouvernement de la défense nationale désirant encourager les officiers à s'échapper des

nahm, begünstigt durch den Volkskrieg, das Terrain, den Zustand der Kommunikationen und eine im großen Ganzen auch jetzt noch weit überlegene Infanteriebewaffnung. Nicht auf schnell erfochtene entscheidende Siege, wohl aber auf ein Ermüden, Aufreiben der Gegner war die Art der Kriegführung berechnet, welche namentlich die II. Loire-Armee befolgte. Durch die Hartnäckigkeit und die Ausdauer hoffte sie ihrer Gegner Herr zu werden. Die Nähe der unerschöpflichen Hülfsquellen, die Verfügung über das Eisenbahnnetz von Südfrankreich begünstigte dieses System, das nicht instinktiv, sondern mit vollem Bewußtsein inne gehalten wurde. Während alle Verluste der französischen Armee schnell ersetzt, entblößte Punkte, wie es das Beispiel von Tours zeigt, schnell durch herbeigerufene Neuformationen wieder occupirt wurden, blieben die gegen die Loire gesandten deutschen Korps fortwährend in Thätigkeit und in Berührung mit dem Feinde. Ohne daß ihnen in dieser Kriegsperiode nennenswerthe Ersatztransporte zuflossen, mußten sie die täglich schmelzenden Bataillone doch von einem Gefechtsfelde auf das andere führen.

Aber trotz alledem scheiterte dieser glühende Patriotismus, dieser außerordentliche Aufwand von Energie, Intelligenz und Reichthum auf Frankreichs Seite wirkungslos an der überlegenen Moral und Kriegstüchtigkeit der schwachen Armee des Prinzen Friedrich Karl. Eine Bevölkerung von gewiß 20 Millionen Menschen, die ihre Kräfte hergab, um die beiden Loire-Armeen aufzustellen, hat es nicht vermocht, eines eindringenden Heeres-Herr zu werden, das zu der Zeit, wo es am stärksten war, wenig mehr als 70,000 Gewehre in den Kampf einsetzte*). Vergebens wurden die Traditionen der Republik, die Regungen der Vaterlandsliebe angerufen, vergebens durch alle nur irgend zu Gebote stehenden Mittel das Kriegsfeuer in den Massen geschürt — vergebens die Herstellung einer rigourosen Dis-

---

mains de l'ennemi à arrêté, que ceux d'entre eux, qui rentreraient en France après évasion, recevront une indemnité de sept cent cinquante francs, pour s'habiller, s'équiper de nouveau."

„Cette mesure ne s'applique pas aux pertes d'effets subies dans d'autre conditions, celle-ci devront être justifiées dans la forme ordinaire prèscrite par l'ordonnance du 25 décembre 1837 (article 243). Ueber die Organisation der Heere der Republick siehe auch den Anhang.

*) Vor der Schlacht von Orléans und vereint mit der Armee-Abtheilung des Großherzogs.

ziplin durch Kriegsgerichte und zahlreiche Exekutionen*) angestrebt, das Resultat blieb dasselbe, die Niederlage vor dem an Zahl weit unterlegenen Feinde.

Dennoch bleiben die Erscheinungen dieses Feldzuges an der Loire für Deutschland eine ernste Mahnung. Der in langen Friedensjahren sorgfältig vorbereitete Heeresorganismus reichte nur bei großer Sparsamkeit im Verbrauchen der Kräfte aus, um den Sieg endgültig zu behaupten. Welche Mühe es kostete, nach dem glücklichen Kriege gegen das Kaiserreich noch einen zweiten unmittelbar darauf durchzuführen, hatte sich jetzt schon deutlich gezeigt. Aller trefflichen Eigenschaften des deutschen Offizierkorps, aller Pflichttreue und Ausdauer des deutschen Soldaten bedurfte es, um hier nicht zu scheitern. Nur der lang erworbene reiche Schatz an militairischer Erziehung, Gewohnheit der Entsagung und des Gehorsams erhielt jene Motive lebendig und wirksam, wo das ursprüngliche Kriegsfeuer zu erlöschen begann und der Thatendurst, mit dem man in's Feld gezogen, sein Genüge hatte.

Es wäre gewiß trotz aller vorangegangenen Erfolge nicht leicht gewesen, eine neue Armee aufzustellen, wenn durch eine Verkettung von unglücklichen Zufällen eine deutsche Armee völlig verloren gegangen wäre, wie Frankreich deren schon zwei eingebüßt hatte. Jedenfalls würde Deutschland dazu erhebliche Zeit gebraucht und doch wohl kaum vermocht haben, die glänzende Lage wieder herzustellen, wie sie bis dahin durch eine zwar kühne aber vorsichtige Kriegführung geschaffen worden war.

Das fordert auf, daran zu arbeiten, daß die sorgfältige kriegerische Organisation des Deutschen Volkes nicht nur erhalten bleibe, sondern weiter ausgebaut werde und es mahnt daran, den Gegner nicht zu unterschätzen, dessen Befähigung für den Krieg und dessen Reichthum an Mitteln sich hier so unwiderleglich gezeigt hat.

---

*) Das Befehlsbuch der 1. Division des 17. Armee-Korps macht in der Zeit vom 11. bis 30. November nicht weniger als 5 vollstreckte Todesurtheile, sowie eine Reihe anderer harter Bestrafungen bekannt. Der Bischof von Orléans richtete am 29. November an die Armee eine „observation sur le temps à laisser aux condamnés de remplir leurs devoir religieux“ — woraus sich auf ein ziemlich kurzes und wenig skrupulöses Verfahren mit den, militairischer Vergehen Angeklagten, schließen läßt.

Anhang.

Unter den bei Vendôme am 16. Dezember 1870 genommenen französischen Dienstpapieren fanden sich zahlreiche organisatorische und andere Dekrete der Regierungsdelegation von Tours, welche damals sehr werthvoll für die Aufklärung über den Stand der Nationalbewaffnung in Frankreich waren. Die interessanteren dieser Dekrete sind hier zusammengestellt. Sie geben für jede eingehende Geschichte des Loirefeldzuges nützliche Aufschlüsse.

I. Ministre de la Guerre.

Collection des Décrets, Arrêtés, Instructions Circulaires, etc. intéressant l'ensemble des services et ayant paru depuis le 11 octobre 1870.*)

(Am 9. Oktober 1870 war Gambetta in Tours eingetroffen, am 10. hat er sich dort als Kriegsminister der Leitung der Dinge bemächtigt; vom 11. Oktober beginnt seine Thätigkeit in dieser Stellung.)

---

*) Alle diese Verordnungen tragen die Ueberschrift:

République française
Liberté, Egalité, Fraternité
Gouvernement de la défense nationale

Es kamen überhaupt in die Hände des Oberkommandos der II. Armee, die Dekrete Nr. 3, 5, 9, 10, 15, 16, 18, 19, 20, 21, 22, 23, 24, 28, 34, 60. Das letzte datirt schon vom 25. November, die ganze Sammlung ist daher jedenfalls sehr zahlreich gewesen und spricht deutlich für die außerordentliche Rührigkeit des Diktators und seiner Gehülfen.

Unterzeichnet sind die Dekrete:

Le Membre du Gouvernement
Ministre de l'Intérieur et de la Guerre.
L Gambetta.

Par le Ministre:
Le Délégué au département de la Guerre.
C. de Freycinet.

1.

Décret du 14 octobre 1870.

Tout chef de corps ou de détachement qui se sera laissé surprendre sera traduit devant un conseil de guerre.

Le Membre du Gouvernement de la Défense Nationale, Ministre de l'Intérieur et de la Guerre,

En vertu des pouvoirs à lui délégués par le Gouvernement, par décret en date à Paris du 1er octobre 1870,

Considérant que le premier devoir d'un chef de corps en temps de guerre est la vigilance;

Décrète:

Sera traduit devant un conseil de guerre, tout chef de corps ou de détachement qui se sera laissé surprendre par l'ennemi, ou qui se sera engagé sur un point où il ne soupçonnait pas la présence de l'ennemi.

Fait à Tours, le 14 octobre 1870.

2.

Déclaration à l'état de guerre des départements situés à moins de 100 kilomètres de l'ennemi.

Article 1er.

Tout département dont la frontière se trouve, par un point quelconque, à une distance de moins de cent kilomètres de l'ennemi et déclaré en „état de guerre." Cette déclaration est faite par le chef militaire du département aussitôt qu'il a connaissance de l'approche de l'ennemi à la distance surénoncée, et est immédiatement rendue publique, à la diligence des autorités civiles et militaires.

Tout avis concernant la marche de l'ennemi sont transmis directement, par la voie la plus prompte, aux chefs militaires et aux préfets des départements situés dans un rayon de cent kilomètres au moins dans le sens de la marche de l'ennemi.

Article 2.

L'état de guerre entraîne les consequences suivantes:

Le chef militaire du département convoque, toute affaire cessant, un comité militaire de cinq membres au moins et neuf au plus. Ce comité se compose, outre le chef militaire, qui le préside, d'un officier du génie ou, à défaut, d'artillerie; d'un officier d'état-major, d'un ingénieur des ponts et chaussées et d'un ingénieur des mines. A défaut de ces divers fonctionnaires, les membres sont choisis parmi les personnes qui à raison de leurs aptitudes ou de leurs antécédents, s'en rapprochent le plus.

Le comité après avoir visité, s'il y a lieu, le terrain, désigne dans les quarante huit heures, à partir de la déclaration de guerre, les points qui lui parraissent le plus favorablement situés pour disputer le passage à l'ennemi.

Ces points sont immédiatement fortifiés à l'aide de travaux en terre, d'abattis d'arbres et autres moyens d'un emploi rapide et peu dispendieux. Ces fortifications prendront, selon le cas, le caractère d'un camp retranché pouvant contenir tout ou partie des forces disponibles du département. Il ne sera fait exception que lorsque la voie sera déjà commandée dans le département par une place fortifiée.

Article 3.

Le comité militaire ou les membres délégués par lui auront droit de réquisition directe sur les personnes et les choses pour procéder à l'établissement des travaux sus-mentionnés. Ils paieront les dépenses à l'aide de bons délivrés par eux, et qui seront acquittés sur les fonds du département ou des communes, ainsi qu'il sera dit plus loin.

Article 4.

Dès que le chef militaire du département jugera qu'un des points ainsi fortifiés est menacé, il y dirigera les forces nécessaires à la défense. Ces forces seront empruntées, soit aux troupes régulières ou auxiliaires du département, non utilisées pour les opérations du corps d'armée en campagne, soit à la garde nationale sédentaire. A cet effet, le chef militaire jouira du droit de convoquer les gardes nationales jusqu'à quarante ans, de telle commune qu'il désignera. Il aura le commandement en chef de toutes les forces ainsi réunies, et présidera lui-même à la défense.

L'officier du grade le plus élevé après lui commandera sur un autre point.

Article 5.

Si un passage est forcé par l'ennemi, on veillera à rétablir la fortification aussitôt que possible, de manière à couper la retraite à l'ennemi, et ce passage sera gardé jusqu'à ce que le chef militaire juge l'ennemi suffisamment éloigné.

Article 6.

Tant que dure l'état de guerre d'un departement, les gardes nationaux convoqués à la défense sont placés sous le régime des lois militaires; s'ils manquent à l'appel où s'ils n'accomplissent par leurs devoirs de soldat, ils sont passibles des peines prévues par le code de l'armée.

A défaut d'uniforme, les gardes nationaux convoqués doivent porter le Képi, afin de constater leur qualité militaire.

Ils doivent, au moyen des bons qui leur seront remis par les soins du comité militaire, se pourvoir de vivres pour trois jours, sans préjudice des approvisionnements de tous genres que le comité militaire aura pu réunir directement sur les lieux.

Article 7.

Les bons délivrés par le comité militaire sont reçus comme espèces dans les caisses publiques et acquittés au moyen d'un emprunt, contracté au nom du departement par le conseil généra1 et si le conseil général a été dissous, par une commission départementale nomonée par le Préfet.

Article 8.

Dès la publication du présent décret, les préparatifs de défense cidessus prescrits commenceront d'urgence dans les départements compris dans la zone de guerre (jusqu'à 100 kilomètres au moins de l'ennemi), et les départements au delà de cette zone se livreront aux études préliminaires tendant à determiner les points à fortifier ultérieurement.

Les officiers du génie de tous grades, occupés au service courant ou attachés à des corps en campagne, mais non indispensables aux opérations de ces corps se feront connaître immédiatement au délégué du ministre de la guerre, qui leur donnera des destinations dans les départements, pour être attachés aux comités militaires et y diriger les travaux de défense prescrits par ces comités.

Article 9.

Les chefs militaires des départements sont rendus personnellement responsables de l'organition de la défence et de la résistance à opposer à l'ennemi.

Fait à Tours, le 14 octobre 1870.

3.

Décret du 20 octobre 1870.

Campement des troupes en dehors des villes.

Article 1.

Chaque fois que, dans une ville, l'effectif des troupes appartenant soit à l'armée auxiliaire, soit à l'armée régulière, dépassera deux mille hommes, toute la portion de ces troupes qui ne sera pas nécessaire pour le maintien de l'ordre et de la tranquilité, ou le service des postes de la ville, sera réunie dans un camp situé à trois kilomètres au moins de la ville, à moins que les nécessités stratégiques ne commandant de laisser ces troupes à une distance moindre.

Article 2.

L'emplacement du camp devra être choisi de manière à offrir de bonnes conditions de défence, et le camp devra être immediatement protégé au moyen de travaux de terrassement et de fortifications de campagne, convenablement disposés et exécutés autant que possible sous la direction d'officiers du génie.

Le commandant des troupes a, pour l'exécution de ces travaux, le droit de réquisition sur les personnes et sur les choses; il peut réclamer notamment le concours des ingénieurs de l'État.

Les troupes doivent être occupées dans tous les cas à l'exécution des travaux.

Article 3.

Toute communication entre le camp et la ville est interdite, sauf pour les besoins du service, à moins de permissions individuelles et écrites.

Les officiers doivent résider au camp et vivre la vie des troupes.

Article 4.

Chaque jour, le quart au moins de l'effectif des troupes campées exécutera des marches, variant de 20 à 30 kilometres dans une journée. Toutes les portions des troupes seront ainsi exercées à tour de rôle.

Les camps devront être organisés et gardés comme si l'ennemi se trouvait dans le voisinage, et les mesures prescrites par l'ordonnance du 3 Mai 1832 devront leur être exactement appliquées.

Article 5.

Les corps en campagne sont soumis aux dispositions qui précèdent. Toutefois les travaux de défense prescrits à l'article 2 ne sont pas obligatoires quand les troupes ne doivent pas séjourner dans le camp plus de vingt-quatre heures et que l'ennemi ne se trouve pas dans le voisinage.

4.

Mesures à prendre pour signaler les mouvements de l'ennemi.

A. MM. les Préfets.

Monsieur le Préfet, le Gouvernement de la défense nationale a besoin d'être éclairé d'une façon régulière sur les mouvements des armées ennemies, et des corps plus ou moins nombreux qui se répandent dans les départements pour les occuper ou les mettre à contribution.

Il vous est facile, avec le concours des Sous-Préfets et des Maires, de fournir à cet égard les renseignements les plus sérieux et les plus circonstanciés.

En groupant tous les documents qu'il recevra par intermédaire des Préfets et des Sous-Préfets, le Gouvernement se rendra plus complétement compte des marches et contre-marches de l'ennemi, et de l'importance des forces réunies ou disséminées sur les divers points du territoire. Il faut que désormais notre armée soit à l'abri de toute surprise. C'est là un point d'un immense intérêt national sur lequel j'appelle toute votre attention.

Les instructions que vous devrez adresser aux Sous-Préfets et aux Maires sont les suivantes:

Sur tous les points où la présence de l'ennemi sera signalée, les Maires enverront des emissaires qui auront à observer:

1° L'importance des troupes ennemies, en distinguant soigneusement les différentes armes, infanterie, cavalerie et artillerie;

2⁰ La route suivie par le corps observé, le lieu de départ et le point présumé vers lequel il se dirige;

3⁰ L'heure de l'arrivée, la durée du stationnement et l'heure du départ;

4⁰ Enfin, toutes les particularités qui se manifesteront, quelque minimes qu'elles paraissement, leur importance au point de vue des opérations militaires pouvant échapper à l'esprit des observateurs.

Les Maires devront chaque jour vous transmettre ou transmettre au Sous-Préfet de leur arrondissement, „par la voie la plus rapide", un bulletin comprenant les indications qui précèdent.

Vous inviterez ces magistrats à utiliser, soit comme agents de transmission, les agents et facteurs de la poste, les gendarmes, les cantonniers et tous les habitants qui voudront mettre au service du pays leur intelligence et leur dévouement.

Les Maires seront rendus personnellement responsables de la négligence qu'ils apporteraient à l'organisation du service des renseignements, et je suis décidé à traduire devant la cour martiale ceux d'entre eux qui auraient failli à leur devoir.

MM. les Sous-Préfets chargés de recueillir les documents fournis par les Maires, devront les résumer dans une dépêche concise qui vous sera transmise par le télégraphe et, à défaut, par voie d'exprès. Cette dépêche indiquera, en outre, le degré de confiance qui paraît devoir être accordé aux indications reçues. Le double de la dépêche sera adressé directement par le Sous-Préfet au Ministre de la Guerre.

Pour être à même d'exercer un controle efficace sur les renseignements qui leur sont fournis, M M. les Sous-Préfets devront recourir à des émissaires spéciaux et, au besoin, provoquer la formation de Comités d'arrondissement.

De votre côté, Monsieur le Préfet, vous voudrez bien me faire parvenir les renseignements que vous auriez pu vous procurer directement en dehors de ceux qui vous sont fournis par les Sous-Préfets. Vous communiquerez l'ensemble des uns et des autres au Général commandant le Département.

Vous insisterez auprès de vos collaborateurs pour que les transmissions aient lieu de la manière la plus prompte et sans préoccupation aucune des règles hiérarchiques.

Toute l'utilité de ces informations repose, vous le sentez, sur leur célérité.

5.

Circulaire Organisation des Conseils administratifs, institués par décret en date du 19 octobre 1870.

A MM. les Généraux commandant les Divisions militaires.

Général, j'ai l'honneur de vous adresser ci—après des instructions relatives à la mise à exécution du décret du 19 octobre 1870.

Vous voudrez bien, dès la réception de la présente circulaire, assembler le Conseil administratif de votre Division et lui faire connaiître le but de sa création, qui est la prompte organisation des forces militaires que renferment les dépôts, et leur rapide instruction.

Préalablement à toute opération, les chefs de corps convoqués au chef—lieu de la Division devront exposer les ressources et les besoins de leurs corps et fournir au Conseil tous les renseignements de nature à lui permettre de remplir rapidement sa tâche.

Les Conseils s'inspireront pour l'organisation et l'instruction des troupes des prescriptions ci—apres:

1⁰ Organisation.

Infanterie et Cavallerie. — L'effectif présent au dépôt sera organisé par compagnies de 100 à 150 hommes pour l'infanterie et par escadrons de même force pour la cavalerie.

Les Généraux et les Préfets feront savoir, par tous les moyens de publicité, „qu'il est fait appel au dévouement des anciens militaires de toutes armes", et qu'il pourra être donné des emplois de tous grades, jusqu'à celui de capitaine inclusivement, à ceux qui réuniront les conditions requises. Cette dernière mesure est applicable à la gendarmerie. Tous les officiers demissionnaires n'ayant pas atteint l'âge de quarante ans, qui répondront à cet appel, n'auront qu'à se présenter au Général commandant la Division.

Après avoir formé les compagnies et les avoir munies de leurs cadres réglementaires, le Conseil s'occupera de leur équipement et de leur habillement. Dans le cas où le service de l'Intendance ne serait pas en état de pourvoir immédiatement à ces deux besoins, il y aura lieu d'invoquer le concours des municipalités et de recourir au besoin à la voie des réquisitions pour tous les objets de médiocre valeur, tels que couvertures, flanelles, etc.

Quant aux effets d'habillement et d'équipement, qu'on ne pourra se procurer par ce moyen, ils devront faire l'objet d'adjudications divisées par petits lots, et de marchès à courte échéance passés par les soins du service de l'Intendance.

Le Conseil ne perdra pas de vue que le but à atteindre est avant tout la célérité et qu'il ne doit pas s'astreindre à la scrupuleuse observation des types réglementaires. Il devra toutefois proscrire, en matière d'équipement, les poches à cartouches en toile, et exiger qu'elles soient en cuir.

En ce qui concerne l'habillement et le harnachement de la cavalerie, la gendarmerie pourra fournir des ressources précieuses: on pourra lui demander, contre remboursements, les selles, brides et manteaux que la plupart des hommes possèdent en double. On pourra aussi, pour les chevaux et harnachements, procéder par voie de réquisition contre remboursement, mais il sera stipulé que le prix d'estimation des chevaux ne sera payable qu' après la paix. On pourra également s'affranchir de la sujétion des types réglementaires en tout ce qui touche à l'équipement et au harnachement de la cavalerie.

Artillerie. — L'instruction des batteries continuera d'être régie par les règlements spéciaux à cette arme. Les Généraux commandant les Divisions se feront rendre compte par les Généraux commandant l'Écoles du degré d'avancement de cette instruction et en rendront compte à leur tour au Comité. Au surplus, la présence du Général commandant l'École au sein du Comité permettra de traiter un grand nombre de particularités administratives spéciales à l'arme de l'artillerie. Ainsi on pourra activer la fabrication des affûts et des harnachements en faisant remarquer, pour les affûts, qu'on demandera avec succès à l'industrie privée les ferrures d'importance secondaire. Quant au harnachement, on poussera à simplifier modèle règlementaire en ne conservant que les pièces essentielles, ainsi que cela a été fait à Toulouse, pour les quatre batteries offertes à l'État par la ville. On peut mettre, au besoin, en réquisition tous les bourreliers et selliers civils.

2⁰ Instruction Dans les Dépots.

Infanterie. — On n'enverra que des hommes familiarisés avec le maniement des armes, le tir, le montage, le démontage et l'entretien du fusil nouveau modèle, et connaissant les mouvements les plus usuels de l'École de peloton. Pour atteindre ce degré d'instruction, quinze à vingt jours doivent suffire si le temps est bien employé. Il appartient au Général commandant la Division de donner des ordres dans ce sens et veiller à ce que les officiers de chaque compagnie déploient toute l'activité nécessaire, pour la prompte instruction des hommes. Ce n'est que par un contact de tous les instants que les officiers peuvent promptement se faire connaître de leur troupe et lui inspirer de la confiance. Ils devront, en outre, apporter tous leurs soins au maintien rigoureux de la discipline, à la bonne tenue et à la stricte observation du règlement en ce qui concerne les marques extérieures de respect.

Les soirées devront être employées à des conférences sur les règles de la petite guerre et sur les reconnaissances militaires.

On habituera les hommes aux fatigues de la guerre en leur faisant faire, aussi souvent que le temps le permettra, des marches militaires pendant lesquelles on exécutera quelques mouvements, comme si l'on se trouvait en présence de l'ennemi.

Dans chaque marche militaire, on aura soin d'établir un bivouac suivant les règles prescrite.

Cavalerie. — On s'attachera surtout à familiariser les hommes sachant déjà monter à cheval avec le maniement du sabre, les principaux mouvements de l'École de peloton, le paquetage et la théorie du service d'eclaireurs.

Tous les cinq jours, le Général commandant la Division adressera au Ministère un rapport detaillé sur la marche des opérations du Conseil administratif et sur le degré d'instruction acquis par les différents corps de la Division.

6.

Instruction.

Relativ aux Mesures à prendre pour empêcher le ravitaillement de l'armée ennemie.

L'évacuation des bestiaux, chevaux, voitures et approvisionnements de toute espèce, de nature à servir à l'ennemi prescrite par le décret du 22 octobre, doit être préparée dès maintenant.

En conséquence, les préfets des départements menacés s'entendront avec les préfets de départements voisins et avec l'autorité militaire pour déterminer à l'avance les points sur lesquels devront être dirigés le approvisionnements.

L'évacuation se fera, suivant les circonstances, par les voies ferrées, par terre, par canaux, ou par mer, dans les départements voisins du littoral.

La partie la plus délicate de l'opération est celle relative au bétail et aux chevaux. On ne perdra pas de vue que la pauvreté de l'année en fourrages rend l'alimentation difficile partout, et impossible sur certains points. Dans ce dernier cas, les préfets s'entendront avec leurs collègues, et, au besoin, prendront par le télégraphe les ordres du Ministre de l'Intérieur. D'un autre côté, l'accumulation des troupeaux les expose à la peste bovine; il faudra donc les disséminer le plus possible, et, en cas d'encombrement, faire abattre une partie des troupeaux et procéder à la salaison des viandes. Des hommes spéciaux seront chargés, par le comité militaire, de diriger cette opération.

Le comité, en prescrivant l'évacuation, tiendra compte des exigences de la subsistance du pays et des troupes chargés de la défense locale; il se concertera avec le commandant et les fonctionnaires de l'intendance, pour déterminer la part à faire au corps d'armée opérant dans le pays. Il pourra d'ailleurs demander à ce sujet les instructions des ministres de la Guerre et de l'Intérieur.

Le comité militaire, tout en tenant compte de tous les droits, tout en sauvegardant dans la limite du possible tous les intérêts, n'oubliera pas que, pour être efficace, l'exécution de ces mesures doit essentiellement être rapide.

Le rôle des comités militaires étant ainsi suffisamment tracé, il paraît, nécessaire de donner quelques instructions de détail sur les mesures à prendre par les communes.

Dès que l'ordre d'évacuation aura été donné par le comité militaire, le maire et les conseillers municipaux établiront le relevé des quantités à mettre en mouvement, et donneront reçu en poids et en nombre aux habitants; ces reçus porteront estimation fait, soit d'après la dernière mercuriale, soit à dire d'experts.

Les relevés des communes seront centralisés, à la diligence des préfets, sur un point non occupé, et établiront la base des droits des communes.

Le maire autorisera les détenteurs non employés à la défense à accompagner leurs troupeaux et marchandises; s'ils sont insuffisants, il désignera le nombre d'habitants nécessaires, et nommera un délégué de la commune qui fera fonction de comptable.

Des agents, nommés par le préfet, centraliseront l'opération et feront accompagner les envois. Ces agents, au moyen d'écritures simples, tiendront compte des pertes par cas de force majeure; si l'autorité civile au militaire leur fait des réquisitions pour satisfaire aux besoins de l'armée ou des populations, ils se feront délivrer de bons dont la valeur sera ultérieurement remboursée par qui de droit.

Les maires des communes que traverseront les troupeaux, prendront les dispositions les plus efficaces pour assurer la conservation des animaux.

Dès l'arrivée des troupeaux à destination, le maire fera connaître au préfet le nombre de têtes de bétail; cet avis sera transmis par le préfet au ministre de l'Intérieur, qui le communiquera à son collègue de la Guerre.

Si des maladies épidémiques se déclaraient, avis immédiat en serait donné au sous-préfet de l'arrondissement qui prendrait les mesures nécessaires pour arrêter le mal. Il ferait abattre au besoin les animaux sains et saler la viande.

Tours, le 29 octobre 1870.

7.

Création par les départements d'une batterie d'artillerie par cent mille âmes.

Le Membre du Gouvernement de la Défence Nationale, Ministre de l'Intérieur et de la Guerre;

En vertu des pouvoirs à lui délégués par le Gouvernement, par dédret en date à Paris du 1er october 1870;

Considérant qu'il importe de relever notre artillerie de l'infériorité numérique dans laquelle elle se trouve vis-à-vis de l'ennemi;

Vu les demandes fournies par plusieurs départements, desquelles il résulte que l'industrie privée offre à cet égard des ressources que peuvent être utilisées;

Décréte:

Article 1er.

Chacun des départements de la République est tenu de mettre sur pied, dans le délai de deux mois, autant de batteries de campagne que sa population renferme de fois cent mille âmes. Ces batteries seront montées, équipées et pourvues de tout leur matériel et personnel, y compris les officiers, plus un chef d'escadron par trois batteries.

La première batterie, dans chaque département, devra être prête dans le délai d'un mois.

Article 2.

Les dites batteries sont établies aux frais du département et à la diligence du préfet, qui jouira à cet effet de tous droits de réquisition nécessaires.

Avant d'être mises en service, elles devront être présentées à l'autorité militaire du département, qui s'assurera que les pièces sont en état de marcher, et délivrera un certificat en conséquence, dans le délai de trois jours à partir de la date de la présentation.

Article 3.

L'État se réserve la faculté de disposer des batteries ainsi fournies. En ce cas, il remboursera le montant de la dépense au département.

Les batteries restant à la Disposition du Departement font partie de droit des forces constituées au moyen des gardes nationales du département.

Fait à Tours, le 3 Novembre 1870.

8.

Nomination d'officiers et sous-officiers à titre provisoire.

Article 1er.

A partir de ce jour, les commissions délivrées par le Ministre de la Guerre, ou par les generaux commandant en chef les corps d'armée ou les divisions territoriales, aux officiers et sous-officiers de l'armée régulière, seront établies à titre provisoire, toutes les fois que le titulaire ne se trouvera pas dans les conditions requises pour l'avancement.

Ces Commissions pourront être rendues définitives à tout instant, à la suite de quelque action d'eclat ou de services exceptionnels dûment constatés. En tout cas, à la fin de la guerre, les commissions provisoires seront classées d'après le mérite des titulaires, et seront rendues définitives toutes celles qui s'appuyeront suffisamment sur les services rendus.

Article 2.

Les commissions provisoires sont, pendant tout leur durée, entiérement assimilées aux commissions définitives. Elles confèrent la même autorité et donnent lieu aux mêmes avantages et prérogatives.

Fait à Tours, le 3 novembre 1870.

9.

Délai dans lequel les officiers doivent se rendre à leur poste.

Tout officier, quel que soit son grade, qui, par lettre d'avis, télégramme ou autrement, reçoit l'ordre officiel de se rendre à un poste, doit effectuer son départ dans les 24 heures qui suivent la reception de l'ordre.

Il est remplacé d'office dans son poste, jusqu'à l'arrivée de son successeur, par l'officier du grade le plus élevé après lui.

Fait à Tours, le 3 novembre 1870.

10.

Création de 12 batteries de mitrailleuses de la garde nationale mobile.

Article 1er.

Il est formé dans les départements ci-après désignés, douze nouvelles batteries d'artillerie de garde nationale mobile spécialement destinées au service des canons à balles (mitrailleuses).

Article 2.

Ces batteries comprendront, comme les batteries montées des régiments d'artillerie de la ligne, des cannonniers-servants et des canonniers-conducteurs. Les servants seront recrutés principalement parmi les ouvriers d'art; les conducteurs, parmi les hommes habitués à la conduite de chevaux.

Article 3.

Le recrutement en sera opéré, soit par des engagements volontaires contractés pour toute la durée de la guerre, soit par des désignations d'office faites par l'autorité militaire dans les bataillons de gardes nationaux mobiles ou mobilisés.

Article 4.

Le cadre et la composition de chacune de ces batteries demeurent fixés ainsi qu'il suit:

1 Capitaine, monté;
1 Lieutenant en premier, monté;
1 Lieutenant en second, monté;
1 Adjudant, monté;
1 Maréchal-des-logis-chef, monté;
1 Maréchal-des-logis-fourrier, monté;
8 Maréchaux-des-logis, dont 2 montés;
8 Brigadiers, dont 2 montés;
2 Trompettes, montés;
2 Maréchaux-ferrants, montés;
2 Bourreliers;
8 Artificiers;
40 Canonniers-servantes;
42 Canonniers-conducteurs, avec 64 chevaux de trait.
118.

Article 5.

L'armement et l'équipement des hommes non montés seront les mêmes que dans les batteries de garde nationale mobile actuellement existante. L'armement et l'équipement des hommes montés seront ceux des cavaliers de train du l'artillerie.

Article 6.

Dans les départements où il est formé deux batteries, il sera nommé un chef d'escadron pour commander ces deux batteries.

Article 7.

Les nominations des officiers seront faites directement, par le pouvoir exécutif au titre de l'armée auxiliaire et pour la durée de la guerre.

Article 8.

Les chevaux de selle et de traite, ainsi que les harnais nécessaires au service de chaque batterie, seront obtenus par voie de réquisition dans les départements où s'organisent les batteries. L'autorité militaire est munie à cet égard de tous les pouvoirs nécessaires. Les harnais seront ceux en usage dans chaque localité. Ils seront modifiés au lieu de rassamblement des batteries pour être mis en rapport avec le matériel d'artillerie.

Article 9.

Chaque batterie, aussitôt formée, sera dirigée dans le plus bref délai possible vers le lieu de rassemblement, qui sera ultérieurement indiqué, pour y recevoir son instruction spéciale.

Article 10.

Des dispositions seront prises afin que ces 12 batteries et celles qui pourraient être créées dans la suite pour le même objet, soient campées à proximité du terrain d'instruction, de manière à concourir en même temps à la préparation du matériel qui doit leur être affecté.

Article 11.

Les départements dans lesquels seront formées les 12 batteries qui font l'objet du présent décret sont les suivants:

Maine-et-Loire	2	batteries
Deux-Sèvres	2	id.
Charente-Inférieure	2	id.
Charente	1	id.
Vendée	1	id.
Gironde	2	id.
Basses-Pyrénées	2	id.
	12.	

Article 12.

Le Ministre de l'Intérieur et de la Guerre est chargé de l'exécution du présent décret.

Fait à Tours, le 3 novembre 1870.

11.

Les Corps-Francs sont rattachés à l'armée régulière.

Article 1er.

A partir de ce jour tout corps de francs-tireurs ou de volontaires sera spécialement attaché par le Ministre de la guerre à un corps d'armée en campagne, ou, à défaut, à une division militaire territoriale, et il sera tenu d'opérer conformement aux directions supérieures du chef de ce corps ou du commandant de la division militaire.

Il ne pourra être dérogé à cette règle qu'en vertu d'une autorisation spéciale du Ministre de la Guerre, dont le commandant de francs-tireurs devra être toujours porteur pour en justifier au besoin.

Article 2.

Aucun corps de francs-tireurs ou aucun détachement de corps ne peut s'éloigner du territoire dans lequel il a reçu ordre d'opérer, sans une autorisatiou en bonne forme du commandant du corps d'armée ou de la division militaire auquel il a été attaché.

Les francs-tireurs ne peuvent s'absenter isolément de leur corps ou de leur détachement sans un congé de leur commandant.

Article 3.

Les corps-francs actuellement en campagne sont rattachés d'office aux corps d'armée ou aux divisions militaires dans le territoire desquels il opérent. Ils devront immediatement se faire connaître au général en chef et prendre ses ordres. Avis en sera donné au Ministre de la guerre.

Ceux de ces corps qui désireraient être rattachée à un autre corps d'armée ou à une autre division territoriale, sont tenus d'adresser, dans les cinq jours, une demande au Ministre de la Guerre. Passé ce delai, il ne sera pas statué sur ces demandes.

Article 4.

Tout corps-franc ou portion de corps-franc qui contreviendra aux dispositions qui précèdent sera désarmé et dissous, sans préjudice des peines qui pourraient être prononcées par les tribunaux militaires.

Fait à Tours, le 4 novembre 1870.

12.

Formation de deux régiments de cavalerie et d'un régiment d'infanterie au moyen de prélèvements dans les légions de gendarmerie de l'intérieur.

Article 1er.

Il est formé, par des prélèvements opérés dans les légions de gendarmerie de l'intérieur deux regiments de marche de gendarmerie à cheval (nos 1 et 2), à l'effectif de 480 hommes, répartis en 4 escadrons de 120 hommes chacun (cadres d'officiers non compris)

Et un régiment de marche de gendarmerie à pied de la force de 1200 hommes, répartis en 2 bataillons à 4 compagnies de 150 hommes (cadres d'officiers non compris).

Les cadres et la composition de ces régiments demeurent fixés ainsi qu'il suit:

Régiment à cheval.

État-Major.

1 lieutenant-colonel commandant.
1 chef d'escadron commandant en second.
2 chefs d'escadron.
2 capitaines adjudants-majors.
1 officier payeur.
1 médicin-major de 2e Classe.
1 aide-major de 1er Classe.
1 vétérinaire en 1er ou en 2e.
1 aide-vétérinaire.
2 adjudants sous-officiers.
1 brigadier trompette.
14.

Un Escadron.

1 Capitaine.
1 lieutenant.
2 sous-lieutenants.
1 maréchal-des-logis chef.
6 maréchaux-des-logis.
1 maréchal-des-logis fourrier.
12 brigadiers.
2 trompettes.
2 maréchaux-ferrants.
96 gendarmes montés.
20 gendarmes non montés.
144.
576 pour 4 Escadrons.
590 force d'un régiment à cheval.

Régiment a Pied.

1 lieutenant-colonel commandant.
1 chef de bataillon commandant en second.
2 chefs de bataillon.
2 capitaines adjudants-majors.
1 officier payeur.
1 médicin-major de 2e Classe.
1 aide-major de 1er Classe.
2 adjudants sous-officiers.
1 corporal-tambour.
12.

Une compagnie.

1 Capitaine.
2 lieutenants ou sous-lieutenants.
1 maréchal-des-logis chef.
1 maréchal-des-logis fourrier.
4 maréchaux-des-logis.
8 brigadiers.
2 tambours.
134 Gendarmes
153.
1224 pour 8 compagnies.
1236 force d'un régiment à pied.

Article 2.

Les officiers, sous-officiers et gendarmes qui entrent dans la composition des corps ci-dessus sont considérés comme détachés de leurs résidences, où ils rentreront lors du licenciement des corps en question.

Article 3.

La solde sur le pied de guerre, les indemnités et allocations qui en découlent, sont acquises à partir du jour de la constitution définitive des corps, laquelle est arrêtée par un procès-verbal du sous-intendent militaire du lieu de sa formation.

Fait à Tours, le 31 octobre 1870.

13.

Création de camps régionaux.

Article 1er.

Il sera immédiatement crée des camps pour l'instruction et la concentration des gardes nationaux mobilisés, appelés sous les drapeaux en vertu du décret du 2 novembre 1870.

Seront également admis dans ces camps, les gardes nationaux mobiles, actuellement dans les dépôts, les corps franc en formation, ainsi que les contingents de l'armée régulière présents aux dépôts, au fur et à mesure des ordres du ministre de la guerre.

Article 2.

Ces camps seront établis dans les environs des villes et recevront les contingents de toute catégorie des départements environnants, en conformité de la nomenclature ci après:

Saint-Omer (camp d'Helfaut). — Nord, Pas-de-Calais, Somme, Seine-Inférieur, Oise, Aisne, Ardennes, Marne, Meuse, Moselle.

Cherbourg (presqu'île du Cotentin). — Eure, Calvados, Manche, Orne, Eure-et-Loir, Seine-et-Oise, Mayenne, Sarthe, Loir-et-Cher, Seine.

Conlie. — Finistère, Côtes-du-Nord, Ille-et-Vilaine, Morbihan, Loire-Inférieure.

Nevers. — Seine-et-Marne, Aube, Loiret, Yonne, Nièvre, Cher, Indre

La Rochelle. — Maine-et-Loire, Indre-et-Loire, Vendée, Deux-Sèvres, Vienne, Haute-Vienne, Charente, Charente-Inférieure.

Bordeaux. — Gironde, Dordogne, Lot, Lot-et-Garonne, Landes, Basses-Pyrénées.

Clermont-Ferrand. — Allier, Creuse, Puy-de-Dôme, Haute-Loire, Cantal, Corrèze.

Toulouse. — Tarn-et-Garonne, Tarn, Gers, Haute-Pyrénées, Haute-Garonne, Ariége, Aude, Pyrénées-Orientales.

Montpellier. — Lozère, Avegron, Hérault, Gard, Ardèche.

Pas-des-Lanciers. — Haute-Savoie, Savoie, Isère, Drôme, Hautes-Alpes, Basses-Alpes, Vaucluse, Bouches-du-Rhône, Var, Alpes-Maritimes, Corse.

Lyon (Sathonay). — Rhône, Loire, Ain, Saône-et-Loire, Jura, Doubs, Côte-d'Or, Haute-Saône, Haute-Marne, Vosges, Meurthe, Haut-Rhin, Bas-Rhin.

Article 3.

Chacun des camps sus-énoncés devra être en état de contenir 60,000 hommes au moins.

Les camps de Saint-Omer, Cherbourg, la Rochelle et du Pas-des-Lanciers, qui à raison de leur situation géographique auprès de la mer, offrent des facilités exceptionelles de ravitaillement et de communications, seront en état de recevoir chacun 250,000 hommes. Ces camps porteront le nom de camps stratégiques, pour les distinguer des autres, nommés simplement camps d'instruction, et recevront de solides fortifications pouvant être munies d'artillerie.

Article 4.

L'emplacement de chaque camp sera déterminé par le comité militaire du département, institué en vertu du décret du 14 octobre 1870. Dans les départements où ce comité n'existe pas encore; il sera immédiatement convoqué par les soins du chef militaire du département.

Un délégué du préfet siégera au sein du comité, pour prendre part à la discussion relative au choix de l'emplacement.

Le dit emplacement devra être déterminé, et les travaux devront être en voie d'exécution dans les cinq jours qui suivront la publication du présent décret. Ces travaux seront dirigés par le comité militaire et exécutés sous la surveillance d'un de ses membres, commis à cet effet.

Article 5.

Pour l'exécution des travaux, le comité militaire jouira de tous les droits de réquisition prévus par les décrets du 14 octobre et du 11 novembre 1870.

Les frais seront supportés par les départements intéressés et répartis entre eux, au prorata de leur population respective.

La dépense afférente aux départements dont le territoire est occupé par l'ennemi, sera supportée par l'État. Celle nécessitée par l'etablissement des camps stratégiques sera supportée moitié par l'État, moitié par les départements de la circonscription.

Article 6.

A chaque camp sera attaché le personnel supérieur suivant:

Un commandant du camp, ayant le rang de général de division et autorité sur tout le personnel et les troupes réunis au camp;

Un chef instructeur, ayant rang de colonel ou de général de brigade;

Un chef instructeur, ayant rang de colonel ou de général de brigade;

Un chef du génie, ayant rang de colonel du génie;

Un administrateur, ayant rang d'intendant et chargé de tous les services ralatifs aux approvisionnement;

Un médicin en chef.

Article 7.

Les fonctionnaires ci-dessus désignés seront nommés par le Ministre de la guerre. Ils seront pris indifféremment dans l'ordre civil ou militaire; sauf le commandant du camp qui sera exclusivement militaire. Les nominations dans l'ordre militaire pourront toutes être faites au titre de l'armée auxiliaire.

L'ensemble de ces chefs de service constituera le conseil d'administration du camp, sous la présidence du commandant du camp, chargé de l'exécution.

Il pourra être nommé un vice-président, pris dans l'ordre civil et spécialement chargé de l'organisation propement dite.

Toutes les nominations dans le personnel du camp ou pour le commandement des troupes seront faites, à titre provisoire, par le commandant du camp. Celles des chefs de légion ou des généraux de brigade, seront faites par le Ministre de la guerre sur la proposition du commandant du camp.

Article 8.

L'appel des mobilisés et autres contingents désignés à l'article 1er, aura lieu à partir du 1er décembre prochain, savoir: les mobilisés du premier ban entre le 1er et le 10 décembre, et les mobilisés des autres bans entre le 20 et le 30 décembre.

. Les hommes seront acheminés au camps dans l'état d'équipement et d'armement où ils se trouveront. Cet équipement et cet armement seront complétés d'office par les soins du Ministre de la guerre et aux frais des départements respectifs. A partir de ce moment, l'entretien et la solde des troupes restent exclusivement à la charge de l'État.

Article 9.

Les troupes présentes au camp seront continuellement instruites et excercées, et mèneront la vie des armées en campagne. Elles seront passées en revue deux fois par semaine. Elles serout soumises à la discipline et aux lois militaires.

Toutes les semaines, le commandant du camps rendra compte au ministre de l'état physique et moral des troupes. Ce compte rendu sera accompagné des rapports des chefs des service.

Article 10.

Le commandant du camp aura le droit de réorganiser les bataillons de gardes mobiles ou mobilisés qui auraient moins de 800 hommes ou plus de 1,200 hommes.

Il composera des régiments de 3 bataillons et des brigades de 2 Régiments, en respectant autant que possible l'autonomie de chaque département.

A partir du jour de l'arrivée des troupes au camp, toute nomination à faire dans les cadres relèvera de l'Administration de la guerre et aura lieu en conformité du dernier paragraphe de l'article 7.

Article 11.

En ce qui concerne l'organisation des batteries d'artillerie départementales, prescrites par décret du 3 novembre 1870, les préfets s'occuperont de fair exécuter les pièces, de les faire équiper, monter et atteler, en conformité du décret. Mais le commandant du camp aura le soin de former et d'exercer le personnel des artilleurs et des conducteurs.

Aussitôt qu'une batterie sera prête, elle sera expédiée, avec son attelage et tous ses accessoires, au camp, où elle servira immédiatement à l'instruction du personel.

Article 12.

Il sera formé, par les soins du commandant du camp, des régiments de cavalerie et des compagnies du génie, dans les proportions usitées pour les armées en campagne.

Article 13.

Pour pourvoir aux besoins des troupes, le commandant du camp ou ses délégués jouiront, toutes les fois que les circonstances le rendront nécessaire, du droit de réquisition directe sur les personnes et les choses: ce droit s'exercera dans les limites de la circonscription desservie par le camp; mais il ne pourra s'étendre au delà qu'en vertu d'une autorisation spéciale du Ministre de la Guerre.

Tours, le 25 novembre 1870.

II. Indemnité de 750 fs. pour perte d'effets à payer aux officiers évadés des prisons.

Messieurs, par un décret du 10. novembre courant le Gouvernement de la défense nationale désirant encourager les officiers à s'échapper des mains de l'ennemi a arrêté, que ceux d'entre eux qui rentreraient en France après évasion, recevront une indemnité de sept cent cinquante francs, pour s'habiller séquiper de nouveau.

Cette mesure ne s'applique pas aux pertes d'éffets subies dans d'autres conditions, celle-ci devront être justifiées dans la forme ordinaire prescrite par l'ordonnance du 25 décembre 1837 (article 213).

Vous êtes autorisés à faire payer, sur les fonds de la solde l'allocation de 750 francs après avoir constaté l'identité des officiers au moyen d'une pièce régulière et leur position réelle par une déclaration sur l'honneur qu'ils se sont évadés.

Cette déclaration sera établie en double expédition: l'une me sera transmise l'autre demeurera annexée à la revue de la liquidation dans laquelle sera régularisé le paiement.

Les officiers pour lesquels des fixations supérieures a ces 750 francs se trouvent déterminées par les tarifs continueront à recevoir les indemnités affectées à leur grade. Les dispositions qui précèdent étant applicables à tous les officiers évadés sans exception depuis l'ouverture de la campagne, vous pourrez faire rappeler à tous ceux qui ont déja reçu une indemnité inférieure à 750 fs., la somme nécessaire pour compléter cette dernière allocation.

Il est bien entendu que tous les officiers, fonctionnaires, officiers de santé, agents administratifs, qui seront rentrés en se couvrant de la convention de Génève demeureront exclus du bénéfice de la présente décision.

Quant aux officiers qui ont pris un engagement quelconque envers la Prusse, les proscriptions réglementaires rappelées dans les circulaires du 27 et du 28 septembre dernier leur refusent toute espèce d'indemnité pour perte d'effets. Il n'est rien innevé en ce qui concerne les pertes de chevaux.

Recevez Messieurs l'assurance de ma considération la plus distinguée.

Le Ministre de l'Intérieur et de la Guerre.

Pour le Ministre et par son ordre, le directeur adjoint signé Alfred Jérold.

P. ll. Le Lt. Colonel, sous chef d'État Major général, signé Tissier.

P. ll. Le Colonel, sous chef de l'État Major général du 17e corps n. de Souillé.

été trouvés porteurs de bijoux, de sommes d'argent et d'effets provenant évidemment de pillage.

De pareilles actes de rapine se sont produits dans d'autres villes occupés par l'ennemi, aussi je crois vous inviter à faire dorénavant fouiller, des leur capture, tous les prisonniers de guerre et à m'addresser ensuite (bureaux de la justice militaire) avec un inventaire détaillé, les valeurs et objets d'origine suspecte qui auront été trouvés en leur possession.

III. Dépêche ministerielle.

„J'apprends que les préscriptions du service en campagne sont fort mal exécutées en ce qui concerne la véréfication des effectifs des troupes; les appels ne sont pas faits regulièrement, c'est ce qui explique le grand nombre d'hommes, qui manquent dans le rang. Les marches ne sont point réglées avec ordre; les mouvements ne sont point détaillés par écrit à l'avance; avec les jeunes troupes que nous avons, il est pourtant essentiel de se conformer scrupuleusement à ces prescription. Les généraux doivent souvent passer la revue de leurs troupes dans les cantonnements, se faire rendre compte de tout ce qui manque en effets de toute nature, inspecter l'état des chevaux et voitures et s'assurer que le service des distributions est toujours fait régulièrement. Je compte n'avoir pas à renouveler de pareilles observations à l'avenir. Je recommande également de ne pas hésirer de réunis la cour martiale dès que le moindre désordre est à reprimer dans une colonne en marche.“

IV. Circulaire ministerielle.*)

Les officiers, sous-officiers et soldats appartenant à l'armée allemande faits récemment prisonniers à Orléans et aux environs de cette ville, ont été trouvés porteurs de bijoux, de sommes d'argent et d'effets provenant évidemment de pillage.

De pareilles actes de rapine se sont produits dans d'autres villes occupés par l'ennemi, aussi je crois devoir vous inviter à faire dorénavant fouiller, dès leur capture, tous les prisonniers de guerre et à m'addresser ensuite (bureaux de la justice militaire) avec un inventaire d'étaillé, les valeurs et objets d'origine suspecte qui auront été trouvés en leur possession.

---

*) Wenngleich dies Circulair keinerlei militairischen Werth besitzt, so ist es dennoch charakteristisch für die blinde Leidenschaftlichkeit, welche die damaligen Gewalthaber Frankreichs gegen die Sieger hegten, und es zeigt, wie dieselben den Krieg gegen diese hätten führen mögen, wenn ihnen nur Macht genug zu Gebote stand, sie niederzuwerfen.

Ordre de bataille

der

II. Armee.

Ober-Kommando*):

Ober-Befehlshaber: General-Feldmarschall Prinz Friedrich Carl von Preußen.
Chef des Generalstabes: General-Major v. Stiehle.
Ober-Quartiermeister: Oberst v. Herzberg.
Kommandeur der Artillerie: General-Lieutenant v. Colomier.
Kommandeur der Ingenieure und Pioniere: Oberst Leuthaus.

III. Armee-Korps.

Kommandirender General: General-Lieutenant v. Alvensleben II.
Chef des Generalstabes: Oberst v. Voigts-Rhetz.
Kommandeur der Artillerie: General-Major v. Bülow.
Kommandeur der Ingenieure und Pioniere: Major Sabarth.

5. Infanterie-Division.

General-Lieutenant v. Stülpnagel.

9. Infanterie-Brigade: Oberst v. Conta.

Leib-Grenadier-Regiment (1. Brandenb.) Nr. 8, Oberst-Lieutenant v. L'Estocq.
5. Brandenb. Infanterie-Regiment Nr. 48, Oberst-Lieutenant v. Ende.

10. Infanterie-Brigade: General-Major v. Schwerin.

2. Brandenb. Grenadier-Regiment Nr. 12 (Prinz Carl von Preußen) Oberst-Lieutenant v. Kalinowski.
6. Brandenb. Infanterie-Regiment Nr. 52, Oberst v. Wulffen.

Brandenb. Jäger-Bataillon Nr. 3, Major v. Nordeck.
1. Brandenb. Ulanen-Regiment (Kaiser von Rußland) Nr. 3, Oberst Graf v. d. Groeben.
2. Feld-Kompagnie Brandenb. Pionier-Bataillons Nr. 3.
1. Fuß-Abth. Brandenb. Feld-Artillerie-Regiments Nr. 3, Major Grabe.

---

*) Generalstab, Adjutantur, General-Etappen-Inspektion u. s. w. siehe Operationen der II. Armee vom Beginn des Krieges bis zur Kapitulation von Metz, pag. 524, 525.

6. Infanterie-Division.

General-Lieutenant Baron v. Buddenbrock.

11. Infanterie-Brigade: General-Major v. Rothmaler.
3. Brandenb. Infanterie-Regiment Nr. 20, Oberst v. Flatow.
Brandenb. Füsilier-Regiment Nr. 35, Oberst du Plessis.

12. Infanterie-Brigade: Oberst v. Bismarck.
4. Brandenb. Infanterie-Regiment Nr. 24 (Großherzog von Mecklenburg-Schwerin), Oberst Graf zu Dohna.
8. Brandenb. Infanterie-Regiment Nr. 64 (Prinz Friedrich Karl von Preußen), Oberst Frhr. Treusch v. Buttlar-Brandenfels.

Brandenb. Kürassier-Regiment (Kaiser Nikolaus I. von Rußland) Nr. 6, Oberst-Lieutenant Graf zu Lynar.
1. Feld-Kompagnie Brandenb. Pionier-Bataillons Nr. 3.
3. Fuß-Abth. Brandenb. Feld-Artillerie-Regiments Nr. 3 (G.-F.), Oberst-Lieut. Beck.

Korps - Artillerie:

Oberst v. Dresky.

Reitende Abtheilung, Hauptmann Scheringer.
2. Fuß-Abtheilung, Hauptmann v. Schlicht.
Kolonnen-Abtheilung, Hauptm. Burchardt,
Brandenburgischen Feld-Artillerie-Regiments Nr. 3 (G.-F.)
3. Feld-Kompagnie und Ponton-Kolonne Brandenb. Pionier-Bataillons Nr. 3.
Trains: Major v. Pfannenberg.

IX. Armee-Korps.

Kommandirender General: General der Infanterie v. Manstein.
Chef des Generalstabes: Major Bronsart- v. Schellendorf.
Kommandeur der Artillerie: General-Major Frhr. v. Puttkammer.
Kommandeur der Ingenieure und Pioniere: Major Sommer.

18. Infanterie-Division:

General-Lieutenant Frhr. v. Wrangel.

35. Infanterie-Brigade: General-Major v. Blumenthal.
Magdeb. Füsilier-Regiment Nr. 36, Oberst-Lieutenant v. Schramm.
Schleswigsches Infanterie-Regiment Nr. 84, Oberst-Lieut. Frhr. v. Kittlitz.

36. Infanterie-Brigade: Oberst Bayer v. Karger.
2. Schlesisches Grenadier-Regiment Nr. 11, Oberst-Lieutenant v. Klein.
Holsteinsches Infanterie-Regiment Nr. 85, Oberst v. Falkenhausen.

Lauenburgisches Jäger-Bataillon Nr. 9, Major v. Minckwitz.

Schleswig-Holsteinsches Husaren-Regiment Nr. 16, Major Frhr. v. Heintze.
1. Fuß-Abtheilung Schleswig-Holsteinschen Feld-Art.-Regiments Nr. 9, Major v. Heinecejus.
2. Kompagnie Schleswig-Holsteinschen Pionier-Bataillons Nr. 9, mit Schanzzeug-Kolonne.

Korps-Artillerie:

Führer: Oberst-Lieutenant Kollmann (Kommandeur der 2. Fuß-Abth. F.-A.-R. Nr. 9.)
2. Fuß-Abtheilung und Kolonnen-Abtheilung Schleswig-Holsteinschen F.-A.-R. Nr. 9.
Trains: Major Giersberg.

Großherzoglich Hessische (25.) Division:

General-Lieutenant Prinz Ludwig von Hessen und bei Rhein Großherzogliche Hoheit.

49. Infanterie-Brigade: Oberst v. Winckler.

1. Infanterie-Regiment. Führer: Major Anschütz.
2. Infanterie-Regiment, Oberst Kraus.
1. Jäger-Bataillon, Major Gerlach.

50. Infanterie-Brigade: Oberst v. Lyncker.

3. Infanterie-Regiment. Führer: Major Winter.
4. Infanterie-Regiment, Oberst-Lieutenant v. Gründler.
2. Jäger-Bataillon, Major Daudiestel.

25. Kavallerie-Brigade:

1. Reiter-Regiment, Oberst-Lieutenant v. Grolmann.
2. Reiter-Regiment, Major Frhr. v. Buseck.
Reitende Batterie. Führer: Hauptmann Davidsohn.

Großherzogl. Hessische Artillerie: Oberst-Lieutenant Stumpff.

Feld-Batterien (1., 2., 3. leichte, 1., 2. schwere), Major v. Herget.
Pionier-Kompagnie nebst leichtem Brückentrain: Hauptmann Brentano.
Kolonnen-Abtheilung, Major Bickel.
Trains: Major Kolb.

X. Armee-Korps.

Kommandirender General: General der Infanterie v. Voigts-Rhetz.
Chef des Generalstabes: Oberst-Lieutenant v. Caprivi.
Kommandeur der Artillerie: Oberst v. d. Becke.
Kommandeur der Ingenieure und Pioniere: Oberst-Lieutenant Cramer.

19. Infanterie-Division:

General-Lieutenant v. Schwartzkoppen (krank)
I. V. General-Major v. Woyna.

37. Infanterie-Brigade: Oberst Lehmann.
Ostfriesisches Infanterie-Regiment Nr. 78, Oberst Baron v. Lyncker (verw.),
I. V. Oberstlieut. v. Mutius vom Inf.-Regt. Nr. 56.
Oldenburgisches Infanterie-Regiment Nr. 91, Oberst-Lieutenant v. Hagen.

38. Infanterie-Brigade: General-Major v. Wedell.
3. Westphälisches Infanterie-Regiment Nr. 16 Oberst Hahn v. Dorsche (verw.)
I. V. Oberst-Lieutenant Sannow.
8. Westphälisches Infanterie-Regiment Nr. 57, Oberst v. Cranach.

1. Hannoversches Dragoner-Regiment Nr. 9, Oberst-Lieut. Graf v. Hardenberg.
1. Fuß-Abtheilung Hannoverschen Feld-Artillerie-Regiments Nr. 10, Oberst-Lieut. Schaumann.
2. und 3. Kompagnie Pionier-Bataillons Nr. 10 mit Schanzzeug-Kolonne.
1. Sanitäts-Detachement.

20. Infanterie-Division:

General-Major v. Kraatz-Koschlau.

39. Infanterie-Brigade: General-Major v. Woyna,
I. V. Oberst Haberland.
7. Westphälisches Infanterie-Regiment Nr. 56, Oberst v. Block (verw.),
I. V. Major v. Koelichen.
3. Hannoversches Infanterie-Regiment Nr. 79, Oberst v. Valentini (krank),
I. V. Oberst-Lieutenant v. Bendler.

40. Infanterie-Brigade: General-Major v. Diringshofen.
4. Westphälisches Infanterie-Regiment Nr. 17, Oberst v. Ehrenberg.
Braunschweigsches Infanterie-Regiment Nr. 92, Oberst Haberland,
I. V. Major Rittmeyer.

Hannoversches Jäger-Bataillon Nr. 10.
2. Hannoversches Dragoner-Regiment Nr. 16, Oberst-Lieutenant v. Waldow.
2. Fuß-Abtheilung Hannoverschen Feld-Art.-Regiments Nr. 10, Major Krause.
1. Kompagnie Pionier-Bataillons Nr. 10 mit leichtem Feldbrücken-Train.
2. Sanitäts-Detachement.

Korps-Artillerie:

Oberst Baron v. d. Goltz.

Reitende Abtheilung, Major Körber.
3. Fuß-Abtheilung, Major Ribbentrop.
Kolonnen-Abtheilung, Major Strackerjan,
Hannoverschen Feld-Artillerie-Regiments Nr. 10.
Trains: Major v. Berge und Herrendorff.

1. Kavallerie-Division.

Kommandeur: General-Lieutenant v. Hartmann.
Generalstabs-Offizier: Major v. Saldern.

1. Kavallerie-Brigade: General-Major v. Lüderitz.

Kürassier-Regiment Königin (Pommersches Nr. 2), Oberst v. Pfuhl.
1. Pommersches Ulanen-Regiment Nr. 4, Oberst-Lieutenant v. Radecke.
2. Pommersches Ulanen-Regiment Nr. 9, Oberst-Lieutenant v. Kleist.

2. Kavallerie-Brigade: General-Major Baumgarth.

Ostpreußisches Kürassier-Regiment Nr. 3 Graf Wrangel, Oberst v. Winterfeld.
Ostpreußisches Ulanen-Regiment Nr. 8, Oberst v. Below.
Litthauisches Ulanen-Regiment Nr. 12, Oberst-Lieutenant v. Rosenberg.

1. reitende Batterie Ostpreußischen Feld-Artillerie-Regiments Nr. 1, Hauptmann v. Selle.
1. Sektion 3. Sanitäts-Detachements I. Armee-Korps.

---

6. Kavallerie-Division.

Kommandeur: Herzog Wilhelm von Mecklenburg-Schwerin Hoheit (krank), J. V. General-Major v. Schmidt.

14. Kavallerie-Brigade: General-Major v. Schmidt.

Magdeburgisches Dragoner-Regiment Nr. 6, Oberst v. Heuwald.
Schleswig-Holsteinsches Ulanen-Regiment Nr. 15, Oberst v. Alvensleben.

15. Kavallerie-Brigade: Führer: Oberst v. Drigalski.

1. Brandenb. Dragoner-Regiment Nr. 2, Führer: Major v. Lützow.
2. Brandenb. Dragoner-Regiment Nr. 12, Major Pfeffer-v. Salomon.
Brandenburg. Husaren-Regiment (Zietensche Husaren) Nr. 3, Führer: Major v. Haenlein.

2. reitende Batterie Brandenburgischen Feld-Artillerie-Regiments Nr. 3.
Proviant-Kolonne Nr. 3 des III. Armee-Korps.

Ordre de bataille

der

Armee-Abtheilung Seiner Königlichen Hoheit des Großherzogs von Mecklenburg-Schwerin.

Ober-Kommando:

Ober-Befehlshaber: General der Infanterie Friedrich Franz Großherzog von Mecklenburg-Schwerin Königliche Hoheit.
Chef des Generalstabes: General-Lieutenant v. Stosch.

I. Königlich Bayerisches Armee-Korps.

Kommandirender General: General der Infanterie Frhr. v. d. Tann-Rathsamhausen.
Chef des Generalstabes: Oberst-Lieutenant v. Heinleth.

1. Infanterie-Division.

General-Lieutenant v. Stephan (General-Major Dietl).

1. Infanterie-Brigade: General-Major Karl v. Dietl.
Leib-Regiment, 1. Infanterie-Regiment, 2. Jäger-Bataillon.

2. Infanterie-Brigade: General-Major v. Orff.
2. Infanterie-Regiment, 11. Infanterie-Regiment, 4. Jäger-Bataillon.

1. 4pfdge Batterie des 1. Artillerie-Regiments.
3. 4pfdge Batterie des 1. Artillerie-Regiments.
9. Jäger-Bataillon.
3. Chevauxlegers-Regiment.
Artillerie-Abtheilung: 5. und 7. 6pfdge Batterie des 1. Artillerie-Regiments.
1 Feldgenie-Kompagnie.

2. Infanterie-Division:

General-Major Schumacher (General-Major v. d. Tann.)

3. Infanterie-Brigade: Oberst Schuch.

3. und 12. Infanterie-Regiment, 1. Jäger-Bataillon.
2. 4pfdge Batterie des 1. Artillerie-Regiments.

4. Infanterie-Brigade: General-Major Frhr. v. d. Tann.

10. und 13. Infanterie-Regiment, 7. Jäger-Bataillon.
4. 4pfdge Batterie des 3. Artillerie-Regiments.

4. Chevauxlegers-Regiment.
Atillerie-Abtheilung: 6. und 8. 6pfdge Batterie des 1. Artillerie-Regiments.
2. Feldgenie-Kompagnie.

Korps-Reserve.

Kürassier-Brigade:

1. und 2. Kürassier-Regiment, 6. Chevauxlegers-Regiment.
1. 4pfdge reitende Batterie des 3. Artillerie-Regiments.

Artillerie-Reserve-Abtheilung.

1. Division: 2. reitende 4pfdge, 3. und 4. 6pfdge Batterie des 3. Art.-Regiments.
2. Division: 5. und 6. 6pfdge Batterie des 3. Artillerie-Regiments.
3. Division: 7. und 8. 6pfdge Batterie des 3. Artillerie-Regiments.

---

17. Infanterie-Division:

Kommandeur: General-Lieutenant v. Tresckow.

34. Infanterie-Brigade: Oberst v. Manteuffel.

Füsilier-Regiment Nr. 90, Grenadier-Regiment Nr. 89.

33. Infanterie-Brigade: Generalmajor Baron v. Kottwitz.

Infanterie-Regimenter Nr. 76 und Nr. 75.

Jäger-Bataillon Nr. 14.
Pontonnier-Kompagnie mit leichtem Feldbrückentrain.
Dragoner-Regiment Nr. 17.
3. Fuß-Abtheilung des Feld-Art.-Regiments Nr. 9 (5., 6. leichte, 5., 6. schwere Batterie), 3. reitende Batterie.

17. Kavallerie-Brigade: General-Major v. Rauch.

Dragoner-Regiment Nr. 18, Ulanen Regiment Nr. 11.
1. reitende Batterie des Feld-Artillerie-Regiments Nr. 9.

---

22. Infanterie-Division:

Kommandeur: General-Lieutenant v. Wittich.

43. Infanterie-Brigade: Oberst v. Kontzki.

Infanterie-Regiment Nr. 32.
Infanterie-Regiment Nr. 95.

44. Infanterie-Brigade: Oberst Marschall v. Bieberstein.

Infanterie-Regiment Nr. 83.
Infanterie-Regiment Nr. 94.

Husaren-Regiment Nr. 13.
2. Fuß-Abtheilung des Feld-Art.-Regiments Nr. 11 (3., 4. leichte, 3., 4. schwere Batterie), 5., 6. leichte Batterie.
2. und 3. Kompagnie Pionier-Bataillons Nr. 11.

---

2. Kavallerie-Division:

Kommandeur: General-Lieutenant Graf zu Stolberg-Wernigerode.

3. Kavallerie-Brigade: General-Major v. Colomb.

Leib-Kürassier-Regiment Nr. 1.
Ulanen-Regiment Nr. 2.

4. Kavallerie-Brigade: Oberst Frhr. v. Barnekow.

Leib-Husaren-Regiment Nr. 1.
Husaren-Regiment N. 5.

5. Kavallerie-Brigade: Oberst v. Baumbach.

Husaren-Regiment Nr. 4.
Husaren-Regiment Nr. 6.

1. reitende Batterie Feld-Artillerie-Regiments Nr. 2, 1. reitende Batterie Feld-Artillerie-Regiments Nr. 6.

4. Kavallerie-Division:

Kommandeur: General der Kavallerie Prinz Albrecht von Preußen Königliche Hoheit.

8. Kavallerie-Brigade: General-Major v. Hontheim.

Kürassier-Regiment Nr. 5.
Ulanen-Regiment Nr. 10.

9. Kavallerie-Brigade: General-Major v. Bernhardi.

Ulanen-Regiment Nr. 1.
Ulanen-Regiment Nr. 6.

10. Kavallerie-Brigade: General-Major v. Krosigk.

Leib-Husaren-Regiment Nr. 2.
Husaren-Regiment Nr. 14.

1. reitende Batterie Feld-Artillerie-Regiments Nr. 5.
1. " " " " " Nr. 11.

Ordre de bataille
der 1. französischen Loire-Armee.
(Erste Formation.)

Ober-Kommando:

Kommandirender General: général de division d'Aurelle de Paladines.
Chef des Generalstabes: général de brigade Borel.

XV. Armee-Korps.

Kommandirender General: général de division Martin des Paillères.

1. Infanterie-Division.

Kommandeur: (General Martin bis zu seiner Ernennung zum kommandirenden General des XV. Armee-Korps.)
1. Brigade: Kommandeur: général de brigade de Chabron (später Oberst Minot.)
4. Marsch-Jäger-Bataillon, 38. Linien-, 1. Zouaven-, 12. Mobilgarde-Regiment, Bataillon Marine-Infanterie.
2. Brigade: Kommandeur: général de brigade Bertrand.
Algerische Tirailleurs, 29. Marsch- und 18. Mobilgarde-Regiment.
Artillerie: 1 Batterie vom 13., 18. vom 6., 18. vom 2. Regiment.
Genie: 1. Sektion der 19. Kompagnie vom 3. Genie-Regiment.

2. Infanterie-Division.

Kommandeur: général de division Martineau des Chenez.
1. Brigade: Kommandeur général de brigade Dariés.
5. Marsch-Jäger-Bataillon, 39. Linien-Regiment, die Fremden-Legion, 25. Mobilgarden-Regiment.
2. Brigade: Kommandeur: général de brigade Rébillard.
2. Zouaven-, 30. Marsch- und 29. Mobilgarde-Regiment.
Artillerie: 1 Batterie vom 9., 1 vom 12. Regiment, 14. kombinirte der reitenden Garde-Artillerie.
Genie: 2. Sektion der 19. Kompagnie des 3. Genie-Regiments.

3. Infanterie-Division.

Kommandeur: général de brigade Peytavin.
1. Brigade: Kommandeur: général de brigade Peytavin.
6. Marsch-Jäger-Bataillon, 16. Linien-, 33. Marsch- und 32. Mobilgarde-Regiment.
2. Brigade: Kommandeur: général de brigade Martinez.
27. Marsch-, 34. Marsch- und 69. Mobilgarde-Regiment.
Artillerie: 18. Batterie vom 14., 18. vom 17., 18. vom 10. Regiment.
Genie: 1. Sektion der 19. Kompagnie vom 3. Regiment.

Kavallerie-Division.

Kommandeur: général de division Reyau.
1. Brigade: Kommandeur: général de brigade Galand de Longuerue.
6. Dragoner- und 5. Husaren-Regiment.

2. Brigade: Kommandeur: général de brigade Brémond d'Ars.
9. Kürassier- und 1. Marsch-Kürassier-Regiment.

Kavallerie-Brigade: Kommandeur: général de brigade Michel.
2. Lanciers-, 5. Lanciers- und 3. Marsch-Dragoner-Regiment.

Kavallerie-Brigade: Kommandeur: colonel d'Astugue.
1. und 11. Marsch-Chasseurs-Regiment.

Artillerie-Reserve.

Kommandeur: colonel Chappe.
13. Batterie vom 3, 14. vom 3., 15. vom 3., 16. vom 3., 19. vom 2., 11. vom 6., 14. vom 18. und 14. vom 19. Regiment.

Kombinirte Division.

1. Infanterie-Brigade.

Kommandeur: général de brigade Maurice.
2 Kompagnien Jäger zu Fuß, 31. Marsch- und 22. Mobilgarde-Regiment.

2. Kavallerie-Brigade.

Kommandeur: General Tripart.
1. Marsch-Husaren- und 2. kombinirtes Marsch-Regiment.

Außerdem Park, Genie-Reserve u. s. w.

XVI. Armee-Korps.

Kommandirender General: général de division Pourcet (später General Chanzy).

1. Infanterie-Division.

Kommandeur: Admiral Jauréguiberry.
1. Brigade: Kommandeur: général de brigade Maurandy.
8. Marsch-Jäger-Bataillon, 36. Marsch- und 22. Mobilgarde-Regiment.
2. Brigade: Kommandeur: général de brigade Deplanque.
37. Marsch- und 33 Mobilgarde-Regiment.
Artillerie: 19. Batterie vom 7., 18. vom 8. und 19. vom 10. Regiment.
Genie: 2. Sektion der 20. Kompagnie vom 3. Regiment.

2. Infanterie-Division.

Kommandeur: général de division Barry.
1. Brigade: Kommandeur: général de brigade Desmaisons.
3 Marsch-Jäger-Bataillon, 31. und 22. Marsch-Regiment.
2. Brigade: Kommandeur: Fregatten-Kapitain Bérard.
38. Marsch- und 66. Mobilgarden-Regiment.

Artillerie: 19. Batterie vom 9., 5. vom 12. und 6. vom 12. Regiment.
Genie: 2. Sektion der 20. Kompagnie vom 3. Regiment.

3. Infanterie-Division.

Kommandeur: général de division Chanzy (später General Maurandy).
1. Brigade: Kommandeur: général de brigade Bourdillon.
8. Marsch-Jäger-Bataillon, 39. Marsch- und 67. Mobilgarde-Regiment.
2. Brigade: Kommandeur: général de brigade Séatelli (nicht eingetroffen).
40. Marsch- und 71. Mobilgarde-Regiment.
Artillerie: 19. Batterie vom 13., 19. vom 14. und 20. vom 14. Regiment.
Genie: 1. Sektion der 18. Kompagnie vom 1. Regiment.

Kavallerie-Division.

Kommandeur: General Ressayre (später General Michel).
1. Brigade: Kommandeur: général de brigade Tripart.
1. Marsch-Husaren- und 2. kombinirtes Regiment.
2. Brigade: Kommandeur: général de brigade Digard.
6. Lanciers- und 3. kombinirtes Regiment.
3. Brigade: Kommandeur: général de brigade Abdelal.
3. Marsch-Kürassier-, 4. Marsch-Dragoner- und 4. kombinirtes Regiment.

Artillerie-Reserve.

2. Batterie (bis) vom 7., 8. vom 1. (Train), 14. vom 7., 8. (ter) vom 1. (Train), 12. vom 16., 12. vom 1. (Train), 17. vom 16., 12. (ter) vom 1. (Train), 15. vom 18., 6. vom 20. und 7. vom 20. Regiment.

Außerdem Park, Genie-Reserve u. s. w.

XVII. Armee-Korps.

Kommandirender General: général de division Durrieu (später General de Sonis und nach dessen Verwundung am 2. Dezember General Guépratte).

1. Infanterie-Division.

Kommandeur: général de division de Roquebrune.
1. Brigade: Kommandeur: général de brigade Pâris (später General Bévard).
71. Marsch- und 74. Mobilgarden-Regiment.
2. Brigade: Kommandeur: colonel Faussemagne.
11. Jäger-Bataillon, 43. Marsch- und 72. Mobilgarde-Regiment.
Artillerie: 19. Batterie vom 6., 19. vom 7. und 19. vom 15. Regiment.
Genie: 1. Sektion der 3. Kompagnie (bis) vom 1. Regiment.

2. Infanterie-Division.

Kommandeur: général de brigade de Jancigny (später General Pâris).
1. Brigade: Kommandeur: colonel Koch.
10. Jäger-Bataillon, 48. Marsch-, 1. Bataillon vom 80. Mobilgarde- und 1. Bataillon vom 64. Marsch-Regiment.

2. Brigade: Kommandeur: lieutenant-colonel Thibouville.
51. Marsch- und 85. Mobilgarde-Regiment.
Artillerie: 3. Batterie vom 3., 4. vom 3. und 20. vom 13. Regiment.
Genie: 2. Sektion der 3. Kompagnie (bis) vom 1. Regiment.

3. Infanterie-Division.

Kommandeur: général de brigade de Flandre.
1. Brigade: Kommandeur: colonel de Jouffroy d'Abbasse.
1. Jäger-Bataillon, 45. Marsch- und 70. Mobilgarde-Regiment.
2. Brigade: Kommandeur: colonel Sautereau.
46. Marsch- und 76. Mobilgarden-Regiment.
Artillerie: 20. Batterie vom 8., 20. vom 10. und 21. vom 14. Regiment.
Genie: 1. Sektion der 4. Kompagnie (bis) vom 1. Regiment.

Kavallerie-Division.

Kommandeur: général de division de Longuerue (später General Guépratte und General d'Espeuilles).
1. Brigade: Kommandeur: général de brigade de Landreville.
6. kombinirtes leichtes, 4. Marsch-Lanciers- und 5. kombinirtes Linien-Regiment.
2. Brigade: Kommandeur: général de brigade Guépratte (später General Barbut.)
4. kombinirtes leichtes, 4. und 7. Marsch-Küraffier-Regiment.

Artillerie-Reserve.

32. und 33. Batterie der Marine-Artillerie, 1. (bis) vom 2., 2. (bis) vom 2., 15. (bis) vom 18., 16. (bis) vom 18., 20. (bis) vom 12. und 22. (bis) vom 13. Regiment.)

Außerdem Park, Genie-Reserve.

XVIII. Armee-Korps.

Kommandirender General: général de division Abdelal.
(Chef des Generalstabes und interimistischer kommandirender General: colonel Billot.)

1. Infanterie-Division.

Kommandeur: général de brigade Feillet-Pilatrie.
1. Brigade: Kommandeur: général de brigade Bonnet.
9. Marsch-Jäger-Bataillon, 42. Marsch- und 19. Mobilgarde-Regiment.
2. Brigade: Kommandeur: colonel Robert.
44. Marsch- und 73. Mobilgarde-Regiment.
Außerdem Kolonne Goury — 4 nicht in die Brigaden eingereihte Bataillone.

2. Infanterie-Division.

Kontre-Admiral Penhout.